Kunstsammlungen des Bistums Regensburg
Diözesanmuseum Regensburg
Kataloge und Schriften

Band 6:
RATISBONA SACRA
Das Bistum Regensburg im Mittelalter

RATISBONA SACRA

Das Bistum Regensburg im Mittelalter

Ausstellung anläßlich des 1250jährigen
Jubiläums der kanonischen Errichtung
des Bistums Regensburg durch Bonifatius
739–1989

Diözesanmuseum Obermünster
Regensburg, Emmeramsplatz 1
2. Juni bis 1. Oktober 1989

VERLAG SCHNELL UND STEINER MÜNCHEN · ZÜRICH

CIP-Titelaufnahme der Deutschen Bibliothek

Ratisbona sacra : das Bistum Regensburg im Mittelalter ; Ausstellung anlässlich des 1250jährigen Jubiläums der kanonischen Errichtung des Bistums Regensburg durch Bonifatius 739 – 1989 ; Diözesanmuseum Obermünster Regensburg, Emmeramsplatz 1, 2. Juni bis 1. Oktober 1989 / [Veranst. Kunstsammlungen d. Bistums Regensburg. Konzept, Organisation, Red. Peter Morsbach]. – München ; Zürich : Schnell u. Steiner, 1989
(Kataloge und Schriften / Kunstsammlungen des Bistums Regensburg ; Diözesanmuseum Regensburg ; Bd. 6)
ISBN 3-7954-0647-1
NE: Morsbach, Peter [Hrsg.]; Kunstsammlungen des Bistums Regensburg: Kataloge und Schriften

Schirmherrschaft
S. E. Manfred Müller, Bischof von Regensburg
Dr. h. c. Max Streibl, Bayerischer Ministerpräsident

Veranstalter
Kunstsammlungen des Bistums Regensburg

Ausstellungsleitung
Dr. Peter Morsbach

Konzept, Organisation, Redaktion
Dr. Peter Morsbach

Wissenschaftlicher Beirat
Dr. Eberhard Dünninger, Direktor der Staatlichen Bibliotheken Bayerns, München
Prof. Dr. Claus Grimm, Direktor des Hauses der Bayerischen Geschichte, München
Dr. Paul Mai, Direktor der Bischöflichen Archive und Bibliotheken, Regensburg
Dr. Peter Morsbach, Diözesanmuseum Regensburg
Dr. Genoveva Nitz, Diözesanmuseum Regensburg
Dr. Hermann Reidel, Leiter der Kunstsammlungen des Bistums Regensburg
Dr. Heinrich Wanderwitz, Leiter des Stadtarchivs Regensburg

Technische und konservatorische Betreuung
Restaurierungswerkstätten Rudolf Rappenegger, Regensburg

Ausstellungsarchitektur
Dieter Burkert, Diözesanmuseum Regensburg, Robert Becke, Kelheim

Sekretariat
Christine Rieger, Aurelia Denocke

Abbildung auf dem Umschlag: Hl. Petrus als Papst, um 1500 Abensberg, Friedhofskapelle St. Peter (Kat. Nr. 54)

ISBN 3-7954-0647-1

GESAMTHERSTELLUNG: ERHARDI DRUCK GMBH, REGENSBURG

Inhaltsverzeichnis

Verzeichnis der Leihgeber

Abensberg, Stadtverwaltung
Amberg, Staatsarchiv
Augsburg, Staats- und Stadtbibliothek
Berlin (West), Staatsbibliothek Preußischer Kulturbesitz
Einsiedeln (CH), Benediktinerabtei
Frankfurt am Main, Stadt- und Universitätsbibliothek
Gangkofen, Kath. Kirchenstiftung Mariä Himmelfahrt
Göttweig/NÖ. Benediktinerabtei
Heidelberg, Universitätsbibliothek
Metten, Benediktinerabtei
München, Bayerisches Hauptstaatsarchiv
München, Bayerisches Nationalmuseum
München, Bayerische Staatsbibliothek
München, Prähistorische Staatssammlung
München, Staatliche Verwaltung der Bayerischen Schlösser, Gärten und Seen (Wittelsbacher Ausgleichsfonds)
Neuenstein, Hohenlohe-Zentralarchiv
Nürnberg, Germanisches Nationalmuseum
Paris, Bibliothèque Nationale
Regensburg, Bayerisches Landesamt für Denkmalpflege
Regensburg, Bischöfliches Zentralarchiv
Regensburg, Bischöfliche Zentralbibliothek
Regensburg, Dominikanerinnenkloster Hl. Kreuz
Regensburg, Kanonikalstift U.L. Frau zur Alten Kapelle
Regensburg, Kath. Kirchenstiftung St. Cäcilia
Regensburg, Kath. Kirchenstiftung St. Emmeram
Regensburg, Kath. Kirchenstiftung Niedermünster
Regensburg, Staatliches Landbauamt
Regensburg, Museen der Stadt
Regensburg, Staatliche Bibliothek
Regensburg, Stadtarchiv
Regensburg, Universitätsbibliothek
Rom, Bibliotheca Apostolica Vaticana
Schambach, Kath. Kirchenstiftung Echendorf-St. Stephan
Seligenthal, Zisterzienserinnenabtei
Straubing, Gäubodenmuseum
Straubing, Karmelitenkloster
Stuttgart, Württembergische Landesbibliothek
Weltenburg, Benediktinerabtei
Wien, Österreichische Nationalbibliothek
Windberg, Prämonstratenserabtei

Mitarbeiter

Dr. Silvia Codreanu-Windauer, Regensburg
Priv. Doz. Dr. Eckhard Freise, Münster
Dr. Franz Fuchs, Mannheim
DDr. Klaus Gamber, Regensburg
Dr. Hans Geisler, Straubing
Doris Gerstl M. A., Regensburg
Dr. Johann Gruber, Regensburg
Priv. Doz. Dr. Gerold Hayer, Salzburg
Prof. Dr. Nikolaus Henkel, Regensburg
Hannelore Herrmann, Bamberg-Seehof
Fritz Herz, Freiburg i. Br.
Martin Hess, München
Dr. Ludwig Holzfurtner, München
Prof. Dr. Achim Hubel, Bamberg
Alfons Huber, Straubing
Volker Jutzi, München
Dr. Cornelia von Karais, München
P. Michael Kaufmann OSB, Metten
Dr. Robert Koch, Nürnberg
Henrike Lähnemann, Nürnberg
P. Dr. Gregor M. Lechner OSB, Göttweig
Dr. Christian Lohmer, Regensburg
Dr. Paul Mai, Regensburg
Dr. Claudia Märtl, München
Erwin Mayer, Garching
Dr. Franz Mögle-Hofacker, Neuenstein
Dr. Peter Morsbach, Regensburg
Dr. Genoveva Nitz, Regensburg
Dr. Peter Ochsenbein, St. Gallen
Dr. Helmut-Eberhard Paulus, Regensburg
Dr. Hans Ramisch, München
Dr. Alfred Reichenberger, Regensburg
Dr. Hermann Reidel, Regensburg
Prof. Dr. Werner Röcke, Bayreuth
DDr. Olav Röhrer-Ertl, München
Hans Rosanowski, Neustadt
Wolfgang Ruhl M. A., Regensburg
Prof. Dr. Walter Sage, Bamberg
Hans Schlemmer, Regensburg
Prof. Dr. Alois Schmid, Eichstätt
Dr. Peter Schmid, Regensburg
Dr. Wolfgang Schmidt, Freiburg i. Br.
M. Irene Schneider O.Cist., Seligenthal
Dipl.-Ing. Karl Schnieringer, Regensburg
Dr. Karl Reinhard Schulte, Eislingen/Fils
Erich W. Spiess, Nürnberg
Prof. Dr. Robert Suckale, Bamberg
Dr. Ottokarl Tröger, München
Dr. Leonie von Wilckens, München

Abkürzungen

AJM	Alt und Jung Metten
AUF	Archiv für Urkundenforschung und Quellenkunde des Mittelalters
BGBR	Beiträge zur Geschichte des Bistums Regensburg
HAB	Historischer Atlas von Bayern
LCI	Lexikon der christlichen Ikonographie
LThK	Lexikon für Theologie und Kirche
MB	Monumenta Boica
MGH	Monumenta Germaniae Historica
(Migne) PL	Migne, Patrologia Latina
MIÖG	Mitteilungen des Institutes für Österreichische Geschichtsforschung
NA	Neues Archiv der Gesellschaft für ältere deutsche Geschichtskunde
RB	Regesta Boica
RDK	Reallexikon zur deutschen Kunstgeschichte
RGZM	Römisch-Germanisches Zentralmuseum, Mainz
SKF	Schnell, Kunstführer
SMBO	Studien und Mitteilungen zur Geschichte des Benediktinerordens und seiner Zweige
VHVO	Verhandlungen des historischen Vereins für Oberpfalz und Regensburg

ZUM GELEIT!

„Ratisbona Sacra“– unter diesem Leitgedanken hat das Diözesanmuseum Regensburg eine Sonderausstellung gestaltet, die die Geschichte unseres Bistums mittels kunstgeschichtlich hochrangiger Zeugnisse aus frühchristlicher Zeit bis zum Beginn der Neuzeit veranschaulichen soll. Anlaß dazu ist das 1250jährige Jubiläum der kanonischen Errichtung der Diözese Regensburg durch den hl. Bonifatius im Jahre 739.
Einzelnen namhaften Persönlichkeiten, die die Geschichte der Diözese prägten, wurden schon Ausstellungen in den Kunstsammlungen und Archiven des Bistums gewidmet: dem hl. Wolfgang, unserem Diözesanpatron, dem hl. Albertus Magnus, dem großen Universalgenie des Hohen Mittelalters, sowie auch aus jüngerer Zeit den Bischöfen Johann Michael von Sailer und Michael Wittmann. Auch die Tätigkeit bestimmter Ordensgemeinschaften wurde dokumentiert: etwa der Nerianer in Aufhausen und der Dominikanerinnen in Hl. Kreuz, Regensburg.
Bei der jetzigen Ausstellung zur Jubiläumsfeier, an der wir alle Anteil haben und die wir bewußt in Gemeinschaft begehen wollen, verlagert sich allerdings der Ausgangspunkt. Hier gilt es, dem fruchtbaren Zusammenwirken verschiedener, zum Teil auch in ihrem Eifer rivalisierender Kräfte bei der Entstehung des historischen Gebildes „Bistum“ Rechnung zu tragen. Spannungsvolle Auseinandersetzungen im Umfeld wechselnder politischer Strukturen und sich erneuernder geistiger Impulse spiegeln sich in repräsentativen Exponaten, die mehrere Bereiche umfassen: Urkunden, Buchmalerei, Plastik, Goldschmiedekunst, Textilkunst, Dokumentation zur Bauforschung, Gegenstände volkstümlicher kultischer Verehrung. Selbstverständlich, weil Geschichte von Menschen gemacht wird, ragen aus dem breiten Strom der Ereignisse wieder einzelne Persönlichkeiten hervor: die heiligen Bischöfe Emmeram und Erhard, der vielseitig interessierte Domherr Konrad von Megenberg, dem wir die erste Naturkunde in deutscher Sprache verdanken. Die erste Gestalt, die namentlich aus dem Dunkel der Vergangenheit hervortritt, ist eine Frau – jene Sarmannina, deren Grabinschrift den frühesten Beleg für eine christliche Glaubensgemeinschaft in Regensburg liefert.
Wir danken den Mitarbeitern des Diözesanmuseums Regensburg, die die Ausstellung geplant und ausgearbeitet haben, und den zahlreichen Fachwissenschaftlern, die Beiträge zum Katalog geliefert haben, sowie auch allen Leihgebern, voraus dem Freistaat Bayern, durch deren Entgegenkommen Planung und Konzeption zur Gestalt werden konnten.
Ratisbona Sacra – ist dieser Gedanke nur rückwärtsbezogen? Bleibt die Ausstellung lediglich als Gelegenheit, stolz und zufrieden auf die Leistungen der Vergangenheit zurückzuschauen? Sicherlich nicht. Aus dem Zusammenhang mit der unmittelbar vorausgehenden Ausstellung in diesem Museum, die als Auftakt zum Jubiläumsjahr einen Überblick über zeitgenössische Kunst für Kirchenraum und Liturgie vermittelte, ergibt sich der eigentliche Blickwinkel: das Bistumsjubiläum als Anlaß zur Reflexion, als lebendige Gegenwart, aus der wir zugleich Rückschau und Vorschau halten können. Aus dem kulturellen Erbe der Vergangenheit schöpfend und aus den Lektionen der Geschichte lernend, dürfen wir der Zukunft mit Hoffnung entgegensehen.

Am Fest des hl. Bonifatius 1989

+ Manfred

Bischof von Regensburg

I.

VON SARMANNINA ZU BONIFATIUS

DIE ERSTEN JAHRHUNDERTE

SPÄTANTIKE

Wir wissen nicht genau, wann und durch wen das Christentum ins römische Regensburg kam. Zwar existieren (legendäre) Berichte von Christen in den Provinzen Raetien und Noricum im frühen 4. Jahrhundert zur Zeit der großen Verfolgungen wie von Afra in Augsburg und Florianus in Lauriacum, von denen nur aufgrund ihres Martyriums erzählt wird. Doch auf Christen oder gar eine römische Christengemeinde in Castra Regina oder der benachbarten Zivilsiedlung lassen sich vor dem Ende des 4. Jahrhunderts keinerlei Rückschlüsse ziehen. Es ist anzunehmen, daß der christliche Glaube im Zuge der Ausbreitung östlicher Mysterienreligionen, hauptsächlich des Mithraskultes, im Laufe des 3. Jahrhunderts wie auch immer, sei es durch Soldaten, Händler, Beamte und deren Familien, auch in unseren Raum kam. Ob es im Umfeld der in Castra Regina stationierten 3. Italischen Legion zu Beginn des 4. Jahrhunderts zu Christenverfolgungen kam, wenn auch nur in einzelnen Fällen, läßt sich nicht belegen.

Archäologische Nachweise für die Anwesenheit von Christen lassen sich erst für eine Zeit erbringen, in der das Christentum staatlichen Verfolgungen nicht mehr ausgesetzt war, ja sich daran machte, zur Lebensnorm des Römischen Reiches zu werden. Nach dem berühmten Edikt „*Cunctos populos*" vom 28. Februar 380 sollten nach dem Willen des Kaisers Theodosius alle Völker des Römischen Reiches in der christlichen Religion leben. Natürlich waren nicht am 1. März 380 alle Römer Christen geworden, aber ein Großteil der Reichsbevölkerung dürfte dem Christentum schon angehangen haben.

Für Regensburg steht als zentrales Denkmal der Grab- oder Gedächtnisstein für die Christin Sarmann(in)a (Kat. Nr. 3), der ins späte 4. oder frühe 5. Jahrhundert datiert wird. Es handelt sich um die bislang älteste christliche Inschrift der Provinz Raetien. In der sehr kontrovers geführten Diskussion konnte man sich bislang weder auf eine einheitliche Schreibung des Namens einigen noch darüber Klarheit gewinnen, in welchem Umfange Märtyrerverehrung durch Gräber oder Reliquien möglich gewesen sein kann. Der scheinbar germanisch-keltische Name Sarmann(in)a kann als Beleg für die Ausbreitung des neuen Glauben auch unter den germanisch-keltischen Bevölkerungsteilen, jedoch nicht unter den Germanen dienen.

Ein weiterer, allerdings sehr kleiner Hinweis auf christliches Gedankengut ist ein spätrömischer Fingerring aus Eining (Kat. Nr. 4) mit der Inschrift VIVAS IN DEO, *mögest du in Gott leben.*

Alles in allem läßt sich bei einer sehr unsicheren Forschungslage festhalten, daß Beweise für eine weitere Verbreitung des Christentums an der Donaugrenze der Provinz Raetien für das 4. und 5. Jahrhundert kaum zu erbringen sind. Christliche Gemeinschaften, an deren Existenz dennoch kaum zu zweifeln ist, die sich um Märtyrergräber oder -reliquien versammelten, können zahlenmäßig nicht groß gewesen sein.

Literatur: Handbuch der Kirchengeschichte II/1, hgb. von Hubert Jedin, Freiburg 1985, S. 70f., 207f. – Karlheinz Dietz u.a., Regensburg zur Römerzeit, Regensburg 1979, S. 136–139, 146.

Peter Morsbach

1. Die Apostelfürsten in Regensburg

aus: *Ursprung und Herkomen Der vormahls Herrlich- und Königlichen Haupt-Statt Noreja Sampt dero Königreich Nortgau: wie selbe auch sambt dem Königreich von Haydnischen Römern erobert worden und Augusta Tiberij benannt, anjezo Regens-Burgg (...) ganz auffrecht vor augen gestellet und an den Tag gebracht durch Albrecht Ernst Graffen von Warttemberg des Fürstl. Hoch-Stiffts Regenspurg Thumbalt-Herrn und Kayserl: Cap: Hon: Episcopum · Laodicensem · Suffraganeum Ratis. Propria manu conscriptum Anno Dni. M·DC·L·XXXVIII* (1688)
35,7 × 24 cm, Pappeinband, 320 Bll.

Regensburg, Staatliche Bibliothek, Rat. Civ. 486

Der Regensburger Weihbischof Albert Ernst Graf von Wartenberg verfaßte im Jahre 1688 eine umfangreiche und köstliche Schrift, in der er die frühchristlichen Anfänge Regensburgs in chronologischer Reihenfolge der römischen Kaiser und bis zur Zeit des bayerischen Stammesherzogtums untersuchte. Die für diesen „frommen, aber naiven und eigenbrötlerischen Herren" (Hausberger) bedeutungsvolle Frage, ob Apostel oder deren Mitarbeiter in *Augusta Tiberij* gewesen sein könnten, glaubte er durch Funde beantworten zu können (fol. 24r–37r), die bei Grabungen anläßlich des Abbruches einer baufälligen Kapelle (heute Maria-Läng-Kapelle) an der Südwestseite des Domplatzes zutage getreten waren. Hierbei stieß man auf einen Pflasterbelag, römische Grabsteine und Bestattungen unbekannter Zeitstellung. Alsbald entstand *„grosse lust"* nachzuforschen, *„waß beschaffenheit es auch Vndter disem Pflaster, vor Zeiten möchte gehabt haben"*. Nun kamen *„drey gros gemauerte gäng"* zutage, auf denen noch eine „ältere Kirche" gestanden sei, *„deren mauern etliche noch bis oben an ihr gewölb raichten, so doch eingebrochen war."*
Im mittleren der Gänge fand man ein *„fast ganzes grab ... mit Ziegel wie zu Rom in Catacumbis zuegemacht"*, in dem man die Bestattung eines römischen Soldaten sah, der wie viele andere Soldaten der 4. (sic!) Legion unter Kaiser Antoninus Pius den Märtyrertod gestorben war. Nachdem bei St. Kassian und in der Schwarzen-Bären-Straße ähnliche Funde und Entdeckungen gemacht wurden, stand für Wartenberg fest, daß *„also vor mahls dis ain mechtiger Christenbischhoff mues geweßen sein der durch die weite statt mues gangen sein, alle gäng aber diser vndterirdischen bischhoffs vnd Christen wonung traffen zusamen auf ainen bishero Vngeachten keller, welcher die erste vndt vornembste grufft: vndt Cappellen der christen war, wohin sie von allen orthen der statt durch dise vndtirdische gäng Zeit der Verfolgung zumb gottdienst komen kändten, Vndt Zweifels ohne vor anderen würdte ihr Ehren gehalten, aldieweilen die iünger Christi vndt die Apostel Petrus, Paulus Tomas. vndt Andreas Marcus vndt sein freundt Barnabas: Jacobus der grossere, Titus vndt Lucas der Evangelist. vndt andere sollen daß heilige messopffer vilmahl darin gehalten haben ..."*
Diese höchst aufsehenerregende Behauptung untermauerte Wartenberg mit entsprechenden archäologischen Funden, bei denen er scheinbar römische Eroten oder Genien mit *„vil Cherubin von Erdten gebachen"* verwechselte, mit der Statue des Petrus des Erminoldmeisters in der *„Grufft S. Salvatoris"* (diesen Namen verlieh er sofort seiner Entdeckung), drei aufgefundenen *„zertrümerte(n) Kelch. von Glaß mit figuren geschmälzt, wie zu gar ersten Zeiten der h Petrus auch zu Rom gebraucht."*
Eines der „Fundstücke", ein wahrscheinlich im Mittelalter oder von Wartenberg selbst aus Italien importiertes römisches Glas zeigt Kat. Nr. 2. Der Regensburger Weihbischof wurde scheinbar durch eine Abhandlung über das unterirdische Rom des Nerianers Paulus Arringius angeregt. Fazit seiner Untersuchung bleibt, daß auch in Regensburg *„sowohl die heiligen Jünger Christi als die Apostel dergleichen vndterirdische grufften, Zu bauen angeschafft"*, die Stadt also ganz offensichtlich ein beliebter Treffpunkt der Jünger, Apostel und Evangelisten gewesen sein muß.

Literatur: Karl Hausberger, Geschichte des Bistums Regensburg I, Regensburg 1989, S. 13.

Peter Morsbach

2. Boden eines Goldglases

1. Hälfte 4. Jahrhundert
Italien
Durchmesser 9 cm

Prähistorische Staatssammlung München, Inv. Nr. IV 1197

Inschriften:
PE TRV S *Petrus*
PA VLV S *Paulus*

Das links und im unteren Bereich gebrochene Glas, zu dem noch ein kleineres Fragment gehört, war der Boden eines Goldglases. Es zeigt in einem quadratischen Rahmen die nebeneinander auf Thronen mit Kissen und Löwenpranken sitzenden Apostelfürsten Petrus und Paulus, die miteinander in ein Gespräch vertieft scheinen, wie der Redegestus des linken (Petrus) vermuten läßt. In zeittypischer Weise raffen sie ihr Gewand aus Tunika und Pallium und überkreuzen die Füße. Da Paulus und Petrus in der Bildkunst erst seit der Mitte des 4. Jahrhunderts nach ihrer Bart- und Haartracht unterschieden werden (Paulus kahlköpfig und mit langem Bart, Petrus kraushaarig und mit kurzem Bart), läßt sich das Glas in die 1. Hälfte des 4. Jahrhunderts datieren.
Der Regensburger Weihbischof Albert Ernst Graf von Wartenberg behauptete vor 1688, das Glas bei Grabungsarbeiten in seinem Kanonikalhof am Domplatz (siehe Kat. Nr. 1) gefunden zu haben. Tatsächlich dürfte es im Mittelalter, wenn nicht gar erst durch Wartenberg selbst, nach Regensburg gekommen sein.

Literatur: Adalbert EBNER, Die ältesten Denkmale des Christenthums in Regensburg, in: VHVO 45 (1893), 155–160. – Karlheinz DIETZ u. a., Regensburg zur Römerzeit, Regensburg 1979, 139, Kat. I 46, Abb. S. 147 (mit weiterer Literatur). – Andreas KRAUS – Wolfgang PFEIFFER (Hgb.), Regensburg. Geschichte in Bilddokumenten, München 1979, 26, Nr. 29.

Peter Morsbach

3. Christlicher Grabstein aus Regensburg

spätes 4./frühes 5. Jahrhundert
Kalkstein, 38 × 56 × 10 cm

Museen der Stadt Regensburg Inv. Nr. MSR L 24

Inschrift:

1 IN A ☧ ω B(eatam) · M(emoriam)	*Zum seligen Gedenken an Sarmann(in)a*
2 SARMANNNE	
3 QVIESCENTI IN PACE	*die in Frieden ruht,*
4 MARTIRIBVS SOCIATAE	*in Christus, Anfang und Ende, den Märtyrern vereint*

Der Grabstein wurde 1839 auf dem im Süden der Stadt gelegenen großen römischen Gräberfeld im Bereich der Ziegelei Herbst gefunden und überliefert die älteste bislang bekannte christliche Inschrift Raetiens.

Der noch nicht eindeutig gelesene Name Sarmanna oder Sarmannina scheint germanischen oder keltischen Ursprungs zu sein. Somit gehörte die erste, sicher bekannte Christin unseres Raumes nicht der genuin römischen Bevölkerung an. Sie könnte die Frau oder Tochter eines in römischen Diensten stehenden Germanen gewesen sein, der das Bürgerrecht verliehen bekommen hatte.

Die Inschrift wurde seit ihrer Entdeckung sehr unterschiedlich diskutiert. Durch mangelnde Dokumentation der Fundumstände ist weder der Ort noch die Lage genauer zu bestimmen. So kann lediglich festgehalten werden, daß die Platte im Bereich eines unbestimmbaren Bauwerkes lag und nach Aussage der Entdecker in irgendeiner Weise eingemauert gewesen war, wie später entfernte Mörtelreste (?) nahelegten.

In dem Gebäude vermuteten F. Janner und nach ihm K. Gamber eine Memoria, in deren Bereich sich die Gedenkinschrift befand, vielleicht über der Eingangstür oder am Altar, wie Gamber vorschlug, in dem er den Stein auf eine ursprüngliche Breite von etwas über einem Meter rekonstruierte (GAMBER 30).

Die Forschung ist sich inzwischen weitgehend einig, daß die „den Märtyrern vereinte“ Sarmann(in)a selbst keine Märtyrerin war, zumal das Christentum des späten 4. Jahrhunderts bereits Staatsreligion und somit staatlichen Verfolgungen nicht mehr ausgesetzt war. Genausowenig lassen sich bislang exakte Hinweise auf eine Märtyrerverehrung im spätrömischen Regensburg erbringen, weder auf Märtyrergräber noch auf größere Reliquienschätze. Das Vorhandensein von Märtyrerreliquien ist jedoch wahrscheinlich, da Sarmann(in)a keinesfalls die einzige Christin Regensburgs war (für die Interpretation als Märtyrerin dagegen GAMBER).

Literatur: Friedrich PRINZ, Frühes Mönchtum im Frankenreich, München-Wien 1965, S. 333, Anm. 36. – Karlheinz DIETZ u. a., Regensburg zur Römerzeit, Regensburg 1979, S. 138 f., Kat. I 29 (mit älterer Literatur). – Andreas KRAUS – Wolfgang PFEIFFER, Regensburg. Geschichte in Bilddokumenten, München 1979, S. 26, Nr. 28, Abb. 28. – Kurt REINDEL in: Handbuch der bayerischen Geschichte. Hgb. Max SPINDLER, München [2]1981, S. 178 f. – Klaus GAMBER, Der Grabstein der Sarmannina. Gab es Märtyrer im römischen Regensburg? in: Sarmannina. Studien zum Christentum in Bayern und Österreich während der Römerzeit (Studia Patristica et Liturgica 11), Regensburg 1982, S. 14–37, 106–110.

Peter Morsbach

4. Fingerring

spätrömisch (Kopie)
Bronze, aus Abusina/Eining (Landkreis Kelheim)
Durchmesser 2,5 cm

Privatbesitz

Inschrift:
VIVAS IN DEO (rückläufig) *Mögest du in Gott leben*

Der Ring, der im Bereich des nordöstlichen Eckturms des römischen Grenzkastells Abusina südlich von Eining gefunden wurde, gehört zu den wenigen bislang bekannten Zeugnissen des Christentums in Raetien. Sein(e) Besitzer(in) dürfte ein(e) Römer(in) gewesen sein, der (die) in irgendeiner Weise mit dem Christentum in Verbindung stand.

Die Inschrift „*Vivas in Deo*“ war eine weitverbreitete altchristliche *Akklamation* (Segenswunsch und Zuruf für das Wohl der Verstorbenen), die „nicht nur die Fortdauer des Daseins der Seele nach dem Tode bei Gott (bezeichnet), sondern auch den übernatürlichen Zustand, in welchem sich die Seelen der Gerechten befinden, indem sie in Gott leben und dadurch gleichsam der Theilnahme an dem göttlichen Leben, soweit es für Geschöpfe möglich ist, gewürdigt werden. ... So konnten die Christen ihren verstorbenen (und lebenden, Anm.) Brüdern nichts Höheres wünschen, als das Leben in Gott, welches der Inbegriff der ganzen übernatürlichen Seligkeit ist“ (KIRSCH 24 f.).

Literatur: Thomas FISCHER – Konrad SPINDLER, Das römische Grenzkastell Abusina-Eining (Führer zu den archäologischen Denkmälern in Bayern, Niederbayern Band 1), Stuttgart 1984, S. 96, Abb. 70. – J(ohann) P. KIRSCH, Die Acclamationen und Gebete der altchristlichen Grabschriften, Köln 1897, S. 24–28.

Peter Morsbach

DER FRÜHE KIRCHENBAU

Steinkirchen

Bei Steinkirchen liefert der Grabungsbefund über den Grundriß – er wird in Bayern vor 800 n. Chr. ausschließlich vom einschiffigen „Saal" bestimmt, wie die Modelle zeigen – hinaus meist Anhaltspunkte für eine Rekonstruktion des aufgehenden Gebäudes. Mauerteile auch des Aufgehenden, Reste von Wandputz, häufiger erhaltene Fußbodenpartien mit Spuren von Altarsubstruktionen oder Abschrankungen, manchmal auch Hinweise auf die Lage der Zugänge vermitteln ein halbwegs verständliches Bild einstiger Raumgestaltung, das gelegentlich noch durch Trümmer der ehemaligen Ausstattung ergänzt wird. Dazu kommt, daß anderenorts erhaltene Denkmäler gleicher oder wenig jüngerer Zeitstellung zumindest insofern zum Vergleich herangezogen werden dürfen, als das Höhen-Breiten-Verhältnis bei aller Variabilität schon in der Frühzeit sicher auch bei unseren ältesten Steinkirchen relativ steil war; massive Gotteshäuser haben sich wohl deutlich über die üblichen hölzernen Profanbauten jener Zeit „erhoben". Dagegen bleiben zahlreiche bauliche Details, etwa Zahl, Größe und Anordnung der Fenster, vor allem aber auch die Gestaltung von Dachstuhl und Dachdeckung normalerweise unbekannt und können nur durch Vergleich mit räumlich oder zeitlich oft schon recht entfernten Befunden erschlossen werden.

Holzkirchen

Hölzerne Kirchen aus der Frühzeit haben sich nirgendwo auf dem Kontinent erhalten, und als Grabungsbefunde wurden speziell in Bayern bisher stets nur die untersten Reste ihrer Fundamente in Form von Pfostengruben oder gelegentlich von indifferenten „Wandgräbchen" aufgedeckt. In keinem Fall sind Lage und Beschaffenheit ihrer Fußböden oder Altäre nachgewiesen, nur selten Pfostenspuren von Abschrankungen oder sonstigen Einbauten. So bleibt zusätzlich zu den auch bei Versuchen zur Wiederherstellung von Steinkirchen auftretenden Problemen allein schon die Frage nach der Wandgestaltung völlig offen. Sicher können wir annehmen, daß deren einfachste Form, die „Ausfachung" mit lehmverkleidetem Flechtwerk, also eine Art Fachwerkkonstruktion, besonders weit verbreitet war. Aus Gebieten mit günstigeren Erhaltungsbedingungen wissen wir jedoch, daß im frühen Mittelalter zahlreiche Lösungen für bestimmte handwerklich konstruktive Aufgaben gebräuchlich waren; die natürlich recht urtümlich wirkende Pfostenbauweise des tragenden Gerüstes muß daher nicht immer auf bescheidene oder gar primitive Gestaltung des obertägigen Gebäudes deuten. Insbesondere dürfen wir qualitätvolle Ausführung dort annehmen, wo potente Bauherren oder „Stifter" an der Finanzierung einer Kirche beteiligt waren. Daß die unterschiedliche Gestaltung von Wand und Dach auch bei gleichartig einfachem Pfostengerüst zu einem recht abweichenden Erscheinungsbild führen kann, sollen die Modelle mit der Wahl verschiedener nach Vergleichsbefunden denkbarer Materialien und Konstruktionen verdeutlichen. Generell aber besaßen die Pfostenbauten bei der im Frühmittelalter üblichen sparsamen Anwendung von Verstrebungen zweifellos auch im Kirchenbau nur relativ geringe Wandhöhen.

Walter Sage

5. Regensburg-Harting

Modell der frühmittelalterlichen Friedhofskirche in römischen Ruinen
Maßstab 1 : 30
Entwurf: W. Sage, Ausführung: W. Birmann
München, Prähistorische Staatssammlung

Umfangreiche Grabungen des Bayerischen Landesamtes für Denkmalpflege führten in den letzten Jahren in der Umgebung des seit dem frühen Mittelalter bestehenden Ortes Harting zur Aufdeckung eines Reihengräberfeldes, auf dem offensichtlich nur die einfacheren Bewohnerschichten ihre letzte Ruhestätte fanden, und zweier „Adelsnekropolen" des 7.–8. Jahrhunderts mit entsprechend aufwendigen Grabanlagen und teilweise reichen Beigaben. Eine dieser separaten Grablegen hatte ihren Platz südöstlich des Ortes innerhalb und in nächster Umgebung der Ruinen eines römischen Badegebäudes.

Die Gräber aus der jüngeren Merowingerzeit lassen innerhalb des ehemaligen Badegebäudes in auffallender

Weise einen Mittelstreifen frei, der im Osten und Westen aus je einem wenigstens im Fundament allseits von Mauern umschlossenen Raum gebildet wird. An den östlichen dieser Räume schließt überdies eine leicht aus der Achse gegen Südost verschobene Apsis an. Diese Zone bietet sich für die Rekonstruktion eines schmalen und nicht ganz regelmäßigen Apsidensaales an, wobei die gestreckten Proportionen für einen christlichen Kultraum des frühen Mittelalters nicht einmal singulär wären. Die vom Ausgräber in der Erstpublikation noch nicht erwogene, inzwischen jedoch auch von ihm favorisierte Einbeziehung des westlichen Abschnitts scheint aus statischen Gründen fast zwingend, gab es doch ohnehin im Mauerwerk genügend ehemalige Durchgänge und andere Lücken, die zur Schaffung eines einheitlichen Raumes erst zu schließen waren. Die Gesamtgröße der Friedhofskirche beliefe sich demnach auf etwa 3,5 : 12,2 m.

Im Modell werden sowohl die Ruinen der nicht mehr benutzten Thermenräume als auch die Gräber in unmittelbarer Nachbarschaft der Kirche angedeutet. Diese selber ist sicher durch erhebliche Veränderungen an noch erhaltenen Teilen und zusätzliche Einbauten in die Ruine entstanden, was durch das Nebeneinander mehr oder minder intakter antiker Mauerpartien und Durchgänge sowie neu in Fachwerk eingefügter Wandflächen angedeutet werden soll. Als Eindeckung wurde ein flaches Pfettendach mit Schindeln gewählt.

Literatur: Udo Osterhaus, Das Arch. Jahr in Bayern 1983 (1984), S. 148 ff.; Walter Sage, Die Bajuwaren. Ausstellungskatalog (1988), S. 293 ff., 434.

Walter Sage

6. Barbing-Kreuzhof, Stadt Regensburg

Modell der Kirche
Maßstab 1 : 30
Entwurf: W. Sage, Ausführung: Th. Meier

München, Prähistorische Staatssammlung

Bei großflächigen Humusabtragungen für ein Bauvorhaben wurden 1975 im Zuge einer Rettungsgrabung des Bayerischen Landesamtes für Denkmalpflege Teile einer frühmittelalterlichen Siedlung festgestellt, zu der offenbar auch ein abgesonderter Hof zählte. Zwischen diesem Gehöft und den übrigen Anwesen fand sich eine Kirche mit kleinerem Friedhof, die den Umständen nach wohl als „Eigenkirche" zu dem einzeln gelegenen Hof zu zählen ist.

Pfostengruben und das Wandgräbchen für eine Saallängswand markieren den Grundriß einer einschiffigen Kirche mit eingezogenem Rechteckchor, deren Gesamtgröße etwa 9,6 : 14,0 m betrug.

Im Hinblick auf die vermutete Beziehung zu einem Herrenhof wird im Modell eine etwas aufwendigere Bauweise unterstellt: Die Wandflächen zwischen dem tragenden Pfostengerüst sind nicht mit lehmverstrichenem Flechtwerk, sondern mit „Palisadenwänden", einer Vorform des später in Mitteleuropa, besonders aber in Skandinavien verbreiteten Stabholzbaus, gefüllt. Das steile Dach wird von abgefangenen Firstsäulen getragen und ist mit „genagelten" kleinen Schindeln eingedeckt. Die winzigen Fenster lehnen sich an Befunde aus dem Niederrheingebiet und Nordeuropa an.

Kirche und Siedlung wurden anfänglich in karolingisch-ottonische Zeit datiert, inzwischen vorschlagsweise auch dem frühen 7. Jahrhundert zugewiesen. Der spätere Zeitansatz wird dem Befund des „vierseitig geschlossenen" Hofes jedoch baugeschichtlich wohl eher gerecht, während die frühe Datierung der Kirche auf nicht überzeugende typologische Überlegungen gestützt war. Das Gehöft und „seine" Kirche werden demnach frühestens gegen Ende der Agilolfingerzeit entstanden sein.

Literatur: Udo Osterhaus, Grabungsnotizen aus Bayern 1977/2. – Hans Geisler, Führer zu arch. Denkmälern in Deutschland 5 (1984), S. 164 ff. – Walter Sage, Die Bajuwaren. Katalog (1988), S. 293 ff., 436 f.

Walter Sage

7. Staubing, Gde. Weltenburg, Lkr. Kelheim

Modell der frühmittelalterlichen Kirche
Maßstab: 1 : 30
Entwurf: W. Sage, Ausführung: Th. Meier

München, Prähistorische Staatssammlung

Etwa 200 m westlich des Dorfes wurden 1970/71 noch 170 Gräber eines durch Kiesabbau bereits teilweise zerstörten Reihenfriedhofes bei Ausgrabungen des Bayerischen Landesamtes für Denkmalpflege untersucht. Einige Gräber fielen durch reiche Beigaben und aufwendigere Anlage auf, sind also wohl der führenden Schicht am Ort zuzuordnen. Soweit datierbar, gehören alle Bestattungen dem 7. Jahrhundert an, was wegen der Teilzerstörung des Friedhofs über den tatsächlichen Belegungsbeginn jedoch nichts aussagt. Am Südrand des Bestattungsplatzes fand sich ein teilweise von Gräbern umschlossener, also eindeutig zugehöriger Saalbau mit Rechteckchor; auch die Pfostenreihe seiner Nordwand war schon vor Beginn der Ausgrabungen vernichtet worden.

Saalbau mit kräftig eingezogenem, nahezu quadratischem Altarraum in Pfostenbauweise; Gesamtgröße etwa 7,5 : 14,0 m. Zwei kleinere Pfostengruben innerhalb der Saalwände können von einer Abschrankung stammen, die einen schmalen Streifen im Osten des Schiffs dem Zutritt der Laien entzog. Vom Typ her eindeutig als Kirche anzusprechen, ist das Gebäude zweifellos während der Belegungszeit des Friedhofes entstanden; eine genauere Datierung als in das 7. Jahrhundert ist allerdings nicht möglich, da keines der benachbarten Gräber für eine exakte Zeitbestimmung geeignete Beigaben enthielt.

Die Kirche ist im Modell als einfacher Pfostenbau mit Geflecht-Lehmausfachung dargestellt, also in jener Frühform des Fachwerkbaus, die wahrscheinlich über lange Zeit besonders verbreitet war. Der Dachfirst verläuft auf abgefangenen Stielen in gleicher Höhe über Saal und Chor; für die Dachdeckung diente vermutlich Reet (Schilf), das in der Donauniederung reichlich vorhanden gewesen sein dürfte.

Literatur: Rainer CHRISTLEIN, Beiträge zur Heimatkunde von Niederbayern 3 (1976), S. 45 ff. – Walter SAGE, Die Bajuwaren. Katalog (1988), S. 293 ff., 437.

Walter Sage

CHRISTLICHES SYMBOLGUT AUS DER FRÜHZEIT DER BAIRISCHEN STAMMESGESCHICHTE

Die Anfänge christlichen Glaubens bei den Baiern oder Bajuwaren, wie man das Volk für die Frühzeit bis zum Ende des agilolfingischen Herzogtums auch zu nennen pflegt, sind eng verknüpft mit der Entstehungsgeschichte des Stammes selbst. Über die Herkunft der Bajuwaren gab und gibt es eine Vielzahl von Theorien. Soweit sie von der mehr oder weniger geschlossenen Einwanderung eines germanischen Stammes um die Mitte des 6. Jahrhunderts in ein weitgehend menschenleeres Land südlich der Donau ausgehen, wäre auch die religionsgeschichtliche Entwicklung vorgezeichnet: Fromme Missionare bekehren die zugewanderten heidnischen Bajuwaren zum Christenglauben.

Nun hat allerdings die Archäologie in den letzten Jahren mit einer Reihe glücklicher Neufunde wesentlich dazu beigetragen, die älteste bairische Stammesgeschichte zu erhellen. Insbesondere sind hier die großen Gräberfelder von Altenerding (Obb.) und Straubing-Bajuwarenstraße zu nennen. Auch wenn die Auswertung dieser Fundkomplexe noch nicht abgeschlossen ist, zeigen sie doch eindeutig, daß die Anfänge eines bairischen Volkes in Baiern*) noch in die Spätzeit der Römerherrschaft zurückreichen. Beide Friedhöfe wurden kontinuierlich von der Mitte des 5. bis in die 2. Hälfte des 7. Jahrhunderts hinein belegt. Besonders anschaulich zeigen das die Verhältnisse des 5. Jahrhunderts in Straubing:

Das spätrömische Kastell lag auf einem Sporn am Steilufer der Donau. Die dazugehörigen Friedhöfe mit Körperbestattung enthalten bemerkenswert viel germanisches Fundmaterial als Grabbeigaben, darunter sehr charakteristische Keramik vom sogenannten Typ Friedenhain-Přešťovice. Namengebend sind die Schalenurnen zweier Brandgräberfelder, nämlich Přešťovice in Südböhmen und Friedenhain (Kr. Straubing-Bogen) auf der nördlichen Donauseite, fast in Sichtweite des römischen Kastells von Straubing. Diese Elbgermanen wurden als Söldner angeworben und in die Dienste des römischen Reiches übernommen. Das Christentum war hier seit langem offizielle Staatsreligion, und organisierte heidnische Kultausübung war sicherlich ganz unmöglich. Ein Indiz dafür ist auch der rasche Übergang der germanischen Milizionäre von der Verbrennung ihrer Toten zur Inhumierung.

Um die Mitte des 5. Jahrhunderts verlagert sich der Siedlungsschwerpunkt von dem geschützten, aber landwirtschaftlich wenig ergiebigen Kastellgebiet knapp 3 km nach Südosten, mitten hinein in die fruchtbarsten Äcker des Gäubodens. Die ältesten Bestattungen des großen Gräberfeldes an der Bajuwarenstraße, mit dem diese Siedlung archäologisch nachzuweisen ist, enthalten wiederum Tongefäße vom Typ Friedenhain-Přešťovice, durchweg in Körpergräbern. Und so, wie sich hier eine Besiedlungskontinuität in einem Kleinraum abzeichnet, ist auch anderenorts vielfach ein Fortbestehen romanischen Lebens zu beobachten. Ortsnamen bezeugen Siedlungsinseln oder -kammern, z.B. Quintanis > Künzing und die besonders im Oberland und in der Salzburger Gegend häufigen „Walchen"-Namen. Indirekte Zeugnisse, aber für die Kulturentwicklung des Landes von größter Bedeutung, sind die fortlebenden technischen und wirtschaftlichen Kenntnisse und Fertigkeiten, so in der Käserei, im Weinbau z.B. in der Gegend um Regensburg, im Töpferhandwerk mit Drehscheibe und spezialisierter Brenntechnik (nachgewiesen in Barbing-Kreuzhof bei Regensburg). Bei dieser Integration von Romanen und Germanen kann auch der christliche Glaube nicht ganz verlorengegangen sein.

Als nach dem formellen Ende des weströmischen Reiches Italien den Ostgoten zufiel (488), schloß deren Machtbereich weiterhin das nördliche Alpenvorland mit ein. Die Sicherheit, die die Herrschaft Theoderichs des Großen gewährte, brachte nicht nur in Italien, sondern auch an der Donau eine Blütezeit und scheint hier das Zusammenwachsen verschiedenster Stammesgruppen zu dem Volk der Baiern entscheidend gefördert zu haben. In den reichen Grabausstattungen der Zeit vom späten 5. bis zur Mitte des 6. Jahrhunderts finden sich Dinge, die auf das Hinzukommen von Alemannen, Langobarden und anderen schließen lassen. Unter dem ostgotischen Einfluß macht sich auch ein Zustrom von Luxusartikeln aus der mediterranen Welt bemerkbar, die häufig christliche Symbole als Zierelemente aufweisen. Die

---

*) *„Baiern" bezeichnet hier das Gebiet des alten Stammesherzogtums bzw. der vier Bistümer Regensburg, Passau, Freising und Salzburg in der Zeit ihrer Gründung, oder anders gesagt das Land zwischen Donau und Alpen, Lech und Enns.*

Hersteller dieses Schmuckes, romanische oder byzantinische Handwerker, waren natürlich seit langem Christen. Die Zeichensprache war aber ebenso dem Abnehmer, der die Gegenstände dann am Körper trug, wohlbekannt und vertraut und wurde nicht nur nicht mißbilligt, sondern bewußt getragen. Immerhin waren die Goten der erste christianisierte Germanenstamm seit der Mission Wulfilas in der 2. Hälfte des 4. Jahrhunderts. Das Baiernvolk stand also von Anfang seiner Existenz an unter christlicher Herrschaft.

Auch nach dem unrühmlichen Ende des Ostgotenreiches blieben die Beziehungen der Bajuwaren nach Süden bestehen. Mit den Langobarden war man in stetiger enger Verbindung, auch schon vor ihrem Zug nach Italien im Jahre 568, und ein nicht unbeträchtlicher Teil der Bajuwaren selbst dürfte langobardischer Abstammung sein. Durch ihre Vermittlung kamen weiterhin Erzeugnisse mediterranen Kunsthandwerks ins Land. Auch die Sitte, wohlhabenden Verstorbenen ein Goldblattkreuz ins Grab zu legen, ist langobardischen Ursprungs (zu den Goldblattkreuzen vgl. Beitrag Reichenberger).

Gegen Ende des 6. und im 7. Jahrhundert begegnen in den Grabbeigaben immer mehr christliche Symbole auch auf Produkten einheimischer Handwerker. Vielleicht spiegelt sich darin eine vertiefte religiöse Durchdringung breiterer Bevölkerungsschichten als das Ergebnis kirchlicher Aktivitäten, die vom Herzogshaus gefördert wurden. Die Beigabensitte selbst ist ja im Grunde keine Dokumentation heidnischen oder christlichen Glaubens, sondern ein Abbild der Stellung des Verstorbenen in der Gesellschaft. Während im 7. Jahrhundert nun einerseits Zeugnisse des Christentums zunehmend in Erscheinung treten und Kirchenbauten auch auf dem Land archäologisch nachweisbar sind (so in Staubing b. Weltenburg, Kr. Kelheim, Barbing-Kreuzhof, Stadt Regensburg, Harting, Stadt Regensburg), gab es offenbar auch entgegengesetzte Strömungen, die in den Bestattungssitten für uns faßbar werden. Speisebeigaben in Form ansehnlicher Fleischstücke waren bei den Bajuwaren nicht üblich. Erst jetzt, im 7. Jahrhundert, bekommen etwa in Straubing-Bajuwarenstraße manche Verstorbenen ganze Schweinshaxen mit ins Grab. Auch Pferdebestattungen, bisher in Baiern völlig unbekannt, finden sich in dieser Zeit gelegentlich. Wenn das Pferd als Transportmittel dienen sollte, auf dem der waffenklirrende Krieger seinen Einzug in Walhall halten konnte, dann läge hier eine „letzte Manifestation germanischen Heidentums" vor; den herausgehobenen sozialen Status demonstrierte es auf jeden Fall. Diesem Zweck dienten auch andere Entwicklungen am Ende des 7. Jahrhunderts: Die großen Reihengräberfelder in der Flur, die meist von der Gründung einer Siedlung an als gemeinsamer Friedhof der ganzen Bevölkerung gedient hatten, werden allmählich aufgegeben. Dafür entstehen mehrere separate kleine Bestattungsplätze, bevor dann die Sepultur zum wiederum gemeinsamen Friedhof bei der Ortskirche verlegt wird. Ein Beispiel dafür ist Harting (Stadt Regensburg):

Während die ärmlichere Dorfbevölkerung ihre Toten noch auf dem Reihengräberfeld am Rande der Siedlung bestattete, hatte eine Gruppe ein römisches Badegebäude als Kirche adaptiert und ihre Toten hier beigesetzt, während eine andere Gruppe nicht weit davon entfernt einen eigenen Bestattungsplatz anlegte, auf dem mächtige Grabhügel die Gräber der Sippenoberhäupter markierten. Diese Phänomene stehen in Zusammenhang mit gesellschaftlichen Veränderungen, der Herausbildung von Eigentum an Grund und Boden und damit eines Ortsadels. Der Herr, der sich in Harting einen Grabhügel aufschütten ließ, war deshalb noch lange kein Heide; sein mit dem Kreuzeszeichen verzierter Schild belegt eher das Gegenteil. Unter diesen Verhältnissen konnte die Kirche integrierend und stabilisierend wirken. Jedenfalls hatten die Mönche und Bischöfe im 7. und 8. Jahrhundert bei den Baiern keine Heidenmission zu vollbringen, sondern das Volk sozusagen zum „Glauben seiner Väter" wieder zurückzuführen. Um den Glauben den Machtinteressen der Herrschenden dienstbar zu machen, bedurfte es einer klaren Organisation, die schließlich in der Bistumsgründung 739 ihren vorläufigen Abschluß fand.

Literatur: Ausstellungskatalog Die Bajuwaren, München-Salzburg 1988. – P. Fried, H. Dopsch, H. Geisler, Die Bajuwaren (Hefte zur Bayerischen Geschichte und Kultur Bd. 6), München 1988. – Th. Fischer, Römer und Germanen an der Donau. Bilder zur Frühgeschichte Ostbayerns, Regensburg 1988. – V. Milojčić, Rez. von P. F. Barton, Frühzeit des Christentums in Österreich und Südostmitteleuropa bis 788, in: Bayerische Vorgeschichtsblätter 43, 1978, S. 182–184. – J. Werner, Adelsgräber von Niederstotzingen bei Ulm und von Bokchondong in Südkorea. Jenseitsvorstellungen vor Rezeption von Christentum und Buddhismus im Lichte vergleichender Archäologie (Bayer. Akademie d. Wiss., Phil.-Hist. Kl., Abhandlungen N.F. 100), München 1988.

Hans Geisler

8. Gürtelschnalle

aus dem Grab eines erwachsenen Mannes, Straubing-Bajuwarenstraße, Grab 95
B 5,3 cm, Gewicht 56 g

Straubing, Gäubodenmuseum, Inv. 1984/95

Bügel geschliffener Rauchquarz, Dorn Bronze, ursprünglich vergoldet, Spitze als Vogelkopf gestaltet, auf dem Dornschild 5 kreuzförmig angeordnete Einlagen aus Kristall und blauem Glas, Einlagen auch als Nüstern und Augen des Vogelkopfes. Dazu gehörend als Riemenniete 3 zylindrische Gürtelhaften, Bronze, ursprünglich vergoldet, mit je 7 Einlagen aus Kristall und blauem Glas.

Hans Geisler

9. Paar Ohrringe

aus dem Grab einer erwachsenen Frau, Straubing-Bajuwarenstraße, Grab 66
Zierplatte 2,1 × 2,3 cm, Gewicht 5 und 7 g

Straubing, Gäubodenmuseum, Inv. 1984/66

Silber vergoldet, kreuzförmige Zierplatte, eingelegt mit je 5 Granatscheiben auf gewaffelter Goldfolie, ein Ohrring antik repariert. Weitere Grabausstattung: Paar Bügelfibeln, Paar S-Fibeln, Perlenkette, Amulettgegenstände (Ringpanzergeflecht, Bronzewürfel, Spielstein, Eisenring), Gürtelschnalle, Messer.

Hans Geisler

10. Scheibenfibel

aus dem Grab einer jungen Frau, Straubing-Bajuwarenstraße, Grab 666
Durchmesser 2,9 cm, Gewicht 7,6 g

Straubing, Gäubodenmuseum, Inv. 1984/666

Gold mit Granateinlagen auf gewaffelter Goldfolie, angeordnet in Kreuzform in einem Umfassungsring.

Hans Geisler

11. Gürtelschnalle

aus dem Grab eines erwachsenen Mannes, Straubing-Bajuwarenstraße, Grab 263
Länge 10,5 cm

Straubing, Gäubodenmuseum, Inv. 1984/263

Gürtelschnalle mit dreieckigem Beschläg, Bronze verzinnt, punzverziert, auf der Dornplatte ein gleicharmiges Kreuz eingepunzt. Weitere Grabausstattung u. a.: Sax (Kurzschwert) mit verzierter Klinge.

Hans Geisler

12. Wadenbindengarnitur

aus einem alt beraubten Grab, Straubing-Bajuwarenstraße, Grab 57
Länge 6,2 und 2,1 cm

Straubing, Gäubodenmuseum, Inv. 1984/57

Riemenzunge und Riemenkreuzung einer Wadenbinden- (= Strumpfband-)garnitur, Eisen, silber- und goldfarben tauschiert, auf der Riemenzunge Flechtband, auf dem Rechteckbeschläg Flechtknoten umgestaltet als Umfassung eines gleicharmigen Kreuzes.

Hans Geisler

13. A) Wadenbindengarnitur
B) Schuhriemengarnitur

aus einem alt beraubten Grab, Straubing-Bajuwarenstraße, Grab 65
A) Länge 6,5 und 2,2 cm
B) Länge 4,5 und 3,8 cm

Straubing, Gäubodenmuseum, Inv. 1984/65

A. entspricht der vorhergehenden Kat. Nr. 12

B. Zwei Riemenzungen und Beschläg, Teile einer Schuhriemengarnitur, Eisen, silbertauschiert, über dem Spiral- und Flechtbandmuster auf einer Riemenzunge ein gleicharmiges Kreuz (auf dem Gegenstück durch Korrosion zerstört).

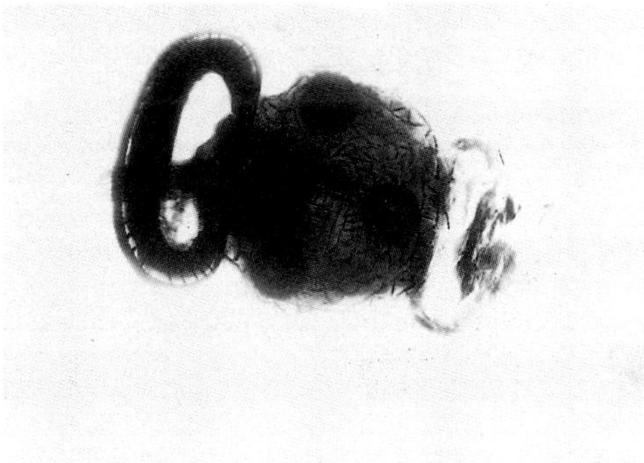

Grab 292, Röntgenaufnahme

Als Vergleichsbeispiel zu den vorhergehenden Riemenzungen wird eine Riemenschnalle und Beschlägplatte aus Straubing-Bajuwarenstraße Grab 292 gezeigt, die einen „echten", nicht umgestalteten Flechtknoten besitzt.

Hans Geisler

14. Schuhriemengarnitur

aus Grab 61 des Reihengräberfeldes von Geisling (Gde. Pfatter, Lkr. Regensburg)
Länge der vollständigen Schnalle mit Beschläg 4,9 cm

Regensburg, Bayerisches Landesamt für Denkmalpflege

Eisen, kupfer- und silbertauschiert, auf den dreieckigen Beschlägplatten rudimentäre Darstellungen im germanischen Tierstil, in den Endrundeln je ein gleicharmiges Kreuz.

Hans Geisler

15. Dreiteilige Gürtelgarnitur

aus dem Grab eines erwachsenen Mannes, Straubing-Bajuwarenstraße, Grab 589
Länge: 8,6, 5 und 4,7 cm
Straubing, Gäubodenmuseum, Inv. 1984/589

Eisen, silbertauschiert, in den Mittelfeldern Kreuzmotive.

Hans Geisler

16. Rundes Steingefäß

aus der Nordwestecke der Kirche von Barbing-Kreuzhof, spätmerowingisch
Kalkstein, im oberen Drittel umlaufend herausgearbeitetes Band, Oberfläche rauh gepickt, ohne Feinbearbeitung, H 29 cm, Durchmesser 35 cm, ergänzt aus Fragmenten, ein anpassendes Stück stammt aus der Einfüllung eines Grabes südlich der Kirche

Regensburg, Museen der Stadt, Inv. Nr. 1976/125

Das Steinbecken wurde bisher sehr unterschiedlich beurteilt und als Taufbecken (Osterhaus), Reliquiar (Geisler), Weihwasserbehälter und römische Aschenurne (Dannheimer) bezeichnet. Nach Größe und Machart zu urteilen, war letzteres zweifellos der ursprüngliche Verwendungszweck des Stückes. In der Holzkirche von Barbing-Kreuzhof dürfte es eine sekundäre Funktion erfüllt haben. Da merowingerzeitliche Landkirchen, besonders die „Eigenkirchen", im allgemeinen kein Taufrecht besaßen, ist das Vorhandensein eines Taufbeckens eher unwahrscheinlich. Für ein Weihwasserbecken läge (neben dem Rand eines Steingefäßes aus der Klosterkirche von Sandau, Stadt Landsberg / Lech, der ähnlich interpretiert werden könnte) damit der einzige Befund dieser Zeit vor, doch bedarf diese Deutung wohl noch einer liturgiegeschichtlichen Absicherung. In einer Verwendung als Reliquiar, d. h. als die äußere, massive Hülle des eigentlichen Reliquienbehältnisses aus edlerem Material, sind im romanisch besiedelten Alpenraum rechteckige Steinkisten und Miniatursarkophage ähnlicher Größe mehrfach belegt, so in Boiotro / Passau-Innstadt, Kanzianiberg bei Villach / Kärnten und Sanzeno im Nonsberg / Trentino. Die frühere Funktion des Steingefäßes von Barbing-Kreuzhof ist dem „Bestattungscharakter der Reliquie" ebenso angemessen. Besonders wichtig ist in diesem Zusammenhang, daß Barbing-Kreuzhof nach dem archäologischen Befund im 6./7. Jahrhundert ein Ort mit romanischer Bevölkerung war, die hier unter anderem die handwerkliche Produktion hochwertiger Drehscheibenkeramik betrieb. Die Parallelen zu alpenromanischen Verhältnissen finden darin eine gute Unterstützung, ohne eine unangemessene Frühdatierung zu erfordern.

Literatur: U. Osterhaus, Oberparbing-Kreuzhof, östlich von Regensburg. Frühmittelalterliche Siedlung. Ausgrabungsnotizen aus Bayern 1977/2. – H. Geisler, Barbing-Kreuzhof. Eine ländliche Siedlung des frühen Mittelalters östlich von Regensburg, in: Regensburg-Kelheim-Straubing I (Führer zu archäologischen Denkmälern in Deutschland Bd. 5). Stuttgart 1984, S. 164–173. – H. Dannheimer, Zur Ausstattung der Kirchen, in: Katalog Bajuwarenausstellung 1988 (s. o.), S. 299–304. – H. Ubl, Frühchristliches Österreich, in: Severin. Zwischen Römerzeit und Völkerwanderung. Katalog der Landesausstellung Enns 1982, Linz 1982, S. 295–336. – Th. Ulbert, Zur liturgisch-funktionellen Ausstattung spätantiker Kirchen des Alpenraums, in: Katalog Bajuwarenausstellung 1988 (s. o.), S. 287–292.

Hans Geisler

17. Reliquienbehälter aus Echendorf

Spätes 14. / frühes 15. Jahrhundert
Zinn, H 6,2 cm, ∅ 8,3 cm

Echendorf, Stadt Riedenburg, Lkr. Kelheim, Kirche St. Stephan

In der Pfarrkirche von Echendorf bei Riedenburg wurde im Juli 1984 während der Renovierung der Kirche eine zweitägige Notgrabung durchgeführt, um die Fundamente der Vorgängerkirche zu dokumentieren. Dabei erzählten Ortseinwohner, daß der bisherige Altar abgebrochen werden sollte. Auf unsere Bitte hin untersuchte der Restaurator A. Fromm – Parsberg, der die Kirchenbaustelle betreute, den gemauerten Altarblock und fand unter dem Verputz der Frontseite ein unversehrtes Reliquiengrab. Die quadratische, ca. 12 cm breite Öffnung war mit einem verrundeten Bruchstein vermauert und überputzt. Im hinteren Teil der kleinen Kammer stand der Reliquienbehälter. Reste eines Wachssiegels wurden nicht gefunden. Das Zinngefäß enthielt einige Stoffreste und Knochensplitter, jedoch keinen Pergamentstreifen mit Beschriftung.
Der Altarblock bestand aus einfachen Bruchsteinen, zwischen die einzelne Flachziegel geschoben waren; er war ringsum verputzt und völlig schmucklos. Für die Zugehörigkeit zum jüngeren, jetzt noch bestehenden Bau – wohl aus gotischer Zeit – spricht, daß der Altar auf dem Fundament der östlichen Chorwand des Vorgängerbaus errichtet worden war.

Der Reliquienbehälter wurde Ende 1988 in der Werkstatt der Außenstelle Nürnberg des Bayer. Landesamts f. Denkmalpflege durch W. Huber gereinigt und gefestigt.

Das Zinngefäß aus St. Stephan in Echendorf ist sechsseitig mit einem leicht geschweift ansteigenden Deckel. Die Abmessungen von Gefäß und Deckel sind gleich groß, ihre Höhe beträgt jeweils 3,1 cm, ihr Durchmesser 8,3 cm, die lichte Weite des Gefäßes 6,7 cm.

Deckelknauf und die ursprünglich vorhandenen drei Füße fehlen jetzt, das Deckelscharnier ist gebrochen. Alle sechs Außenseiten, sowie die Außen- und Innenseiten von Deckel und Boden zeigen Flachreliefs. Dargestellt sind an den Seitenfeldern die 12 Apostel, an der Außenseite des Deckels Verkündigung und Anbetung der Könige und auf der Innenseite sechs Lilien.

Die Unterseite des Bodens ist verziert durch ein Wappenschild mit Doppeladler, seine Innenseite mit dem Agnus Dei.

Diese Darstellung läßt im Zusammenhang mit den 12 Aposteln an den Außenseiten vermuten, daß es sich ursprünglich um ein Hostiengefäß gehandelt hat. Daß eine derartige Wandlung vom Hostien- zum Reliquienbehälter nicht ungewöhnlich war, beweist ein in Form und Reliefschmuck vergleichbares Gefäß im Landesmuseum in Graz.

Die sechs Außenseiten zeigen je zwei Apostel, die von gotischen Doppelarkaden gerahmt werden. Die stark schematisierten, kannellierten Säulen, bei denen Basis und Kapitell jeweils von drei horizontalen Wülsten gebildet sind, werden von spitzen Dreipaßbögen überspannt. Diese sind mit vegetabilen Schmuckformen verziert. Seitlich begrenzt werden die Felder von senkrechten Leisten, die Überleitung zu den angrenzenden Feldern erfolgt durch ein engmaschiges Diagonalliniengitter (Waffelmuster).

Ein Sockelsims trägt die deutschen Namen der dargestellten Apostel, teils in Dialektformen, teils in Abkürzungen (Petrus, Paulus, Jakobus d. Ä., Bartholomäus, Matthias, Jakobus d. J., Johannes, Andreas, Matthäus, Simon, Thomas, Philippus).

Gesichtszüge und Faltenwurf der Apostel sind stark vereinfacht dargestellt, teilweise sind ihre Attribute noch erkennbar: Petrus hält einen Schlüssel, Paulus ein Schwert, Matthias ein Beil. Der eine als Jakobus benannte Apostel wird durch die Walkerstange als der Jüngere ausgewiesen. Johannes umfaßt einen Kelch, Andreas das nach ihm benannte Kreuz und Thomas eine Lanze.

Die Deckelreliefs beginnen – von vorne gesehen links hinten neben dem Scharnier – mit der Darstellung des knienden Verkündigungsengels. Er hält ein Spruchband mit der Aufschrift AVE M und wendet sich der Jungfrau Maria zu, die im Feld neben ihm erscheint und von einer Vase und ihrem Symbol, der Lilie, flankiert wird. Im Frontfeld thront Maria mit Krone und Szepter als Himmelskönigin und hält das Kind im Arm. Die drei Felder, die sich rechts anschließen, zeigen die Hll. Drei Könige, die ihre Geschenke darbringen. Gerahmt werden die Deckelfelder ebenfalls von Bändern mit Waffelmuster, um den Deckel läuft eine flach gebildete Buckelleiste.

Die Innenseite des Deckels zeigt sechs Lilien, wiederum auf Waffelmustergrund.

Der Boden im Innern des Gefäßes enthält die Darstellung des Agnus Dei mit Kreuznimbus und Heilsfahne innerhalb konzentrischer Kreise, die dem sechseckigen Grundriß einbeschrieben sind.

Entsprechende Kreislinien umschließen auf der Bodenunterseite eine Ornamentform, die man als Durchdringung von Vierpaß und Quadrat erklären kann.

Im Zentrum erscheint ein Wappenschild mit einem Doppeladler.

Trotz archaisierender Formen vor allem der Figuren und der Schrift deuten die Gestaltungen der Dreipaß-Arkaden und des Vierpaß-Motives auf eine Entstehung des Gefäßes Ende des 14. oder Anfang des 15. Jahrhunderts. Für eine solche Datierung spricht auch das Zinngußverfahren, das für das 14. und 15. Jahrhundert als durchaus typisch anzusehen ist.

Die Dialektformen der Apostelnamen – Piet, Bertl, Andris – legen nahe, den Entstehungsort im deutschen Sprachraum zu suchen.

Zwei Zinngefäße vergleichbarer Art befinden sich im Kunstgewerbemuseum in Köln, ein weiteres, vermutlich gußgleiches, befand sich in der ehemaligen Slg. Figdor, Wien; dessen Verbleib nach Versteigerung der Sammlung ist jedoch unbekannt.

Wenn auch die sonst erhaltenen Hostien- und Reliquiengefäße in der Mehrzahl aus edleren Materialien gefertigt sind, so zeigt doch das in Echendorf gefundene Exemplar eine für seine geringen Abmessungen sorgfältige und aufwendige Ausarbeitung.

Literatur: Karl Lacher, Hostienbehälter im kulturhistorischen und Kunstgewerbemuseum zu Graz, in: Kunst und Kunsthandwerk, IX. Jahrgang, Wien 1906, S. 596–598. – Joseph Braun: Die Reliquiare des christlichen Kultes und ihre Entwicklung, Freiburg i. Br. 1940, S. 99f. – Hanns-Ulrich Haedeke, Zinn. Kataloge des Kunstgewerbemuseums Köln III, Köln 1968, S. 30f. und S. 113ff., mit weiteren Angaben zu vergleichbaren Gefäßen. – Vgl. außerdem Hanns-Ulrich Haedeke, Zinn. Ein Handbuch für Sammler und Liebhaber, 3. erweiterte Aufl., München 1983.

Robert Koch – Erich W. Spiess

DAS KREUZ

Goldblattkreuze

Goldblattkreuze treten seit der Zeit um 600 vor allem im langobardischen Italien auf. Von dort sind bislang über 200 Exemplare bekannt. Nördlich der Alpen findet sich die Sitte, Goldblattkreuze zu tragen besonders in Südwestdeutschland, im alemannischen Bereich. Rheinabwärts streuen sie mit wenigen Stücken bis an den Niederrhein. In einiger Zahl sind sie in Bayern zu finden. Allgemein wird die Herkunft dieser Erscheinung nördlich der Alpen auf langobardischen Einfluß zurückgeführt, wenn auch nur in seltenen Fällen direkter Import vorliegen wird. Meistens sind sie hier als einheimische Nachahmungen anzusehen. Nur ganz wenige Exemplare gehören dem ausgehenden 6. Jahrhundert oder der Zeit um 600 an. Die Masse der Funde ist in die erste Hälfte des 7. Jahrhunderts zu setzen. In der zweiten Hälfte des 7. Jahrhunderts dünnen die Vorkommen aus, um dann mit dem beginnenden 8. Jahrhundert völlig zu verschwinden.

Unter Goldblattkreuzen versteht man kleine Kreuze aus dünnem Goldblech, die entweder als Ganzes aus einer Goldblechfolie ausgeschnitten oder bei denen zwei Goldblechstreifen in Kreuzform übereinander gelegt und zusammengehämmert wurden. Die meisten Stücke sind südlich wie nördlich der Alpen unverziert. Soweit Verzierung vorliegt, ist die Ornamentik sehr vielfältig. Sie wurde meist wohl mit Hilfe von Holz- oder Bronzemodeln in das Goldblech eingetrieben. Zum Teil wurden dafür aber auch Münzen oder einfache Punzen verwendet. Keineswegs eindeutig sind Verzierungen mit Flechtwerk oder germanischem Tierstil im Sinne von synkretistischen Tendenzen zu sehen. Denn solche Darstellungen dürfen wohl nicht ohne weiteres als „heidnisch" gewertet werden, wie dies in der Literatur häufig angenommen wird. Vielmehr legt ihr Vorkommen auch auf Gegenständen der „Amtskirche" wie Vortragekreuzen, Kelchen oder Chorschranken noch des 8. Jahrhunderts die Vermutung nahe, daß wir es hier lediglich mit zeitgenössischen Ornamenten und Bildern zu tun haben.

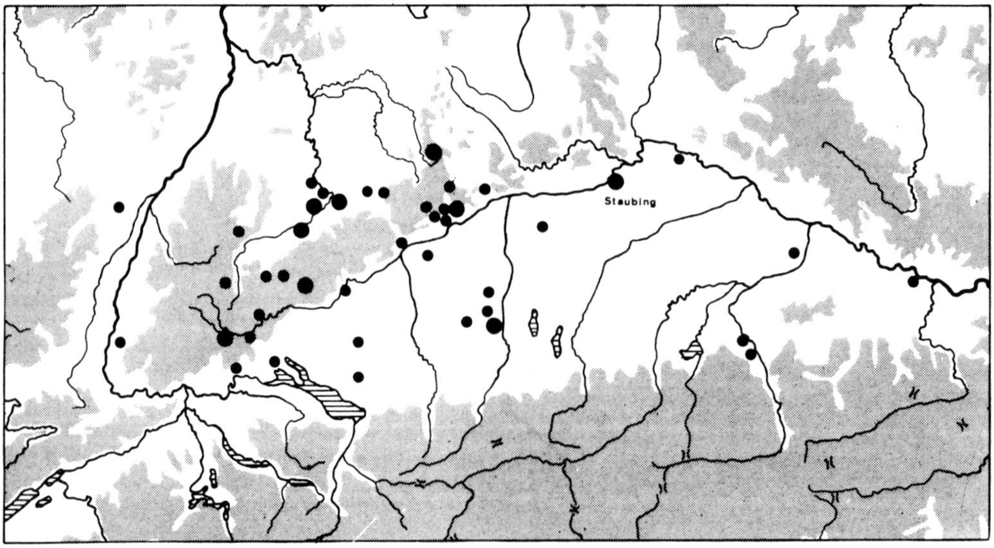

Verbreitung der Goldblattkreuze in Süddeutschland. Größere Punkte = mehrere Vorkommen in einem Gräberfeld. Nach Christlein *1975, S. 81, Abb. 8. Nachgetragen ist der Fundort Geisling*

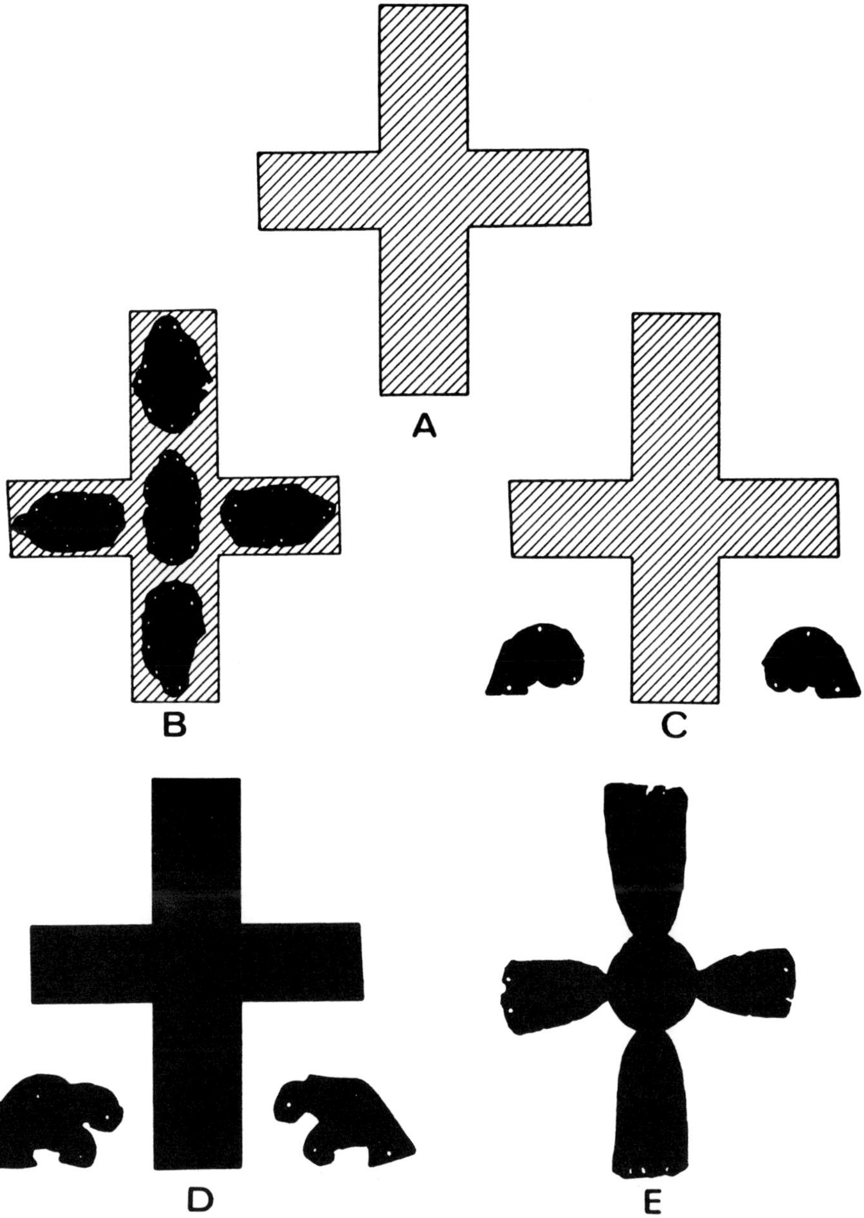

Verschiedene Möglichkeiten von Kreuzbesatz auf Totenschleiern. A: Stoffkreuz. B: Stoffkreuz mit Goldblechappliken. C: Stoffkreuz mit flankierenden Goldblechen. D: Goldblattkreuz mit flankierenden Goldblechen. E: Goldblattkreuz. Nach Christlein *1975, S. 77, Abb. 4*

Kontrovers wird nach wie vor die Deutung und Funktionsbestimmung der Goldblattkreuze diskutiert. Da die historischen Quellen schweigen, muß jeder Interpretationsversuch vom archäologischen Befund ausgehen. Goldblattkreuze sind ausschließlich aus Gräbern bekannt, wobei Männerbestattungen überwiegen. Doch sind sie auch aus Frauen- und Kindergräbern geläufig. Fast durchgehend sind sie an reichere Grablegen gebunden. Nach Ausweis der Fundumstände liegen sie normalerweise auf der Brust, am Kopf oder an der Schulter des oder der Toten. Wie die von wenigen Ausnahmen abgesehen regelhaften Durchbohrungen an den Kreuzenden beweisen, waren sie an einem Gewand oder einer sonstigen Auflage aufgenäht.

Noch ungeklärt ist die Frage, ob sie speziell für das Totenbrauchtum angefertigt oder schon zu Lebzeiten getragen wurden, um den christlichen Glauben ihres Besitzers öffentlich zur Schau zu stellen. Für die erste Hypothese sprechen verschiedene Gründe. So sind die Bleche meist zu dünn, um einer dauerhaften Verwendung standzuhalten. Zudem zeigen sie im Normalfall keine Abnutzungsspuren. Und gerade die nicht seltene Fundlage am Kopf der Toten spricht bei diesen Befunden für die Anbringung an einem Totenschleier. Andererseits sind Goldblattkreuze bekannt, bei denen die Durchbohrungen an den Armenden ausgerissen sind und erneuert wurden. Dies spricht wenigstens in diesen Fällen für eine wiederholte Benutzung.

Umstritten sind aber auch Sinngehalt und Bedeutung der Kreuze, Fragen die eng mit der Trageweise zusammenhängen. Lange Zeit wurde die Meinung vertreten, die langobardischen Goldblattkreuze seien als Ausdruck des Bevölkerungsteiles zu sehen, der nach der Einwanderung des Stammes nach Italien im Jahr 568 n. Chr. vom arianischen zum katholischen Glauben übergetreten ist. Doch gibt es Indizien dafür, daß das Auftreten der Goldblattkreuze eher im Rahmen der neuen Umwelt zu sehen ist und von den einheimischen Romanen übernommen wurde, bei denen die Sitte allerdings historisch wie archäologisch nicht direkt faßbar ist. Da Kreuzzeichen auch auf anderen Gegenständen wie Möbeln, Waffen und Gerätschaften vorkommen, sind sie wohl nicht nur im Sinne des christlichen Glaubensbekenntnisses zu sehen, sondern allgemeiner als Heilszeichen, um Böses im Leben und im Tode von ihren Trägern abzuwehren. Schon in der Antike löst das Kreuzzeichen als Phylakterium heidnische Amulette und Heilszeichen ab und behält bis zum heutigen Tage eine vielfältige Funktion im Aberglauben der Menschen.

Nördlich der Alpen gelten Goldblattkreuze als Zeichen der Christianisierung ihrer Träger in einer weitgehend noch heidnischen Umgebung. Doch gibt es zunehmend archäologische Hinweise auf Kreuze aus organischem Material in den Gräbern. Bei aus Stoff bestehenden, in ähnlicher Weise wie die Goldblattkreuze aufgenähten Symbolen ist jedoch mit einer erheblichen Verlustrate zu rechnen. Zwar sind nicht alle reichen Gräber mit Goldblattkreuzen ausgestattet, aber der Umkehrschluß trifft jedenfalls zu. So ist davon auszugehen, „daß die Beigabe eines Goldblattkreuzes weniger eine Frage des Kreuzes, als eine Frage des Goldes war" (R. CHRISTLEIN). Vor dem Hintergrund dieser Überlegungen ist sicherlich die Etablierung des frühen Christentums bei Alemannen und Bajuwaren nochmals zu überdenken.

Literatur: Wolfgang HÜBENER (Hg.), Die Goldblattkreuze des frühen Mittelalters, Freiburg 1975. Darin besonders: Rainer CHRISTLEIN, Der soziologische Hintergrund der Goldblattkreuze nördlich der Alpen, ebd. S. 73–83. – DERS., Verzeichnis der Goldblattkreuze nördlich der Alpen, ebd. S. 105–112. – Günther HASELOFF, Zu den Goldblattkreuzen aus dem Raum nördlich der Alpen, ebd. S. 37–70. – Otto von HESSEN, Die Goldblattkreuze aus der Zone nordwärts der Alpen, in: Problemi della Civiltà e dell'Economia Longobarda. Festschr. f. Gian Piero Bognetti, Mailand 1964, S. 199–226. – Wilfried MENGHIN, Gotische und langobardische Funde aus Italien (Die vor- u. frühgesch. Altertümer im Germanischen Nationalmus. 2), Nürnberg 1983, bes. S. 42–60. – Siegfried FUCHS, Die langobardischen Goldblattkreuze aus der Zone südwärts der Alpen, Berlin 1938. – Helmut ROTH, Bemerkungen zur Deutung und Funktion der Goldblattkreuze in Baden-Württemberg, in: Fundber. aus Baden-Württemberg 1 (1974), S. 642–649. Alle Arbeiten mit weiterer Literatur. – Zur Rolle des Kreuzzeichens im Aberglauben: Hanns Otto MÜNSTERER, Amulettkreuze und Kreuzamulette, Regensburg 1983, bes. S. 13–17. – A. JACOBY, in: Hanns Bächtold-Stäubli (Hg.), Handwörterbuch des deutschen Aberglaubens 5, Berlin/Leipzig 1932/1933, S. 478–484 (s. v. Kreuz).

Alfred Reichenberger

18. Goldblattkreuz

spätmerowingisch
aus Geisling, Gemeinde Pfatter, Lkr. Regensburg
L 5,3 cm, B 2 cm, Goldfolie gepreßt

Regensburg, Bayerisches Landesamt für Denkmalpflege

Das zur Hälfte erhaltene Goldblattkreuz ist in der Mitte mit einem Medaillon mit Kreuzdarstellung und an den Armen mit Tieren im sogen. germanischen Tierstil II verziert. Von den bandartigen Tierkörpern sind nur die hinteren Teile auf dem Kreuz dargestellt. Dies läßt darauf schließen, daß der Model mit der Tierfigur in ein größeres Goldblech getrieben wurde, aus dem die Arme des Kreuzes ausgeschnitten wurden. Anhand ähnlicher Darstellungen, lassen sich die Tierfiguren hypothetisch ergänzen. Das Kreuz bestand ehemals aus zwei dünnen Blechstreifen, die in der Mitte gekreuzt und zusammengenäht waren. Feine Durchbohrungen an den Enden der Kreuzarme zeigen, daß das Kreuz auf dem Gewand des Toten angenäht war.

Das Goldblattkreuz wurde in einem beraubten Männergrab (Grab 59) gefunden. Der Tote dürfte einer sozial gehobenen Schicht angehört haben. Vom einstigen Reichtum der Grabausstattung zeugen Teile einer silbertauschierten Spathagarnitur (Schwertgehänge), die Grabräuber zurückgelassen haben.

Literatur: S. Codreanu-Windauer, Das bajuwarische Reihengräberfeld von Geisling, Lkr. Regensburg, Opf., in: Ausgrabungen und Funde in Altbayern 1987/88, Straubing 1988, S. 67–70.

Silvia Codreanu-Windauer

19. Goldblattkreuz

aus Staubing, Gem. Weltenburg, Lkr. Kelheim
um 600
L 6,6 cm, B 6,5 cm, Goldfolie

Regensburg, Museen der Stadt, Inv.Nr. 1970/45

Das gleicharmige unverzierte Goldblattkreuz besteht aus zwei Goldblechstreifen, die in der Mitte gekreuzt sind. Die verbreiterten, leicht ausladenden Enden der Kreuzarme sind in den Ecken fein gelocht vom Annähen auf eine textile Unterlage.

Das Goldblattkreuz stammt aus einem Mädchengrab, Grab 76, aus der Zeit um 600. Aufgrund der reichen Grabausstattung, u. a. mit silberner Haarnadel und vergoldeter Silberbügelfibel, kann das christliche Mädchen einer sozialen Oberschicht zugerechnet werden.

Literatur: Rainer Christlein, Das Reihengräberfeld und die Kirche von Staubing bei Weltenburg, in: Archäologisches Korrespondenzblatt 1, 1971, S, 51–55, Taf. 14, 1.

Silvia Codreanu-Windauer

Steckkreuze

Die Ausstellung zeigt verschiedene Votivkreuze aus Eining und Bad Gögging. Bei der Masse der Fundstücke handelt es sich um kleine Eisenkreuze, die auf eine Unterlage oder in den Boden gesteckt wurden. In einem schon lange währenden wissenschaftlichen Streit werden neuerdings die Exemplare aus Bad Gögging als der schlagende Beweis dafür angesehen, daß die Sitte des Kreuzchensteckens bereits im frühen Mittelalter geübt wurde. Über diesen Befund wird meist eine Reihe weiterer Votive dieser Art chronologisch angeschlossen, doch ist die frühe Datierung keineswegs so gesichert, wie die häufige Wiederholung in der Literatur vorspiegelt.

Die Gögginger Kreuze stammen aus Grabungen, die Anfang der siebziger Jahre in der profanierten Kirche Sankt Andreas durchgeführt wurden. Die Kirche steht auf den Resten einer römischen Thermenanlage. In ihrem zentralen Becken soll nach der Auslegung des Ausgräbers Hans Ulrich Nuber im 7. Jahrhundert ein frühchristlicher Kultraum angelegt worden sein. Der Fundbericht enthält aber eine Reihe von Widersprüchlichkeiten, die nach wenigen Fotografien und zwei Planzeichnungen ohne Vorlage von Profildokumentationen nicht aufzulösen sind. So bleibt fraglich, ob die über 80 eisernen Steckkreuze und eines aus versilberter Kupferlegierung wirklich in einer geschlossenen Fundstrate lagen, da einige Stücke auf den Treppenstufen der Badeanlage gefunden worden sind, die noch als Aufgang zum Chor des ersten Kirchenbaues benutzt worden sein sollen. Dieser wird ins 8. bis 11. Jahrhundert datiert, wobei vier verschiedene Benutzungsphasen nachzuweisen seien. Zu diesem Zeitpunkt hätten aber die Kreuze schon in die Aufschüttungsschicht des Badebeckens gelangt sein müssen. Die Schicht enthielt

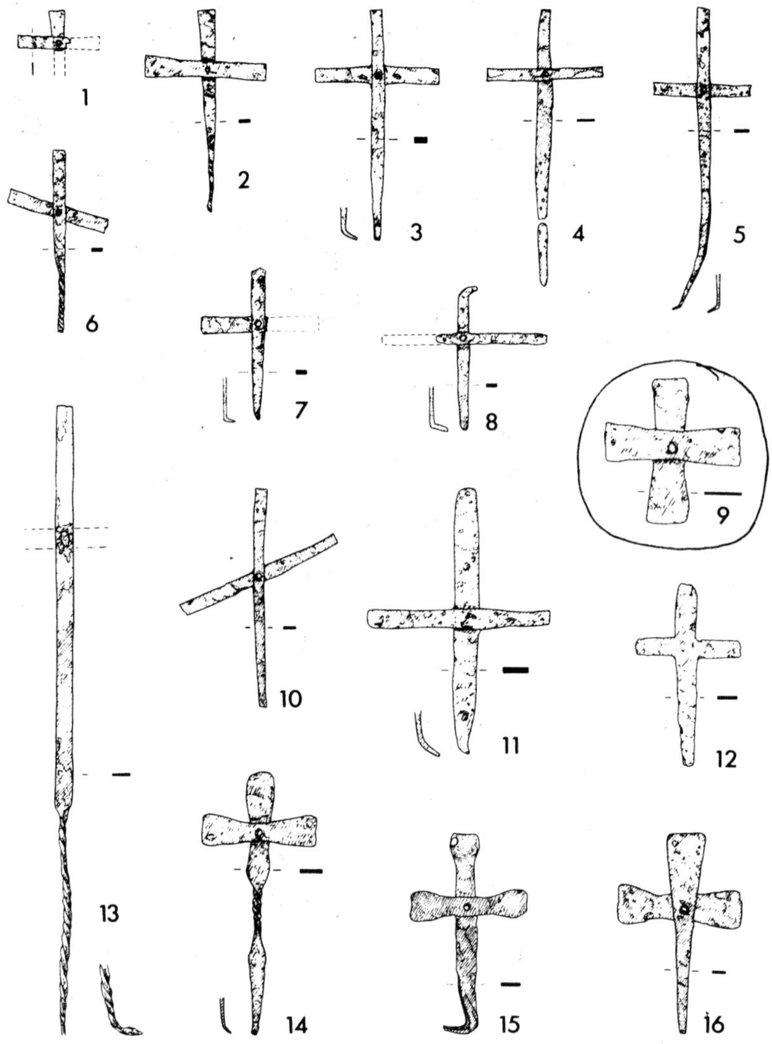

Kat. Nr. 20 Votivkreuze von Bad Gögging. 1 Kupferlegierung, versilbert, sonst Eisen. Nach Nuber *1980, S. 26f., Abb. 11 und 12*

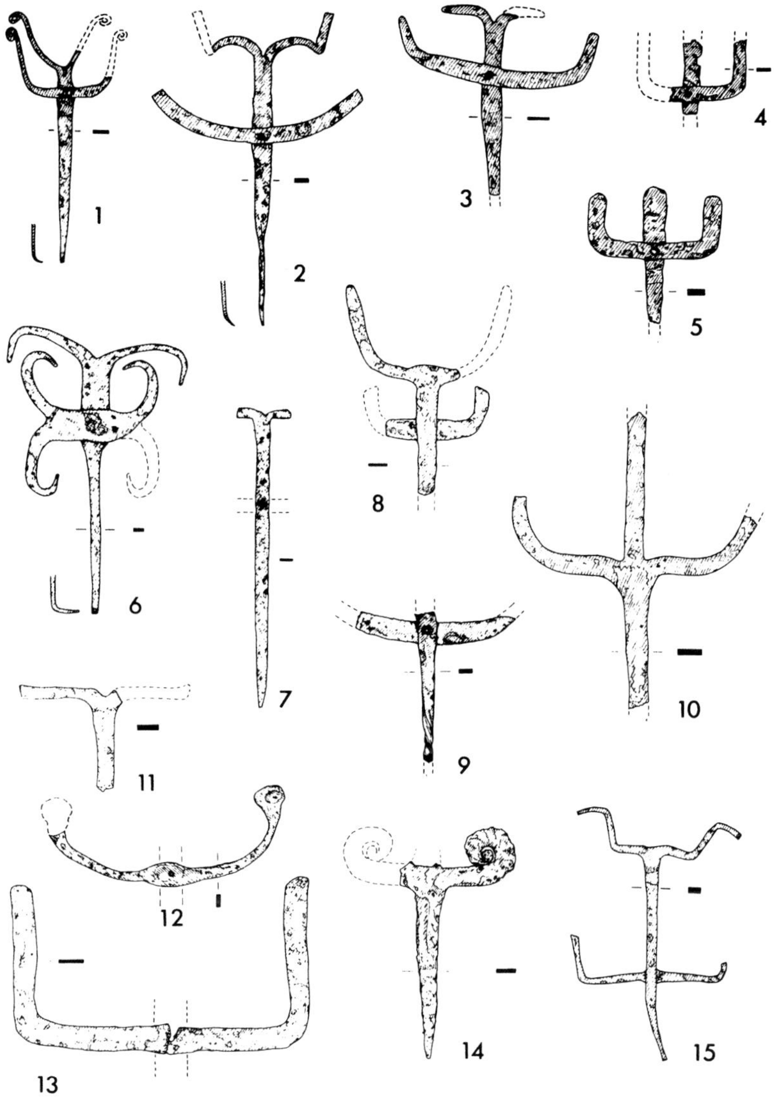
1
2
3
4
5
6
7
8
9
10
11
12
13
14
15

ferner eine verbrannte Steinsetzung innerhalb einer ausgedehnten Ascheschicht, Scherben, Tierknochen und die Fragmente eines römischen Weihesteines für Fortuna. An der Westwand des vermeintlichen Kultraumes fand sich ein gestörtes und ein eventuelles weiteres, völlig ausgeräumtes Grab. Die Bestattung(en) interpretiert der Ausgräber als besonders verehrte Tote, in deren Nachbarschaft kultische Mahlzeiten abgehalten worden seien. Unklar bleibt aber nicht nur, warum ein Teil der Knochen „Verbißspuren" aufweist, einer Erläuterung bedürfte vor allem das Abhalten von Mahlzeiten und das Belassen ihrer tierischen Überreste in einem christlichen „Kultraum".
Überhaupt hängt die gesamte Ausdeutung der Gögginger Befunde mehr oder weniger an der Datierung der gefundenen Keramik, die alles andere als eindeutig ist. Insgesamt bleibt die ganze Konstruktion recht fragwürdig. Zudem dürften mehrfache Beschädigungen der beglaubigten spätromanischen Kirche, die im Landshuter Erbfolgekrieg 1504 völlig ausgebrannt ist und längere Zeit als Ruine gestanden hat, zur Verunklärung auch älterer Schichten beigetragen haben. Historische Hinweise wie eine apokryphe Eintragung in der Diözesanmatrikel, die schon für 575 n. Chr. eine Seelsorgestelle angibt, oder allgemeine Erwägungen zu einer frühchristlichen Siedlungskammer, die mit der legendären Gründung des Klosters Weltenburg schon im 7. Jahrhundert zusammenhänge, sind ebenfalls nicht geeignet, den Gögginger Befund glaubwürdiger zu machen. Unbestritten ist natürlich, daß bereits in merowingischer Zeit Christen in der näheren und weiteren Umgebung Göggings gelebt haben, wie etwa die Goldblattkreuze aus dem benachbarten Reihengräberfriedhof von Staubing zeigen (vgl. S. 25). Der einzig gesicherte terminus ante quem für die Gögginger Kreuze ergibt sich lediglich aus der romanischen Kirche, die um 1200 über ihrem Vorgängerbau errichtet wurde.
Eine frühmittelalterliche Datierung der Steckkreuze war schon vor den Ausgrabungen in Bad Gögging für die Funde vom Weinberg bei Eining postuliert worden. Paul Reinecke hat das dortige römische Ensemble, bestehend aus einem Turm, einem kleinen Tempel und einer „Kaserne" zwischen 1916 und 1918 freigelegt. Die insgesamt mindestens 25 kleinen Eisenkreuze oder Kreuzfragmente fanden sich mit einer Ausnahme in einer mit Sicherheit nachrömischen Schicht über einer mittelkaiserzeitlichen Strate innerhalb der „Kaserne". In ihr kamen neben den Eisenkreuzen Scherben zu Tage, die der Ausgräber in die Zeit um 600 n. Chr. setzt, ein undatierbares Eisenmesser, mutmaßliche weitere römische Eisenreste und etliche Sigillatascherben, die Reinecke für „wohl aus der unterlagernden römischen Schicht aufgewühlt" hält. Da demnach mit Störungen der nachrömischen Schicht zu rechnen ist, sind die genannten Keramikreste der Zeit um 600 oder noch früher, wie manche Autoren meinen, nicht geeignet, die Kreuze zu datieren. Dies unterstreicht auch die offensichtliche Verschleppung eines der Kreuze in das benachbarte römische Tempelchen.
Ein eiserner kreuzförmiger Sargaufsatz aus Civezzano bei Trient schließlich wird ebenfalls gelegentlich für eine Frühdatierung der nordalpinen Eisenkreuze in Anspruch genommen. Doch bleibt unsicher, ob die Sargbeschläge und das Kreuz tatsächlich zu einem langobardischen „Fürstengrab" gehören, denn das Inventar wurde 1885 vom Innsbrucker Landesmuseum Ferdinandeum aus dem Besitz des Bozener Antiquars A. Überbacher angekauft, dem anderweitige Fälschungen und Konstruktionen von Befunden nachzuweisen sind. Seine Angaben sind deshalb mit Zurückhaltung aufzunehmen. Zudem ist der Kreuzaufsatz weder in Ausführung noch Funktion mit den nordalpinen Stücken vergleichbar.
Fest steht freilich, daß eiserne Steckkreuze häufig innerhalb römischer Ruinen gefunden wurden. In erster Linie dürfte dies jedoch mit ihrer Funktion im mittelalterlichen Volksglauben zusammenhängen. Dabei bleibt zu bedenken, daß römische Reste schon immer die Aufmerksamkeit archäologischer Forschung eher auf sich gezogen haben als Kirchen. Da alle Befunde, die für eine frühmittelalterliche Datierung der Steckkreuze sprechen sollen, ungesichert sind, wird man zumindest vorläufig diesem Ansatz mit Skepsis begegnen müssen.
Von größerer Bedeutung für die zeitliche Einordnung der Kreuze dürften deshalb die Ausgrabungen bei der nur wenige Kilometer von Gögging und Eining entfernten Wallfahrtskirche Sankt Leonhard und Sankt Michael in Perka sein. Mindestens ein Steckkreuz stammt dort aus einer Schicht, die durch Münzen in die Zeit zwischen dem späten 12. und dem späten 14. Jahrhundert datiert ist. Für einige weitere Exemplare ist dieser Ansatz ebenfalls zu vermuten. Dasselbe gilt für etliche andere Fundorte.
Lenz Kriss-Rettenbeck ist es gelungen, für die frühestens hochmittelalterliche und bis in die Neuzeit

belegbare Sitte des Kreuzchensteckens und Kreuzchenlegens eine große Anzahl volkskundlicher Belege zu finden. Auf dem Gemälde „Apostelteilung" von Jörg Breu d. Ä. von 1514 ist sie sogar bildlich dargestellt. Trotz verschiedenster typologischer Ausformungen der Kreuze bis hin zu ganz anderer Symbolgestaltung wie dreizackartigen Figuren oder gar zur Spirale ist fast allen Stücken ihre spitze Zurichtung im unteren Teil gemeinsam, die sie zum Aufstecken auf einer Holzunterlage oder in die Erde geeignet erscheinen läßt. Hervorzuheben ist die anthropomorphe Gestaltung zweier Eininger Kreuze mit deutlich ausgeprägtem Kopf und erhobenen Armen.

Nach den Darlegungen von Kriss-Rettenbeck sind die Kreuzchen in erster Linie Zeugen frommen Volksbrauchtums, das von sakramentaler Bedeutung bis zum magischen Gebrauch reichen kann. Insbesondere zieht er „aus der schier undurchschaubaren Vielfalt" vier Möglichkeiten in Betracht. Es sind dies die Darbringung von Kreuzen als Weihe- oder Opfergaben, die Verwendung im Rechtsbrauch in dem Sinne, einen bestimmten Bereich oder ein bestimmtes Gut sakrosankt zu machen, dann bei sakralen oder sakramentalen Begehungen sowie Exorzismen und Zauberhandlung jeglicher Art. Gerade der Zusammenhang mit dem Wallfahrts- und Heilbrauchtum ist von einiger Relevanz. Die Kreuzchen können im übrigen auch aus Wachs oder Holz gefertigt sein. Sie werden ebenso an Kapellen und Wegekreuzen eingesteckt wie an naturheiligen Orten. Neben Quellen und Bäumen spielen Ruinen eine bevorzugte Rolle, die oft durch Legenden und Sagen nachträglich eine heiligmäßige oder magische Qualität gewinnen. So erklärt sich wohl auch das häufige Auftreten in römischen Bauresten. In diesem Zusammenhang scheint für die Beurteilung der Eininger Kreuze die Tatsache bedeutsam, daß nur 300 m vom Fundort entfernt im Wald weitere römische Gebäudereste liegen, die – obwohl seit langem bekannt – von der Fachliteratur allerdings bislang kaum beachtet wurden. Sie befinden sich in unmittelbarer Nähe einer Quelle, an der der Name „Wolfertsbrünnel" haftet, der trotz fehlender volkskundlicher oder historischer Hinweise vielleicht als Verschreibung von „Wallfahrtsbrünnel" zu interpretieren ist und damit die Verbindung von Steckkreuzen und Wallfahrtsbrauchtum zusätzlich unterstreichen könnte.

Überhaupt ist die Sitte wohl in größeren Zusammenhängen zu sehen. So steht das Eisenopfer allgemein in enger, wenn auch nicht ausschließlicher Verbindung zum Leonhardskult. Der Heilige wird schon im 12. Jahrhundert im gesamten nord- und südalpinen Raum als Patron der Gefangenen verehrt. Seine „Zuständigkeit" erweitert sich im Laufe der Zeit auf fast alle Bereiche des bäuerlichen Lebens. Die ihm dargebrachten eisernen Votive reichen von Tier- und Menschendarstellungen, darunter auch von einzelnen Körperteilen wie Händen oder Beinen bis hin zu den fraglichen Kreuzchen. Nicht selten wurden die über Jahre und Jahrzehnte hinweg gesammelten Opfer- und Dankgaben zu langen Ketten umgeschmiedet und um die Wallfahrtskirche gespannt. In anderen Fällen wurden sie von Pfarrern im Kirchhof vergraben, wo sie dann bei archäologischen Ausgrabungen wie in Perka wiedergefunden werden.

Literatur: Markus MARQUART, St. Leonhard und sein eiserner Nachlaß. Ungedr. Manuskript eines Vortrages, gehalten anläßlich der Jahrestagung des West- und Südwestdeutschen Altertumsverbandes in Regensburg 1984 (fußt auf Arbeitsergebnissen eines Seminars am Institut für Vor- und Frühgeschichte der Universität Regensburg unter der Leitung von Walter Torbrügge). – Hermann DANNHEIMER u. Lenz KRISS-RETTENBECK, Die Eininger Eisenkreuze, ihre Deutung und Datierung, in: Bayer. Vorgeschbl. 29 (1964), S. 192–219. – Hermann DANNHEIMER, Neufunde eiserner Steckkreuzchen in Südbayern, in: Arch. Korrbl. 3 (1973), S. 251–256. – Brigitte HERRAMHOF, Hans HERRAMHOF u. Heinz K. RADEMACHER, Die Ausgrabungen bei St. Leonhard und St. Michael in Perka (Volksglaube Europas 2), München 1970.

Frühmittelalterliche Datierung bei:
Paul REINECKE, Römische und frühmittelalterliche Denkmäler vom Weinberg bei Eining a. d. Donau, in: Festschr. z. Feier d. 75jährigen Bestehens d. Röm.-Germ. Zentralmus. Mainz, Mainz 1927, S. 157–170 (= Kleine Schriften zur vor- und frühgeschichtlichen Topographie Bayerns, Kallmünz 1962, S. 106–123). – Adolf W. ZIEGLER, Kreuzfunde aus Südbayern in der Münchener Prähistorischen Staatssammlung, in: DERS. (Hg.), Monachium. Beiträge zur Kirchen- und Kulturgeschichte Münchens und Sübayerns anläßlich der 800-Jahrfeier der Stadt München, München 1958, S. 53–86. – Vladimir MILOJČIĆ, Zur Frage des Christentums in Bayern zur Merowingerzeit, in: Jahrb. d. Röm.-Germ. Zentralmus. 13 (1966 [1968]), S. 231–264, bes. 241 ff. – Hans Ulrich NUBER, Ausgrabungen in der alten Kirche Sankt Andreas in Neustadt/Donau-Bad Gögging, Landkreis Kelheim, in: Beil. z. amtlichen Schulanzeiger f. d. Regierungsbezirk Niederbayern 1975/5, S. 28–33. – DERS., Ausgrabungen in Bad Gögging, Stadt Neustadt an der Donau, Landkreis Kelheim. Römisches Staatsheilbad und frühmittelalterliche Kirchen, Landshut 1980, bes. S. 19 ff. – Thomas FISCHER u. Konrad SPINDLER, Das römische Grenzkastell Abusina-Eining (Führer z. arch. Denkmälern in Bayern. Niederbayern 1), Stuttgart 1984, bes. S. 101 f. – Ludwig PAULI in: Die Bajuwaren. Von Severin bis Tassilo 488–788. Ausstellungskat. Rosenheim/Mattsee 1988, S. 433 (Kat-Nr. R 64).

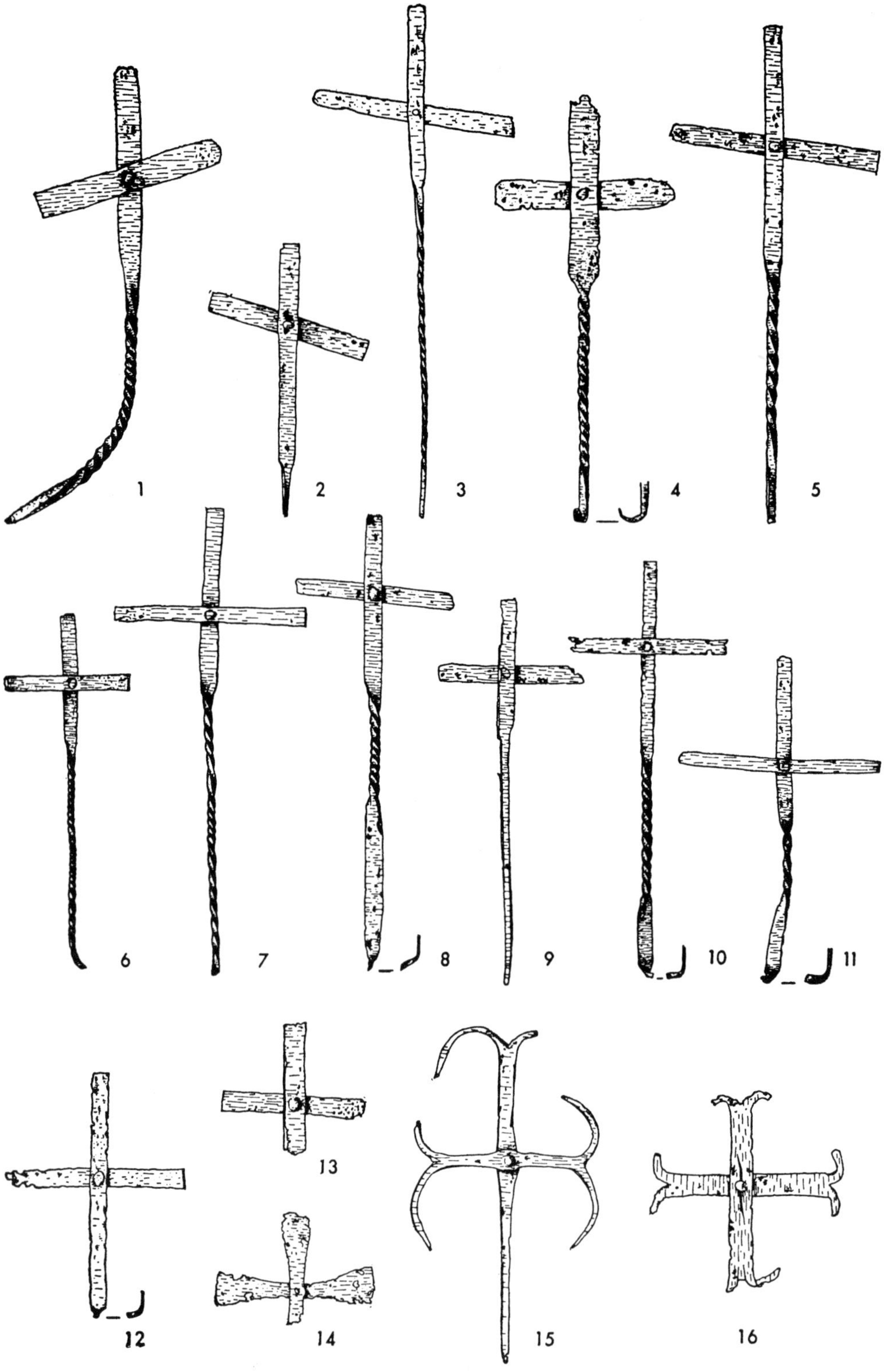
1
2
3
4
5
6
7
8
9
10
11
12
13
14
15
16

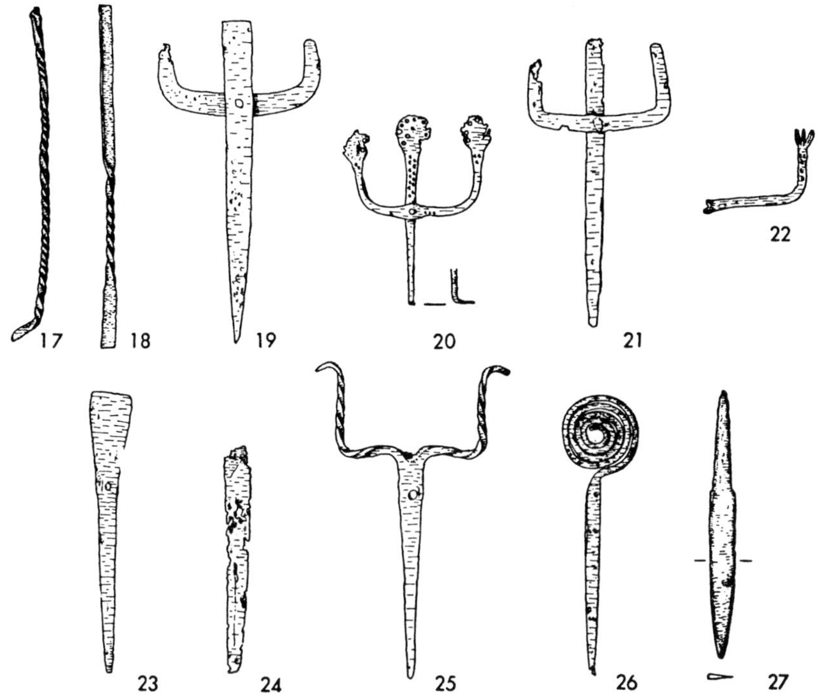

◁ *Kat. Nr. 21 Eiserne Votivfunde von Eining, Weinberg. Nach* Dannheimer *und* Kriss-Rettenbeck *1964, S. 198f., Abb. 4 und 5*

Zu Civezzano zusätzlich:
Wilfried MENGHIN, Die Langobarden. Archäologie und Geschichte, Stuttgart 1985, S. 178ff. bes. S. 226 Anm. 320. Dort ältere Literatur.

Zum Wolfertsbrünnel:
Johannes PÄTZOLD, Die vor- und frühgeschichtlichen Geländedenkmäler Niederbayerns (Materialh. z. Bayer. Vorgesch. Reihe B 2), Kallmünz 1983, S. 133 (unter „Eining 5").

Zur angeblichen Seelsorgestelle in Gögging im 6. Jahrhundert:
Josef REINDL, Bad Gögging. Geschichte und Führer. Überarbeitet u. erweitert v. Sigurd Föckersperger, Bad Gögging um 1965, bes. S. 31f.

Zur frühen Gründung des Klosters Weltenburg zuletzt:
Konrad SPINDLER, Weltenburg-„Frauenberg" und Staubing, in: Führer z. arch. Denkmälern in Deutschland 6 (1984), S. 136-143. - DERS., Archäologische Aspekte zur Siedlungskontinuität und Kulturtradition von der Spätantike zum frühen Mittelalter im Umkreis des Klosters Weltenburg an der Donau, in: Archäologische Denkmalpflege in Niederbayern. 10 Jahre Außenstelle des Bayerischen Landesamtes für Denkmalpflege in Landshut (1973-1983) (= Arbeitsh. d. Bayer. Landesamtes f. Denkmalpfl. 26), München 1985, S. 179-200.

Dagegen überzeugend gegen eine frühe Gründung:
Walter TORBRÜGGE, Die Legende von der Weltenburger Klostergründung, in: Führer z. arch. Denkmälern in Deutschland 6 (1984), S. 143-149.

Alfred Reichenberger

20. Steckkreuze

frühmittelalterlich?
aus Bad Gögging, prof. Kirche St. Andreas
Eisen, unterschiedliche Größen

München, Prähistorische Staatssammlung, ohne Inv. Nr.

21. Steckkreuze

frühmittelalterlich?
aus Eining, Weinberg
Eisen, unterschiedliche Größen

München, Prähistorische Staatssammlung, Inv. Nr. NM 21/25-35

22. Kreuzanhänger

7. Jahrhundert ?
Bronze, gegossen und vergoldet, Seitenlänge ca. 5 cm
Lesefund aus Regensburg-Prüfening

Privatbesitz

Das gleicharmige Kreuz von 5 cm Seitenlänge ist aus Bronze gegossen und vergoldet. An dem oberen, etwas kürzerem Kreuzarm befindet sich eine mitgegossene, im heutigen Zustand beschädigte Öse zur Aufhängung, wohl als Pektoralkreuz. Die Kreuzarme sind durch Wülste vom rhombischen Mittelfeld abgesetzt und durch Tiermasken verziert. Die stark stilisierte Frontalansicht der Tiere wird durch geschwungene Augenbrauenlinien, die in das gerade Nasenbein einmünden, geprägt. Mandelförmige Augen schmiegen sich in den Augenbrauenbogen ein. Feine Kerben auf der Stirnpartie und der stumpf endenden Schnauze deuten die Behaarung an.
Die Tierkopfmasken finden ihre beste Entsprechung in den Tierkopfenden merowingischer Bügelfibeln aus dem fortgeschrittenen 6. Jahrhundert. Eine so frühe Datierung ist jedoch unwahrscheinlich, da die ohnehin sehr seltenen Kreuzanhänger, ebenso wie die Goldblattkreuze (vgl. Katalog Nr. 18, 19), erst im 7. Jahrhundert in Gräbern nachzuweisen sind. Ein dem Prüfeninger Kreuz entsprechendes Exemplar ist bisher nur aus Diez an der Lahn bekannt, seine Fundumstände liefern aber ebenfalls keinen sicheren Hinweis zur Datierung. Es ist deshalb nicht auszuschließen, daß das Prüfeninger Kreuz erst in romanischer Zeit entstand. An Bronzegegenständen des 12./13. Jahrhunderts treten nämlich gelegentlich ähnlich stilisierte Tierkopfmasken auf.
Der Kreuztypus mit figürlich verzierten Armen geht auf byzantinische Vorbilder zurück. Jene östlichen Kreuze weisen Medaillons mit vegetabilen oder anthropomorphen Darstellungen an den Enden der Kreuzarme auf. Sie waren seit dem 7. Jahrhundert bis ins hohe Mittelalter geläufig.

Literatur: S. CODREANU-WINDAUER, Das Bronzekreuz aus Prüfening, Stadt Regensburg, Oberpfalz. Ein frühmittelalterlicher Kreuzanhänger? in: Das archäologische Jahr in Bayern 1988 (im Druck). - H. SCHOPPA, Ein merowingischer Kreuzanhänger aus Diez/Lahn. in: Fundberichte aus Hessen 1, 1961, 115-116. - Marvin C. CROSS, Catalogue of the byzantine and early mediaeval antiquities in the Dumbarton Oaks Collection II (Washington 1965) Tf. 12, 23, 55.

Silvia Codreanu-Windauer

DAS FRÜHE KLÖSTERLICHE LEBEN

Mit dem Untergang des Römischen Reiches kamen auch das bereits in Ansätzen vorhandene klösterliche Leben und die spätrömische Bistumsorganisation zum Erlöschen. Aus der Lebensbeschreibung des hl. Severin von Eugippus ist hinlänglich bekannt, daß schon in der Spätphase der Römerherrschaft mönchische Gemeinschaften existierten. Ein kontinuierliches Weiterleben über die Zeit des Untergangs hinaus ist m.W. für keinen Fall bislang nachgewiesen. *„Von der kirchlichen Organisation der römischen Provinzen Noricum und Raetien zu der des mittelalterlichen Herzogtums Bayern führt kein Weg"* (REINDEL 196).

Irgendwann im Laufe des 7. Jahrhunderts scheint es einen Neubeginn gegeben zu haben, der mit der scheinbar wenig erfolgreichen Missionierung von Luxeuil in Verbindung gebracht wird. Gerade für das Gebiet des späteren Bistums Regensburg ist, man denkt an Kloster Weltenburg, ein Einfluß aus dieser Richtung nicht festzustellen. Die neuen kirchlichen Zentren Bayerns waren identisch mit den agilolfingischen Herrschaftszentren. Trat der Stammesfürst zum Christentum über, galt dies automatisch auch für seine Untertanen, ohne daß diese eigens bekehrt worden waren.

Die Bischöfe der frühen Zeit – wie diese in den Personen der Heiligen Emmeram und Erhard in der Ausstellung beispielhaft vorgestellt werden – richteten sich nach den Herrschaftsmittelpunkten, in erster Linie also nach dem Herzogshof. Die Vermutung, daß die Bischöfe Abt- bzw. „Kloster"bischöfe waren, setzt auch für das 7. Jahrhundert Klöster voraus. Wo lagen im Bistum Regensburg solche Klöster und wer hatte sie wann gegründet?

Als Stifter von Klöstern wird man in erster Linie die bayerische Herzogsfamilie sehen müssen, aber auch Adlige, die über entsprechenden Grundbesitz verfügten, der eine zum Überleben ausreichende Dotation ermöglichte. Jedoch spricht man mittlerweile nicht mehr von der hauptsächlich von Friedrich Prinz postulierten Zweiteilung des bayerischen Herzogtums in eine östliche und westliche Hälfte: hiernach sollten in der östlichen Hälfte die herzoglichen Gründungen vorherrschen, während in der westlichen der oppositionelle westbayerische Adel unter dem Einfluß der Franken als Klostergründer in Erscheinung trat (PRINZ 365–378). Hingegen konnte Holzfurtner zeigen, daß die *„Gesamtheit der frühbayerischen Klöster über das gesamte Stammesherzogtum hinweg ... sich in einer recht gleichmäßigen Verteilung (präsentiert). Es gibt keine von einem bestimmten Gründungstyp beherrschten Räume, und auch kaum einen, in dem eine bestimmte Art von Kloster überhaupt nicht vorkommt. (...) Den Grundstein zu einem monastischen Bayern legte Herzog Odilo mit der Gründung Niederaltaichs"* (730/40) (HOLZFURTNER 271). Seit den Forschungen von S. Mitterer wissen wir, daß das Einvernehmen zwischen Klostergründern und Bischöfen keinesfalls immer gegeben war, im Gegenteil: adlige Klostergründungen waren immer wieder von heftigen Auseinandersetzungen zwischen den Parteien begleitet.

Die Gründe für Stiftungen von Klöstern kann man in verschiedenen Richtungen sehen (REINDEL 223–225): zunächst in religiösen Motiven der Stifter, denen es um ihr eigenes Seelenheil und die Ausbreitung und Festigung des Glaubens ging. Auch dürften wirtschaftliche und politische Gründe ausschlaggebend gewesen sein, ging es doch auch um Landausbau und Rodung, aber auch um Missionierung hauptsächlich nach Osten.

Die sog. Urklöster im Bereich des Bistums Regensburg sind vom Gründungstyp sowohl Herzogs- als auch Adelsklöster. Unklar ist die Ausgangslage noch immer für St. Emmeram in Regensburg. Ob sich am Grab des Märtyrers ein Kloster bildete, vielleicht vom Herzogshaus, das mehr oder minder die Schuld an dessen Tode trug, besonders gefördert, läßt sich nur vermuten. So hat es den Anschein, das Kloster sei nicht recht viel früher als das Bistum gegründet worden, nämlich um 739. Für die Zeit Herzog Hucberts (727–737) jedenfalls ist die Existenz eines Emmeramsklosters bislang nicht zu belegen.

Die Stiftung von Chammünster hängt mit der Bistumserrichtung zusammen und erfolgte 739 durch Herzog Odilo.

Als Gründungen und Stiftungen Herzog Tassilos III. gelten Münchsmünster, Pfaffmünster und nun wohl auch Weltenburg. Unklar ist die Gründung im Falle des Petersklosters Münster bei Rottenburg

an der Laaber und eines nicht einmal namentlich bekannten Klosters (vielleicht Engelbrechtsmünster), für die auch der Herzog in Frage kommen könnte.
Das noch immer nicht lokalisierte Kloster Berg im Donaugau zählt schließlich schon zu den Adelsklöstern: sein Gründer Wolchanhard wurde um 766/770 auch der erste Abt des Klosters, dessen Herr er auch geblieben zu sein scheint. Einem ähnlichen Fall begegnet man in Metten, das wohl 766 durch Utto gestiftet wurde und dessen ursprüngliche Aufgabe ähnlich der Chammünsters im Landausbau (nach Norden in den Bayerischen Wald) lag.
Das Kloster in Vuerida (Wörth an der Donau) war offensichtlich ein regensburgisches Eigenkloster, dessen Gründung, durch die Schenkung eines gewissen Opi ermöglicht, 765–788 stattgefunden haben muß.
Die frühe Geschichte unserer ältesten Klöster ist noch immer in weiten Teilen im Dunkel von Gründungslegenden und durch das Fehlen verläßlicher Zeugnisse verborgen. Es steht fest, daß auch im Bereich des Bistums Regensburg die Blütezeit monastischer Kultur in der späteren Agilolfingerzeit ab ca. 740 und der frühen Karolingerherrschaft einsetzte. Es könnte durchaus ein Zusammenhang mit der Bistumserrichtung 739 bestehen, die ja doch eine Konsolidierung der kirchlichen Ordnung bedeutete, nicht nur für die Bischöfe, sondern auch für die Klöster.

Literatur: P. Sigisbert MITTERER, Die bischöflichen Eigenklöster in den vom Heiligen Bonifatius 739 gegründeten bayerischen Diözesen (Studien und Mitteilungen zur Geschichte des Benediktinerordens und seiner Zweige, 2. Ergänzungsheft 1929). – Ludwig HOLZFURTNER, Gründung und Gründungsüberlieferung. Quellenkritische Studien zur Gründungsgeschichte der bayerischen Klöster der Agilolfingerzeit ... (Münchner Historische Studien XI), Kallmünz 1984. – Handbuch der bayerischen Geschichte I, hgb. von Max SPINDLER, München [2]1981, S. 204–225 (Kurt REINDEL). – Friedrich PRINZ, Frühes Mönchtum im Frankenreich, München-Wien 1965, S. 317–445. – Karl HAUSBERGER, Geschichte des Bistums Regensburg I, Regensburg 1989, S. 43–48. – Andreas KRAUS, Zweiteilung des Herzogtums der Agilolfinger? – Die Probe aufs Exempel, in: Blätter für deutsche Landesgeschichte 112 (1976), S. 16–29.

Peter Morsbach

DIE ANFÄNGE DES KLOSTERS WELTENBURG

Auch wenn in der jüngsten Forschung noch immer darauf beharrt wird, daß Kloster Weltenburg bereits kurz nach dem Jahre 600 durch den Columbanschüler und irisch-burgundischen Missionar Eustasius aus Luxeuil und seinen Begleiter Agilus gegründet worden sei, so ist diese Vermutung dennoch eindeutig in den Bereich der Legende zu verweisen. Denn sie basiert auf der falschen Zuordnung der Klostertradition zu einer Zeichnung, die den Gründungsvorgang bzw. die Einweisung von St. Agilus als Abt durch seinen Vorgänger St. Eustasius darstellen soll. Die legendenhafte Klostertradition besagt außerdem, daß die Heiligen Emmeram und Rupert ebenfalls an diesem Orte gewirkt haben sollen. Doch entzieht sie sich für die Frühzeit jeglicher wissenschaftlichen Überprüfbarkeit. Und die genannte bildliche Darstellung, die immer wieder als Beweis für das ehrwürdige Alter des Klosters angeführt wird, zeigt lediglich zwei Heilige, die in einem in St. Emmeram für Kloster Prüll 1047/49 angefertigten Martyrolog-Nekrolog, der erst kurz nach 1100 nach Weltenburg gebracht wurde, abgebildet sind. Die zwei Personen mit dem Abtsstab können also kaum Eustasius und Agilus als Gründer von Weltenburg zeigen, vielmehr wird neuerdings diese Darstellung als Einweisung des ersten Abtes von Prüll Bonifacius durch den hl. Benedikt gedeutet. Ebensowenig darf die Nennung eines Herzogs Tassilo (I. ?) als Klostergründer in demselben Codex unmittelbar mit Weltenburg in Verbindung gebracht werden.

Ausgrabungen im nahegelegenen Ort Staubing haben jedoch ergeben, daß sich dort seit dem ausgehenden 6. Jahrhundert bis zur Mitte des 8. Jahrhunderts eine Siedlung befunden hat, die zudem über eine hölzerne Friedhofskirche verfügte. Einige mit besonders wertvollen Beigaben ausgestattete Gräber deuten ferner darauf hin, daß eine durch Lage und Umfang herausgehobene Gruppe – allgemein als bajuwarischer Ortsadel bezeichnet – eine Sonderstellung innerhalb der Staubinger Gesellschaft innegehabt haben muß. Vielleicht sind hier am ehesten Beziehungen zur Errichtung des Weltenburger Klosters zu suchen, obwohl auch dazu die schriftlichen Quellen schweigen. Die auffälligen Grabbeigaben, vor allem aber das geköpfte Pferd nahe den „Adelsgräbern", schließen nicht unbedingt die Christianisierung der Bevölkerung aus. Gerade für diese Frühzeit ist durchaus mit heidnisch-christlichen Synkretismen zu rechnen, wie dies auch die wiederholten Konzilsbeschlüsse gegen heidnische Bräuche verdeutlichen. Zudem legen zwei Goldblattkreuze und vielleicht eine Schöpfkelle in anderen Gräbern nahe, daß das Christentum stärker unter der Bevölkerung Fuß gefaßt haben mußte. Nur wenn man entgegen dem aktuellen Forschungsstand dennoch von einer frühen Gründung des Klosters ausgeht, könnten vielleicht auch die spätere Verbindung der Staubinger Pfarrkirche mit Weltenburg sowie die geographische Lage des Klosters Indizien dafür sein, daß die Anlage der Mönchsgemeinschaft nicht ohne die Mitsprache des dortigen Adels zustande kam.

In den schriftlichen Quellen könnte Weltenburg erstmals 819 greifbar werden, damals wurde ein nicht näher bezeichnetes Kloster *Altemburc* in der Liste der Reichsklöster aufgeführt, die zwar nicht Krieger zu stellen, aber doch Abgaben zu erbringen hatten. Falls dieses Kloster *Altemburc* mit Weltenburg gleichzusetzen ist, dann könnte dies in der Tat als ein Hinweis gesehen werden, daß es bis zur Absetzung des Agilolfingerherzogs Tassilo III. im Jahre 788 unter dessen Herrschaft gestanden hatte und danach Karl dem Großen unterstellt war. Recht spät, in der ersten Hälfte des 10. Jahrhunderts, setzen die frühesten schriftlichen Aufzeichnungen über den Besitz des Klosters ein, und völlig gesichert ist erst die Notiz, daß Weltenburg 1123 bischöfliches Eigenkloster war. Wegen der unsicheren Quellenlage kann Weltenburg also künftig weder mit der irischen Mission noch mit Herzog Tassilo I. (ca. 591–610) in Verbindung gebracht werden. Ohne archäologische Untersuchung muß offen bleiben, ob das Kloster zu den bayerischen „Urklöstern" gezählt werden darf oder nicht.

Literatur: Matthias Thiel, Die Traditionen, Urkunden und Urbare des Klosters Weltenburg (Quellen und Erörterungen N.F. 14), München 1958. – Georg Schwaiger, Das Kloster Weltenburg in der Geschichte, Beiträge zur Geschichte des Bistums Regensburg 11 (1977) S. 51–59. – Eckhard Freise, Kalendarische und annalistische Grundformen der Memoria, in: Memoria. Der geschichtliche Zeugniswert des liturgischen Gedenkens im Mittelalter, hg. v. K. Schmid und J. Wollasch (Münstersche Mittelalter-Schriften 48), München 1984, S. 441–577, bes. S. 447–481. – Ludwig Holzfurtner, Gründung und Gründungsüberlieferung. Quellenkritische Studien zur Gründungsgeschichte der bayerischen Klöster der Agilolfingerzeit und ihrer hochmittelalterlichen Überlieferung (Münchner Historische Studien, Abt. Bayerische Geschichte 11), Kallmünz 1984, S. 217–220. – Walter TORBRÜGGE, Die Legende von der Weltenburger Klostergründung, in: Regensburg – Kelheim – Straubing 2 (Führer zu archäologischen Denkmälern in Deutschland 6), Stuttgart 1984, S. 143–149. – Konrad SPINDLER, Archäologische Aspekte zur Siedlungskontinuität und Kulturtradition von der Spätantike zum frühen Mittelalter im Umkreis des Klosters Weltenburg an der Donau, in: Archäologische Denkmalpflege in Niederbayern, 10 Jahre Außenstelle des Bayerischen Landesamtes für Denkmalpflege in Landshut (1973–1983) (Arbeitsheft 26 des Bayerischen Landesamtes für Denkmalpflege), München 1985, S. 179–200. – Eckhard FREISE, Der Codex I 2 2° 8 der Universitätsbibliothek Augsburg, in: Das Martyrolog von St. Emmeram zu Regensburg, hg. v. E. Freise, D. Geuenich und J. Wollasch (MGH Libri mem. N. S. 3), Hannover 1986, S. 28–95, bes. S. 35–38.

Christian Lohmer

23. Martyrolog-Nekrolog

Regensburg, St. Emmeram, um 1047/49
Pergament, 27,5 × 18,4 cm, fol. 45ʳ

München, Bayerisches Hauptstaatsarchiv, KL Weltenburg 8

Im heutigen Weltenburger Klosterliterale 8 des Bayerischen Hauptstaatsarchivs in München findet sich auf fol. 45ʳ über der Nennung des Apostels Bartholomäus zum 24. August eine Miniatur, die zwei Äbte vor schematisch angedeuteten Klostergebäuden bei der Amtsübergabe zeigt. Der eine wird in der Handschrift, die nach neueren Erkenntnissen um 1047/49 wahrscheinlich in St. Emmeram angelegt wurde, mit einem Nimbus als Heiliger gekennzeichnet, der andere gibt durch seine Devotionshaltung zu erkennen, daß er von seinem Gegenüber etwas in Empfang nimmt. Eine ähnliche Szene mit zwei Mönchen, einem Patron und Konventsgebäuden findet sich in einem etwa 10 Jahre älteren Martyrolog-Nekrolog aus St. Emmeram, und zwar zum 22. und 23. September auf fol. 49ᵛ und 50ʳ in dem heutigen Codex I 2 2° 8 der Universitätsbibliothek Augsburg. Da es sich bei diesen beiden Handschriften um Heiligenfestkalender mit Totenbucheinträgen handelt, wurde aus ihnen gemäß ihrer liturgischen Bestimmung beim täglichen Kapiteloffizium im Kloster vorgetragen; die beschriebenen Illustrationen sollten die Gemeinschaft an den Gründungs- bzw. Weiheakt erinnern. Die Bilder verkörpern demnach die Fundation der Klöster, für die man die Codices zunächst angefertigt hatte. Während der zweitgenannte, ältere Codex zweifelsfrei in St. Emmeram für das eigene Kloster angefertigt wurde und die Darstellung auf den hl. Emmeram und seine Mönche zu beziehen ist, bereitete die Frage nach dem Bestimmungsort des „Weltenburger" Bandes bis in die jüngste Zeit Schwierigkeiten. Der Weltenburger Pater Benedikt Paringer hatte nämlich die aus seinem Kloster überlieferte Handschrift mit der Klostertradition seines Hauses in Zusammenhang gebracht, wonach Weltenburg von dem Columbanschüler Eustasius um 600 gegründet worden sei. Die Miniatur wäre demnach als die Einweisung des ersten Abtes Agilus durch seinen Lehrer Eustasius zu interpretieren gewesen. Diese Auffassung hielt sich in der Forschung bis in die jüngste Zeit. Die Ansichten des Mettener Paters Alfons M. Zimmermann, der als ursprünglichen Empfänger von Weltenburg Klosterliterale 8 das ehemalige Benediktinerkloster Prüll vor den Toren Regensburgs vermutete, blieben meist unbeachtet. Erst Eckhard Freise gelang der umfassende Nachweis, daß Paringer und viele mit ihm irrten und daß die Handschrift erst nach 1100 in das Kloster Weltenburg gelangte, eine Darstellung der Weltenburger Klostergründung also auszuschließen ist. Eines seiner Indizien besagt, daß zunächst im 11. Jahrhundert nicht der hl. Vitus, sondern der hl. Apostel und Märtyrer Bartholomäus der Patron des Regensburger Vorstadtklosters Prüll war. Die umstrittene Miniatur zeigt somit nach Freise den Mönchsvater Benedikt bei der Einweisung des Prüller Gründerabts Bonifacius.

Literatur: Franz Ludwig BAUMANN (Hg.), Necrologium Weltenburgense, in: Dioeceses Brixinensis, Frisingensis, Ratisbonensis (MGH Necr. 3), Berlin 1905, S. 369–383. – Benedikt PARINGER, Das alte Weltenburger Martyrologium und seine Miniaturen. Ein Beitrag zur Frühgeschichte des Klosters Weltenburg, in: Studien und Mitteilungen zur Geschichte des Benediktiner-Ordens und seiner Zweige 52 (1934), S. 146–165. – Benedikt PARINGER, Das alte Weltenburger Nekrologium. Eine Studie zur Frühgeschichte der Abtei, in: Verhandlungen des Historischen Vereins für Niederbayern 83 (1957), S. 39–59. – Alfons Maria ZIMMERMANN, Das älteste Martyrologium und Nekrologium von St. Emmeram in Regensburg, in: Studien und Mitteilungen zur Geschichte des Benediktiner-Ordens und seiner Zweige 63 (1951), S. 140–154. – Georg SCHWAIGER, Das Kloster Weltenburg in der Geschichte, in: Beiträge zur Geschichte des Bistums Regensburg 11 (1977), S. 51–59. – Ludwig HOLZFURTNER, Gründung und Gründungsüberlieferung. Quellenkritische Studien zur Gründungsgeschichte der bayerischen Klöster der Agilolfingerzeit und ihrer hochmittelalterlichen Überlieferung (Münchner Historische Studien, Abt. Bayerische Geschichte 11), Kallmünz 1984, S. 217–220. – Eckhard FREISE, Kalendarische und annalistische Grundformen der Memoria, in: Memoria. Der geschichtliche Zeugniswert des liturgischen Gedenkens im Mittelalter, hg. v. K. Schmid und J. Wollasch (Münstersche Mittelalter-Schriften 48), München 1984, S. 441–577, bes. S. 447–481. – Eckhard FREISE, Der Codex I 2 2° 8 der Universitätsbibliothek Augsburg, in: Das Martyrolog-Necrolog von St. Emmeram zu Regensburg, hg. v. E. Freise, D. Geuenich und J. Wollasch (MGH Libri mem. N. S. 3), Hannover 1986, S. 28–95, bes. S. 35–38 und S. 51–66. – Hartmut HOFFMANN, Buchkunst und Königtum im ottonischen und frühsalischen Reich (Schriften der MGH 30,1), Stuttgart 1986, S. 292.

Christian Lohmer

24. Ansicht der mittelalterlichen Klosteranlage Weltenburg von Norden

Weltenburg, um 1608
kolorierte Federzeichnung, 28,6 × 19,3 cm

Weltenburg, Benediktinerabtei St. Georg

Zwischen 1714 und 1718 wurde unter dem Abt Maurus Bächl (1713–1743) der Klosterkomplex samt Kirche neu errichtet. Von der mittelalterlichen Klosterkirche blieben die Umfassungsmauern stehen, in die Cosmas Damian Asam sein Meisterwerk zu setzen hatte.
Auf der Ansicht, von der es eine Kopie des Weltenburger Steinmetzen Johann Michael Kürschner von 1780 gibt (München, Bayerische Staatsbibliothek Cgm 1885, fol. 48), wird die mittelalterliche Kirche als langgestreckter, rechteckiger Saalbau mit getrennt stehendem Nordturm und rundbogigen Fenstern überliefert. Westlich vor der Kirche lag die alte Abtei, nördlich schloß sich das Kreuzgangsgeviert an (genauere Beschreibung bei Riess 220f.). Eine Rekonstruktion des Kircheninnenraums ist problematisch, da der ihr zugrundeliegende Plan knapp 70 Jahre nach ihrem Abbruch *„nach Aussage alter, glaubwürdiger Männer, die die alte Anlage noch gesehen hatten“* (Riess 220) angefertigt wurde. Demnach soll der Innenraum von einem durch Stufen erhöhten Lettner in Mönchschor und Laienkirche geteilt worden sein. Die Lettnerbühne diente als Musikempore, zwei Zugänge ermöglichten den Zugang zum Chorbereich. Im Langhaus standen östlich zwei Seitenaltäre, westlich zwei Beichtstühle. Der Innenraum dürfte flach gedeckt gewesen sein.
Aus welcher Zeit die Weltenburger Klosterkirche stammte, läßt sich mit letzter Sicherheit nicht mehr bestimmen. Die erste Kirchweihe um 700 durch den hl. Rupert ist legendär, gesichert ist das Weihedatum 1191 zu Beginn der zweiten Benediktinerperiode. Unter Abt Konrad V. wird für 1447–1449 eine Erneuerung von Kirche und Klostergebäuden überliefert. In welchem Umfang diese tatsächlich durchgeführt wurde, ist nicht mehr zu sagen. Am ehesten wird man an eine Modernisierung der bestehenden Baulichkeiten denken. Auch mag die Plünderung des Klosters durch kaiserlich spanische Hilfstruppen 1546 weitere Schäden und danach Umbauten nach sich gezogen haben.

Literatur: Die Kunstdenkmäler von Niederbayern VII: Bezirksamt Kelheim, bearb. von Felix Mader, München 1922, S. 356, 362. – Otmar Riess, Die Abtei Weltenburg zwischen Dreißigjährigem Krieg und Säkularisation (1626–1803) (Beiträge zur Geschichte des Bistums Regensburg 9), Regensburg 1975, S. 220f., Abb. 3. – Lothar Altmann, Wolfgang Thürmer, Benediktinerabtei Weltenburg a.d. Donau, München-Zürich [2]1986.

Peter Morsbach

MÜNCHSMÜNSTER

Die frühe Geschichte des ehemaligen Benediktinerklosters Münchsmünster a.d. Ilm ist nur undeutlich und in Umrissen bekannt. Allgemein wird eine Gründung zwischen 750 und 760 durch Herzog Tassilo III. unter maßgeblichem Einfluß iroschottischer Mönche angenommen. Indizien hierfür liefern der Forschung eine Inschrift in der alten Klosterkirche Weltenburg und Heiligennamen im Nekrolog und Kirchweihbericht. Diese Indizien jedoch stehen auf schwachen Füßen.

Die Inschrift, die sich im Chor der mittelalterlichen, im frühen 18. Jahrhundert abgebrochenen Kirche des Klosters Weltenburg befand, berichtete, daß Herzog Tassilo III. in Bayern sechs Klöster gründete. Drei Geschichtsschreiber – Andreas von Regensburg, Veit Arnpeck und Andreas Noricus, d.i. Bertold von Kremsmünster – überliefern diese Inschrift im 15. Jahrhundert. Orthographisch, aber nicht inhaltlich unterscheiden sich die drei Versionen, nach denen von der Gründung von sechs Klöstern die Rede ist, jedoch nur fünf aufgezählt werden: Weltenburg, Kremsmünster, Lorch, Wessobrunn und Pfaffmünster. Ferdinand JANNER, löst „Kremsmünster" in „Krems, Münster" auf (JANNER I 87) und nennt somit den älteren Namen für Münchsmünster, nämlich Münster oder Monasterium. Dem schloß sich Georg LEIDINGER (LEIDINGER, Andreas 28) an. Heute lassen sich das genaue Alter der Inschrift und die Frage, ob in dieser Inschrift eine legendäre Überlieferung oder tatsächliche Verhältnisse geschildert werden, ob sie überhaupt richtig gelesen und überliefert ist, nicht mehr nachprüfen. Veit ARNPECK zählt an anderer Stelle nochmals die Tassilonischen Gründungen auf, unter denen nun noch Passau, Frauenchiemsee und Ensdorf, aber wiederum nicht Münchsmünster erwähnt werden (LEIDINGER, Arnpeck 470). Weder er noch ANDREAS VON REGENSBURG erwähnen Münchsmünster für die frühe Zeit überhaupt, im Gegensatz zu AVENTINUS, der Münchsmünster eindeutig als Gründung Tassilos hervorhebt (AVENTINUS 104).

Eine zweite, beweiskräftigere Aussage über einen iroschottischen Einfluß auf die Klostergründung vielleicht unter Tassilo III. scheint sich aus dem bei den Iren sehr beliebten Petrus-Patrozinium des Klosters, mehr noch aus den Heiligennamen, die im Nekrolog und dem Kirchweihbericht von 1092 erwähnt sind, zu ergeben, worauf THIEL und ENGELS hinwiesen (THIEL-ENGELS 59*, 51), wie *Brigida von Kildare*, die Patronin Irlands, *Alto*, was auf eine Beziehung zu dem von ihm um die Mitte des 8. Jahrhunderts gegründeten Klosters Altomünster weist, und *Gertrud von Nivelles*. Doch ist zu bedenken, daß die geweihten Kirchen Münchsmünsters, in denen diese Reliquien aufbewahrt wurden, Neubauten waren und es nicht feststeht, ob Reliquien aus der rund 170 Jahre vorher zerstörten alten Klosterkirche übernommen oder nicht vielleicht für die Weihe von einem anderen Kloster wie Altomünster geschenkt wurden.

Als drittes ist im Hinblick auf die Frage, wie lebendig die Tradition einer Tassilonischen Stiftung blieb, zu bemerken, daß der 1131 datierte Bericht über die Wiederherstellung des Klosters im Hinblick auf seine Geschichte sein hohes Alter und die Säkularisation unter Herzog Arnulf von Bayern im frühen 10. Jahrhundert hervorhebt, aber betont, daß dieses hohe Alter nur gerüchtweise überliefert wird (THIEL-ENGELS Urk. 2).

Ein weiteres frühes Kloster des Bistums Regensburg wurde lange Zeit mit Münchsmünster in Verbindung gebracht: das bischöflich-regensburgische Eigenkloster St. Peter in *Uuerid*, das seit DACHS mit einiger Wahrscheinlichkeit in Wörth a.d. Donau lokalisiert werden kann (DACHS 189f.), wo es jedoch im 10. Jahrhundert gänzlich verschwand.

Von den ersten Äbten des Benediktinerklosters Münchsmünster ist so gut wie nichts bekannt. Auf zwei wichtigen frühen Synoden treten in Dingolfing 769 Abt Sigideo und in Reisbach 799 Abt Anno auf. Ersterer ist „urkundlich zweifelhaft" (LINDNER 396), letzterer kann nicht zweifelsfrei nach Münchsmünster lokalisiert werden (THIEL-ENGELS 69*).

Eine Urkunde des 10. Jahrhunderts verzeichnet (damals verfremdeten) Besitz des Klosters in der Gegend von Bad Hall, Thaur und Stadeln in Tirol (THIEL-ENGELS Trad. Nr. 2), eine Besitzschenkung in Großhausen (Kreis Aichach) durch König Arnulf wird 888 überliefert.

Das Ende des ersten Abschnittes der Klostergeschichte bedeuteten Zerstörungen der Ungarn und die Säkularisation unter Herzog Arnulf von Bayern, die entweder um 907–914 oder um 921–937 durchge-

führt wurde. Auch die nachfolgende Periode des späten 10. bis frühen 12. Jahrhunderts ist in kaum weniger tiefes Dunkel getaucht.
Nachdem Herzog Arnulf das Kloster säkularisiert und zu Lehen vergeben hatte, bildete sich noch im späten 10. Jahrhundert ähnlich wie in Weltenburg ein Kanonikerkonvent. Dieser etablierte sich wohl im nahegelegenen Ort Schwaig, da das alte, etwas außerhalb des heutigen Ortes Münchsmünster gelegene Kloster offensichtlich zerstört, zumindest aber unbewohnbar war (Aventinus 258, 321). Die Kanoniker ließen sich in einer neuen kleinen Siedlung nieder, die sich *„zweifellos unter (ihrem) maßgeblichen Einfluß... in der Nähe des Klosters entweder an Stelle der zerstörten alten Siedlung oder ganz neu"* gebildet hatte, nachdem sie dort zu Ehren des Hl. Sixtus eine Pfarrkirche hatten errichten lassen (Thiel-Engels 62* f.). Dieser Prozeß zog sich ungefähr über ein Jahrhundert hin.
Am 3. und 4. Februar 1092 weihte Bichof Gebhard IV. von Regensburg drei neuerrichtete Kirchen in Münchsmünster: die Klosterkirche St. Petrus, die Pfarrkirche St. Maria und St. Sixtus und eine Deifaltigkeitskapelle. Die Konventgebäude bestanden bei der Pfarrkirche.
Auch aus der Kanonikerperiode sind wiederum nur zwei Namen überliefert: Propst Tato gehört ins 3. Viertel des 11. Jahrhunderts, der Archipresbyter und letzte Propst Gerold regierte im 1. Drittel des 12. Jahrhunderts. Unter ihm endete dieses knapp eineinhalb Jahrhunderte währende Zwischenspiel: der Kanonikerkonvent kam in der Disziplin und der wirtschaftlichen Lage auf einen Tiefpunkt und wurde schließlich von Bischof Otto von Bamberg aufgehoben, der ihn von Markgraf Diepold III. und dessen Lehensherr Herzog Heinrich X. erwarb. Kaiser Lothar III. überschrieb es 1133 dem Bistum Bamberg.
Otto und Bischof Kuno I. von Regensburg besetzten das neu- oder wiedererrichtete Benediktinerkloster mit Mönchen aus Prüfening, aus deren Mitte 1132 der Mönch Richard zum ersten Abt geweiht wurde. Privilegien und Bestätigungen der Könige Lothar III. und Konrad III. und der Schutz des Papstes Innocenz II. halfen dem Kloster, das zusammen mit dem Ort nun seinen heutigen Namen Münchsmünster annahm, über die ersten Schwierigkeiten mit dem Markgrafen oder dem Regensburger Bischof hinweg.
Nach einer Blüte im 14. und 15. Jahrhundert endete in der Reformationszeit um die Mitte des 16. Jahrhunderts auch dieser Abschnitt der Geschichte des alten bayerischen Klosters.

Literatur: Monumenta Boica XIII. Monumenta Weltenburgensia, München 1777, S. 506f. – Pirmin Lindner, Monasticon Metropolis Salisburgensis antiquae, Salzburg 1908, S. 396f. – Veit Arnpeck, Sämtliche Chroniken, hgb. von Georg Leidinger (Quellen und Erörterungen zur bayerischen Geschichte NF III, 1915), S. 84, 470. – Andreas von Regensburg, Sämtliche Werke, hgb. von Georg Leidinger (Quellen und Erörterungen zur bayerischen Geschichte NF 1, 1903), S. 28. – Johannes Turmair's genannt Aventinus Bayerische Chronik (Sämtliche Werke Bd. 5), hgb. von Matthias von Lexer, II, München 1886. – Ferdinand Janner, Geschichte der Bischöfe von Regensburg I, Regensburg – New York – Cinncinati 1883, passim. – Hans Dachs, Germanischer Uradel im frühbaierischen Donaugau, in: VHVO 86 (1936), S. 189f. – Matthias Thiel – Odilo Engels, Die Traditionen, Urkunden und Urbare des Klosters Münchsmünster (Quellen und Erörterungen zur bayerischen Geschichte NF. Bd. XX), München 1961. – Rudolf Osterauer, Münchsmünster mit Wöhr und Schwaig im Wandel der Zeiten, Pfaffenhofen 1981. – Walter Haas – Ursula Pfistermeister, Romanik in Bayern, Stuttgart (1985), S. 304. – Otmar Riess, Die Abtei Weltenburg zwischen Dreißigjährigem Krieg und Säkularisation (1626–1803) (BGBR 9, 1975), S. 11.

Peter Morsbach

25. Kloster Münchsmünster von Westen

Kupferstich aus: Michael Wening, Historica-Topographica Descriptio. Das ist: Beschreibung / Deß Churfürsten- vnd Hertzogthumbs Ober- vnd Nidern Bayrn, Teil I, Rentamt München, München 1701, M 214f.
25×36 cm

Kunstsammlungen des Bistums Regensburg

Im Mittelpunkt der Klosteranlage, die seit 1556 von den Benediktinern verlassen und 1599 den Ingolstädter Jesuiten inkorporiert wurde, steht die im frühen 13. Jahrhundert durch einen Neubau ersetzte bzw. weitgehend umgebaute Kirche St. Petrus, an die sich südlich im Geviert die Klostergebäude und westlich ein Vorhof mit Nebengebäuden und Torhaus anschließen. Die schmale und langgestreckte Kirche zeigt einen westlichen Portalvorbau (Kat. Nr. 26) und zwei Türme, deren nördlicher nur als Stumpf mit Pyramidendach stand, der südliche hingegen etwa sechs Geschosse hoch im oberen Geschoß je ein Paar von Klangarkaden besaß, die durch ein Mittelsäulchen unterteilt wurden. Es handelte sich um einen schlichten, einschiffigen Bau zu vier Jochen, wie

auch die langen Fensterbahnen des Kirchenschiffs dies andeuten, obwohl man bei Wening im Hinblick auf solche Details stets sehr vorsichtig urteilen sollte.
Nach einer kurzen Zeit unter den Maltesern (1782 bis 1808) wurde das Kloster 1815 auf Anordnung der Regierung auf Abbruch verkauft, so daß heute nur mehr wenige Reste ehemaliger Nebengebäude erhalten blieben.

Literatur: Matthias THIEL – Odilo ENGELS, Die Traditionen, Urkunden und Urbare des Klosters Münchsmünster (Quellen und Erörterungen zur bayerischen Geschichte NF XX), München 1961, 65*f. – Rudolf OSTERAUER, Münchsmünster mit Wöhr und Schwaig im Wandel der Zeiten, Pfaffenhofen 1981.

Peter Morsbach

26. Das Portal der ehemaligen Klosterkirche Münchsmünster (um 1200)

Kupferstich von Anton NAGEL, aus: Notitiae origines domus Boicae illustrantes, München 1804

Gewände und Archivolten des 1815 abgebrochenen Portals der ehemaligen Klosterkirche St. Peter in Münchsmünster wurde 1820 nach Landshut übertragen und als Friedhofsportal wieder aufgebaut. Erhalten blieben das vierfach gestufte Gewände mit je drei eingestellten Säulen über hohen Basen und die Archivolten. Die Basen sind nach Ansicht Landsbergs jünger (19. Jahrhundert?), da Nagels Stich an ihrer Stelle figürliche Teile zeigt. Die äußere Einfassung bildet ein Zickzackband, das von zwei Rundstäben eingefaßt wird. Gewände und Archivolten werden durch eine mit männlichen Masken besetzte Kapitellzone getrennt. An der Front prangen drei Köpfe, im Gewände wechseln zwei jeweils um die Säulen gelegte mit einer auf der Stufenkante sitzenden Maske. Die Gesichter sind breit und flach, mit groben Einzelformen. Die von Wulsten gerahmten Augen treten hervor. Der Kinnbart mancher Masken teilt sich in parallele Strähnen und liegt unter den eingeschnittenen Wangen; die Haare legen sich in drei Wellen aus ebenfalls parallelen Strähnen über die Stirn. Das Kämpferband über den Köpfen trägt eine mit gekerbten, dreifiedrigen Blättern besetzte Wellenranke.
Das Bildprogramm des Portals ist aus den spärlichen Resten im Bayerischen Nationalmuseum, München und aus dem Stich von 1804, der in Details nicht sehr zuverlässig, weil teilweise unverstanden, nur schwerlich zu rekonstruieren. Auffallend war zunächst die außerordentlich reiche Verwendung plastischen Schmucks, nicht nur am eigentlichen Portal, sondern mehr noch in der von einem Rechteckrahmen eingefaßten Zone darüber. Diesen Aufbau sah Karlinger als Hinweis auf lombardischen Einfluß. Formal Verwandtes findet sich in Freising, jedoch besitzen die Münchsmünsterer Werke einen stärkeren Reliefcharakter. Im Tympanon befand sich nach dem Stich ein Lamm Gottes mit Kreuzstab, flankiert von Sonne und Mond. Der Stich zeigt über einer doppelten Zickzackreihe einzelne Masken und zwei rückwärts gewandte Tiere, über der großen Mittelmaske einen großen Kruzifixus. Über dieser Reihe lief eine Wellenranke, über der in zwei Registern unter Reliefdarstellungen verschiedener fischleibiger Fabelwesen, Tiere, anthropomorpher Gestalten, darüber vegetabile Motive und – besonders auffällig – ein von einem Pferd gezogener Reisewagen zu sehen waren. Die ganze Portalanlage muß von einem stark ornamentierten Rahmen mit verschiedenen Masken umgeben gewesen sein.

Literatur: Anna LANDSBERG, Die Romanische Bau-Ornamentik in Südbayern, München 1917, S. 69f. – Hans KARLINGER, Die romanische Steinplastik in Altbayern und Salzburg 1050–1260, Augsburg 1924, S. 83–85, Tf. 122f.

Peter Morsbach

27. Architekturfragmente aus Münchsmünster

Oberbayern, frühes 13. Jahrhundert
Kelheimer Marmor

München, Bayerisches Nationalmuseum

Die vier, erstmals in einer Ausstellung gezeigten Architekturfragmente wurden vom Bayerischen Nationalmuseum 1891/92 aus Privatbesitz in Münchsmünster erworben, wo sie z. T. in Gebäuden eingemauert waren. Sie gehören zu einem größeren Komplex von Bauplastik, der den Abbruch der Klosterkirche überstand und sind mit den erhaltenen Teilen des alten Westportals eng verwandt.

1. Zwei Drachenbasen

H 22 cm, B 43,5 cm, T 26,5 cm
Inv. Nr. MA 659, 660
Die beiden fast identischen Stücke sind von Wandpfeilern abgearbeitete Basen für Halbsäulen. Über einer Plinthe mit leicht zurückspringendem Plättchen hockt ein Drache mit umgewandtem Kopf, der mit anderen Drachen, die nur noch fragmentarisch auf den Seiten erhalten sind, sich kunstvoll verschlingt und in einen Schwanz beißt. Die Drachen, elegante, kraftvolle Schöpfungen, zeigen in den geschuppten und mit Hornplatten belegten Hinterteilen große Liebe zum Detail.

2. Fragment mit bärtigem Kopf

H 31,5 cm, B 34,5 cm, T 32,5 cm
Inv. Nr. MA 664
Das Fragment zeigt ein in Form einer Halbsäule herausgearbeitetes Gesicht mit sehr großen, runden Augen, deren glotzende Pupillen aus halbrunden Vertiefungen bestehen. Die Wangen weichen stark nach unten zurück, die Stirn-Nasen-Linie ist dem Block folgend gerade. Der Vollbart teilt sich von seiner Zeichnung her in zwei Bereiche: auf dem Oberkiefer bzw. der Oberlippe laufen die Barthaare in parallelen Strähnen gerade nach hinten, im Kinnbart sind sie fast radial angeordnet. Dieses Stück weist eine enge Verwandtschaft zu den Kopfmasken des alten Westportals auf.

3. Bogenstein

H 48,5 cm, B 36 cm, T 40,5 cm
Inv. Nr. MA 666

Das Relief zeigt eine außen sitzende Maske, deren Mund eine Ranke entwächst. Das Gesicht mit dem an den Enden eingerollten Bart prägen von starken Lidern eingefaßte Augen, auch im Schnitt den Köpfen des Westportals wiederum verwandt. Der Rankenstengel entrollt sich in zwei gegenständigen Rankenpaaren nach oben und unten. Die Ranken enden jeweils in dreiblättrigen Kelchen, in den Zwickeln sitzen Traubenstengel. Innen an der Laibung läuft ein Rundstab entlang. Auf dem Relief blieben Farbreste erhalten.

Der ursprüngliche Anbringungsort der Relieffragmente läßt sich nicht mehr bestimmen. Sie gehören sicherlich nicht zum Westportal, sondern zu einem anderen Komplex. Wie der exzellente Erhaltungszustand nahelegt, der praktisch nur Schäden vom Abbruch aufweist, befanden sie sich an einer geschützten Stelle, vielleicht sogar im Inneren der Kirche. Karlingers Vermutung, es handle sich (bezogen auf andere zugehörige Stücke im Bayerischen Nationalmuseum) um Reste eines Baldachins, mag zumindest für den Bogenstein zutreffen. Die anderen Stücke sind nicht zuzuweisen, könnten zu einer anderen Portalanlage gehört haben.

Literatur: Hans KARLINGER, Die romanische Steinplastik in Altbayern und Salzburg 1050–1260, Augsburg 1924, S. 83–85. – Bildwerke des Bayerischen Nationalmuseums Bd. 13, bearb. von Philipp Maria HALM und Georg LILL, Augsburg 1924, S. 28–32. – Anna LANDSBERG, Die Romanische Bau-Ornamentik in Südbayern, München 1917, S. 69–72.

Peter Morsbach

DER HL. EMMERAM

Die Nachrichten, die wir über den Bistumspatron Emmeram besitzen, sind außerordentlich dürftig.

Er kam (die Datierung ist in der Forschung noch immer umstritten) um 680/90 aus dem fränkischen Gebiet, vielleicht aus Poitiers, in ein bereits weitgehend christianisiertes Bayern an den Regensburger Hof Herzog Theodos, wo er etwa 3 Jahre blieb.

Emmeram war ein Wanderbischof, über dessen Wirken sein Biograph Arbeo von Freising um 765 zu berichten weiß (Vita, cap. 7), daß er in der Zeit am Hofe *„drei Jahre ohne Unterlaß zu tun hatte, indem er im Gebiet jenes Fürsten durch die größeren und kleineren Städte, die Dörfer und in die Häuser der Gläubigen hin und her zog. Mit größtem Eifer betrieb er die Seelsorge, pflanzte den einen den Samen des Glaubens in die Herzen und anderen schnitt er durch unnachsichtige Predigten die Sünden mit der Wurzel aus dem Leibe heraus.“*

Nach drei Jahren schließlich ereilte ihn ein schlimmes Ende: wie Arbeo überliefert, wurde er der Schuld an einer Schwangerschaft der Herzogstochter angeklagt – ob zu Recht oder nicht, wird sich niemals klären lassen –, verfolgt und bei Kleinhelfendorf in einem für diese Zeit durchaus legitimen Schnellverfahren abgeurteilt und verstümmelt. An den Folgen dieser Verletzungen starb der von seinen Begleitern im Stich gelassene Emmeram.

Mit dem hl. Emmeram begann die zweite Phase der fränkischen „Missionierung“, zu deren Hauptvertretern auch Rupert und Erhard gehörten.

Nachdem die erste Welle, die vom burgundischen Luxeuil ihren Anfang genommen hatte, anscheinend ohne größere Auswirkungen verebbt war, versuchten die Franken erneuten Einfluß auf die kirchlichen und damit auch politischen Verhältnisse in Bayern zu nehmen.

Die „Missionare“ kamen jedoch nicht in ein heidnisches Land. Ihre Aufgabe bestand darin, die Seelsorge auf eine neue tragfähige Grundlage zu stellen, die kirchliche Organisation zu festigen und als Boten einer *„inneren Christianisierung gegen christlich-heidnische Mischreligion und häretisches Christentum“* zu wirken (Karl Bosl).

Fraglich bleibt, ob Emmeram als Franke im agilolfingischen Bayern sehr willkommen war. Es hat den Anschein, als sei er, wie etliche andere Bischöfe dieser Zeit auch, ermordet worden, weil er (politische) Macht gewonnen hatte und der Herzog seine unumschränkte Herrschaft über die kirchliche Organisation in Gefahr sah. Sein angebliches oder tatsächliches Verhältnis mit der Herzogstochter mag einen willkommenen Anlaß zu seiner Beseitigung geboten haben, wenn es sich nicht, worauf Bischoff hinweist, um einen Einfall Arbeos handelt, da *„der Vorwurf der Unzucht für die moralisierende Begründung von Emmerams Passion am besten“* geeignet scheinen mußte (Bischoff 55f.).

Die Gestalt des Emmeram, seine Herkunft, sein Wirken und vor allem sein Tod geben der Forschung bis heute Rätsel auf. Die einzige literarische Quelle zu seinem Leben ist die um 765 verfaßte Lebensbeschreibung *„Vita vel passio Haimhrammi Episcopi et Martyris Ratisbonensis“* des Freisinger Bischofs Arbeo, die zugleich *„die älteste literarische Schöpfung eines Bayern“* ist (Bischoff 51). Zur Arbeos Zeiten rankten sich bereits Legenden um Emmeram, und auch seine Vita stellt keine historische Biographie dar, sondern eine in Legenden, Phantasie und biblische Vorbilder verpackte Schilderung eines „idealen Heiligen“. Arbeo wollte in erster Linie erbauen und belehren, schrieb jedoch womöglich auch nicht frei von politischen Absichten. Er gehörte zur mächtigen westbayerischen Huosi-Sippe, die auf Seiten der fränkischen Karolinger stand. Sein Werk könnte, mit aller Vorsicht gesagt, neben den Zielen der Heiligenlegende auch einen „anti-agilolfingischen“ Zweck verfolgt haben: Die Sippe der Agilolfinger trug den Makel eines Heiligenmörders. Dadurch wurde die religiöse und somit auch politische Legitimation des Herrscherhauses Tassilos III. in Frage gestellt.

Wie bei anderen ermordeten Bischöfen dieser Zeit, setzte auch bei Emmeram bald nach seinem Tode eine Heiligenverehrung ein.

Seine Bestattung in der Kirche St. Georg südlich der antiken Mauern Regensburgs und die damit zusammenhängende Wallfahrt zum Märtyrergrab führten um 739 zur Gründung des Klosters St. Emmeram.

Die Erhebung der Gebeine Emmerams unter dem ersten bonifatianischen Bischof Gaubald, die einer Heiligsprechung gleichkam und die Verdrängung des alten Kirchenpatroziniums St. Georg durch Emmeram in späterer Zeit beweisen eine nachhaltige Förderung des Kultes. Spätestens seit der Mitte des 8. Jahrhunderts wird das Fest des hl. Emmeram am 22. September gefeiert.
Die Intensivierung des Kultes, mit dem der Aufstieg des Klosters einherging, führte im 8. und 9. Jahrhundert zu seiner Ausbreitung über die Grenzen des Bistums. Zu seinen besonderen Förderern zählte König Arnulf von Kärnten († 899).
Im schriftstellerischen Werk des Propstes Arnold von St. Emmeram erreichte die Emmerams-Verehrung in der 1. Hälfte des 11. Jahrhunderts ihren Höhepunkt, dem jedoch ein abrupter Niedergang folgte. Denn schon seit der Mitte dieses Jahrhunderts trat die Verehrung der Heiligen Wolfgang und Dionysius immer stärker in den Vordergrund.
Erst seit der Mitte des 17. Jahrhunderts führten ein neues historisches Bewußtsein und die Auffindung der „Emmerams-Reliquien“ zu einer Neubelebung des Kultes. Die Gebeine wurden in dem Schrein (Kat. Nr. 32) beigesetzt, den Abt Wolfhard Strauß um 1440 für die gefälschten Reliquien des hl. Dionysius hatte anfertigen lassen, der den Diözesanpatron für ein halbes Jahrtausend von seinem Platz verdrängt hatte.

Arbeo von Freising

Der Autor der Lebensbeschreibung des hl. Emmeram ist uns als historische Person relativ gut bekannt. Geboren wurde Arbeo, ein Mitglied der westbayerischen Huosi-Sippe, spätestens 724, wahrscheinlich in der Gegend von Mais bei Meran. Um 740 gelang ihm die Aufnahme in den Klerus des Bistums Freising unter der Regierung des Bischofs Ermbert (739–747). Schon um 754 stand er im Rang eines Archipresbyter. Vor diesem Zeitpunkt muß Arbeo eine juristische Ausbildung im langobardischen Bereich, vielleicht in Pavia oder Bobbio erhalten haben, die es ihm ermöglichte, *„von 754–763 und sicherlich auch noch während seines Episkopates das Urkundenwesen in Freising entscheidend mitzuprägen“* (Babl 39). Nach einem kurzen Zwischenspiel als Abt des Klosters Scharnitz 763–765 erhob man ihn auf die Freisinger Kathedra. Arbeo resignierte 782/83 und starb kurz darauf, am 4. Mai 783.
Seine literarische Tätigkeit, der Aufbau einer Bibliothek und eines Skriptoriums in Freising erfuhr wesentliche Impulse durch seine Freundschaft mit Bischof Virgil von Salzburg. Diesem ist auch die Anregung zur Abfassung der Lebensbeschreibungen der Heiligen Emmeram und Korbinian zu verdanken, die Arbeo wohl zu Beginn seines Freisinger Episkopates 765–768/70 in Angriff nahm.
Im Falle Emmerams sah sich Arbeo vor die Situation gestellt, daß ihm keine schriftlichen Quellen und Unterlagen zur Verfügung standen, welche ihm eine getreuere historische Darstellung seines Themas erlaubt hätten. Vielmehr betrieb er eine Frühform der „Feldforschung“ über die Wunder, *„quae oculis propriis vidi sive fidelium narratione didici“* („die ich mit eigenen Augen gesehen oder aus Erzählungen der Gläubigen erfahren habe“). Gerade diese erwähnten Augenzeugenberichte lassen die Vita zu einer kulturhistorisch höchst wichtigen Quelle werden. Problematischer ist eine Schilderung der Person und des Lebens Emmerams, bei der für Arbeo ganz eindeutig *„die Idealvorstellung von einem aszetischen Bischof“* (Bischoff 54), aber auch des Adelsheiligen vor historisch genauer Darstellung stand. Arbeo ist der einzige der Emmerams-Biographen, der Arbeo nicht zum Vorbild hatte. In „Aufbau und Form der von ihm verfaßten Lebensbeschreibungen zeigt sich, daß er am antiken Vorbild der Rhetorik geschult ist, wird immer wieder deutlich, daß er in der Art der Vita der lateinischen Literatur zu schreiben versucht. Und doch sind die dominierenden Züge seiner Vita Haimhrammi schon ganz vom hagiographischen Schema durchdrungen, sind sehr klar die Elemente der Märtyrerlegende erkennbar“ (Babl 43).
Zu den bekannten Elementen der Märtyrerlegende zählt auch die Anklage der Unkeuschheit, deren historische Wahrheit niemals ans Tageslicht kommen wird.
„Für die grausige Ausmalung der Marterszene hat sich Arbeo durch eine Schilderung aus der Zeit der Christenverfolgungen anregen lassen; dazu hat er die Marter des merowingischen Bischofs Leodegar gefügt und beides noch überboten. ... Hinter der Verherrlichung des wundermächtigen Heiligen steht aber für Arbeo noch etwas anderes. Es ist in der Hagiographie üblich, das Leben des Heiligen mit bibli-

schen Maßstäben zu messen ... Selten aber ist in einer frühen Heiligenvita derart Zug um Zug moralisch und theologisch ausgedeutet wie im Emmerams-Leben. Als ‚Hirt und Arzt der Seelen' ... hat er den Christen seiner Zeit eine kräftige Predigt geschrieben; ist es dabei bisweilen schwer, Arbeo in seinen biblischen Gedankengängen zu folgen, so hat er es in den sittlichen Ermahnungen an Deutlichkeit nicht fehlen lassen" (BISCHOFF 56f.).

Literatur: Bruno KRUSCH (Hgb.), Vita vel passio Haimhrammi episcopi et martyris Ratisbonensis, in: MGH SS rer. germ. in us. schol., Hannover 1920. – Arbeo von Freising, Leben und Leiden des Heiligen Emmeram, übs. und hgb. von Bernhard BISCHOFF, Regensburg 1985. – Karl BABL, Emmeram von Regensburg. Legende und Kult (Thurn und Taxis Studien Bd. 8), Kallmünz 1973 mit der älteren Literatur. – Karl BOSL, Der „Adelsheilige". Idealtypus und Wirklichkeit, Gesellschaft und Kultur im merowingerzeitlichen Bayern des 7. und 8. Jahrhunderts (Speculum Historiale), Freiburg-München 1965, S. 167–187. – Lothar KOLMER, Die Hinrichtung des hl. Emmeram, in: Studien und Quellen zur Geschichte Regensburgs Bd. 4, Regensburg 1987, S. 9–31.

Peter Morsbach

28. Arbeo von Freising, Vita vel passio sancti Haimhrammi martyris (Fassung A)

Saint-Amand, frühes 9. Jahrhundert

Pergament, 16×11 cm, Kalbsledereinband mit Monogramm Karls X. (2. H. 18. Jh)

Paris, Bibliothèque Nationale, Ms. lat. 2990 A

Die von Bruno Krusch als A 1 bezeichnete Handschrift der Vita A befindet sich in einem Sammelband, der drei Handschriften-Fragmente des 9. Jahrhunderts enthält, neben Arbeos Werk (fol. 46r–78v), an das sich Antiphone und Responsorien zur Meßfeier des hl. Emmeram anschließen (fol. 79r–80v), auch Teile aus Werken des Isidorus Hispalensis (fol. 1r–45v, 81r–156v).

Als Entstehungsort der Handschrift A 1 konnte Bischoff aufgrund des Schriftcharakters das nordostfranzösische Kloster Saint-Amand wahrscheinlich machen, dessen Abt bis 821 der Salzburger Erzbischof Arn gewesen war, der ein Original der Vita in Salzburg kennengelernt haben muß.

Die Bedeutung der Pariser Handschrift liegt in dem Umstand, daß sie die Sprache Arbeos und den Urzustand seines Werkes wohl am besten überliefert. Bei der Charakterisierung der Sprache Arbeos sei auf Bischoffs Analyse in Anlehnung an KRUSCH 17f. (BISCHOFF 57–59) verwiesen. Jeder, der einmal versucht hat, Textpassagen Arbeos zu übersetzen und sich von Regeln des klassischen Lateins leiten ließ, wird bald das „monströse" romanisierte Vulgärlatein des Autors kennenlernen, mit dem dieser „nicht als Muttersprache, aber durch die Berührung mit den Romanen des Etschtals" von früh auf vertraut war. Neben dem regellosen, fehler- und mangelhaften Latein steht Arbeos „verkrampftes Bemühen um hohen Stil, Schwulst und rhetorischen Prunk", in dem sich der „Niederschlag einer in Italien erhaltenen rhetorischen Ausbildung, die noch von spätantiker Tradition beherrscht war" bemerkbar macht. Diese beiden Komponenten faßte Bischoff euphemistisch unter dem Begriff der wilden Sprachschönheit zusammen.

Literatur: Bibliothèque Nationale, Catalogue général des manuscrits latins, t. III, Paris 1952, S. 374. – Bruno KRUSCH, Vita vel passio Haimhrammi episcopi et martyris Ratisbonensis, in: MGH SS rer. germ. in us. schol., Hannover 1920, S. 1–26. – Arbeo von Freising, Leben und Leiden des Heiligen Emmeram, übs. und hgb. von Bernhard BISCHOFF, Regensburg 1985, S. 57–59. – Karl BABL, Emmeram von Regensburg. Legende und Kult (Thurn und Taxis Studien Bd. 8), Kallmünz 1973, S. 38–59.

Peter Morsbach

29. Arbeo von Freising, Vita vel passio sancti Haimhrammi martyris (Fassung B)

Regensburg, 2. Drittel des 9. Jahrhunderts
(Photo der Incipit-Seite)

St. Gallen (CH), Stiftsbibliothek, Cod. Sang. 556

Die Emmeram-Vita des Freisinger Bischofs Arbeo ist in zwei Hauptredaktionen überliefert. Während die Pariser Handschrift lat. 2990A (Kat. Nr. 28) den ursprünglichen Text am besten bewahrt hat, gilt Cod. Sang. 556 der Stiftsbibliothek St. Gallen als einer der ältesten Zeugen für eine im frühen 9. Jahrhundert entstandene Bearbeitung, „die dem gereinigten Sprachempfinden der Karolingerzeit entgegenkam" (BISCHOFF, Leben und Leiden, S. 95). Zwei wichtige und völlig verschiedene Texteingriffe zeichnen vornehmlich diese jüngere Fassung aus: Während in Kapitel 23, wo vom (übernatürlichen) Verschwinden der unter einem Weißdorn-Baum begrabenen Glieder des gemarterten Emmeram die Rede ist, die recht unklaren und bedenklichen Überlegungen dazu gestrichen wurden, erhielt Kapitel 28 einen längeren, vermutlich tendenziösen Zusatz, „der die Entthronung und das Aussterben des Agilolfingerhauses als Folge der Blutschuld an Emmeram darzustellen scheint: ‚denn klärlich ist es recht und gerecht, daß ... das Blut eines solchen Mannes schließlich über den nachfolgenden Stamm kam, so daß aus der ganzen gewaltigen Nachkommenschaft gleichsam im Verlauf weniger Jahre keiner übrig blieb, der vom Herrn die väterliche Herrschaft zum empfangen verdiente'" (ebda., S. 96).

Der Sankt Galler Text der Emmeram-Vita findet sich in einem Pergament-Sammelband, der vier in verschiedenen Zeiten (9.–13. Jahrhundert) entstandene Teile umfaßt. Der erste und älteste ist zweifellos jener mit der Vita s. Emmerami (S. 4–50). Er war jedoch, wie Bernhard BISCHOFF (Bücher am Hofe Ludwigs des Deutschen, S. 198) nachweisen konnte, sicher bis ins 13. Jahrhundert als letzter von drei Teilen in Cod. Sang. 570 eingebunden. Diese Handschrift entstand im zweiten Drittel des 9. Jahrhunderts wohl am Königshof in Regensburg und wurde eigens für Grimald, den Erzkanzler und seit 848 Erzkapellan Ludwigs des Deutschen, geschrieben. Der Codex erscheint im Verzeichnis von Grimalds Privatbibliothek (LEHMANN, Mittelalterliche Bibliothekskataloge, S. 89, Z. 14f.: *De sex aetatibus mundi et chronica Julii Cesaris, Ebonis episcopi de octo principalibus vitiis et Cypriani de XII abusivis saeculi et passio Hemmerammi martyris in volumine I),* die er noch zu Lebzeiten dem Kloster St. Gallen vermachte, dem er 841–872 als Abt vorstand.

Die in St. Gallen überlieferte Emmeram-Vita (Cod. Sang. 556, p. 4–50) wurde von einer einzigen, sehr gepflegten, regelmäßigen Hand geschrieben. Die kleine, etwas rechtsgeneigte Schrift gehört nach Bernhard BISCHOFF (Bücher am Hofe Ludwigs des Deutschen, S. 200f.) einer Gruppe von Handschriften an, die von mehreren Schreibern in Regensburg mit gleichen Merkmalen ausgeführt wurden (Zusammenstellung der heute weit verstreuten Handschriften, ebenda, S. 200). Besonders charakteristisch ist ein (auf der ausgestellten Seite 4, Zeile 4 sichtbares) Zeilenfüllsel, das in seiner ornamentalen Gestalt einem Y mit einem daraufgesetzten S ähnelt und mit zwei liegenden offenen Seilen kombiniert ist. Der Titel der Vita ist als Auszeichnungsschrift in einer schlanken Capitalis rustica ausgeführt und nennt auch das Kalenderdatum des Festtages: *Incipit praefatio libelli de vita et passione beati Hemmerammi martyris cuius festum colitur decimo kalendis Octobris* (22. September). Denn es war üblich, aus Heiligenviten an ihren Festtagen zum Mittagstisch vorzulesen.

Der Regensburger Schreiber fügt am Schluß seiner Vita-Abschrift (p. 50) folgende Subscriptio-Verse an:

Quisquis legas hominem, mentem tractando revolve,
Quid sis, quid fueras quidque manere queas.

Hoc opus ad vestrum scripsi devotus honorem
Nec mihi quid melius, quam pietatis amor.

Das zweite Distichon, in der Handschrift vom ersten durch einen Zwischenraum von zwei Zeilen getrennt, dürfte nach Bernhard BISCHOFF (Bücher am Hofe Ludwigs des Deutschen, S. 198) eine persönliche Widmung an Grimald darstellen, wobei mit dem „Werk“ *(opus)* nicht bloß die Abschrift, sondern auch die sprachlich gereinigte Fassung des Arbeo-Textes gemeint sein könnte, die damit wohl ebenfalls in Regensburg entstanden sein dürfte.

Literatur: Gustav SCHERRER, Verzeichniss der Handschriften der Stiftsbibliothek von St. Gallen, Halle 1875 (Nachdruck Hildesheim 1975) S. 175f. – Bruno KRUSCH (Hg.), Vita vel passio Haimhrammi episcopi et martyris Ratisbonensis auctore Arbeone episcopo Frisingensi, in: MGH script. rerum Merowingicarum 4, Hannover u. Leipzig 1902, S. 452–524, bes. S. 461. – Paul LEHMANN (Hg.), Mittelalterliche Bibliothekskataloge Deutschlands und der Schweiz, Bd. 1: Die Bistümer Konstanz und Chur, München 1918, S. 87–89. – Albert BRUCKNER, Scriptoria medii aevi Helvetica. Denkmäler schweizerischer Schreibkunst des Mittelalters, Bd. III: Schreibschulen der Diözese Konstanz (St. Gallen II), Genf 1938, S. 108 (mit weiterer Lit.)). – Bernhard BISCHOFF (Hg.), Leben und Leiden des hl. Emmeram, München 1953 (= Tusculum-Bücherei). – DERS., Bücher am Hofe Ludwigs des Deutschen, in: B. B., Mittelalterliche Studien. Ausgewählte Aufsätze zur Schriftkunde und Literaturgeschichte, Bd. 3, Stuttgart 1981, S. 187–212, bes. S. 198ff.

Peter Ochsenbein

30. Kalenderfragment des Regensburger Bonifatius-Sakramentars

Northumbrien, vor Mitte 8. Jahrhundert
Pergament, 32,7×24,3 cm (Photo)
Privatbesitz

Der neben dem hl. Wolfgang zweite Regensburger Bistumspatron, der hl. Emmeram, hat außer einer von Anbeginn im 7. Jahrhundert bis heute anhaltenden Verehrung auch zu umfangreicher wissenschaftlicher Literatur über seine Legende sowie insbesondere in neuerer Zeit zu einer lebhaften und polarisierten Auseinandersetzung zu seinem Leben und Tod geführt (RÖHRER-ERTL 7–131, KOLMER 9–31).

Eindeutig jedoch ist die älteste erhaltene Namensnennung und -form des hl. Emmeram im sog. „Walderdorffer Kalenderfragment“ (BABL 26). Hierbei handelt es sich um ein 327×485 mm großes, an den Rändern beschädigtes Doppelblatt (Einzelblatt 327×243 mm) aus feinem Kalbspergament. Das auf jeder Seite in 2 Spalten geteilte und in 31 Zeilen linierte Blatt ist mit angelsächsischen Minuskeln northumbrischen Typs in schlanker, gedrängter Form beschrieben. Jedes Einzelblatt ist am Anfang mit der reich verzierten Initiale KL (Kalendis) in irisch-angelsächsischer Manier versehen. Demgegenüber stammen die Zusätze zum Martyrolog sowie die nekrologischen Einträge von verschiedenen Händen, ausgeführt in vor- bzw. frühkarolingischer (italienischer und französischer) Schrift. Diese ist in der Regel schwarz gehalten; nur die Iden- und Kalenderbezeichnungen sowie die Eintragungen der Marien-, Johannes- und der meisten Apostelfeste sind rot. Auch eine Reihe anderer Feste wird durch die rotgeschriebene Rubrik ort et pr (orationes et preces) hervorgehoben (SIFFRIN, Walderdorffer Kalenderfragment 202–203, BISCHOFF 183, MGH Necrologia III, nach 368, GAMBER 54–59 u. nach 64 Blatt 1^r–2^v).

Paläographisch weist die Beschriftung auf eine Entstehungszeit um die Mitte des 8. Jahrhunderts, geschrieben entweder im angelsächsisch-irischen Raum (SIFFRIN, Walderdorffer Kalenderfragment 223) oder im bischöflichen Skriptorium des Klosters von St. Emmeram (BISCHOFF 173). Die Herkunft aus der angelsächsisch-irischen Region dürfte wohl am wahrscheinlichsten sein, war das Fragment doch Teil eines Sakramentars bzw. Meßbuchs, das der hl. Bonifatius anläßlich der Neugründung des Bistums Regensburg im Jahr 739 hier hinterlassen, oder zumindest kurz danach dem von ihm eingesetzten Bischof Gaubald (739-761) übersandt hat (GAMBER 11).

Der gesamte, als „Bonifatius-Sakramentar" bezeichnete Codex wurde in der Neuzeit zerstört, und seine Pergamentblätter fanden im Archiv des Domkapitels von Regensburg zum Einbinden von Akten Verwendung. So zweckentfremdet wurde das vorliegende Kalenderfragment gegen Ende des 19. Jahrhunderts von dem um die römische und mittelalterliche Geschichtsforschung verdienten Hugo Graf von Walderdorff (1828-1918) entdeckt (WALDERDORFF 20). Die profane Nutzung als Aktendeckeleinband ist am Kalenderteil jedoch nicht spurlos vorübergegangen. Da die Fleischseite des Pergaments an der Außenseite des Einbanddeckels lag, wurde diese weitaus stärker abgenutzt; deshalb, und weil dadurch auch die Buchstaben auf der Haarseite stark durchscheinen, ist die Schrift auf der Fleischseite ungleich schwerer zu lesen. Eine Flüssigkeit, die einmal über den unteren Teil der Fleischseite geschüttet worden war, hat zudem die Schrift in diesem Bereich weitgehend zerstört (GAMBER 46-47).

Ein weiterer Teil des Bonifatius-Sakramentars - es enthält Formulare zur Weihnachts- und Fastenzeit - gelangte 1920 durch einen Regensburger Buchhändler in die Staatsbibliothek nach Berlin (SIFFRIN, Zwei Blätter eines Sakramentars 1, GAMBER 65-69 u. nach 64 Blatt 5^r-6^v) (Kat. Nr. 46). Ein weiteres Doppelblatt, es beinhaltet Teile eines Canons, wurde 1974 im Bischöflichen Zentralarchiv entdeckt - ebenfalls benützt als Aktendeckeleinband (GAMBER 44-45, 60-64 u. nach 64 Blatt 3^r-4^v). Innerhalb des Bonifatiuscodex hatte das Walderdorffer Kalenderblatt seinen ursprünglichen Platz wohl am Anfang des Meßbuches (GAMBER 45).

Literarisch ist das Doppelblatt (Mittelblatt einer Lage) Teil eines Kalendariums mit Angaben zu Heiligenfesten bzw. Martyrien. Es umfaßt die Monate Juli bis Oktober - die Blätter für Januar bis Juni sowie für November und Dezember sind verschollen -, wobei für jeden Monat eine eigene Seite vorgesehen ist. Die zeitliche Festlegung der Monatstage erfolgte nach dem römischen Kalender.

Auf der Monatsseite des September findet sich dann an 22. Stelle folgender Eintrag:

X kl oct passio maurici et VI DCLX *et sci emhrammis*

(10. Kalenden des Oktobers < = 22. September> Leiden des Mauritius und der 6660 und des Hl. Emmeram).

Die Worte „et sci emhrammis" wurden dabei in insular beeinflußter vorkarolingischer Minuskel (BISCHOFF 183-184) von anderer Hand hinzugefügt. Bereits Walderdorff vermutete, daß dieser Eintrag gegen Ende des 8. Jahrhunderts erfolgt war (WALDERDORFF 297), genauer wahrscheinlich zur Zeit Bischof Gaubalds von Regensburg (739-761) (SIFFRIN, Walderdorffer Kalenderfragment, 213), in dessen Amtszeit die Gebeine des zwischen 684/85 und 690 erschlagenen Emmeram (KLEBEL 169-176) erhoben wurden, was zu jener Zeit einer offiziellen Heiligsprechung gleichkam (BABL 129).

Die Tatsache der Nennung des hl. Emmeram, des Schutzpatrons des Bistums Regensburg, sowie auch Notizen zum bayerischen Herzogshaus weisen darüberhinaus auf eine Benützung dieses Kalendariums bzw. des gesamten Bonifatiuscodex' in Regensburg hin. Liturgische Verwendung fand es wahrscheinlich aber nur bis gegen Ende des 8. Jahrhunderts, wohl bis zur Absetzung Herzog Tassilos im Jahr 788. Der letzte, vor 788 erfolgte Nachtrag berichtet nämlich von der Geburt Theodos, des Sohnes von Tassilo. Notizen aus späterer Zeit sind nicht mehr vorhanden (GAMBER 53-54).

Der Eintrag vom Martyrium des hl. Emmeram im „Walderdorffer Kalenderfragment" ist demnach nicht nur die älteste erhaltene Namensnennung und -form, sondern noch vor der um 770 von Bischof Arbeo von Freising verfaßten Vita des hl. Emmeram auch die erste schriftliche Nachricht einer liturgischen Verehrung dieses Heiligen.

Literatur: Karl BABL, Emmeram von Regensburg. Legende und Kult (Thurn und Taxis Studien Bd. 8), Kallmünz 1973. - Bernhard BISCHOFF, Die südostdeutschen Schreibschulen und Bibliotheken in der Karolingerzeit. Teil 1, Die bayerischen Diözesen, Wiesbaden [2]1960. - Klaus GAMBER, Das Bonifatius-Sakramentar und weitere frühe Liturgiebücher aus Regensburg mit vollständigem Facsimile der erhaltenen Blätter (Textus Patristici et Liturgici Fasc. 12), Regensburg 1975. - Ernst KLEBEL, Zur Geschichte des Herzogs Theodo, in: VHVO Bd. 99, 1958, S. 165-205. - Lothar KOLMER, Die Hinrichtung des Hl. Emmeram, in: Regensburg und Bayern im Mittelalter, hg. v. Museen und Archiv der Stadt Regensburg (Studien und Quellen zur Geschichte Regensburgs Bd. 4), Regensburg 1987, S. 9-31. - Monumenta Germaniae Historica. Necrologia Germaniae Tom. III., hg. v. Franz Ludwig BAUMANN, Berlin 1905. - Olav RÖHRER-ERTL, Der St. Emmeram-Fall. Abhandlung und Berichte zur Identifikation der Individuen I und II aus der Pfarrkirche St. Emmeram in Regensburg mit dem Hl. Emmeram und Hugo, in: BGBR 19, 1985, S. 7-131. - Petrus SIFFRIN, Zwei Blätter eines Sakramentars in irischer Schrift des 8. Jahrhunderts aus Regensburg, in: Jahrbuch für Liturgiewissenschaft Bd. 10, 1930, S. 1-39. - DERS., Das Walderdorffer Kalenderfragment saec. VII und die Berliner Blätter eines Sakramentars aus Regensburg, in: Ephemerides Liturgicae Bd. 47, 1933, S. 201-224. - Hugo Graf von WALDERDORFF, Regensburg in seiner Vergangenheit und Gegenwart, Regensburg [4]1896.

Wolfgang Schmidt

31. Sog. Holzschrein des hl. Emmeram

8./9. Jahrhundert
Nadelholz, Eiche, Eisenbeschläge
H ca. 38 cm, B 54 cm, T 32 cm

Regensburg, Kath. Kirchenstiftung St. Emmeram

Cölestin Vogl († 1691), Abt des Benediktinerklosters St. Emmeram und Gründer der Bayerischen Benediktinerkongregation (1684), schreibt in seinem Geschichtswerk „Mausoleum oder Herrliches Grab ... S. Emmerami ...", daß am 23. März 1645 im durch den Kirchenbrand vom 1. August 1642 verwüsteten Altarstock der Emmeramskirche die Reliquien des Kirchenpatrones „in seiner doppelten Truchen oder Sarch" gefunden wurden. Die Reliquien kamen an Pfingsten 1659 in einen spätgotischen silbernen Reliquienschrein, der unter Abt Wolfhart Strauß († 1452) angefertigt und für die Dionysiusreliquien bestimmt war. In diesem Emmeramsschrein befinden sich die damals aufgefundenen Reliquien noch heute (Mausoleum, Regensburg 1680, 29).

„Die alte kleine hölzerne Sarg, in welcher die Gebein S. Emmerami gelegen" wurde von Fürstabt Johann Baptist Kraus († 1762) in das gedruckte Pretiosen- und Reliquienverzeichnis „Bericht von denen Heiligen Leibern und Reliquien ..." (Regensburg 1761, 78) unter Nummer 70 aufgenommen. Im Anhang ist unter Nummer 70 ein Kupferstich des Holzsarges beigegeben. Der schon „sehr vermoderte" Holzsarg wurde auch unter den Reliquien der Emmeramskirche den Gläubigen gezeigt (Bericht von denen hl. Leibern, 41 f.). In ihm waren „noch viele seidene Stücklein, von dem Tuch, in welchem die Gebein S. Emmerami eingewickelt waren".

Im Jahre 1948 wurde bei der Renovation der Georgskapelle im rechten Seitenschiff der Emmeramskirche – in der Nähe des ursprünglichen Emmeramsgrabes – dieser Holzsarg, der seit der Aufhebung des Klosters verschollen war, wieder gefunden. Der damalige Stadtpfarrer von St. Emmeram, Josef Kraus († 1979), schrieb dazu: „Dieser Reliquiensarg ist noch vorhanden und wurde bei der Renovation der Georgskapelle 1948 in der Nische unter dem Altar der Georgskapelle aufgefunden und dort wieder geborgen. Er ist aus 3 cm dicken Brettern gezimmert und 70 cm lang, 46 cm breit und 40 cm hoch und mit Holznägeln zusammengemacht. Der Inhalt ist vermorschtes Holz und einige Lederreste, womit anscheinend das Innere des Reliquiensarges ausgelegt war" (Gottesdienstordnung von St. Emmeram 1950, 172).

Hans Schlemmer

Der Emmerams-Schrein besteht aus zwei ehemals ineinander gesetzten Kästen. Der äußere davon ist als Kasten A und der innere als Kasten B bezeichnet worden. Sie lassen sich, wie folgt, beschreiben:

Kasten A ist ein Plattenkoffer aus Tannenholz, bei dem alle Bretter aus dem jeweils größten Durchmesser des Stammes geschlagen wurden, also den Kern in ihrer Mitte enthalten. Und das erscheint in einer Zeit ungewöhnlich, wo Bretter normalerweise aus sogenannten Spaltbohlen gefertigt wurden (also nur vom Splint- bis zum Kernholz reichen). Kasten A war innen mit mittelgrobem Leinen in Taftbindung und außen mit Leder bespannt. Der Deckel war vermittels mit der Außenbespannung verbundener Lederriemen aufgebunden.

Kasten B ist ein Eichenkasten mit dachförmigem Deckel. Er ist innen mit feiner, weißer Seide in Taftbindung bespannt.

Beide Kästen waren ursprünglich lediglich gedübelt, also weder verzapft, noch geleimt, noch genagelt usw. Nach den jüngsten Untersuchungsergebnissen in Oxford sind beide auch niemals mit Holz- oder anderen Pflegemitteln behandelt, also z. B. weder gewachst noch geölt worden. Und darin liegt dann auch die Erklärung dafür, daß in der Zeit zwischen 1642 (Kirchenbrand) und 1645 (Bergung des Schreins, lt. Abt Coelestin Vogl: „... doppelten Truchen oder Sarch, welches aber klein und vermodert war ...") die mittelbaren Witterungseinflüsse – insbesondere einsickerndes Regen- und Schmelzwasser – ausreichten, um einen so raschen Verfall des Holzes zu bewirken.

Während nun Kasten A aus dicken, mit der Axt recht roh geglätteten Tannenholzbohlen besteht, wurde Kasten B aus dünnen, fein gearbeiteten und sorgfältig geglätteten Eichenbrettchen gebaut. Diese Brettchen sind außerordentlich ebenmäßig gearbeitet worden und zeugen ebenso von einer sehr hohen Verarbeitungsqualität, wie alle anderen Merkmale. Hier sei nur erwähnt, daß selbst Dübel und Dübellöcher absolut rund und gleichmäßig exakt erscheinen. Im Gegensatz dazu fällt die Verarbeitungsqualität des Tannenholz-Kastens A dagegen stark ab. Jedoch sollte das bei einem reinen Gegenstand für den „täglichen Gebrauch" nicht unbedingt verwundern. Schließlich war hier das Holz nicht sichtbar, weil die solide gearbeiteten Innen und Außenbespannungen dasselbe verdeckten.

Beide Kästen zeigen nun nachträgliche Veränderungen. *Kasten A* ist z. B. unter Verwendung von dünnen Drahtnägeln (wohl aus der Zeit zwischen 1645 und 1659) und mit frischem Holz – es war gesägt und gehobelt – repariert worden. Offensichtlich wurde Kasten A im Zusammenhang damit total auseinandergenommen (durchgesägte Dübel) und nicht mehr in der alten Form zusammengesetzt, denn es kam zur Verwechslung von Seitenbrettern. Jedoch sollte es sich, nach den jüngsten Oxforder Untersuchungsergebnissen – auch bei der Außen- wie Innenbespannung – noch um die ursprünglichen handeln.

Kasten B ist offensichtlich zweimal renoviert worden. Zuerst erhielt er 2 Eisenscharniere und 1 Kette mit Feststellhaken, um den ursprünglich einfach aufgelegten Deckel mit dem eigentlichen Kasten sinnvoll zu verbinden. Zugleich wurde nachweislich nur 1 Brett mit gleicher Verarbeitungsqualität neu gearbeitet und gegen ein altes ausgetauscht. Und dann wurde der Kasten B noch durch Einschlagen von Eisennägeln mit breiten Schmuck-Köpfen stabilisiert.
Zu einem Zeitpunkt danach wurde ein Schloß angebracht, und in den Kasten sind zusätzliche Drahtnägel eingeschlagen worden. Nach den Arbeitsspuren zu schließen, ist diese Reparatur sehr nachlässig ausgeführt worden.
Spätestens seit ihrer Bergung aus der Confessio prima des 1642 brandzerstörten Hauptaltares galten beide Kästen stets als Einheit. Von 1659 bis zur Säkularisation des Klosters 1810 war aber lediglich Kasten A in der Kirche ausgestellt. Von daher wurde angenommen, Kasten A sei älter als Kasten B. Denn dabei handelte es sich nicht um ein besonders kostbares Stück, sondern um einen profanen Gegenstand des täglichen Gebrauches. Zur Aufbewahrung von Reliquien aber war nachweislich zu allen Zeiten das jeweils erreichbar „Beste gerade gut genug". Abweichungen verlangen also immer besondere Erklärungen, wie sie z.B. durch einen Bezug des profanen Gegenstandes zu seinem Inhalt gegeben wäre. Hier blieben also Fragen offen.
Der Zusammenhang des Emmerams- oder Gaubald-Schreines mit Individuum I (= hl. Emmeram) aus der Kirche St. Emmeram war auf unterschiedlichen und methodisch unabhängigen Wegen gesichert worden. Es konnte also gut begründet angenommen werden, daß es sich hier um den Schrein handelt, der um 740 AD von Abt-Bischof Gaubald sowohl in Auftrag gegeben als auch für die Translation der Gebeine des hl. Emmeram verwendet worden ist, wie Arbeo von Freising berichtet.
Weil aber auch hier Fragen offen blieben, wurden in Oxford, dem z. Zt. sicher renommiertesten Institut seiner Art, ^{14}C-(Radiokohlenstoff-)Daten von Proben beider Kästen in Auftrag gegeben. Es sei dankend vermerkt, daß man in Oxford über die 4 bestellten Datierungen hinaus noch 4 weitere erarbeitete. Das war und ist insofern von Bedeutung, weil einem Brett nicht anzusehen ist, aus welcher Zeit es nun genau stammt und Reparaturen hier ja immer möglich gewesen wären. Schließlich ist der Schrein immer zugänglich gewesen.
Die Daten ergeben nun für
Kasten A, Proben-Nr. OxA-1865-1868: ein kalibriertes Datum für die Zeit zwischen 960 und 1025 AD;
und für
Kasten B, Proben-Nr. OxA-1861: ein kalibriertes Datum für die Zeit zwischen 1020 und 1050 AD;
und
Proben-Nr. OxA-1862-1864: ein kalibriertes Datum für die Zeit zwischen 720 und 900 AD.
Nach Ansicht des untersuchenden Institutes heißt das, es sollten alle Bretter von *Kasten B* (mit einer Ausnahme) um 740 AD gearbeitet worden sein. Nur 1 Brett – dies stimmt sehr gut mit den dendrochronologischen Untersuchungen von Prof. D. Eckstein/Hamburg überein – ist jünger und sollte mit einer Renovierung zusammenhängen.
Bei *Kasten A* stammen alle mit der Axt geglätteten Bretter vom originalen Plattenkoffer. *Kasten A* ist dabei ca. 300 Jahre jünger als *Kasten B* und sollte somit aus der nachgewiesenen Renovierungsphase desselben stammen.
Führt man nun alle vorhandenen Angaben zusammen, zeigt sich folgendes Bild:
740 AD ließ Bischof Gaubald *Kasten B* anfertigen und verwendete diesen bei der Translation der Gebeine des hl. Emmeram.
Ca. 1020–1025 wurde *Kasten B* renoviert und *Kasten A* nach dessen Maßen als äußerer Schrein angefertigt.
In die Zeit des 1. Viertels des 11. Jh. AD fällt nun nicht nur der imponierende Ausbau von Kloster und Kirche St. Emmeram, sondern u.a. auch die Errichtung des Kultes um den hl. Dionysius Areopagita, wozu auch die bekannten Fälschungen gehören. Es erscheint in einem solchen Zusammenhang einleuchtend, wenn auch der Schrein des Titularheiligen renoviert wird, wobei *Kasten A* ganz sicher mit klaren Zielen neu angefertigt wurde. Fehlschlüsse waren dann für die Zukunft eben nicht mehr auszuschließen, wie u.a. auch die Tatsache belegt, daß *Kasten A* und nicht *Kasten B* nach 1659 ausgestellt worden ist.
Zwischen 1642 und 1659 wurde *Kasten A* sicher und *Kasten B* möglicherweise (Drahtnägel, Schloß) renoviert.
In jedem Falle aber handelt es sich beim – aus Kasten A und B bestehenden – Emmerams-Schrein nun tatsächlich um den Schrein, der die Gebeine des hl. Emmeram von 740 bzw. 1020/25 bis 1645 (und Teile davon bis 1984) enthalten hat.
Darüber hinaus ist Kasten A der älteste erhaltene Plattenkoffer Europas und Kasten B der älteste erhaltene Holzschrein, welcher als solcher angefertigt wurde und zwar aus Kontinentaleuropa und bis zum Tage. Bei beiden Kästen handelt es sich also sowohl kulturgeschichtlich als auch religionsgeschichtlich um bedeutsame Objekte, welche bislang einmalig sind.

Olav Röhrer-Ertl

Aspekte zur Konservierung und fragmentarischen Rekonstruktion des sog. St. Emmerams-Schreines

Anläßlich der Jubiläumsausstellung wurde eine Arbeit in Angriff genommen, die schon seit vielen Jahren anstand: die Konservierung und fragmentarische Rekonstruktion des vermuteten St. Emmeram-Schreines. Ausgangspunkt für diesen Versuch waren eine Unmenge von Holzfragmenten und Holzsplittern in allen Grö-

ßen, die zusammen mit anderen Materialien in einer Kiste unter der Steinmensa d. Hl.-Georg-Altars in der Kirche St. Emmeram gelagert waren und im Laufe der letzten Jahrzehnte immer wieder „entdeckt" wurden. Die Tatsache, daß sich unter diesen Materialien auch Knochensplitter befanden, die laut anthropologischer Untersuchung zu den Reliquien des Hl. Emmerams zu rechnen sind, erhärtete die Vermutung, daß es sich bei den gefundenen Holzfragmenten um die Überreste des ehemaligen Grabschreines vom Hl. Emmeram handelte. Ebenso konnten in dieser Kiste Textil-Reste identifiziert werden, die eindeutig in das 8. Jahrhundert oder gar früher datiert werden dürfen.
Um eine naturwissenschaftlich exakte Datierung der Holzfragmente zu erreichen, wurde eine dendrochronologische Untersuchung der großen Fragmente durchgeführt, die jedoch keine eindeutigen Ergebnisse brachte. Daher werden derzeit Holzproben auf ihren C_{14}-Gehalt untersucht, ein Verfahren, das in Oxford mit besonders großem Erfolg durchgeführt wird. Ergebnisse dieser Untersuchung liegen noch nicht vor.
Bei der Übergabe des Fundkomplexes St. Emmeram ans Bayerische Nationalmuseum, bestand diese „Kiste" aus einem Konglomerat verschiedenster Materialien, ohne Sortierung und Ordnung zwischen den großen und z. T. sehr schweren Holzteilen und den kleinen oft sehr brüchigen Materialien (z. B. Textilsäckchen etc.). Alles lag kreuz und quer übereinander, drückte, rieb und quetschte. Wie lange diese mehrmals durchwühlte Kiste der Aufbewahrungsrahmen für den Emmeram-Fundkomplex war, wann die Überreste erstmals dort hineingeworfen wurden, läßt sich heute nicht mehr sagen.
Die *Konservierung und Rekonstruktion* des Schreines, die während der Sommermonate 1988 durchgeführt wurde, setzte sich im wesentlichen aus folgenden Arbeitsschritten zusammen:

Sortierende, zuordnende Maßnahmen: Aus dem Konglomerat von Materialien, die sich in der Kiste befanden, mußten die Holzteile aussortiert und wiederum nach Eichen- und Tannenholz getrennt werden.
Die Eichenfragmente wurden nach ihren spezifischen Merkmalen sortiert, wie z. B. Struktur und Farbigkeit des Holzes, Verlauf der Jahrringe, Bearbeitungsspuren, Abdrücke und Reste von Eisen- und Textilspuren, Verschmutzungen der Oberfläche. Dabei dienten neben der makroskopischen Betrachtung auch Röntgenaufnahmen einer genauen Zuordnung. Es lagen Holzfragmente in verschiedenen Größen vor, von kleinen Brettstücken, z. B. die Querseite aus zwei fast vollständig erhaltenen Brettern, bis zu kleinsten Holzsplittern, die eine Verbindung lieferten, um größere Holzstücke zusammenzufügen. Insgesamt konnten 69 Fragmente eindeutig zu Schreinflächen zusammengesetzt werden (siehe Zeichnung). Dabei kam erschwerend hinzu, daß ein großer Teil der Schreinseiten ganz fehlt , – eine Querseite mit Giebel und große Teile der vorderen Dachschräge und des Bodens. Weitere 15 Teile konnten zwar zu größeren Fragmenten zusammengesetzt, jedoch nicht in die Schreinflächen eingefügt werden.
Durch das Zusammenfinden und -setzen der Eichenfragmente entstanden Flächen, die immer deutlicher die ehemalige Form des Schreines sichtbar machten. Diese Schreinflächen mußten zueinander geordnet, Innen- und Außenseiten festgelegt werden. Die Zuordnung der Schreinflächen erfolgte, ähnlich kriminalistisch wie beim Zusammensuchen der Holzfragmente, über das Sammeln von Indizien wie z. B. der Abstand, die Größe und der Verlauf von Holzdübeln, Nagellöcher, im Holz steckende Nagelschäfte, Abdrücke und Ausarbeitungen für Beschläge (Schloßkasten, Scharnierlaschen), Längs- und Hirnholzkanten, angearbeitete Fasen, etc.
Es entstand ein Schrein aus stumpf aufeinanderstehenden und zum Teil ehemals verleimten Eichenbrettern, die mit Holznägeln zusammengehalten wurden. Auf einem rechteckigen Korpus liegt ein satteldachartiger Deckel, der ursprünglich mit zwei Scharnieren beweglich befestigt war. Bei Reparaturarbeiten im Laufe der Jahrhunderte wurden eine Vielzahl von Eisennägeln zur zusätzlichen Stabilisierung eingeschlagen.
Neben den Holzfragmenten wurden aus dem St. Emmeram-Fundkomplex eine Vielzahl von stark verrosteten Eisenklumpen aussortiert, die sich als Beschlagteile anboten. So konnten vier Beschlaglaschen, eine Kette und eine Menge Nagelköpfe identifiziert werden. Das Festigen, Reinigen und Zusammensetzen dieser Teile wurde von einer Metallrestauratorin durchgeführt. Eine ehemalige Positionierung von zwei der Beschlaglaschen ergab sich aus einer Ausarbeitung an der Oberkante der Schreinrückseite. Für die restlichen Beschlagteile konnten keine eindeutigen Zuordnungen vorgenommen werden. Die beiden anderen Scharnierlaschen und die Kette werden deshalb einzeln ausgestellt.
Neben diesen sortierenden und zuordnenden Maßnahmen mußten *festigende, konservierende Arbeitsschritte* durchgeführt werden. Sowohl das verrostete Eisen, als auch das durch Braunfäule sehr geschwächte Holz, mußten in ihrer Materialfestigkeit zusätzlich unterstützt werden. Ein besonderes Problem stellte sich mit der durch den Abbau der Cellulose stark reduzierten Holzfestigkeit. Der sogenannte „Würfelbruch", ein typisches Erscheinungsbild der Braunfäule-Pilze, breitete sich besonders in lichtunzugänglichen Bereichen des Holzes aus. Daher ist die Holzoberfläche mit ihren Verarbeitungs-, Gebrauchs- und Alterungsspuren oft noch in einem guten optischen Zustand, während die innere Struktur vollständig zersetzt ist. Dies machte eine festigende Maßnahme unumgänglich.
Es mußte ein Zustand erreicht werden, in dem sich die einzelnen Fragmentteile in ihrer ursprünglichen Position für die Rekonstruktion wieder selbst tragen können, d. h. das Materialgefüge mußte soweit gefestigt werden, daß es zusammenhält und nicht noch weiter

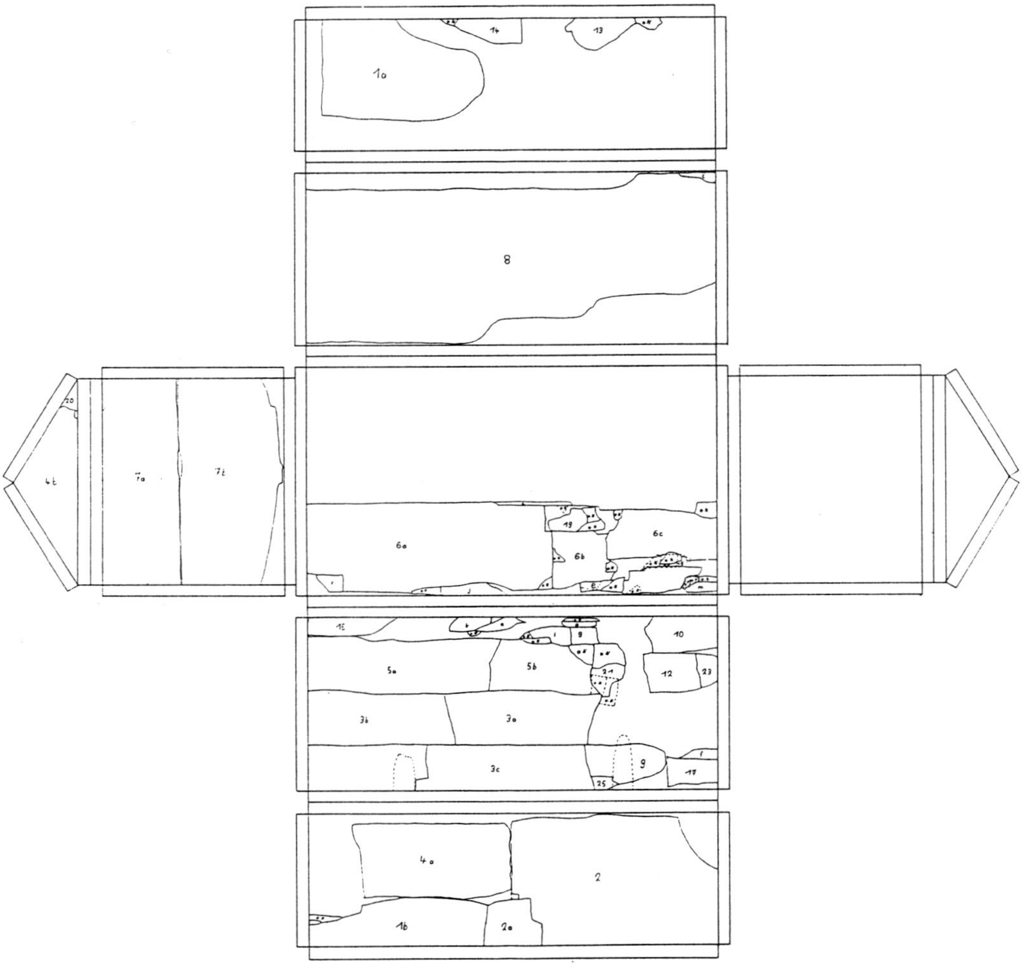

Innenansicht des aufgeklappten Schreines: sichtbare und unsichtbare Klebefugen. Sämtliche zugeordnete Fragmente sind in dieser Zeichnung eingetragen (Jutzi, Hess)

zerbröckelt. Dennoch durfte die durchzuführende Festigung die Farbigkeit und Struktur der Holzoberfläche auf keinen Fall verändern, damit der Charakter einer evtl. über 1200 Jahre alten Eichenholzoberfläche nicht zerstört wird. Nur durch ein besonders entwickeltes Verfahren in der Anwendung des Festigungsmittels, durch das es nicht an die Oberfläche des Holzes kommt, konnten beide Vorgaben erfüllt werden.
Die zusammengehörigen Fragmente wurden, soweit möglich, miteinander verleimt, an vielen Stellen boten jedoch die Bruchkanten nicht mehr genug Fläche für eine stabile Verbindung. An einigen Schreinteilen mußten aus konservatorischen Gründen Balsaholzfutter eingeleimt werden, um eine ausreichende Festigkeit zu erreichen und um die oft nur noch als Oberflächenlamellen erhaltenen Fragmente zu unterstützten.
Um eine gleichmäßige, durchgehend flächige Auflage der Bretteile zu erreichen, wurden lose Balsaholzfutter unterlegt. Diese Unterlagen wurden allen Unebenheiten der Fragmentrückseiten angepaßt.

Der letzte Arbeitsschritt stellte die *Montage* der Holzteile auf eine Trägerkonstruktion dar. Dabei war uns von Anfang an wichtig, diese Fragmente nicht zu einem kompletten Schrein zu ergänzen, vielmehr mußten die Teile so montiert werden, daß zwar die ehemalige Form und die Ausmaße des Schreines abzulesen sind, – ein vermutlich 1200 Jahre altes Dokument handwerklicher Fähigkeiten und Möglichkeiten –, der Reliquiencharakter der Fragmente aber, die Spiegelung der mehr als tausendjährigen Verehrung eines Heiligen, erhalten bleibt. Der Materialkontrast Plexiglas-Eichenholzfragmente erfüllte als einzige praktikable Lösung diese Vorgaben. Für die Befestigung der Holzteile auf dem Plexiglas-Trägerkorpus wurde eine Konstruktion erdacht, die reversibel ist, d.h. jederzeit wieder rückführbar bleibt.

Der gesamte Fundkomplex und alle durchgeführten Arbeitsschritte wurden ausführlich dokumentiert. Alle konservierenden und rekonstruierenden Maßnahmen sind in dieser Dokumentation diskutiert und begründet.

Volker Jutzi – Martin Hess

32. Spätgotischer Reliquienschrein

Regensburg, nach 1423

Ohne Marken

Silber, teilweise vergoldet, getrieben und gegossen, ziseliert und punziert, auf Holzkern

Beim hl. Dionysius über der Stifterfigur Inschrift in Grubenschmelztechnik auf blauem Grund: o · pater · o · dyonis · duc · nos · ad · gaudia · pādisi – Auf der Mitra des hl. Erhard die Beschriftung: s · erhardvs; auf der Ruperts: s · rvepertvs – Auf dem Buch der hl. Scholastika: ora · pronobis · sancta · dei · genitrix · – Auf den Spruchbändern der Evangelistensymbole: s · mathevs – s · lvcas – s · iohannes (Das Spruchband des Markus verlorengegangen)

L 180 cm, B 41 cm, H 78 cm

Regensburg, Katholische Kirchenstiftung St. Emmeram

Der Reliquienschrein besitzt die Form eines Sarkophages mit Satteldach, der an den beiden Schmalseiten mit je drei Seiten eines Sechseckes schließt. Er ruht auf vier neuzeitlichen Rädern und kann mit vier kräftigen Handhaben getragen werden. Alle Flächen des Sarkophages und des Daches sind mit rautenförmigen Silberblechen belegt, deren Muster akanthusähnliche Blattfüllungen zeigt, die jeweils eine in der Mitte aufgenagelte vergoldete Blüte umschließen. Das Reliefmuster dieser Silberbleche wurde mit Hilfe eines Stückes Blei aus einem Metallstempel geschlagen. Die Technik, die als „Drücken ins Gesenke" bezeichnet wird, findet sich auch bei den Wappenblechen der durchaus vergleichbaren Nürnberger Silberschreine, etwa dem Sebaldusschrein von 1387 (J. M. Fritz, S. 232f., Abb. 338) oder dem Heiltumsschrein von 1438/40 (vgl. R. Kahsnitz, in: Ausst.-Katalog Nürnberg 1300–1550. Kunst der Gotik und Renaissance, München 1986, S. 179f. Nr. 47). Die Ränder der Silberbleche werden von diagonal versetzten Zierstreifen mit Perlstabschmuck gehalten; auf den Kreuzungspunkten sitzt ebenfalls je eine vergoldete Blüte. Alle Kanten und Ecken des Schreins verdecken wulstige, am Unterrand und am Dachansatz reich profilierte Silberleisten, die mit vergoldeten Blüten und Laubwerkformen verziert sind.

Im Gegensatz zu vielen anderen gotischen Silberschreinen dieses monumentalen Formates hat das Regensburger Exemplar seinen reichen figürlichen Schmuck unversehrt erhalten. Dabei erscheinen die dargestellten Heiligen in unterschiedlichen plastischen Kategorien: Die Langseiten füllen je drei aufwendige Rahmenfelder, bestehend aus Profilleisten in der Form eines gestreckten Vierpasses, der im Umriß von einer Raute überlagert wird. Die Rahmen umschließen jeweils die silberne Reliefdarstellung eines Heiligen in Halbfigur. In der Mitte der Vorderseite findet sich der hl. Dionysius, flankiert von den Heiligen Wolfgang links und Emmeram rechts. Der Goldschmied entfaltet hier die ganze Breite seiner Gestaltungsmittel, von dem feinen, durchbrochenen Laubwerk auf den Mitren über die betont differenzierende Treibarbeit der Köpfe und Gewänder bis hin zu den präzisen Ziselierungen der Haare oder der Attribute. Die Rückseite zeigt den hl. Petrus zwischen den Aposteln Andreas und Paulus. Die Zwickelflächen zwischen den Vierpässen füllen getriebene Halbfiguren von Engeln mit betend über der Brust zusammengelegten Händen, die oben und unten gegenständig zueinander geordnet sind. In den äußersten Zwickelfeldern zu den Schmalseiten hin ist je eine große Distelblüte eingesetzt. Links unter dem hl. Dionysius kniet statt einer Engelsfigur der Stifter, Abt Wolfhard Strauß, mit gefalteten Händen, den Abtsstab schräg über die Schulter gelegt. Zu seinen Füßen erscheint sein Wappen: der weiß emaillierte Kopf des Vogels Strauß auf rotem Grund. Die Inschrift auf der Rahmenleiste darüber bezieht sich auf den Stifter.

Die übrigen Relieffiguren sind ohne eigene Rahmenfelder auf den freien Flächen des Daches und der Schmalseiten appliziert. Man gewinnt den Eindruck, als sei dieser zusätzliche Schmuck ursprünglich gar nicht vorgesehen gewesen (analog zu den oben erwähnten, gänzlich figurenlosen Nürnberger Schreinen), sondern nach einer Erweiterung des Programms zugefügt worden, allerdings wohl noch während der Fertigung oder unmittelbar danach, da keine stilistischen Unterschiede zwischen den Reliefs auftreten. Auf den Schmalseiten des Schreins sind ganzfigurige Heilige paarweise so geordnet, daß zur vorderen Schauseite die beiden Johannes gehören, zur Rückseite die heiligen Diakone Stephanus und Laurentius, während die seitlichen Stirnflächen den Ritterheiligen Florian und Achatius vorbehalten sind. Auf dem Dach des Schreins ist über der Vorderseite zentral die Krönung Mariens durch die Dreifaltigkeit dargestellt, begleitet von je zwei Engelhalbfiguren mit Musikinstrumenten. Ganz außen stehen noch die Heiligen Maria Magdalena und Barbara. Rückwärts ist in der Dachmitte die hl. Ottilie aufgesetzt, begleitet von den Heiligen Erhard und Rupert, während sich nach außen hin die Heiligen Benedikt und Scholastika anschließen. Auf den dreieckigen Dachflächen über den Schmalseiten findet sich jeweils die Halbfigur eines Engels mit einem Rauchfaß, flankiert von je zwei Evangelistensymbolen, die als Engel-Halbfiguren, drei davon mit den kennzeichnenden Tierköpfen, gestaltet sind.

Das Schreininnere ist durch eine in das Dach der Rückseite eingeschnittene rechteckige Tür zugänglich. Insgesamt ist der Schrein gut erhalten, bis auf zahlreiche kleinere Druckstellen und Bestoßungen, vor allem an den vorstehenden Profilen. Stellenweise sind die aufgestifteten Blüten und Laubwerkformen verloren gegangen. Für die Präsentation während der Ausstellung „Kostbarkeiten aus kirchlichen Schatzkammern“ in Regensburg 1979 mußte der Schrein gereinigt werden, da das Silber nicht nur schwarz oxydiert war, sondern auch aufgetropftes Wachs störende Flecken unterschiedlicher Oxydationszustände verursacht hatte. Dazu wurden von den ausführenden Silberschmieden der Regensburger Firma Georg Haber die aufgestifteten Relieffiguren abgenommen, im Tauchbad gereinigt und anschließend mit einem wasserhellen, nicht vergilbenden, aber reversiblen Schutzfirnis überzogen. Die übrigen Silberbeschläge auf dem Holzkern, einschließlich der gedrückten Bleche, der Diagonalbänder, der Vierpaßrahmen, der Zwickelfiguren und aller Profilleisten, wurden belassen, da das Risiko einer Abnahme nicht verantwortbar schien. Damit mußte man auf eine gründliche Reinigung der oxydierten Partien verzichten, die den ursprünglichen koloristischen Reiz zwischen den silbernen und den raffiniert ausgewählten vergoldeten Partien wiederhergestellt hätte. Es war lediglich möglich, durch vorsichtiges Reinigen der in situ verbliebenen Silberteile die Schwärzungen auf einen mittleren Grauton hin aufzuhellen. Aus diesen konservatorischen Überlegungen heraus wurde auch der heute auffallende Kontrast zwischen den silberglänzenden Relieffiguren und den dunkleren Hintergrundsflächen in Kauf genommen.

Der Stifter des Schreins war der Abt Wolfhard Strauß von St. Emmeram (reg. 1423–1452, gestorben 1454), der den Schrein – wie die ikonographische Betonung des hl. Dionysius vermuten läßt – wohl für die Gebeine dieses Heiligen anfertigen ließ, deren Besitz die Abtei St. Emmeram damals noch für sich reklamierte. Als man nach dem großen Brandunglück von 1642 unter den Trümmern des Hochaltars einen Sarkophag mit menschlichen Gebeinen fand, hielt man diese für die Reliquien des hl. Emmeram und bewahrte sie in dem Silberschrein auf. Nach dem Neubau des Hochaltars fand der Schrein seinen Platz unter der Altarmensa; dort ist er seitdem hinter einem Gitter sichtbar. 1894 entdeckte man jedoch die vermutlich echten Gebeine des hl. Emmeram in der Confessio der Ringkrypta, so daß bis heute nicht klar ist, wessen Überreste nun tatsächlich in dem Schrein aufbewahrt werden.

Ikonographisch lassen sich zwei verschiedene Zyklen ausmachen. Den Hauptakzent bilden selbstverständlich die Büsten der Heiligen Dionysius, Emmeram und Wolfgang auf der Vorderseite, da sie den ganzen Stolz der Abtei St. Emmeram verkörpern, welche sich rühmte, die Leiber dieser drei hochverehrten Heiligen zu besitzen. Programmatisch sind den drei Emmeramer Heiligen auf der Schreinrückseite die Büsten der Apostel Petrus, Paulus und Andreas entgegengestellt. Mit diesen drei überragenden Gestalten der Urkirche – den beiden Apostelfürsten und dem hl. Andreas als dem Bruder des hl. Petrus – scheint die Wirkung einer Art Präfiguration beabsichtigt, welche wohl die Emmeramer Heiligen zu einer ähnlich prominenten Gruppe aufwerten und zu einer ikonographischen Einheit verschmelzen wollte.

Dagegen gehören die übrigen – wohl nach einer Planänderung zugefügten – Figuren zu einer anderen ikonographischen Konzeption. Zunächst fällt auf, daß die dargestellten ganzfigurigen Heiligen jeweils paarweise wichtige Heiligentypen verkörpern: die beiden Johannes, zwei heilige Diakone (Stephanus und Laurentius), zwei heilige Ritter (Florian und Achatius), zwei heilige Bischöfe (Erhard und Rupert), zwei heilige Jungfrauen (Magdalena und Barbara). Dazu kommen die Ordensgründer Benedikt und Scholastika, bereichert allerdings durch die hl. Ottilie als dritte Benediktinerheilige. Diese Unregelmäßigkeit wird verständlich, wenn man bedenkt, daß sich zusammen mit der – selbstverständlich singulär dargestellten Figur Mariens – ein Zyklus von 14 Heiligen ergibt. Sicherlich soll mit dieser symbolisch bedeutsamen Zahl auf die Tradition der Vierzehn Nothelfer angespielt werden, deren Kult sich im frühen 14. Jahrhundert wahrscheinlich von Regensburg aus verbreitete. Auch das um 1330/40 entstandene sog. Jüngere Nothelferfenster im nördlichen Seitenschiff des Regensburger Domes zeigt ähnliche Heiligentypen jeweils paarweise geordnet. Die Emmeramer Reihe entspricht jedoch nur teilweise den kanonisch zu den Nothelfern gerechneten Heiligen. Hier dürften die Klostertradition und der Reliquienbesitz der Abtei zur Zusammenstellung eines lokalspezifischen Heiligenzyklus geführt haben.

Bemerkenswert scheint noch die Darstellung Mariens in der Szene der Marienkrönung, die auffällig über der Büste des hl. Dionysius angebracht ist. Mit dieser einzigen narrativen Gruppe wird nicht nur Maria gebührend hervorgehoben, sondern offensichtlich auch der hl. Dionysius aufgewertet. Es sei daran erinnert, daß der berühmten Figur des hl. Dionysius im Bamberger Dom ein Engel beigestellt ist, der ihm die Krone des Martyriums überreicht. Mittelbar scheint beim Regensburger Schrein das Thema der Krönung auch auf Dionysius beziehbar.

Zusammenfassend gewinnt man den Eindruck, mit der vermuteten Planänderung während der Fertigstellung des Silberschreins sei auch eine Wandlung der Funktion verbunden gewesen. Ursprünglich dürfte der in Auftrag gegebene Sarkophag ausschließlich für die drei Hauptpatrone Emmeram, Wolfgang und Dionysius gedacht gewesen sein, mit besonderem Schwerpunkt auf dem hl. Dionysius, dessen angebliche Gebeine wohl auch im Inneren aufbewahrt worden waren (die Leiber der Heiligen Emmeram und Wolfgang waren ja in den Confessio-Anlagen der beiden Krypten bestattet). Nachdem Abt Wolfhard Strauß aber 1424 noch eine Silberstatue des hl. Dionysius in Auftrag gegeben hatte (siehe unten), die sicher ebenfalls Reliquien einschloß, könnte der Gedanke entstanden sein, mit dem ungewöhnlich großen und aufwendigen Schrein eine repräsentative Anlage zu schaffen, die stellvertretend den ganzen Kosmos der in der Abtei verehrten Heiligen umfassen sollte.

Der Silberschrein ist nicht nur der einzige erhaltene Reliquienschrein des Mittelalters im Bistum Regensburg, sondern auch ein Werk hoher künstlerischer und handwerklicher Qualität. Seine erste Erwähnung findet er in dem St. Emmeramer Schatzverzeichnis, das der Custos und spätere Abt Ambrosius Mayrhofer auf der Grundlage eines 1525 von Christophorus Hoffmann erstellten Inventars im Jahre 1560 verfaßte (Bischoff 148): „Sacrum grandeque mausoleum argento a foris redimitum, quod Graeci sarcophagum adpellant. Factum est opera et consilio domini Wolfhardi Strauß abbatis anno MCCCCXXIII" (Bischoff 152). Im „Bericht von den hl. Leibern und Reliquien ... in St. Emmeram" aus dem Jahre 1761 ist der Schrein abgebildet (vgl. Walderdorff 349). Das überlieferte Entstehungsdatum 1423 fällt mit dem ersten Regierungsjahr des Abtes zusammen, so daß unklar bleibt, ob das Schatzverzeichnis eine präzise Angabe meint oder nur das erste Abtsjahr einsetzte. Immerhin erwähnt dasselbe Verzeichnis eine ebenfalls von Wolfhard Strauß gestiftete Silberfigur des hl. Dionysius, für die das Jahr 1424 genannt ist (Bischoff 150). Ein zeitlich früher Ansatz für den Silberschrein muß also mindestens zur Diskussion gestellt werden. Bisher haben dies alle Autoren abgelehnt und den Schrein in die Jahre um 1440 datiert. Neuerdings setzte ihn Johann Michael Fritz noch etwas später um 1440/50 an, da zwar noch Ausdrucksformen des „Weichen Stils" anklingen würden, die meisten Kriterien aber für die nächste Stilphase sprächen.

Es stellt sich nun die Frage, wann denn in der Regensburger Plastik dieser Epoche der sog. Weiche oder Schöne Stil von der nachfolgenden, realistischeren und härter zupackenden Darstellungsweise abgelöst wurde. Hier hat sich gezeigt, daß die bisherige Forschung regelmäßig von zu späten zeitlichen Ansätzen ausging. Während etwa Felix Mader die Figuren des mittleren Westportals des Regensburger Domes zwischen 1420 und 1450 datierte (Kunstdenkmäler Regensburg, H. 1, 72), nimmt man heute mit guten Gründen den Zeitraum zwischen etwa 1385 und 1410 an. Die zahlreichen Engelhalbfiguren im Tympanon und in den Archivolten des Portals gehen mit ihren rundlichen Gesichtern, den zu großen Lockenkringeln geformten Haaren und den ornamental stilisierten Flügeln den Engeltypen am Silberschrein unmittelbar voraus, so daß eine engere zeitliche Abfolge zu vermuten ist. Zudem konnte der Verfas-

ser nachweisen, daß die beiden Baldachinaltäre in den Nebenchören des Regensburger Domes ebenfalls viel zu spät angesetzt worden waren (A. Hubel, in: Jahrbuch des Vereins für christliche Kunst Bd. XVI, Festschrift für Norbert Lieb, München 1987, S. 39–55). Dies scheint bemerkenswert, da hier die engsten Beziehungen zum Stil der Silberreliefs nachzuweisen sind. Der Christi-Geburts-Altar im südlichen Nebenchor, den wahrscheinlich der 1417 verstorbene Domherr Bartholomäus von Redwitz gestiftet hat, darf mit seinen Figuren als direkter Vorläufer bezeichnet werden. Während die Bildwerke der Heiligen Anna und Joachim in den westlichen Tabernakeln noch den späten Stil der Hauptportalwerkstatt widerspiegeln, zeigen die beiden östlich stehenden Bischofsfiguren bereits eine sich ändernde Formensprache. Der Reduzierung der Gewandfülle und dem schärfer gebrochenen Faltenwerk entspricht eine um Individualität bemühte Physiognomie der Gesichter: Falten, Tränensäcke, schwer herunterhängende Augenlider werden unnachsichtig dargestellt, verbunden mit einem konzentrierten Ernst des Ausdrucks, wobei die wie sprechend zugespitzten Lippen oft eine etwas mürrische Gesamtwirkung ergeben (vgl. den Kopf des hl. Erasmus vom südöstlichen Figurentabernakel).

Von den Figuren des um 1420/30 entstandenen Ursula-Altars im nördlichen Nebenchor lassen sich am besten die älteren, gleichzeitig mit den Architekturteilen versetzten Bildwerke vergleichen, etwa das des Auferstandenen Christus im Tabernakel über dem nordöstlichen Altarpfeiler. Sein Gesicht läßt sich gut mit dem des hl. Petrus am Silberschrein vergleichen, schließt andererseits aber auch unmittelbar an die Bischofsphysiognomien vom Christi-Geburts-Altar an.

Hingewiesen sei auch auf die gewollt dynamische Wirkung, die der Goldschmied den sechs Heiligenbüsten zu vermitteln suchte. Sie äußert sich in der lebhaften Gestik, mit der die puppenhaft kurzen Arme die großen Attribute umfassen, aber auch in der Überschneidung der Rahmen, etwa durch die Mitren oder durch überlappende Gewandteile, so daß die Heiligen temperamentvoll aus ihren Rahmen herauszudrängen scheinen. Eine ähnliche Geschäftigkeit zeigen beispielsweise die Steinreliefs der mit ihren Spruchbändern hantierenden Propheten und Heiligen, welche – in Vierpaßrahmen eingebunden – die Predella der Vorder- und Rückseite des Hochaltars der Stiftskirche St. Martin in Landshut schmücken (P. Kurmann und B. Kurmann-Schwarz, St. Martin zu Landshut, Landshut 1985, Abb. 51, 52, 58–69). Auch wenn dieser 1424 entstandene Altar nicht unmittelbar mit der Regensburger Plastik zu vergleichen ist (ebenda 61–67), verkörpert er doch eindeutig die Stilphase, der auch der Emmeramer Schrein zuzuordnen ist. Viele Einzelheiten, etwa Proportionen, Gewandformen und Gesichter, sind noch vom Schönen Stil her geprägt, während die etwas theatralische Übertreibung des Ausdrucks die Suche nach neuen Inhalten verrät.

Das Bronzerelief des 1418 verstorbenen Dominikanerpriors Johannes Herolt in der Albertus-Magnus-Kapelle des Regensburger Dominikanerklosters läßt sich gut mit der Darstellung des hl. Benedikt am Silberschrein vergleichen, vor allem in der Wiedergabe der Köpfe mit ihren tief eingeschnittenen Gesichtszügen und den muschelförmigen Ohren (Kunstdenkmäler Regensburg, H. 2, S. 99, Abb. 71). Schließlich sei das Grabdenkmal des 1423 verstorbenen Abtes Ulrich Pettendorfer in der Regensburger Kirche St. Emmeram erwähnt (Kunstdenkmäler Regensburg H. 1, S. 269, Abb. 170). Der Vorgänger des Abtes Wolfhard Strauß erscheint in vollem Ornat, wobei die bald üppig und weich fallende, bald knitterig verschobene Gewandführung unmittelbar mit den Bischofsfiguren der Heiligen Erhard und Rupert auf den Dachschrägen des Silberschreins verwandt scheint.

Die genannten Zusammenhänge lassen tatsächlich vermuten, daß die immerhin bis ins 16. Jahrhundert zurückreichende Überlieferung des Entstehungsdatums 1423 für den Schrein nicht von vorneherein abzulehnen ist. Zumindest könnte damals der Auftrag erteilt worden sein, während sich die Ausführung über mehrere Jahre hingezogen haben dürfte (beispielsweise hatte die Herstellung des viel schlichteren, figurenlosen Heiltumsschreines in Nürnberg von 1438 bis 1440 mehr als zwei Jahre gedauert). Nachdem der Verfasser die Domplastik der ersten Hälfte des 15. Jahrhunderts präziser ordnen konnte, muß auch manche Datierung vergleichbarer Stücke revidiert werden.

Auch wenn das oft herangezogene, um 1440 entstandene Waldeisen-Fenster im nördlichen Seitenschiff des Regensburger Domes viele Ähnlichkeiten aufweist, gehört es doch zu einer etwas späteren Stilstufe. In den Physiognomien, den gedrungenen Proportionen, der blockhaften Unbeweglichkeit und der hart gebrochenen Gewandführung werden niederländische Einflüsse spürbar, wie sie Robert Suckale für das nah verwandte, ebenfalls von Abt Wolfhard Strauß gestiftete Tafelbild der Thronenden Muttergottes in St. Emmeram nachwies, welches auf die um 1435 entstandene Lucca-Madonna des Jan van Eyck zurückgeht (R. Suckale, Das Znaimer Retabel, in: Österr. Zeitschrift für Kunst und Denkmalpflege XLII, 1987, S. 6, Abb. 8 und 9). Daß der Dionysius-Schrein im Vergleich hierzu etwas früher angesetzt werden muß, bestätigt indirekt auch die technisch verwandte, silberne Relieffigur des hl. Andreas auf einem Reliquiar im Dom- und Diözesanmuseum Wien (A. Saliger, Dom- und Diözesanmuseum

Wien, Wien 1987, S. 26–28, Abb. 28 u. 29). Dieses um 1440 zu datierende, eindrucksvolle und schroff expressive Bildwerk weist einige Gemeinsamkeiten mit den Reliefdarstellungen des etwa gleichzeitigen Znaimer Retabels auf, wie Arthur Saliger zu Recht betonte, während der Regensburger Silberschrein viel eher dem Formenvorrat des Schönen Stils verpflichtet bleibt.

Literatur: Hugo Graf v. Walderdorff, Regensburg in seiner Vergangenheit und Gegenwart, Regensburg, 4. Aufl. 1896, S. 349. – Ausst.-Kat. Kirchliche Kunstschätze aus Bayern, München 1930, Nr. 73. – Die Kunstdenkmäler von Bayern II, Oberpfalz, Bd. XXII, Stadt Regensburg, bearb. v. Felix Mader, München 1933, H. 1, S. 322, Tafel XXXVI. – Bernhard Bischoff, Studien zur Geschichte des Klosters St. Emmeram im Spätmittelalter (1324–1525), in: ders., Mittelalterliche Studien II, Stuttgart 1967, S. 121 und 152. – Achim Hubel, in: Ausst.-Kat. Kostbarkeiten aus kirchlichen Schatzkammern. Goldschmiedekunst im Bistum Regensburg, München–Zürich 1979, S. 68f. Nr. 108, Abb. 196–198. – Johann Michael Fritz, Goldschmiedekunst der Gotik in Mitteleuropa, München 1982, S. 269, Abb. 579–581. – Achim Hubel, Die Glasmalereien des Regensburger Domes, München–Zürich 1981, S. 24 u. 152. – Gabriela Fritzsche, Die mittelalterlichen Glasmalereien im Regensburger Dom. Corpus Vitrearum Medii Aevi, Bundesrepublik Deutschland Bd. XIII, 1 (2 Bände), Berlin 1987, S. LXX und 315f.

Achim Hubel

33. Vier Fragmente von Reliquienhüllen aus zwei einander sehr ähnlichen Seidengeweben

Sogdien (Westturkestan), 8. Jahrhundert
24 : 63 cm; 14 : 30 cm; 9 : 16 cm; 27 : 42 cm
Rapport 27 – 29 : 16 – 21 cm
Samit mit vier Schußsystemen (bei fünf bzw. sechs Schußfarben)
Hauptkette: Bindekette 2 : 1. Beide mit Z-Drehung, Hauptkette stärker gedreht
36 – 54 Fäden / cm
Schuß ungedreht: türkis, hellbraun, beige, hellgrün, goldgelb (und dunkelbraun)
100 – 116 Fäden / cm
Die Bindekette bindet in Köper 1/2 S-Grat auf der Gewebeoberseite

Regensburg, Kath. Kirchenstiftung St. Emmeram

In Reihen untereinander Medaillons mit Paaren einander zugewandter Löwen auf einem Weinrankenstand. Die breiten Rahmen aus gezackten Blattformen, z.T. mit Rosetten belegt (bei d). In den Zwischenzeilen stilisierte Bäume mit Trauben, auf die Hunde zuspringen; bei d in höheren Zwischenzeilen variierte Baumformen und über den Hunden Papageienpaare.

Die Seiden gehören zu einer Gruppe, die nach Sogdien lokalisiert wird; auf der Rückseite der großen Reliquienhülle aus einem Schrein in Huy (Belgien) ist mit Tinte in sogdischer Schrift der Ortsname Zandanyi angegeben. Gegenüber den im Muster nahestehenden Fragmenten im Kathedralschatz von Sens und aus belgischen Kirchen in den Museen von Lüttich, Berlin und London fällt bei den Regensburger Fragmenten von der Technik her die feste Drehung der Hauptkette, beim Muster die aus Blattformen vielfältig gebildete, wenig schematisierte Rahmung auf.

Literatur: Sigrid Müller-Christensen in: Sakrale Gewänder des Mittelalters, Ausstellung München 1955, S. 13 f., Kat. Nr. 3c. – Dorothy Shepherd, Zandaniji Revisited, in: Documenta Textilia. Festschrift für Sigrid Müller-Christensen, München 1981, S. 105 – 22, bes. 119 Nr. 14.

Hannelore Herrmann – Leonie von Wilckens

34. Fragmente einer seidenen Reliquienhülle

Syrien, 8. Jahrhundert
17 : 50 cm; 12 : 50 cm; 7 : 26 cm und kleiner
Rapport 11,5 : 4,5 – 6,2 cm
Samit mit drei Schußsystemen
Hauptkette: Bindekette 1 : 1. Beide mit Z-Drehung
48 – 50 Fäden / cm
Schuß ungedreht: rot, blau, goldgelb. 126 Fäden / cm
Die Bindekette bindet in Köper 1/2 S-Grat auf der Gewebeoberseite

Regensburg, Kath. Kirchenstiftung St. Emmeram

Schlanke Rechteckfelder untereinander. Darin ein Früchtebaum, unter diesem ein Vogelpaar, auf dem Baum ein Pfauenpaar, jeweils zueinander gewendet. Felderrahmung durch Vertikal- und Horizontalborten aus Rautenbändern mit eingestellten rautenförmigen Kreuzen.

Kat. Nr. 33 Reliquienhülle, Muster 1d, Rekonstruktionszeichnung (H. Herrmann)

Kat. Nr. 33 Reliquienhüllen, Muster 1a, b, c, Rekonstruktionszeichnung (H. Herrmann)

Kat. Nr. 34 Reliquienhüllen, Muster, Rekonstruktionszeichnung (H. Herrmann)

Kat. Nr. 35 Reliquienhüllen, Muster, Rekonstruktionszeichnung (H. Herrmann) ▷

Eine solche Felderaufteilung mit allerdings stärker stilisierten Rankenbäumen und Vogelpaaren sowie nicht so konsequent und gleichmäßig durchgeführter Rahmung zeigen grün(grünblau)-grundige Seiden, die in Ägypten gefunden worden sind; sie stehen in engem Zusammenhang mit denen, in welche die Namen Zacharias und Joseph eingewebt sind. Unsere Seide unterscheidet sich zudem durch ihren roten Grund.

Literatur: Sigrid Müller-Christensen in: Sakrale Gewänder des Mittelalters, Ausstellung München 1955, S. 13, Kat. Nr. 3a.

Hannelore Herrmann – Leonie von Wilckens

35. Seidene Reliquienhülle

Ostpersien (?), 1. Hälfte 8. Jahrhundert
42 : 28 cm
Rapport 21,5 (versetzt) : 10,6 – 11,2 cm
Samit mit zwei Schußsystemen
Hauptkette: Bindekette 1:1. Hellbraun. Z-Drehung 40 – 44 Fäden / cm
Schuß ungedreht: heute rostrot und goldgelb bis braun, 48 – 50 Fäden / cm
Die Bindekette bindet in Köper 1/2 S-Grat auf der Gewebeoberseite
Regensburg, Kath. Kirchenstiftung St. Emmeram

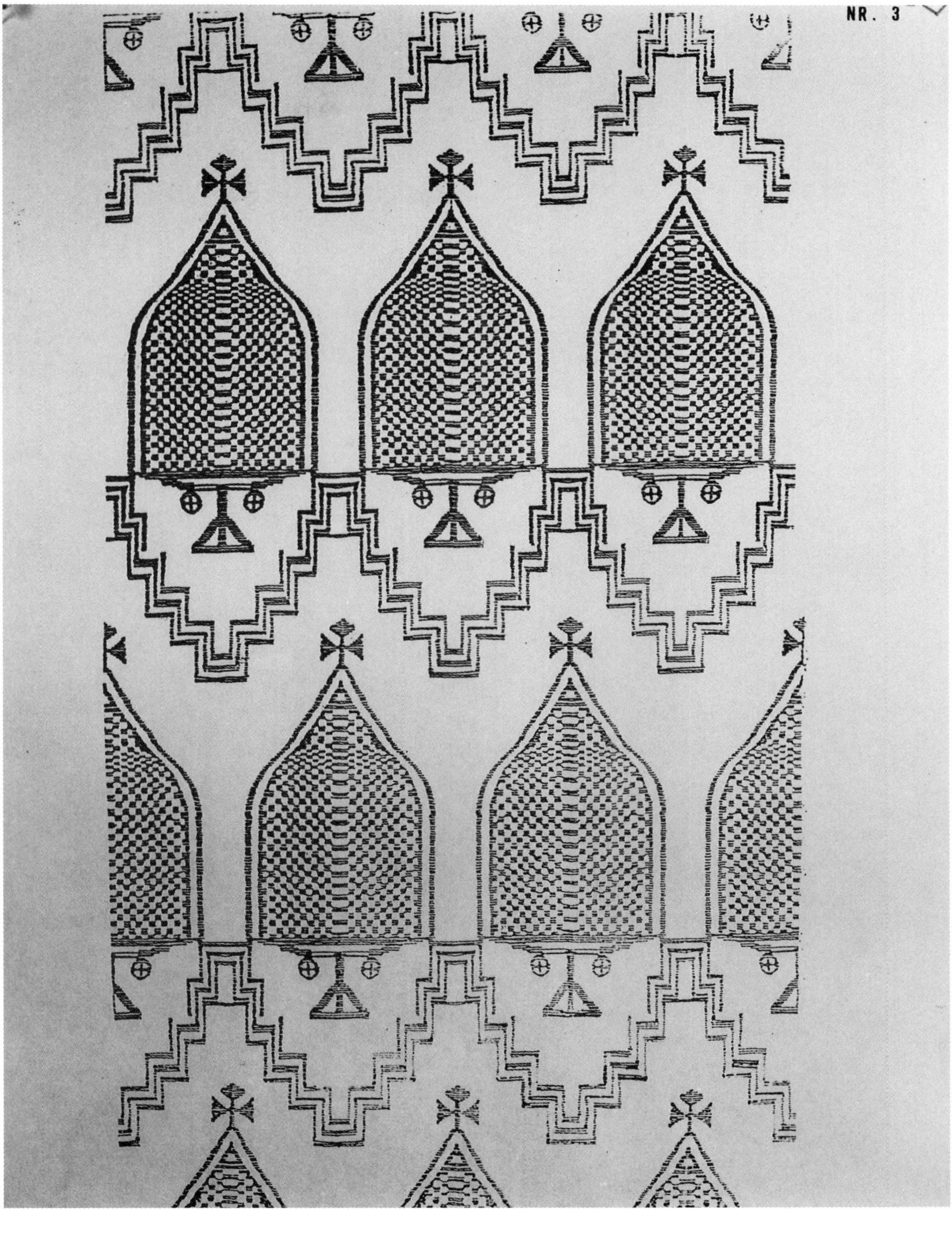
NR. 3

Zwischen einem dreilinigen, getreppten Zickzackband wachsen in versetzten Reihen über kleinen dreieckigen Füßen spitzoval stilisierte „Bäume“ mit feiner Schachbrettfüllung und von Kreuzblüte bekrönt auf.
Ähnlich stilisierte „Bäume“, jedoch kleiner und nicht als Hauptmotiv, zeigt ein in Chinesisch-Turkestan (Sinkiang) ausgegrabenes Seidengewebe aus der Mitte des 6. Jahrhunderts; in Dreiergruppen finden sich derartige „Bäume“ später (9. Jahrhundert), reihenweise im Wechsel mit Vögeln, auf einer noch unveröffentlichten Seide im Kölner Schnütgen-Museum; schließlich lassen sich mehrere in Ägypten gefundene Wolltaquetés zum Vergleich heranziehen. Bei unserer Seide fällt auf, daß die Zahl der Kett- und der Schußfäden fast gleich ist und daß die Schußfäden ursprünglich wohl zwei Rotnuancen zeigten. Diese bisher selten beobachteten Fakten, auch mit Schußfarben in Gelb und Blau oder in Rosa und Schwarzbraun, mögen auf Ostpersien weisen.

Literatur: Sigrid MÜLLER-CHRISTENSEN in: Sakrale Gewänder des Mittelalters, Ausstellung München 1955, S. 13, Kat. Nr. 3b.

Hannelore Herrmann – Leonie von Wilckens

36. Seidene Reliquienhülle

Turkestan (?), 8. Jahrhundert
3 : 3,5 cm
Wirkerei
Kette: Z-Drehung. 10 Doppelfäden / cm
Schuß: Z-Drehung. Heute blau, hellblau, braun, beige, 104 – 120 Fäden / cm. Goldlahn um Seidenseele mit Z-Drehung

Regensburg, Kath. Kirchenstiftung St. Emmeram

Auf dunkelblauem Grund vier- und fünfblättrige Blüten mit 1 cm breiter Einfassung. An zwei Seiten zu einem Täschchen zusammengenäht.
Zwei der ältesten erhaltenen Seidenwirkereien gehören dem Shoso-in-Schatzhaus in Nara (Japan), als Import des 8. Jahrhunderts vom asiatischen Festland. Der dabei verwendete Goldfaden besteht aus Papier mit aufgeklebtem Blattgold; er ist als flacher Streifen oder um eine Seidenseele gedreht verwendet worden. Das Fragment mit Seidenseele zeigt ebenso wie unsere Reliquienhülle breite Goldkonturen um Rautenfelder, die u. a. auf blauschwarzem Grund einen Blütenstand enthalten. Wenn auch bei dem Goldfaden unserer Wirkerei kein Papier nachgewiesen werden konnte, scheint sie nicht nur zeitlich nahverwandt zu sein. Die erstmals aus dem 12. Jahrhundert in China als k'ossu überlieferte Technik der Seidenwirkerei dürfte ursprünglich aus Ostturkestan (Sinkiang) übernommen worden sein. Aus der Wollwirkerei entwickelt, ist wahrscheinlich bereits im spätsasanidischen Persien Seidenwirkerei hergestellt worden, um dann entlang der zentralasiatischen Seidenstraße schließlich nach Ostasien zu gelangen.

Hannelore Herrmann – Leonie von Wilckens

Kat. Nr. 36 Reliquienhülle, Muster, Rekonstruktionszeichnung (H. HERRMANN)

37. Abschied des hl. Emmeram

Signiert rechts unten: „Ioachim Sandrad p. 1656"
Öl auf Leinwand
Maße: ca. 340×240 cm

Straubing, Karmelitenkloster

„Als er (= Emmeram) vom Fürsten die Erlaubnis zur Abreise erhalten und allen, sowohl dem Herzog als auch dessen Kindern und den Vornehmen des Landes Lebewohl gesagt hatte, fiel die ganze Stadt (= Regensburg) wegen seines Wegganges in Trauer, sowohl Arme als auch Reiche, da sie eines solchen Bischofs beraubt, zurückbleiben sollten. In seiner Begleitung folgte ihm eine kleine Schar von Geistlichen nach."

Das Bild illustriert dieses 10. Kapitel der Lebensbeschreibung des hl. Emmeram des Arbeo von Freising. Vor einer hügeligen Landschaft mit Burgruine (Donaustauf?) und einer befestigten Stadt im Hintergrund zeigt er die Abschiedsszene vor einem Rundtempel mit dem Wappen des Klosters St. Emmeram.

Der Bischof, der dem Herzog die Hand reicht, ist wie seine Gefährten als Pilger mit Stab und Muscheln gekennzeichnet. Hinter dem noch ahnungslosen Herzog Theodo steht dessen schwangere Tochter Uta, *„die ihre Schande nicht mehr verbergen"* konnte. Sie hatte sich mit einem Höfling namens Sigibald eingelassen, was nicht ohne Folgen blieb. Emmeram, der nach Rom zu reisen gedachte, erklärte sich aus Mitleid bereit, die Schuld auf sich zu nehmen, die nach seinem Weggang offenbart wurde.

38. Tod des hl. Emmeram

Unsigniert, zu Kat. Nr. 37 gehörig
Öl auf Leinwand
Maße: ca. 340×240 cm

Straubing, Karmelitenkloster

Das zweite Bild illustriert die Legende um den Tod des hl. Emmeram nach dem 24. Kapitel der Lebensbeschreibung Bischof Arbeos.

Emmeram wurde nach der grausamen Verstümmelung noch lebend auf einen Wagen gelegt und sollte in die Peterskirche des zwölf Meilen entfernten Dorfes Aschheim gebracht werden, das im Hintergrund des Bildes zu sehen ist. Doch vorher war ihm bestimmt, zu sterben:

„Einer der Begleiter befahl auf göttliche Eingebung den übrigen ..., ihn von dem Karren, auf dem er lag, herunterzuheben; und diese nahmen ihn sofort herunter und betteten ihn in das weiche Gras des ebenen und einsamen Feldes. Und so geschah es, als jene heilige Seele aus dem Körper entwich, daß alle, die dabei waren, sahen, wie ein Licht wie von gewaltigen Fackeln aus dem Munde des heiligen Mannes hervorschoß und in die Höhe stieg, wo es ... in den Himmel einging; und wie ein Blitz erleuchtete der Glanz seines Eingehens die Gesichter der Anwesenden."

Die erschreckten Zeugen dieses Wunders bilden den Hintergrund der Szenerie, in deren Mittelpunkt auf Blumen gebettet der verstümmelte Leichnam ruht, von dessen Verletzungen ein unheimliches Leuchten ausgeht. Zahlreiche Geistliche haben sich um ihn versammelt, dessen Seele als kleines Menschlein in den Himmel aufgenommen wird. Trotz aller Freiheiten und Hinzufügungen hielt sich der Maler auch hier eng an die literarische Vorlage.

S. Emerams = Glorwürdige Seel fahret
in Gestalt eines hellglantzenden Liechts sicht=
barlich gen Himel zu den ewigen Freüden auf.
unweit des Dorffs Aschaim.

Als Herkunftsort der Bilder wird man das Kloster St. Emmeram in Regensburg annehmen können, von wo aus sie nach 1810 in das fürstlich Thurn und Taxis'sche Schloß nach Rain bei Straubing kamen, wie auf der Rückseite aufgeklebte Schriftstücke des dortigen Archivs nahelegen. Von hier aus gelangten sie in das Karmelitenkloster in Straubing, wo sie bis zu ihrer Auffindung 1986 aufgerollt auf dem Dachboden lagen und einen dementsprechend katastrophalen Erhaltungszustand besaßen.

Die Entstehung der Bilder könnte mit der Wiederherstellung der 1642 durch ein Großfeuer ausgebrannten Klosterkirche zusammenhängen, von deren damals entstandener Ausstattung noch wenig bekannt ist. Joachim Sandrart schuf bis 1666 das Hochaltarbild mit dem Martyrium des hl. Emmeram, das bis heute den inhaltlichen Höhepunkt des Bilderzyklus Cosmas Damian Asams darstellt.

Die beiden Szenen unserer Bilder – Abschied und Tod des Emmeram – ergeben mit dem Hochaltarbild keinen logischen Zusammenhang. So fehlt zwischen Abschied und Martyrium zumindest die Szene der Verurteilung des Bischofs durch den Herzogssohn Landpert. Dem Martyrium folgt natürlich die Szene des Todes, die auch das Vorbild für Asam abgab. Beide Gemälde stellen uns vor ein gewisses Problem, nämlich die Signatur des Künstlers.

Die Signatur *„Ioachim Sandrad p. 1656“* ist mit größter Wahrscheinlichkeit nicht eigenhändig. Ein Vergleich mit den von Christian Klemm zusammengestellten Signaturen (Klemm 331) zeigt, daß er „Joachim“ mit J und nicht mit I schrieb, überhaupt andere Formen der Buchstaben a und d verwendete, auch nie *„p(inxit)“* (malte), sondern stets *„f(ecit)“* (machte) schrieb. Machart und Malstil entsprechen Sandrart so wenig wie die Qualität an die seiner Bilder herankommt.

Die Szenen legen nahe, daß sie Teile eines zerstörten Emmeramszyklus sind, der sich in der Kirche oder im Kloster befand. Ihre beachtliche Größe entspricht den 1731–33 geschaffenen Bildern C. D. Asams in der Zone zwischen Arkaden und Obergaden der Kirche. Hing dort wie heute ein Zyklus des Lebens des Heiligen? Die Quellen belegen für das 17. Jahrhundert die Existenz von nur einer Bildfolge in der Klosterkirche, die sich auf das Leben und die Verehrung des Heiligen bezieht. 1644 berichtete Matthäus Merian, daß in der *„Emerans Capellen ... sein gemahlte Geschicht zu sehen“* sei (Piendl Nr. 136).

Abt Cölestin Vogl begann ab 1655 mit der Neuausstattung der Klosterkirche: von hier würde das Datum 1656 passen. Sandrart selbst hielt sich fast das ganze Jahr 1653 in Regensburg auf, und noch am 26. April 1654 berichtete er von viel Arbeit in Regensburg (Klemm 341 f.). Ob er in dieser Zeit auch für das Kloster St. Emmeram arbeitete, läßt sich nicht feststellen, ist jedoch auch nicht unwahrscheinlich.

Warum nun die fehlerhafte Signatur auf Bildern, die sicherlich nicht von Sandrart stammen? Ein Emmeramszyklus könnte sich bis längstens 1731 in der Kirche befunden haben und müßte dann in ein „Depot“ im Kloster oder in eine andere Kirche verbracht, verkauft oder verschenkt worden sein. Wurde hierfür (zur Wertsteigerung) oder im Rahmen einer Inventarisierung (vielleicht im frühen 19. Jahrhundert) die Signatur nachgetragen?

Literatur: Arbeo von Freising, Vita vel passio Haimhrammi Episcopi et martyris Ratisbonensis, hgb. v. Bruno Kusch (MGH in us. schol.), Hannover 1920. – Max Piendl, Fontes monasterii s. Emmerami Ratisbonensis. Bau- und kunstgeschichtliche Quellen, in: Quellen und Forschungen zur Geschichte des ehemaligen Reichsstiftes St. Emmeram in Regensburg (Thurn und Taxis Studien Band 1), Kallmünz 1961, 136, 138 f., 171. – Ders., St. Emmeram zu Regensburg (SKF 573), München und Zürich ^{9}1987, 17. – Christian Klemm, Joachim von Sandrart. KunstWerke u. LebensLauf, Berlin 1986, Kat. Nr. 133 (zum Emmeramer Hochaltarbild).

Peter Morsbach

39. Tracht eines Geistlichen des 7. Jahrhunderts

Bei den 1961–68 in der Kirche St. Ulrich und Afra in Augsburg durchgeführten Grabungen wurde in der Krypta auch das Grab eines Klerikers des 7. Jahrhunderts entdeckt, dessen Erhaltungszustand außerordentlich gut war. Aufgrund der zahlreichen Textil-, Leder- und Beigabenfunde ist es möglich, einen fränkischen Geistlichen der Zeit des hl. Emmeram zu „rekonstruieren“ und eine Vorstellung davon zu gewinnen, wie Emmeram am bayerischen Herzoghof erschienen sein könnte.

Bildliche Wiedergaben finden sich in karolingischen Handschriften, die die lange Zeit anscheinend unveränderte Tracht genau wiedergeben.

Der Geistliche, den man in St. Ulrich und Afra fand, trug eine *Leinenhose*, die mit kreuzweise gelegten *Wa-*

Aus: Bibel von St. Paul, fol. 188^{v}, Rom, Abbazia di San Paolo fuori le mura

denriemen unterhalb der Knie geschnürt waren, einen knielangen *Leinenkittel* und einen geknoteten ledernen *Leibgürtel.* Über die Schultern hatte er einen zottigen braunen *Wollmantel* gelegt, der ebenfalls bis zu den Knien reichte. Die Hosen steckten in sog. *Caligae,* von Klerikern getragene Stiefel aus gegerbtem Schafsleder, die mit Riemen an den Unterschenkeln fest umwickelt wurden. Sie vervollständigten die Kleidung. *Eisensporne* als Sporen für das Reittier, ein hölzerner *Krummstab* aus Buche, eine *Besteckgarnitur* aus Messer und einem Eisenstift, der vielleicht als Schreibgriffel diente und ein *Kamm* bildeten die Ausstattung, die dann auch mit ins Grab gegeben wurde.

Literatur: Joachim Werner, Die Gräber aus der Krypta-Grabung, in: Die Ausgrabungen in St. Ulrich und Afra in Augsburg 1961–1968 (Veröffentlichungen der Kommission zur archäologischen Erforschung des spätrömischen Raetien der Bayerischen Akademie der Wissenschaften), hgb. von Joachim Werner, 2 Bände, München 1977, S. 142–152.

Peter Morsbach

DER HEILIGE ERHARD

In der Spätzeit des Wirkens von Bischof Emmeram oder nach seinem gewaltsamen Ende trat in Regensburg um 680/90 in der Gestalt des hl. Erhard ein weiterer fränkischer Wanderbischof auf. Erhard, der wohl aus Narbonne stammte und um 630 geboren wurde, hatte zunächst längere Zeit im Gebiet Herzog Etichos im Elsaß gewirkt, bevor er an den Hof des agilolfingischen Herzogs Theodo kam. Hier starb er um 700. Mehr ist über sein Leben und Wirken in Regensburg nicht bekannt. Sollte er als Bischof die Nachfolge des hl. Emmeram antreten? Jedenfalls besaß er enge Beziehungen zum Herrscherhaus, wie seine Bestattung in der im Pfalzbereich gelegenen, spätmerowingischen Kirche unter dem Niedermünster zeigt.

Um Person und Grab des Bischofs Erhard entwickelte sich bald ein intensiver Kult, der jedoch bis zum Ende des Mittelalters auf Regensburg und Niedermünster beschränkt blieb. Die Heiligsprechung (Kanonisation), d.h. die vom Papst gegebene Erklärung, daß ein Mensch in die triumphierende Kirche aufgenommen und von der ganzen Kirche zu verehren sei, kennt die Kirchengeschichte nicht vor dem 10. Jahrhundert. Die erste, historisch belegte offizielle Kanonisation war die des hl. Ulrich von Augsburg im Jahre 993.

Jedoch wird bereits zwanzig Jahre vorher (973) Erhard als *„heiliger Bekenner"* bezeichnet. Hier wird erstmals die sog. Heiligsprechung auf dem Weg der kultischen Verehrung *(„benedictio per viam cultus")* faßbar: von Anbeginn schuf sich das christliche Volk Heilige unmittelbar durch Verehrung, sobald diese die Form eines öffentlichen Kultes annahm, über dessen zulässige Durchführung der zuständige Diözesanbischof zu wachen hatte.

Der Besuch Papst Leos IX. im Jahre 1052 war für das Bistum ein höchst bedeutsames kirchengeschichtliches Ereignis. In Gegenwart Kaiser Heinrichs III., eines Vetters des Papstes, wurden unter anderem auch die Gebeine Erhards feierlich erhoben und damit das hohe Ansehen des Heiligen und des Reichsstiftes Niedermünster bestätigt.

In der romanischen Basilika fand am Heiligabend 1280 unter Bischof Heinrich II. die neuerliche Erhebung der Gebeine statt.

Der hl. Erhard galt in Regensburg als Nothelfer, Patron der zum Tode Verurteilten und der Kranken. Sein Schrein wurde mit denen der Heiligen Emmeram und Wolfgang bei Bittprozessionen stets mitgeführt. Bis 1729 fand alljährlich in Regensburg der *Erhardimarkt* statt, der sich von der Südseite des Doms bis auf den Domfriedhof in Richtung auf das Niedermünster erstreckte.

Literatur: Gisela KOSCHWITZ, Der heilige Bischof Erhard von Regensburg. Legende - Kult - Ikonographie (SMBO Bd. 86), Ottobeuren 1975. - Karl BAUER, Regensburg. Regensburg [4]1988, S. 757-760.

Peter Morsbach

Das Grab des hl. Erhard

Bischof Erhard wurde um 700 an der Innenseite der Nordwand der ersten (spätmerowingischen) Niedermünster-Kirche bestattet. In für diese Zeit in Süddeutschland typischer Weise bettete man seinen Leichnam in ein etwa 1×2 m großes Grab aus Tuffplatten, das mit einem römischen Sarkophagdeckel abgeschlossen war. Daneben entstand wenig später die Grablege des irischen Erzbischofs Albert von Cashel, der während eines Aufenthaltes in Regensburg, bei dem er seinen Freund Erhard nicht mehr lebend antraf, verstorben war.

In der um 800 errichteten karolingischen Stiftskirche blieb sein Grab noch unangetastet. Die große Verehrung Erhards zeigt sich darin, daß der Mörtelestrich vor seinem Grab durch häufiges Begehen bis zu 15 cm tief abgesunken war.

Durch den dritten Neubau von Niedermünster (950-955) hob sich der Fußboden um rund einen Meter, so daß das Grab für etwa hundert Jahre nicht mehr sichtbar war. Höchst bemerkenswert ist die Tatsache, daß seit 700 alle nachfolgenden Kirchenbauten wegen des Erhardsgrabes den Verlauf der merowingischen Nordmauer beibehielten. Bei der Erhebung der Gebeine 1052 legte man das Grab frei, führte

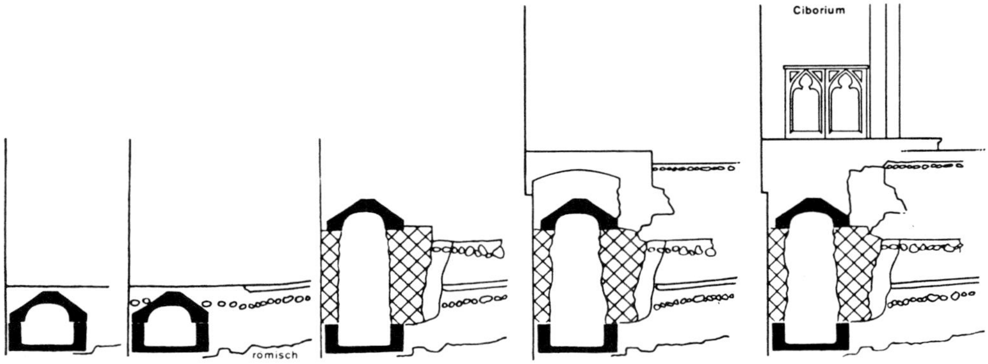

Regensburg, Niedermünster: die Entwicklung des Erhardigrabes (nach SCHWARZ, *Ausgrabungen unter dem Niedermünster)*

die Grabkammer durch eine Bruchsteinmauerung bis zum Fußboden empor und setzte den Sarkophagdeckel obenauf.

Das Grab des hl. Erhard blieb auch in der jetzigen Kirche, die nach 1152 entstand, der unverrückbare Bezugspunkt. Bei der zweiten Erhebung der Gebeine im Jahre 1280 beließ man das Grab in seiner Position, es wurde jedoch auf dem neuen Fußboden mit einem Steinsockel überhöht und mit einem Blockaltar ausgezeichnet.

Das prachtvolle Ziborium, das heute die Gräber Erhards und Alberts krönt und die besondere Bedeutung der Erhardsverehrung für Niedermünster zeigt, entstand um 1350.

Literatur: Klaus SCHWARZ, Das spätmerowingerzeitliche Grab des heiligen Bischofs Erhard im Niedermünster zu Regensburg, in: Archäologische Ausgrabungen in Deutschland, 1950 - 1975, Tl. 2, Mainz 1975, S. 129 - 164. - DERS., Die Ausgrabungen unter dem Niedermünster zu Regensburg (Führer zu den archäologischen Denkmalen in Bayern 1), Kallmünz 1971.

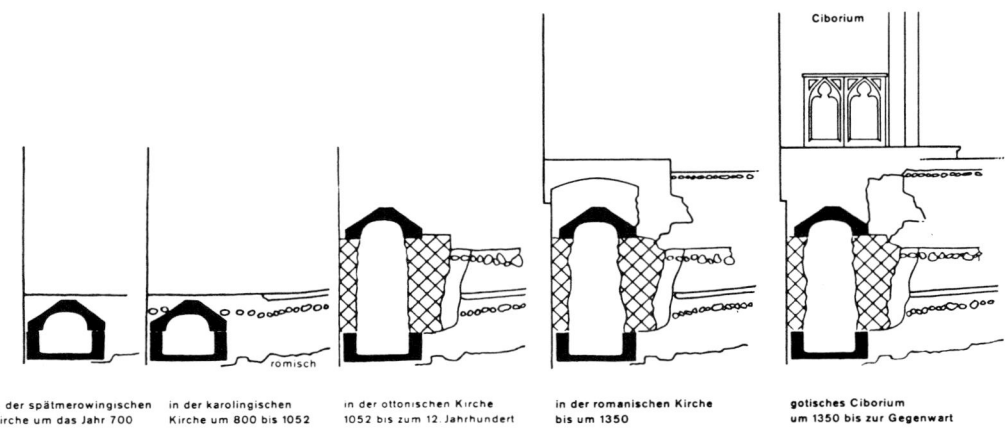

Peter Morsbach

40. Hl. Erhard

aus: Jacobus de Voragine, Legenda sanctorum aurea, Straßburg 1362, fol. 30va
Pergament, 251 Bll., 37,6×26,6 cm
Holzdeckeleinband des XV./XVI. Jahrhunderts mit gepreßtem weißem Lederüberzug

München, Bayerische Staatsbibliothek, Cgm. 6

Die Handschrift der sog. *Elsässischen Legenda Aurea* enthält neben der in elsässischer Mundart verdeutschten Legenda Aurea des Jacobus de Voragine (fol. 2^r–210^v) auch elsässische Predigten (fol. 211^r–251^r). Auf fol. 210^v findet sich die Datierung: „*Follebroht wart dis bůch Anno domini MCCCLXII°. vigilia Mathie apostoli*".
Der Text ist zweispaltig in je 50 Zeilen von einer klaren und ebenmäßigen Hand geschrieben. Die Kapitel beginnen mit Bildern der behandelten Heiligen, wobei hin und wieder Felder leer blieben. Die Kapitelüberschriften sind in Rot gehalten und besitzen abwechselnd blaue und rote Initialen.
Der Abschnitt über den hl. Erhard, an dessen Anfang unsere Miniatur steht, befindet sich auf fol. 30va–33va „*Võ dem name sant Herhardes vñ võ sime lebende*". Der Heilige wird als Bischof im Ornat, mit Buch und Stab, ansonsten aber ohne besondere Attribute dargestellt. Über der Albe trägt er eine rote Dalmatika mit gelber Borte und ein violettes Pluviale. Nach links gewandt steht er unter einem gelben-braunen Rahmen auf Grasboden vor einem grünen Hintergrund mit Pflanzenranken.
Die Münchner Handschrift der Straßburger Legenda Aurea überliefert am vollständigsten die erste deutschsprachige Prosaübersetzung dieses populärsten religiösen Volksbuches des Mittelalters. „*Obgleich sie bereits kürzt und vereinfacht, giebt sie doch das Original im Ganzen getreu ... Die Schönheit und Kraft der Sprache ist hier ohne gleichen ... Hier ist das dem Original entsprechende und wahrhaft congeniale deutsche Werk geschaffen*" (Benz XXXII). Die Legende des hl. Erhard gehört nicht zum ursprünglichen Stoff der Legenda, wurde aber als elsäßisches Gut eingefügt.

Literatur: Erich Petzet, Die deutschen Pergament-Handschriften Nr. 1–200 der Staatsbibliothek in München, München 1920, S. 11f. – Hermann Brandt, Die Anfänge der deutschen Landschaftsmalerei im 14. und 15. Jahrhundert (Studien zur Kunstgeschichte H. 154, 1912), S. 33f., 54, 116, 131, Abb. 1–3. – Ulla Williams und Werner Williams-Krapp (Hgb.), Die „Elsässische Legenda Aurea", Bd. I, Tübingen 1980, S. 104–113. Richard Benz (Übs.), Die Legenda aurea des Jacobus de Voragine, Heidelberg ⁹1979, XXXIf.

Peter Morsbach

41. Bischof Heinrich von Rotteneck Über die Öffnung des Erhardsgrabes

Regensburg, (1281) Januar 15
13,2×18,8 cm
Siegelumschrift:
HEINRICVS DEI GR(ATIA) RATISPONENSIS ECC(LESI)E EP(ISCOPV)S
An Pergamentstreifen anhängendes ovales Wachssiegel

Regensburg, Kath. Kirchenstiftung St. Ulrich/Niedermünster

Bischof Heinrich von Regensburg bekennt, daß er am Heiligen Abend (in der Vigil von Weihnachten) des Jahres 1280 auf Ansuchen der Äbtissin Hedwig und des Konventes des Stiftes Niedermünster den Leib des heiligen Bekenners und Bischofs Erhard, der ebenda seit langer Zeit aufbewahrt wird, untersucht hat, nicht weil er im Zweifel gewesen sei, daß dessen Leib dort ruhe, sondern, damit er (Erhard) wegen seiner ruhmreichen Verdienste von den Gläubigen mit Lobpreis verehrt werde, diesen Leib unversehrt mit allen seinen Gliedern vorgefunden habe mit Beweisen der Echtheit, nämlich einer Bulle von Papst Leo IX., von dem dieser Leib kanonisiert und sicher in einem Sarkophag verschlossen wurde, daß er ihn nach vielen Lobpreisungen der Gläubigen unversehrt wieder an seinen Platz zurückgelegt und mit seinem Siegel sowie dem Zeugnis der vorliegenden Urkunde beglaubigt habe, wobei aber das Haupt und ein Arm heraußen behalten wurden, damit sie mit Silber und Edelsteinen geschmückt an besonderen Festtagen zur Verehrung des Volkes ausgesetzt werden können; die Zurücklegung des Leibes an seinen Platz durch ihn (den Bischof), sei in der Oktav des Erhardstages, nämlich am 15. Januar (1281) erfolgt.
Nos Heinricus dei gratia Ratispon(ensis) episcopus presentibus profitemur, quod cum anno domini M° CC° LXXX° in vigilia nativitatis domini ad peticionem dilectarum in Christo Haedwigis venerabilis abbatisse et conventus Inferioris monasterii corpus beati Erhardi confessoris atque pontificis, quod ibidem multis latuit temporibus quesitum per nos esset non ut dubium quin corpus suum ibi requiesceret, nobis esset, set ut propter ipsius merita gloriosa honoraretur a Christi fidelibus laudibus gloriosis, ipsum corpus integrum cum omnibus suis articulis sive membris repperimus, vidimus cum veris indiciis immo sub bulla sanctissimi in Christo patris domini Leonis pape noni, a quo ipsum corpus canonizatum extitit cautius in quodam sarcofago consingnatum, quod post multas ac devotas laudes a Christi fidelibus exhibitas integrum ad suum locum reposuimus sub nostro sigillo consignatum ac testimonio presentium litterarum retento foris solo capite et uno brachio, que propter devocionem populi argento et gemmis decorata in specialibus festivitatibus valeant exhiberi. Ipsum autem corpus in suo loco repositum est per nos in octava ipsius Erhardi, id est XVIII kal. februarii.

Johann Gruber

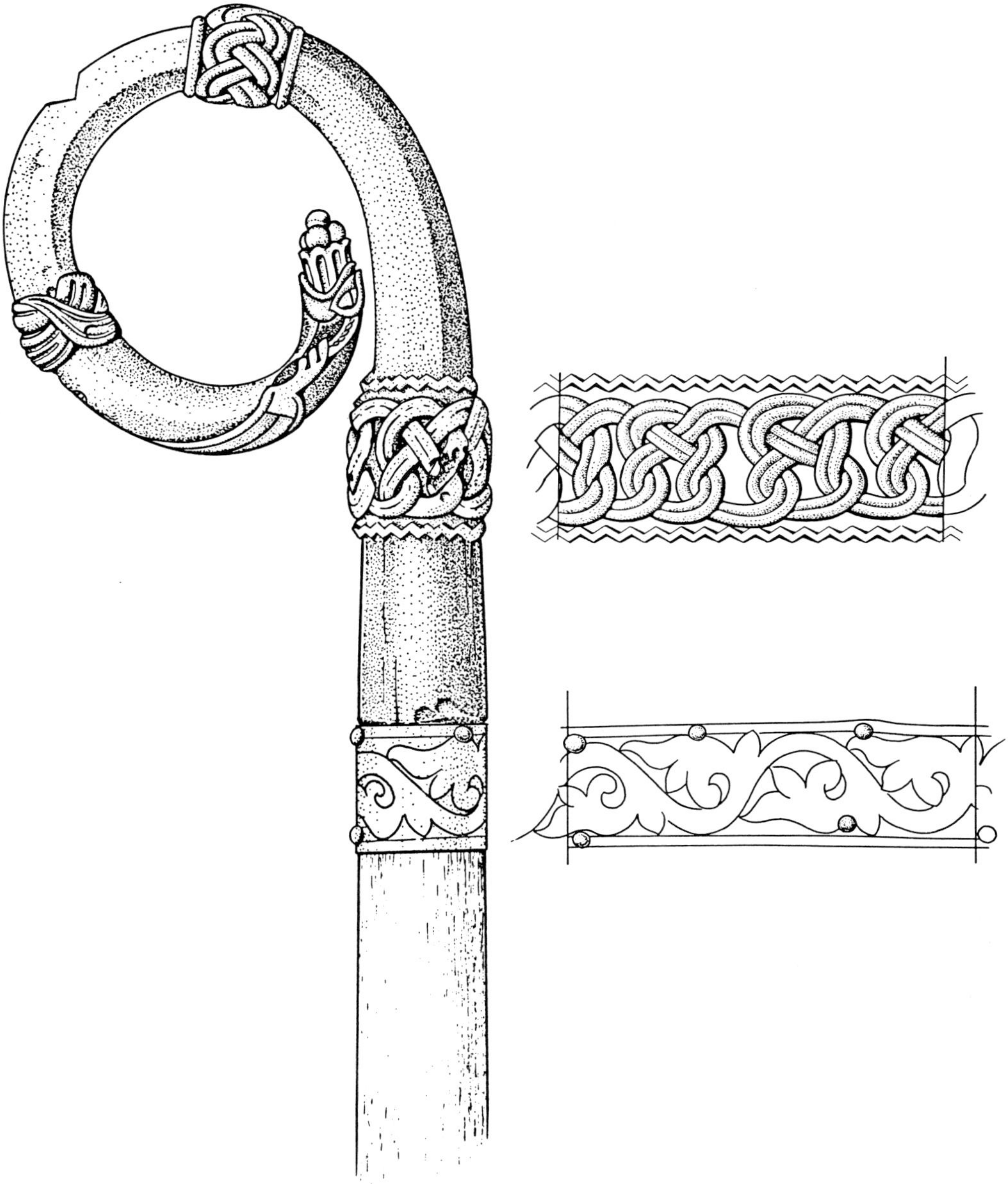

Kat. Nr. 42 Der Erhardistab. Zeichnung: Michael Berger

42. Sog. Erhardistab

Regensburg, um 1200 (?)
Krümme aus Büffelhorn, 8,5×7,5 cm
Stab aus Ebenholz, zwei vergoldete Silberbänder

Regensburg, Kath. Kirchenstiftung St. Ulrich/Niedermünster

Es ist eine lange zurückreichende kirchliche Tradition, ehrwürdiges Gerät, über dessen Herkunft und Alter man sich nicht klar war, mit heiligen Personen in Verbindung zu bringen. Hierbei handelt es sich nicht um bewußte Irreführungen der Gläubigen, sondern um im Laufe von Jahrhunderten gewachsene fromme Überzeugungen. Viele davon wurden durch moderne wissenschaftliche Methoden zerschlagen, was zugleich Neuerkenntnis, aber auch Verlust bedeutet.
Die Regensburger „Mitra des heiligen Wolfgang" wurde von diesem genauso wenig getragen wie der „Stab des heiligen Emmeram" von jenem. Auch der „Stab des heiligen Erhard" entstand erst ein halbes Jahrtausend nach dem Tode des Bischofs.
Die aus Büffelhorn geschnitzte Kurva ruht auf einem Ebenholzstab, der einen vergoldeten Silberring mit gravierten, dicklich-rundlichen Palmetten und ein zweites, ebenfalls vergoldetes Silberband, das die Inschrift PARS SVPERIOR BACVLI S · ERHARDI EPI · RATISB · *(Oberer Teil des Stabes des hl. Erhard, Bischofs von Regensburg)* trägt. Diese Inschrift könnte unter der Äbtissin Margareta von Sigertshofen 1653 angebracht worden sein.
Die von drei Flechtbandringen, die der Ornamentik des Nordportals der St.-Jakobs-Kirche in Regensburg ähneln (Hubel), gegliederte und brüchige Kurva läuft in einem Drachenkopf aus, der eine Beerenfrucht im Rachen hält. Fabelwesen dieser Art kennen wir gut aus der Buchmalerei des späten 12. Jahrhunderts, wie dies in der Ausstellung an Beispielen aus Oberaltaich und Windberg deutlich gemacht werden kann.
Bis heute ließ es sich nicht klären, ob der Erhardistab ein Bischofs- oder Äbtissinnenstab aus Niedermünster ist und seit wann er in der Tradition mit dem hl. Erhard in Verbindung steht. Heuwieser sprach die Vermutung aus, das zierliche Pedum sei „ganz offenbar für eine zarte Frauenhand berechnet" gewesen, ein Äbtissinnenstab also, wobei ihm der Irrtum unterlief, den Stab ins frühe Mittelalter zu datieren („vermutlich noch aus der Kanonissenzeit, vor Einführung der Benediktinerregel durch den hl. Wolfgang") (Heuwieser 193).

Literatur: Max Heuwieser, Die Entwicklung der Stadt Regensburg im Frühmittelalter, in: VHVO 76 (1926), S. 192f. – Die Kunstdenkmäler von Oberpfalz und Regensburg XXII, Regensburg II, bearb. von Felix Mader, München 1933, S. 238, Tf. XX. – Ausstellungskatalog Wittelsbach und Bayern I/2, München-Zürich 1980, Kat. Nr. 72 (Achim Hubel).

Peter Morsbach

43. Sogenannte Stola des hl. Erhard

Mittelalter
152 × 10 cm
Vorder- und Rückseite aus ehemals rotem, leichtem Seidentaft; Zwischenfutter aus weißem Leinen. An beiden Enden lange Seidenfransen angenäht: weinrot, grün, weiß, hellbraun

Regensburg, Kath. Kirchenstiftung St. Ulrich/Niedermünster

Das Band, das mit 152 cm keine eigentliche Stolenlänge erreicht, ist wohl deshalb mit dem Namen des hl. Erhard – viel später – verbunden worden, weil dieser in Niedermünster begraben worden ist (gestorben um 700); 1052 wurden seine Gebeine zur Heiligsprechung gehoben. Max Heuwieser hielt die Stola für das auszeichnende liturgische Kennzeichen der Äbtissin des alten Kanonissenstiftes, die durch die Diakonissenweihe ausgezeichnet war. Gewiß geht die Stola aber nicht auf die Herzogin Judith, die Frau Herzog Heinrichs I. von Bayern, zurück, die hier 973 den Schleier nahm. Deshalb kann auch die Einführung der Benediktinerregel durch den hl. Wolfgang im späten 10. Jahrhundert (die Benediktiner-Äbtissinnen hatten die Ordination nicht mehr) keine Datierung ante quem abgeben.

Literatur: Max Heuwieser, Die Entwicklung der Stadt Regensburg im Frühmittelalter, in: VHVO 76 (1926), S. 193. – Die Kunstdenkmäler der Oberpfalz XXII, Stadt Regensburg 2, bearb. von Felix Mader, München 1933, S. 239.

Leonie von Wilckens

DIE KANONISCHE ERRICHTUNG DES BISTUMS REGENSBURG

Der erste Versuch der Gründung einer bayerischen Kirchenprovinz

„Theodo, der Herzog der Bayern, kam mit anderen seines Stammes zum Grab des seligen Apostels Petrus, um hier als der erste seines Volkes zu beten.“

Der Besuch Theodos in Rom, der im „Liber Pontificalis“ für das Jahr 715 eingetragen ist, war nicht nur eine fromme Pilgerfahrt ans Grab des Apostelfürsten, sondern auch mit kirchenpolitischen Vorstellungen verbunden. Es mag sein, daß die Reise des Herzogs auch mit dem Tode des hl. Emmeram zusammenhing, der Hauptgrund war dies jedoch keinesfalls.

Der seit der Zeit Emmerams erstarkte iro-gallische Einfluß in Bayern, der sich z.B. auf religiösem Gebiet in Besonderheiten der Liturgie, des Taufritus und der Osterfeier zeigte, sollte zurückgedrängt werden. Dies konnte nach den Vorstellungen Theodos am besten durch eine Annäherung an Rom geschehen.

Auf Anregung des Herzogs ließ Papst Gregor II. (715–731) im Jahre 716 einen genauen Plan zu einer in allen Bereichen römisch-katholischen bayerischen Landeskirche ausarbeiten (Kat. Nr. 44). Neben den Fragen der Liturgie und Sakramente, der Überprüfung der Rechtgläubigkeit der Priester, der Bestellung und Aufgaben von Bischöfen und Priestern betraf das *capitulare* Gregors auch die Errichtung von drei, vier oder mehr abgegrenzten Bistümern, die der politischen Teilung Bayerns in vier Teilherzogtümer entsprechen sollten. Vielleicht war für Rom auch der Gedanke von Interesse, im bayerischen Herzog einen Schutzherrn der Kirche für das Gebiet nördlich der Alpen zu gewinnen. Durch den Tod Herzog Theodos und die nachfolgenden Wirren scheiterten diese Pläne schließlich.

739 – Die kanonische Errichtung des Bistums

Wie sein Vater Theodo war auch Herzog Odilo 23 Jahre später bestrebt, den Einfluß der fränkischen Karolinger in Bayern zurückzudrängen. Karl Martell verhielt sich den Plänen einer Bistumsorganisation in Germanien gegenüber ablehnend, zumindest förderte er sie nicht. So griff Odilo die alten Pläne zur Errichtung einer nach Rom orientierten Landeskirche wieder auf und ersuchte Erzbischof Bonifatius, diese durchzuführen.

Im Jahre 739 gab es in Bayern nur einen rechtmäßig von Rom eingesetzten Bischof: Vivilo in Passau. Bonifatius teilte im Auftrage Papst Gregors III. das Herzogtum mit Zustimmung Odilos und der aristokratischen Führungsschicht in vier Bistümer, grenzte diese voneinander ab und setzte neben Vivilo drei weitere Bischöfe ein: Johannes in Salzburg, Erembert in Freising und Gaubald in Regensburg.

Hatten sich die Wanderbischöfe bislang an den Herrschaftssitzen orientiert, erhielten sie nun einen festen Sprengel, den sie zu betreuen hatten. Insofern markiert die Bistumserrichtung auch eine Zäsur in der Geschichte des Bischofsamtes.

Mit der Gründung der Bistümer Würzburg, Erfurt und Büraburg 741 vollzog Bonifatius jedoch eine Wende hin zu den Franken, die hier nicht nur missionarische Stützpunkte gesehen haben dürften. Herzog Odilo, in Sorge um die Eigenständigkeit seiner Landeskirche, setzte beim Papst die Aufhebung des Legatenauftrages des Bonifatius durch. Um die Mitte des 8. Jahrhunderts schlossen sich auch die Karolinger an Rom an, 788 endete die von den Merowingern eingesetzte Herrschaft der Agilolfinger über Bayern. Erst zehn Jahre später wurde Salzburg Sitz eines Erzbischofs, dessen Metropolitanverband die Bischöfe von Regensburg, Passau, Freising und Brixen-Säben unterstellt waren. Die Einsetzung eines solchen Metropoliten war zu agilolfingischer Zeit auch schon geplant gewesen, kam aber, nicht zuletzt wohl durch die vernichtende Niederlage der Bayern 743, nicht zur Verwirklichung.

Bis heute ist die Frage ungeklärt, wieso ausgerechnet Salzburg und nicht Regensburg Sitz des Erzbischofs wurde. Zu agilolfingischen Zeiten wäre dies denkbar gewesen, denn Regensburg war die Hauptstadt des Herzogtums. Wollten die Karolinger hierdurch ein Zeichen setzen? Handelte es sich um persönliche Beziehungen des Salzburger Bischofs Arn zu Karl dem Großen oder lag es an der Bedeutung

Salzburgs für die Ostmission? Verwundern muß dies bei den engen Beziehungen Karls zu Regensburg dennoch.
Um 800 schließlich begann die Verschmelzung der bayerischen Landes- mit der fränkischen Reichskirche. Bayern hatte damit eine römisch-katholische Kirchenorganisation erhalten, die über ein Jahrtausend bestehen sollte.

Winfrid-Bonifatius

Winfrid-Bonifatius, um 672/75 als Sproß einer angelsächsischen Familie bei Exeter geboren, wurde kurz nach 700 als Mönch des benediktinisch-römisch beeinflußten Klosters Nursling bei Winchester zum Priester geweiht und 716 nach einer gescheiterten Missionsreise zu den Friesen zum Abt gewählt. 718 von diesem Amt entbunden, erhielt er 719 von Papst Gregor II. die Missionsvollmacht, der, wie das Liber Pontificalis überliefert, „*in Germanien durch den Bischof Bonifatius das Wort des Heiles verkündigte und jenes Volk, das im Dunkel saß, durch die Lehre vom Licht zu Christus bekehrte und den größten Teil dieses Volkes mit dem Wasser der heiligen Taufe wusch.*"
Nach Missionszügen zu den Friesen, Thüringern und Hessen wurde er 722 in Rom zum Bischof geweiht. Nach der Errichtung etlicher Klöster verlieh Papst Gregor III. Bonifatius 732 das Pallium, das ihn dazu berechtigte, als Erzbischof neue Bistümer kanonisch zu errichten und die Bischöfe darin einzusetzen.
So vollendete er in Bayern 739 die Organisationspläne Gregors II. von 716. Nach 741 erfolgte die Errichtung der Bistümer Würzburg, Büraburg und Erfurt. Sein Frontenwechsel zu den Karolingern führte zur Ausschaltung aus dem Geschehen im Herzogtum Bayern. Der Plan eines Erzbischofssitzes in Köln scheiterte.
Bonifatius geriet seit 745 auch bei den Karolingern mehr und mehr in die Isolation, bis Pippin III. (751 König) ihn seit 748 gänzlich überging. Am 5. Juni 754 erlitt Bonifatius bei Dokkum in Friesland den Märtyrertod.
Das Hauptverdienst des Bonifatius lag in der Ausrichtung der fränkischen Kirche auf Rom, wodurch die iro-fränkischen Einflüsse zurückgedrängt wurden. Die römisch-katholischen Glaubensnormen lieferten die Grundlage für seine bedeutenden Organisationsleistungen, die bis heute weitgehend noch bestehen und ihn zu einem „der Baumeister des Abendlandes" werden ließen. Seine missionarischen Leistungen beschränken sich demgegenüber auf die Tätigkeit im hessisch-thüringischen Grenzgebiet.

Literatur: Handbuch der bayerischen Geschichte I, hgb. von Max Spindler, München 1981, S. 226–233 (Kurt Reindel). – Hermann Nottarp, Die Bistumserrichtung in Deutschland im achten Jahrhundert (Kirchenrechtliche Abhandlungen 96), Stuttgart 1920. – MHG LL III, S. 451–454. – Germania Pontifica Vol. I: Provincia Salisburgensis et episcopatus tridentinus, hgb. von Albert Brackmann, Berlin 1911, S. 160f. – Liber Pontificalis I, hgb. von Louis Duchesne, Paris 1886, S. 396, 398. – Theodor Schieffer, Winfrid-Bonifatius und die christliche Grundlegung des Abendlandes, Freiburg 1954, S. 92–95. – St. Bonifatius, hgb. von der Stadt Fulda in Verbindung mit den Diözesen Fulda und Mainz, Fulda ^{2}1954. – Karl Hausberger, Benno Hubensteiner, Bayerische Kirchengeschichte, München 1985, S. 50–55. – Karl Hausberger, Geschichte des Bistums Regensburg I, Regensburg 1989, S. 26–30.

Peter Morsbach

44. Sammelhandschrift

Niederalteich, 13. Jahrhundert
Pergament, 197 Bll., ca. 27,7×20 cm
Wien, Österreichische Nationalbibliothek, Cod. 413

Die Sammelhandschrift enthält 26 unterschiedliche Werke verschiedener Autoren, wobei in unserem Zusammenhang die auf fol $1^r–3^r$ enthaltenen Briefe der Päpste Gregors II., Gregors III. und Zacharias von Interesse sind, da sie die Bestimmungen für die Errichtung der bayerischen Bistümer überliefern.

716 Mai 15

Papst Gregor II. weist Bischof Martinianus sowie den Priester Georg und den Subdiakon Dorotheus, die nach Bayern gehen, an, nach Erörterung mit dem dortigen Herzog eine Versammlung der Priester und Richter und überhaupt aller Großen dieses Volkes einzuberufen, die gültige Einsetzung und die Rechtgläubigkeit der Priester zu überprüfen, und ihnen den Auftrag zur Feier des Gottesdienstes nach den Vorschriften des heiligen Stuhles zu erteilen. Sie sollen den Herrschaftsbereichen jeden Herzogs entsprechende Bistümer errichten, drei, vier oder noch mehr, die Bischofssitze bestimmen und einen davon als Sitz des Erzbischofs festlegen, geeignete Männer zu Bischöfen bzw. zum Erzbischof bestellen und sie mit entsprechenden Beglaubigungsschreiben zum Heiligen Stuhl schicken bzw. sie veranlassen, mit ihnen dorthin zu gehen. Wenn sie keinen finden, sollen sie dies dem Heiligen Stuhl zur Kenntnis bringen, damit dieser einen bestimmt. Papst Gregor führt weitere kirchliche Vorschriften und Maßnahmen an, die seine Bevollmächtigten den Bayern nahebringen sollen.

(738)

Papst Gregor III. befiehlt den von ihm im Land der Bayern und Alemannen eingesetzten Bischöfen Wiggo, Liudo, Rydolt, Phyphylo und Adda, den Bischof Bonifatius als seinen Stellvertreter ehrerbietig aufzunehmen und nach seinen Vorschriften ihr Amt auszuüben, von zuwandernden Briten oder falschen, häretischen Priestern verbreitete heidnische Riten und Lehren, ferner Ehebruch und Totenkult zu bekämpfen und an dem von Bonifatius bestimmten Ort, sei es an der Donau oder in der Stadt Augsburg oder anderswo, die vorgeschriebenen jährlichen zwei Versammlungen, bei denen kirchenrechtliche Angelegenheiten zu untersuchen sind, abzuhalten.

739 Oktober 29

Papst Gregor III. spricht dem Bischof Bonifatius seine Anerkennung dazu aus, daß er mit Unterstützung des Frankenherrschers Karl 100 000 Germanen zum Christentum bekehrt, für den Stamm der Baiern, bei dem er keinerlei kirchliche Ordnung und außer dem von ihm (Gregor) geweihten Vivilo keinen Bischof vorgefunden hatte, mit Zustimmung Herzog Odilos und des bayerischen Adels drei weitere Bischöfe geweiht, das Land in vier Sprengel, nämlich vier Bistümer, geteilt, und jedem der nunmehr vier Bischöfe eines davon zugewiesen hat. Der Papst erteilt Bonifatius ferner Anweisungen zur Weihe von Priestern, zu Taufen, zur Überprüfung und eventuellen Belehrung des genannten Bischofs Vivilo und zur Abhaltung eines Konzils in der Nähe der Donau, bei welchem er den Vorsitz führen soll und verbietet ihm, an einem Ort zu verweilen. Für die Ausbreitung des Christentums soll er mühevolle Reisen nicht scheuen.

Literatur: MGH Leges, Bd. 3 (Hannover 1965), S. 451. Regesta Pontificum Romanorum, hrsg. von Philipp Jaffé, 2. Auflage (Leipzig 1885–1888) von S. Loewenfeld u. a., Bd. 1, Nr. 2153 (1651). – MGH Epistolae Merowingici et Karolini Aevi, Bd. 1 (München 1978), S. 293 Nr. 45. – MGH Epistolae Merowingici et Karolini Aevi, Bd. 1 (München 1978), S. 292 Nr. 44. – Regesta Pontificum Romanorum, hrsg. von Philipp Jaffé, 2. Auflage (Leipzig 1885–1888) von S. Loewenfeld u. a., Bd. 1, Nr. 2247 (1731), 2251 (1734). – Tabulae codicum manu scriptorum ... in Bibliotheca Vindobonensi asservatorum, vol. I, Wien 1864, S. 66f.

Johann Gruber

45. Arnold von St. Emmeram: Über die Gründung der bayerischen Kirchenprovinz

aus: Liber I de miraculis b. Emmerami (Photo)
zur Handschrift vgl. Kat. Nr. 102

München, Bayerische Staatsbibliothek, clm 14870, fol. 37r

Im 1. Kapitel des 1. Buches über die Wunder des hl. Emmeram gibt Arnold – natürlich mit Blick auf das Grab des Heiligen in Regensburg – einen Bericht der Organisation der bayerischen Kirchenprovinz, dessen Inhalt im großen und ganzen mit den tatsächlichen historischen Begebenheiten übereinstimmt (MGH SS IV, 549f., Migne PL 141, 997f.). Arnold schöpfte aus dem 8. und 9. Kapitel der Vita Bonifacii und Arbeos von Freising Lebensbeschreibung des hl. Emmeram. Hierbei erwähnt er sowohl den ersten Versuch einer Kirchenorganisation unter Herzog Theodo II. (Kat. Nr. 44) als auch die eigentliche kanonische Errichtung im Jahre 739. Von den vier bayerischen Bischöfen nennt Arnold im Zusammenhang mit dem Heiligen nur Gaubald von Regensburg (Kat. Nr. 49).

Peter Morsbach

46. Fragment des Regensburger Bonifatius-Sakramentars

Northumbrien, vor Mitte 8. Jahrhundert
Pergament, 32,8×48,6 cm

Berlin (West), Staatsbibliothek Preußischer Kulturbesitz, Ms lat. 2° 877

Das ausgestellte Stück ist eines der drei bisher aufgefundenen Doppelblätter des Regensburger Bonifatius-Sakramentars. Es handelt sich um ein Meßbuch, das vor der Mitte des 8. Jahrhunderts in angelsächsischer Schrift geschrieben wurden, und zwar in Northumbrien, wo das Heimatkloster des hl. Bonifatius stand. Die Tatsache, daß das ehemalige Meßbuch von diesem benützt und bei der Neugründung der Diözese in Regensburg zurückgelassen wurde, gilt seit den Untersuchungen von P. Petrus Siffrin OSB und P. Hieronymus Frank OSB als gesichert. Die Tatsache, daß die ehemalige Handschrift bis zum 30-jährigen Krieg in der Dombibliothek aufbewahrt wurde – und nicht in der des Klosters St. Emmeram –, läßt darauf schließen, daß das Meßbuch in der Domkirche gebraucht wurde.

In den Notzeiten nach dem 30-jährigen Krieg wurde (nach 1653) die Handschrift, von der möglicherweise schon damals nicht mehr alle Blätter vorhanden waren, als Einbindematerial für Akten des Bischöflichen Ordinariats verwendet. Da diese jedoch zu Beginn des 19. Jahrhunderts zum Teil als Altpapier verkauft wurden, dürften weitere Blätter, die damals noch als Buchdeckel von Akten vorhanden waren, verlorengegangen sein. Das hier abgebildete Doppelblatt hat ein Regens-

Aus: Schedels Weltchronik 1493

burger Buchbinder in seinem Wert erkannt und im Jahr 1920 an die Staatsbibliothek Berlin verkauft.
Wie auch bei den anderen beiden Stücken beträgt die Gesamtgröße unseres Doppelblatts 328 : 486 mm, der Schriftspiegel 180 : 240 mm. Die einzelnen Seiten des ehemaligen Meßbuches waren, vom Kalendar abgesehen, zweispaltig mit je 23 Zeilen beschrieben. Es handelt sich dabei um feines Kalbspergament, wobei die Haarseite besser zu lesen ist als die Fleischseite. Hier scheint die rückwärtige Schrift stark durch.
Die Schrift ist nach Bernhard Bischoff „eine schöne, zuchtvolle angelsächsische Majuskel northumbrischen Typs in der schlanken und gedrängten Form, die zur Minuskel überleitet ... die roten Rubriken in der gleichen Schreibart. Initialen im angelsächsischen Stil, rot umpunktet. Die Schrift und die Art des Materials sind echt englisch."
Welche Partien des Bonifatius-Sakramentars sind erhalten?
Von der ersten Lage der ehemaligen Handschrift besitzen wir nur noch das innere Doppelblatt. Es befindet sich in Privatbesitz und wurde im vorigen Jahrhundert als Aktendeckel eines bischöflichen Archivstücks erworben. Das Fragment beinhaltet Teile des Kalendars mit den Monaten Juli bis Oktober und ist nicht zuletzt auch für den Kirchenhistoriker interessant, vor allem wegen der Eintragungen, die zum großen Teil noch in der Zeit des von Bonifatius eingesetzten Bischofs Gaubald (739–761) erfolgt sind, (Kat. Nr. 49).
So findet sich am 22. September eine Hinzufügung „in insular beeinflußter vorkarolinigscher Minuskel" (B. Bischoff) „et s(an)c(t)i emhrammi". Dieser Eintrag in das Kalendar erfolgte vermutlich etwa zur gleichen Zeit, als unter Gaubald der Leib des heiligen Emmeram erhoben und in einem Grab unter dem Hochaltar der damals neu erbauten St. Emmeramskirche beigesetzt wurde.
Am 14. Oktober ist „in angelsächsischer Schrift" (B. Bischoff) der Todestag des Herzogs Theobald (gest. um 724) vermerkt. Der jüngste Nachtrag ist am 8. Oktober „n(a)t(ale) theotoni filio tassiloni duce" (Geburtstag des Theodo, des Sohnes des Herzogs Tassilo) und zwar „in frühkarolingischer Minuskel" (B. Bischoff), jedenfalls noch vor 788, dem Jahr der Absetzung des Baiernherzogs. Da spätere Eintragungen fehlen, scheint das Bonifatius-Sakramentar unter dem neuen Herrscher, dem Karolinger-König Karl, nicht mehr im Dom verwendet worden zu sein. Man hätte sonst diese Erinnerung an das abgesetzte Herzogshaus vermutlich getilgt.
Das 2. Doppelblatt – auch bei ihm handelt es sich um das innere einer Lage (vermutlich der zweiten) – wurde erst im September 1974 von Klaus Gamber in den Beständen des B. Zentralarchivs unter den Bischöfl.-Domkapitelschen Archivalien zufällig gefunden (Signatur jetzt: Cim 1 der B. Zentralbibl.). Das neue Fragment beinhaltet den Canon Missae (im „Communicantes" defekt beginnend). Dieser zeigt eine vorgregorianische Fassung und ist nicht zuletzt auch wegen der Tatsache interessant, daß die Brotbrechung nach altrömischem Brauch noch vor dem Paternoster angesetzt ist. Bekanntlich war es Papst Gregor d. G. (gest. 604), der diesen Ritus danach, nämlich ins „Libera nos"-Gebet, verlegt hat.
Das 3. Doppelblatt stellt das Außenblatt einer Lage dar, die unmittelbar der Lage mit dem Canon Missae gefolgt sein dürfte. Es ist unser Ausstellungsstück mit Teilen aus den Meßformularen der Weihnachts- und der Fastenzeit. Die hier vorkommenden Formulare lassen sich als Ganzes in keinem anderen (späteren) Meßbuch-Typus nachweisen, wenn die meisten Gebete auch anderswo vorkommen, vor allem in Sakramentaren aus Benevent und Mailand. Diese gehen, wie sich zeigen läßt, teilweise auf ein kampanisches Meßbuch des 4./5. Jahrhunderts zurück.
Das Bonifatius-Sakramentar stellt, wie sich ebenfalls zeigen läßt, dieses sehr frühe Sakramentar Kampaniens dar, dessen Autor vermutlich Paulinus von Nola (gest. 430) war. Das kampanische Urexemplar ist mit anderen Handschriften aus diesem Raum durch Abt Hadrian von Nisida (bei Neapel), den Begleiter des von Papst Vitalian im Jahr 668 zum Erzbischof von Canterbury ernannten Theodor, nach England gebracht worden. Einige dieser Codices, die sich später im Besitz des

heiligen Bonifatius befanden, werden heute noch in Fulda aufbewahrt.
Ein vollständiges Exemplar des von Bonifatius gebrauchten Meßbuches ist leider nicht auf uns gekommen, außer den Regensburger Stücken nur mehr einige kleine Fragmente, so das Kalenderblatt von Ilmmünster (jetzt verloren), ein Fragment in Paris (B.N., ms. lat. 9488, fol. 5) und in St. Paul in Kärnten (Stiftsbibl., Cod. 979, fol. 4).

Literatur: P. SIFFRIN, in: Jahrbuch für Liturgiewissenschaft X (1930), S. 1–39. – DERS., in: Ephemerides Liturgicae 47 (1933), S. 201–224. – H. FRANK, Die Briefe des hl. Bonifatius und das von ihm benützte Sakramentar, in: St. Bonifatius. Gedenkgabe zum 1200jährigen Todestag (Fulda 1954) S. 58–88. – K. GAMBER, Codices liturgici latini antiquiores (Spicilegii Friburgensis Subsidia 1) Freiburg/Schweiz, S. 226ff. (mit weiterer Literatur). – DERS., Das Bonifatius-Sakramentar und weitere frühe Liturgiebücher aus Regensburg, mit vollständigem Faksimile der erhaltenen Blätter (Textus patristici et liturgici 12) Regensburg 1975 (mit weiterer Literatur).

Klaus Gamber

47. Taufspendung und Martyrium des hl. Bonifatius

Fulda, 10./11. Jahrhundert (Photo)
im Original Pergament, ca. 22,4×16 cm

Bamberg, Staatsbibliothek, Msc. Lit. 1, fol. 126ᵛ

Das in Bamberg aufbewahrte Sakramentar, dem die Miniatur entstammt, entstand im 10./11. Jahrhundert in Fulda, wie das mit Vigil und Oktav enthaltene Bonifatius-Fest und die ganzseitige Miniatur mit Taufspendung und Martyrium des Heiligen, aber auch ein Vergleich mit dem eng verwandten zeitgleichen Sakramentar aus St. Salvator in Fulda (Göttingen, Universitätsbibliothek, Cod. theol. 231) zeigen.
Die zahlreichen in Wasserfarbentechnik ausgeführten Miniaturen besitzen blauen und grünen Hintergrund und werden bisweilen von bunten Säulen gerahmt. Wie auf anderen Seiten, so stehen auch auf fol. 126ᵛ zwei zusammengehörige Bilder übereinander. Auf dem oberen Bild tauft Bonifatius einen Heiden, der in einer Piscina steht. Ein Gefährte des Erzbischofs steht mit dem Taufgewand bereit, um es dem Neophyten anzulegen.
In der unteren Szene wird Bonifatius bei der Firmung Neugetaufter von Räubern überfallen. Vergeblich versucht er, mit einem Buch den tödlichen Schwerthieb abzuwehren. Daher gehört in der Bildkunst ein dolchdurchbohrtes Buch zu seinen Attributen (BINDING 420).
Die Karolinger übergaben nach dem Tode des Friesenmissionars Willibrord die am Rand ihres Reiches gelegene junge friesische Kirche an Bonifatius, der dort als Missionar und Seelsorger die letzen Monate seines Lebens verbrachte. Seine Tätigkeit überliefert uns die Lebensbeschreibung des Presbyters Willibald, der ihm von seinen Biographen (zu denen auch Otloh von St. Emmeram gehört) zeitlich am nächsten stand (MGH SS II 331) in den für die mittelalterliche Hagiographie üblichen Topoi: am Ufer der Bordau wollte Bonifatius einer Reihe von Neugetauften die Firmung spenden, als eine Horde schwer bewaffneter Räuber über sie hereinbrach und den Erzbischof erschlug (MGH SS II 350f.). Der Leichnam des Märtyrers wurde nach Fulda überführt, wo er bis heute ruht.

Literatur: MGH SS II, S. 331–353. – Katalog der Handschriften der königlichen Bibliothek zu Bamberg, bearb. von Friedrich LEITSCHUH, Bd. I, 1, reprint Wiesbaden 1966, S. 135–138. – Die Handschriften in Göttingen 2, Universitätsbibliothek, Hgb. Wilhelm MEYER, Berlin 1893, S. 440–442. – Josef SEMMLER, Günter BERNT, Günther BINDING, Bonifatius, in: Lexikon des Mittelalters II, München-Zürich 1983, Sp. 417–421, mit älterer Literatur.

Peter Morsbach

48. Der hl. Bonifatius gründet die vier altbayerischen Bistümer

Ölgemälde von Franz Carl Remp, 1713
Originalgröße mit Rahmen: H 320 cm, B 164 cm

Pfarrkirche Pfarrkirchen bei Bad Hall, Oberösterreich (Fotoreproduktion)

Im Zentrum des Bildes vor einer Pfeilerarchitektur sitzend zeigt der im bischöflichen Ornat gekleidete Bonifatius mit seiner rechten Hand auf eine große aufgerollte Landkarte, auf der der Name „Germania“ zu lesen ist. Neugierig umringen ihn zu beiden Seiten vier bischöfliche Würdenträger, wie Bonifatius mit reich verziertem Rauchmantel und Mitra geschmückt. Am linken Bildrand wohnt ein hoher Geistlicher, den Hirtenstab tragend, aber ohne Kopfbedeckung mit erhobener linker Hand der Zeremonie bei. Hinter ihm blicken ein weiterer Bischof, eine Benediktinerin und ein Geistlicher mit Kopfbedeckung (Birett) auf die Szene. Am linken oberen Bildrand ist in einem Ausschnitt das Martyrium des hl. Bonifatius dargestellt. Im rechten Bildteil ist ein angeketteter halbnackter Mann recht undeutlich zu erkennen. Wer sind neben Bonifatius die Hauptakteure des Bildes?
Mangels einer fehlenden zeitgenössischen Beschreibung kann man folgenden Interpretationsversuch wagen: Bonifatius, der die bayerischen Bistümer verteilt, wird von vier Bischöfen umgeben. Diese lassen sich von links nach rechts als Bischof Ermbert von Freising, Bischof Gaubald von Regensburg, Bischof Vivilo von Passau und Bischof Johannes von Salzburg bestimmen. Im Hintergrund links am Bildrand könnten der hl. Willibald von Eichstätt, ab ca. 745 Bischof in dieser Stadt, sowie

dessen Geschwister Walburga und Wunibald stehen. Beim Stab tragenden Geistlichen links könnte man an den Abt von Kremsmünster denken.
Der ursprüngliche Aufbewahrungsort des großformatigen Gemäldes war in der Benediktiner-Stiftskirche Kremsmünster. Es gehörte zu einem Zyklus von insgesamt dreizehn Historienbildern, von denen sich heute sechs in Pfarrkirchen bei Bad Hall befinden. Zwei weitere haben sich in der Schatzkammer des Stiftes erhalten. Die restlichen fünf verbrannten 1866 im Meierhof des Stiftes, wohin sie 1834 bei der Renovierung der Stiftskirche verbracht worden waren. Die Bilderfolge, die historische Begebenheiten der bayerisch-deutschen Geschichte illustriert und zu Kremsmünster Beziehungen besitzt, wurde von Abt Alexander II. Strasser (1709–1731) in Auftrag gegeben.
Insgesamt lassen sich noch neun Themen benennen: 1. Der hl. Aemilian im Kampf gegen die Mauren, 2. Krönung Kaiser Karls d. Großen, 3. Der hl. Ulrich und König Otto in der Schlacht auf dem Lechfeld, 4. Der hl. Wolfgang unterrichtet die Kinder des Herzogs Heinrich von Bayern, 5. Der hl. Bonifatius verteilt die von ihm gegründeten Diözesen, 6. Die Feuerprobe der hl. Kunigunde, 7. Der Tod Gunthers durch den Eber, 8. Der Sohn des Stifers im zinnernen Sarg, 9. Der hl. Gotthard erweckt einen Toten (verbrannt).
Als Künstler konnte der Abt den aus Ratmannsdorf in Slowenien stammenden Maler Franz Carl Remp (1674–1718) gewinnen. Remp arbeitete bis gegen 1711 als Hofmaler der gräflichen Familie Attems in Graz. Dann zog er nach Wien, um dort als kaiserlicher Hofhistorienmaler bis zu seinem Tode zu wirken. Am 24. Mai 1712 unterschrieb Remp in Kremsmünster einen Vertrag über die Lieferung von dreizehn Bildern für die Stiftskirche. 1713 waren sie fertiggestellt und wurden an den Pfeilern des Mittelschiffs angebracht. Die Rahmen aus vergoldetem Kupfer fertigten der Klosterbruder Tassilo Überbacher sowie der Goldschmied Johann Caspar Kuter. 1713 nach Fertigstellung der dreizehn Gemälde erhielt Remp die hohe Summe von 2600 Gulden, 200 pro Bild.
Die einzigartige Bilderfolge ist nicht nur wegen ihrer hohen künstlerischen Meisterschaft von Bedeutung; mehr noch ist ihr Themenkreis äußerst bemerkenswert. Die dargestellten Persönlichkeiten gehören der abendländischen Mission und dem Herrschertum an. Der Abt von Kremsmünster, als Auftraggeber und Erfinder der Bildfolge, stellt die Geschichte seines Stiftes in einen großen europäischen Zusammenhang, aus dem er die Größe von Kremsmünster ableiten möchte. Dies entspricht ganz dem barocken Wunsch nach Repräsentation und Darstellung eigenen Glanzes und Ruhmes. In ikonologischer wie geistesgeschichtlicher Hinsicht spielt dieser Zyklus eine hervorragende Rolle.
Das Bild der Verteilung und Gründung der vier altbayerischen Bistümer ist bislang einmalig und ohne Vorbilder geschaffen worden. Remp hat in seiner Komposition vorzüglich das schwierige Thema bewältigt und zugleich mit dem Schicksal der Hauptperson, dem Martyrium des hl. Bonifatius verquickt. Neben zwei weiteren Altarbildern für Kremsmünster arbeitete der Künstler in seinen letzten Lebensjahren für das Stift St. Florian bei Linz.

Literatur: Pater Karl Hochhuber, Die Bilder der Pfarrkirche Pfarrkirchen bei Bad Hall, Linz o.J. – Eveline Weinberger-Neuburg, Franz Carl Remp, phil. Diss., Graz 1976. – Österreichische Kunsttopographie, Bd. XLII, Die Kunstdenkmäler des Benediktinerstiftes Kremsmünster, 1. Teil Das Stift – Der Bau und seine Einrichtung, bearb. von Erika Doberer u.a., Wien 1977, S. 278f. – Peter Pfister, Leben aus dem Glauben. Das Bistum Freising. 1. Anfänge, Korbinian, Bistumsorganisation, Lingolsheim–Straßburg 1989, S. 31. – Für den Hinweis auf das Bild sei Herrn Josef Menath, Cham, vielmals gedankt.

Hermann Reidel

49. Theologische Sammelhandschrift Federproben, darunter die bruchstückhafte Grabinschrift des Bischofs Gaubald von Regensburg

Einsiedeln (?), 2. Hälfte des 10. Jahrhunderts
Pergament, 228 Seiten, 13,5×16,5 cm
Grauweißer Ledereinband des 14. Jahrhunderts

Einsiedeln, Stiftsbibliothek, Cod. 132

Die Sammelhandschrift enthält die selten überlieferten exegetischen Schriften des Sedulius Scotus († nach 858) zum Neuen Testament (Stegmüller, Nr. 7598, 7599, 7602, 7604, 705) und die Vita des hl. Johannes Eleemosynarius in der Übersetzung des Anastasius Bibliothecarius (Bibliotheca hagiografica latine Nr. 4388). Der freie Platz der ersten Seite der Handschrift wurde bereits im ausgehenden 10. Jahrhundert für Federproben verwendet, wobei neben unverständlichen Buchstabenreihungen der Text zumeist der Einleitung des hl. Hieronymus zum Neuen Testament entlehnt wurde. Unter diesen probationes pennae findet sich folgendes Grabgedicht auf Bischof Gaubald von Regensburg:

Cunctis sorte pari dinoscitur hic tumulari
Praesul Geupaldus docmate conspicuus,
Est Emmeramum qui dignus suscipiendum

(Durch ein allen gleiches Los ist hier, wie man weiß, der im Glauben hervorragende Bischof Gaubald begraben. Er ist derjenige, der würdig war, Emmeram in Empfang zu nehmen.)
Der Text ist nur fragmentarisch überliefert, und es ist zumindest noch ein Pentameter zur Vervollständigung des zweiten Distichons zu erwarten.
Im letzten Vers wird auf die bei Arbeo von Freising breit geschilderte Translation des hl. Emmeram von seiner ersten Grabstätte in der Georgskapelle in das von Gaubald neuerrichtete Grab angespielt, ein Ereignis,

das der mittelalterlichen Historiographie als die herausragende Begebenheit während Gaubalds Pontifikat galt. Die Verse sind in der Handschrift in umgekehrter Reihenfolge noch ein zweites Mal eingetragen, wobei der letzte Vers vollständig und der erste teilweise mit Neumen versehen wurde. Zwischen beiden Aufzeichnungen ist nach einer unverständlichen Federprobe folgender bislang unbeachteter Eintrag eingeschoben: *Albricus me fecit me fecit.* In den unserer Grabschrift folgenden *probationes pennae* nennt sich Albrich in Abwandlung von Psalm 149,1 noch ein zweites Mal: *Cante, inquid, domino canticum novum Albrich.*

Es liegt auf der Hand, in diesem Albrich den Schreiber und möglicherweise auch den Verfasser des bruchstückhaften Gedichts zu vermuten. Ein Emmeramer Mönch dieses Namens ist zur Entstehungszeit der Handschrift mehrfach bezeugt, und die Beziehungen zwischen Einsiedeln und St. Emmeram waren gerade zur Zeit des hl. Wolfgang (972–994) besonders eng.

Gaubalds Todestag, der 23. Dezember, ist durch Nekrologeinträge gesichert. Als sein Sterbejahr wird in fast allen neueren Handbüchern 761 angegeben, doch beruht die Errechnung dieses Datums auf unzulässiger moderner Kombination und findet in den Quellen keinen Rückhalt.

Der Quellenwert des Gedichts ist dürftig; die Art der Überlieferung unter Federproben läßt keine Entscheidung darüber zu, ob hier die Anfangsverse einer monumental ausgeführten Grabinschrift vorliegen oder nur Spielereien des Mönches Albrich. Doch legt das kurze Stück aus „quellenarmer Zeit" immerhin Zeugnis davon ab, daß man sich in St. Emmeram unter Abt Ramwold (975–1000) mit dem ersten Regensburger Bischof beschäftigte, und es ist der erste Beleg eines im 11. Jahrhundert in den Quellen faßbaren, freilich lokal begrenzten Gaubaldkultes.

Ausgabe: Karl Strecker, Die lateinischen Dichter des deutschen Mittelalters (MGH Poetae 5), Berlin 1937, S. 325.

Literatur: Gabriel Meier, Catalogus codicum manuscriptorum, qui in bibliotheca monasterii Einsidlensi O.S.B. servantur. Leipzig 1899, S. 109f. – Albert Bruckner, Scriptoria Medii Aevi Helvetica. Denkmäler Schweizerischer Schreibkunst des Mittelalters V, Schreibschulen der Diözese Konstanz, Genf 1943, S. 39f., 173. – Fridericus Stegmüller, Repertorium Biblicum Medii Aevi 5, Madrid 1955, S. 202–205. – Hagen Keller, Kloster Einsiedeln im ottonischen Schwaben (Forschungen zur oberrheinischen Landesgeschichte 13), Freiburg 1964, S. 72.

Franz Fuchs

II.

BISTUM UND HOCHSTIFT

BISTUM UND HOCHSTIFT

Die Bistumsleitung

Die Leitung des Bistums, des geistlichen Jurisdiktionsgebietes, lag seit 739 in Händen eines dem Apostolischen Stuhl untergeordneten Bischofs. Dieser anfangs von Volk und Geistlichkeit der Bischofsstadt, später vom Domkapitel gewählte Oberhirte wurde bis zum Wormser Konkordat 1122 (Kat. Nr. 69) in der Regel vom König ernannt.

Seit dem 12. Jahrhundert bildete sich jedoch das Bischöfliche Domkapitel endgültig als Wahlgremium heraus, das allerdings der päpstlichen Bestätigung unterlag. Nach langem Ringen erhielten die Domkapitel im Wiener Konkordat von 1448 das ausschließliche Wahlrecht „und zwar unter gleichzeitiger Einschränkung der päpstlichen Ansprüche durch Festlegung der Provisionsfälle auf unkanonische Wahlvorgänge" (Hausberger 163). Das Domkapitel konnte sich im Laufe des Mittelalters aus der Vormundschaft des Bischofs befreien, so daß es nicht nur ein Eigenleben, sondern gar ein Recht auf Mitregierung durchsetzte. Um eine kontinuierliche Bistumsleitung über einen langen – Jahrzehnte und Jahrhunderte umfassenden – Zeitraum zu gewährleisten und jeglicher Willkür eines Bischofs entgegenzusteuern, erzwang das Domkapitel erstmals 1437 belegbar sog. Wahlkapitulationen der neugewählten Oberhirten, d.h. einen Vertrag, der den Bischof auf eine bestimmte Linie der Amtsführung festlegte.

Die Bischöfe hatten zu allen Zeiten geistliche Helfer für ihre zahlreichen Verpflichtungen. Während der Karolingerzeit standen dem Bischof einer oder mehrere von ihm geweihte Chor- oder Landbischöfe zur Seite, die ihn in seiner seelsorgerlichen und missionarischen Tätigkeit auf dem Lande unterstützten, wo sie z.T. auch wohnten. Sie waren Gehilfen und Stellvertreter und standen bei Synoden eine Rangstufe über den Äbten. Im 9. Jahrhundert wurde das Amt immer wieder bekämpft (Konzil von Paris 829, Synode von Meaux 845), bis den Chorbischöfen durch die Synode von Metz 888 ihre Bischofswürde aberkannt wurde. Gegen Ende des Jahrhunderts dürften die Chorbischöfe völlig verschwunden sein.

Ihre Rechtsnachfolger wurden die Archidiakone, derer es im Bistum Regensburg insgesamt vier gab. Schon seit dem frühen Mittelalter nachweisbar hatten sie wichtige Verwaltungsaufgaben wie die Armenpflege, Verteilung der Opfergaben, Erziehung und Überwachung des niederen Klerus zu erfüllen, was sie für die Bischöfe unentbehrlich machte. Die ordentliche Amtsgewalt ließ sie schließlich seit dem späten 9. Jahrhundert an die Stelle der Chorbischöfe treten. Den Höhepunkt ihrer Macht erreichten die Archidiakone im 12. und 13. Jahrhundert. Durch eigene Jurisdiktion innerhalb ihres Diakonats entfremdeten sie sich mehr und mehr den Bischöfen, zumal sie durch Wahl des Domkapitels oder Ernennung durch den König ins Amt kamen. Als zweite juristische Macht neben dem Bischof wurden sie seit dem späten Mittelalter mehr und mehr entmachtet.

Im Bistum Regensburg trat an ihre Stelle seit dem frühen 14. Jahrhundert der Generalvikar „als der für das Gesamtgebiet der Verwaltungsaufgaben beamtete Stellvertreter des Bischofs, den dieser frei und auf Widerruf bestellte" (Hausberger 164).

Das Amt des Weihbischofs, der den Bischof in seinen Amts-, hauptsächlich Weihehandlungen unterstützt und vertritt, entstand nicht aus dem des Chorbischofs oder Archidiakons. Es handelte sich ursprünglich um Bischöfe aus dem Osten, Livland und Spanien, deren Sprengel von „Ungläubigen", d.h.

dem Islam erobert worden waren und die nach Europa hatten flüchten müssen. Hier wurden sie von den Bischöfen als Gehilfen gerne herangezogen. Ihr Amt entwickelte sich seit dem frühen 14. Jahrhundert zu einer festen Einrichtung. Seit dieser Zeit sind Weihbischöfe auch im Bistum Regensburg nachzuweisen. Vom Ortsbischof vorgeschlagen, wurden sie vom Papst bestätigt und ernannt.

Das Bistum

Über Gestalt, Ausdehnung und Grenzen eines womöglich vorbonifatianischen Bistumsbezirkes läßt sich so gut wie nichts aussagen. Es ist anzunehmen, daß die Sprengel, ohne ausdrücklich als solche bezeichnet zu werden, den politischen Grenzen des Herzogtums entsprachen. Die bonifatianische Bistumsorganisation 739 legte die Grenzen der Bistümer in etwa fest, wobei es noch eine geraume Zeit der Konsolidierung brauchte, bevor man von festen Diözesangrenzen sprechen konnte.
Das Bistum Regensburg hat seit dem 10. Jahrhundert, von geringen Gebietsverlusten (im 16. Jahrhundert fünf Pfarreien im Nordosten an Sachsen, im 19. Jahrhundert 13 Pfarreien an das Erzbistum Prag) abgesehen, seine Grenzen bis heute weitgehend bewahrt. Auf 14.665 km^2 erstreckt sich das Bistum vom südlichen Oberfranken entlang der tschechischen bzw. böhmischen Grenze im Osten und über die mittlere Oberpfalz ins südliche Nieder- und nördliche Oberbayern. Bis 973 umfaßte das Bistum auch das Gebiet der böhmischen Kirche, das vom hl. Wolfgang abgetrennt und als Bistum Prag verselbständigt wurde. Seitdem veränderten sich die Bistumsgrenzen praktisch nicht mehr.
Die innere Struktur des Bistums Regensburg machte während des Mittelalters eine Reihe von nicht immer exakt belegbaren Veränderungen durch.
Das Zentrum war von jeher die Bischofsstadt Regensburg. Wann und wie sich die sog. Groß- oder Urpfarreien als früheste seelsorgerliche Bezirke auf dem Lande entwickelten, wissen wir nicht. Diese nur schwer faßbaren Urpfarreien unterteilten sich bis ins späte 12. und frühe 13. Jahrhundert in kleinere Pfarreien. Vor dem im Jahre 1326 entstandenen ältesten erhaltenen Regensburger Pfarreienverzeichnis ist über ihre Struktur und Zahl wenig Genaues auszusagen.
Spätestens seit dem frühen 9. Jahrhundert bildeten sich die Landarchipresbyterate heraus, „die dem Umfang nach in der Regel die ursprünglichen Taufkirchensprengel ausmachten und mit der Überwachung der Seelsorge in den Pfarreien ihrer Bezirke beauftragt waren“ (Hausberger 157). Ihre Zahl wird auf vier geschätzt, da an ihrer Stelle seit dem Investiturstreit vier Archidiakonate mit Sitz in Regensburg, Donaustauf, Pondorf und Cham genannt werden. Die Archidiakone entwickelten sich, wie bereits bemerkt, aufgrund ihrer zahlreichen Verwaltungsaufgaben zu einem ernstzunehmenden Machtfaktor neben dem Bischof, der „mehr und mehr von der unmittelbaren Regierung der Diözese ausgeschaltet wurde“ (Hausberger 157).
Als Verwaltungsinstanz schob sich seit dem 12. Jahrhundert das Landdekanat zwischen Archidiakon und Pfarrer. Etwa ab 1200 lassen sich für das Bistum Regensburg Landdekane urkundlich nachweisen. Im späten Mittelalter umfaßte das Bistum 21 Landdekanate und das Stadtdekanat Regensburg. Hierbei lagen sechs Dekanate im oberpfälzischen, fünfzehn im niederbayerischen Bereich des Bistums.
Unter den bischöflichen Tafelpfarreien schließlich – im Mittelalter waren dies Alteglofsheim, Atting, Donaustauf und Pondorf – verstehen wir solche Pfarreien, die dem persönlichen Unterhalt des Bischofs dienten.

Das Hochstift

Dem geistlichen Jurisdiktionsgebiet, dem Bistum, stand das weltliche gegenüber, das Hochstift. Dieses erstreckte sich, abgesehen vom 973 abgetrennten böhmischen Gebiet, hauptsächlich entlang der Donau nach Osten bis ins westliche Ungarn.
Besitzungen hatte das Hochstift mit Pöchlarn/NÖ, Mondsee, Wieselburg, im Tullner Feld, in Westungarn, an der Raab, Zala, am Plattensee, im Regensburger Luß hauptsächlich während des 9. und 10. Jahrhunderts erworben. Dazu kamen im hohen Mittelalter noch Besitzungen um Kufstein. Die meisten dieser Hoheitsbezirke jedoch, einschließlich der Stadt Regensburg, in der das Hochstift hauptsächlich auf

den kleinen Bereich um den Dom beschränkt war, verloren die Bischöfe schon während des Mittelalters wieder. Die Reichsherrschaften Donaustauf, Wörth und Hohenburg auf dem Nordgau werden an anderer Stelle besprochen. Geringe Besitzungen, in denen der Bischof neben der Grundherrschaft auch die niedere Gerichtsbarkeit besaß, die sog. Mediatherrschaften, lagen im altbayerischen Gebiet um Regensburg, am Inn, an der Vils, in Siegenstein i.d. Opf. und Pöchlarn/NÖ. Sie brachten nur einen geringen Ertrag, und so gehörte das Bistum von jeher zu den finanziell schwächsten Deutschlands. Daran änderte auch die Stellung des Regensburger Bischofs als Reichsfürst mit Sitz und Stimme auf der geistlichen Fürstenbank des Reichstages nichts.

Literatur: Karl HAUSBERGER, Geschichte des Bistums Regensburg I, Regensburg 1989, S. 155–170 mit älterer Literatur. – Paul MAI, Die Pfarreienverzeichnisse des Bistums Regensburg aus dem 14. Jahrhundert, in: VHVO 110 (1970), S. 7–35. – Lexikon für Theologie und Kirche, Stichwörter Archidiakon, Chorbischof, Mensalgut, Weihbischof.

Peter Morsbach

50. Elsula Alpina

Holzschnitt des Hans Suess von Kulmbach, aus: Conrad CELTIS: „Quattuor libri amorum secundum quattuor latera Germaniae", Nürnberg 1502 (Faksimile)
Bildgröße: 21 x 14,3 cm

Museen der Stadt Regensburg, ohne Inv.-Nr.

Der Holzschnitt des Hans Suess von Kulmbach, der das 2. Buch der „Quattuor libri amorum" illustriert, zeigt das östliche Süddeutschland von Norden. Im Mittelpunkt steht eine Darstellung der Stadt Regensburg, die auf die Vorlage in der Schedelschen Weltchronik 1493 zurückgeht, diese jedoch stark vereinfacht. Darüber tummeln sich erntende Bauern vor einem kleinen ummauerten Garten, in dem der „Erzhumanist" Conrad Celtis mit seiner Geliebten Elsula, begleitet von Frau Venus, sitzt.

Im Vordergrund – nördlich der Donau – reicht das Gebiet von der böhmischen Grenze mit dem Fluß Regen bis zur Wasserscheide des Fichtelbergs, mit den Flüssen Naab, Saale, Eger und Main. Der Blick umfaßt dann das Gebiet zwischen Inn und Lech mit den Alpen bis nach Trient. (Unklar ist, welcher Ort sich hinter „Iulrad" – Trient gegenüber – verbirgt, denn dieser Name wird auch in den „Quattuor libri" nicht erwähnt.) Die Karte zeigt also im Grunde, abgesehen von den Teilen östlich des Inn, das Herzogtum Bayern in seiner größten Ausdehnung zwischen der nördlichen Oberpfalz und dem Gardasee. Regensburg und die Donau bilden den Mittelpunkt Bayerns.

Literatur: Conradus CELTIS PROTUCIUS, Quattuor libri amorum secundum quattuor latera Germaniae. Hgb. Felicitas PINDTER, Leipzig 1934. – Friedrich WINKLER, Hans von Kulmbach, Kulmbach 1959. – Andreas KRAUS, Wolfgang PFEIFFER (Hgb.), Regensburg, Geschichte in Bilddokumenten, München 1979, Abb. 201. – Karl BAUER, Regensburg. Regensburg [4]1988, S. 836.

Peter Morsbach

51. Karte des Bistums Regensburg

Kupferstich aus: Heinrich SCHERER, Atlas Marianus, München 1702, nach S. 72.
Bildgröße: 34,7 x 23 cm

Privatbesitz

Eine der wenigen echten Regensburger Bistumskarten zeigt detailliert größere und kleinere Städte, Klöster und Marienwallfahrten des Bistums Regensburg zwischen Fichtelgebirge und Landshut. Es fehlen der nördlichste Teil oberhalb von Wunsiedel und der südlichste unterhalb der Linie Landshut-Malgersdorf. Genaue Grenzen sind nicht eingezeichnet, die Nachbarbistümer Bamberg, Eichstätt und Augsburg im Westen, Passau und Prag im Osten werden berührt.

Unter den Marienwallfahrten nimmt – entsprechend dem Titel des Werkes – das „bayerische Loreto" in Sossau, nördlich Straubings, nicht nur auf der Karte eine besondere Stelle ein, sondern auch in der Vignette rechts oben. Dort tragen über einem Prospekt der Stadt Straubing Engel auf Wolken die Wallfahrtskirche, auf der das Gnadenbild steht. Die Beischrift bezieht sich auf die legendäre mehrmalige Verlegung der Wallfahrt durch Engel von Antenring über den Frauenfleck bei Alburg, Frauenbrünnl bei Straubing und die sog. „Schiffsbraiten" bei Kagers 1177 nach Sossau. Die Darstellung geht auf einen spätmittelalterlichen Holzschnitt zurück, auf dem die Kirche, mit dem Wallfahrtsbild von Engeln flankiert, auf einem Schiff schwimmt (Abb. bei Rohrmayer).

Literatur: Atlas Marianus sive praecipue totivs orbis habitati imagines et statuae magnae Dei Matris beneficiis ac prodigiis inclytae succincta historia propositae et mappis geographicis expressae. Auctore P. Henrico SCHERER, Societatis JESU sacerdote, München 1702. – Edgar KRAUSEN, Die kirchengeschichtliche Kartographie im Bereich der Diözese Regensburg, in: VHVO 106 (1966), S. 255–260. – Michael ROHRMAYER, Geschichte der uralten Marianischen Gnaden- und Wallfahrtskirche zu Sossau bei Straubing in Niederbayern, Straubing 1843. – Benedikt BRAUNMÜLLER, Sossau, seine Kirche und Wallfahrt, Straubing 1877.

Peter Morsbach

52. Wappenbuch

Johann Paul von Leoprechting: „Catalogus Aller deren des Frstlen Hochstiffts Regensburg gewßenen Bischouen, Thumbbrobsten, Thumdechanten, vnd Thumbherren Namen vnd Wappen ßo vill dermahlen in dem ThumbCapitl. Archiu, Protocolis, Registratur, Kürchen Calender, Epitaphiis Vnd Grabstein ... hat mögen Zusamen gebracht werden, angefangen Anno 1650"

Regensburg, 1650-1670, Nachträge von späterer Hand bis ca. 1765

21,2 x 29 cm, 185 Seiten bzw. 106 Bll., Pappeinband

Regensburg, Stadtarchiv, A 1929/15

Das Wappenbuch des Johann Paul von Leoprechting, zu dem früher ein zweites Exemplar in der Bischöflichen Zentralbibliothek Regensburg existierte, entstand in seinen Hauptteilen zwischen 1650 und 1670, weitere Nachträge erfolgten bis 1765.

Das Manuskript beginnt mit einem Katalog der Regensburger Bischöfe (S. 2-21), an den sich die Wappen der Inhaber der Erbämter des Hochstiftes (S. 22f.), der Regensburger Bischöfe bis 1719 (S. 24-43), der Dompröpste von 1205 bis 1761 (S. 44-52), der Domdechanten von 1145 bis 1759 (S. 53-62) und der Kanoniker von 753 bis ca. 1761 (S. 63-164) anschließen. Auf den S. 165-181 folgt ein Register.

Die rund 800 Namen und Wappen bilden eine wichtige Quelle zur Geschichte der Regensburger Bistumsleitung, wobei die frühen Wappen vor dem 12. Jahrhundert natürlich nicht als authentisch, sondern als Phantasieprodukte anzusehen sind. Hierbei ist es recht aufschlußreich zu verfolgen, wie bei den frühen - noch legendären - Bischöfen Wappen erfunden werden. Auf S. 25 (aufgeschlagen) werden vier frühe Kirchenmänner genannt: Paulinus, Lupus, Rathar und Rupert. Mit Sicherheit ist nur der hl. Rupert als historische Person faßbar; Lupus soll um 490 in Regensburg erschlagen worden sein, Rathar wird nur einmal bei Arnold von St. Emmeram genannt.

Das Wappen des Paulinus, ein stehendes Schwert, bezieht sich auf den Apostel Paulus, Lupus (Wolf) zeigt einen gehenden Wolf, wohl in Anlehnung an den hl. Wolfgang, Rathar erhält ein halbes Rad, und Rupert, als Franzose bezeichnet, führt die Bourbonenlilien. Dies läßt sich noch weiterverfolgen: im „Wappen" des Abtbischofs Tuto (894-930) prangt der Codex Aureus oder bei Abtbischof Michael (942-973) ein gepanzerter Arm mit Schwert wie bei seinem Schutzpatron, dem Erzengel.

Literatur: Unpubliziert. - Karl Hausberger, Geschichte des Bistums Regensburg I, Regensburg 1989, S. 16, 25.

Peter Morsbach

53. Konrad von Megenberg: De limitibus parochiarum civitatis Ratisbonensis

Regensburg, 1400

Pergament und Papier, 25 + 28 Bl., 23×30,7 cm, Holzeinband

Regensburg, Bischöfliches Zentralarchiv, Domkapitel'sches Archiv BDK 4891

Konrad von Megenberg (1309-1374) wurde 1309 in Mäbenberg, Kreis Schwabach, als Sohn eines Adeligen geboren, besuchte die Trivialschule in Erfurt, studierte in Paris, erwarb dort den Magistertitel, geht 1352 an die Universität nach Wien, wird Rektor der berühmten Stephansschule und kommt mit knapp 40 Jahren 1348 als Kanoniker nach Regensburg, wird 1350 Domscholaster und steht zwischen 1359 und 1363 der Dompfarrei St. Ulrich als Dompfarrvikar vor. Konrad wurde am Grab des hl. Erhard von einer Krankheit wunderbar geheilt und verfaßte aus Dankbarkeit eine Vita Sancti Erhardi. Neben vielen theologischen Werken verfaßte er auch den Traktat „De limitibus parochiarum civitatis Ratisbonensis". Es war ein Beitrag zur Geschichte des Pfarrinstituts aus dem 14. Jahrhundert. Er war als Dompfarrer zum Wortführer des Pfarrklerus im Kampf gegen die Bettelorden und zum Hüter der pfarrlichen Ordnung geworden. Bereits im ersten Amtsjahr, 1359, legte er als Dompfarrer eine heute verschollene Appellation gegen alle Mendikanten in Regensburg vor (Appellatio contra omnes mendicantes in Ratispona) und richtete sie an die Kurie. 1364 fordert er in einer anderen Schrift „Lacrima ecclesiae" harte Maßnahmen gegen die vier in Regensburg vorhandenen Bettelorden (Franziskaner, Augustinereremiten, Karmeliten und Dominikaner) und gegen die Begarden und Beginen. Noch ein Jahr vor seinem Tod liegt ihm das Schicksal der Dompfarrei am Herzen. Für ihre Vorsteher schreibt er ein Handbuch, das die Grenzen und Rechtsverhältnisse der Regensburger Pfarreien festhält und den Primatsanspruch von St. Ulrich historisch und juristisch untermauert, um die Pfarrei vor Übergriffen anderer Pfarreien auf ihren Sprengel zu schützen. Besonderes Interesse fand im Laufe der Zeit der historische Teil dieser Arbeit. Konrad bietet einen Abriß der Geschichte Regensburgs, wozu er eine Reihe von Quellen angibt, allerdings aber neben Tatsächlichem auch Legendenhaftes aufnimmt. Seine wichtigsten Hilfsmittel waren die Annales Ratisponenses, von einem Anonymus um 1130 begonnen und von Hugo von Lerchenfeld bis zum Jahr 1201 fortgesetzt, die Schottenlegende, die Chronik des Gottfried von Viterbo und die Viten der Heiligen Wolfgang und Emmeram aus der Feder Otlohs von St. Emmeram bzw. Arbeos von Freising. Von großer historischer Bedeutung sind sein Katalog der Regensburger Bischöfe und die sieben Städtenamen Regensburgs Tiberina, Tiburnia Quadrata, Germanisheim, Hyaspolis, Ymbripolis Ratispona und Reginopolis. Das Original des Traktats „De limitibus parochiarum civitatis Ratisbonensis" ist verschollen. Die älteste und schönste Handschrift wird im BZAR, Domkapitel'sches Archiv H 42 aufbewahrt. Der Codex in Folio zwischen 2 Holzdecken enthält 2 Teile: 1. Eine Pergamenthandschrift bestehend aus 2 Lagen zu je 6 Doppelblättern und ein Separatfolio (= 25 Pergamentblätter) und eine Papierhandschrift von 28 Blättern. Die Pergamenthandschrift gibt in schöner gotischer Minuskelschrift bei rubrizierten Kapitelüberschriften den genannten Traktat wieder. Jede Seite ist zweispaltig zu je 30 Zeilen geschrieben. Der Schlußsatz in roter Minuskelschrift lautet „Explicit tractatus de limitibus parochialibus in Ratispona . editus anno Dni M° CCCC°". Auf dem letzten Pergamentblatt in schöner Kursivschrift ist eine Urkunde von Bischof Friedrich von Parsberg aus dem Jahre 1438 eingetragen. Die zweite Hälfte des Codex entstammt dem 15. bzw. 16. Jahrhundert. Sie enthält auf 28 zweispaltig beschriebenen Blättern die Vita et signa S. Udalrici und die Conversio et passio S. Afrae et Dignae. Der Codex war so angelegt, daß auch die spätere Bischofsgeschichte in den Katalog eingetragen werden konnte, indem am Schluß des 2. Kapitels nahezu zwei Pergamentblätter unbeschrieben blieben. Auf den freien Blättern hat eine spätere Hand des ausgehenden 15. Jahrhunderts einen Bischofskatalog bis zu Rupert II. (1493-1507) fortgesetzt.

Spätere Abschriften befinden sich in der staatl. Bibliothek in Regensburg, Sign. Rat. Ep. 531 aus dem Jahr 1661, ferner in der Münchener Staatsbibliothek Clm 14440, Cl 14511, Clm 14870.

Literatur: Philipp SCHNEIDER, Konrad von Megenberg. Traktat De limitibus parochiarum civitatis Ratisbonensis. Ein Beitrag zur Geschichte des Pfarrinstituts aus dem 14. Jahrhundert. – Margit WEBER, Konrad von Megenberg, Leben und Werk, in: BGBR Bd. 22 (1986), S. 213-324. – Margit WEBER, Konrad von Megenberg (1309-1374), Domherr in Regensburg, in: BGBR Bd. 23 (1989) im Druck (s. hier auch Quellen- und Literaturverzeichnis).

Paul Mai

54. Heiliger Petrus als Papst

Niederbayern, um 1500
Lindenholz mit erneuerter Fassung
H 105 cm, B 48 cm

Abensberg, katholische Friedhofskapelle St. Peter

Der Apostelfürst Petrus, zugleich Patron der Abensberger Friedhofskapelle, ist als thronender Papst dargestellt. Er trägt die kegelförmige Tiara mit drei Kronreifen, kreuzförmigen Lilienaufsätzen und zwei Infuln (Stoffstreifen). Die liturgische Gewandung besteht aus einer an den Handgelenken sichtbar werdenden Albe, darüber einer blauen Tunicella oder Dalmatika, einem roten Schultertuch und darüber einem rotgefütterten und außen vergoldeten Pluviale mit Fransenrand. In der rechten Hand trägt Petrus die beiden (barock erneuerten) Schlüssel, mit der Linken weist er auf ein aufgeschlagenes Buch.

Der Bildhauer verlieh seiner Skulptur ein ausgesprochen markantes Gesicht, breit angelegt mit hervorgehobenen Brauenwülsten mit hohen Ober- und leicht betonten Unterlidern, einer geschwungenen und am Ende etwas verdickten Nase, die von einer eingetieften Wurzel ausgeht, und hohen Wangenknochen. Der breit gefächerte Bart besteht aus einzelnen nebeneinanderliegenden gedrehten Locken. Unter der Tiara treten zwei Stirnlöckchen und ein grauer Haarkranz hervor.

Die Schmalheit der abfallenden Schultern wird durch das breite Schultertuch und die von der Tiara herabhängenden Infuln unterstützt. Der Eindruck zu kurzer Oberschenkel verliert sich bei der richtigen Betrachtung der auf leichte Untersicht von rechts vorne angelegten Figur. Bei dieser Ansicht entfaltet die Skulptur auch ihre stärksten plastischen Qualitäten: in der Schichtung der Falten unter dem Buch, dem großzügigen Faltenzug vom linken Knie zum rechten Fuß mit tief ein- und unterschneidenden Faltentälern und eckig gebrochenen und geknickten Graten. Die Kontur des Petrus ist von hier aus gesehen lebendig, zugleich aber auch fest eingegrenzt, wie der bewegte Infulstreifen und die gerade fallende Außenlinie des Pluviale zeigen.

Petrus trägt als Papst die seit Papst Benedikt VIII. (1012-1024) übliche Tiara mit drei Kronreifen, die beiden Schlüssel als Zeichen der Macht zu lösen und zu binden (Mt 16,19) und das aufgeschlagene Evangelienbuch als Hinweis auf das Lehramt der Kirche und die Verkündigung des Glaubens.

Literatur: Die Kunstdenkmäler von Niederbayern VII: Bezirksamt Kelheim, bearb. von Felix MADER, München 1922, S. 52, Fig. 32. – Joseph BRAUN, Tracht und Attribute der Heiligen in der deutschen Kunst, Berlin ³1988, Sp. 594-601. – Wolfgang BRAUNFELS, Petrus Apostel, Bischof von Rom, in: LCI 8 (1976), Sp. 158-174. – Jörg TRAEGER, Tiara, in: LCI 4 (1972), Sp. 313-315.

Peter Morsbach

55. Kruzifix

Regensburg?, um 1220

Regensburg, Priesterseminar St. Wolfgang

Die Herkunft des romanischen Kruzifixus, der erstmals in einer Ausstellung gezeigt wird, ist nicht bekannt. Er dürfte zusammen mit anderen Kunstgegenständen in der 2. Hälfte des 19. Jahrhunderts in das ehemalige Schottenkloster St. Jakob (heute Priesterseminar) verbracht worden sein.

Christus steht mit parallelen Füßen auf einem Suppedaneum, den Kopf leicht nach rechts vorne geneigt. Auf dem längsovalen Kopf mit feinen Gesichtszügen sitzt eine gewundene Dornenkrone. Das lange, zurückgestrichene Haar fällt auf den Rücken, läßt die Schultern frei. Ein großer Schwung durchzieht den Körper, dessen mittlere und Oberschenkelpartie von einem Hüfttuch mit delikater Faltenführung bedeckt ist. Der Körper des Gekreuzigten ist, vergleicht man ihn mit einem in den Details der Faltenausarbeitung verwandten Kruzifix aus Obermünster (um 1200), heute im Diözesanmuseum St. Ulrich, Regensburg, recht gedrungen, ohne dessen Überlängung und Eleganz. Der Obermünsterkruzifix vertritt eine ältere Stilstufe der Zeit um 1200, während der Kruzifix aus dem Priesterseminar bereits näher an der Kunst Regensburgs um 1230 steht. Einen Vergleich bietet der Gekreuzigte aus dem Genealogie-Christi-Fenster im südlichen Querhaustriforium des Regensburger Domes, um 1230, der jedoch bereits wesentlich stärker bewegt ist. Aufgrund dieser Beobachtungen ist eine Datierung in die Zeit um 1220 vorzuschlagen.

Peter Morsbach

Das Andachtsbild, derzeit im Meditationsraum des Priesterseminares St. Wolfgang aufgestellt, wurde im September 1987 in die Restaurierungswerkstätten des Bayerischen Landesamtes für Denkmalpflege übernommen und hier untersucht, konserviert und restauriert.

Technische Daten:

Maße Korpus: H 127,5 cm (Kopf–Füße); H 131,7 cm (mit Suppedaneum); Spannweite 113 cm; B 22,5 cm; max. T 24,8 cm (Dornenkrone-Rückseite); T 20,8 cm (Stirn/Haaransatz-Rückseite)

Kreuz: H 205 cm; B 127 cm; T 3,3 cm
Rückseitige Aushöhlung des Korpus: L 57 cm; max. B (oben) 12,2 cm; max. B (unten) 13,7 cm; T (oben) 8,3 cm; T (unten) 12,1 cm
verwendete Holzart beim Kruzifixus: Laubholz

Bearbeitung des Holzes

Der Korpus des Kruzifixes ist aus einem Stück herausgeschnitten. Die Arme sind gesondert gefertigt; sie wurden in die Schulter eingesteckt und mit Dübeln fixiert. In der Schädeldecke der Darstellung zeichnet sich der Umriß eines Dübels ab, mit dem das Loch der vermutlichen Werkbankeinspannung verschlossen wurde.

Das Bildwerk ist auf der Rückseite ausgehöhlt. Die Aushöhlung beginnt im unteren Bereich des Lendenschurzes und endet in Höhe der Achseln. Ein einst vorhandenes Verschlußbrett ist schon vor der Neufassung im 19. Jahrhundert verlorengegangen. Mehrere abgebrochene Dübelreste, mit denen das Verschlußbrett befestigt war, sind noch zu erkennen.

Auf der Rückseite fällt vor allem im Hinterkopfbereich und im Bereich des Suppedaneum ein Radialriß auf.

Spätere bildhauerische Überarbeitungen bzw. eventuelle Ergänzungen in Teilbereichen sind nicht auszuschließen, können allerdings wegen der sehr intakten Fassung des 19. Jahrhunderts nicht eindeutig belegt werden.

Auf Grund der nachzuweisenden Fassungsschichten ist es sicher, daß die Dornenkrone nicht original ist. Aus jüngerer Zeit stammt auch das maserierte Kreuz. Nicht mehr vorhanden ist der Kreuznagel in der rechten Hand.

Der derzeitige Erhaltungszustand des Holzes ist insgesamt zufriedenstellend.

Fassung

Die sichtbare Fassung stammt mit großer Wahrscheinlichkeit aus dem letzten Viertel des 19. Jahrhunderts. Partielle Ausbesserungen sind in das 20. Jahrhundert einzuordnen. Untersuchungen mit dem O.P.M.I.-Mikroskop an Fassungsausbrüchen und Querschnittuntersuchungen ergaben, daß noch mindestens fünf weitere Fassungen – z. T. aus dem Mittelalter – vorhanden sind. Der Erhaltungszustand dieser fünf Fassungen ist unterschiedlich. Insbesondere vor Beginn der dritten Überfassung wurden offensichtlich an vielen Stellen des Bildwerkes die älteren Fassungsschichten entfernt oder zumindest bei den vorbereitenden Maßnahmen beschädigt.

Restaurierung

Um die Bedeutung und den Charakter des Andachtsbildes zu wahren, wurde darauf verzichtet, ältere Fassungen freizulegen.

Hauptaufgabe war vor allem die partielle Konservierung des Holzes und die Sicherung und Konservierung der sehr stark blätternden Fassungsschichten.

Die Reinigung der stark verschmutzten Fassung des 19. Jahrhunderts erfolgte mit Spezialradierungen und sehr milden, speziell zusammengestellten Reinigungsmitteln. Die partiell vorhandenen Farbretuschen aus dem 20. Jahrhundert mußten – da optisch störend –, abgenommen werden.

Um einen optisch einheitlichen Gesamteindruck zu erreichen, wurden Fassungsausbrüche mit einem Kreide-Leim-Kitt geschlossen und, ebenso wie Fehlstellen in der Fassung, retuschiert.

Sowohl für die Konservierung (Sicherung) der Fassungsschichten als auch für die Retuschen wurden reversible Materialien verwendet.

Erwin Mayer

56. Kasel des hl. Wolfgang

1. Hälfte 12. Jahrhundert

Halbkreisförmig geschnittene Glockenkasel aus dunkelblauem, gemustertem Seidensamit. Innen um den unteren Saum mit rotem, gemustertem Seidensamit besetzt. Um den Halsausschnitt innen und als Grund der Perlstickerei roter, ungemusterter Seidensamit. Breites Kaselkreuz mit schräg angesetzten Armen und vorderer Kaselstab aus verschiedenen Goldborten und bestickten Streifen. Um den Halsausschnitt und um den unteren Saum außen Goldbortenbesatz. Ungefüttert.

Rückenlänge 159 cm, vordere Länge 158 cm, unterer Saumumfang 508 cm.

Regensburg, Kath. Kirchenstiftung St. Emmeram

Hauptgewebe

Byzanz
Rapport 6,7 - 7 (gespiegelt) : 3,5 (gespiegelt) cm.
Samit mit zwei Schußsystemen,
Hauptkette: Bindekette 2 : 1.Z-Drehung. 42 Fäden/cm.
Schuß ungedreht: Dunkelblau und dunkles Blaugrün. 60 - 84 Faden/cm.
Die Bindekette bindet in Köper 1/3 S-Grat auf der Gewebeoberseite.

In vertikaler und horizontaler Richtung gespiegeltes Muster mit Rosetten oder Blütenstielchen in Kreisen, Doppelranken und Rankenspangen, in Blüten endend. Den nur wenig variierten gleichen Dekor, jedoch in Köperbindung 1/2 und als ein sogenanntes geritztes Muster, zeigt in leuchtendem Rot der Wiener Kaisermantel. Seine Stickerei ist 1133/34 datiert.

Seide des inneren Saumbesatzes

Byzanz
Rapport 14,5 : 11 - 14 cm.
Samit, einfarbig gemustert, mit zwei Schußsystemen. Anschlußstreifen: 1 cm in Hellgrün. Die Webbreite maß mehr als 132 cm.
Hauptkette: Bindekette 2 : 1.Z-Drehung. 39 - 42 Fäden/cm.
Schuß ungedreht: rot. 76 - 80 Faden/cm.
Die Bindekette bindet in Köper 1/2 S-Grat auf der Gewebeoberseite.

In versetzten Reihen Spitzovale, deren breite Rahmen Rankenstücke füllen, um Kreismedaillons, eingefaßt von einer Reihe kleiner Scheiben, mit Rankenstücken um mittleren Stern, und stärker gedrückte Spitzovale mit ähnlicher breiter Rahmung um große, spitzoval gefaßte Zwiebelblüte.
Nur kleine Varianten unterscheiden das Muster von dem ebenso wie geritzten des gleichfalls roten Samits, auf dem die Goldstickerei über dem unteren Saum der blauen Tunika der Wiener Krönungsgewänder ausgeführt worden ist (dessen Muster rekonstruierte Gisela Illek, unveröffentlicht). Nahverwandt sind auch die Muster zweier Samite - jedoch in Köper 1/3 - in Blau bzw. Weiß aus Bamberg und einer weiteren Seide aus Bamberg in Schußkompositbindung.

Seide des inneren Schulterbesatzes

Samit, ungemustert.
Hauptkette: Bindekette 2 : 1.Z-Drehung. 39 Fäden/cm.
Schuß ungedreht: rot. 40 Fäden/cm.
Die Bindekette bindet in Köper 1/2 S-Grat auf der Gewebeoberseite.

Breite Goldborte

12,5 - 12,7 cm breit (am Anfang und am Ende 11,6 cm breit).
Brettchenweberei.
Eine Kette in vier Farben: violett, grün, weiß, beige. Seide, Zwirn zweifädig, S-Drehung. 112 Fäden/cm.
Grundschuß: Seide, Zwirn zweifädig, S-Drehung; beige. - Musterschuß: Goldlahn um Seidenseele, S-Drehung, goldgelb. 64 Fäden/cm.
Im Grund wird der Musterschuß in Köper 1/12 S-Grat gebunden. Das Muster wird durch die farbigen Kettfäden köperartig 3/1 Z-Grat gebildet. Der Grundschuß wird in Kettköper 3/1 Z-Grat gebunden.
Vierfüßlerpaar und Fabeltiere in Rankenbäumen quer zur Kettrichtung. Später zwischen Diagonalen mit Blatt- oder feinem Rankendekor Doppelranke mit springenden Vierfüßlern. Dazwischen kleine einzelne Tiere und kleine Rankenbäume. Auf den abgesetzten Seitenstreifen kleine Tiere zuseiten eines Bäumchens, Doppelranken, Rechtecke mit zwei Punkten. Ähnliche Goldborten mit abgesetzten Seitenstreifen, in der Mitte mit großen, sich fast zu Kreisen schließenden Rankenschwüngen um Vögel, Vierfüßler und Fabeltiere, jedoch in Kettrichtung, als Besätze der Kasel des seligen Hartmann im Brixener Domschatz. Zu vergleichen ist ebenso eine 9 cm breite Goldborte, die am Bamberger Antependium im Bayerischen Nationalmuseum ehemals angenäht gewesen ist.

Goldborte vom Saumbesatz

8,5 - 8,9 cm breit.
Brettchenweberei.
Eine Kette in drei Farben: hellbraun, hellgrün, violett oder weiß. Seide, Zwirn zweifädig, S-Drehung. 145 - 168 Fäden/cm.
Grundschuß: Seide, Zwirn zweifädig, S-Drehung, hellbeige. - Musterschuß: Goldlahn um Seidenseele, S-Drehung, gelb. 52 - 60 Fäden/cm .
Im Grund wird der Musterschuß in Köper 1/9 S-Grat gebunden. Die Kettbindung über dem Goldschuß ist ein Köper 2/1 S-Grat. Der Grundschuß wird gleichfalls in Köper 2/1 S-Grat gebunden.
Die Motive - Ranken mit Tieren und ornamentaler Dekor - wiederholen sich im Abstand von 67, 77 und 81 cm.

Schmale Goldborte am Kaselkreuz

2,8 - 3,2 cm breit.
Höhe des Musters 30 und 36 cm.
Brettchenweberei.
Kette wie bei der breiten Borte.
Grundschuß: Seide, Zwirn zweifädig, S-Drehung, rot. - Musterschuß: Goldlahn um Seidenseele, S-Drehung, goldgelb oder weiß. - 60 - 62 Fäden/cm.

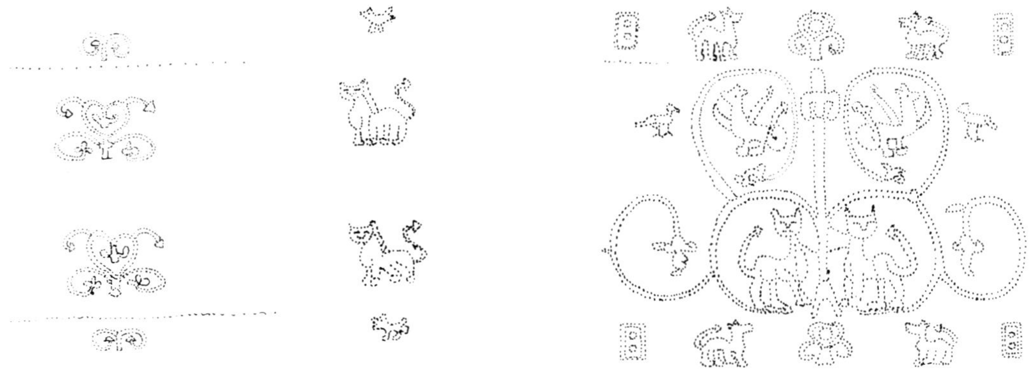

Regensburg, St. Emmeram. Sog. Wolfgangskasel, Motive der Brettchenborten (H. Herrmann)

Der Goldgrund wird köperartig durch die beigen Kettfäden 1/12 S-Grat gebunden. Das Muster wird durch die farbigen Kettfäden jeweils in der entsprechenden Farbe köperartig 3/1 Z-Grat gebunden. Der Grundschuß wird ebenso in Kettköper 3/1 Z-Grat gebunden.

Querborte am Kaselstab

6,5 cm breit.
Rapport 0,5 (Kettrichtung) : 0,5 – 0,6 (Schußrichtung) cm.
Zickzackköper mit doppelten Kett- und Schußsystemen.
Hauptkette: Bindekette 1 : 1. Seide, Zwirn zweifädig, S-Drehung; hellbeige bzw. rot 54 Fäden/cm.
1. Schuß: Seide, Zwirn zweifädig, S-Drehung, rot und beige. – 2. Schuß: Goldlahn um Seidenseele, S-Drehung. Je 57 Fäden/cm.
Die rote Bindekette ist in achtbindigem Zickzackköper eingezogen und liegt an den Abbindungen sichtbar auf der Oberseite. Unter den Goldfäden scheint die beige Hauptkette schwach durch. Der helle (oder rote) Seidenschuß ist nur auf der Rückseite zu erkennen.

Brettchenborte an der oberen Kante des Kaselstabes

2,5 cm breit, 30 cm lang.
Kette: Seide, zweifädig, S-Drehung. 234 Fäden insgesamt.
51 Brettchen à 4 Fäden.
Schuß: auf zwei Goldfäden ein Seidenfaden. 1. Goldlahn um Seidenseele, S-Drehung, rosée-beige. 2. Seide, Zwirn zweifädig, S-Drehung, weiß. Auf 1 cm 20 – 23 Seiden- und 20 – 23 doppelte Goldfäden.
Brettchenweberei, gleichmäßig in eine Richtung gedreht, mit Goldschuß (flottierend) Muster bildend.

Stickerei auf Kaselkreuz und Kaselstab

Auf rotem, ungemustertem Seidensamit Perlstickerei ohne Untergewebe: Kleine Flußperlen sind auf einen goldgelben Seidenfaden aufgezogen und mit Querstichen, jeweils nach drei bis sieben Perlen, mit einem helleren Seidenzwirn festgenäht. An den so gebildeten Ranken waren kleine Goldplättchen – mit eingeprägtem Bäumchen, 0,7 : 1 cm – aufgenäht.
Die Stickerei ist unter der Goldborte im Rücken an der Schulter in einer Breite von ca. 3 cm vollständig erhalten.
Die Muster des blauen und des roten Seidensamits, die, in kleinen Details variiert, bei den Seidensamits des Wiener Krönungsmantels und der dortigen blauen Tunika wiederkehren, bestimmen die Datierung in die erste Hälfte des 12. Jahrhunderts. Bei der Kasel, gleichfalls aus dunkelblauem Samit mit „geritztem" Muster, aus St. Peter in Salzburg, heute im Museum of Fine Arts in Boston Mass., haben die Balken von Kaselkreuz und Kaselstab ebensolche große Breite; bei dieser dürfte die goldene Inschrift des Saumbesatzes auf den Abt Heinrich des Benediktinerklosters (1167 – 88) weisen.

Literatur: Joseph Braun, Die liturgische Gewandung im Occident und Orient. Nach Ursprung und Entwicklung, Verwendung und Symbolik. Freiburg i. Br. 1907 (Reprint Darmstadt 1961), S. 178, Abb. 1. – Sigrid Müller-Christensen in: Sakrale Gewänder des Mittelalters. Ausstellung München 1955, S. 16/17 Kat.-Nr. 16, Abb. 9 (mit weiterer Literatur).

Hannelore Herrmann – Leonie von Wilckens

DIE REICHSHERRSCHAFTEN

Das Hochstift Regensburg umfaßte auch drei sog. Reichsherrschaften, also Gebiete, in denen der Bischof zugleich als Landesherr regierte. Dies waren Wörth a.d. Donau, Hohenburg auf dem Nordgau und Donaustauf.

In Wörth a.d. Donau, auf halbem Wege zwischen Regensburg und Straubing am nördlichen Donauufer gelegen, wurde wohl im 8. Jahrhundert ein bischöfliches Eigenkloster errichtet, Vuerida, von dem außer seinem Namen nichts bekannt ist. Scheinbar fiel es der „Säkularisation" des 10. Jahrhunderts zum Opfer und wurde niemals wiederbegründet. Die frühe Geschichte von Wörth ist bislang kaum erhellt, so daß man auch nicht sagen kann, „ob der spätere Umfang der Herrschaft Wörth aus einer Reihe einzelner Transaktionen erwachsen ist oder ob eine Gesamtschenkung des Königs vorliegt" (Hausberger 173). Die Burg von Wörth, deren mächtiger Komplex noch heute in vielfachen Umbauten das Land weithin beherrscht, wird erstmals um die Mitte des 13. Jahrhunderts genannt, jedoch könnte man durchaus von der Existenz eines älteren, befestigten Platzes ausgehen. Die später vielbesuchte Nebenresidenz der Regensburger Fürstbischöfe, bislang in der Forschung weitgehend unbeachtet, hatte eine bewegte Besitzergeschichte während des hohen und späten Mittelalters, bis sie 1433 wieder an das Hochstift zurückfiel.

Im Jahre 1340, nach dem Tode Bischofs Nikolaus von Ybbs, erfolgte eine Doppelwahl des Nachfolgers: gegen Friedrich I. von Zollern (1340–1365), vom Papst unterstützt, stand als Favorit Kaiser Ludwigs des Bayern Heinrich von Stein (1340–1345). Ein dritter Kandidat hatte sofort verzichtet. Aus den nachfolgenden Auseinandersetzungen ging Friedrich I., den die Geschichtsschreibung als einen der unfähigsten Regensburger Oberhirten sieht, als Sieger hervor. Er verpfändete 1353 u.a. die Reichsherrschaften

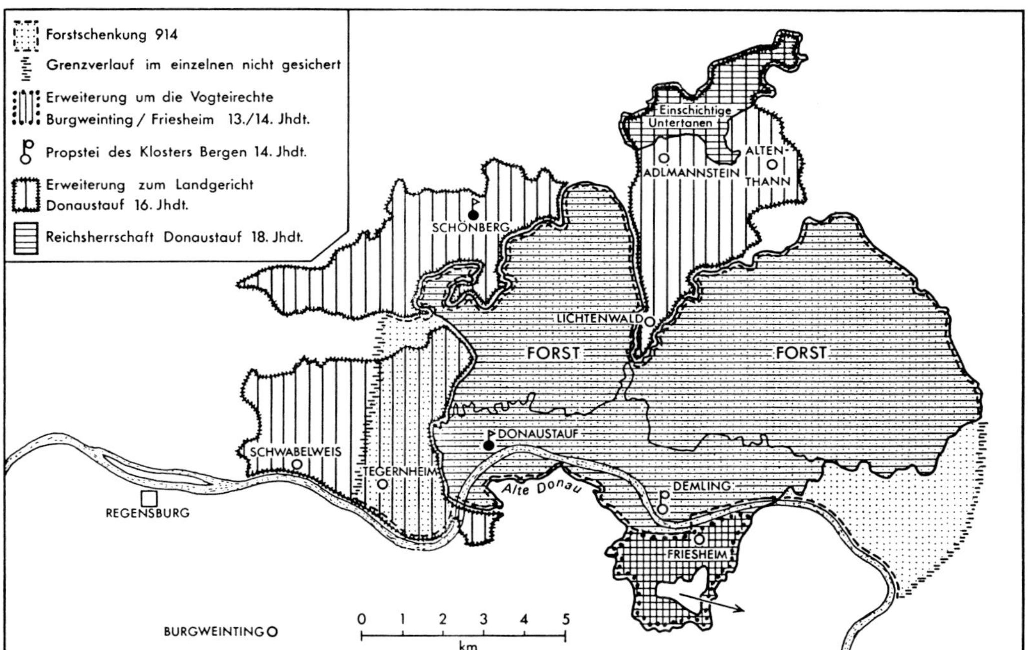

Die territoriale Entwicklung der Reichsherrschaft Donaustauf (10.–18. Jahrhundert), nach Hab *41*

Wörth und Donaustauf für 1000 Pfund Regensburger Pfennige an Bürger der Stadt. Nach dem Tode des Kaisers ging Wörth an den Markgrafen Ludwig von Brandenburg über. Karl IV. mißlang der Versuch, die Herrschaft zu erwerben. 1357 erhielt das Hochstift Wörth zurück. 1359 wurde es an das Domkapitel verpfändet. Durch die Hände verschiedener Pfandnehmer kam es zu Beginn des 15. Jahrhunderts an die Herzöge von Bayern. „Schloß und Herrschaft Wörth gehörten seitdem zum Besitz der niederbayerischen Wittelsbacher" (HAB 141). 1433 kam die Reichsherrschaft wieder an das Hochstift.
Zur Unterscheidung vom regensburgisch-bischöflichen Mediatbesitz Hohenburg am Inn heißt die zweite der Regensburger Reichsherrschaften Hohenburg auf dem Nordgau. Überhalb des Lauterachtales in verkehrstechnisch günstiger Lage in der mittleren Oberpfalz gelegen, entstand ein Herrschaftssitz, der nach dem Aussterben der Grafen von Hohenburg 1257 aufgrund einer älteren Vereinbarung an das Hochstift kam. Dieses hatte hier eine vergleichsweise unkomplizierte Herrschaftsgeschichte, da Hohenburg im 14. und zu Beginn des 15. Jahrhunderts nur hin und wieder, zumeist auch kurzfristig verpfändet wurde, u. a. an die bayerischen Herzöge. Das Schloß als Herrschaftsmittelpunkt kam 1810 an Bayern und wurde 1812 auf Abbruch verkauft. Nur mehr wenige Mauerstümpfe zeugen noch heute von der ursprünglich dreigeschossigen, im „Triangel" errichteten Anlage.
Das Gebiet der Reichsherrschaft Donaustauf erstreckte sich zum geringsten Teil in einem schmalen Streifen südlich der Donau, und zum größten Teil über ein großes Forstgebiet nach Norden, dessen Grenzen 914 festgelegt wurden.
Der seit dem frühen 10. Jahrhundert dominierende Herrschaftsmittelpunkt war die strategisch und verkehrsmäßig günstig gelegene Burg, deren Errichtung man auf einem sehr alten, befestigten Platz um 914–930 annimmt.
Die komplizierte Geschichte der Reichsherrschaft Donaustauf, die in vielem der von Wörth entspricht, zeigt sich nicht zuletzt in zahlreichen Fehden und Auseinandersetzungen, die für das Hochstift verlustreich und teuer gewesen sein müssen.
Als Regensburg 1245 zur Freien Reichsstadt erhoben wurde und in heftige Konflikte mit den Bischöfen geriet, hielten sich diese gern auf der Burg Donaustauf auf, in der sie in halbwegs sicherem Abstand zur Stadt saßen, jedoch noch nah genug, um schnell präsent zu sein.
Wie in der Reichsherrschaft Wörth (dort erst 1339) erhielt der Bischof 1285 durch König Rudolf I. von Habsburg eine Bestätigung der Grafschaftsrechte in Donaustauf. Jedoch begannen nur kurze Zeit danach die Verpfändungen der Burg, die das Hochstift bis dahin, durch Pfleger verwaltet, in einem engen Abhängigkeitsverhältnis gehalten hatte.
Die fatale Doppelwahl von 1340 führte auch wie im Falle von Wörth für Donaustauf zur Verpfändung an Bürger Regensburgs. 1355 beabsichtigte Kaiser Karl IV. den Kauf von Donaustauf und Wörth, um die Grenzen seines Territoriums mindestens bis zur Donau vortreiben zu können, was jedoch nicht gelang. Er erhielt Stauf pfandweise gegen Widerstand des Bischöflichen Domkapitels, während es später an den Markgrafen von Brandenburg überging.
1422 erhielt der Bischof das Recht, Donaustauf von der Stadt Regensburg zurückzulösen, worauf auch gleichzeitig die bayerischen Herzöge Anspruch erhoben. Da die Stadt in ständig schlechtem Verhältnis zu Bayern stand, erhielt der Bischof Stauf 1424 zurück.
In der Zeit um 1400, als Donaustauf dem Rat der Stadt Regensburg versetzt war, wurde in der Wallfahrtskirche St. Salvator, der Stiftung eines Regensburger Bürgers, Thomas Sitauer, der zu dieser Zeit zu den wohlhabendsten Kaufleuten der Stadt gehörte und intensive Beziehungen nach Italien besaß, von einem italienischen, wohl aus Padua oder Verona stammenden Maler ein Freskenzyklus geschaffen, der nördlich der Alpen so außergewöhnlich ist, daß wir uns ihm im folgenden zuwenden wollen.

Literatur: Karl HAUSBERGER, Geschichte des Bistums Regensburg I, Regensburg 1989, S. 170–177, 194f. — Historischer Atlas von Bayern, Altbayern, Heft 41: Regensburg 1, bearb. von Diethard SCHMID, München 1966, S. 108–152. — Die Kunstdenkmäler der Oberpfalz, Bezirksamt Parsberg, bearb. von Friedrich Hermann HOFMANN, München 1906, S. 122–128. — Wilhelm VOLKERT, Hohenburg auf dem Nordgau, in: Die Oberpfalz 50 (1962), S. 159–163, 187–191. — N. ERB, Die Reichsherrschaft Hohenburg auf dem Nordgau, in: VHVO 38 (1884), S. 121–227. - Franz BASTIAN, Das Runtingerbuch 1383–1407, Bd. III, Regensburg 1943, S. 424–427.

Peter Morsbach

57. Der Freskenzyklus der Wallfahrtskirche St. Salvator in Donaustauf

Paduaner oder Veroneser Maler, um 1400

Im Jahre 1975 wurden in der 1388 errichteten Kirche St. Salvator zu Donaustauf, einer Stiftung des Regensburger Bürgers Thomas Sitauer, Reste eines Zyklus mit Szenen aus dem Leben Christi aufgedeckt und gesichert. Es handelt sich hierbei um acht Szenen bzw. Reste von solchen, die in rechteckigen Rahmen stehen und sich in z. T. sehr fragmentarischem Zustande befinden. Über weite Partien blieb nur mehr die Vorzeichnung auf dem Unterputz erhalten, so daß eine Deutung der einzelnen Geschehnisse fast unmöglich geworden ist. Insofern können die hier vorgetragenen Benennungen auch nur Diskussionsgrundlage sein. Die Malereien befinden sich an der Westwand und der Südwand unterhalb und an der Westwand überhalb der Empore.
Sie sind nach Wolters Werke eines Paduaner Malers, der aus dem Umkreis bzw. der Nachfolge des Altichiero kam. Prinzipiell muß u. E. die Möglichkeit gesehen werden, daß der Maler aus Verona kam, wie auch die von Wolters festgestellte Verwandtschaft mit Jacopo da Verona nahelegt. An der Datierung „um 1400" besteht kaum Zweifel. Da im parallel erscheinenden Aufsatzband „1250 Jahre Kunst und Kultur im Bistum Regensburg" dieses Werk ausführlich gewürdigt wird, soll im Rahmen des Ausstellungskataloges nur ein knapper Überblick über die erhaltenen Reste gegeben werden. Aussagen darüber, wie groß dieser Zyklus ursprünglich war – er bedeckte wohl alle Kirchenwände – sind nur bedingt möglich, denkbar wären nach Wolters bis zu 28 Szenen.
Es konnte bislang nicht geklärt werden, wieso ausgerechnet ein Paduaner oder Veroneser Maler in Donaustauf arbeitete und wer ihm den Auftrag dazu gab. Um einen Wanderkünstler scheint es sich nicht gehandelt zu haben, denn das Werk steht im weiten geographischen Umkreis bislang völlig einzig da. Man wird wohl von einer gezielt erteilten Auftragsarbeit ausgehen können, zu der der Maler eigens aus Italien anreiste.
Die individuelle Männergestalt in Szene 8 scheint ein Portrait zu sein. Bei dem Dargestellten handelt es sich nicht um einen Geistlichen, sondern um einen nach aktueller Mode gekleideten Laien. Wir sehen hierin mit einiger Wahrscheinlichkeit ein Stifterbildnis, vielleicht jenes Regensburger Bürgers Thomas Sitauer, des Erbauers der Kirche oder eines Nachfahren. Zur Klärung dieser Frage wäre es natürlich aufschlußreich zu wissen, ob und in welchem Umfange die Familie Sitauer Verbindungen nach Oberitalien (Padua oder Verona) hatte.
Die besondere Qualität der Fresken liegt in einem feinen Gefühl für präzis dargestellte Räumlichkeit, die weit über alle Möglichkeiten der zeitgenössischen deutschen Malerei hinausgeht. Auch die lokalen Maler scheinen diese Werke überfordert zu haben, blieben sie doch ohne erkennbare Auswirkungen auf die regensburgische Malerei der nachfolgenden Zeit. Die Verfeinerung und Preziosität der Darstellungen geht über die Blockhaftigkeit und Schwere der an Giotto sich anlehnenden Art Altichieros hinaus und entspricht viel eher dem Veroneser Gefühl, wie es sich im Schaffen von Jacopo oder Stefano da Verona manifestiert.

1. *Handwaschung des Pilatus* an der Südwand unterhalb der Empore.
Pilatus, leicht schräg, fast frontal zum Betrachter sitzend, wäscht seine Hände in einem vor ihm stehenden Becken. Er blickt nach oben an einer Gruppe vorbei, von der nur noch ein in einen Mantel gehüllter, bärtiger Mann, der ausgestreckte Arm und ein Teil des Gesichtes eines zweiten hinter ihm Stehenden erhalten sind. Von der anderen Seite nähern sich Pilatus zwei weibliche Gestalten. Dies kann eine Illustration zu Mt 27,19 sein: „Und da er auf dem Richterstuhl saß, schickte seine Frau zu ihm und ließ ihm sagen: Habe du nichts zu schaffen mit diesem Gerechten; ich habe heute im Traum seinetwegen viel erlitten".

2. *Geißelung Christi*, an der Wand rechts des Westportals.
Das umfangreichste erhaltene Freskenstück zeigt den im Hause des Pilatus an eine der Säulen, die das Gewölbe des kastenförmigen Raumes tragen, gefesselten Christus. Fast nackt, nur mit einem Lendentuch bekleidet, blickt er voll Schmerz auf die Peiniger zurück, die die Geißelung an ihm vollziehen. Am Kopfende des Raumes sitzt Pilatus auf einem Thron und beobachtet das Geschehen.

3. Die Szene, die sich rechts an die Geißelung anschließt, deutete Wolters mit Vorsicht als Rest einer Dornenkrönung und Verspottung, worauf es allerdings keinen weiteren Hinweis gibt. Von diesem Fresko ist bis auf geringste Reste nichts erhalten. Es zeigt den Blick in einen kreuzrippengewölbten Raum, davor die Vorzeichnung eines nach links schreitenden Mannes.

4. *Einzug in Jerusalem* (?) an der nördlichen Westwandhälfte über der Empore.
Hier finden sich Reste einer Szene, die vor einer Stadtkulisse spielt. Erhalten sind drei männliche Personen verschiedenen Alters, die sich niederbeugen und Tücher auf den Boden zu breiten scheinen. Hierbei könnte es sich um den Einzug in Jerusalem gehandelt haben.

5. *Zu Szene 4 gehöriger Apostelzug* (?)
Zu der Szene des „Einzuges" rechnen wir den im Gewände des westlichen Zugangs zum Turm „um die Ecke" anschließenden Zug nimbierter Männer, die wir als Apostel deuten. Erwähnenswert erscheinen Studien des Malers zu verschiedenen Gesichtsstellungen von vorne, im verlorenen und im 3/4-Profil. Darüber stehen auf einer Geländeerhöhung (?) zwei kaum mehr kenntliche Gestalten, deren linke die Arme nach vorne hält. Keine der beiden Personen konnte als Zachäus im Baum gedeutet werden.

6. Versammlung der Apostel rechts an Szene 4 anschließend.

Größere Probleme der Deutung bietet das rechts an den „Einzug" anschließende Bild, von dem zum überwiegenden Teil nur noch Vorzeichnungen erhalten sind. In einem Raum mit schmalem Hintergrundfenster haben sich nimbierte Personen versammelt, von denen eine im Vordergrund auf einem Podest sitzt und sich mit dem Segensgestus einer offensichtlich weiblichen, ebenfalls nimbierten Gestalt zuwendet. Zu zählen sind 14 Heiligenscheine, von denen einer zu einer nicht identifizierbaren Gestalt hinter der Frau rechts gehört. Der Sitzende könnte aufgrund der Segensgeste Christus sein. Jedoch wird auch Petrus inmitten der Apostel sitzend gezeigt.

7. Darstellung im Tempel (?) auf der Südhälfte der Westwand überhalb der Empore.

Von dieser Szene, die ebenfalls nicht eindeutig zu interpretieren ist, blieben auch nur Teile der Vorzeichnungen, die übrigens von hoher zeichnerischer Qualität zeugen, erhalten. Sie zeigen am linken Bildrand einen bärtigen Mann, neben ihm eine jüngere Frau mit Kind vor einem gewölbten Raum. Da alle drei Personen einen Heiligenschein tragen, kann es sich nur um die Heilige Familie handeln. Aufgrund des Innenraumes bleibt kaum eine andere Erklärung als die der Darstellung Christi im Tempel.

8. Stifterbild (?) gegenüber des Apostelzuges (Szene 5) im linken Gewände des Westzugangs zum Turm.

Dieses Bild fällt aus der Reihe der anderen heraus, zeigt es doch einen Mann mit einer sehr individuellen Physiognomie, die weit von der Schönheitlichkeit der anderen Gesichter entfernt ist. Hierbei muß es sich um ein Portrait handeln, bei dem man an den Stifter der Malereien denken könnte.

Literatur: Wolfgang Wolters, Ein Freskenzyklus aus der Nachfolge des Altichiero in St. Salvator zu Donaustauf, in: Arte Veneta 36 (1982), S. 9–19.

Genoveva Nitz – Peter Morsbach

Nach ERTL, *Churb. Atlas 1687*

DAS BISCHÖFLICHE KLOSTER PRÜLL

Das nahe der Stadt Regensburg gelegene Kloster Prüll gehört zu den am wenigsten bekannten Klöstern der Diözese. Es wurde um 997 von Bischof Gebhard I. gegründet, der wohl einen Ersatz für das unter seinem Vorgänger Wolfgang selbständig gewordene Kloster St. Emmeram im Sinn hatte. Bis zum Übergang an die Kartäuser stand das Kloster nämlich unter der unmittelbaren Aufsicht des Bischofs, der z. B. den weltlichen Vogt bestellte. Mehr als die Aufsicht war aber die wiederholte Förderung durch die Bischöfe von Bedeutung, denn nahezu in jedem Jahrhundert hatte das Kloster Prüll mit Schwierigkeiten zu kämpfen.

Gegen Ende des 11. Jahrhunderts verfiel es, offenbar im Gefolge der Auseinandersetzungen des Investiturstreits. Um 1200 erfolgten Übergriffe des Adels auf die Besitzungen, im 14. Jahrhundert wirkte sich die Rezession nach der Pestepidemie von 1349/50 nachteilig auf die Finanzlage aus und die kostspieligen spätgotischen Bauten, die in den ersten Jahrzehnten des 15. Jahrhunderts errichtet wurden, zerrütteten die Finanzen vollends.

Zweimal wurde die Klosterverwaltung deshalb unter Kuratel gestellt, doch besserte sich die Lage nicht. Schließlich mischte sich Herzog Albrecht IV. von Bayern ein, dem ein päpstliches Mandat ganz allgemein die Möglichkeit gab, auf die Reformation der Klöster zu achten. Da er sich gleichzeitig der Reichsstadt Regensburg bemächtigt hatte, konnte er, ohne den protestierenden Bischof zu beachten, in Prüll eingreifen. Die Benediktiner wurden vertrieben und Kartäuser aus Nürnberg geholt, die die erste und einzige Kartause Altbayerns bezogen. Mit dem Bischof kam es im Nachhinein zu einer Regelung, Leidtragender war aber die inzwischen wieder ans Reich zurückgekommene Reichsstadt Regensburg, die es hinnehmen mußte, daß der Herzog das innerhalb ihres Burgfriedens gelegene Dorf Kumpfmühl, das überwiegend im grundherrlichen Besitz von Prüll war, aus ihrem Herrschaftsgebiet herausbrach.

Die Kartäuser bauten die Klosteranlage nach ihrem Bedürfnis um. Bei der Barockisierung Anfang des 17. Jahrhunderts verschwanden die letzten Zeugnisse der Benediktiner in der Kirche, die kurz darauf erfolgenden Zerstörungen während der Belagerung Regensburgs 1634 taten ein übriges, die Erinnerung an fünf Jahrhunderte benediktinischen Mönchtums in Prüll zu löschen.

Als beschauliche Kartause existierte das Kloster bis zur Säkularisation 1803. Im 18. Jahrhundert waren die Kartäuser zum Teil wissenschaftlich tätig, auch erreichten sie die Erhebung vom Priorat zur Abtei. In der Säkularisation wurden Gemälde, Bücher, Archivalien und die spätgotischen bzw. barocken Glasfenster aus der Kirche abtransportiert. Nach einer Zwischennutzung durch Private wurden die Gebäude vom Staat gekauft und das noch heute bestehende Nervenkrankenhaus eingerichtet.
Am mittelalterlichen Kloster Prüll sind einige bemerkenswerte Züge festzustellen. Zum einen war Prüll Doppelkloster, d.h. es lebten hier Mönche und Nonnen. Diese im hohen Mittelalter häufig vorkommende Kombination hielt sich in Prüll noch bis zur Mitte des 15. Jahrhunderts, als die Teile anderer Doppelklöster längst getrennte Wege gingen oder ein Teil ausgestorben war. Begründet liegt dies wohl in dem dem Kloster angegliederten Spital, obwohl dieses in seiner Bedeutung seit dem 13. Jahrhundert hinter den anderen Spitälern der Stadt zurücktrat.
Das Kloster Prüll war eine bevorzugte Grabstätte der bischöflichen Ministerialität, die auch mehr als das Regensburger Bürgertum zu den Förderern des Klosters zählte. Auf ihre Stiftungen gehen die zahlreichen Altäre in der Kirche zurück, und ihre Schenkungen legten die Grundlage zum Besitzstand des Klosters. Die Masse der Besitzrechte lag im Gebiet zwischen Donau und kleiner Laaber, nur weniges, meist Weinberge, nördlich der Donau.
Bemerkenswert ist auch der Wechsel des Patrons. Die Gründung Bischof Gebhards I. war Bartholomäus geweiht, einem damals nördlich der Alpen noch sehr seltenen Patron. Erklärlich wird dies daraus, daß der Bischof als Kaplan des Kaisers Otto II. die Translation der Gebeine des Bartholomäus auf die Tiberinsel in Rom miterlebte. Deshalb wird auch vermutet, daß der erste Abt Bonifatius ein Italiener war. Bei der Wiederherstellung durch Bischof Hartwig I. um 1110 wurde aber dann der Patron St. Veit eingeführt, was eventuell auf eine Verbindung nach Norddeutschland, wo Corvey das Zentrum des Vitus-Kults war, hindeutet. Als weiterer Patron erscheint noch St. Georg, obwohl dieser in Prüll nur von untergeordneter Bedeutung sein kann, da er der Hauptpatron des benachbarten Klosters Prüfening ist.

Literatur: 950 Jahre Karthaus-Prüll in Regenburg, hg. v. P. G. Zirngibl, Regensburg 1947. – Hubert Kernl, Studien zur Innenausstattung der ehemaligen Klosterkirche von Karthaus-Prüll in Regensburg, in: BGBR 17 (1983), S. 269–320. – Ottokarl Tröger, Kloster Prüll: Die Benediktineräbte (997–1484) und ihre Siegel, in: Festschrift Max Piendl zum 70. Geburtstag (im Druck).

Ottokarl Tröger

58. Honorius de Imagine Mundi

Regensburg-Prüll (?), 1144
Pergament, 137 Bll., 14,7 × 10 cm
München, Bayerische Staatsbibliothek Clm 536, fol. 1r

Der Klosterpatron Vitus und Abt Wernher, Miniatur, braune Tinte und rote Deckfarbe auf Pergament.
Der links stehende St. Veit, durch Nimbus und Kreuzstab ausgezeichnet, umfaßt mit der Linken die rechte Hand des Abts, der beide Hände verehrend dem Heiligen entgegenstreckt. Während Vitus eine mehrteilige Garderobe trägt, ist Abt Wernher nur in eine Kutte gehüllt, die von den Ärmellöchern bis zum Saum herab durch eine Art Borte verziert ist. Die Kapuze sitzt ihm weit hinten auf dem Haupt und gibt die Tonsur frei. Die stark abgeriebene Beischrift über beiden Figuren stellt den Besitzvermerk Prülls dar und schreibt die auf ca. 1144 zu datierende Herstellung der Handschrift dem Wirken Abt Wernhers zu, was bei dessen Tätigkeit als Bibliothekar des Reformklosters Admont in der Steiermark durchaus wahrscheinlich ist.
Die sogenannte Hirsauer Reform des benediktinischen Ordenslebens war um 1100 an dem darniederliegenden Prüll zunächst vorübergegangen und hatte im Raum Regensburg zuerst in den Neugründungen Prüfening und Mallersdorf Fuß gefaßt. Auch das berühmte geistige Zentrum St. Emmeram stand zunächst abseits, ehe es durch einen zum Abt gewählten Admonter Mönch namens Berthold ebenfalls zur Reformbewegung hingeführt wurde.
Die Darstellung des Patrons und des Abts von Prüll auf dem ersten Blatt der Handschrift ist durch verschiedene Umstände in ihrer Qualität beeinträchtigt. Das Pergament des Codex weist durchgehend größere Löcher und Vernähungen auf, so auch dieses Blatt. Zusätzlich zu dieser Störung ist zwischen die beiden Figuren ein Pergamentstück mit den Buchstaben H S D aufgeklebt, auch war die Seite einst als Spiegel auf den Vorderdeckel aufgeklebt, wovon der durch das Leder des Deckelbezugs braungefärbte umlaufende Rand zeugt. Verschiedene Notizen und Federproben stören das Bild weiter.

Literatur: Eugen Stollreither, Bildnisse des IX. bis XVIII. Jahrhunderts aus Handschriften der Bayerischen Staatsbibliothek, 1. Teil, München 1928, S. 15 und Tafel 11.

Ottokarl Tröger

59. Herzog Albrecht IV.

Linkes Seitenteil eines Chorfensters der Klosterkirche Prüll, um 1510
H 81 cm, B 54 cm

München, Bayerisches Nationalmuseum, Inv. Nr. G 1020

Vor einem spätgotischen Betstuhl kniet auf einem roten Teppich Herzog Albrecht in violettem, pelzverbrämtem Mantel, um den Hals eine gewundene goldene Kette. Hinter ihm steht in grünem Rock und rotem Mantel ein Heiliger, der in der rechten Hand einen Kelch hält und die Linke schützend auf des Herzogs Schulter legt. Der Blick beider ist auf die nicht ausgestellte Kreuzigungsgruppe des Fenstermittelteils gerichtet. Zu Füßen des Heiligen liegt ein Löwe.

Zwei Säulen tragen die Architektur der nicht ausgestellten Keilbogenbekrönungen des Seitenteils, ein Säulenstumpf steht auf der den Raum abschließenden Mauer neben einem Buch.

Auf dem Pendant hierzu ist Herzog Wilhelm IV. zusammen mit dem heiligen Bartholomäus dargestellt, weshalb man bei dem Heiligen hier eher an Vitus als an Johannes Evangelist denken sollte. Jedoch befindet sich eine Darstellung des Hauptpatrons der Kirche über der Kreuzigungsgruppe und ist durch die Beischrift *Sancte Vite, ora pro nobis* eindeutig gekennzeichnet.

Die Herkunft dieser Glasbilder ist umstritten. Während Aretin, Schinnerer und zuletzt Fritzsche sie einer Regensburger Werkstatt zuwiesen, wird von anderen eine Münchner Werkstatt favorisiert. Wichtigste Stütze der letzteren Auffassung sind die in der Komposition und Technik nahezu identischen Glasmalereien in der Pfarrkirche zu Bad Tölz, die leider nur als Fragmente in sekundärer Anordnung erhalten sind. Weitere wohl identische Glasmalereien befinden sich in der Wallfahrtskirche zu Aufkirchen, LKr. Starnberg. Eine vierte Fassung der Stifterbilder fiel Ende des 17. Jahrhunderts der Barockisierung der Klosterkirche in Ebersberg zum Opfer.

Literatur: C. M. von Aretin, Alterthümer und Kunst-Denkmale des bayerischen Herrscher-Hauses, Lieferung 9, München 1871. – J. Schinnerer, Glasgemäldekatalog des Bayerischen Nationalmuseums in München, München 1908, Nr. 135–142, Tafel 31 und 32. – F. Zettler, Die Beziehungen des Hauses Wittelsbach zur Glasmalkunst, in: Altbayerische Monatsschrift 10 (1911), S. 50–57, bes. S. 53. – Hugo Schnell, Bad Tölz (Schnells kleine Kunstführer 103/104), München 1935. – Corpus vitrearum medii aevi, Deutschland Bd. XIII, 1, bearb. v. G. Fritzsche, Berlin 1987, S. LXXI, Anm. 83.

Ottokarl Tröger

60. Beati Hieronimi expositio in XII Prophetas

Regensburg, St. Emmeram (?), um 1040–1060
Pergament, 299 Bll., ca. 29 × 17,5 cm

Rom, Bibliotheca Apostolica Vaticana, Pal. lat. 173

Der Kirchenlehrer Hieronymus und Abt Regimpert (II. ?), fol. 45r, Miniatur mit brauner Tinte.

Gegenüber der das Blatt beherrschenden Figur des schreibenden Hieronymus erscheint die Halbfigur des *Abbas Regimpertus* geradezu winzig, doch ist dieses Größenverhältnis absichtlich gewählt, um das Devotionsverhältnis zwischen dem mutmaßlichen Auftraggeber der Handschrift und deren Verfasser zu kennzeichnen. Trotz ihrer geringen Größe ist die Halbfigur des Abts in den Details von Gesicht und Haar fein ausgebildet. Stab und Buch kennzeichnen neben der Umschrift den Rang des Dargestellten. Hieronymus selbst sitzt unter einer Bogenarchitektur auf einer Bank und weist dem Betrachter das Buch, in das er gerade schreibt. Vom Bogen herabhängend ist zu seiner Rechten ein Vorhang drapiert.

Die Handschrift ist bisher weder in textlicher Hinsicht noch wegen ihrer insgesamt fünf Miniaturseiten (Medaillon mit dem *auctor* Gumbold, Daniel in der Löwengrube, Hieronymus und Regimpert, die 12 kleinen Propheten (auf 2 Seiten)) eigens gewürdigt worden. Den Schreiber Gumbold mit dem Autor zweier 1011 und 1014 entstandenen Handschriften des Hildesheimer Domschatzes gleichzusetzen, wie es Bauerreiss getan hat, geht fehl. Die Miniaturen der vorliegenden Handschrift gehören stilistisch nicht an den Anfang, sondern in die zweite Hälfte des 11. Jahrhunderts.

Nun war das ausgehende 11. Jahrhundert eine Krisenzeit für das Kloster Prüll und zu einem dem Verfall entgegengehenden Kloster paßt die Qualität der Handschrift nicht. Das großformatige Pergament ist außergewöhnlich fein, fast durchscheinend, wie man an der ausgestellten Miniatur leicht erkennt, wo die auf der Rückseite befindliche Darstellung von 6 der 12 kleinen Propheten teilweise durchschlägt. Weiterhin wurde jüngst darauf hingewiesen, daß es in Prüll einen Abt Regimpert II. zwischen 1060 und 1090 nicht gegeben hat, da der urkundliche Nachweis für ihn mit hoher Wahrscheinlichkeit eine Fälschung ist (Tröger).

Einen Hinweis gibt vielleicht der Besitzvermerk der Handschrift: *Iste liber pertinet ad sanctum Vitum Pro*v*le.* Er stammt nicht aus der Entstehungszeit der Handschrift, sondern erst aus dem 13. Jahrhundert. Schon die Erwähnung des im 12. Jahrhundert eingeführten zweiten Klosterpatrons Vitus schließt eine ursprüngliche Besitzkennzeichnung aus. Die Handschrift ist daher vielleicht zuerst nicht für Prüll bestimmt gewesen, sondern für ein anderes Kloster, und erst durch Schenkung im 12. oder 13. Jahrhundert nach Prüll gelangt.

Naheliegend wäre hier, auch was Qualität und Ausstattung der Handschrift betrifft, an St. Emmeram in Regensburg als Entstehungsort zu denken, wo 1048–1060 Abt Reginward Klostervorstand war. Dort könnte sie aber dann genausogut noch um 1045 für den 1046 verstorbenen Prüller Abt Regimpert I. angefertigt worden sein, während dessen letztem Regierungsjahr ja auch in St. Emmeram der Nekrolog für Prüll verfertigt wurde (MGH Necr. NS III). Dieser Ansatz würde die Handschrift wieder als Auftragswerk für einen Prüller Abt sichern, stellt aber stilistisch eine ausgesprochene Frühdatierung dar. Bei einer stilistischen Datierung ans Jahrhundertende stellt sich dagegen die Frage nach dem ursprünglichen Empfänger und der Person des dargestellten *Abbas Regimpertus*, der dann nicht mehr in Prüll zu suchen ist.

Literatur: Mittelalterliche Bibliothekskataloge Deutschlands und der Schweiz, Band 4/1, bearb. v. Ch. E. Ineinchen-Eder, München 1987, S. 393–394. – R. Bauerreiss, Kirchengeschichte Bayerns 2, St. Ottilien 1950, S. 29, 84–85, Abb. auf Umschlag und bei S. 80; Necrolog St. Emmeram (MGH Libri memoriales, NS III), Hannover 1986, S. 35. – MGH Poetae latinae 5, Hannover 1937, S. 456. – Codices Palatini latini Bibliothecae Vaticanae I, Rom 1886, S. 30.

Ottokarl Tröger

Bischofshöfe in Regensburg:
1 Hof des Bischofs von Regensburg; 2 Bamberger Hof; 3 Freisinger Hof; 4 Passauer Hof (Lage unsicher); 5 Augsburger Hof; 6 Eichstätter Hof; 7 Brixener Hof; 8 Salzburger Hof; (nach Gauer *VHVO 121 (1981))* ▷

DIE BISCHÖFE UND DIE HAUPTSTADT

Residenzen der bayerischen Bischöfe in Regensburg

Ein „Reich ohne Hauptstadt" wird das deutsche Reich des Mittelalters immer wieder und sicherlich auch zu Recht genannt. Die Könige übten ihre Regierungstätigkeit nicht von einer festen Residenz her aus, sondern auf die Weise, daß sie von Pfalz zu Pfalz oder von Bischofsstadt zu Bischofsstadt reisten. Man spricht daher zutreffend von einem Reisekönigtum. Dennoch ist dabei nicht zu übersehen, daß es in Ausnahmefällen auch im Mittelalter Ansätze zur Ausbildung von „Vororten" gegeben hat, die Hauptstadtfunktionen im Sinne von in signifikanter Weise bevorzugten Residenzorten, von ideellen Mittelpunkten oder von herausragenden Versammlungsorten übernahmen.

Regensburg gehörte zu diesen Ausnahmefällen und nahm unter ihnen zu verschiedenen Zeiten in gewisser Weise sogar eine Sonderstellung ein.

Bei Regensburg stellt sich die Frage nach einer möglichen Hauptstadtfunktion in zweifacher Weise: gegenüber dem bayerischen Herzogtum und gegenüber dem Reich. Der Rang Regenburgs als Hauptstadt des mittelalterlichen Bayern ist unbestritten und durch Belege von der Agilolfingerzeit bis ins 12. Jahr-

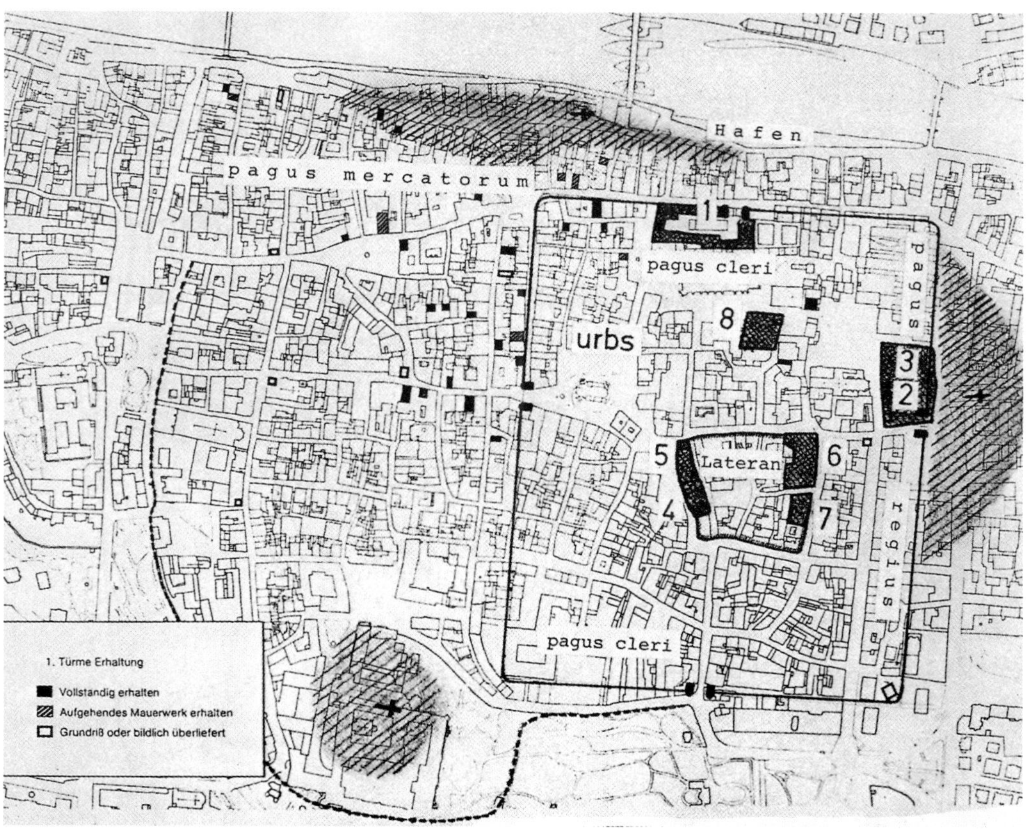

hundert bezeugt. Regensburg war die Hauptpfalz der Agilolfingerherzöge. Bischof Arbeo von Freising (764–783) nannte in seiner Lebensbeschreibung des hl. Emmeram Regensburg „metropolim huius gentis". Am 14. Januar 932 trat „apud Radesponam metropolim Norici regni civitatem" eine Synode der bayerischen Bischöfe zusammen. Bischof Thietmar von Merseburg (975–1018) bezeichnete die Stadt als „Bawarii caput regni", und Bischof Otto von Freising (1138–1158) sprach Regensburg wiederholt als „Norici ducatus metropolim", „Baioariae metropolim" und „metropolim ac sedem ducatus" an. Für eine Vielzahl mittelalterlicher Annalisten und Chronisten war Regensburg die „urbs Baioariae" schlechthin.

Größere Probleme bereitet dagegen die Frage, ob Regensburg zu irgendeinem Zeitpunkt Funktionen und Eigenschaften einer Hauptstadt des karolingischen bzw. deutschen Reiches zugesprochen werden können. Unter Ludwig dem Deutschen (826–876) wurde Regensburg von der königlichen Kanzlei regelmäßig und in fast programmatischer Weise als „civitas regia" oder „urbs regia" bezeichnet. Diese außergewöhnliche Benennung begegnet sonst nur noch mit ziemlicher Regelmäßigkeit bei Pavia, der Hauptstadt des Langobardenreiches und des karolingischen „regnum Italiae". Daraus wird ersichtlich, daß unter der Bezeichnung „civitas regia" nicht nur eine königliche Residenzstadt verstanden, sondern damit in erster Linie ein Zentrum eines Stammesreiches und eines karolingischen Teilregnums bezeichnet wurde. Auf Regensburg übertragen bedeutet das, daß in diesem Titel die Tradition der bayerischen Stammeshauptstadt weiterlebte, mit ihm zugleich Regensburg als Zentrum des karolingischen „regnum Bawariae" angesprochen wurde und darüber hinaus die Beziehung zum ostfränkischen Reich Ludwigs des Deutschen hergestellt wurde. Dieser Zusammenhang wird auch durch das Itinerar untermauert, das Regensburg zusammen mit Frankfurt als die beiden überragenden Zentren der Königsmacht Ludwigs des Deutschen ausweist. Diesen durch Ludwig den Deutschen begründeten Status eines bevorzugten Residenz- und Aufenthaltsortes der Könige und Kaiser konnte Regensburg wie keine zweite Stadt in Deutschland, wenn auch mit wechselnder Intensität, bis in die ausgehende Stauferzeit beibehalten.

Auf Ludwig den Deutschen dürfte auch der Versuch zurückgehen, in Regensburg durch die Übertragung der Lateran- bzw. Roma secunda-Idee auf die Pfalz am Alten Kornmarkt einen ideellen Mittelpunkt des ostfränkischen Königshauses zu schaffen. Regensburg und die Regensburger Königspfalz sollten als Kaiserstadt und Kaiserresidenz der Idee nach an die Tradition Roms und des Lateran anknüpfen und damit Rom im neuen Reich repräsentieren. Diese Bemühungen, Regensburg zu einem geistigen Zentrum des karolingischen Königtums zu formen, führte Kaiser Arnulf von Kärnten (887–899) verstärkt fort. Unter ihm nahmen sie auch eine dinglich faßbare Gestalt an. Arnulf erwählte den hl. Emmeram zum Heiligen seines Hauses, verlegte seine Pfalz zum Kloster dieses Heiligen, plante, in der Emmeramskirche die Grablege der Könige zu begründen, und bewahrte ganz offenkundig in St. Emmeram die Reichsheiligtümer auf. Während seiner Herrschaft war Regensburg somit auf dem Weg, zusätzlich zum bevorzugten Residenzort zum ideellen Mittelpunkt des ostfränkischen Reiches aufzusteigen, weit vorangekommen. Das damals grundgelegte Bewußtsein, von einer besonderen ideellen Bedeutung für das Königtum zu sein, lebte insbesondere in St. Emmeram bis ins 11./12. Jahrhundert hinein fort und prägte in grundlegender Weise das Selbstverständnis des Klosters. In diesem Sinne berichtete zu Beginn des 11. Jahrhunderts Arnold von St. Emmeram, der erste nichtkarolingische König Konrad I. (911–918) sei im Jahr 916 nach St. Emmeram gekommen, um sich gleichsam an den Gräbern seiner Vorgänger Arnulf und Ludwig IV. (900–911) die geistige Legitimation seines Königtums zu holen. Der Aufstieg, den Regensburg unter den Königen im 9. Jahrhundert nahm, wird auch dadurch unterstrichen, daß Regensburg unter Ludwig dem Deutschen lange Zeit und unter Arnulf von Kärnten fast ständig Sitz der königlichen Hofkapelle war, die „den engeren Verwaltungsstab des Königs bildete".

Ludwig der Deutsche begründete anknüpfend an erste Ansätze unter Karl dem Großen die Funktion Regensburgs als eines der wichtigsten Versammlungsorte der Großen im mittelalterlichen Reich. Im Laufe der Zeit nahm in Regensburg der Charakter einer Versammlungsstätte in einzigartiger Weise konkrete Gestalt an. Sichtbarer Ausdruck waren die Höfe, die weltliche Große, zahlreiche Bischöfe und eine Reihe von Klöstern in der Stadt unterhielten. Vereinzelt lassen sich diese Höfe seit der Mitte des 10. Jahrhunderts nachweisen. Von einem förmlichen Programm zur Schaffung solcher Höfe kann man in den ersten Regierungsjahren Kaiser Heinrichs II. zu Beginn des 11. Jahrhunderts sprechen. Es war offenkundig das Ziel Heinrichs II., die Bischöfe des bayerischen Herzogtums und der unmittelbar benachbarten Reichsteile sowie große Reichsklöster mit Hofstätten in Regensburg auszustatten. Aufgabe dieser Höfe sollte es sein, ihren Besitzern als ständige Unterkunft bei den Besuchen der kaiserlichen Hoftage in Regensburg zu dienen. Deshalb waren sie auch in augenfälliger Weise um die Königspfalz am Alten Kornmarkt gruppiert. Diese Höfe, die als Dauereinrichtungen konzipiert waren, sind als ein objektives Kriterium zu werten, das eine mittelalterliche Hauptstadt unverkennbar und unverwechselbar von allen anderen königlichen Residenzen unterschied. Vergleichbare Entwicklungen lassen sich in Europa sonst nur noch für Aachen im 9. Jahrhundert, Pavia im 9. und 10. Jahrhundert, Paris seit dem späten 12. Jahrhundert und London im 13./14. Jahrhundert feststellen. Diese Höfe stellten ein derartig bestimmendes Element im Erscheinungsbild der Stadt im Umkreis der Königspfalz am Alten Kornmarkt dar, daß der Verfasser der berühmten, aus der 2. Hälfte des 11. Jahrhunderts stammenden Stadtbeschreibung nicht darauf verzichten wollte, eigens darauf hinzuweisen: „pontificum tam provincialium quam exterorum magnificae aedes curtim regiam ambiunt". Solche Herbergshöfe besaßen der Erzbischof von Salzburg und die Bischöfe von Augsburg, Brixen, Bamberg, Eichstätt, Freising und Passau. Es ist damit zu rechnen, daß neben diesen geistlichen Herren auch mehrere weltliche Fürsten Eigentümer solcher Höfe in Regensburg waren, auch wenn sich nur wenige namhaft machen lassen. Nachzuweisen sind im 10. Jahrhundert: Graf Eberhard von Sempt-Ebersberg, Graf Perhtold, der vermutlich Graf im Nordgau war, und ein Graf Adalbero, der entweder dem Hause der Grafen von Ebersberg angehörte oder mit dem gleichnamigen Markgrafen und Herzog von Kärnten identisch war. Abgerundet wurde die Reihe der Höfe durch eine stattliche Anzahl von Niederlassungen bayerischer Klöster. Auch wenn diese Klosterhöfe sicherlich nicht in jedem Fall dieselbe Funktion wie die Bischofs- und Fürstenhöfe hatten, so machen sie doch deutlich, wie groß allgemein der Wunsch war, in Regensburg begütert zu sein und in der Nähe des Königs präsent sein zu können. Zu den ältesten Höfen dieser Art zählen die von Metten (893), Ebersberg (934), Niederalteich (1002), Tegernsee (1002) und Seeon (unter Heinrich II.). Hinzu kamen in späterer Zeit die Niederlassungen von Berchtesgaden, Frauenchiemsee, Kastl, Oberalteich, Pielenhofen, Prüfening, Prüll, Rebdorf, Rohr, St. Walburga in Eichstätt, Walderbach und Weihenstephan sowie wahrscheinlich von Rott, Scheyern und Wessobrunn.

Die Aufzählung dieser Höfe offenbart in eindrucksvoller Weise den Charakter Regensburgs als Hauptstadt des Herzogtums Bayern – alle dem Herzog hoffahrtpflichtigen Bischöfe hatten ständige Unterkünfte in der Stadt – wie auch seinen Rang, der Vorort des Reiches im südostdeutschen Raum zu sein. Die Höfe der Bischöfe von Augsburg und Bamberg, die nicht dem bayerischen Herzogtum angehörten, unterstreichen das ebenso wie auch der zeitweise Brauch, daß böhmische Angelegenheiten allein in Regensburg vor dem König geregelt wurden, und das Vorrecht des Herzogs von Österreich, zu den Hoftagen des Königs nirgends im Reich außer in Regensburg erscheinen zu müssen.

Literatur: C. Brühl, Zum Hauptstadtproblem im frühen Mittelalter, in: Festschrift für H. Keller, Darmstadt 1963, S. 45–70. – K. Fehn, Die zentralörtlichen Funktionen früher Zentren in Altbayern. Raumbindende Umlandbeziehungen im bayerisch-österreichischen Altsiedelland von der Spätlatènezeit bis zum Ende des Hochmittelalters, Wiesbaden 1970. – A. Kraus, Civitas Regia. Das Bild Regensburgs in der deutschen Geschichtsschreibung des Mittelalters, Kallmünz 1972 (Regensburger Historische Forschungen, Bd. 3). – A. Kraus, Die Translatio S. Dionysii Areopagitae von St. Emmeram in Regensburg (Bayerische Akademie der Wissenschaften, Phil.-Hist. Klasse, Sitzungsberichte 1972, H. 4). – H. Raisch, Die Bedeutung der karolingischen Königspfalzen in Regensburg für das Königtum, in: Passauer Jahrbuch 9 (1967) S. 151–173. – K. Reindel, Regensburg als Hauptstadt im frühen und hohen Mittelalter, in: Zwei Jahrtausende Regensburg, Regensburg 1979, S. 37–54 (Schriftenreihe der Universität Regensburg, Bd. 1). – P. Schmid, Regensburg. Stadt der Könige und Herzöge im Mittelalter, Kallmünz 1977 (Regensburger Historische Forschungen, Bd. 6). – A. Schulte, Pavia und Regensburg, in: Historisches Jahrbuch 52 (1932) S. 465–476. – A. Schulte, Regensburg und seine Eigenart in der deutschen Geschichte, in: Volkstum und Kulturpolitik. Festschrift G. Schreiber, Köln 1932, S. 202–207. – R. Strobel, Der Brixener Hof und die mittelalterlichen Bischofssitze in Regensburg, in: Jahrbuch der bayerischen Denkmalpflege 28 (1973) S. 30–82. – A. Wendehorst und J. Schneider (Hgb.), Hauptstädte: Entstehung, Struktur und Funktion, Neustadt / Aisch 1979 (Schriften des Zentralinstituts für fränkische Landesforschung und allgemeine Regionalforschung an der Universität Erlangen-Nürnberg, Bd. 18). – F. Zaisberger, Der Salzburger Hof in Regensburg, in: Mitteilungen der Gesellschaft für Salzburger Landeskunde 122 (1982) S. 125–240.

Peter Schmid

DER SALZBURGER HOF

Als größter unter den Höfen bayerischer Bischöfe in Regensburg lag der Salzburger Hof (auch Hof des hl. Rupert genannt) unmittelbar westlich des Pfalzbereiches und südlich der Domkirche St. Peter. Schon 976 ist die Schenkung dieser Hofstelle an den Salzburger Erzbischof Friedrich durch Kaiser Otto II. urkundlich erwähnt. Im Jahre 998 wird die „Cortis sancti Rodperti" in einem Diplom Ottos III. wiederum erwähnt. 1062 erfolgt die Bestätigung der Schenkung durch Kaiser Heinrich IV.
Die ehemalige vierflügelige Anlage um einen rechteckigen Innenhof wurde 1893 im Süd-, Ost- und Westflügel, im Winter 1894/95 im Nordflügel zugunsten der heutigen Oberpostdirektion Domplatz 3 abgebrochen. Die bis dahin bestehende Anlage muß nach den erhaltenen Triforien und den übrigen Fragmenten der Bauskulptur im Museum der Stadt Regensburg in die 70er und 80er Jahre des 12. Jahrhunderts datiert werden. Demnach müßte der uns heute nur noch durch Pläne, Altfotos und Zeichnungen überlieferte Bau während der Regierungszeit des Salzburger Erzbischofs Konrad III. (1177–1183) entstanden sein. Diese stilistische Einordnung deckt sich insofern mit den weiteren historischen Hinweisen, als für Konrad III. ein Engagement als Bauherr sowohl in Salzburg und Mainz nachgewiesen und angesichts der 1180 und 1182 abgehaltenen Regensburger Reichstage des verbündeten Kaisers Friedrich Barbarossa auch für die Regensburger Pfalz des Salzburger Bischofs naheliegend ist. Wiederverwendete Baudetails des frühen 12. Jahrhunderts im Südbereich des Salzburger Hofes deuten auf ältere Bauteile bzw. Vorgängerbauten hin. Der erste Bau muß nach den historischen Quellen allerdings im 10. Jahrhundert entstanden sein.

Salzburger Hof, Luftaufnahme von Westen (1893)

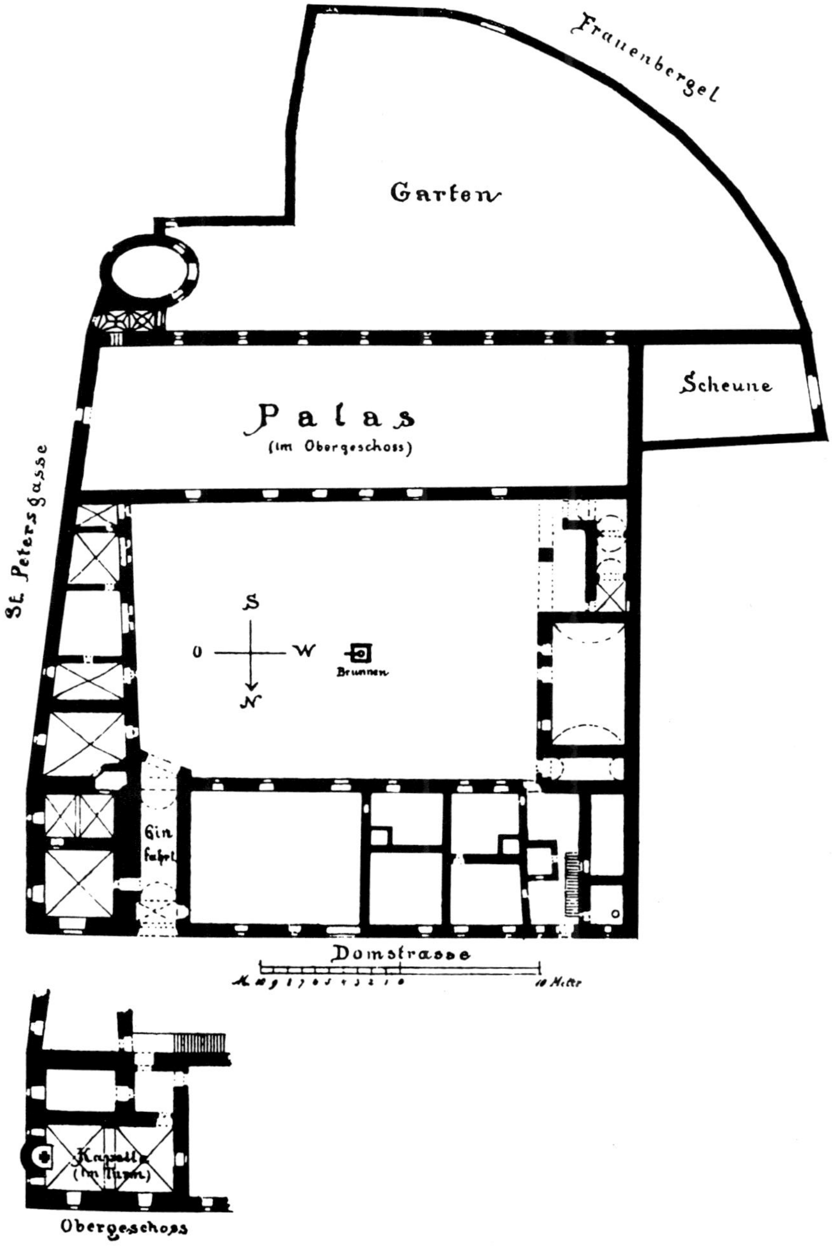
Frauenbergel
Garten
Scheune
Palas
(im Obergeschoss)
St. Petersgasse
S
O
W
N
Brunnen
Domstrasse
Obergeschoss

Die im 12. Jahrhundert sich herausbildende Anlage des Salzburger Hofes zeigte ein annähernd regelmäßiges Geviert mit einem großen, zuletzt viergeschossigen Wohntrakt im Norden, der östlich durch einen mächtigen Eckturm beschlossen wurde. Im Obergeschoß des Eckturmes befand sich die Kapelle des hl. Rupert.
Östlich und westlich des Innenhofes stellten jeweils dreigeschossige Flügelbauten die Verbindung zum rückwärtigen, den Innenhof südlich abschließenden Palas her. Im ersten Obergeschoß dieses Traktes befand sich der große Saal. Der bis zum Frauenbergl reichende Garten südlich des Salzburger Hofes gehörte ursprünglich zum Domherrenhof St. Kilian und gelangte erst 1807 zum Anwesen des Salzburger Hofes. Schon ursprünglich zugehörig war aber ein südwestlich anschließender Stadel (Lit. G 63).
1277 verleiht der Salzburger Erzbischof Friedrich II. den Hof den Kindern des Friedrich Daum mit der Auflage, daß diese innerhalb von 3 Jahren Umbauten vorzunehmen hätten. Um 1340 wird die Kapelle mit dem Rupert-Patrozinium („Chappel") erwähnt. Später gelangt der Salzburger Hof in den Besitz verschiedener Regensburger Familien, deren langfristige Nutzungsperioden von kurzen Zeiten der Anwesenheit des jeweiligen Salzburger Erzbischofs – etwa 1531 und 1576 – überlagert werden.
Mit der Säkularisation verliert das Anwesen seine salzburgische Immunität. 1893 werden schließlich Ost-, Süd- und Westflügel abgebrochen, im Winter 1894/95 auch der Nordflügel. Der Verein „Domfreiheit" und die Stadt hatten das Grundstück und die westlich anschließenden Gebäude erworben, um einen Platz vor der Domsüdfassade zu schaffen und schließlich dort das Gebäude der Dompost zu errichten.

Die bauliche Gestalt des Salzburger Hofes

Für eine auch nur kursorische Beschreibung des Salzburger Hofes sind die Zeichnungen von C. Th. Pohlig und J. Graf im Städtischen Museum heranzuziehen. Das Äußere des Salzburger Hofes kann am

Salzburger Hof, Ostfassade, J. GRAF *(1840)*

Salzburger Hof, Südfassade, J. GRAF *(1840)*

ehesten nach den um 1840 entstandenen Zeichnungen von J. Graf beurteilt werden. Den Zeichnungen Grafs ist deshalb der Vorzug zu geben, weil sie zwar so manche Details vernachlässigen mögen, gegenüber den Darstellungen Pohligs sich aber jeglicher rekonstruktiver Zutaten enthalten. So enthält etwa die in Pohligs Skizze Z 3 dargestellte Nordfassade des Salzburger Hofes eine Reihe nicht belegbarer Vermutungen. Als gesichert kann lediglich gelten, daß der ursprüngliche Eingang zum Innenhof sich im Ostteil der Fassade, unmittelbar neben dem Turmbereich befand. Hier legt die gut überlieferte Tonnenwölbung der Einfahrt ein beredtes Zeugnis ab.

Die Ostfassade läßt in der von J. Graf 1840 erstellten Zeichnung deutlich erkennen, daß der Ostflügel nachträglich als Verbindungsglied eingefügt war. Nach dem Triforium im 2. Obergeschoß gehört der Ostflügel dem dritten Viertel des 12. Jahrhunderts an. Daher ist der Schluß zwingend, daß die anschließenden Bauten des Nord- und Südflügels älter sind. Das Aussehen des Turmes in der Nordostecke der Anlage ist gänzlich unbekannt.

Die Südfassade des Salzburger Hofes ist auch durch ein Foto von 1892 gut überliefert. Sechs rundbogige Fenster wurden in der Reihung an den Ecken von je einem Oculus bzw. einem Vierpaßfenster beschlossen. Zugesetzte Fenster im Westteil lassen auf spätere Geschoßveränderungen schließen, doch kann man unter Berücksichtigung der von Graf überlieferten höheren Ostfassade auf eine ursprünglich dreigeschossige Anlage schließen.

Für die Westfassade sind durch ein vom Dom aus aufgenommenes Foto von 1893 die Fenster im 2. Obergeschoß überliefert. Die spitzbogige Doppelarkade befindet sich jetzt im Museum der Stadt Regensburg.

Die Hoffassaden zeigten sich vor dem Abbruch des Salzburger Hofes im wesentlichen zeitgenössisch überformt. Für die Hoffassade des Nordflügels überliefert Pohlig zwei figürliche Kämpfer mit Löwenkopf und einer liegenden Figur, die beide im Bereich der tonnengewölbten Einfahrt aufgefunden wurden. Sie sind in den Skizzen Z 13 und Z 15 überliefert. Der ebenfalls zugehörige Löwenkopf befindet sich heute im Museum (B 5). Neben dieser östlichen Einfahrt ist noch eine jüngere für den Mittelbereich des Nordflügels überliefert.

Salzburger Hof, Südfassade (1892)

Oben: Salzburger Hof, Hoffassade des Nordflügels (1892) ▷

Unten: ehem. Salzburger Hof, Wappen des Erzbischofs Leonhard von Keutschach (Kat. Nr. 61, B 9)

In der östlichen Hoffassade glaubte Pohlig zugemauerte Arkaden zu entdecken. An der Fassade des Südtraktes befand sich vor dem Abbruch ein Wappen mit der geborgenen Inschrifttafel. Das Wappen deutet auf den Erzbischof Leonhard von Keutschach (1495–1519) hin.

In der Beurteilung der Innenarchitektur ist man im wesentlichen auf die Beobachtungen Pohligs angewiesen. Von besonderem Interesse ist dabei der nordöstliche Eckbereich der Anlage, wo anhand der Mauerstärken mit Sicherheit auf einen ehemaligen Turm geschlossen werden kann. Für das 1. Obergeschoß des Turmes ist durch Pohlig die Hauskapelle St. Rupert nachgewiesen. Nach ihrem Grundriß dürfte die Kapelle ins 12. Jahrhundert zu datieren sein. Die kleine Apsis an der Ostseite, die kreuzgratgewölbten Joche und die kleinen Fenster scheinen dies zusätzlich zu bestätigen. Das Verhältnis von Turm zu Kapelle wird damit vergleichbar mit jenen Tortürmen der Zeit, in denen sich Kapellen befanden und wie es beispielhaft für Donaustauf bei Regensburg in der Mitte des 11. Jahrhunderts nachgewiesen ist. Für die Obergeschosse des Nordtraktes muß nach den Grundrissen von 1875 auf einen großen Saal geschlossen werden. Dem entspricht auch der von Pohlig überlieferte Fassadenbefund beim Abbruch, der in Gestalt der Fensterarkaden unwiderlegbar auf eine Saalarchitektur hinwies.

Ein weiterer großer Saal ist für das Obergeschoß des Südflügels gesichert anzunehmen, weil auch hier der Grundriß des späten 19. Jahrhunderts nur jüngere Zwischenmauern dokumentiert. Auch das Ne-

beneinander von zwei großen Sälen in einem Bischofshof kann kaum einen Zweifel aufkommen lassen, daß es sich auch hier im Südflügel um einen Versammlungsraum und nicht um einen Kirchenraum handeln muß.

Die Bauperioden des Salzburger Hofes

Die Vier-Flügel-Anlage läßt sich als stilistisch weitgehend einheitlicher Bestand in das spätere 12. Jahrhundert datieren. Die im Museum der Stadt Regensburg verwahrten Fragmente geben hierfür die entscheidenden Anhaltspunkte. Feststellbar sind die Bauperioden der beiden nördlichen und südlichen Hauptflügel und des etwas jüngeren östlichen Verbindungsflügels.
Für den Nordflügel sind die Triforien mit Würfelkapitellen bzw. den Rollenkämpferkapitellen nachgewiesen. Abweichend von der heutigen Aufstellung im Museum (Paulsdorferkapelle und Museumshof) muß aber davon ausgegangen werden, daß innerhalb ein und desselben Triforiums kein Wechsel in der Kapitellform stattfand. Richtig rekonstruiert ist demnach nur das östliche Triforium in der Paulsdorferkapelle. Mit Strobel ist anzunehmen, daß sich in der Nordfassade die Würfelkapitelle, in der Hoffassade die Rollenkämpferkapitelle befanden. Die stilistische Gestalt derselben führt zu einer Datierung des Nordflügels in das dritte Viertel des 12. Jahrhunderts.

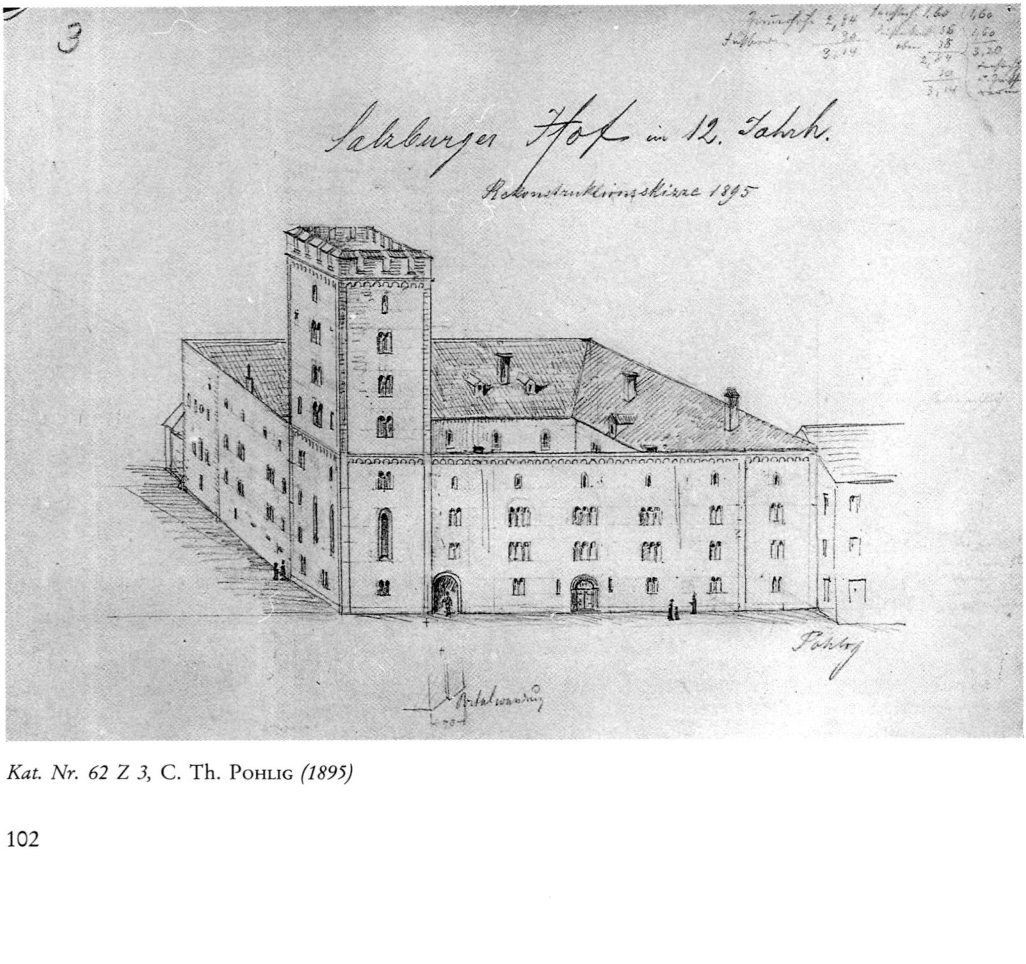

Kat. Nr. 62 Z 3, C. Th. Pohlig *(1895)*

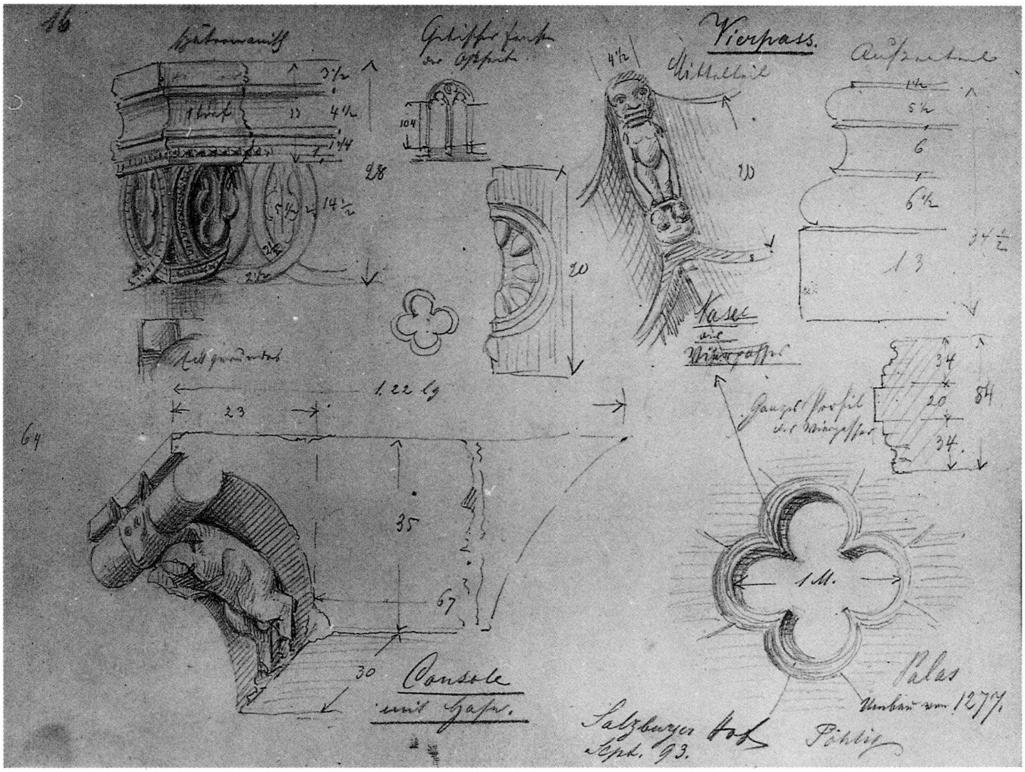

Kat. Nr. 63 Z 16, C. Th. Pohlig *(1893)*

Für den Ostflügel ist das Triforium aus dem 2. Obergeschoß ausreichend dokumentiert. Es wurde in den Museumshof als südliches Triforium eingebaut (B 6). Die charakteristischen Würfelkapitelle, Kapitelle mit Henkelschild, stammen aus dem 12. Jahrhundert (wohl 1170/80) und würden damit auf eine nur geringfügig spätere Entstehung des östlichen, zwischen Nord- und Südflügel eingefügten Verbindungsbaues hinweisen.

Das Vierpaßfenster in der Ostfassade des Südflügels (heute in die Westfassade des Herzogshofes eingemauert) fällt stilistisch schon in das dritte Viertel des 12. Jahrhunderts und bestätigt damit die gleichzeitige Entstehung von Nord- und Südflügel des Salzburger Hofes.

Die übrigen erhaltenen Bruchstücke und Baudetails vermögen keine konkreten Bauperioden des Salzburger Hofes festzulegen, da ihre Fundumstände ungeklärt sind. Doch verweisen die vermauerten bzw. wiederverwendeten Teile ebenfalls in das 12. und frühe 13. Jahrhundert, wie etwa die mit flachem Bänderdekor versehenen Polsterkapitelle aus dem Südflügel aufzeigen. Ebenfalls vorgefundene Fragmente aus dem frühen 12. Jahrhundert legen einen älteren Bau anstelle des Süd- oder Westflügels nahe. Über dessen Aussehen und schon gar über das Aussehen des ersten Baues aus dem 10. Jahrhundert können hier jedoch keine Aussagen getroffen werden.

Literatur: H.-E. Paulus, Baualtersplan zur Stadtsanierung Regensburgs V, München 1984, S. 114–120 (dort weitere Literaturangaben). – F. Zaisberger, Der Salzburger Hof in Regensburg, in: Mitteilungen der Gesellschaft für Salzburger Landeskunde 122 (1982), S. 125–240. – R. Strobel, Zur Baugeschichte des Salzburger Hofes in Regensburg, in: Mitteilungen der Gesellschaft für Salzburger Landeskunde 122 (1982), S. 241–252. – R. Strobel, Der Brixener Hof und die mittelalterlichen Bischofshöfe in Regensburg, in: Jahrbuch der Bayer. Denkmalpflege 1970/71 (1973), S. 30–82. – R. Strobel, Romanische Architektur in Regensburg – Kapitell, Säule, Raum, Nürnberg 1965, S. 174–177 u. 180. – C. Th. Pohlig, Eine verschwundene Bischofspfalz, in: Zeitschrift für bildende Kunst N.F. 7 (1896), S. 145–152 u. 179–182.

Helmut-Eberhard Paulus

61. Die Bauplastik des Salzburger Hofes in Regensburg

B 1 Triforium aus dem Salzburger Hof, Hoffassade des Nordflügels

3. Viertel 12. Jahrhundert
Maße: H 180 cm, B 303 cm, T 56 cm
rekonstruktive Aufstellung heute im Museum der Stadt Regensburg, Paulsdorferkapelle Ostarkade

Museen der Stadt Regensburg, HVE 311

Die Säulchen und Gewändeteile wurden beim Abbruch des Nordflügels aufgefunden. Von Strobel werden diese mit Würfelkapitellen ausgestatteten Säulchen der Hofseite zugeweisen. Die zeitliche Einordnung kann nach den stilistischen Merkmalen in das 3. Viertel des 12. Jahrhunderts erfolgen.

Pohlig hat die Form des Triforiums in Z 19, eines der Gewände in Z 15 zeichnerisch festgehalten.

Literatur: Pohlig, 1896, Fig. 5. – Strobel Katalog S. 421 u. Abb. 243. – Paulus Baualtersplan V, Abb. 220

B 2 Gewändestück eines Triforiums aus dem Salzburger Hof, Südfassade des Nordflügels

3. Viertel 12. Jahrhundert
Maße: H 130 cm, B 55 cm, T 26 cm
rekonstruktive Aufstellung heute im Museum der Stadt Regensburg, Paulsdorferkapelle Westarkade

Museen der Stadt Regensburg, HVE 311a

Das Gewändestück erscheint in der jetzigen Aufstellung im Zusammenhang mit Säulchen der Nordfassade. Es wurde jedoch im Bereich der Hoffassade des Nordflügels gefunden und muß daher mit Pohlig und Strobel dieser südlichen Gruppe zugewiesen werden. Die zeitliche Einordnung hat wie bei B 1 in das 3. Viertel des 12. Jahrhunderts zu erfolgen.
Pohlig hat ein derartiges Gewändestück auf den Skizzen Z 13 und Z 15 zeichnerisch erfaßt.

Literatur: Strobel Katalog S. 421

B 3 Säulchen eines Triforiums aus dem Salzburger Hof, Nordfassade des Nordflügels

3. Viertel 12. Jahrhundert
Maße: H 131 cm, B 28 cm, T 56 cm
rekonstruktive Aufstellung heute im Museum der Stadt Regensburg, Paulsdorferkapelle Westarkade

Museen der Stadt Regensburg, HVE 311a

Das Säulchen erscheint heute in Verbindung mit Gewändeteilen der Südfassade, ist aber mit Pohlig und Strobel der Nordfassade zuzuweisen. Ein Wechsel zwischen Würfelkapitellen und Kämpferkapitellen innerhalb ein- und desselben Triforiums ist nicht überliefert. Die zeitliche Einordnung in das 3. Viertel des 12. Jahrhunderts ist stilistisch begründet.
Pohlig hat ein Kämpferkapitell in Z 13, das vollständige Triforium in Z 19 dargestellt.

Literatur: Pohlig 1896 Fig. 6. – Strobel Katalog S. 421. – Paulus Baualtersplan V, Abb. 223

B 4 Gewändestück eines Triforiums aus dem Salzburger Hof, Nordflügel

Um 1170/80
Maße: H 115,5 cm, B 46 cm, T 31,5 cm

Museen der Stadt Regensburg, HVE 321

Das Gewändestück mit polygonaler Halbsäule wurde beim Abbruch des Salzburger Hofes im Nordflügel aufgefunden. Mit großer Wahrscheinlichkeit war es Teil eines hofseitigen Fensters des Nordflügels. Ähnliche Würfelkapitelle tauchten auch im Bereich des Ostflügels auf. Die zeitliche Einordnung hat um 1170/80 zu erfolgen. Pohlig hat das Gewändestück auf Z 13 abgebildet.

Literatur: Pohlig 1896, Fig. 23. – Strobel Katalog S. 413 u. Taf. 29. – Paulus Baualtersplan V, Abb. 221

B 5 Kragstein mit Löwenkopf aus dem Salzburger Hof, Toreinfahrt im Nordflügel

3. Viertel 12. Jahrhundert
Maße: H 32 cm, B 42,5 cm, T 25 cm

Museen der Stadt Regensburg, HVE 350

Der Kragstein mit dem Löwenkopf wurde im Bereich der tonnengewölbten Einfahrt des Nordflügels aufgefunden. Er dürfte als Auflager des Portalbogens gedient haben. Die Datierung in das 3. Viertel des 12. Jahrhunderts geht mit der übrigen Bauplastik des Nordflügels konform.
Pohlig hat die Löwenkonsole auf Z 13 erfaßt.

Literatur: Pohlig 1896, Fig. 8

B 6 Triforium aus dem Salzburger Hof, Ostfassade des Ostflügels

1170/80
Maße: H 136 cm, B 24 cm, T 46 cm
rekonstruktive Aufstellung heute im Museum der Stadt Regensburg, Museumshof, südliche Arkade.

Museen der Stadt Regensburg

Das Triforium befand sich nach einer verläßlichen Darstellung bei Graf und bei Pohlig Z 7 im 2. Obergeschoß der Ostfassade des Ostflügels. Charakteristisch sind die Würfelkapitelle mit dreifach gestuftem Schildring und sog. Henkeln an den Ecken. Das nördliche Kapitell enthält zusätzlich eine Ringpalmette im Schild. Die Datierung hat wiederum in die Zeit um 1170/80 zu erfolgen.
Pohlig hat das Triforium in Z 7 erfaßt.

Literatur: Pohlig 1896, Fig. 4 u. S. 4. – Strobel Katalog S. 424f. – Paulus Baualtersplan V, Abb. 225

B 7 Säule eines Fensters aus dem Salzburger Hof, Ostflügel

1170/80

Maße: H 124,5 cm, B 40,5 cm, T 22,5 cm

Museen der Stadt Regensburg, HVE 322

Das Säulchen wurde beim Abbruch des Salzburger Hofes im Ostflügel aufgefunden. Charakteristisch ist der Blattrankendekor auf der Breitseite und der Klauendekor auf der Schmalseite des Kämpferkapitells. Die Datierung um 1170/80 geht mit den übrigen Funden aus dem Ostflügel konform.
Eine Zeichnung Pohligs befindet sich auf Z 12.

Literatur: Pohlig 1896, Fig. 17. – Strobel Katalog S. 413 u. Abb. 241. – Paulus Baualtersplan V, Abb. 228

B 8 Säulenbasis aus dem Salzburger Hof, Ostflügel, Hofseite

2. Hälfte 12. Jahrhundert
Maße: H 15 cm, B 23 cm, T 23 cm

Museen der Stadt Regensburg, HVE 340

Die attische Säulenbasis stammt nach den Angaben Pohligs von der Innenseite des Ostflügels. Er hat sie auf Z 12 skizziert. Die zeitliche Einordnung muß nach stilistischen Kriterien in die 2. Hälfte des 12. Jahrhunderts erfolgen.

Literatur: Strobel Katalog S. 419 (dort unbekannter Herkunft).

B 9 Wappenrelief aus dem Salzburger Hof, Südflügel, Hoffassade

um 1500
Maße: H 61 cm, B 94,5 cm

Museen der Stadt Regensburg, HVE 1301

Das Wappenrelief aus der Zeit um 1500 zeigt die Wappen des Erzstiftes Salzburg und des Erzbischofs Leonhard von Keutschach (1595–1519), gehalten von zwei Engeln und bekrönt von der erzbischöflichen Mitra.
Pohlig hat das Wappen in Z 20 erfaßt .

Literatur: Zaisberger Abb. 39. – Paulus Baualtersplan V, Abb. 227.

B 10 Kämpferfragment aus dem Salzburger Hof, Südflügel

um 1170/80
Maße: H 21 cm, B 51,5 cm, T 8,5 cm

Museen der Stadt Regensburg, HVE 354

Das Kämpfer- oder Friesfragment mit Kettenband wurde beim Abbruch des Salzburger Hofes im Südbau vermauert vorgefunden. Es ist heute wieder im Kreuzgang des Städtischen Museums eingemauert. Die Datierung hat wie bei den meisten Fundstücken aus dem Bereich des Südflügels (Palas) in die Zeit um 1170/80 zu erfolgen.
Pohlig hat das Friesfragment in Z 12 dargestellt.

B 11 Gesimsfragment aus dem Salzburger Hof, Südflügel

um 1170/80
Maße: H 30 cm, B 65 cm, T 11 cm

Museen der Stadt Regensburg, HVE 356

Das Gesimsfragment mit einem Blendbogenfries wurde beim Abbruch des Salzburger Hofes im Südflügel eingemauert vorgefunden. Die Datierung ist um 1170/80 anzusetzen.
Pohlig hat das Gesimsfragment in Z 14 erfaßt.

B 12 Gesimsfragment aus dem Salzburger Hof, Südflügel

um 1170/80
Maße: H 38,5 cm, B 107,5 cm

Museen der Stadt Regensburg, HVE 355

Das Gesimsfragment mit einem Blendbogenfries und zwischengesetzten Blüten wurde beim Abbruch des Salzburger Hofes im Südflügel vermauert aufgefunden. Die Datierung ist um 1170/80 anzusetzen.
Pohlig hat das Gesimsfragment in Z 14 erfaßt.

B 13 Friesfragment mit männlichem Kopf aus dem Salzburger Hof, Südflügel

frühes 12. Jahrhundert
Maße: H 40 cm, B 48 cm

Museen der Stadt Regensburg, HVE 351

Das Friesfragment wurde beim Abbruch des Salzburger Hofes im Südflügel vermauert vorgefunden. Die schlichte Form dürfte am ehesten in das frühe 12. Jahrhundert zu datieren sein.
Pohlig hat das Fragment in Z 11 dargestellt.

B 14 Friesfragment mit Männerkopf aus dem Salzburger Hof, Südflügel

1. Hälfte 12. Jahrhundert
Maße: H 26 cm, B 37 cm

Museen der Stadt Regensburg, HVE 352

Das Friesfragment, der Nummer B 13 in der Schlichtheit verwandt, wurde im Südflügel vermauert vorgefunden. Es dürfte wie B 13 in der 1. Hälfte des 12. Jahrhunderts entstanden sein.

B 15 Kämpferblock mit Halbsäulenfragment vom Salzburger Hof, Südflügel

spätes 12. Jahrhundert
Maße: H 34,5 cm, B 45,5 cm, T 28,5 cm

Museen der Stadt Regensburg, HVE 343

Der Kämpferblock wurde während des Abbruches des Salzburger Hofes im Südbau eingemauert vorgefunden. Es handelt sich um einen Kämpferstein mit angearbeiteter Halbsäule, wahrscheinlich von einem einfachen Gewändeportal. Das Kapitell zeigt krauses Blattwerk mit Schuppenblättern zum Gewändeteil. Dem gleichen Portal zugehörig war ein ebenfalls im Südflügel aufgefundenes Gewändestück der rechten Ecksäule (vgl. Z 17). Für eine Datierung ist am ehesten der Zeitraum des späten 12. Jahrhunderts in Betracht zu ziehen.
Pohlig hat den Kämpferstein in Z 17 erfaßt.

Literatur: Pohlig 1896, Fig. 21 u. S. 10. – Busch 1932, Abb. 19 u. S. 53. – Strobel Katalog S. 418. – Strobel Bürgerhausbuch II, Abb. P 3 a und P 3 b

B 16 Fenstersäule aus dem Salzburger Hof, Südflügel

um 1170/80
Maße: H 93 cm, B 35 cm, T 22 cm

Museen der Stadt Regensburg, HVE 319

Die Fenstersäule mit Kämpferkapitell und flachem Blattrankendekor wurde beim Abbruch des Salzburger Hofes im Südflügel vermauert aufgefunden. Sie ist zeitlich um 1170/80 anzusetzen.
Pohlig hat die Säule in Z 17 erfaßt.

Literatur: Pohlig 1896, Fig. 16 u. S. 8. – Strobel Katalog S. 425–426 u. Abb. 238. – Strobel Bürgerhausbuch II, Abb. F 12. – Paulus Bauraltersplan V, Abb. 229

B 17 Doppelkapitell aus dem Salzburger Hof, Südflügel

um 1210/20
Maße: H 31 cm, B 42 cm, T 25,5 cm

Museen der Stadt Regensburg, HVE 332

Das Doppelkapitell mit Knospenblättern wurde beim Abbruch des Südflügels vermauert vorgefunden. Es

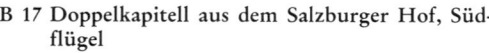

handelt sich um das Fragment eines Wandpfeilers oder Portals aus der Zeit um 1210/20. Bemerkenswert ist die T-förmige Trennung der beiden Kapitelle sowie die Diamantierung der einzelnen Blattränder.
Pohlig hat das Doppelkapitell in Z 15 erfaßt.

Literatur: Pohlig 1896, Fig. 24 u. S. 9. – Strobel Katalog S. 418 u. Abb. 245

B 18 Würfelkapitell mit Kämpfer aus dem Salzburger Hof, Südflügel

3. Viertel 12. Jahrhundert
Maße: H 35 cm, B 43 cm, T 25,5 cm

Museen der Stadt Regensburg, HVE 320

Das Würfelkapitell mit angearbeitetem Kämpfer wurde während des Abbruches im Südflügel eingemauert vorgefunden. Es handelt sich um den Rest einer Fensterarkade. Das Würfelkapitell zeigt geritzte Schilde an den Breitseiten und ein Stäbchen in der Mitte einer der

Schmalseiten. Stilistisch ist das Fragment in das 3. Viertel des 12. Jahrhunderts zu datieren.
Pohlig hat Kapitell und Kämpfer in Z 12 dargestellt.

Literatur: Pohlig 1896, Fig. 15. – Strobel Katalog, S. 415

B 19 Kragstein mit springendem Hasen aus dem Salzburger Hof, Westflügel

3. Viertel 12. Jahrhundert
Maße: H 35 cm, B 31 cm, T 27,5 cm

Museen der Stadt Regensburg, HVE 359

Der Kragstein mit einem springenden Hasen als Stützfigur der Kämpferrolle wurde während des Abbruches im Westflügel des Salzburger Hofes vorgefunden. Es handelt sich wohl um den Träger eines Türsturzes oder eines Gesimses, möglicherweise aber auch um die Hälfte eines Säulenkapitells vom Typ der Rollenkämpferkapitelle. Als Entstehungszeit ist das 3. Viertel des 12. Jahrhunderts anzunehmen.
Pohlig hat den Kragstein in Z 16 zeichnerisch erfaßt.

Literatur: Pohlig 1896, Fig. 26 u. S. 9–10. – Strobel Katalog, S. 422

B 20 Kämpferstein mit Knospenkapitellen, möglicherweise aus dem Salzburger Hof

um 1225/30
Maße: H 28,5 cm, B 45 cm, T 31,5 cm

Museen der Stadt Regensburg, o. Nr.

Die Herkunft des Kämpfersteins aus dem Salzburger Hof ist nicht gesichert. Es handelt sich um einen Portalkämpfer oder möglicherweise um ein Rippenauflager. Bemerkenswert ist die zweireihige Anordnung der Knospenkapitelle hintereinander. Anstatt der unteren Knospenreihe erscheinen hier Blätter, darüber auf

Lücke Zungenblätter. Die Deckplatte zeigt sich kämpferartig profiliert. Die Entstehung des Kämpfersteins ist für den Zeitraum um 1225/30 wahrscheinlich.

Literatur: Strobel Katalog, S. 418

B 21 Kelchblockkapitell mit Greifen, möglicherweise aus dem Salzburger Hof

um 1220/30
Maße: H 26 cm, B 27 cm, T 27 cm

Museen der Stadt Regensburg, HVE 77

Die Herkunft des Kelchblockkapitells aus dem Salzburger Hof ist nicht gesichert. Es handelt sich wohl um den Rest einer Fensterarkade. Bemerkenswert sind die an den Ecken verknoteten Greifen, die ein in der Form geschlossenes Kelchblockkapitell bilden. Das Kapitell ist in den Zeitraum um 1220/30 zu datieren.

Literatur: Karlinger 1924, Abb. 75. – Strobel Katalog, Abb. 246 u. S. 418.

Helmut-Eberhard Paulus

62. Zeichnerische Befundaufnahmen Carl Theodor Pohligs vom Abbruch des Salzburger Hofes 1893–1895 (Z 1–Z 20)

Im Museum der Stadt Regensburg befindet sich ein Konvolut von 20 Zeichnungen Carl Theodor Pohligs, die zum Teil skizzenhaft, aber doch in einer für die damalige Zeit erstaunlich genauen Weise die Funde und Fundumstände der Fragmente aus dem Salzburger Hof dokumentieren. Erstmals 1982 wurden diese originalen Befundaufnahmen und die von Pohlig 1895 ergänzend hinzugefügten Rekonstruktionsskizzen (Z 3 und Z 4) von Zaisberger publiziert.

Als äußerst aufschlußreich erwiesen sich die Skizzen für die Zuordnung der Fragmente an die einzelnen Flügelbauten und Bauteile des Salzburger Hofes bzw. deren rekonstruktive Wiederaufstellung im Museum der Stadt Regensburg. Die Skizzen Z 1, Z 2 und Z 7 geben zudem wichtige Hinweise auf die Baugestalt des abgebrochenen Salzburger Hofes.

Erhebliche Vorsicht ist allerdings bei den Rekonstruktionsskizzen Pohligs auf Z 3 und Z 4 geboten. Besonders der Rekonstruktionsvorschlag der Gesamtanlage auf Z 3 verrät, daß Pohlig hier den historistischen Stilvorstellungen seiner Zeit erlegen ist. So gehen die überzogene Symmetrie in der Achsenfolge, der aus der Außengliederung romanischer Kapellen entwickelte Fassadendekor, die Höhenentwicklung von Turm und Nordflügel sowie die gesamte Dachgestaltung auf persönliche Vorstellungen Pohligs zurück, die nicht einmal in seinen eigenen Befundskizzen eine Bestätigung finden können. Der Wert der Pohligschen Dokumentation liegt somit weniger in der Rekonstruktion als in der sorgfältigen zeichnerischen Darstellung der Fragmente, die durch seine Publikation von 1896 ergänzt wird.

Z 1 Grundrißskizze des Salzburger Hofes

Z 2 Ansicht der Südfassade des Salzburger Hofes vom Frauenbergl. Der Fassade des Palas vorgelagert ist der domkapitelsche Garten des ehemaligen Domherrenhofes St. Kilian, zu dem auch der kleine Pavillon aus der Mitte des 18. Jahrhunderts gehörte. Der Gartenpavillon wurde 1742/45 anstelle der ehemaligen Kilianskapelle errichtet.

Z 3 Rekonstruktionsskizze von 1895 nach den Vorstellungen Pohligs

Z 4 Rekonstruktionsvorschlag Pohligs für den Innenhof im Bereich des Süd- und Ostflügels

Z 5 Seitenkapelle der ehemaligen Kilianskapelle im domkapitelischen Garten südlich des Salzburger Hofes, Bestandsskizze mit Selbstdarstellung Pohligs

Z 6 Grundriß der Hofeinfahrt im Nordflügel des Salzburger Hofes mit Teilen des östlich (hier rechts) anschließenden Turmes

Z 7 Bestandsaufnahme des Ostflügels

Z 8 Rekonstruktionsskizze zur Hoffassade des Ostflügels und Darstellung einiger Fragmente

Z 9 Grundriß des Gartensalettls im domkapitelischen Garten südlich des Salzburger Hofes, zugleich Restapsis und spätgotische Seitenkapelle der ehemaligen Kilianskapelle

Z 10 Fragmente vom Westflügel und Kapellenerker des westlich an den Salzburger Hof anschließenden Dompfarrhofes

Z 11 – Z 12 Fragmente aus dem Südflügel und dem Ostflügel

Z 13 Fragmente aus dem Nordflügel

Z 14 Fragmente aus dem Südflügel

Z 15 In der linken Hälfte der Zeichnung Fragmente aus dem Nordflügel, in der rechten Hälfte Fragmente aus dem Süd- und Ostflügel

Z 16 – Z 17 Fragmente aus dem Südflügel

Z 18 fehlt

Z 19 Triforien des Nordflügels

Z 20 Wappenstein der Hoffassade des Südflügels

Literatur: R. Strobel, Zur Baugeschichte des Salzburger Hofes in Regensburg, in: Mitteilungen der Gesellschaft für Salzburger Landeskunde 122 (1982), S. 241–252. – F. Zaisberger, Der Salzburger Hof in Regensburg, in: Mitteilungen der Gesellschaft für Salzburger Landeskunde 122 (1982), S. 125–240. – C. Th. Pohlig, Eine verschwundene Bischofspfalz, in: Zeitschrift für bildende Kunst, N.F. 7 (1896), S. 145–152 u. 179–182.

Helmut-Eberhard Paulus

ZWISCHEN REGNUM UND SACERDOTIUM – ZWEI REGENSBURGER BISCHÖFE AN DER SEITE DER KAISER

BISCHOF GEBHARD III. VON REGENSBURG (1036–1060)

Die Untersuchung der Herkunft und Familie des Bischofs Gebhard III. präsentiert sich als ein geradezu klassisches Beispiel für Probleme genealogischer Forschung im 11. Jahrhundert. Hier nämlich vollzieht sich der Wandel von den Leitnamen (Vorname des berühmtesten, ranghöchsten Familienmitglieds – also etwa auch eines Bischofs) zum Namen nach einem Hauptsitz der Familie, der aber in dieser Übergangszeit durchaus noch wechseln kann.

Das zweite Problem ist ein allgemeineres, nämlich das der mageren Quellenlage. Es gilt hier auch für Quellen aus dem religiös-kirchlichen Bereich, wie etwa eine Vita zur Legendenbildung, ein Exemplum oder gar eine Heiligenvita, für die sich die Vita Gebhards III. nicht eben aufdrängte.

Die Quellen, die wir erwarten dürfen, sind solche zur Dokumentation von Rechtsgeschäften: Erb- und Ämtersachen betreffend. Eine Auflistung persönlicher Daten zu erwarten, wie sie uns etwa eine „Personalakte" Gebhards III. überliefern könnte, wäre abwegig. Die Position der Bistümer innerhalb des Reichskirchensystems, insbesondere eines so bedeutenden Bistums wie Regensburg, schloß in dieser Zeit eine Bischofsernennung außerhalb des Kreises der hohen Reichsaristokratie aus. Gerade Ausnahmen wären mit reichen Daten überliefert. Gebhard III. gehörte damit unzweifelhaft zu einer jener Familien, deren Verwandtschafts-, Besitz- und Ämtergefüge überall dort eine Rolle spielte, wo Herrschaftsansprüche im Reich verteilt und verwirklicht wurden. Es bestand deshalb in seiner Zeit keine Notwendigkeit, den genealogischen Hintergrund des Bischofs eigens aufzuzeichnen. Ohnedies schenkte man in einem geistlichen Territorium genealogischen Zusammenhängen weit weniger Beachtung als in Territorien, die bei jedem Erbfall mit daraus resultierenden Problemen konfrontiert waren. Behauptete genealogische Verbindungslinien oder berechtigte Ansprüche entschieden dann von Mal zu Mal über Fortbestand, Teilung, Einverleibung des Herrschaftsgefüges.

Eine andere Überlieferungsmöglichkeit bieten beispielsweise Quellen zur Ämterfolge (Amtswechsel, Amtseinsetzung, Amtsführung). Auskünfte über genealogische Zusammenhänge sind demnach nicht um ihrer selbst willen, sondern lediglich dort zu erwarten, wo es der jeweilige politische und rechtliche Zusammenhang erfordert.

Die deutlichste Quelle zur Herkunft Gebhards III. – der Öhringer Stiftungsbrief – behandelt bezeichnenderweise das Problem der Erbauseinandersetzung. Sie betrifft Gebhards von seinen Eltern ererbtes Eigengut, über das er verfügen konnte. Wie aus der Quelle (Öhringer Stiftungsbrief Gebhards III., datiert 17. August 1037, Hohenlohe Zentralarchiv, Neuenstein, Kat. Nr. 63) detailliert hervorgeht, wurde die entsprechende Verfügung nicht ohne massives Zutun seiner Mutter vollzogen und auch nicht, ohne den damit geschaffenen neuen Tatbestand als Ganzes gegen Ansprüche anderer Verwandter abzusichern. Es geht dabei zunächst um die Anerkennung der Stiftung als solcher innerhalb der Familie. Schon zwischen Mutter (Adelheid) und Sohn (Gebhard) wird deutlich die Interessenlage geklärt. Ebenso wird auf die andern Erbansprüche eingegangen, die nach Gebhards Tod die ganze Stiftung gefährden und die v. a. aus dem Kreis seiner Geschwister hervorgehen könnten. Entsprechend dem Rechtsdenken der Zeit kann dies nur durch Einbeziehung sämtlicher Interessierter, in diesem Fall der erbberechtigten Parteien geschehen. Bei den Einflußmöglichkeiten bzw. Ressourcen, über die jeder der Beteiligten als Angehöriger der Reichsaristokratie verfügte, können wir in diesem Zusammenhang von der – natürlich ansonsten unabdingbaren – machtpolitischen Absicherung absehen, die das Bistum Regensburg als „Garantiemacht" kontinuierlich gewährleistete. Auch die Vergabe des Vogteiamtes über das Öhringer Stift setzte Konsens innerhalb der Familie voraus, bzw. war geeignet, im Falle eines besonders starken Interesses (z.B. wegen der Nähe der eigenen Güter) solchen herzustellen. Wir dürfen deshalb davon ausgehen, daß es sich bei den in der Urkunde benannten Zeugen, von denen einer auch tatsächlich mit dem Vogteiamt betraut wird, um einen Personenkreis handelt, der zum familiären Umfeld Gebhards III. gehört.

Um die rechtliche Verankerung auch im Sinn der Unverletzlichkeit von kirchlichem Gut zu erreichen, mußten die möglichen Erbberechtigten die Stiftung als solche insgesamt anerkannt haben. Erst dann war sie mit der Übertragung an Regensburg mit allen Einzelregelungen des Stiftungsbriefs rechtlich hinreichend abgesichert. Die entscheidenden Zeugen sind: Poppo, Graf von Henneberg; Hugo, Graf von Kräheneck; Adalbert, Graf von Calw; Poppo, Graf von Lauffen; Eberhard, Graf von Ingersheim; Burkhard, Graf von Komburg (zugleich Vogt über das Stift Öhringen).

An Namen erfahren wir explizit,

1. daß Gebhards Mutter Adelheid war;
   Adelheid können wir aus der Kaiservita Konrads II. als dessen Mutter identifizieren;
2. daß für den in Würzburg ausgestellten Stiftungsbrief sechs in der Umgebung Öhringens bzw. in Südwestdeutschland begüterte Grafen beteiligt sind, einer davon, der seinen Familiensitz in allernächster Nähe (Graf von Komburg) hat, zugleich zum Vogt ernannt wird;
3. daß Gebhard III. und Adelheid dort Erben dreier Grafen (Siegfried, Eberhard und Hermann) sind, die in der Kirche in Öhringen, die auch zum Erbgut gehörte, bestattet sind. Der dritte dieser Grafen hat noch einen Gütertausch mit dem Bischof von Würzburg vollzogen, den Gebhard ausdrücklich anerkennt.

Nur über dieses Beziehungsgeflecht genannter Personen können wir auf Gebhards Vater schließen, bzw. ihn in dieses Verwandtschaftsgefüge einordnen. Die spätmittelalterliche Stiftstradition allerdings, die im Obleibuch den Grafen Hermann als Gatten Adelheids nennt, bzw. als Vater Gebhards, können wir nach dem Wortlaut des Stiftungsbriefs ausschließen. Nur soviel bleibt davon bestehen, daß Adelheid außer mit dem Vater Konrads II. (Heinrich von Speyer) eine weitere Heirat eingegangen war, nämlich die mit Gebhards Vater.

Zur Klärung näherer Zusammenhänge kommt uns eine weitere wichtige Quelle zu Hilfe, die Gebhards familiären Hintergrund – auch seinen Familiensinn – belegt. Sie handelt diesmal nicht von einer Erbauseinandersetzung, sondern von einer Amtseinsetzung und betrifft eigentlich Bischof Gebhard von Eichstätt, den späteren Papst Viktor II. Gebhard III. hat nach dieser Quelle an der Ernennung seines gleichnamigen Verwandten, dem Sohn einer Gräfin Biliza und eines Grafen Hartwig, maßgeblichen Anteil.

Die an dieser Stelle notwendigen Zuordnungen über Besitzverschiebungen, Namensgleichheit, Verschwägerungen, Generationenfolge bei wechselnden bzw. erst sich ausbildenden Familiennamen sind Gegenstand detaillierter territorialgeschichtlicher Forschungen. In deren Fortgang erwies sich die bis in neuere Zeit angenommene Verbindungslinie zur Genealogie des Hauses Hohenlohe als nicht haltbar. Sie könnte genährt worden sein durch die Überlieferung des Obleibuchs des Stifts Öhringen aus dem 15. Jahrhundert, nach der Gebhard wie seine Mutter Adelheid in der Krypta der Öhringer Stiftskirche bestattet ist. Die Öhringer Stiftskirche wird nämlich später Grablege der Herren von Hohenlohe, für deren Umfeld eine Anknüpfung an Graf Hermann (von Öhringen) nicht ungelegen kam.

Was im Gegensatz dazu die v.a. seit Mitte des 19. Jahrhunderts damit beschäftigte territorialgeschichtliche Forschung im Hinblick auf Gebhard III. von Regensburg als Ergebnis herausgearbeitet hat, faßt die beigefügte Skizze kurz zusammen. Im einzelnen ist es nur nachvollziehbar vor dem Hintergrund der Geschichte fränkisch-südwestdeutscher Adelsfamilien, ihrer Territorien, Besitzverschiebungen und Ämter, eben jenes Umfelds, aus dem Gebhard III. stammt: sein Vater, Poppo (Popponen) Graf von Lauffen (bei Heilbronn / Neckar), Graf im Lobdengau (um Lorsch) und seine Mutter, Adelheid von Metz (in erster Ehe Mutter Kaiser Konrads II.).

Verfügbare Daten zur Vita Bischof Gebhards III.

ca. 1020 Domschule Würzburg
1027 Kanoniker
1036 Bischof von Regensburg
1046 Teilnahme an der Kaiserkrönung Heinrichs III. in Rom
1055 Verwicklung in Verschwörung gegen den Kaiser, kurzfristig inhaftiert

Genealogische Zusammenhänge
um Bischof Gebhard III. von Regensburg

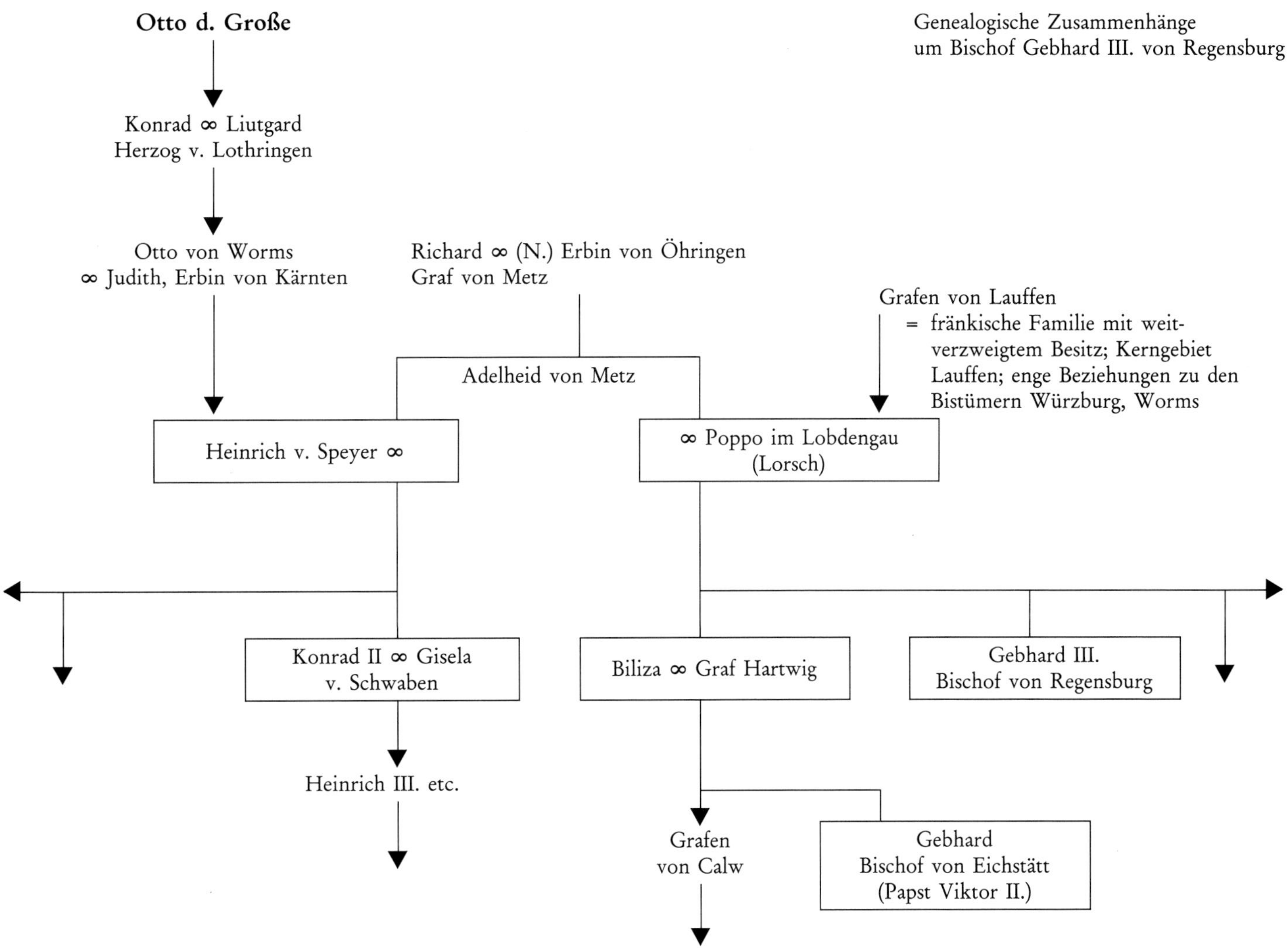

1056 Beteiligung an letzten Verfügungen des sterbenden Kaisers; Pfalz Bodfeld im Harz Sterbeort Heinrichs III.
1060 Tod Gebhards III.

Literatur: Anon. Haserens, c. 42 (MGH SS 7, 264). – H. Decker-Hauff, Der Öhringer Stiftungsbrief in: Württembergisch Franken 31 (1957) S. 17–31 und 32 (1958) S. 3–32. – Genealogisches Handbuch der fürstlichen Häuser IX (1971), S. 202f.

Franz Mögle-Hofacker

63. Öhringer Stiftungsbrief

Würzburg, 1037 August 17

Pergament, 56,5 × 88 cm

Hohenlohe Zentralarchiv, Neuenstein, GA 2/1

Mit dem Datum vom 17. August 1037 erneuert die Stiftungsbriefurkunde eine ältere Kirchenstiftung durch frühere Öhringer Grafen. Von dieser Grafenfamilie kam der Öhringer Besitz im Erbgang an die Familie Adelheids „von Öhringen", der Mutter Kaiser Konrads II. Adelheid – aus einer vornehmen lothringischen Familie stammend: sie ist die Tochter des Richard von Metz – hatte in die ebenfalls hochadelige Familie der Grafen von Lauffen, dem sog. Haus der Popponen, eingeheiratet. Zusammen mit ihrem Sohn Gebhard, der Bischof von Regensburg war, bestimmt sie nun in dem von Bischof Gebhard gesiegelten Stiftungsbrief, daß das Stift Öhringen mit ausgedehnten Besitzungen in der näheren und weiteren Umgebung Öhringens ins Eigentum des Bistums Regensburg übergehen sollte. Die kirchenrechtliche Aufsicht über das Stift hatte jedoch der Bischof von Würzburg.

Vögte, also Schutzherren des Stifts, waren die ebenfalls mit der Familie Adelheids und Bischof Gebhards verwandten Komburger Grafen. Auch die in der Stiftungsurkunde als Zeugen dieser Stiftung genannten adligen Herren waren großenteils Verwandte.

Dieses dichtgeknüpfte Netz verwandtschaftlicher Beziehungen, in das die Stiftung eingebettet war, und der Umstand, daß neben dem kirchenrechtlich zuständigen Würzburger Bischof auch der Bischof von Regensburg ein Mitspracherecht in Öhringen hatte, zeigt uns, daß es sich hier nicht ausschließlich nur um eine fromme Stiftung einer hochadeligen Dame handelt, sondern daß sich uns die Gründung des Stifts Öhringen als ein klassisches Beispiel mittelalterlicher Politik darstellt; durch die Doppelzuständigkeit zweier Bischöfe für ein und dasselbe Stift verschieben sich natürlich die Gewichte hin zum dritten Zuständigen, dem weltlichen Schutzherrn, dem Vogt. Dieser bietet seinerseits – als Graf ein Lehnsmann des Kaisers – dem Kaiser die Möglichkeit, auf kirchlichen Besitz Einfluß zu nehmen.

Dies war das große politische Problem, der v.a. das frühe und hohe Mittelalter bestimmende Gegensatz zwischen Kaisertum und Papsttum, den die Kaisermutter Adelheid und ihr Sohn, Bischof Gebhard, in Öhringen auf ihre Weise zu lösen versuchten. Für die nachfolgenden machtbewußten Staufer bietet sich hier ein politisches Modell mit großer Anziehungskraft, zugleich eines, das über den starken Vogt die konsequente Entwicklung hin zum Territorialstaat vorzeichnet.

Dem setzten die Mitglieder des Stifts schon früh ihren Widerstand entgegen und sicherten sich durch eine Neufassung der alten Stiftungsurkunde von 1037 die Möglichkeit, sich ihren – mächtigen – Vogt selbst zu wählen. Dies ist der uns erhaltene Stiftungsbrief, den wir nachfolgend in deutscher Übersetzung wiedergeben:

„Im Namen der heiligen unteilbaren Dreieinigkeit.

Kund sei allen Christgläubigen heutiger und zukünftiger Zeiten, daß ich, Gebhard von Gottes Gnaden Bischof von Regensburg, in der Kirche – früher Pfarrkirche – mit Sitz in Öhringen die Institution einer Chorherrengemeinschaft eingerichtet habe. Damit gebe ich meine Zustimmung zu den frommen und durch göttliche Eingebung entstandenen Gelöbnissen und den zurecht angestrebten Wünschen meiner Mutter Adelheid. Ich und meine Mutter haben diese Kirche aufgrund verwandtschaftlicher Gegebenheiten mit anderen Besitzungen geerbt von den Grafen Sigfrid, Eberhard und Hermann seligen Angedenkens, deren Gebeine in dieser Kirche auf ihre Auferstehung warten.

Zur Ausstattung der Chorherren füge ich den bereits zugeteilten Grundstücken und Rechten eben dieser kirchlichen Institution, auf denen sie von Anfang an aufgebaut gewesen war oder mit denen die besagten Grafen, meine Blutsverwandten, sie zusätzlich begütert hatten, aus den meiner Mutter und mir gemeinsam zustehenden Grundstücken folgende Ausstattung hinzu: Ohrnberg, Pfahlbach, Eichach, Ernsbach, das sind vier Dörfer. Zusammen mit anderem unten genannten freiem Eigengut (Allod) habe ich diese Ausstattung in freier und rechtmäßiger Schenkung übertragen, in vollem Umfang. Die Schenkung umfaßt damit: Leibeigene beiderlei Geschlechts, Hofstätten, Gebäude, Äcker, Felder, Wiesen, Wälder, Jagden, bebautes und unbebautes Land, stehende und fließende Gewässer, jede Art Mühlen, Fischwasser. Ein- und Ausgänge, Wege, Stege, Schätze – auch noch zu entdeckende Schätze (z. B. Bodenschätze), zuguterletzt mit allen möglichen Nutzungen, die aus dieser Schenkung hervorgehen können. Dies geschieht nach derselben Maßgabe, nach der ich und meine Eltern darüber die freie Verfügungsgewalt inne gehabt haben. Die vorgenannten Chorherren haben also die freie Verfügung darüber, die Schenkung festzuhalten, zu übertragen, zu vertauschen, zu Lehen zu geben oder zu tun, was auch immer nach ihrem Gutdünken dem Wohl der Kirche dienen wird.

Darüber hinaus habe ich, damit er für alle Zeiten gültig und fest sei, den Tausch mit meiner Rechtskraft in vollem Umfang bestätigt, den der obengenannte Graf Hermann mit dem ehrwürdigen Bischof Meinhard von Würzburg vorgenommen hat mit Zustimmung des Bistums Würzburg, Kleriker und Laien (aller Angehöriger dieser Rechtskörperschaft).

Für den Verzicht auf zwei Anteile am Zehnt der mehrfach erwähnten Öhringer Kirche, die seinen Vorgängern und ihm selbst rechtmäßig zugestanden hatten, – der dritte Teil stand dem Pfarrer zu – gab Hermann dem Würzburger Bischof bei diesem Tausch den halben Ort (villa) Böckingen mit einem dort gelegenen Weinberg, zwei Huben in Sülzbach (Sulcibach) und weitere zwei Huben in Heilbronn (Heiligbrunen) sowie 15 Leibeigene beiderlei Geschlechts. Dabei rufe ich dem Propst und den Kanonikern vor Ort mahnend in Erinnerung, daß sie aus diesem Zehnten den Würzburger Bischöfen und ihren Gesandten die üblichen Abgaben zu zahlen haben.

Burkhard aber, den Grafen von Komburg, habe ich für den vorgenannten Ort zum Vogt ernannt. Und damit er seine ihm anvertraute Amtsgewalt mit Eifer und Tüchtigkeit ausüben kann, habe ich ihm und seinen Nachfolgern im Amt den halben Ort (villa) Hall mit allen zugehörigen Rechten zu Lehen gegeben und im Ort Öhringen 10 Talente jener Münzstätte. Die Amtspflichten umfassen insbesondere in widrigen Verhältnissen die Verteidigung der Kirche, das Vorgehen im Kampf für sie, das Verhindern von Gegenbestrebungen, den Schutz, bei dem der Schirmherr sich wie eine Mauer den Angreifern entgegenstellt. Unter günstigen Verhältnissen aber hat sich der Vogt als wohlwollender Ratgeber auszuzeichnen, durch begünstigendes Verhalten, Unterstützung, als Geschäftsführer, der sich der Interessen der Kleriker annimmt. Ich betone, daß die Ausstattung des Amts so bemessen ist, daß der Vogt keinen Grund hat, den Klerikern selbst oder ihrem Eigentum, auch nicht den von ihnen abhängigen Bauern, Lasten wie Forderungen für das Vogtamt, zusätzliche Steuererhebungen oder Beherbergungspflichten aufzuerlegen.

Sollte dieser Vogt sich verleiten lassen, übermütig zu werden, was ferne sein möge, und sollte er sich als Angreifer gegen die ihm anvertraute Kirche herausstellen und damit unseren Vorgaben für sein Amt bewußt feindselig zuwiderhandeln, so soll er von dem Regensburger Bischof seines verliehenen Amtes und seiner Würde sogleich enthoben werden und ein anderer, ein Würdiger, soll nach Wahl durch die Chorherren von demselben Bischof mit dem vorgenannten Amt, seinen Befugnissen und Rechten belehnt werden und es als Amtsinhaber verwalten.

Nun folgen die Orte, in denen die Güter gelegen sind, die von den vorgenannten adligen Herrn der mehrmals erwähnten Kirche übergeben und dieser rechtmäßig von mir zugewiesen sind: In Öhringen 2 Huben Heiratsgut und 4 Huben, die nicht Heiratsgut sind, den halben Ort Bretzfeld, ganz Grantschen, ganz Burchardeswiesen (früher Ort auf Markung Ellhofen) halb Ellhofen, halb Weiler, 2 Huben in Schwabbach, die Pfarrkirche und 9 Huben in (Baum-)Erlenbach, in den beiden Orten, die Bretzingen heißen, zweieinhalb Huben, in Söllbach 3 Huben, in Bergheim eine halbe Hube, in Niedernhall 1 Hube und 2 Hofstätten, in Obernhall 5 Hofstätten, in Grunden 1 Hube, in Pfedelbach, Maßholderbach, Eppach, Söllbach und Niedernhall, in diesen 5 Orten zusammen 30 Huben, ganz Hohenstegen und Ruckhardtshausen, in den zwei Orten, die Westernbach heißen, 4 Huben, in Sindringen die Weinberge und Äcker, die Ezzo gehabt hat, der Zehnt von allen Orten im Ohrnwald (Orinwalt), sowohl der bestehenden Orte als auch der noch entstehenden.

Vorsorglich aber, um zu verhindern, daß der Gottesdienst an diesem Ort überhaupt aufhören würde, wenn das Chorherrenstift mit den Rechtsansprüchen meiner Erben konfrontiert würde, habe ich eben diese kirchliche Rechtsgemeinschaft mit allen ihren zugehörigen Rechten und Nutzungen an den Altar des Heiligen Petrus, des Apostels, in Regensburg als Eigen übertragen.

Dies unter der Bedingung, daß der Bischof den Ort mit allem seinem Eigentum gegen jeden Angriff verteidigen soll und nicht zuläßt, daß das Eigentum dieser Kirche zu irgendeinem andern Zweck als zum Nutzen dort Gott dienender Chorherren verwendet wird. Auch er selbst kann kein Recht oder eine Dienstleistung für sich daraus in Anspruch nehmen oder es einem Dritten als Lehen übertragen. Ausgenommen davon ist sein Einsetzungsrecht für den Propst, den die „sanior pars" (der klügere Teil) dieser Klerikergemeinschaft jeweils wählt.

Zeugen dieser Rechtssache sind:

Boppo, Graf von Henneberg,
Hugo, Graf von Kräheneck,
Adalbert, Graf von Calw,
Boppo, Graf von Lauffen,
Eberhard, Graf von Ingersheim,
Burkhard, Graf von Komburg

Von den Minsterialen (Dienstleuten) der Bistümer Regensburg und Würzburg Algerus, Adelhardus ... (insgesamt 20) und viele andere Kleriker und Laien.

Denjenigen, der den Versuch unternehmen sollte, gegen diese unsere Rechtssetzung vorzugehen, den soll der Zorn des Allmächtigen Gottes ereilen, und er soll zur ewigen Verdammnis verworfen sein.

Damit aber dies alles fest begründet und unverändert bleibe, so haben wir die vorliegende Urkunde niederschreiben und mit unserem Siegel auszeichnen lassen.

Datum: Würzburg, am 17. August, im 1037. Jahr der Menschwerdung unseres Herrn, 5. Indiktion (Steuerperiode), im 12. Jahr des Kaisertums des Herrn Konrad des Kaisers, das zugleich das 12. Jahr seit der Königserhebung seines Sohnes ist."

Literatur: Hansmartin DECKER-HAUFF, Der Öhringer Stiftungsbrief, Teil I und II, in: Württembergisch Franken 31 (1957), S. 17–31 und 32 (1958), S. 3–32. – Ausstellungskatalog 950 Jahre Stift Öhringen, Öhringen 1987, 15–22.

Franz Mögle-Hofacker

64. Obleibuch des Stiftes Öhringen

Stift Öhringen, Mitte 15. Jahrhundert

Pergament, 84 Blätter, 28,5 x 37 cm, Deckfarben und Gold, Initialen, Leder-Einband neu, 2 Schließen, 5 Messingbuckel

Hohenlohe Zentralarchiv, Neuenstein

Das Obleibuch enthält eine ausschmückende Darstellung der Geschichte des Stifts in klassisch spätmittelalterlichem Stil. In erster Linie beschreibt es den Besitzstand der Gesamtstiftung und enthält ein Kalendarium sämtlicher in Seelenmessen zu gedenkender Jahrestage von Stiftern, ferner Statuten und Amtseide der Chorherren und des Propstes. Die Bestandsaufnahme (Inventur) - Aufzählung der Zehnten und des Besitzes - war nötig geworden durch den Niedergang der Stiftung; der Stiftungsbrief vermerkt noch ausdrücklich, die Stiftung sei so reich ausgestattet, daß sie Bestand haben könnte. Durch fortlaufende Verkäufe von Rechten des Stifts und die vielschichtigen Zerfallprozesse zugunsten sich neu bildender Territorien und weltlicher Herrschaften allgemein, kommt es offensichtlich zu diesem wirtschaftlichen Niedergang.

Ziel der Darstellung ist es, die wirtschaftliche Situation des Stifts zu verbessern; das geschieht unter anderem mit der im Spätmittelalter durchaus gängigen Methode der überzogenen Heiligenlegendenbildung (zur Ankurbelung von Wallfahrten wird Kaisermutter Adelheid als wundertätige Helferin bei Frauenleiden stilisiert).

Eine weitere gängige Methode des Spätmittelalters ist die Fälschung. Hier versucht der Schreiber des Obleibuchs die Regelung des Stiftungsbriefs zur Zehntabgabe an den Bischof von Würzburg schlicht ins Gegenteil zu verkehren, um so das Servitium zum Zehnt für das Stift einzusparen.

Der Name Oblei ist entlehnt aus mittellateinisch oblegium (ursprünglich griech. eulogia) = Lobpreisung, Dargabe als Wohltat; es bezeichnet im Mittelhochdeutschen eine Gabe an geistliche Stiftungen in Geld oder Lebensmitteln sowie die Verwaltung solcher Einkünfte.

Eintragungen gefertigt ca. 1430-1460, Nachträge bis 1569.

Fol. 10^{r} zeigt eine Deckfarbenminiatur der Gründer des Stiftes: Bischof Gebhard, Graf Burkard von Komburg und Adelheid, die ausdrücklich als „Gründerin" (fundatrix) hervorgehoben wird. Vor ihr liegt die Krone, die ihre hohe Herkunft noch verdeutlichen soll. Sie tragen das Kirchenmodell und übergeben es dem hl. Petrus als Papst und Patron, der zugleich als Vertreter der Bischöflichen Domkirche St. Peter in Regensburg zu verstehen ist.

Die Miniatur gilt als wichtiges Zeugnis zur Baugeschichte der Stiftskirche, da sie noch den romanischen Kirchenbau aus der 1. Hälfte des 11. Jahrhunderts wiedergibt, der kurz nach der Mitte des 15. Jahrhunderts durch einen Neubau ersetzt wurde (Knoblauch 91f.): eine kreuzförmige Basilika mit späterem Polygonalchor und zwei Westtürmen, die durch eine Brücke miteinander verbunden waren. Die Farbpalette beschränkt sich auf wenige, kräftige Farben Blau und Rot, leicht gebrochenes Weiß, wenig helles Grün. Die Kasel Bischof Gebhards zeigt ein helles Purpur.

Literatur: Ausstellungskatalog 950 Jahre Stift Öhringen, Öhringen 1987, S. 33f. - Eberhard Knoblauch, Die Baugeschichte der Stiftskirche, in: Öhringen. Stadt und Stift. Hgb. Stadt Öhringen, Sigmaringen 1988, S. 88-97.

Franz Mögle-Hofacker - Peter Morsbach

„AUF GLÜHENDEM THRON IN DER HÖLLE". GEBHARD III., OTLOH VON ST. EMMERAM UND DIE DIONYSIUSFÄLSCHUNG

Der heilige Wolfgang löste im Rahmen seiner Reformtätigkeit im Jahre 975 den auch in Regensburg herkömmlichen Zusammenhang von Bischofskirche und Domkloster St. Emmeram. Er setzte damit einen Schlußpunkt hinter eine Entwicklung, deren Wurzeln in die Frühzeit des Bistums zurückreichen. Trotzdem wurde diese Maßnahme Ausgangspunkt heftiger Auseinandersetzungen zwischen den Bischöfen und dem Kloster. Sie betrafen zunächst den Besitz der Mönchsgemeinschaft, den die Bischöfe in Fortführung überkommener eigenkirchlicher Vorstellungen auch weiterhin nutzen und vor allem zur Bestreitung der ausgeweiteten Servitialleistungen an das Königtum heranziehen wollten. Sie betrafen darüber hinaus die Rechtsstellung des Konventes, der nicht gewillt war, künftig die Unterordnung unter die Jurisdiktion des Bischofs bis hin zur Abtseinsetzung anzuerkennen. Letztlich ging es um den Vorrang als vornehmste geistliche Institution in der Stadt Regensburg, die auch um die Jahrtausendwende noch immer eines der führenden urbanen Zentren Deutschlands war. Das Kloster St. Emmeram, das nicht in den breiten Niedergang der bayerischen Klosterwelt des 9. und 10. Jahrhunderts hineingezogen wurde, war nicht bereit, sich den Bischöfen unterzuordnen, sondern beanspruchte, ganz im Sinne der Gedanken der ausbrechenden Kirchenreform, seine Eigenständigkeit, die es mit Unterstützung des Königtums ausbauen wollte. Es erstrebte den Status einer Reichsabtei, wie ihn andere Klöster damals auch erhielten. Dennoch waren die treibende Kraft in den Auseinandersetzungen zunächst die Bischöfe, die ihre Position festigen wollten. Bereits Wolfgangs Nachfolger, Bischof Gebhard I. (995–1023), war mit der Verfügung des Vorgängers nicht einverstanden und führte den Kampf auf einen ersten Höhepunkt; bis vor Kaiser Otto III. und Heinrich II. wurden die Streitigkeiten getragen. Diese flachten unter Gebhard II. (1023–1036) zwar ab, ohne jedoch zum Erliegen zu kommen. Dem starken Druck der Bischöfe war das Kloster nicht gewachsen, da sich diese im Rahmen des ottonisch-salischen Reichskirchensystems der Unterstützung durch die Kaiser erfreuten. Nach glanzvollen Jahrhunderten büßte St. Emmeram an politischer Bedeutung ein.

Diese Entwicklung erreichte unter Bischof Gebhard III. ihren zweiten Höhepunkt. Er verfügte über verwandtschaftliche Beziehungen bis hinauf zum höchsten Reichsadel. Er war ein Stiefbruder Kaiser Konrads II., Onkel Heinrichs III. und zudem enger Verwandter Bischof Gebhards I. von Eichstätt, des späteren Papstes Viktor II. Die geistliche Laufbahn hatte er nur gezwungenermaßen eingeschlagen. Gebhard III. wurde von Konrad II. in sein Bischofsamt eingesetzt. Dem Kaiser ging es darum, auch auf diesem Wege den salischen Einfluß im Zentralraum um Regensburg zu wahren. Dementsprechend war Gebhard III. „ein stolzer, energischer, ehrgeiziger, kriegerischer und gewalttätiger Herr, der sich an der Spitze seines bayerischen Heerhaufens wohler gefühlt zu haben scheint als am Altar" (Paul Kehr). Er hat sich laufend in die große Politik eingeschaltet. Gebhard III. nahm an den Italienzügen und an den Reichskriegen gegen Böhmen teil. Er war einer der entscheidenden Träger der Ungarnkriege dieser Jahre. 1055 führte er die Verschwörung gegen Kaiser Heinrich III. an, die auf die Absetzung und Ermordung des Neffen abzielte. 1055/56 war er in den Aufstand gegen den Herzog von Bayern verwickelt. Von seinem Wirken im kirchlichen Bereich ist außer der Gründung des Stiftes Öhringen (Kat. Nr. 63) im Württembergischen 1037 und der Erneuerung des Kanonikerstiftes zu Spalt nur wenig bekannt.

Gebhard III. hat die Auseinandersetzung mit dem Kloster St. Emmeram wieder spürbar verschärft. Auch er machte dem früheren Domkloster Güter streitig und beanspruchte das Recht der Abtseinsetzung. Gegen diese Übergriffe setzte sich nun aber der Konvent mit größerer Entschlossenheit zur Wehr. Die Spannungen lösten befruchtende literarische Impulse aus. Das Kloster trat in eine neue kulturelle Blütezeit. Zunächst schrieb Arnold von St. Emmeram (um 1000–vor 1050) seine „Libri de Sancto Emmerammo", um den Vorrang seines Hauses vor dem Bischofshof zu untermauern. Er stellte dieses als den eigentlichen Mittelpunkt der Stadt hin und begründete diese Behauptung mit dem Besitz des Leibes des heiligen Emmeram, dessen Verehrung er damit auf den Höhepunkt führte. Arnolds Werke sind –

sicherlich zurückhaltend formulierte – Kampfschriften, die nicht nur religiöse, sondern auch kirchenpolitische Anliegen verfolgten; sie sind tendenziös. Die Zuverlässigkeit dieser ersten ausführlichen Darstellung der frühen Regensburger Kirchengeschichte bedarf deswegen einmal der systematischen Überprüfung.

Einen Schritt weiter führte dann Otloh von St. Emmeram (um 1010–nach 1070) die Auseinandersetzung. Er griff zu neuen Kampfmitteln. In einer Serie von Urkundenfälschungen versuchte er die besondere Förderung seines Klosters durch eine Reihe von Kaisern und Königen seit Karl dem Großen diplomatisch zu untermauern. Sie werden in den Jahren zwischen 1050 und 1056 angesetzt. Weil der Erfolg dieser Falsifikate nicht den Erwartungen entsprach oder weil Otloh die Auseinandersetzungen auf eine andere Ebene verlagern wollte, wandte auch er sich der Historiographie zu. In mehreren Schriften machte er die Bischöfe für den Niedergang seines Hauses verantwortlich und drohte ihnen die Höllenstrafe an. Im „Liber visionum" stellte er Gebhard III., den „allerhärtesten Pharao", einmal als verdorrten Baum hin, der bald abgeschlagen würde, ein andermal sah er ihn im Feuer der Verdammnis schmachten (Kat. Nr. 65).

Im Rahmen dieser Auseinandersetzungen zwischen Bischof und Kloster entstand auch der Dionysiuskult. Das Kloster behauptete seit etwa der Mitte des 11. Jahrhunderts plötzlich, Begräbnisstätte nicht nur des heiligen Emmeram und anderer namhafter weltlicher wie geistlicher Personen zu sein, sondern zudem den Leib des heiligen Dionysius, des Schülers des Apostels Paulus, neuplatonischen Philosophen, Märtyrers und Patrons des westfränkischen Reichs, zu verwahren. Die Gebeine dieses Heiligen seien ursprünglich zu Saint-Denis vor den Toren von Paris beigesetzt gewesen. Doch hätte sie Kaiser Arnulf von Kärnten während eines Feldzuges 899 von dort entführen und nach St. Emmeram bringen lassen, wo sie nach seinem Tod verblieben und schließlich in Vergessenheit gerieten. Durch den Hinweis eines Inklusen seien sie bei einem Klosterbrand nach der Jahrtausendwende in zwei Kästchen wiederentdeckt worden. Ihre Echtheit sei im Jahre 1049 anläßlich einer Öffnung überprüft worden, wobei drei Täfelchen mit beweiskräftigen Inschriften (Kat. Nr. 66) gefunden worden seien. Kaiser und Papst hätte daraufhin 1052 die Gebeine gelegentlich eines Aufenthaltes in der Stadt ausdrücklich anerkannt. Um dem wiederentdeckten Heiligen eine würdige Heimstätte zu bereiten, habe man daraufhin im Kloster umfassende Baumaßnahmen in Angriff genommen. Die Emmeramskirche sei durch den Anbau des Westquerschiffes zu einem sehr repräsentativen Gotteshaus umgestaltet worden. Der heilige Dionysius wurde über dem Haupteingang auch im Bild vorgestellt (Kat. Nr. 67).

Dieser sehr breite Dionysiuskult beruht auf einer Fälschung. Derartige Erfindungen wurden gerade im 11. Jahrhundert, das die Beweiskraft des historischen Arguments erkannte und es deswegen in Breite zur Durchsetzung verschiedenster Ansprüche heranzog, in großer Anzahl in die Welt gesetzt. Daß sie mit dem Namen Otlohs verknüpft ist, darf als gesichert gelten. Otloh hat nachweislich Hilduins von Saint-Denis „Vita vel Passio" dieses von ihm sehr verehrten Heiligen und weitere einschlägige Texte abgeschrieben. Hilduin gilt auch als Verfasser der älteren Dionysius-Vita, einer einfach gestalteten Biographie des Heiligen, dessen Verehrung im Westfrankenreich eben damals einen Höhepunkt erreichte und nun auf Deutschland übergriff. Nach St. Emmeram könnte sie der Mönch Hartwic vermittelt haben, der in Chartres studiert hatte. Neben den Urkundenfälschungen stellt die Dionysius-Legende einen zweiten großen Fälschungskomplex dar, mit dem Otloh um die Erneuerung des früheren Ranges seines Klosters kämpfte. Mit Hilfe des neuen, zugkräftigeren Patrons wollte das Kloster seine Position verbessern und Begräbnisstätte der ostfränkischen Könige werden. Es strebte dieselbe Stellung innerhalb des deutschen Reiches an, wie sie Saint-Denis in Frankreich einnahm. Nur um derartige begrenzte Ziele ging es dabei, kaum dagegen um den Versuch, sich gestaltend in die große Außenpolitik einzumischen. Erst spätere Berichte machen die Frage des Dionysiusgrabes zum Gegenstand von Auseinandersetzungen auf höchster politischer Ebene, die das deutsch-französische Verhältnis bis an den Rand eines Krieges belastet habe.

Schwierigkeiten bereitet die genaue Datierung dieses Fälschungskomplexes. Wann entstand der Dionysiuskult in St. Emmeram? Die Ansichten darüber gehen auseinander. Überwiegend wird die vom Fälscher selber vorgenommene Datierung ins Jahr 1049 unbesehen übernommen. Doch ist dieser Ansatz fraglich; er müßte, um überzeugen zu können, weiter untermauert werden. Denn Aussagen eines Fälschers müssen zunächst einmal samt und sonders in Frage gestellt werden. Für gegenteilige Behauptungen ist der Beweis jeweils zu erbringen. Das ist bisher nicht geschehen, nachdem auch die soeben vorbildlich edierte Emmeramer Memorial-Überlieferung keine neuen Gesichtspunkte für das Datierungsproblem erbracht hat. Zudem ist zu beachten, daß sich weder in den gleichzeitigen Zeugnissen für die recht gut belegten Vorgänge von 1052 noch in den Urkundenfälschungen, die sich bei einer Datierung ins Jahr 1049 unmittelbar anschließen würden, ein Hinweis auf Dionysius findet; das muß zu Bedenken gegen diesen Ansatz Anlaß geben. Die umfassende Würdigung aller dieser in Betracht kommenden Gesichtspunkte macht eine Entstehung in der ausgehenden Zeit Reginwards (1048–1060) am wahrscheinlichsten. Reginward ist neben Otloh die beherrschende Figur innerhalb des Dionysiuskultes, wie sein Halbrelief mit Inschrift am Emmeramer Nordportal und der an ihn adressierte fiktive Brief, der der Translatio II vorausgesetzt ist, belegen. Unter Mithilfe Otlohs, seines in ganz Süddeutschland geschätzten Haushistoriographen, eines der bedeutendsten deutschen Literaten seiner Zeit, hat Abt Reginward versucht, das Kloster St. Emmeram als immer vom Königtum besonders geschätzte und geförderte geistliche Institution herauszustellen, um dadurch für den neuen König und vielleicht auch den in absehbarer Zeit erwarteten neuen Bischof neue Voraussetzungen für ihr Verhältnis zum früheren Domkloster zu schaffen. Der Dionysiuskult ist wohl erst nach den Urkundenfälschungen anzusetzen. Allein bei einer Datierung in die ausgehenden fünfziger Jahre lassen sich alle diese Beobachtungen zu einem sinnvollen Bild runden. Sie hat deswegen die meiste Wahrscheinlichkeit für sich.

Weder von den Urkundenfälschungen Otlohs noch vom Dionysiuskult gingen die erhofften Impulse aus. Die Bischöfe ließen während des 11. Jahrhunderts nicht mehr von ihrem harten Vorgehen gegenüber dem früheren Domkloster ab. Deswegen machte die Generation nach Otloh mit der sogenannten Translatio II einen neuen Versuch, das Ansehen des Klosters aufzuwerten. Um 1080 wurde die Dionysiuslegende in eine neue, literarisch viel anspruchsvollere Form gebracht, die nun die in der Erstfassung betonte Abhängigkeit der Stadt vom Kloster geradezu zur Untertänigkeit ausbaute. In den neunziger Jahren wurde dann eine weitere Urkundenfälschung vorgenommen, die von Papst Leo IX. ausging und als Ziel die förmliche Exemtion von der bischöflichen Gewalt hinstellte. Bezeichnenderweise spielte bei dieser späten Fälschung – wie in dem im 12. Jahrhundert folgenden Fälschungen auf den Namen Heinrichs III. – Dionysius nun sehr wohl eine Rolle. Durch diese weiteren Aktivitäten St. Emmerams wurde nach eineinhalb Jahrhunderten schließlich auch das in erster Linie betroffene Kloster Saint-Denis zu Gegenmaßnahmen veranlaßt. Es antwortete ab 1190 mit Gegendarstellungen, die nun ihrerseits vor dem Mittel der Fälschung nicht zurückschreckten. Doch vermochten auch diese nicht St. Emmeram von seinen Behauptungen abzubringen. Der Anspruch auf den Leib des heiligen Dionysius wurde in den folgenden Jahrhunderten immer wieder mit Leidenschaft verteidigt. Bis zum Ende des Klosters blieb die Legende wichtiger Bestandteil der Emmeramer Haustradition, die aber bald auch auf die Stadt übergriff. Um 1360 wurde sie sogar auf einem der Glasfenster des Domes festgehalten (Kat.-Nr. 68). Und noch zu Beginn des 19. Jahrhunderts fand sie in Carl Theodor Gemeiner, dem protestantischen Begründer der modernen Regensburger Stadtgeschichtsschreibung, einen entschlossenen und einflußreichen Verteidiger. Endgültig wurde der Emmeramer Anspruch erst von den Historikern im Umkreis der Kritischen Schule zerstört, die aber andererseits die literarischen Fertigkeiten Otlohs betont haben, dem es gelungen war, die Historiker über Jahrhunderte hinweg in die Irre zu führen. Dabei muß man sich hüten, auch diese Fälschung auf der Grundlage der Wertvorstellungen unserer Zeit zu beurteilen. Auch sie ist Zeugnis des viel komplizierteren Wahrheitsverständnisses des Mittelalters, das eine literarische Fiktion durchaus als zulässig hinnahm, sofern sie dem Ruhm eines Klosters, einer Kirche und damit letztlich der Ehre Gottes diente.

Literatur: Bernhard Bischoff, Literarisches und künstlerisches Leben in St. Emmeram (Regensburg) während des frühen und hohen Mittelalters, in: SMBO 51 (1933), S. 102–142. – Helga Philipp-Schauwecker, Otloh und die St. Emmeramer Fälschungen des 11. Jahrhunderts, in: VHVO 106 (1966), S. 103–120. – Andreas Kraus, Die Translatio S. Dionysii Areopagitae von St. Emmeram in Regensburg (SB München, phil.-hist. Kl. H. 4) München 1972. – Karl Josef Benz, Regensburg in den geistigen Strömungen des 10. und 11. Jahrhunderts, in: Zwei Jahrtausende Regensburg, Regensburg 1979, S. 75–95. – Günter Lorenz, Das Doppelnischenportal von St. Emmeram in Regensburg, Frankfurt 1984. – Andreas Kraus, Saint-Denis und Regensburg: Zu den Motiven und zur Wirkung hochmittelalterlicher Fälschungen, in: Fälschungen im Mittelalter III (MGH Schriften 33/3) Hannover 1988, S. 535–549.

Alois Schmid

65. Liber Visionum des Otloh von St. Emmeram

Regensburg, St. Emmeram, nach 1060
Pergament, 14,4 × 20 cm, 139 Bll.

München, Bayerische Staatsbibliothek, Clm 14673

Das „Buch von den Visionen" des Mönches Otloh von St. Emmeram konfrontiert uns mit dem einem heutigen Menschen nur mehr schwer zugänglichen typisch mittelalterlichen Phänomen der Visionen, die sich sehr häufig in der Hagiographie des Mittelalters finden. Otloh selbst definiert, was er unter „Vision" im Gegensatz zum „Traum des Schlafenden" (somnium) versteht: „Visionen aber nenne ich nicht nur, was wir im ruhigen oder unruhigen somnium sehen – denn wenn wir so geistig abwesend sind, fühlen wir nicht, daß wir solche Heimsuchungen und Verwirrungen erdulden –, sondern auch das, was sehr oft Wache oder Sterbende zu sehen pflegen." (Übs. bei Schauwecker 73). Mit diesen Visionen, in denen er sich bewußt an Gregor den Großen anschloß, die aber zumeist dem engeren Bereich des klösterlichen benediktinischen Lebens entstammen, ohne wie bei Gregor auf die letzten Dinge abzuzielen, verfolgte Otloh ganz konkrete und sehr weltliche Zwecke: Kritik an Verstößen gegen die Regel des hl. Benedikt oder am Kaiser und dem Regensburger Bischof im Besonderen (Schauwecker 72–78).

„Niemand konnte dafür bestraft werden, wenn er behauptete, eine Vision gehabt zu haben. So wurde die Vision, gerade wenn es sich um die Beziehungen zwischen Untergebenen und Vorgesetzten handelte, oft zum Ausdruck von Wünschen, von Lob und Kritik, die man sich auf andere Weise nicht gestatten durfte. Die Vision und das mittelalterliche Fälscherwesen sind einander auf das engste verwandt" (Schauwecker 77).

Otloh selbst schrieb von seinem in Clm 14 673, fol. 1–46 überlieferten Werk nur die letzte Lage, fol. 39r–46v, hingegen stammen im Text davor von seiner Hand nur Rubriken und Korrekturen (Bischoff 117).

Innerhalb der Visionen sind in unserem Zusammenhang zwei – die elfte und vierzehnte – von besonderer Bedeutung, da hier das Verhältnis Otlohs (vielleicht des ganzen Konventes) zu Bischof Gebhard in für uns heute amüsant anmutender, den Zeitgenossen in ihrer Schärfe durchaus ernster Weise verdeutlicht wird. Er gebraucht zwei Bilder, die damals jedermann verständlich waren.

In Vision 11 sieht ein Bettler einen einstmals mächtigen, nun aber halb vertrockneten Baum. Auf seine Frage wird ihm bedeutet, dies sei Bischof Gebhard, der schon lange verdörre und durch das „göttliche Beil" bald fallen werde (MGH SS XI, 383).

Das Bild des verdörrten, vertrockneten und unfruchtbaren Baumes stand bis ins 12. Jahrhundert für den Baum der Erkenntnis, dessen Frucht durch den Sündenfall dem Menschen den Tod gebracht (Gen 2,17) und ihn aus dem Paradies getrieben hatte. So bildete er das Gegenstück zum grünenden Baum des Lebens. Dieser wiederum bezog sich auf Christus, da das Holz des Kreuzes „als Arznei für die Schuld des anderen Holzes im Paradiese, das die Sünde gebracht hat" von Gott gewählt wurde (Münzel 258, nach Fortunatus von Poitiers). Aus diesem Verständnis resultierte die Auffassung vom dürren Baum als Sinnbild des Todes, in der Bildkunst oftmals dem Baum des Lebens gegenübergestellt (Bauerreiss 17–24). Gerade diese Totensymbolik ist für Otloh wesentlich: durch die Axt Gottes werde der Bischof binnen weniger Jahre fallen. Das Bild der göttlichen Axt, die dem unfruchtbaren Baum an die Wurzel gelegt ist, kennt Otloh natürlich aus Mt 3,10. Schließlich steht im Neuen Testament der kahle Baum noch für Irrlehrer, die dem Gericht Gottes verfallen sind (Jud 12).

Aus alledem entwickelt Otloh konsequent das fast satanische Bild des Regensburger und Prager Bischofs, das er in der 14. Vision den heiligen Einsiedler Gunthar zeichnen läßt: dieser sieht in der Hölle zwei glühende Stühle, einen größeren für den Regensburger und einen kleineren für den Prager Bischof. Beide, so erklärt er, seien der Hölle verfallen, der erstere, weil er das Volk unterdrücke, der andere, weil er es in Unwissenheit halte, um es besser für ihre Zwecke gebrauchen zu können.

An Eindeutigkeit läßt auch dieses Bild bis heute nichts zu wünschen übrig. Der leere Thron als Vertretung dessen, der auf ihm sitzen soll, ist eine schon in der frühchristlichen Kunst geläufige Vorstellung. Den in der Hölle thronenden Satan kennen alle von Otloh so genau studierten Kirchenväter, so daß dem liebenswürdigen Emmeramer nur zwei glühende Sessel in der Hölle als Bischofsthrone für seine Kontrahenten angemessen erscheinen.

Mit diesen beiden Visionsberichten verfolgte Otloh konkrete Ziele, die im Bereich der Auseinandersetzungen des Klosters mit dem Regensburger Bischof zu suchen sind.

Literatur: MGH SS XI, S. 383 f. – Bernhard Bischoff, Literarisches und künstlerisches Leben in St. Emmeram (Regensburg) während des frühen und hohen Mittelalters, in: Studien und Mitteilungen zur Geschichte des Benediktinerordens und seiner Zweige 51 (1933), S. 102–142. – Helga Schauwecker, Otloh von St. Emmeram, in: SMBO 74 (1963), S. 72–90. – Liselotte Stauch, Baum, in: RDK 2, Sp. 66–70. – J. Flemming, Baum, Bäume, in: LCI 1, Sp. 264 f. – Gustav Münzel, Die Madonna zum dürren Baum von Petrus Christus, in: Das Münster 11 (1958) S. 258 f. – Beat Brenk, Armald Brüllhard, Hölle, in: LCI 2, Sp. 313–321.

Peter Morsbach

66. Drei Inschriftsteine aus Regensburg (St. Emmeram)

Wahrscheinlich Mitte 11. Jh.
Gebrannter Ton

Regensburg, Diözesanmuseum, Inv. Nr. L 1982/18 a, b, c

1. Stein
   Maße: ca. 18,1 × 17 × 4,1 cm
   Oberseite: EMMERA(M) / MV(S) · AQVI / TAN(VS) · DI / ONISIVS / ARIOPAG(ITA)

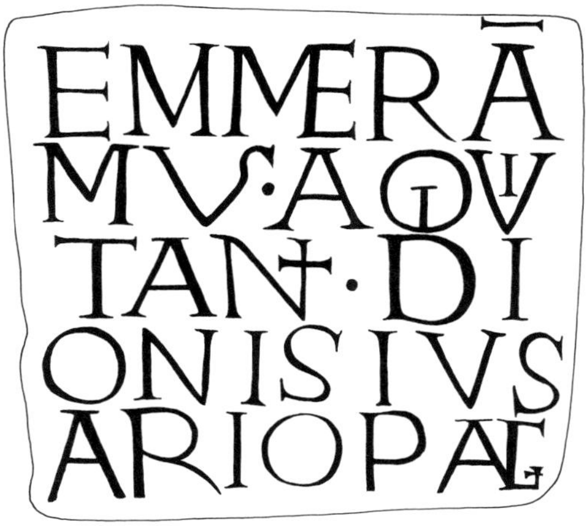

Vorderseite: HIC · REQVIESC(VNT)

Rückseite: SVB ARNVLFO

Linke Seite: IMPERATORE

rechte Seite: ET ODONE R(EGE)

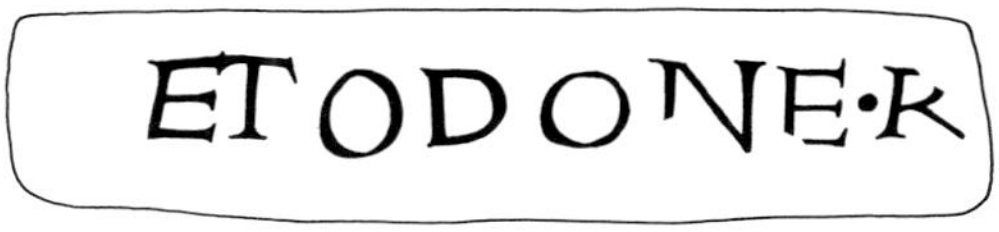

Zur Zeit Kaiser Arnulfs und König Odos ruhen an dieser Stelle Emmeram, der Aquitanier, Dionysius, der Ariopagite.

2. Stein
   Maße: ca. 18,2 × 17,5 × 5,3 cm
   Oberseite: SVB EBVLONE / ABBATE MON(ASTERII) / S(AN)C(T)I DIONISII / GISALP(ER)TVS / FVRAVIT:

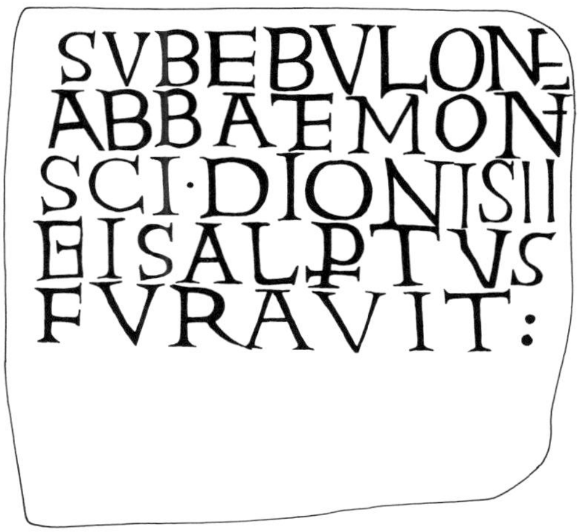

Zur Zeit Abt Ebulos von Saint-Denis hat Gisalpert gestohlen:

3. Stein
   Maße: ca. 29,4 × 15 × 4,8 cm
   Oberseite: FVRA(T)VS · E(ST) · V · N(ONAS) · IVN(II) ·HVC · VEN(IT) · II · N(ONAS) · DEC(EMBRIS) · (T)EMP(ORE) · TVTON(IS) · EPI(SCOPI)

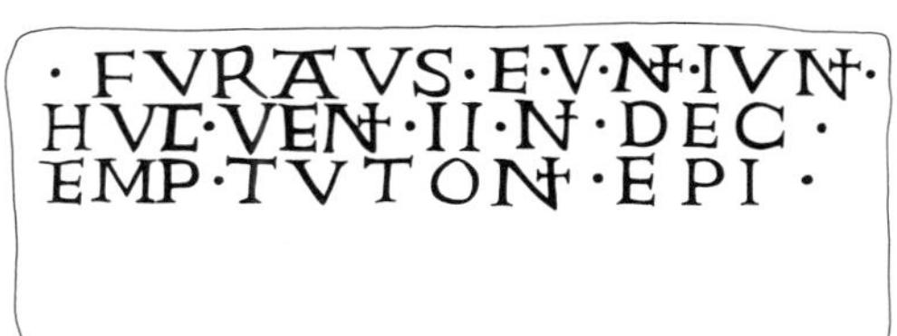

Während der Amtszeit Bischof Tutos ist er am 1. Juni gestohlen worden, am 4. Dezember kam er hierher.

(Die Umzeichnungen der Inschriftensteine fertigte nach Photographien Rainer Wohlrabe, Freiburg)

Trotz einiger wohl altersbedingter Störungen kann der ursprüngliche Buchstabenbestand der Inschrifttexte noch mit ausreichender Sicherheit festgestellt werden, auch in formaler Hinsicht. Hilfreich für ihre inhaltliche Deutung erweisen sich die Darstellungen der älteren Translatio S. Dionysii (bes. c. 10), in denen ausführlich geschildert wird, was sich bei der unter Abt Reginward von St. Emmeram (1048–1060) erfolgten „Wiederentdeckung" der Reliquien des hl. Dionyisius Ariopagita zugetragen haben soll. Denn der Verfasser dieser Ausführungen, zur Zeit im allgemeinen mit Otloh von St. Emmeram (um 1010–nach 1070) gleichgesetzt, teilt aus der Sicht eines an den Vorgängen Beteiligten auch Einzelheiten mit über die drei Inschriftsteine. Demnach wurden sie gefunden als die Mönche von St. Emmeram im Oktober 1049 mit Genehmigung Bischofs Gebhard III. (1036–1060) die Westmauer der Klosterkirche abrissen, um an ihrer Stelle ein für die öffentliche Verehrung der bis dahin verborgen gebliebenen körperlichen Überreste des hl. Dionysius Ariopagita *edificium dignum* errichten zu können. Die Bedeutung der Steine sieht der Erzähler im Beweiswert ihrer Inschriften, die belegen, wie und wann die Reliquien nach St. Emmeram gelangt sind.

Wenn sich auch im Laufe der Zeit gegen die Berechtigung und Glaubwürdigkeit der von St. Emmeram verbreiteten Vorstellungen immer wieder kritische Stimmen erhoben, beispielsweise anfangs sogar in Regensburg selbst oder 1683 von Jean Mabillon (1632–1707), behielten sie im Kloster und dessen Einflußbereich trotz aller Einwände beinahe „kanonische" Geltung, wie die 1750 von Fürstabt Johann Baptist Kraus (1742–1762) vorgelegte Verteidigungsschrift eindrucksvoll beweist.

Soweit die moderne Forschung die Inschriftsteine beachtet hat, kam sie zu dem Ergebnis, daß diese gefälscht wurden, um bei der Durchsetzung des unter Abt Reginward ins Leben gerufenen Regensburger Dionysiuskultes als historische Beweisstücke dienen zu können. Denn in keiner von den Inschriften oder der älteren Translatio unabhängigen Überlieferung findet sich eine Angabe, die den Schluß zuließe, daß während der Regierungszeit Kaiser Arnulfs (887 [895]–899) und König Odos (888–898) ein Gisalpert aus dem von Abt Ebulo († 892) geleiteten Kloster Saint-Denis Dionysiusreliquien gestohlen hätte, die dann nach dem von Bischof Tuto (894–930) verwalteten St. Emmeram gebracht worden wären. Das älteste, bisher für Regensburg nachweisbare Zeugnis pseudo-dionysischer Vorstellungen – die Messe des hl. Erhard, eine Miniatur des Uta-Evangelistars (clm 13601) – stammt aus den dreißiger Jahren des 11. Jh. Die in dieser Darstellung erkennbare, von Hartwig von St. Emmeram, einem Schüler Fulberts von Chartres († 1028), vermittelte Gedankenwelt bildet den philosophisch-theologischen Hintergrund für die Bestrebungen der Jahrhundertmitte.

Für eine vorläufige zeitliche Einordnung der Steine ist die 1908 von Hartmann Grisar aus dem Schatz der Sancta Sanctorum in Rom veröffentlichte Authentik, die nach Bernhard Bischoff wohl in der Regierungszeit Leos IX. (1049–1054) entstanden ist, von großer Bedeutung. Sie überliefert außer einem angeblich von Gisalpert in Saint-Denis bei den Dionysiusreliquien gefundenen Schriftstück auch den Text der Inschriften. Diese müssen also vor der römischen Beglaubigung angefertigt worden sein.

Zusammen mit den Änderungen, die in den Martyrologien von St. Emmeram und Prüll (Weltenburg) vorgenommen wurden, um die Texte der Dionysiusfeste am 9. Oktober und 4. Dezember den neuen Vorstellungen anzugleichen, bilden die Steine die wohl ältesten, im Original erhaltenen Zeugnisse für die Bemühungen Emmeramer Mönche, die Stellung ihres Klosters gegenüber dem Regensburger Bischof unabhängiger zu gestalten und ihm sein früheres Ansehen im Reich zurückzugewinnen, obgleich auch in dieser Beziehung schon einige die Vergangenheit verklärende Ansichten umgingen.

Literatur: Johannes Baptist Kraus, De Translatione Corporis S. Dionysii Areopagitae, seu Parisiensium Apostoli, e Gallia in Bavariam ad Civitatem Ratisbonam Dissertatio, Regensburg 1750. – Hugo Graf von Walderdorff, Über die Reliquien des hl. Dionysius Arepagita zu St. Emmeram in Regensburg, Regensburg 1898 (mit späteren Nachträgen, ungedruckt: Historischer Verein Ms. R. 371c). – Hartmann Grisar, Die römische Kapelle Sancta Sanctorum und ihr Schatz, Freiburg 1908, S. 139–141. – Adolf Hofmeister (Hg.), Translationis et inventionis Sancti Dionysii Ratisponensis Historia Antiquior, MGH Scriptores XXX/2, Leipzig 1934, S. 823–837. – Bernhard Bischoff, Literarisches und künstlerisches Leben in St. Emmeram (Regensburg) während des frühen und hohen Mittelalters, in: Ders., Mittelalterliche Studien II, Stuttgart 1967, S. 80–107. – Andreas Kraus, Die Translatio S. Dionysii Areopagitae von St. Emmeram in Regensburg (Bayerische Akademie der Wissenschaften, Phil.-Hist. Klasse, Sitzungsberichte 1972, H. 4), München 1972. – Franz Fuchs, Emmerammus Aquitanus Et Dionysius Areopagita Hic Requiescunt. Anmerkungen zur Entstehung der Regensburger Dionysiusfälschung des 11. Jahrhunderts. Zulassungsarbeit Universität Regensburg 1980/II (ungedruckt). – Bernhard Bischoff, Hartwic von St. Emmeram, in: Die deutsche Literatur des Mittelalters, Verfasserlexikon III, Berlin/New York 21981, Sp. 529–532. – Eckhard Freise – Dieter Geuenich – Joachim Wollasch, Das Martyrolog – Necrolog von St. Emmeram zu Regensburg (MGH, Libri Memoriales et Necrologia, NS III), Hannover 1986, S. 13, 17, 56f., 99, Abb. 3, 11f. – Werner Chrobak, Der heilige Dionysius, in: Georg Schwaiger – Paul Mai (Hg.), Regensburger

Bistumspatrone, München/Zürich 1988, S. 28–43. – Andreas KRAUS, Saint-Denis und Regensburg: Zu den Motiven und zur Wirkung hochmittelalterlicher Fälschungen, in: Fälschungen im Mittelalter III/I (MGH Schriften 33, III), Hannover 1988, S. 535–549. – Bernhard BISCHOFF, Brief vom 1. XII. 1988. – Fritz HERZ, Dionysius Ariopagita Ratisbonae (in Vorbereitung).

Fritz Herz

67. Hl. Dionysius

Regensburg, Nordportal der ehemaligen Benediktinerabteikirche St. Emmeram (Photo)
um 1050
Höhe der Reliefplatte: 86 cm
Breite der Reliefplatte: 145 cm
Höhe der Skulptur ohne Podest: ca. 100 cm

Die äußere Einfassung des Reliefs bildet ein gekehlter Rahmen, dem innen eine Randleiste mit der Inschrift folgt:
GALLIA TRANSLATU(M) GEMIT HVC QVEM TRINA PATRONV(M) EXSTAT IMAGO TUI PIE MACHARIOS DIONISI
(Gallien klagt über den hierher übertragenen Schutzheiligen, den dein dreifaches Bild darstellt, du gottesfürchtiger und seliger Dionysius).
Die Randleiste wiederum umfaßt eine rundbogige Arkade auf zwei Pilastern über hohen attischen Basen; in den Zwickeln stehen kleine Turmarchitekturen.
Die Gestalt des Heiligen tritt tief unterschnitten und im Kopf nahezu freiplastisch über die Reliefebene der Platte hervor, mit der sie aus einem Stück gearbeitet ist. Ein hoher, länglicher und nach rechts gewandter Kopf vor einer Nimbusscheibe beherrscht den schmächtigen Körper, dessen fast geschlossener Umriß sich nach unten verjüngt. Das Haupt trägt fein gesträhntes Haar, besitzt große, weit geöffnete Augen, einen kleinen, aber ausgeprägten Mund und ein kräftiges Kinn. Die angelegten Arme treten in der Kontur kaum hervor. Dem Segensgestus der Rechten mit ihren kräftigen Fingern steht die geballte Linke gegenüber, die ursprünglich wohl einen Bischofsstab trug (LORENZ 92). Die Kleidung weist den Dargestellten als Bischof aus: wie der hl. Emmeram gegenüber trägt er Albe, Stola, Dalmatik, Kasel und Pallium. Dalmatik und Kasel werden jeweils von festen Randborten eingefaßt, die zusammen mit dem Pallium die Körperoberflächen ornamental gliedern. Der Heilige steht frontal auf einem schräg ansetzenden Podest. Keine der drei Portalfiguren – Christus, Emmeram und Dionysius – kann trotz ihres betonten Heraustretens aus dem Grund ihren Reliefcharakter völlig abstreifen.
Bei der Datierung der drei Reliefs auf 1050/52 besteht in der Forschung weitgehende Einmütigkeit. Andreas KRAUS konnte wahrscheinlich machen, daß bei der Weihe der neuen Wolfgangskrypta und der Erhebung Wolfgangs am 7. Oktober 1052 die Reliquien des hl. Dionysius dem Papst mit ziemlicher Sicherheit nicht gezeigt, auf jeden Fall nicht erhoben, wohl auch keine Prüfung der Besitzansprüche durchgeführt wurde (KRAUS 42–52). Für die Translation des Märtyrers geben die Emmeramer Quellen den 4. Dezember an: also ist eine Verbindung des Besuches Papst Leos IX. mit der Translatio des Dionysius nicht herzustellen. Diese Verbindung beruht auf einer im späten 11. Jahrhundert gefälschten Urkunde Leos, wenn diese nicht erst, worauf PIENDL hinweist, im 14. Jahrhundert entstand (PIENDL Nr. 38).

Die Reliefs entstanden auf jeden Fall vor 1060, dem mutmaßlichen Todesjahr des Auftraggebers Abt Reginward. 1049 wurde die Westwand der alten Klosterkirche niedergelegt und der Bau des Westquerhauses mit Westchor und Krypta in Angriff genommen. Die Weihe der Krypta ist für 1052 belegt, wobei nicht geklärt ist, wie weit der Neubau damals gediehen war. Doch ist wohl anzunehmen, daß die beiden Nischenportale nach dreijähriger Bauzeit bereits standen. An der Datierung der drei Reliefs auf 1050/52 wird nicht gezweifelt. Stilistische Anhaltspunkte sind kaum zu erbringen. „Der Hinweis auf Werke der Regensburger Goldschmiedekunst des 11. Jhs. bleibt zu allgemein, um die spezifischen Formeigentümlichkeiten zu erklären" (SAUERLÄNDER 44). Die Datierung läßt sich im Vergleich mit der Wolfgangskrypta erhärten: die Kehlen der Basen der Reliefs und das pflanzliche Ornament auf den Podesten entsprechen den Formen der Stützen in der Wolfgangskrypta. Somit stellen die Reliefs zusammen mit dem Johannes-Baptista-Relief in der Pfarrkirche Großbirkach (vor 1046, SAUERLÄNDER 44, Abb. 25) die ältesten erhaltenen Beispiele süddeutscher Steinbildwerke dar und sind schon von daher von höchstem kulturhistorischen Wert. Das Relief des hl. Dionysius dürfte darüberhinaus, zumindest in Deutschland, wo sich die Dionysiusverehrung von Regensburg aus verbreitete, die erste plastische Wiedergabe des Heiligen in Stein sein. Auch in Frankreich wurden m. W. keine früheren Darstellungen bekannt, obwohl solche (in anderem Material) dort wohl existiert haben werden. Im 11. Jahrhundert entstanden auch die frühesten östlichen Darstellungen des Dionysius (Areopagita) in Malerei und Mosaik (RITTER 61, KIMPEL 62).

Noch weisen Dionysius und Emmeram in Regensburg keine Attribute auf, sondern sind nur durch die Inschriften und den Anbringungsort zu identifizieren: durch das linke Emmeramsportal betritt man die alte Emmeramskirche, durch das rechte Dionysiusportal das neue Westquerhaus mit dem Dionysiuschor, seinem „Bestattungsort".

Bei der Beurteilung der Reliefs wurde m. W. von der Forschung bislang ein wichtiger Punkt übersehen, nämlich die Gestaltung des Hintergrundes als „Wertung" des Dargestellten. Die Hintergründe des Emmerams-

und Christus-Reliefs werden von Pilastern mit Kleinarchitekturen eingefaßt, nur Dionysius steht vor einem Rundbogen. Der Rundbogen als hierarchisches oder Triumphalmotiv oder einfach als Auszeichnung ist seit der Karolingerzeit gebräuchlich. Eine bemerkenswerte, zeitlich etwas frühere Regensburger Parallele findet sich im Dedikationsbild des Abtes Hartwic von St. Emmeram in Clm 14272 um 1020-1040 (Regensburger Buchmalerei Tf. 99). Es kann sehr gut möglich sein, daß durch die Wahl des Rundbogens ausgerechnet bei Dionysius dieser in besonderer Weise vor dem hl. Emmeram ausgezeichnet werden sollte, zumal er auch den Segensgestus Christi wiederholt.

Die Inschrift selbst, die vom Wehklagen Galliens über die Übertragung der Gebeine seines Schutzpatrons spricht, erwähnt ausdrücklich drei Bilder des Dionysius in St. Emmeram, von denen nur mehr dieses eine bekannt ist. Wenn die Reliefs bei der Weihe des Westbaus durch Papst Leo IX. am 7. Oktober 1052 schon versetzt waren - was recht wahrscheinlich ist - „können wir uns die unerhörte Kühnheit, die die Anbringung des Dionysiusreliefs bedeutet, kaum vorstellen" (Lorenz 96). Das Bild des Heiligen ist dem des Emmeram sehr ähnlich gestaltet, um ihn als Kirchenpatron zu zeigen, daher auch die Position beider an „ihren" Portalen. Zu dieser Zeit, an diesem Ort, als der Anspruch des Klosters auf die vollständigen Reliquien noch ganz frisch und von höchster päpstlicher Autorität nicht abgesegnet war, gerade die zu seiner Untermauerung notwendigen Urkunden gefälscht waren und wurden (Kat. Nr. 66) und der ältere Translationsbericht vielleicht eben erst entstand (Kraus 11-13), mußte das Bild des Dionysius als (Besitz)Urkunde dienen.

Literatur: Hans Karlinger, Die romanische Steinplastik in Altbayern und Salzburg 1050-1250, Augsburg 1924, S. 2-6. - Die Kunstdenkmäler Bayerns, XXII, 1: Stadt Regensburg 1, bearbeitet von Felix Mader, München 1933, S. 291-293, Tf. XXXIV. - Max Piendl, Fontes monasterii s. Emmerami Ratisponensis, in: Thurn und Taxis Studien 1, Kallmünz 1961, Nr. 36-38. - Andreas Kraus, Die Translatio S. Dionysii Areopagitae von St. Emmeram in Regensburg (Sitzungsbericht der Bayerischen Akademie der Wissenschaften, Phil.-Hist. Klasse), München 1972, Heft 4. - Günter Lorenz, Das Doppelnischenportal von St. Emmeram in Regensburg, Frankfurt/M. u.a. 1984, S. 89-92, 96-99. - Rainer Budde - Albert Hirmer - Irmgard Ernstheimer-Hirmer, Deutsche Romanische Skulptur 1050-1250, München 1979, S. 14f., Kat. Nr. 4. - Willibald Sauerländer, Die Skulptur des 11.-13. Jahrhunderts, in: Bayern - Kunst und Kultur, Ausst. Kat. 1972, S. 44. - A. M. Ritter, Dionysius Areopagita, in: LCI VI, Sp. 60f. - Dieter Kimpel, Dionysius (Denis) von Paris, in: LCI VI: Sp. 60f. - Joseph Braun, Tracht und Attribute der Heiligen in der deutschen Kunst, Berlin [3]1988, Sp. 184-188.

Peter Morsbach

68. Hl. Dionysius

Regensburg, Dom, Hauptchor, Chorfenster süd V
um 1360 (Photoausschnitt)

Das um 1360 datierte westliche Südfenster V im Hauptchor des Regensburger Domes zeigt den hl. Dionysius in einer Reihe mit den drei wichtigsten in Regensburg beigesetzten und verehrten Bischöfen des Mittelalters, den heiligen Erhard (?), Wolfgang und Emmeram.

Während Dionysius in seiner ältesten Darstellung am Emmeramer Portal (Kat. Nr. 67) nur aufgrund der Umschrift eindeutig zu identifizieren ist, vertritt das Dombild den verbreiteten ikonographischen Typ des „Kephalophoren", des Enthaupteten, der seinen abgeschlagenen Kopf vor sich herträgt. Die Darstellung bezieht sich auf die wundersame Begebenheit bei seinem Martertod, als der Heilige seinen abgeschlagenen Kopf in die Hände genommen und damit vom Montmartre („Marterberg", eigentlich Mons Martis) bis zu dem Ort gegangen sein soll, an dem er beigesetzt werden wollte und auf dem später Kloster und Kirche St. Denis entstanden.

Neben diesem Typ des Enthaupteten gibt es in der Kunstgeschichte weitere Möglichkeiten der Darstellung: so kann er unversehrten Hauptes ein zweites als Attribut mit sich führen oder mit fehlender Schädeldecke auftreten, diese oft auf einem Buch liegend. Als Bischof trägt er die allgemeinen Attribute Bischofsstab, Mitra, Kasel und darüber das Pallium.

Das Regensburger Fenster wurde 1902 einer gründlichen Restaurierung unterzogen, wodurch z. Tl. tiefgreifende Erneuerungen des mittelalterlichen Glasbestandes vorgenommen wurden, wovon auch hauptsächlich der Kopf des Dionysius betroffen ist.

Literatur: Gabriela Fritzsche, Die mittelalterlichen Glasmalereien am Regensburger Dom (Corpus Vitrearum Medii Aevi, Deutschland Band XIII, 1), Berlin 1987, Kat. S. 157-159, Abb. 288 (mit älterer Literatur). - Joseph Braun, Tracht und Attribute der Heiligen in der deutschen Kunst, Berlin [3]1988, Sp. 184-188. - Dieter Kimpel, Dionysius (Denis) von Paris, in: LCI VI, Sp. 61-67.

Peter Morsbach

BISCHOF HARTWIG I. VON REGENSBURG (1105–1126)

Bischof Hartwig I. von Regensburg gehörte zum Geschlecht der Sponheimer, einer Familie, die seit der Mitte des 11. Jahrhunderts zu einer immer größeren Bedeutung vor allem im Südosten des Reiches kam. Vertreter dieser Familie konnten als geistliche Fürsten bischöfliche oder erzbischöfliche Würden erlangen oder waren über fünf Generationen hinweg Herzöge von Kärnten.
Über Hartwig selbst wissen wir bis zu seiner Ernennung zum Regensburger Bischof nur wenig und sind in bezug auf seine Tätigkeit überwiegend auf Vermutungen angewiesen. Sein Geburtsjahr dürfte um 1070 liegen. Schon von vorneherein scheint er für den geistlichen Stand bestimmt gewesen zu sein und eine entsprechende Ausbildung erhalten zu haben, vielleicht in St. Paul im Lavanttal, dem Sponheimer Hauskloster, in Salzburg, wo sein Vater Engelbert das Vogteirecht innehatte, oder in Magdeburg, wo Hartwigs gleichnamiger Oheim Erzbischof war. Hier in Magdeburg wurde Hartwig Dompropst und durfte sich Hoffnungen machen, nach dem Tod seines Oheims dessen Nachfolger zu werden. Aus den langen Auseinandersetzungen um die Nachfolge, die vor dem Hintergrund des Streites zwischen Kaiser Heinrich IV. und seinem Sohn Heinrich V. zu sehen sind, ging jedoch Heinrich von Assel als Sieger hervor. Dessen Konsekration im Jahr 1105 war eine Folge der Zustimmung Heinrichs V., der jedoch Hartwig für dessen Nichtberücksichtigung das Regensburger Bistum in Aussicht gestellt haben dürfte. Dies und eine starke Opposition, die er als Magdeburger Erzbischof gegen sich gehabt hätte, mag Hartwig – im Magdeburger Streit eigentlich Kandidat von Kaiser Heinrich IV. – veranlaßt haben, auf die Seite von Heinrich V. überzutreten, dessen Parteigänger er fortan stets blieb. Im August oder September 1105 wurde er zum Regensburger Bischof erhoben und Anfang 1106 durch den Mainzer Erzbischof Rudhart konsekriert. Der von Kaiser Heinrich IV. gestützte Gegenbischof Udalrich konnte sich nicht halten und mußte Hartwig Platz machen.
Hartwigs Tätigkeit als Regensburger Bischof war geprägt durch den sogenannten Investiturstreit zwischen Kaiser- und Papsttum, in dem beide Seiten das Recht der Bischofseinsetzung für sich beanspruchten, in dem es aber um die grundsätzliche Frage des Einflusses des Kaisers auf die Kirche ging, wie er in der Investitur der Bischöfe durch den Kaiser zum Ausdruck kam. Die Päpste des Investiturstreites wollten den Einfluß zurückdrängen und erhielten dabei wesentliche Impulse aus einer kirchlichen Reform, die zunächst als klösterliche Erneuerungsbewegung eine strenge Zucht in den Klöstern forderte, dann kirchliche Mißstände wie Ämterkauf und Priesterehe bekämpfte und schließlich im Jahr 1075 im „Dictatus Papae“ von Papst Gregor VII. den Vorrang des Papstes über den Kaiser dogmatisch festlegte. Der Kaiser seinerseits konnte auf die Investitur der Bischöfe nicht verzichten, denn sonst wären seine wichtigen Ratgeber und Helfer bei der Regierung des Reiches nicht von ihm selbst, sondern vom Papst in ihr Amt eingesetzt worden. Hartwig griff in diesen Streit immer wieder zugunsten Heinrichs V. ein, er war selbst von ihm unter Mißachtung des Verbots der Laieninvestitur in das Regensburger Bischofsamt eingesetzt worden.
Bereits unmittelbar nach seiner Einsetzung spielte Hartwig eine wesentliche Rolle bei der Bischofserhebung Gebhards von Speyer, wo das Verbot der Laieninvestitur erneut umgangen wurde. Hier und während der Kriegszüge Heinrichs V. gegen Robert von Flandern im Jahr 1107 bzw. gegen die Ungarn im Jahr 1108 konnte der König das Verhandlungsgeschick des Regensburger Bischofs kennenlernen und sich wie später so oft zunutze machen.
Wiederum im Zusammenhang mit dem Investiturstreit ist der erste Italienzug von Heinrich V. in den Jahren 1110 und 1111 zu sehen, an dem Hartwig teilnahm. Während des Zuges setzte Heinrich V. Papst Paschalis II. in einer tumultartigen Auseinandersetzung um das Investiturproblem gefangen und nötigte ihm als Gegenleistung für seine Freilassung das Investiturrecht und die Kaiserkrönung ab. Hartwig stellte sich als Mann der Kirche in dieser Situation nicht gegen Heinrich V., was man aber nicht ausschließlich mit dem Begriff Opportunität erklären kann. Sicherlich hätte Hartwig kaum die Möglichkeit gehabt, sich während des ersten Italienzugs von Heinrich V. zu lösen, ohne Repressalien fürchten zu müssen. Während des zweiten Italienzugs des Kaisers in den Jahren 1116 und 1117 wäre ihm dies dagegen leichtgefallen. Er tat es aber nicht.

Nach einer Niederlage gegen eine sächsische Fürstenopposition war Heinrich V. ohne Heer nach Italien aufgebrochen, um sich die reichen Mathildischen Güter in Oberitalien zu sichern und um erneut einen Ausgleich mit dem Papst anzustreben, nachdem das während des ersten Italienzuges erpreßte Investiturrecht nicht anerkannt worden war. Hartwig hatte sich der Teilnahme entziehen können, seine Position gegegenüber Heinrich V. war nach dessen Niederlage gegen die sächsische Fürstenopposition gestärkt. Er blieb aber auf der Seite des Kaisers, obwohl viele andere Bischöfe von diesem abfielen und obwohl ihn sein Metropolit, Erzbischof Konrad von Salzburg, auf die päpstliche Seite ziehen wollte. Auch ein möglicher Kirchenbann hielt Hartwig nicht davon ab, Gefolgsmann von Heinrich V. zu bleiben, wofür ihm der Kaiser, der während des Italienzuges in der Investiturfrage keinen Fortschritt erzielte, dankbar war.
Für die Jahre nach dem zweiten Italienzug Heinrichs V. geben die Quellen kaum einen Aufschluß über die reichspolitische Tätigkeit von Bischof Hartwig. Im Jahr 1121 schloß er sich mit den anderen bayerischen Bischöfen jenem Würzburger Fürstenbeschluß an, der Kaiser und Papst zur Beilegung des Investiturstreits aufforderte. Am 22. September 1122 kam dann in Worms die Einigung zustande, in der Heinrich V. auf die Investitur mit den Symbolen Ring und Stab verzichtete, dafür aber von Papst Calixtus II. das Recht erhielt, bei der Wahl des Prälaten anwesend zu sein und ihn zwischen Wahl und Weihe zu belehnen. Dieses Wormser Konkordat (Kat. Nr. 69) wurde von Hartwig mit unterzeichnet.
Das Wormser Konkordat stellte einen Kompromiß zwischen Kaiser und Papst dar, der auch auf das Verhältnis zwischen Hartwig und Konrad von Salzburg einen Einfluß hatte. Waren beide während des Investiturstreites Gegner, so spielten sie jetzt gemeinsam nach dem Tod von Heinrich V. eine wichtige Rolle bei der Königswahl von Lothar von Supplinburg im Jahr 1125 – ein Beweis für die hervorragende Stellung, die Hartwig in der Reichspolitik eingenommen hatte.
Doch soll in diesem Zusammenhang nicht in erster Linie die reichspolitische Tätigkeit Hartwigs, sondern seine Tätigkeit in seinem Bistum interessieren.
In das Jahr 1107 fallen die Anfänge des Klosters Mallersdorf, seit dem Jahr 1130 Eigenkloster des Bischofs Otto von Bamberg. Die Ministerialen Heinrich von Kirchberg und dessen Sohn Ernst übergaben ihre Burg dem Benediktinerorden zu einer Klostergründung, und im Jahr 1109 weihte Bischof Hartwig die Johanneskapelle, die bereits vorher von Bischof Wolfgang geweiht worden war, als erste Klosterkirche von Mallersdorf neu.
Bei einem Regensburger Hoftag Heinrichs V. im Jahr 1110 wurde auch das Benediktinerkloster Prüll von Hartwig neu eingeweiht. Prüll war bereits im Jahr 997 unter Bischof Gebhard I. gegründet worden, wurde aber im Verlauf der Kämpfe zwischen Kaiser Heinrich IV. und seinem Sohn Heinrich V. im Jahr 1105 völlig zerstört, so daß ein Neubau notwendig wurde, den Bischof Hartwig dann seiner Bestimmung übergab.
Möglicherweise während des gleichen Hoftages wurde auch der erste Teil des Kirchenbaus für das Schottenkloster St. Jakob von Hartwig eingeweiht. Bereits um das Jahr 1067 befanden sich iroschottische Mönche in Regensburg, wo sie wenige Jahre später ihre erste Niederlassung bauten, das spätere Weih-St. Peter. Auf einem Hof, den Burggraf Otto von Riedenburg erworben hatte, entstand die neue Abtei St. Jakob, nachdem Weih-St. Peter, das im Jahr 1089 reichsunmittelbar wurde, zu klein geworden war. Unter Abt Domnus wurde im Jahr 1120 die Jakobskirche von Bischof Hartwig eingeweiht, der schon im Jahr 1112 bei Heinrich V. zugunsten des Schottenklosters interveniert hatte, wobei der Kaiser dem Kloster dessen Besitz bestätigte.
Ein weiteres Benediktinerkloster in der Regensburger Diözese, dessen Gründung in die Regierungszeit Hartwigs fällt, ist das Stift Reichenbach. Veranlaßt wurde die Gründung im Jahr 1118 von Markgraf Diepold von Vohburg. Hartwigs Rechte betrafen die Benediktion des Abtes und die Konsekration der Altäre, weiter hat er nicht in die Belange des Klosters eingegriffen, was aus reichspolitischer Sicht nicht nötig wurde, da Markgraf Diepold häufig in der Umgebung Heinrichs V. zu finden war und nicht angenommen werden kann, daß gerade er eine gegen den Kaiser gerichtete Gründung betrieben hat, die auch den Interessen Hartwigs entgegengestanden hätte.
Ebenso wie Reichenbach war auch Ensdorf kein kaiserfeindliches Kloster, dessen Gründung in das Jahr 1121 fiel. Pfalzgraf Otto von Wittelsbach gab aus seinem Besitz und aus der ihm zugefallenen Erbschaft

seines Schwiegervaters Graf Friedrich von Lengenfeld-Hohenlohe, der sich in Ensdorf ein Hauskloster hatte bauen wollen, für das Kloster mehrere Ausstattungsgüter, die durch Schenkungen des Bischofs Otto von Bamberg noch ergänzt wurden, der im Jahr 1123 mit Erlaubnis Hartwigs die Klosterkirche einweihte. In der kaiserlichen Bestätigungsurkunde und einem päpstlichen Schutzbrief wurden dem Regensburger Bischof verschiedene Rechte zugesichert, die vor allem dann in Kraft treten sollten, falls sich die Bamberger gegen das Kloster feindlich verhalten sollten. Otto von Wittelsbach hatte das Kloster Bischof Otto von Bamberg übertragen, so daß es wie Mallersdorf Bamberger Eigenkloster war, doch war ebensowenig wie bei den anderen Gründungen eine kaiserfeindliche und damit auch gegen Hartwig gerichtete Haltung zu erwarten, da Otto im Investiturstreit eher eine neutrale Haltung eingenommen hatte und das Wormser Konkordat mögliche Konflikte ausschloß.

Das wichtigste Eigenkloster Ottos von Bamberg in der Diözese war jedoch das Kloster Prüfening. Seine Anfänge gehen bis in das Jahr 1109 zurück, als Heinrich V. vor seinem Ungarnfeldzug in Regensburg einen Hoftag abhielt, bei dem neben Hartwig auch Otto von Bamberg anwesend war. Ottos Vision von der Jakobsleiter soll der Anlaß für die Gründung von Prüfening gewesen sein. Bereits die Alte Kapelle, auf deren Boden das neue Kloster gegründet werden sollte, war Bamberger Eigenkloster, doch versuchte Hartwig eigene Rechte durchzusetzen, so daß es bereits vor der Grundsteinlegung viele juristische Probleme zu lösen gab, die sich bis in das Jahr 1114 hinzogen, als Hartwig und Otto ihre Differenzen in einem Kompromiß beilegen konnten. Besiedelt wurde das Kloster mit Mönchen aus dem Kloster Hirsau, die unter der Führung von Erminold im Jahr 1114 nach Prüfening kamen. Man kann aber nicht ausschließen, daß auch Mönche aus anderen Abteien das neue Kloster mit besiedelten, da ja das Kloster schon einige Jahre im Aufbau begriffen war. Erminold wurde erster Abt und als solcher am 20. Mai 1117 nicht von Hartwig, sondern auf dessen Bitte von Bischof Udalrich von Passau geweiht. Die Weihe der Klosterkirche nahm Hartwig selbst zusammen mit Otto von Bamberg am 12. Mai 1119 vor. Die Altarweihen in der Kirche waren ebenfalls ein Werk von Hartwig und Otto, die beide als Garant dafür angesehen werden können, daß Prüfening kein kaiserfeindliches Kloster wurde. Die Zurückweisung des Kaisers, der das Kloster besuchen wollte, durch Abt Erminold darf dabei nicht als generell kaiserfeindlich bewertet werden, sondern muß mit den strengen Klostersitten erklärt werden, nach denen ein Umgang mit einem Gebannten verboten war, auch wenn es sich um den Kaiser handelte.

Hartwigs sehr energische Haltung zeigt sich an seinem Verhältnis zum Kloster St. Emmeram. Hier lebten nach dem Tod des Abtes Rutpert im Jahr 1095 die Streitigkeiten, die zwischen dem Kloster und dem Regensburger Bischof bestanden hatten, unter dem neuen Abt Pabo wieder auf. Der Zwist ging so weit, daß der Abt von Hartwig abgesetzt wurde. Der neue Abt Reginhard stand mit Hartwig in gutem Einvernehmen. Pabo gab jedoch seine Sache nicht verloren, sondern wandte sich an die Kurie, wo er Papst Paschalis II. um Hilfe bat. In mehreren Briefen forderte der Papst Hartwig auf, Pabo wieder in sein Amt einzusetzen. Hartwig fand jedoch den Ausweg, Pabo den Prozeß wegen Simonie zu machen. Leider geben die Quellen keinen Hinweis über das Ende der Auseinandersetzung, man kann jedoch davon ausgehen, daß sich Hartwig durchgesetzt hat und Reginhard im Amt geblieben ist.

Auch in die Angelegenheiten des Klosters Weltenburg griff Bischof Hartwig ein, als er im Jahr 1123 das Benediktinerkloster in ein Augustinerchorherrenstift umwandelte. Aber bereits Hartwigs Nachfolger Bischof Kuno setzte in Weltenburg wieder Benediktinermönche ein, so daß das Kloster nur fünf Jahre ein Augustinerchorherrenstift war.

Hartwig war immer darauf bedacht, daß in seinem Bistum kein Kloster seinen eigenen politischen Auffassungen entgegenstand. Er mußte fürchten, daß sich ein Reformkloster dem Papsttum anschloß, doch gelang es ihm immer, die Klöster auf einem kaiserfreundlichen Kurs zu halten, so daß von ihnen keine Gefahr ausging. Diese Gefahr drohte eher von einem Klerikerreformkreis, der sich in Regensburg gebildet hatte und zu dem bedeutende Persönlichkeiten wie Paul und Gebhard von Bernried sowie der Domherr Walther gehörten, der im Jahr 1118 Erzbischof von Ravenna wurde. Diese Reformer standen ganz im Gegensatz zu den Investiturforderungen des Kaisers. Selbst der Kompromiß des Wormser Konkordats bedeutete ihnen noch ein zu großes Entgegenkommen der Kirche. Unter Bischof Hartwig konnten sie sich nicht in der Stadt halten und wurden erst von seinem Nachfolger nach Regenburg zurückgeholt.

Hartwigs Stellung in seiner Diözese war also immer stark und unangefochten, was auf sein diplomatisches Geschick, sein Durchsetzungsvermögen und auf die Rückendeckung Heinrichs V. zurückzuführen war. Er starb am 3. März 1126 und wurde in St. Emmeram begraben.

Literatur: Rudolf BUDDE, Die rechtliche Stellung des Klosters St. Emmeram zu den öffentlichen und kirchlichen Gewalten vom 9. bis zum 14. Jahrhundert, in: Archiv für Urkundenforschung 5, 1914, S. 153–238. – Horst FUHRMANN, Deutsche Geschichte im hohen Mittelalter von der Mitte des 11. bis zum Ende des 12. Jahrhunderts (Deutsche Geschichte Bd. 2, hg. v. Joachim Leuschner), ²1983. – Ludwig HAMMERMAYER, Zur Geschichte der Schottenabtei St. Jacob in Regensburg. Neue Quellen aus schottischen Archiven, in: ZBLG 22, 1959, S. 42–76. – Ferdinand JANNER, Geschichte der Bischöfe von Regensburg Bd. 1, 1883. – Josef KLOSE, Reichenbach am Regen – ein mittelalterliches Reform- und Dynastenkloster, in: VHVO 109, 1969, S. 7–26. – Hans-Georg SCHMITZ, Kloster Prüfening im 12. Jahrhundert (Miscellanea Bavarica Monacensia, Bd. 49, hg. v. Karl Bosl und Michael Schattenhofer), 1975. – Rotraut SCHNITZER, Die Vita b. Herlucae Pauls von Bernried. Eine Quelle zur Gregorianischen Refom in Süddeutschland, 1967. – Hans ZITZELSBERGER, Die Geschichte des Klosters Ensdorf von der Gründung bis zur Auflösung in der Reformation 1121–1525, in: VHVO 95, 1954, S. 5–171.

Hans Rosanowski

69. Privileg Kaiser Heinrichs V. für die römische Kirche

(Das Heinricianum des Wormser Konkordats)

Faksimile, H 46,7 cm, B 44 cm

Vatikan, Archivio Segreto, Arm. I capsa VI, 11

Am 23. September 1122 vereinbarten Kaiser Heinrich V. und der Kardinallegat Lambert von Ostia, der spätere Papst Honorius II. (1124–1130), auf der heute nicht mehr eindeutig lokalisierbaren „Laubwiese“ bei Worms nach zähen Verhandlungen das sogenannte Wormser Konkordat, durch das der fast ein halbes Jahrhundert währende Streit zwischen Kaiser und Papst um die Investitur der Reichsbischöfe und Reichsäbte ein Ende fand. Formal besteht der Vertrag aus zwei damals ausgetauschten Privilegien, in denen Heinrich V. und Papst Calixt II. jeweils der Gegenseite ihre Zugeständnisse beurkundeten. Das hier ausgestellte Heinricianum wird im Original heute noch beim Empfänger – im päpstlichen Archiv – aufbewahrt. Kaiser Heinrich V. verzichtet darin auf die Investitur mit Ring und Stab und sagt „kanonische Wahl“ und „freie Weihe“ zu; ferner verspricht er die Rückgabe des entfremdeten Kirchengutes und künftige Hilfeleistung. Heinrichs Verzichturkunde wird von 18 anwesenden Reichsfürsten bezeugt, wobei nach den Erzbischöfen Adalbert von Mainz und Friedrich von Köln Bischof Hartwich I. von Regensburg (1105–1126) die Liste der geistlichen Reichsfürsten anführt. Als Schreiber der Urkunde konnte der in den letzten Jahren Heinrichs V. vielbeschäftigte Notar Heinrich (II) nachgewiesen werden, der an der Abfassung 40 weiterer Herrscherdiplome beteiligt gewesen sein dürfte.

Im Calixtinum, dessen Wortlaut nur durch Abschriften überliefert ist, erlaubt der Papst die Anwesenheit des Herrschers bei Bischofs- und Abtswahlen und die Belehnung (Regalienleihe) der Erwählten mit dem Zepter, in Deutschland vor der Weihe, in Burgund und Italien danach; des weiteren gesteht er Heinrich eine begrenzte Einflußmöglichkeit bei strittigen Wahlen zu.

Während der Kaiser sein Privileg *„für Gott, die heiligen Gottesapostel Petrus und Paulus und die heilige katholische Kirche“* ausstellt, ist im Calixtinum nur Heinrich V. als Empfänger genannt, so daß die Dauer der Gültigkeit der päpstlichen Konzessionen möglicherweise nur auf Heinrichs Lebenszeit beschränkt war.

Die Abmachungen von Worms wurden im März 1123 durch eine Lateransynode bestätigt. Dabei soll – nach dem Bericht des Augenzeugen Gerhoh von Reichersberg – die Verlesung des Calixtinums tumultartige Proteste der radikalen kirchlichen Partei ausgelöst haben, der die Zugeständnisse des Papstes in der Regalienfrage zu weit gingen.

Die Frage der rechtlichen Nachwirkungen der Wormser Vertragsbestimmungen ist in der Forschung umstritten. Die großen systematischen Kirchenrechtssammlungen des 12. Jahrhunderts, allen voran das Decretum Gratiani, haben das Wormser Konkordat nicht rezipiert, und der Überlieferungsbefund der Handschriften, der bislang nur für das Calixtinum eingehend analysiert wurde, zeigt ein so diffuses Erscheinungsbild, daß nach Peter CLASSEN der Vertrag als „rechtssetzende Urkunde ... bereits in der Zeit Friedrich Barbarossas nicht mehr bekannt“ war. Nachzutragen ist eine von der Forschung noch nicht herangezogene Überlieferung des Wormser Konkordats in München, Hauptstaatsarchiv Klosterliteralie Niederalteich 39, fol. 71^{r} (13. Jahrhundert).

Literatur: Harry BRESSLAU/Theodor SICKEL, Die kaiserliche Ausfertigung des Wormser Concordats, in: MIÖG 6 (1885), S. 105–139. – Adolf HOFMEISTER, Das Wormser Konkordat. Zum Streit um seine Bedeutung, in: Forschungen und Versuche zur Geschichte des Mittelalters und der Neuzeit. Festschrift Dietrich Schäfer, Jena

1915, S. 64–148 (Separater Nachdruck mit Vorwort von Roderich Schmidt, Darmstadt 1962). – Friedrich Hausmann, Reichskanzlei und Hofkapelle unter Heinrich V. und Konrad III. (Schriften der Monumenta Germaniae historica 14), Stuttgart 1956. – Peter Classen, Das Wormser Konkordat in der deutschen Verfassungsgeschichte, in: Investiturstreit und Reichsverfassung, hg. v. Josef Fleckenstein (Vorträge und Forschungen 17), Sigmaringen 1973, S. 411–460. – Rudolf Schieffer, Rechtstexte des Reformpapsttums und ihre zeitgenössische Resonanz, in: Überlieferung und Geltung normativer Texte des frühen und hohen Mittelalters, hg. von Hubert Mordek (Quellen und Forschungen zum Recht im Mittelalter 4), Sigmaringen 1986, S. 51–69.

Franz Fuchs

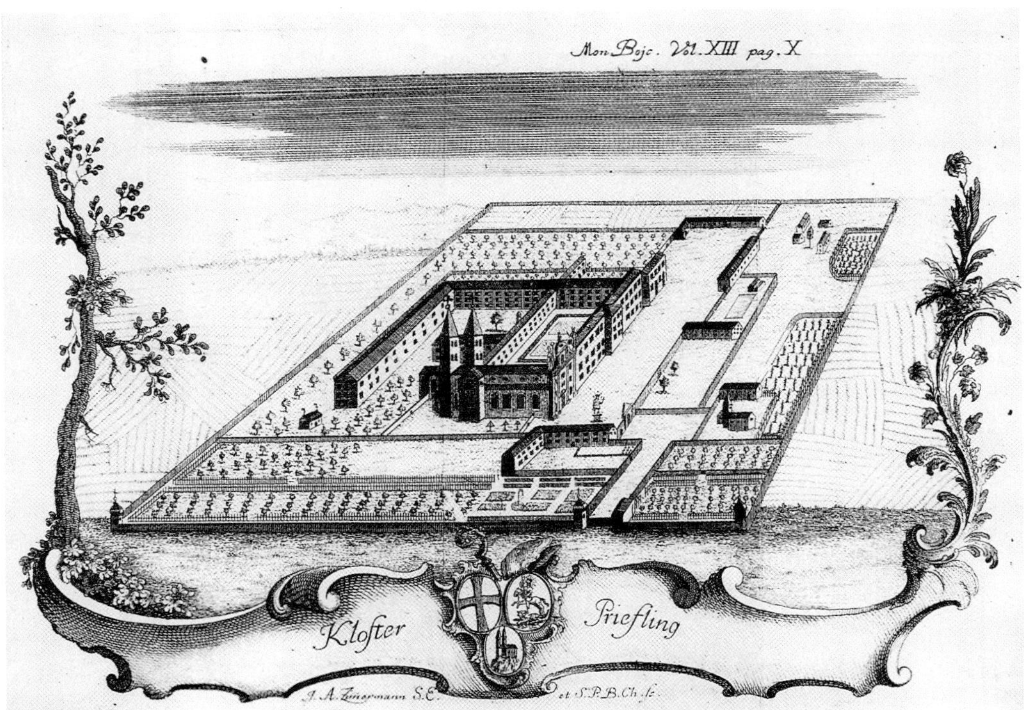

Kat. Nr. 71, aus MB XIII

KLOSTER PRÜFENING

Die im Jahre 1109 erfolgte Gründung des Benediktinerklosters St. Georg in Prüfening, westlich Regensburgs, durch Bischof Otto von Bamberg, führt uns mitten in den Investiturstreit, die große Auseinandersetzung des hohen Mittelalters zwischen Regnum und Sacerdotium, zwischen weltlicher und geistlicher Macht. So mögen der romanische Dom Regensburgs und die Klosterkirche St. Georg *„im Herzogtum Bayern im Donaugau, nahe bei der Stadt Regensburg"* gelegen (MB XIII 32, Nr. II) für die Gegenpole stehen, deren Auseinandersetzung die Geschichte der Stadt und des Bistums über Jahrhunderte prägte, und die in ihren Folgen bis heute faßbar ist: Kaiser und Papst.

Regensburg sah sich seit den Zeiten Kaiser Heinrichs IV. in den Konflikt mit dem Reformpapsttum unter Gregor VII. als seines mächtigsten und fähigsten Vertreters hineingezogen.

Der abgesetzte bayerische Herzog Welf IV. stand zunächst als heftiger Gegner Heinrichs IV. auf der Seite des Papstes. Als jedoch die von Papst Urban II. gestiftete Ehe seines Sohnes Welf V. mit Markgräfin Mathilde von Tuszien in die Brüche ging, wechselten Vater und Sohn zur Partei des Kaisers und erhielten so das Herzogtum Bayern zurück. Hiervon mußte auch Regensburg profitieren, war die Stadt doch lange Zeit das „Aktionszentrum" Heinrichs im Kampf mit dem Herzog gewesen (REINDEL 330f. – KRAUS 77). Dies war umso leichter möglich gewesen, als die Stadt nicht die feste Residenz des Herzogs war, da die Welfen eher in ihren Hausgütern in Schwaben und am Lechrain residierten und Regensburg nur gelegentlich zu Landtagen aufsuchten (SCHMID, Hohes Mittelalter 40).

Wie viele andere deutsche Bischöfe des noch nicht überwundenen Reichskirchensystems ottonisch-salischer Prägung, so standen auch die Regensburger Oberhirten – im frühen 12. Jahrhundert Bischof Hartwig I. – auf der Seite des Kaisers. Doch gerade zwei mächtige bayerische Bischöfe, Gebhard von Salzburg und Altmann von Passau – gehörten entschieden der päpstlichen Partei an.

In Bayern regte sich denn auch ein neuer und letzter Aufstand, „abermals (wurde) der bayerische Nordgau zu einem Zentrum des Widerstandes gegen den Kaiser" (REINDEL 331). Es war der Sohn des Kaisers, Heinrich V., der sich 1105 von seinem Vater lossagte und diesen verdrängte. Regensburg wurde zunächst von Heinrich V. genommen und eidlich gebunden, dann von Heinrich IV., der seinen Sohn vertrieb und schließlich nach der Flucht des Kaisers wieder von Heinrich V. erobert und für die Parteinahme für den Vater bestraft (SCHMID, Hohes Mittelalter 40).

Zur Festigung seiner Macht in Regensburg setzte Heinrich V. seinen eigenen Bischof ein: Hartwig I. Dieser verfolgte schließlich eine eher moderate Politik – vergleichbar der Ottos von Bamberg –, obwohl er treu im Gefolge des Kaisers blieb, als dieser 1111 Papst Paschalis gefangensetzte (ROSANOWSKI 63) und wiederum zu den ersten Unterzeichnern des Wormser Konkordates 1122 zählte (Kat. Nr. 69).

Bischof Otto von Bamberg, Hofkanzler Heinrichs IV., schloß sich in Regensburg Heinrich V. an. In dessen Gefolge machte er die Bekanntschaft mit dem Regensburger Bischof. Es gelang Otto, die seit Heinrich II. bestehende Bindung des Bistums Bamberg an Rom erneut zu festigen und somit auch den Weg zu öffnen für das Eindringen der Hirsauer Reform in den Südosten des Reiches.

Diese Reform hatte in der Zeit Heinrichs IV. in Bayern nicht Fuß fassen können. Erste Boten waren nach 1103 Mönche, die aus der Hirsauer Filiation Petershausen ins Nordgaukloster Kastl bei Amberg gewandert waren (JAKOBS 63). Auch Bischof Gebhard von Salzburg und Altmann von Passau hatten Klöster – Göttweig und Admont – gegründet, doch auch hier wurde erst zu Beginn des 12. Jahrhunderts, in Admont 1101, die Hirsauer Reform eingeführt.

Worum ging es in der Hirsauer Reformbewegung überhaupt? Abt Wilhelm, ihr Initiator, war selbst aus einem bedeutenden Reformkloster des Gorzer Kreises, St. Emmeram in Regensburg, nach Hirsau berufen worden. Die Hinwendung zu den Reformbestrebungen Papst Gregors VII. vollzog er 1075/76, als er in Rom Zeuge jener Fastensynode im Lateran wurde, auf der die Laieninvestitur verboten und gegen den deutschen Kaiser Heinrich IV. der Bann geschleudert wurde. Wilhelm, der seitdem unverbrüchlich auf der Seite der „Gregorianer" stand, trat unter dem Einfluß seines Jugendfreundes Ulrich von Zell und des Abtes Bernhard von St. Victor in Marseille mit Cluny und der cluniazensischen Bewegung in

Nach Ertl, *Churb. Atlas 1687*

Kontakt, die ihn schließlich 1079 zur Niederschrift seiner auf die Gebräuche Clunys sich stützenden Hirsauer Constitutiones veranlaßten.
Die Prinzipien blieben da und dort die gleichen, nur hatte sich die politische Zielsetzung geändert, die man kennen muß, um auch die schwierige Situation Prüfenings gegenüber St. Emmeram in Regensburg zu verstehen. Die Vorschriften Wilhelms befremden den modernen Menschen durch ihre außerordentliche, asketische Strenge, kamen aber, wie die sprunghaft ansteigenden Mönchs- und Laienbrüderzahlen zeigen, einem Bedürfnis der Zeit entgegen. Leitgedanken waren die völlige Besitzlosigkeit der Mönche, strenges Stillschweigen, feierliche Liturgie – die sich oft mit größter Pracht des Kirchengebäudes verband –, außerdem der Kampf gegen Laieninvestitur, Simonie und Priesterehe, eine starke Betonung der innerlichen Gottesschau, wozu das mönchische Leben bis ins kleinste streng geregelt wurde. Einerseits herrschte in den Klöstern der Hirsauer Observanz eine zum Teil emsige Schreibertätigkeit – Prüfening ist selbst das beste Beispiel hierfür –, andererseits scheint die wissenschaftliche Tätigkeit nicht gefördert worden zu sein, was bei dem hohen wissenschaftlichen Rang und der Bildung Wilhelms von Hirsau verwundert. Handarbeit wurde ebenso vernachlässigt und den Laienbrüdern übertragen, die seit dieser Zeit in den Klöstern eine wesentliche Rolle spielten. Die Pflege der Caritas, die Gastfreundschaft, das Fürbittgebet und das Totengedächtnis waren weitere wesentliche Bereiche des mönchischen Lebens. Wenn die Constitutiones auch von Cluny stark beeinflußt sind, so kann man die Hirsauer im strengen Sinne doch nicht den Cluniazensern zurechnen. Im Gegenteil: die Verwirklichung der sog. gregorianischen libertas ecclesiae, der Freiheit der Kirche von weltlichen Herren mit der Unterwerfung unter Rom, „wurde zur Ursache und zum Anlaß der eigentlichen Hirsauer Bewegung. Ihr Ziel war Absage, Kampf; ihr Gegner war direkt oder indirekt das gesamte, vorgregorianische Mönchtum: Gorze und Cluny" (Jakobs 226).
Die „Initialzündung" für den Durchbruch der Hirsauer Reform im Bistum Regensburg und darüber hinaus erfolgte durch die Gründung Kloster Prüfenings durch Otto von Bamberg 1109. Das Kloster war keine Filiation von Hirsau. Die ersten Mönche dürften aus dem Bamberger Michaelskloster gekommen

sein, doch der Einfluß Hirsaus (der von Anbeginn beabsichtigt war und sich auch in der Planung der Klosteranlage manifestiert) setzte erst in der Gestalt des gestrengen Abtes Erminold ein, der ab 1114 die überaus harten Hirsauer Constitutionen einführte. Nachdem er in Kloster Lorsch gescheitert war, stieß er auch in Prüfening auf Widerstand und wurde schließlich 1121 erschlagen.

Die Errichtung des Klosters stellte einen kirchenpolitischen Akt dar und ist im Zusammenhang mit anderen Gründungen Ottos von Bamberg zu sehen, mit denen er die Interessen des Papsttums im Reiche stärkte und die er in der Regel mit Mönchen aus Hirsau besetzte. Auch im Hochstift Regensburg war die Stellung zu Kaiser und Papst noch nicht eindeutig entschieden.

Die Gründung Prüfenings erfolgte als bischöflich-bambergisches Eigenkloster auf einem Gebiet, das, ebenfalls bambergisch, der Alten Kapelle in Regensburg gehörte, und umgeben war von Besitzungen des Klosters St. Emmeram. Den neuen Konvent sah man als Eindringling, vielleicht auch als Konkurrenten an (Schmitz 8). St. Emmeram selbst, das Mutterkloster Wilhelms von Hirsau, sträubte sich bis 1143 gegen die Hirsauer Reform (Stein 15f.). In der politischen Zielsetzung dieser Reform – die Absage an Gorze und Cluny – liegt dann wohl auch der tiefere Grund für das feindselige Verhalten des gorzischen St. Emmeram. Nicht „Futterneid“, sondern eher die fundamental unterschiedliche Auffassung von libertas ecclesiae. „In den gorzischen Klöstern beruhte sie auf der direkten oder indirekten Zugehörigkeit zum Reich. Königtum und bischöfliches Eigenkirchenrecht garantieren die Freiheit von laikaler Gewalt“ (Jakobs 226). Die Klöster der Hirsauer Observanz unterwarfen sich Rom, degradierten den im von Gregor VII. bekämpften ottonisch-salischen Reichskirchensystem theokratisch herrschenden König zum Laien.

Mit Prüfening vor den Toren Regensburgs schuf Otto einen Stützpunkt der Reformbestrebungen im Bistum Regenburg. Von hier aus berief man Mönche als Äbte an andere Klöster, die unter „Prüfeninger Gruppe“ zusammengefaßt wurden: nach Banz, Asbach, Münchsmünster, Biburg und Göttweig (Jakobs 67f.). Die kirchenpolitischen Bestrebungen des Gründers, der 1119 schließlich mit Bischof Hartwig die Kirchenweihe vornahm, flossen in das Programm der Wand- und Deckenmalerei der Klosterkirche St. Georg ein (Stein 39–71, 107–138).

Die große Blütezeit Prüfenings war die Epoche des Abtes Erbo I. (reg. 1121–1162) und seiner Nachfolger Godefried († 1163), Eberhard († 1168), Erbo II. (resign. 1187), Balduin († 1193) und Rudger († 1206), die uns in der hochbedeutenden Bibliothek und Schreibtätigkeit, aber auch der gesamten Klosteranlage vor Augen steht, auf die hier nicht genauer eingegangen werden kann, die jedoch in der Forschung eine ausführliche Würdigung erfuhr (Schmitz, Stein, Ausst. Katalog Regensburger Buchmalerei). Bereits unter Abt Hartmann (1206–1232) setzte der Verfall des Klosters ein, von dem es sich bis ins späte 18. Jahrhundert nicht mehr erholte (Stein 16f.).

Literatur: Hans Rosanowski, Bischof Hartwig I. von Regensburg, in: Regensburg und Bayern im Mittelalter (Studien und Quellen zur Geschichte Regensburgs Bd. 4), Regensburg 1987, S. 57–78. – Andreas Kraus, Geschichte Bayerns, München 1983, S. 74–84. – Heidrun Stein, Die romanischen Wandmalereien in der Klosterkirche Prüfening (Studien und Quellen zur Kunstgeschichte Regensburgs I), Regensburg 1987, S. 12–25. – Hans Georg Schmitz, Kloster Prüfening im 12. Jahrhundert (Miscellanea Bavarica Monacensia Heft 49), München 1975, S. 1–28. – Kurt Reindel, Bayern vom Zeitalter der Karolinger bis zum Ende der Welfenherrschaft (788–1180), in: Handbuch der Bayerischen Geschichte I, München ²1981, S. 327–331. – Peter Schmid, Das hohe Mittelalter (950–1200), in: Regensburg. Geschichte in Bilddokumenten. Hgb. von Andreas Kraus u. Wolfgang Pfeiffer, München 1979, S. 40. – Handbuch der Kirchengeschichte, hgb. von Hubert Jedin, Bd. II, 1: Die mittelalterliche Kirche: Vom Frühmittelalter bis zur gregorianischen Reform, Freiburg ua. 1985. – Monumenta Boica, XIII: Monumenta Priflingensia, München 1777, S. 1–296. – Hubert Glaser, Wissenschaft und Bildung, in: Handbuch der bayerischen Geschichte I, München ²1981, S. 549–563. – Hermann Jakobs, Die Hirsauer. Ihre Ausbreitung und Rechtsstellung im Zeitalter des Investiturstreites, Köln-Graz 1961.

Peter Morsbach

70. Inschriftplatte zur Prüfeninger Klosterweihe

Regensburg-Prüfening, 1119
gebrannter Ton
H 40,5 cm, B 26,5 cm

Regensburg, ehem. Klosterkirche St. Georg-Prüfening

Die Tonplatte am südwestlichen Vierungspfeiler der ehemaligen Klosterkirche überliefert Nachrichten zur Klosterweihe am 12. Mai 1119, hauptsächlich die zahlreichen Reliquienschätze des Hochaltares. Die Inschrift stimmt, von Kleinigkeiten abgesehen, mit der Weiheno-

tiz im Prüfeninger Traditionscodex (MB XIII Num. XXIX) überein und dürfte anläßlich der Weihefeier oder kurz danach entstanden sein.
Die Majuskeln und am Rand umlaufenden herzförmigen Ornamente wurden mit Stempeln in den weißen Ton mit roten Streifen eingedrückt und dann gebrannt. Die Inschrift lautet in Übersetzung:
Im Jahre des Herrn 1119, an den 4. Iden des Mai, wurde dieses Kloster zu Ehren des hl. Georg von den hochwürdigen Bischöfen Hartwich von Regensburg und Otto von Bamberg geweiht. Im Hauptaltar sind Reliquien enthalten vom Kreuz des Herrn, der hl. Maria; der Apostel Petrus und Paulus, Andreas; der Evangelisten Matthäus, Marcus; des Barnabas; der hl. Märtyrer Stephanus, des Protomärtyrers, Clemens, Dionysius Rusticus, Eleutherius, Laurentius, Vincentius, Sebastianus, Crisogonus, Pancratius; der hl. Bekenner Hermagoras, Fortunatus, Salinus, Albinus, Furseus, Gundolfus, Drudonis, Iuventius; der hl. Jungfrauen Genofeva, Grata, Columba, Glodesindis.
Ein Teil der Weiheinschrift befindet sich auch an der Nordwand des Querschiffes (Abb. in KDB, Fig. 134). Mittelalterliche Parallelen sind zu der Prüfeninger Inschrift bislang in Deutschland nicht bekannt.

Literatur: Monumenta Boica XIII: Monumenta Priflingensia, München 1777, 23, Nr. 29. – Otto Hupp, Die Prüfeninger Weiheinschrift vom Jahre 1119, in: Studien aus Kunst und Geschichte. Friedrich Schneider zum 70. Geburtstage gewidmet, Freiburg i. Br. 1906, S. 183 – 186. – Die Kunstdenkmäler von Oberpfalz und Regensburg XX: Bezirksamt Stadtamhof. Bearb. von Hans Karlinger, Georg Hager, Georg Lill, München 1914, S. 222. – Hans Georg Schmitz, Kloster Prüfening im 12. Jahrhundert (Miscellanea Bavarica Monacensia Heft 49), München 1975, S. 44.

Peter Morsbach

71. Kloster Prüfening von Norden

Kupferstich von J. A. Zimmermann aus: Monumenta Boica XIII, Monumenta Priflingensia, München 1777. Bildgröße: H 17,2 cm, B 25,8 cm

Kunstsammlungen des Bistums Regensburg, Inv. Nr. 1986/52

Der Vogelschauplan Zimmermanns gibt die Klosteranlage vereinfacht und in einer Reihe von Details ungenau wieder (hierbei handelt es sich in erster Linie um die westlich der Kirche befindlichen Nebengebäude der Abtei, vgl. Kat. Nr. 72). Auch topographisch markante Gegebenheiten wie das nach Süden stark ansteigende Gelände und der im Süden geknickte Grundstücksverlauf werden ignoriert. Dennoch sind die wesentlichen Klostergebäude, Kirche und Abteibauten, korrekt dargestellt.
Der von Zimmermann überlieferte und durch umfangreiche Abbrüche im Laufe des 19. Jahrhunderts stark dezimierte Bestand an Gebäuden ist das Ergebnis tiefgreifender Umgestaltungen, die seit dem 15. und zu Anfang des 17. Jahrhunderts durchgeführt wurden.
Die Forschung hat Prüfening – abgesehen von der Klosterkirche und seiner Buchmalerei – bislang weitgehend nicht zur Kenntnis genommen, so daß beim derzeitigen Forschungsstand eine Rekonstruktion des mittelalterlichen Zustandes schwerlich exakt möglich ist. Eine Edition der bau- und kunstgeschichtlichen Quellen befindet sich in Vorbereitung.

Peter Morsbach

72. „Geometrischer Plan über den Flächen Inhalt des emaligen Kloster Prifening"

Feder, aquarelliert, 1819
27 × 42,7 cm
aus: Johann Evangelist Kaindl, Die Kloster-Kirche zu Prifling, ein Monument aus dem Mittelalter, zu Anfang des XII. Jahrhunderts gestiftet und erbauet von dem heiligen Otto Bischof von Bamberg, Apostel der Pommern, Manuskript 1819

Metten, Benediktinerabtei St. Michael, Ben. IV 152

Johann Evangelist Kaindl, ehemaliger Archivar des 1803 säkularisierten Klosters Prüfening, verfaßte zum 700jährigen Weihejubiläum 1819 eine Chronik, in der der abgebildete Lageplan des Klosterareals enthalten ist. Er gehört zu einer umfangreichen Beschreibung, die sich auf den Seiten 137 – 188 befindet.
Der Plan hat als wichtiges Dokument zu gelten, zumal zahlreiche der Bauten im frühen 19. Jahrhundert abgebrochen wurden und aufgrund der veränderten Innenbebauung des Klosterareals kaum mehr exakt zu lokalisieren und zu benennen sind.
Als mittelalterlich haben in erster Linie der Verlauf der Umfassung, die Kirchen und Kapellen, die Brunnenstube, der südliche Flügel der alten Konventsgebäude, der Kreuzgang und der Friedhof im Norden der Klosterkirche zu gelten. Nach Kaindl, S. 137 – 150 und 292 f. bezeichnen die Buchstaben folgende Gärten und Gebäude:

A: Prälatengarten
aa: Brunnstube
b: Bleiche
bb: Fischhalter und Küsterei
c: Kälbergarten
cc: Hofkeller
d: Friedhof
dd: Bräuhaus und Pfisterei
E: Konventgarten
f: Brunnengärtl
ff: St. Andreas
g: Refektoriumgärtl
gg: Wasch- und Schlachthaus
h: Oberdorfer Garten
hh: oberer Weiher

I: Acker (Garten)
II: unterer Weiher
K: Gärtchen bei St. Andreas
kk: Pferdeschwemme
l: Baumgarten (Obstgarten)
ll: Hofreit
m: Torwarthäuschen
n: Gartengebäude und Getreidekasten
o: Gartenhaus mit Bad
p: Klosterkirche und ehem. Paradies
Q: Abtei, Konvent und Bibliothek
R: Pferdestallung und Getreidekasten
S: Kuh- und Ochsenstall
t: Trebergrube
tt: Backofen
U: Schafstall
w: Hofbauwohnung
x: Gerstenstadel
z: Wagenremise.

Leider gibt der Plan in bezug auf einzelne verschwundene Kapellen und Kirchen, wie die Magdalenenkirche, die Alexius- und Arbogastkapelle, keine Hinweise. Allerdings kannte auch schon Kaindl diese Bauwerke nicht mehr. Weiterhin fehlt auf dem Plan der um 1616 errichtete astronomische Turm östlich der Klosterkirche.

Literatur: Die Kunstdenkmäler der Oberpfalz XX: Bezirksamt Stadtamhof, bearb, von Hans Karlinger, Georg Hager, Georg Lill, München 1914, Fig. 159.

Peter Morsbach

73. Pfeiler aus dem Kreuzgang von Kloster Prüfening

Regensburg, um 1150

Kalkstein, H 148 cm, B 48 cm, T 22 cm

Nürnberg, Germanisches Nationalmuseum, Inv. Nr. A 2680

Der Pfeiler stammt aus dem um 1803 bis auf wenige Reste abgebrochenen Kreuzgang des Klosters Prüfening. Das Kreuzgangsgeviert lag im Süden der Klosterkirche und war von dort aus über den südlichen Querhausarm zugänglich (siehe unsere Rekonstruktion). Wie in der vergleichbaren Anlage des Klosters Hirsau muß der Kreuzgang ursprünglich im Winkel um das Querhaus herumgeführt worden sein. Erst nach der Mitte des 17. Jahrhunderts teilte man den südlichen Querhausarm und den Benediktuschor in zwei Geschosse und sonderte den Kreuzarm von der Kirche ab. Diesen unterteilte man wiederum in zwei Räume, die heute als Sakristei dienen. Zu diesem Zeitpunkt wird wohl auch die Begradigung des Kreuzganges zu einer rechteckigen Anlage geschehen sein (Umzeichnung dieses Zustandes bei Strobel, Rom. Arch., Fig. 25).

Die einzig sichere Nachricht zum Kreuzgang stammt aus der Zeit des Abtes Erbo (1168–1187), der ihn mit Gemälden schmücken ließ (MGH SS XVII, 607). Er wird also um die Mitte des 12. Jahrhunderts vollendet worden sein. In diese Zeit fügen sich auch die wenigen bekannten Reste der Bauplastik ein (Strobel, Rom. Arch. 79–84).

Im Winkel zwischen Kreuzgang und Kirche erhoben sich – wiederum Hirsau vergleichbar – der Kapitelsaal und die Marienkapelle (der Kapitelsaal diente seit dem 17. Jahrhundert als Sakristei und wurde 1803 abgebrochen). Der romanische Kreuzgang war wohl durch Arkaden nach innen geöffnet und flach gedeckt. Die Einwölbung und Vermauerung dürfte in Entsprechung zu anderen Regensburger Anlagen im 15. Jahrhundert geschehen sein. Der südliche Kreuzgangsflügel wurde in die um die Mitte des 15. Jahrhunderts errichteten Abteigebäude, die sich im Winkel um den Bereich östlich der Klosterkirche legten, integriert und verlängert. Erhalten blieb von der Anlage in barocker Umgestaltung nur der Nordflügel am südlichen Seitenschiff der Kirche.
Im West- und Südflügel erhoben sich zwei in den Hof vorspringende Bauten, die jedoch nicht benannt werden können. Vielleicht läßt sich der südliche Bau mit der 1129 geweihten Arbogast-Kapelle identifizieren (KDB 233 f.), woraus sich unter Umständen auch Anhaltspunkte für eine Chronologie des Kreuzgangbaus ergeben können.

Die Gliederung der Innenfront des Kreuzgangs läßt sich aufgrund weniger erhaltener ornamentaler Details zwar vermuten, doch ohne Untersuchung des noch bestehenden Baus kaum sichern. Säulenbasen, Kapitelle und der Nürnberger Pfeiler legen einen Wechsel von Säule und Pfeiler am ehesten im Rhythmus Pfeiler – Säule – Säule – Pfeiler nahe (Strobel, Rom. Arch. 83 f.).

Die Herkunft des Nürnberger Pfeilers aus dem Prüfeninger Kreuzgang ist einwandfrei nachzuweisen (Strobel, Katalog, Abb. 54–56, Rom. Arch. 81 f.). Es handelt sich um einen Vierkantpfeiler mit einer eingestellten Säule. Über der Pfeilerplinthe sind vier Köpfe in die Ecken gestellt, über denen sich die Pfeilernebenseiten erheben. Diese sind mit kräftigen Weinrebenreliefs verziert und besitzen runde Eckstäbe. Die Breitseite mit der Säulennische weist schmale, langgezogene Ranken- und Blattwerkvoluten auf.
Der aus Wulst und Kehle gedrehte Säulenschaft erhebt sich über einer attischen Basis mit Plinthe und Eckknollen und besitzt ein relativ kleines Kapitell mit Dreiblattdekor. Darauf sitzt ein weitausladender Kämpfer mit einer von zwei seitlichen Rollen gestützten Deckplatte. Das Ornament besteht aus symmetrisch einwärts geneigten Ranken mit spitzen Blättern, Flechtband und Blattvolutenreihen. Als Träger der Kämpferplatte dienen zwei figürliche Motive, die zwischen Pfeiler und Kämpfer eingespannt sind: ein Atlant und ein aufgerichteter Panther.

R. Strobel konnte stilistische Verbindungen zur Werkstatt von St. Jakob – Regensburg herstellen: „Der Zusammenhang mit den frühen Teilen an St. Jakob … weist darauf hin, daß der Kreuzgang von Prüfening etwa mit dem Beginn der großen Schottenwerkstatt zusammenfällt“ (Strobel, Rom. Arch. 84). Die wenigen Reste, deren prachtvollster der Nürnberger Pfeiler ist, lassen erahnen, von welcher Pracht diese Anlage – noch mit Wandmalereien versehen – einst gewesen sein muß, dem Rang des Klosters, seiner Kirche, aber auch der Kunst seiner Buchmaler angemessen.

Literatur: Die Kunstdenkmäler von Oberpfalz und Regensburg, XX: Bezirksamt Stadtamhof, bearb. von Hans Karlinger, Georg Hager und Georg Lill, München 1914, S. 230, 238. – Hugo Graf Walderdorff, Regensburg in seiner Vergangenheit und Gegenwart, Regensburg [4]1896, S. 597. – Germanisches Nationalmuseum, Führer durch die Sammlungen, München [2]1980, S. 41, Nr. 41 (Rainer Kahsnitz). – Annales Pruveningeses (MGH SS XVII). – Richard Strobel, Katalog der ottonischen und romanischen Säulen in Regensburg und Umgebung, in: Jahrbuch für fränkische Landesforschung 22 (1962), S. 400. – Richard Strobel, Romanische Architektur in Regensburg, Nürnberg 1965, S. 79–86.

Peter Morsbach

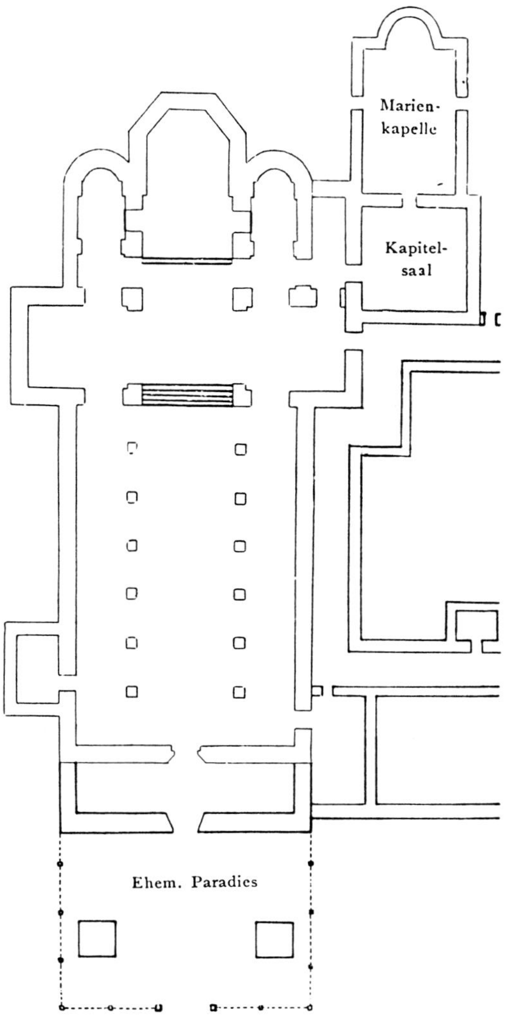

Prüfening, Rekonstruktion des nördlichen Kreuzgangsflügels (P. Morsbach *nach* Mader, *KBD Opf. XX)*

74. Rupertus Abbas Tuttensis: Explanatio in Cantica Canticorum Libri VII: De Incarnatione Domini

Regensburg-Prüfening (Göttweig?), um 1160
Pergament, 113 Bll., 28,5 × 20,3 cm, fol. 1 eingeklebt

Göttweig / NÖ, Bibliothek des Benediktinerstiftes, Cod. Nr. 49 (rot), 43 (schwarz)

Rupert von Deutz (1075/80 – 4. 3. 1129/30 Deutz), ab 1116 Mönch in Siegburg, Defensor benediktinischer Seelsorge und des Benediktinerordens.

Die Darstellung auf dem Blatt ist in zwei Zonen aufgeteilt. In der oberen Hälfte sitzt Ekklesia frontal auf einer Thronbank in ihrem Haus. Die in die Queransicht des Kirchenbaues eingeschnittene und über die Gebäudehöhe hinausreichende Arkade bildet ihren Rahmen. Ekklesia hält die Arme im Orantengestus und hat Szepter und Reichsapfel in den Händen. Über ihrem gekrönten und nimbierten Haupt wird als Wellensegment der Himmel mit eingeschriebenem Lichtstern sichtbar, flankiert von Sonne und Mond. Die untere Bildhälfte wird von stilisierten Baumranken gefüllt, die eine Portalarchitektur mit offenen Türen rahmen. Die Pforte wird von einer Doppelarkade mit Mittelsäule und Würfelkapitell gebildet. In den Arkaden stehen ein Bischof und ein Abt, beide mit kurvierten Hirtenstäben. Der Bischof erscheint mit einer Mitra und im Ornat, der Abt mit Kukulle ist zusätzlich nimbiert. In den Arkadenbögen stehen, in österreichischer Bastarda des 15. Jahrhunderts nachträglich eingeschrieben, die Namensbezeichnungen B. Altmannus und S. Benedictus. Im Vergleich mit der Bildthematik von fol. 1ᵛ kann Benedikt jedoch eindeutig als Rupert von Deutz identifiziert werden, in dessen Mariologie die geistliche Mutterschaft und die Deutung des Hohenliedes auf Maria propagiert wird.

Die Darstellung des letzteren Blattes mit umlaufender Rahmenleiste in Wellenschlag ist in drei Abschnitte gegliedert, weniger skizzenhaft und mit kräftigerem Strich ausgeführt. Beide Blätter stammen jedoch vom selben Zeichner. Zuoberst findet sich die Berufung und Inspiration des hl. Rupertus von Deutz durch einen anfliegenden Engel mit beschriftetem Spruchband dargestellt. Im Mittelstreifen erscheint links der thronende Christus als eine Majestas Domini. Diese überdimensionierte Gestalt reicht weit in die darüberliegende Berufungszone. Im verkleinerten Maßstab sitzen rechts vier Gestalten, drei davon sind Apostel. Petrus ist mit dem Schlüsselattribut gekennzeichnet, die anderen beiden dürften mit Johannes und Jakobus zu identifizieren sein, wobei letzterer jedoch die Züge eines Paulus trägt. Die ganz außen lokalisierte Sitzfigur mit offenem Buch ist wieder Rupertus von Deutz, was auch die Buchinschrift belegt: Osculetur me / Osculo oris sui. Christus

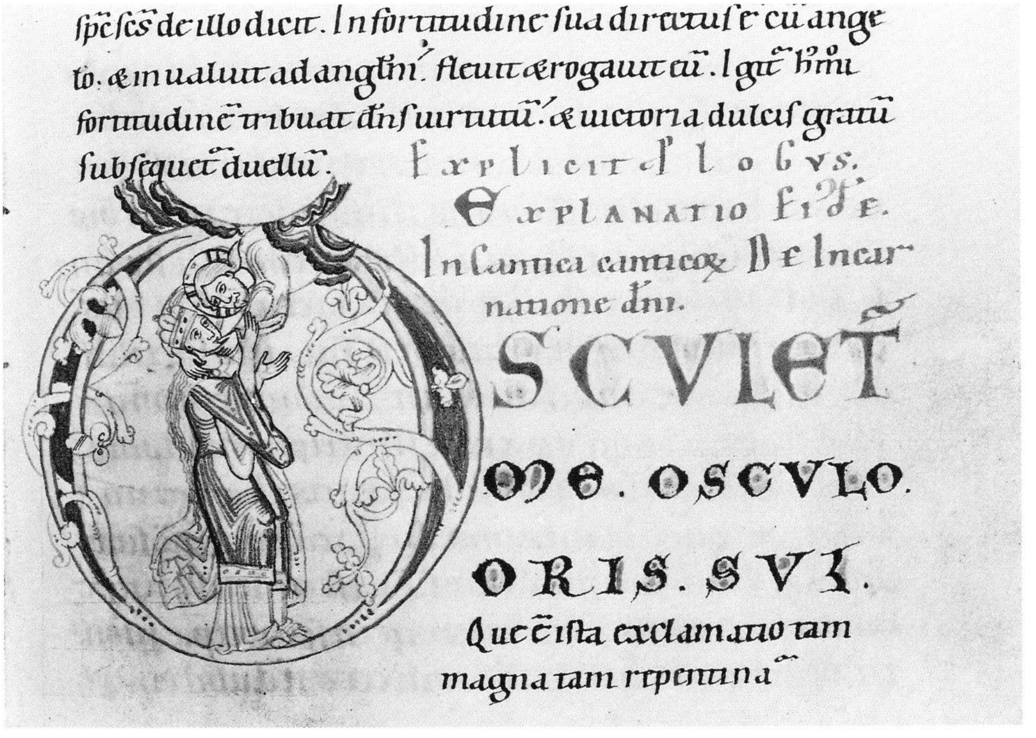

scheint weniger als Weltenrichter angesprochen zu sein, denn als der einer Metamorphosis, wobei auch Rupert an der göttlichen Schau Anteil erhält. Das untere Drittel zeigt Rupert im Schlaf auf dem Bett liegend. An das Kopfende tritt in einer Wolkensäule Ekklesia mit leerem Schriftband zum Zeichen ihrer Inspirationsfunktion.

Eine weitere Darstellung in der Handschrift ist auf fol. 2v im oberen Blattfeld der Streifen mit dem Kampf des Patriarchen Jakob mit dem Engel am Jabokfluß und Jakobs Weiterreise mit der verletzten Hüfte. Darunter findet sich vor dem Textbeginn eine große Q-Initiale mit Floraldekor. Auf fol. 5r erscheint nochmals Ekklesia im Profil nach rechts in der O-Initiale (Osculetur). Zu ihr beugt sich Christus liebevoll aus dem Himmel hernieder und umfängt ihr gekröntes und mit langen Haaren versehenes Haupt mit beiden Armen. Noch einmal erscheint Ekklesia, nämlich in Gestalt einer gekrönten Büste auf fol. 67v als Maria-Ekklesia in der O-Initiale (O beata Maria).

Sämtliche Miniaturen sind als Strichzeichnungen ausgeführt. Es dominieren Rot, Grün und in den Initialen helles Ocker, stellenweise kommt ein Zartviolett hinzu. Die Konturen der Personen sind häufig dunkelbraun nachgezogen, was jedoch nicht nachträglich geschah. Auffallend sind bei den Personen die kräftigen, dunklen Augenpunkte zur Kennzeichnung der Pupille, was zur Verlebendigung des Ausdrucks beiträgt. Weitere stilistische Charakteristika sind die betonte Parallelfältelung der Gewandung und die Unterstreichung der Körperlichkeit durch Hervorhebung der Gliederpartien.

Der Hoheliedkommentar stammt als Abschrift aus der Feder mehrerer Schreiber; ein deutlicher Bruch verläuft zwischen fol. 65v und 66r. Die dem Text vorangestellten zwei ganzseitigen Miniaturen sind jedoch mit den wenigen Initialminiaturen von einer Hand. Die thronende Ekklesia erinnert unwillkürlich an das Prüfeninger Chorjochfresko, das um 1140/50 datiert wird (O. Demus : zweites Viertel bis Mitte 12. Jahrhundert). Nicht nur die ikonographische Übereinstimmung beider Ekklesia-Darstellungen ist offensichtlich, auch ein historischer Bezug ist gegeben, nämlich dadurch, daß der Göttweiger Abt Wernher (1150 - 19. 11. 1155) als 5. Benediktinerabt Göttweigs aus Prüfening kam. Dieser weitere Konnex zu Prüfening legt nahe, in der Handschrift eher eine Prüfeninger Klosterarbeit zu sehen, als sie aus Göttweig stammend anzunehmen. In weiterer Übereinstimmung lassen sich zur Autorenbild-

Miniatur auf fol. 1^v mit Beda venerabilis vor Salomo im Clm 14398, einer exegetischen Sammelhandschrift in Pergament um 1140 aus Regensburg-Prüfening, stilistische Parallelen feststellen und ebenso zur Etymologiae - Handschrift Isidors von Sevilla (Clm 13031) mit weiteren Federzeichnungen, fol. 1^r mit der Darstellung Isidors und Braulios und dem Schreiber auf dem Totenbett, aus Prüfening um 1160/65. Als gemeinsamer Ausgangspunkt kann das Evangeliar Heinrichs IV. oder Heinrichs V., zwischen 1106/1111 in Regensburg entstanden, angenommen werden, das sich heute als Ms 208 in der Bibliothek des Domkapitels von Krakau befindet. Vor allem die Hereinnahme der Arkatur mit den eingestellten Personen und die Lebendigkeit der Augen haben hier prägendes Vorbild. Ein verwandtes ikonographisches Ekklesia-Schema im Clm 16002, fol 39^r, einem Passauer Evangelistar, verweist nicht mehr unbedingt nach Prüfening, könnte aber unter Verwendung der Göttweiger Handschrift als Vorlage entstanden sein.

Das Einfügen von Figuren in Initialen, das Umsetzen der Körperparzellierung in ein kammstrichartiges Liniengefüge ist aber allgemeine Sprache der Schreibschulen süddeutscher Reformklöster gewesen. Auch die teppichartige Wirkung, vermittelt durch die zweidimensionale Auffassung der Gestalten, alles das muß noch nicht genuin regensburgisch sein, wie dies auch das Stuttgarter Passionale belegt (Landesbibliothek Stuttgart Cod. hist. 2° 415). Pippal sieht auch salzburgische Elemente, besonders in der Hervorhebung der Plastizität mittels verstärktem Figurenumriß, was aus der St. Peterer Antiphonarwerkstatt herrühren dürfte. Dieselbe Auffassung findet sich auch in Lambacher Handschriften der Zeit, z. B. heute im Berliner Willeram (Cod. theol. lat. IV 150, Stadtbibliothek Berlin), der hinsichtlich seiner Gesichtstypen dem Göttweiger Codex eng verwandt ist. Danach würde sich ein Salzburger Einfluß über den Umweg von Lambach nach Göttweig auswirken, zumal beide Stifte historisch in enger Verbindung standen und der St. Blasianer Reform zugehörten. Der Stil würde sich somit aus der historischen Verbindung ableiten, was Pippal veranlaßt, die Importthese zu verwerfen und Cod. 49 als in Göttweig entstanden einzustufen.

Die offensichtlichen Affinitäten zwischen Prüfening und Göttweig ließen sich gleicherweise auf ein Regensburger Importstück zurückführen, das ikonographische und stilistische Vorgaben leistete, wobei Abt Wernher die Vermittlerrolle zufallen könnte. Die Prüfeninger Sprache ist auch dann noch dominant und steht im Vergleich zum Göttweiger Codex 97 (rot) mit der Expositio symboli des Origines vom 3. Viertel des 12. Jahrhunderts mit dem Stifterbild Altmanns und dem Pfingstfest in deutlichem Gegensatz zur heimischen Schreibstube (Cod. 109, 119 und 181).

Ein an Sicherheit grenzendes Charakteristikum Prüfeninger Miniaturen sind bei Initialen die kleinen dreiteiligen Blütenblätter an den eher flach gehaltenen Rankenspitzen. Durch wellige Konturen der Blüten und Blättchen kommt in die vegetabilen Spitzen Energie und Bewegung. Diese Auffälligkeit setzt um 1125 im Kloster Prüfening ein, das ja erst 1109 von Otto von Bamberg gegründet und 1114 mit Hirsauer Reformmönchen besiedelt wurde. In kürzester Zeit entwickelte sich dort eine emsige Schreibtätigkeit, die anfänglich natürlich verschiedene Richtungen vereinen mußte, jedoch schon mit solcher Eigenständigkeit ausgezeichnet war, daß nicht von einem Ableger einer Hirsauer Kunst gesprochen werden kann. Im Vergleich mit den Initialen Q (Qui contra) auf fol. 2^v und O (Osculetur me) auf fol. 5^r mit der Initiale I auf fol. 1^v im Clm 13061 ergibt sich in der übertriebenen Zierlichkeit der Form ein ornamental-dekorativer Charakter mit Betonung des pflanzlichen Moments. Trotz flächiger Anordnung, die an gepreßte Blüten erinnert, wird eine anschauliche Verlebendigung des Blattstils erzielt, charakteristisch ist dies dann bis in die Mitte des 12. Jahrhunderts. Die 2. Hälfte des 12. Jahrhunderts reduziert dann die Binnenzeichnung, wie in unserem Cod. 49, vergröbert den Blattypus und biegt die Konturen der Blatteinschläge für ein gewölbtes Blatt. Vorrangig aber bleibt weiters die Klarheit der Linien, die dominanter werden, vielleicht als Einfluß des Salzburgischen jetzt über die Admonter Äbte Berthold und Adalbert in Regensburg, St. Emmeram. So würden also die Initialendetails dagegen eher für eine Entstehung des Cod. 49 (rot) in Regensburg/Prüfening sprechen, der die Göttweiger Schreibschule immerhin sehr nachhaltig zu beeindrucken vermochte.

Literatur: Vinzenz Werl, Manuskriptenkatalog der Stiftsbibliothek zu Göttweig (Ms.), Göttweig 1843–1844, I. Band, S. 140, Nr. 43. – Rhaban Haacke, Die Überlieferung der Schriften des Rupert von Deutz, in: Deutsches Archiv für Erforschung des Mittelalters 16 (1960) S. 397–436. – LThK IX (²1964) S. 104–106. – Otto Demus, Romanische Wandmalerei, München 1968, S. 187f. Abb. 50. – Georg Swarzenski, Die Regensburger Buchmalerei des X. und XI. Jahrhunderts, Studien zur Geschichte der deutschen Malerei des frühen Mittelalters, Stuttgart ²1969, S. 178ff., Tfn. XXXIII–XXXV; Nr. 94, 95. – Gregor Martin Lechner, Stift Göttweig und seine Kunstschätze, St. Pölten-Wien ²1983, S. 78. – Katalog: 900 Jahre Stift Göttweig, ein Donaustift als Repräsentant benediktinischer Kultur, Bad Vöslau 1983, S. 546–549; Nr. 1069 (Lit.), (Martina Pippal). – Bibliographie der deutschsprachigen Benediktiner 1880–1980, in: SMBO 25. Ergänzungsband – II, St. Ottilien 1987, S. 830f. (Rhaban Haacke). – Katalog: Regensburger Buchmalerei, von frühkarolingischer Zeit bis zum Ausgang des Mittelalters, München 1987, S. 28, Nr. 26, S. 44, Abb. 2, Tf. 19, 21, 105; Nr. 33, Tf. 111 (Lit.).

Gregor M. Lechner

HONORIUS AUGUSTODUNENSIS

Die Zeit des Investiturstreites brachte für Europa im späten 11. und frühen 12. Jahrhundert Umwälzungen größter Tragweite. Verschiedene geistige Strömungen trafen aufeinander, neue wie die Frühscholastik entstanden. Auch das Bistum Regensburg hatte hieran einen gewissen Anteil, war in der Stadt doch ein Schriftsteller zu Gast, der in Europa eine Popularität sondersgleichen erreichen sollte: Honorius Augustodunensis.

Von Honorius sind weder die exakten Lebensdaten bekannt, noch ist man sich über den Beinamen „Augustodunensis" im klaren. Um 1080 geboren, wurde Honorius wohl in Canterbury erzogen, seine Wiege mag in Britannien gestanden haben. Als geistiger Schüler des hl. Anselm von Canterbury (1033–1109) kam er nach Kloster Siegburg, wo er den nachmaligen Regensburger Bischof Kuno kennengelernt und mit Rupert von Deutz Bekanntschaft gemacht haben dürfte. Bischof Kuno (1126–1132) wird ihm den Weg nach Regensburg gewiesen haben, wo Honorius im Kloster Weih-St. Peter als Inkluse lebte, zugleich auch enge Beziehungen zum Schottenkloster St. Jakob und dessen Abt Christian (1133–1153) hatte. Wann Honorius starb, wissen wir ebenfalls nicht.

Wie Endres zeigte, lag die Aufgabe eines Klausners in Regensburg nicht zuletzt im Verfassen von Büchern, „um der Büchernot namentlich beim Klerus zusteuern" (Endres 6). Bei der Schottengründung Weih-St. Peter hatten der sel. Marianus und seine Gefährten um 1070 eine Art Einsiedlerkolonie gegründet (Endres 7), in deren Tradition auch Honorius gestanden haben mag.

Für die allgemeine Charakterisierung seiner Werke sind die Bemerkungen Endres' bis heute gültig: „Honorius zählt zu den fruchtbarsten Schriftstellern seines Zeitalters. Seine Schriften umfassen in ihrer Vielseitigkeit ... ungefähr das Gesamtwissen der Zeit. Eine so vielseitige literarische Tätigkeit war nur möglich durch den völligen Bruch mit jener engherzigen Richtung einer früheren Periode, welche neben der Theologie dem weltlichen Wissen und den freien Künsten nicht Licht und Luft verstatten wollte. Sie war auch nur möglich an einem Orte, wo ein reges geistiges Leben pulsierte und reiche literarische Schätze aufgestapelt lagen.

Honorius gehört nicht zu den Forschern und Entdeckern neuer Wahrheiten. Seine ganze Bedeutung liegt darin, den aus hunderten von Quellen gespeisten Strom des Wissens weiter geführt und ihn in zahlreichen Kanälen einem fruchtbaren und gesteigerten geistigen Leben dienstbar gemacht zu haben. ... Vielfach stellen (seine Schriften) Kompilationen, Exzerpte, ja eine bloße Abschrift vorhandener Werke dar, so daß sein Schriftstellerverdienst oft auf ein geringes Maß zusammenschrumpft. Aber eine gerechte Beurteilung wird hier nicht außer Acht lassen, daß zu seiner Zeit bereits die Herstellung neuer Exemplare einer vorhandenen Schrift einen hohen Wert repräsentierte.

Wo Honorius nicht gerade nur Schreiberdienste leistete, in der immerhin edlen und oft betonten Absicht dem Mangel an Bücher abzuhelfen, will er wenigstens Popularisator sein. Was andere bereits, aber in einer für die simplices zu dunklen Weise vorgebracht haben, will er klar und einfach nochmals sagen. In erster Linie hat er mit seinen Schriften nicht Gelehrte, sondern im praktischen Seelsorgedienst stehende Geistliche im Auge (simplices – Gegensatz: literati). Ihren praktischen Bedürfnissen, ihren geistigen Interessen dienen viele seiner Schriften. Ihr geistiges Leben sucht er mit allen ihm zu Gebote stehenden Mitteln zu heben. Dabei kann nicht hoch genug angeschlagen werden, daß er den geistigen Interessenkreis weit über die nächstliegenden praktischen Bedürfnisse hinaus ausgedehnt wünscht" (Endres 16f.).

Sein Werk speist sich aus einer umfangreichen Kenntnis der Kirchenväter und anderer Schriftsteller, auf die er sich auch immer wieder beruft wie Hieronymus, Augustinus, Cassiodor, Beda, Isidor, Rhabanus Maurus, Gregor der Große, Rupert von Deutz, Petrus Lombardus u.a. Honorius denkt nicht abstrakt wie sein Lehrer Anselm von Canterbury, sondern in Bildern, Allegorien und Symbolen. Dies resultiert aus einer Begegnung und geistigen Verwandtschaft mit Johannes Skotus Eriugena, dessen Werk „De divisione naturae", „die bedeutendste spekulative Leistung des hohen Mittelalters", er herausgeben und „in seiner Clavis physicae seinen Zeitgenossen mundgerecht zu machen (versuchte). ... Der eigentümlichen Symbolik des Mittelalters hat niemand in so umfassender Weise Ausdruck gegeben wie er (Honorius). Kein Wunder, daß für die Ikonographie der mittelalterlichen Kunst in seinen Werken die reichste Quelle fließt" (Endres 17f.).

Gerade sein enzyklopädischer Weitblick und die immense Spannweite seiner Themen prädestinieren ihn, schon in der zeitgenössischen Literatur selbst zu einer Hauptquelle zu werden, wie das große Kompendium mittelalterlicher Weltschau, der *Hortus deliciarum* der Herrad von Hohenburg (um 1170/75 beendet) beweist, von dem aus auch direkte Fäden nach Regensburg führen.
Das bislang bekannte schriftstellerische Œuvre Honorius' umfaßt etwa 40 Werke als deren wichtigste Beispiele zu nennen sind: das *Elucidarium*, ein früher Versuch theologischer Systematisierung der Dogmatik, das *Speculum ecclesiae*, ein bis ins späte Mittelalter beliebtes homiletisches Handbuch, sein selbständigstes Werk *Eucharistion*, die *Imago mundi*, in der er die seit Rhabanus Maurus unterbrochene enzyklopädische Schriftstellerei wieder aufnimmt, die *Gemma animae*, die für die symbolistische Interpretation der Liturgie und des Kirchengebäudes von höchster Bedeutung ist oder die beiden Hoheliedkommentare *Sigillum b. Mariae* und *Expositio in Cantica Canticorum*.
Durch die beiden letztgenannten Werke schafft Honorius eine Verbindung zu Kloster Prüfening. Bereits lange ist die Vorbildlichkeit des Honorius und Rupert von Deutz für die monumentalen Fresken der Klosterkirche bekannt (hierzu zuletzt STEIN, 49–52, 66f.). Die Prüfeninger Fresken stellen indes keine Illustration, sondern eine künstlerische Parallele, eine verwandte Verbildlichung der gleichen Gedanken dar. Die eindeutige Stellungnahme des Honorius im Investiturstreit für das Papsttum ließen ihn den Prüfeningern besonders angelegen erscheinen.
So erscheint in Prüfening erstmals eine monumentale Darstellung der Ecclesia in mariologischer Deutung auf der Grundlage des Hoheliedkommentars.
Honorius ist in seinem Werk, wie dies auch F. BRUNHÖLZL betont, nicht sehr originell und „steht dem Alten näher als dem Neuen. Aber er besaß die Gabe, das Wissen seiner Zeit klar und verständlich darzustellen, ohne Schwulst, überlegen und doch so populär in der sprachlichen Form, und so hat er die mittelalterliche Welt weit über seine Zeit hinaus stark beeinflußt" (BRUNHÖLZL 601).

Literatur: Heidrun STEIN, Die romanischen Wandmalereien in der Klosterkirche Prüfening (Studien und Quellen zur Kunstgeschichte Regensburgs 1), Regensburg 1987, S. 49–52, 66f. – Hans Georg SCHMITZ, Kloster Prüfening im 12. Jahrhundert (Miscellanea Bavarica Monacensia Heft 49), München 1975, S. 237f. – Hubert GLASER in: Handbuch der Bayerischen Geschichte, Band 1, München ²1981, S. 561–563. – Franz BRUNHÖLZL in: Handbuch der Bayerischen Geschichte, Band 1, München ²1981, S. 599–601. – Joseph Anton ENDRES, Honorius Augustodunensis, Kempten-München 1906.

Peter Morsbach

75. Honorius Augustodunensis, Werke

Windberg, zwischen 1154 und 1159
Pergament, 167 Bll., 19 × 21 cm
Schmuckloser mittelalterlicher Ledereinband

München, Bayerische Staatsbibliothek, Clm 22225

Die Herkunft der Handschrift aus Windberg ist durch die Eingangsverse, nach denen sie im Auftrage Abt Gebhards (1141–1191) entstand, und die Form der Rankeninitialen gesichert: rote Federzeichnung auf blauem Hintergrund mit olivgrünen Zellen. Die Ranken selbst besitzen dicke, knollenförmige Blätter mit Punktreihen.
Die Handschrift gehört zu den wichtigsten mit Werken des Honorius. Sie enthält u.a. die Traktate *cognotio uitae, de libero arbitrio, de animae exilio et patria, de XII quaestionibus, de X plagis, de claustrali uita. questio de angelis et hominibus, summa gloria, scala coeli maior, ineuitabile de libero arbitrio, sacramentarium, de imagine mundi* und eine Reihe noch kleinerer Schriften, die nicht alle aus der Feder des Honorius stammen.

Literatur: Joseph Anton ENDRES, Honorius Augustodunensis, Kempten und München 1906, passim. – Catalogus Codicum manu scriptorum Bibliothecae Regiae Monacensis IV, IV, Nachdruck Wiesbaden 1969, S. 31. – Elisabeth KLEMM, Die romanischen Handschriften der Bayerischen Staatsbibliothek, Teil 1, Wiesbaden 1980, Kat. 152.

Peter Morsbach

VON DER HERZOGSKIRCHE ZUM KAISERLICHEN REICHSSTIFT

Das Stift Niedermünster in Regensburg

Das Stift Niedermünster wird erstmals in einer Urkunde aus den Jahren 889/891 genannt. Die Geschichte der Niedermünsterkirche läßt sich freilich wesentlich weiter, bis in die Frühzeit der mittelalterlichen Stadt Regensburg zurückverfolgen.

Die sakrale Tradition setzte auf dem Areal von Niedermünster über römischem Bauschutt gegen Ende des 7. Jahrhunderts ein. An ihrem Beginn steht wohl der hl. Erhard, ein Bischof der vorbonifatianischen Zeit, der kurz nach der Mitte des 7. Jahrhunderts aus Südfrankreich nach Regensburg gekommen war und hier ohne kirchliche Metropole und eigenen Sprengel vermutlich am agilolfingischen Herzogshof missionierend tätig war. Für ihn ließ aller Wahrscheinlichkeit nach der agilolfingische Herzog auf herzoglichem Grund und Boden die erste Niedermünsterkirche erbauen. An der Nordwand dieser Kirche fanden Erhard und sein Freund Albert ihre letzte Ruhestätte.

Die Tradition von Niedermünster als *Stift* beginnt mit der Errichtung der zweiten Niedermünsterkirche. Es ist davon auszugehen, daß sie der bayerische Herzog Tassilo III. (748–788) in Auftrag gegeben hat. Die Betonung des Chorraums im Baubestand der Kirche und die Anbauten im Norden und Osten lassen erkennen, daß Niedermünster nun der Charakter eines Stiftes zugedacht war, wobei allerdings offenbleibt, ob es sich bei diesem Stift Niedermünster 1 um ein Kanoniker- oder ein Kanonissenstift oder ein Kloster handelte.

Die für das 7. und 8. Jahrhundert postulierte Beziehung Niedermünsters zum bayerischen Herzogshaus wird beim Stift Niedermünster 2 eindeutig faßbar. Herzog Heinrich I. (948–955), als Bruder Ottos I. aus dem sächsischen Königshaus stammend, verheiratet mit Judith, der Tochter des bayerischen Herzogs Arnulf, ließ eine neue Stiftskirche erbauen. Er legte damit den Grund für eine Zeit engster Beziehungen zwischen dem neuen bayerischen Herzogshaus und Niedermünster, die über ein halbes Jahrhundert andauern sollten. Herzog Heinrich I. und seine Gemahlin Judith statteten Niedermünster großzügig mit Besitz aus und konzipierten die neue Niedermünsterkirche als Grablege des Herzogshauses. Sie gaben damit zu erkennen, daß Niedermünster zu einem ideellen Mittelpunkt des bayerischen Herzogtums und des Herzogshauses werden sollte. Herzog Heinrich wurde als erstes Mitglied der Herzogsfamilie Anfang November 955 in der neuerbauten Niedermünsterkirche bestattet. Neben ihm ließ sich seine Gemahlin Judith im Jahr 987 zu letzten Ruhe betten. Die Herzogin Gisela, die Gemahlin Herzog Heinrichs II., des „Zänkers", wurde im Jahr 1006 in Niedermünster beigesetzt. Des weiteren fanden zwei unbekannte Angehörige der Herzogsfamilie in der herzoglichen Grablege in Niedermünster ihre letzte Ruhestätte.

In dieser Zeit der engen Bindungen an das Herzogshaus erlebte Niedermünster seine Blütezeit. Die Herzoginwitwe Judith zog sich angesichts der politischen Wirren während der Regierungszeit Herzog Heinrichs II., des „Zänkers", in den Jahren 973/74 ins Stift von Niedermünster zurück, leitete es bis zu ihrem Tod im Jahr 987 und sorgte unermüdlich um seine materielle Ausstattung. Ihr Sohn Herzog Heinrich II., der „Zänker", unterstützte Bischof Wolfgang bei seinen Bemühungen, den Stiftsdamen zur Förderung ihres geistig-geistlichen Lebens die Regel des hl. Benedikt als Grundlage ihres Zusammenlebens zu geben. Der geistige Aufschwung, den Niedermünster in dieser Zeit nahm, und der Anteil, den die Stiftsdamen und Nonnen von Niedermünster an der Entfaltung der religiösen Kunst in Regensburg am Ende des 10. und zu Beginn des 11. Jahrhunderts nahmen, spiegeln sich vor allem in den aus Niedermünster erhaltenen Meisterwerken der St. Emmeramer Buchmalschule wider. Anläßlich der Einführung der Benediktinerregel erhielt Niedermünster sein prachtvoll ausgestattetes Regelbuch. Eine der beiden aus der ersten Hälfte des 11. Jahrhunderts bekannten Äbtissinnen namens Uta gab in der Emmeramer Buchmalschule das Uta-Evangelistar in Auftrag, das einen einzigartigen Rang in der abendländischen Buchmalerei der Zeit einnimmt.

Gleichsam die Krönung des Aufstiegs, den Niedermünster unter den bayerischen Herzögen seit der Mitte des 10. Jahrhunderts nahm, stellte das Jahr 1002 dar. Am 20. November 1002 erhob König Heinrich II., der bis zu seiner Königswahl im Juni 1002 als Herzog Heinrich IV. in Regensburg in unmittelbarer Nähe Niedermünsters in der Pfalz am Alten Kornmarkt residiert hatte, Niedermünster zum Reichsstift und verlieh ihm das Vorrecht der Reichsunmittelbarkeit. Bei aller Freude, die in Niedermünster über diesen königlichen Gunstbeweis herrschte, ist doch nicht zu verkennen, daß das Jahr 1002 zugleich auch den Wendepunkt in der bevorzugten Förderung durch das Herzogs- und nunmalige Königshaus markierte. Mit der Wahl Herzog Heinrichs IV. zum deutschen König ging die Präsenz des bayerischen Herzogs in Regensburg für lange Zeit zu Ende und kehrte in dieser Form nie mehr wieder. König Heinrich II. selbst wandte bald seine Vorliebe Bamberg zu und verlor darüber Niedermünster mehr und mehr aus den Augen. Augenfälliges Zeichen dafür ist, daß er die von seinem Großvater Herzog Heinrich I. konzipierte Idee einer herzoglichen Familiengrablege in Niedermünster nicht fortsetzte und in eine Königsgrablege umwandelte. Vielmehr ließ er sich und seine Gemahlin Kunigunde im neuen Dom zu Bamberg beerdigen und machte damit deutlich, daß er Niedermünster als seiner einstigen geistigen Heimat entwachsen war.

Für Niedermünster begann seit der ersten Hälfte des 11. Jahrhunderts eine Zeit der ruhigen Entwicklung des klösterlichen Lebens. Einen Höhepunkt in geistlicher Hinsicht stellte dabei das Jahr 1052 dar, als Papst Leo IX. im Beisein Kaiser Heinrichs III. die Gebeine Erhards feierlich zur Ehre der Altäre erhob. Ansonsten lebte Niedermünster als reichsunmittelbares Stift unter dem Schutze des Kaisers in Ruhe und Frieden. Als Reichskloster hatte es seinen schuldigen Beitrag zur Versorgung des Kaisers bei seiner Anwesenheit in Regensburg in Form eines „servitium regis" zu leisten. Bis zum Jahr 1073 bestand der Hauptposten dieses Servitiums in der Ablieferung der durchaus beachtlichen Zahl von jährlich sechzig Schweinen. In Niedermünster empfand man diesen Königsdienst als drückende Last, und so bemühte sich die Äbtissin Gertrud am 27. Oktober 1073 bei Kaiser Heinrich IV. mit Erfolg um eine spürbare Reduzierung der Abgabe auf vierzig Schweine. Im weiteren Verlauf der Zeit wurde diese Naturalabgabe an den Kaiser in eine Geldzahlung von 10 Pfund Regensburger Pfennigen umgewandelt, bis sie schließlich Kaiser Friedrich II. im Jahr 1218 dem Kloster völlig erließ. Kaiser Friedrich II. zeigte sich allerdings Niedermünster nicht immer so wohlgesonnen. Wenige Jahre zuvor hatte er das Kloster in eine arge Bedrängnis gebracht. Am 22. Dezember 1215 hatte er nämlich in Eger mit dem Regensburger Bischof Konrad IV. den Versuch unternommen, Ober- und Niedermünster gegen die Orte Nördlingen und Öhringen auszutauschen. Niedermünster wäre auf diese Weise seiner Freiheit und Unabhängigkeit beraubt worden und wäre an den Regensburger Bischof gefallen, dem offenbar die Immunitätsbezirke von Ober- und Niedermünster bei der Durchsetzung einer kraftvollen Herrschaft über die Stadt ein Dorn im Auge waren. Niedermünster nahm den drohenden Verlust seines überkommenen, vom Bischof unabhängigen Status jedoch nicht widerstandslos hin. Die Äbtissin Tuta führte im Mai 1216 persönlich auf dem Reichstag zu Würzburg vor den Reichsfürsten Beschwerde gegen den Kaiser und den Bischof und konnte erreichen, daß das zwischen Kaiser und Bischof vereinbarte Tauschgeschäft wieder rückgängig gemacht werden mußte. In Zukunft blieben die Reichsfreiheit Niedermünsters und seine Unabhängigkeit vom Regensburger Bischof unangetastet, bis das Stift im Jahr 1803 der allgemeinen Mediatisierung und Säkularisation zum Opfer fiel.

Literatur: M. Piendl, Fragen zur Regensburger Stadttopographie, in: VHVO 106 (1966) S. 63–82. – P. Schmid, Regensburg. Stadt der Könige und Herzöge im Mittelalter, Kallmünz 1977 (Regensburger Historische Forschungen, Bd. 6). – A. *Schönberger*, Die Rechtsstellung des Reichsstiftes Niedermünster zu Papst, Reich, Bischof, Land und Reichsstadt Regensburg, Diss. Würzburg 1954. – K. Schwarz, Die Ausgrabungen in Niedermünster zu Regensburg, Kallmünz 1971. – K. Schwarz, Regensburg während des ersten Jahrtausends im Spiegel der Ausgrabungen in Niedermünster, in: Jahresbericht der Bayerischen Bodendenkmalpflege 13/14 (1972/73) S. 20–98.

Peter Schmid

76. Die Baugeschichte des Niedermünsters

An keinem anderen Ort Regensburgs wird die Kontinuität historischer Entwicklungen deutlicher greifbar und transparenter vor Augen geführt als im archäologischen Untergeschoß der Kirche des ehemaligen Damenstiftes Niedermünster.

Anläßlich des geplanten Einbaus einer Fußbodenheizung konnten 1964–1968 archäologische Ausgrabungen durchgeführt und konserviert werden, die die Forschung erstmals in dieser Weise vom 12. Jahrhundert in die Zeit des römischen Regensburg vorstoßen ließ.

Das Niedermünster liegt in der Nordostecke des ehemaligen römischen Legionslagers, der Castra Regina, und zugleich im Bereich der baierischen Herzogspfalz des frühen Mittelalters.
Über einer Schichtabfolge von zwei römischen militärischen Vorgängerbauten des 3. und 4. Jahrhunderts und einer frühmittelalterlichen Zwischenphase fanden sich die Fundamente des *1. Kirchenbaus* der Zeit um 700, den der Ausgräber K. Schwarz noch als erste Bischofskirche ansah. Hingegen wird in der Forschung heute die berechtigte Meinung vertreten, es habe sich um eine herzogliche Eigenkirche (Pfalzkapelle) gehandelt, die vielleicht sogar als Grabkirche für Bischof Erhard errichtet wurde, dessen Bestattungsort bis heute den Verlauf der Nordmauer sämtlicher Nachfolgebauten festlegte. Die erste Niedermünsterkirche war ein Saalbau mit Rechteckchor, aus Bruchsteinen aufgeführt. Seine Länge betrug zirka 23,5 × 10 m.
Der *Nachfolgebau* wurde im späten 8. Jahrhundert aufgeführt und war die erste Kirche des *adligen Damenstiftes.* Als Stifterin vermutete W. Gauer die Gemahlin Karls des Großen, Fastrada, die sich 791–793 in Regensburg aufhielt. Es fand also ein Funktionswechsel statt, der schwerlich erklärbar wäre, wenn es sich beim Vorgängerbau tatsächlich um die erste Regensburger Bischofskirche gehandelt hätte. Vielmehr baute sich hier im nördlichen Bereich des Römerlagers ein Dombezirk mit Taufkirche, Kathedrale, Bischofsresidenz an der Römermauer und, wie in Passau, östlich gelegenem Damenstift auf, der – wie Bauerreiß nachweisen konnte – für mitteleuropäische Bischofssitze des frühen Mittelalters in ehemaligen Römersiedlungen fast typisch gewesen ist. Das Damenstift blieb immer im unmittelbaren herzoglichen und dann kaiserlichen Bereich, was nahelegt, schon den Vorgängerbau als herzogliche Eigenkirche mit Bischofsgrab zu sehen. Auch die zweite Kirche war ein Saalbau mit Rechteckchor, doch bereits wesentlich länger und mit deutlicher Innenaufteilung. Die Kirche selbst stand nicht isoliert, sondern war Teil eines größeren Stiftskomplexes, von dem jedoch wenig bekannt ist (vgl. den Beitrag von Karl Schnieringer). Gesichert ist vom Grundriß eine Querunterteilung des Langhauses, ein östlich angefügter, aus der Flucht laufender Anbau und ein nördlich am Chor stehendes Pastophorium. Im Westen schloß sich ein Vorbau an, den W. Sage jüngst als Vorkirche mit einer Frühform des Westwerks deutete (Kat. Nr. 77). Die Maße des Baus betrugen 42,3 × 11,5 m.
In der *zweiten Damenstiftskirche,* die unter Herzog Heinrich I. von Bayern (ca. 920–955) um 950–955 errichtet wurde, änderte sich der architektonische Typ des wiederum nach Westen, Osten und Süden auf 45,8 × 18,4 m erweiterten Baus: aus der Saalkirche wurde eine dreischiffige Basilika mit hervortretendem Ostquerhaus und drei Ostapsiden. Mehr als in allen anderen Kirchen auf diesem Platz zeigt sich in dem ottonischen Bau die enge Beziehung zwischen Herzogtum und Damenstift. Der Erbauer Heinrich I., Bruder König Ottos des Großen, Vater Heinrichs des Zänkers und Großvater Kaiser Heinrich II., fand 955 eine höchst ehrenvolle Bestattung vor den Stufen des Hochaltares, wo 987 seine Gemahlin Judith, Äbtissin des Stiftes neben ihn gebettet wurde. Die hervorragende Beisetzung liegt an der üblichen Stelle eines Stiftergrabes. Heinrich II. gewährte Niedermünster im Jahre 1002 die Reichsunmittelbarkeit (Kat. Nr. 78). In der Zeit der zweiten Damenstiftskirche lag auch die große kulturelle Blüte des Stifts, für die das Giselakreuz, das Regelbuch oder das Uta-Evangelistar stehen können.
Die *heutige Kirche,* errichtet um oder nach 1152, besitzt eine Länge von 55,4 m und eine Breite von 21 m und vereinfacht den Grundriß ihrer Vorgängerin wieder: eine dreischiffige Pfeilerbasilika mit halbrunder Ostapsis, ohne Querhaus, mit zwei Westtürmen und westlicher Vorhalle. Wiederum blieb der Nordmauerverlauf bestehen, während die Erweiterungen nach drei Seiten stattfanden.

Literatur: Klaus Schwarz, Die Ausgrabungen im Niedermünster zu Regensburg (Führer zu archäologischen Denkmalen in Bayern 1), Kallmünz 1971. – Ders., Regensburg während des ersten Jahrtausends im Spiegel der Ausgrabungen im Niedermünster, in: Die Ausgrabungen im Niedermünster zu Regensburg. Ansprachen anläßlich der Eröffnung des archäologischen Untergeschosses und wissenschaftlicher Bericht, München 1977, insbes. S. 58–91. – Ders., Das spätmerowingerzeitliche Grab des heiligen Bischofs Erhard im Niedermünster zu Regensburg, in: Ausgrabungen in Deutschland 1950–1975, Tl. 2, Mainz 1975, S. 129–164. – Romuald Bauerreiss, Stefanskult und frühe Bischofsstadt, München 1963. – Werner Gauer, Urbs, Arx, Metropolis und Civitas Regia. Untersuchungen zur Topographie der frühmittelalterlichen Stadt Regensburg, in: VHVO 121 (1981), S. 55–57.

Peter Morsbach

77. Modelle des ersten und zweiten Kirchenbaus des Niedermünsters in Regensburg

Modell der Kirche I
Maßstab 1:50
Entwurf: W. Sage, Ausführung: W. Birmann
München, Prähistorische Staatssammlung

Unter der im Nordostteil der ehemaligen römischen Legionsfestung gelegenen heutigen Niedermünsterkirche aus dem 12. Jahrhundert wurden bei Ausgrabungen des Bayerischen Landesamtes für Denkmalpflege 1964–1968, eingetieft in römische Straten und eine stärkere nachrömische Schicht, Baureste mehrerer Vorgängerkirchen gefunden. Von ihnen ist Kirche I nur durch Fragmente der in Erde verlegten Steinfundamente belegt, während von Kirche II neben größeren Teilen der offenbar mörtelgebundenen Fundamente auch der Estrich „überwiegend gut erhalten" war; er soll auf dem

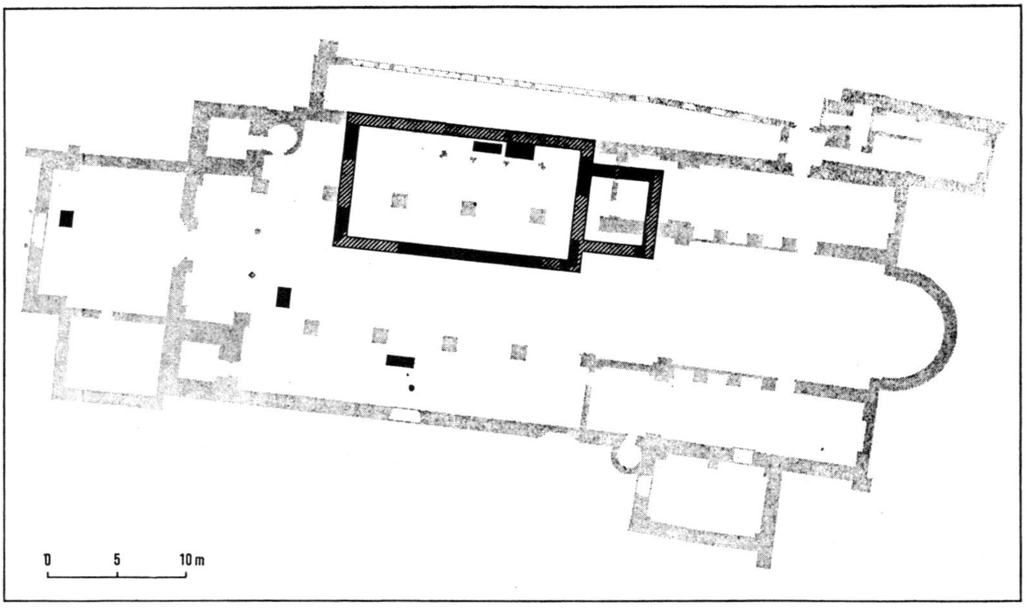

Regensburg, Niedermünster, Grundriß der 1. Kirche (um 700) (nach SCHWARZ)

Regensburg, Niedermünster, Grundriß der 2. Kirche (um 800) (nach SCHWARZ)

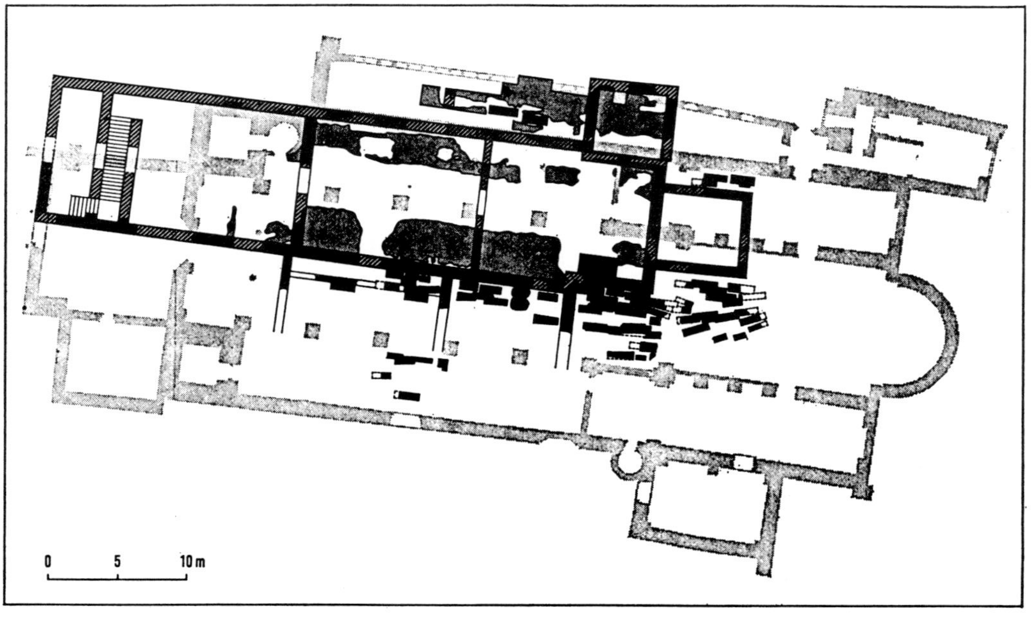

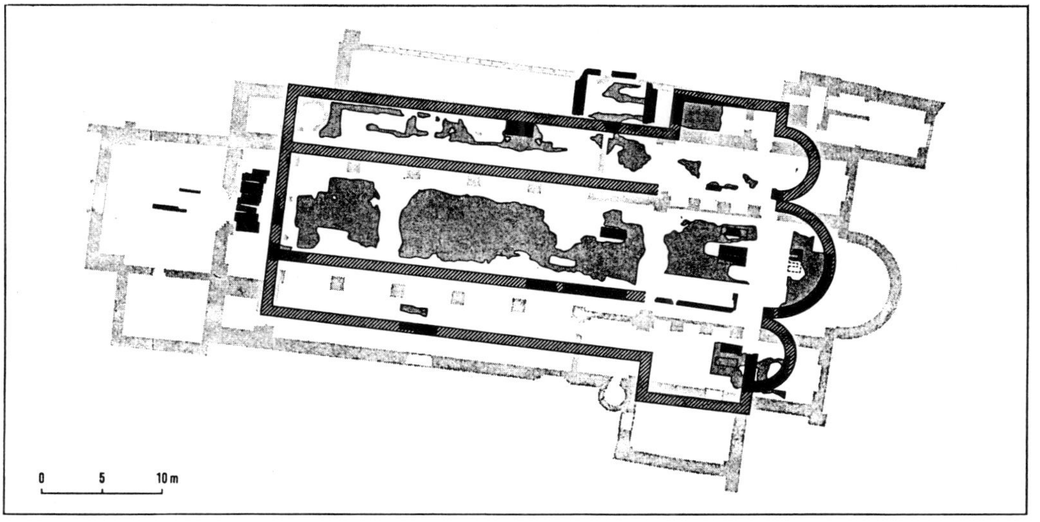

Regensburg, Niedermünster, Grundriß der 3. Kirche (950/55) (nach SCHWARZ)

Regensburg, Niedermünster, Grundriß der 4. Kirche (1152) (nach SCHWARZ)

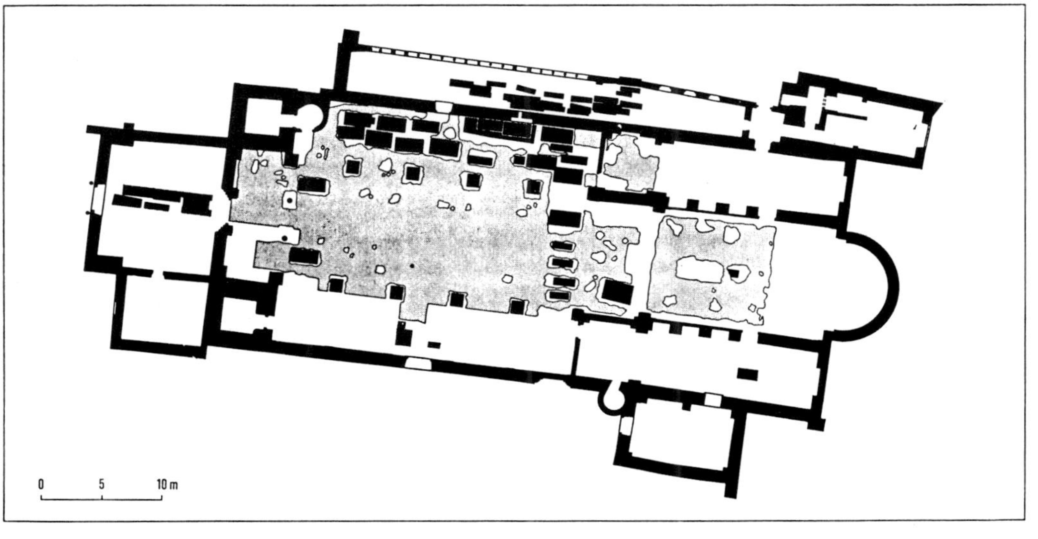

Niveau des ersten Fußbodens gelegen haben, der demnach bei Errichtung von Bau II abgetragen werden mußte. Mehr ist den Vorberichten nicht zu entnehmen. Die Maßangaben in den Publikationen weichen überdies teilweise untereinander und von den Plänen – soweit überprüfbar – ab, was vorerst jeden Versuch, sich eine klare Vorstellung über die Befunde zu verschaffen und diese in ein Modell umzusetzen, sehr erschwert.

Modell der Kirche II
Maßstab 1:50
Entwurf: W. Sage, Ausführung: W. Birmann

Saalbau mit eingezogenem Rechteckchor; Gesamtgröße (nach der schematischen Darstellung von 1975) etwa 10,2:23,4 m. Auffällige Grabanlage an der nördlichen Saalwand, als Bestattungsplatz für den hl. Erhard und den zufällig in Regensburg verstorbenen Bischof Albert gedeutet, und Kleinfunde machen eine Datierung in das späte 7. Jahrhundert wahrscheinlich.

Das Modell zeigt einen einfachen Massivbau mit niedrigerem Chorraum und verputzten Wänden. Über dem offenen Dachstuhl tragen First- und Beipfetten eine Reetdeckung. Die Gräber des hl. Erhard und Alberts sind durch gemeinsame Abschrankung geschützt.

Massiver Saalbau mit auffallend kurzem Rechteckchor, Annexen im Norden und Osten sowie Vorkirche mit westwerkähnlichem Querbau. Gesamtlänge (nach der Darstellung von 1975) etwa 42,3 m, Lage der westlichen Abschlußwand jedoch nicht gesichert; Gesamtbreite ohne Annexe um 11,5 m. Im Kern gegenüber Bau I größere, aber wiederum einfache Saalkirche, Abschrankungen etwa des östlichen Saaldrittels nachgewiesen. Bodenniveau im ganzen Schiff einheitlich. Östlich an den Altarraum anschließender Rechteckbau als Grabkapelle, der Annex an der nördlichen Chorseite als Pastophorium interpretiert. Weitere Anbauten im Norden nicht deutbar (vielleicht Anschluß an die Stiftsgebäude?), anlaufende Mauerstümpfe an der südlichen Kirchenwand sollen nachträglich angebrachte Stützen sein. Im westlichen, nach der Publikation mit der eigentlichen Kirche im Verband stehenden Vorbau befand sich nach Meinung des Ausgräbers eine etwa 14 m lange Empore, zu der eine winkelig geführte, aus schmaler Vorhalle zwischen zwei Mauerwangen aufsteigende Treppe den Zugang vermittelte. Soweit den Plänen zu entnehmen, sind jedoch keinerlei Substruktionen für eine Empore erhalten, obwohl deren Größe eine solide Unterfangung erforderte. Auch die Interpretation der in kurzen Ansätzen erfaßten Mauerstummel ganz im Westen als Treppenwangen erscheint rein hypothetisch, kann im Modell aber in anderer Weise übernommen werden. Die Annahme einer derart großen Westempore wird insbesondere dann unwahrscheinlich, wenn die vom Ausgräber ausschließlich anhand historischer Erwägungen gewonnene Datierung der Kirche II in die Zeit vor 788 zutreffen sollte.

Im Modell ist daher nur die Hauptkirche im wesentlichen unverändert als Saal mit Schrankenunterteilung und Rechteckchor beibehalten. Der größere Teil des Westbaus erscheint dagegen als eingeschossige Vorkirche, die gegenüber der Hauptkirche mit ihrem Saal und Altarraum durchlaufenden First merklich niedriger gehalten ist. Der durch die bei der Grabung nachgewiesenen Maueransätze betonte westlichste Teil wird als mehrgeschossiger Querflügel mit Treppe(n), also als einfache „Frühform“ eines Westwerks rekonstruiert, eine Lösung, die dem publizierten Befund im Hinblick auf die noch im 8. Jahrhundert einsetzende Tradition aufwendiger Westbauten (Aachen) vielleicht am besten gerecht wird.

In der Ausführung zeigt das Modell einen verputzten Massivbau mit Bretterdecke; der einfache Dachstuhl mit abgefangenen Stielen wird durch vier doppelte „Binder“ verstärkt. Die Dachdeckung besteht aus Schindeln, der First ist durch wiederverwendete römische Hohlziegel gesichert.

Literatur: K. Schwarz, Die Ausgrabungen im Niedermünster zu Regensburg. Führer zu arch. Denkmalen in Bayern 1 (1971). – Ders., Ausgrabungen in Deutschland 1950–1975. Monograph. RGZM Mainz 1 (1975) Teil 2, 129 ff. – Ders., Jahresber. Bayer. Bodendenkmalpflege 13/14, 1972/73 (1987) 20 ff. – W. Sage, Die Bajuwaren. Katalog (1988) 293 ff. 439 f.

Walter Sage

78. Kaiser Heinrich II. verleiht dem Niedermünster Königsschutz

Regensburg, 1002 November 20
Pergament, 63,7 × 44,9 cm
Siegel auf Urkunde, Durchmesser ca. 9 cm

München, Bayerisches Hauptstaatsarchiv, Kaiser-Selekt 195

König Heinrich II. unterstellt auf Bitten der Äbtissin Uta und auf Fürsprache seiner Gemahlin Kunigunde das Frauenkloster Niedermünster in Regensburg, das einst seine Großmutter Judith zur Abtei erhoben und mit Gütern reich beschenkt hatte, dem Königsschutz. Er verleiht ihm die Freiheit eines Reichsklosters und das Recht der freien Wahl der Äbtissin und des Vogtes. Er untersagt allen geistlichen und weltlichen Amtspersonen die Ausübung von Amtshandlungen im Bereich des Klosters, auf den Besitzungen des Klosters und gegenüber allen Personen, die dem Kloster unterstehen. Er bestätigt dem Kloster alle Schenkungen, die es von Kaisern, Königen, Herzögen und anderen Personen innerhalb und außerhalb der Stadt Regensburg erhalten hat, insbesondere die Schiffsmühlen an beiden Ufern der Donau vor der Stadt, und folgende Besitzungen mit allem Zubehör: die Orte Schierling, Niederleierndorf, Rogging, Bayerbach, Ober- und Niederlindhart, Hartkirchen, Saal/Donau, Deggendorf, Berg an der Vils und Beutelhausen sowie alle Nutzungsrechte in Sinzing.

Literatur: MGH DD III, Nr. 29.

Peter Schmid

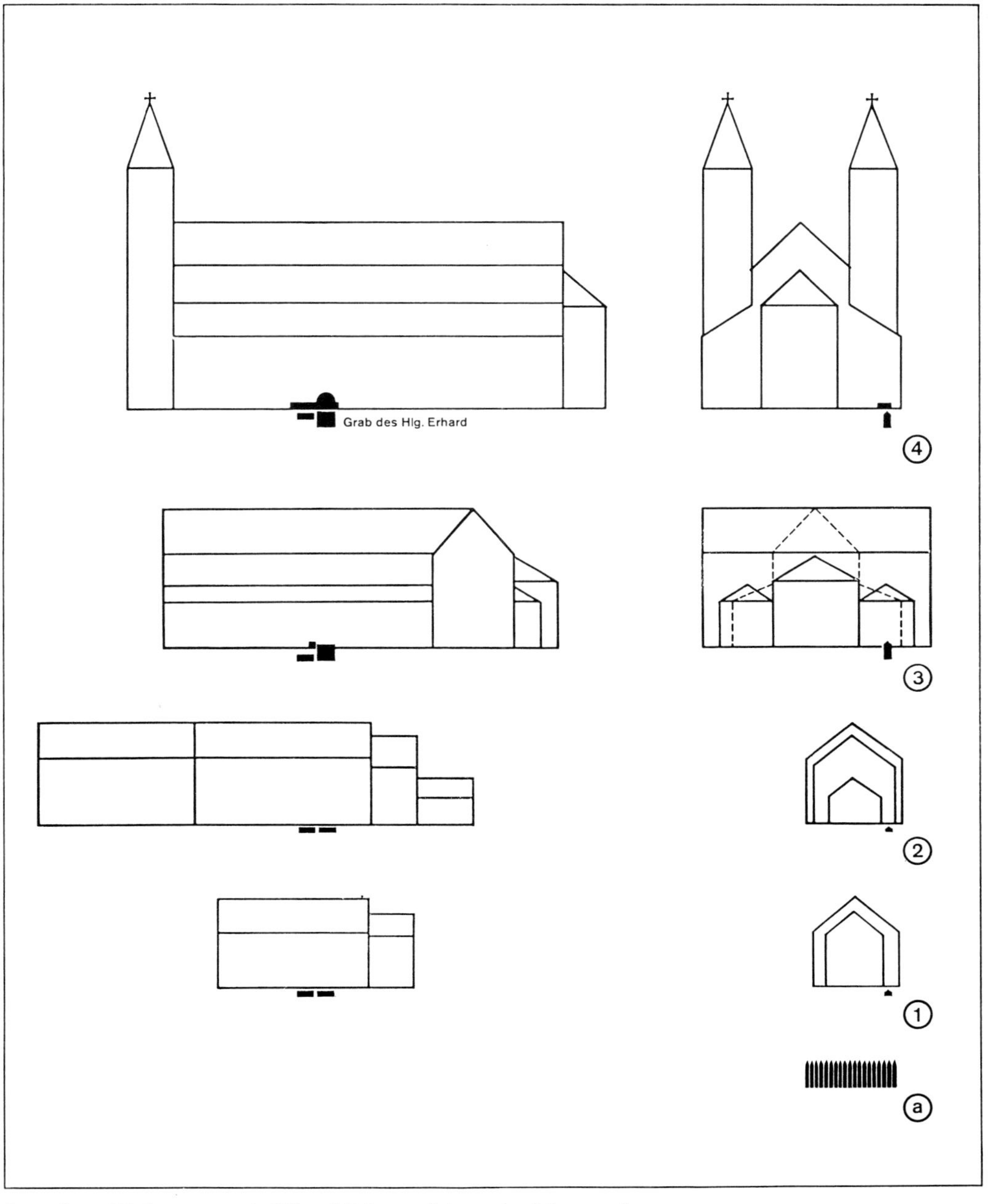

Regensburg, Niedermünster, Aufriß und Rekonstruktionen (nach SCHWARZ)

DAS NIEDERMÜNSTER IN REGENSBURG IM SPIEGEL DER JÜNGSTEN AUSGRABUNGEN IM EHEMALIGEN KREUZGARTEN

Die zum Stift gehörigen Konventbauten konnte Schwarz, dessen Ausgrabung auf das Innere der Kirche und den an sie angelehnten Südflügel des romanischen Kreuzgangs beschränkt war, nicht nachweisen. Um so mehr war es geboten, im Vorfeld einer Erweiterung des Bischöflichen Ordinariats nach den früheren Klosterbauten zu forschen. Die hierzu durchgeführten Ausgrabungen entlang der Nordseite des ehemaligen Kreuzgartens begannen im April 1988. Die Beobachtung der Erdarbeiten der im September 1988 eingerichteten Baustelle dauert derzeit, im Februar 1989, noch an.

Die Grabungsfläche liegt bis auf etwa 9 m an der römischen Lagermauer, die an ihrer Innenseite mit Erdreich angeböscht und von einer breiten, nicht befestigten inneren Ringstraße begleitet war. Die Abgrenzung der Böschung, des sog. Agger, gegenüber der Straße durch ein kleines Gräbchen bzw. eine als Rand eingelegte Bruchsteinreihe wurden in einem Geländeschnitt in etwa 12 m von der Mauer beobachtet. Durch Agger und Straße war damit zumindest für die Gründungszeit des Römerlagers eine Bebauung im Bereich der Grabungsfläche auszuschließen. Lediglich Reste mehrerer einfacher (Back-?)-Öfen fanden sich auf der Aggerböschung. In der Spätzeit hingegen, wohl in Zusammenhang mit der Umstrukturierung des Lagers, wurde auf dem Agger ein Gebäude errichtet. Sein mächtiges, über 1 m breites Fundament verlief in einem Abstand von etwa 5 1/2 m parallel zur Lagermauer. Es wies zwei Bauphasen auf, von denen die spätere durch extrem harten Mörtel auffiel. Die Nutzung des Gebäudes ist unbekannt; möglicherweise handelte es sich um eine Fabrica, ein Werkstättengebäude, in dem mit Feuer umgegangen wurde, das man von der übrigen Bebauung etwas isoliert haben wollte. Das Niveau des Baus war dem Agger angepaßt, der nur so weit abgetragen worden war, daß im Inneren des Gebäudes eine Ebene entstand. Ob der dabei anfallende Abraum bereits zu einer ersten erdigen Planierschicht im Lager ausgebreitet wurde, ist noch nicht zu beantworten. Auch im Bereich der neuen Grabung ist zwischen römischer und mittelalterlicher Besiedlung eine insgesamt 80 cm starke Erdschicht abgelagert, wie sie Schwarz unter der Kirche festgestellt hat. Ihre oberste Lage deckt, wie Schwarz konstatierte, die Reste der systematisch abgetragenen römischen Soldatenunterkünfte ab. Diese schwarze Erde ist durch langjährigen Bewuchs humos angereichert, jedoch in der Substanz herbeigeschafftes Auffüllmaterial.

Eine massive Bebauung des Geländes erfolgte erst wieder in der Karolingerzeit. Ein in der Schichtfolge knapp unter dem karolingischen Bauhorizont liegendes dünnes Band aus sog. Hüttenlehmstückchen (durch Sonne oder Feuer verbackene Schollen des Lehmverstrichs von Flechtwerkausfachungen einfacher Holzbauten) deuten auf eine vorausgehende Besiedlung mit Holzgebäuden; die Gebäude konnten jedoch nicht lokalisiert werden.

Das Fehlen von Resten bedeutenderer Gebäude aus merowingischer Zeit macht deutlich, daß die Erhardkirche dem südlich anschließenden Herzogshof zugehörig war, zumal Schwarz südlich der Kirche Mauerreste aus dieser Zeit vorgefunden hat. Man darf die Erhardkirche damit als die Pfalzkapelle des agilolfingischen Herzogshofs ansehen.

Mit dem karolingischen Neubau erfolgt eine Umorientierung. Während die Kirche nun im Süden freisteht – die Mauerzungen dort sind nachträglich angefügte Strebepfeiler – ist sie im Westen und Norden mit großen Gebäudetrakten verbunden. Niedermünster wird damit zum eigenständigen, vom Herzogshof losgelösten Baukomplex. Den Komplex als Kloster zu interpretieren, wie Schwarz vorschlägt, ist durch die Aufdeckung des nördlich an die Kirche anschließenden Gebäudetrakts umso mehr gerechtfertigt.

Bei der Grabung fand sich davon ein bis zu 28,5 m von der Kirche sich nach Norden erstreckender Mörtelfußboden, ein sog. Estrich, in einer Breite von mindestens 9,2 m. Eine Begrenzungsmauer konnte nur im Osten festgestellt werden; sie fluchtet mit der Ostmauer des Kirchenlanghauses bzw. mit dem Ansatz des Chores. Bei den Ausgrabungen im Südflügel des Kreuzgangs war Schwarz bereits auf den gleichen Estrich und einen entsprechenden Maueransatz an der Kirche gestoßen. Auch Reste einer westlichen Parallelmauer kamen damals zum Vorschein. Sie verlief in einem Abstand von 9 1/2 m; das Gebäude ist damit ebenso breit wie die Kirche. Naheliegend ist daher, den die Kirche nach Westen verlängernden Bau, dessen Zweckbestimmung umstritten ist, ebenfalls als Klostertrakt anzusehen. Da wir über derart frühe Klosteranlagen in Bayern kaum Kenntnisse besitzen, bleiben alle weitergehenden Rekonstruktionsversuche Spekulation. Daher soll diesem ältesten Niedermünsterkloster im April/Mai 1989 eine weitere Grabungskampagne gewidmet werden, bei der insbesondere die Frage eines Nordtrakts entlang der Römermauer geprüft werden soll.

Der bei der Grabung 1988 aufgedeckte Trakt bestand aus einem massiven Erdgeschoß mit etwa 80 cm starken Bruchsteinmauern, deren Fundamente als Trockenmauer gefügt sind. Das Obergeschoß war in Lehmfachwerk errichtet, von dem sich reichlich Lehmschollen, teils durch Hitzeeinwirkung verziegelt, und Holzkohlestücke im Brandschutt des Baus abgelagert haben. Dieser Brand dürfte das gesamte Kloster in Schutt gelegt haben. Eine Abmauerung der Ruine des nördlich an die Kirche anbindenden Osttrakts als Verkürzung auf den Bereich des späteren ottonischen Kreuzgartens, deutet auf einen provisorischen Wiederaufbau der dem Neubau nicht im Wege stehenden Partien, damit auf eine Weiterbelegung des Klosters.

Bei dem von der Herzogin Judith geförderten Neubau um die Mitte des 10. Jahrhunderts hat auch das Kloster eine enorme räumliche Erweiterung erfahren, wie die schon erwähnte, nunmehr dreischiffige Kirche. Die Anlage reicht nun bis über die heutige Erhardigasse an die Ostmauer des Römerlagers, an der die sog. Erhardikrypta angebaut wird, die als einziger Teil des ottonischen Klosters als intaktes Gebäude bis heute überdauert hat. Zentrum der Klosteranlage ist ein etwa 20 × 25 m großer Kreuzgarten, der ringsum von einem Kreuzgang umgeben ist, dessen Nordostecke durch die Grabung nachgewiesen werden konnte. Der Südflügel und dessen östlicher Abschluß dürften mit dem bestehenden Kreuzgang identisch sein, für den Westflügel müßte die Übereinstimmung mit den romanischen Fluchten (s. u.) durch die noch anstehende Nachgrabung gesichert werden. Von dieser ottonischen Anlage sind nur mehr die Fundamente erhalten. Der Kreuzgang gründet auf dem karolingischen Estrich, gegen den das neue Fußbodenniveau um 50 bis 60 cm höher gesetzt wurde; der Fußboden war an keiner Stelle der Grabung erhalten. Der nördliche Konventsbau lag gegen den Kreuzgang halbgeschossig versetzt, mit einem 1,40 m unter dem Kreuzgangniveau angeordneten Tiefgeschoß, zu dem ein Treppenabgang aus dem Kreuzgang hinunterführte. In dem Tiefgeschoß zeigt sich die Wandoberfläche als typisch ottonisches Bruchsteinmauerwerk, wogegen die zeitliche Fixierung ansonsten nur auf der relativen Bauabfolge beruht. Der Konventsbau reichte wohl bis an die knapp 10 m entfernte Römermauer, die sich als Rückwand anbot, soweit sie nicht bereits geschleift war. Gleichzeitig wurde sie schon als Steinbruch verwendet, wie die Fundamentlage der Zwischenmauer zum Kreuzgang zeigte, die über weite Strecken aus römischen Quadern oder Bruchstücken davon bestand.

Das ottonische Kloster fiel 1152 wiederum einem Brand zum Opfer. Der Brand zeichnet sich als eine Verfärbung der ottonischen Maueroberflächen ab. Beim Wiederaufbau entstand eine neue, weitgehend in Werkstein ausgeführte Kirche. Auch das Kloster wurde anscheinend völlig neu gebaut, im Unterschied zu der Kirche jedoch weitgehend auf den alten Grundmauern. Die Veränderungen gegenüber dem Vorgängerbau beschränkten sich auf die Ausformung. Der Kreuzgang wurde mit einer durchlaufenden Fensterarkatur auf zierlichen Säulchen ausgeführt, an den Ecken zur Innenseite durch Wandvorlagen mit Gurtbögen verstärkt. Das Tiefgeschoß des nördlichen Konventbaus erhielt eine Wölbung, für die ein kräftiger Wandpfeiler eingebaut wurde. Das ottonische Fußbodenniveau scheint in etwa beibehalten worden zu sein, ersichtlich am östlichen Kreuzgangfundament an einem Verputzrest mit der Abrißkante des Fußbodens. Die Fußböden sind durch eine spätere Baumaßnahme ausgeräumt worden. Auch die Reste des aufgehenden Mauerwerks gingen bei diesem Eingriff verloren, so daß sich vom romanischen Kloster außer dem Südflügel des Kreuzgangs nur die Veränderungen an den ottonischen Fundamenten erhalten haben. Aus dem Abbruchmaterial des von der derzeitigen Umbaumaßnahme betroffenen Gebäudes aus dem 19. Jahrhundert und aus den Auffüllungen innerhalb dieses Gebäudes wurden jedoch mehrere Kapitelle und Basen der Kreuzgangsarkatur geborgen (Kat. Nr. 79). Es sind Rollenkämpferkapitelle, benannt nach den Röllchen an der Kämpferausladung, wie am Südflügel des Kreuzgangs. Im Unterschied zu der dort gebräuchlichen Form des Würfelkapitells sind sie freier gestaltet,

5
6
8
4
3
5
3

Blick auf den Mittelteil der Grabung von Nordosten

1 Geländeschnitt zur Feststellung der Schichtenfolge bis zum gewachsenen Boden, hier noch nicht auf voller Tiefe
2 Ostmauer des karolingischen Klostergebäudes
3 Estrichfußboden des karolingischen Klostergebäudes
4 Ottonisches Kreuzgangsfundament
5 Südwand des nördlichen Konventsbaus (ottonisch)
6 Abgang zum Untergeschoß des nördlichen Konventsbaus (Treppenschacht)
7 Westwand des östlichen Konventsbaus (ottonisch)
8 Nordostecke des Kreuzgangs, romanische Substanz
9 Erneuerung von 7 für das Niedermünsterbrauhaus

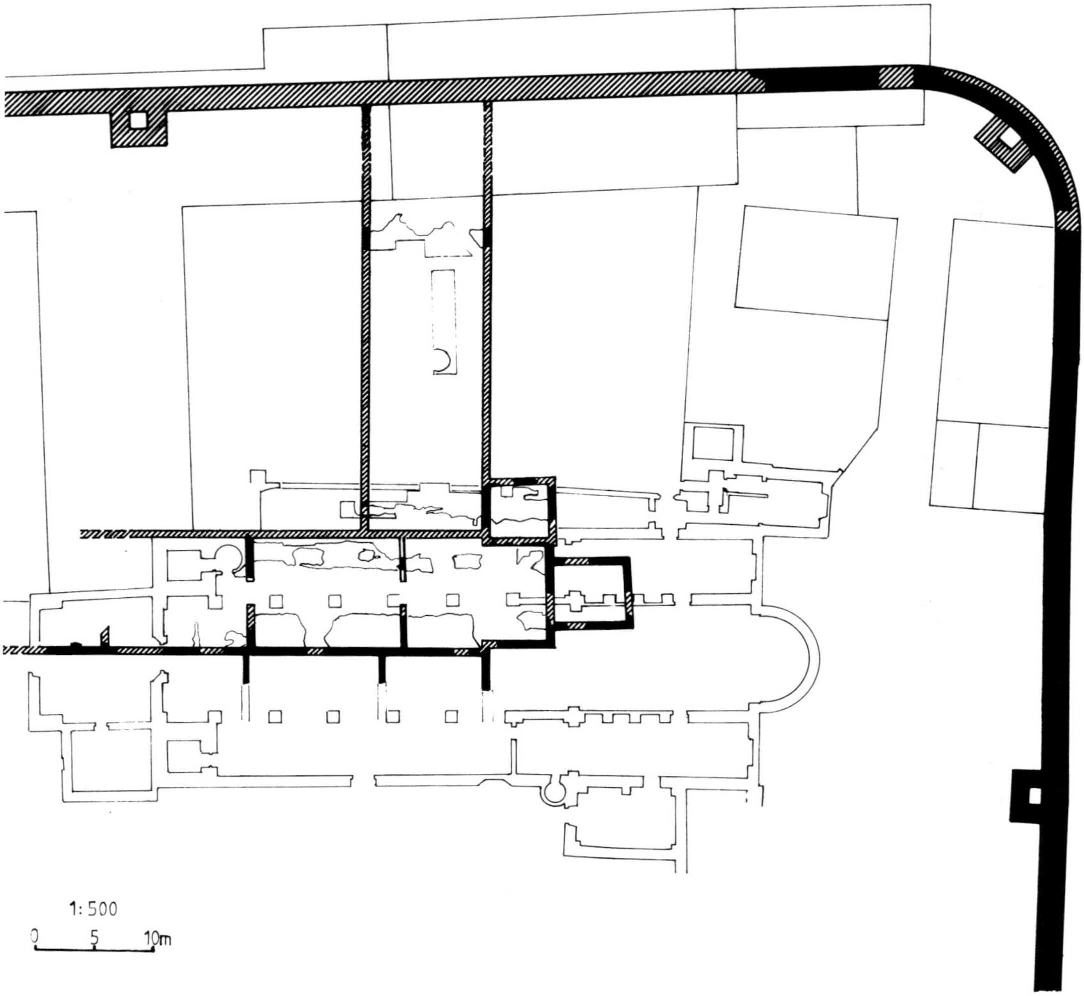

Die karolingische Klosteranlage mit der Nordostecke des Römerkastells, 1:1000

Saalkirche mit Abschrankung eines Nonnenchors etwa in der Mitte des Raumes; nach Klaus SCHWARZ. *Daran nach Norden anschließend das neuaufgefundene Klostergebäude. Im Osten und Nordosten der Kirche etwa quadratische Kapellen oder Sakristeiräume.*

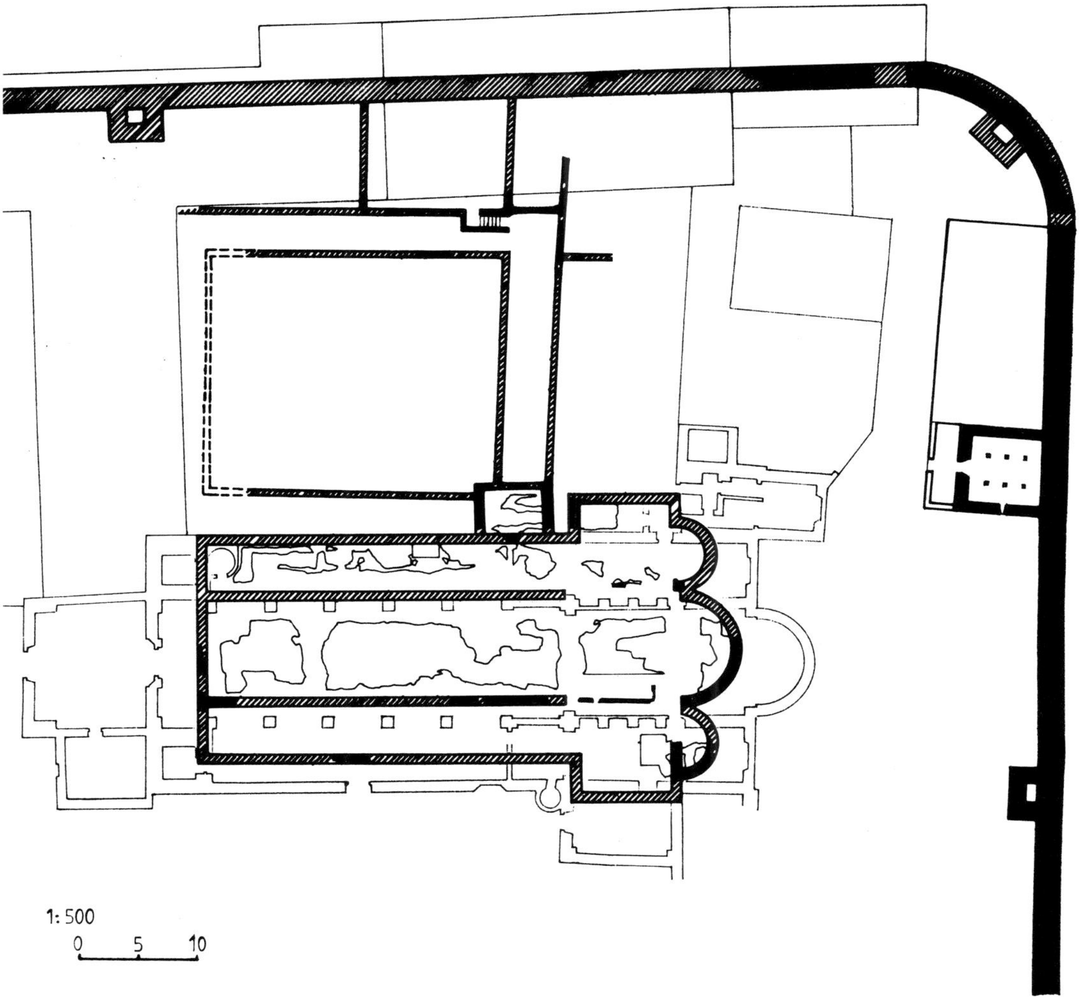

Die ottonische Klosteranlage, 1:1000

Dreischiffiger Kirchenbau mit östlichem Querhaus; nach Klaus SCHWARZ. *Im Norden der Kirche der Kreuzgang. Von den ihn umgebenden Konventsgebäuden dargestellt nur der gesichert rekonstruierbare Bau im Norden. Zu seinem tieferliegenden Untergeschoß führte wie beim Dom vom Kreuzgang eine Treppe hinunter. Im Osten an der Römermauer die Erhardikrypta, die die Ausdehnung des ottonischen Niedermünsterkomplexes anzeigt.*

etwas jünger, wohl 1170/80 entstanden. Engste Verbindungen von den Fundstücken bestehen zu den Triforiensäulchen des ehemaligen Salzburger Hofs, wo ebenfalls Kapitelle mit Eckköpfen und dieselbe Vereinheitlichung von Kapitell und Kämpfer mit gratigen Brechungen auftreten (Kat. Nr. 61). Die Basen zeigen das übliche attische Profil auf Plinthe, mit Eckknollen versehen.

Die Gotik rührte außer einigen, dem Zeitgeschmack folgenden Veränderungen des Erscheinungsbildes kaum an der Substanz. Der Kreuzgang erhielt eine Kreuzrippenwölbung, von der Rippenanfänger, Rippenprofile und ein Schlußstein aufgefunden wurden. Außen am Kreuzgang wurden Strebepfeiler angefügt, die Fensterarkatur wurde teilweise mit Maßwerken umgestaltet.

Die Barockzeit brachte dagegen eine völlige Neuanlage des Klosters. Eine erste Maßnahme war die Beseitigung des Kreuzgangostflügels in der zweiten Hälfte des 17. Jahrhunderts. Er fehlt bereits in dem Stadtmodell von 1700, wogegen der mittelalterliche Bestand des Klosters in dem Stich von G. Bahre aus dem Jahr 1645 noch vollständig ist.

Die Darstellungen des 17. Jahrhunderts sind damit wichtige Quellen für die Gesamtrekonstruktion der romanischen Klosteranlage. Das Stadtmodell von 1700 läßt eine detaillierte Betrachtung zu. Ihm ist u. a. die Anordnung des westlichen Kreuzgangflügels nach 7 Jochen des Südflügels zu entnehmen.

Mit dem Neubau des westlichen Klostertrakts als Palaisgebäude um 1720 wird die Kreuzgangsanlage völlig aufgebrochen, die übrigen Gebäude zu Wirtschaftsgebäuden degradiert. Im Nordostteil des ehemaligen Kreuzgangs breitet sich die wohl schon ältere Niedermünsterbrauerei aus. Ihr eigenartiger, in den Kreuzgarten vorspringender Grundriß resultiert aus der Beibehaltung von drei Jochen des Kreuzgangs. Dieser Rest des mittelalterlichen Kreuzgangs hielt sich bis in die sechziger Jahre des vorigen Jahrhunderts, als der heutige Verwaltungsbau eine Bereinigung der Baufluchten brachte.

Literatur: Klaus Schwarz, Die Ausgrabungen im Niedermünster zu Regensburg, in: Jahresbericht der Bayerischen Bodendenkmalpflege 13/14 (1972/73), S. 78, Anm. 112 - 115. - Alois Schmid, Regensburg zur Agilolfingerzeit, in: Die Bajuwaren, Ausstellungskatalog Rosenheim-Mattsee 1988, S. 136 - 140. - Karlheinz Dietz u. a., Regensburg zur Römerzeit, Regensburg 1979, S. 125 - 136, 155 - 174.

Karl Schnieringer

79. Romanische Kapitelle aus Niedermünster

Die beiden abgebildeten Kapitelle F1 und F2 mit einer Kämpferausladung von nur 35 cm passen nicht in die Reihe der Kreuzgangskapitelle mit durchweg 48 - 50 cm Kämpferausladung. Anzunehmen ist die Zugehörigkeit zu Fensterarkaden mit von der Mauer abgesetzter Laibung.

Vom Kreuzgang stammen zwei einander gleiche Rollenkämpferkapitelle mit abgefasten Ecken und Graten an den vier Seiten. Gleiche Kapitelle finden sich im Museum der Stadt Regensburg in der westlichen Dreierarkade der Paulsdorfferkapelle und in einer Dreierarkade im Museumshof, die aus dem Salzburger Hof stammen. Ein weiteres Kapitell dieser Reihe ist auf der Burg Donaustauf in der Fensterarkade des ehemaligen Raumes hinter dem Torbau in situ anzutreffen (Strobel, Kat. S. 427). Die drei Bauten wurden anscheinend von derselben Werkstatt beliefert. Die Kapitelle werden um 1170/80 datiert.

F1 Romanisches Rollenkämpferkapitell (von einer Fenstersäule)

Kalkstein, kaum verwittert

H 22 cm, Säulendurchmesser 13 cm, Kämpfer 18/(35) cm (rekonstruiert)

eine Seite des Kämpfers mit Rolle abgebrochen

Dekor dem glatten Kapitellkörper plastisch aufgelegt. An den vier Seiten Lilien, an den Ecken Spiralen bzw. Flechtbandknoten.

Dekor ähnlich frei aufgelegt bei Kapitellen vom Salzburger Hof (Strobel, Kat. S. 413, Abb. 241 238, 239), qualitätvolle, feine Arbeit.

F2 Romanisches Rollenkämpferkapitell (von einer Fenstersäule)

Kalkstein, etwas verwittert

H 22 cm, Säulendurchmesser 12 cm, Kämpfer 19/(35) cm (rekonstruiert)

teilweise bestoßen, eine Seite des Kämpfers mit Rolle abgebrochen

Dekor: menschliche Köpfe an den vier Ecken. Über den Köpfen flaches, zweifach abgestuftes Band, wellenförmig um den Kapitellkörper gewunden.

Vergleichbar mit zwei Kapitellen im Lapidarium des Domkreuzganges, vermutlich aus dem Kreuzgang von Niedermünster nach der Bombardierung von 1944 (Strobel, Kat. S. 364, Abb. 104, 105). Die Kapitelle sind maßgleich mit den neu aufgefundenen Stücken F1 und F2, eines davon ist ebenfalls mit menschlichen Köpfen an den Ecken besetzt.

Ähnlich verschleifende Formung wie an dem Band über

den Köpfen von F2 zeigt ein quadratisches Pfeilerchen mit Rundstäben an den Ecken und angearbeiteter Basis. Das heute im Museum der Stadt Regensburg aufgestellte Stück (Strobel, Kat. S. 419, Abb. 107, 108) stammt ebenfalls aus dem Kreuzgang von Niedermünster; die Ecken des Basiswulstes sind mit menschlichen Köpfen skulpiert.

Mit menschlichen Köpfen an den Ecken sind auch zwei von fünf Kapitellen des Freisinger Hofs (Museum Inv. HVE 52-56, Strobel, Kat. S. 416, Abb. 199) gestaltet, zusätzlich mit Blattkranz um den Kapitellansatz und Wellenband an der Kämpferplatte geschmückt. Soweit diese Stücke nicht, wie Strobel annimmt, aus dem Kreuzgang von St. Jakob stammen, besteht enge Verwandtschaft zur Werkstatt von St. Jakob, die in sehr vergröberter Ausprägung auf einen Teilkomplex von Niedermünster ausstrahlt, dem F2 angehört. Die Kapitelle des Freisinger Hofs werden wie die genannten Fundstücke aus dem Niedermünsterkreuzgang auf 1170/80 datiert.

Literatur: Richard Strobel, Katalog der ottonischen und romanischen Säulen in Regensburg und Umgebung, in: Jahrbuch für fränkische Landesforschung 22 (1962), S. 357ff.

Karl Schnieringer

„HAUPT, MUTTER UND LEHRERIN ALLER KIRCHEN“

Die Alte Kapelle in Regensburg

Die erste zuverlässige Nachricht über die Anfänge der Alten Kapelle stammt aus dem Kloster St. Gallen in der Schweiz. Notker der Stammler (840–912), der sich allgemein als gut über Vorgänge in Regensburg unterrichtet erweist, überliefert, der karolingische König Ludwig der Deutsche (826–876) habe in Regensburg eine neue Pfalzkapelle errichten lassen. Wegen der Größe des Bauwerks habe allerdings das vorhandene Baumaterial nicht ausgereicht, so daß man zur Beschaffung der nötigen Bausteine Stadtmauern habe niederreißen müssen. Dabei habe man Gräber mit überaus reichen Goldbeigaben aufgedeckt, die dazu ausreichten, um nicht bloß die Kirche auszuschmücken, sondern auch um die Deckel der für die Kirche neugeschriebenen Bücher fingerdick mit Gold zu belegen. Notker beschreibt dabei ein Ereignis, das in die Zeit kurz vor der Mitte des 9. Jahrhunderts fällt. Bei der von Ludwig dem Deutschen neu erbauten und der Mutter Gottes geweihten Pfalzkapelle handelt es sich um die Alte Kapelle am Alten Kornmarkt. Mit der Errichtung einer neuen großen Pfalzkapelle verfolgte Ludwig der Deutsche das Ziel, einen würdigen Rahmen für die hohen kirchlichen Ansprüche zu schaffen, die seine Hofhaltung in Regensburg an eine Pfalzkapelle stellte. Ihm, der mit Vorliebe in Regensburg in seiner Pfalz am Alten Kornmarkt residierte und in seiner „civitas regia“ seine königliche Macht und Würde zum Ausdruck bringen wollte, genügten offenbar die in der Stadt vorhandenen pfalzkirchlichen Gegebenheiten nicht. So ist in der Errichtung der Alten Kapelle eine Manifestation des karolingischen Königtums in Regensburg zu sehen. An der neuen Pfalzkapelle gründete Ludwig der Deutsche ein Kanonikerstift, das die gottesdienstlichen und auch einen Teil der im Zusammenhang mit der königlichen Hofhaltung stehenden Kanzleiaufgaben wahrzunehmen hatte. Damit das Kanonikerstift diesen Aufgaben gerecht werden konnte, statteten es Ludwig der Deutsche und Karl III. (876/82–888) mit reichen Güterschenkungen in der Stadt und im Umland aus.

Unklar ist, ob die Alte Kapelle an Ort und Stelle einen Vorgängerbau als Pfalzkapelle der agilolfingischen Herzöge hatte. Eine allerdings erst aus dem 14. Jahrhundert bekannte Legende, die zu berichten weiß, der hl. Rupert habe in der heutigen Nebenkapelle der Alten Kapelle mit dem Namen „sub gradu“ Herzog Theodo getauft, will das wahr haben. Vermutlich können erst erschöpfende baugeschichtliche Untersuchungen im Bereich der Alten Kapelle zu einer Klärung dieser Frage beitragen.

Da die Alte Kapelle als Pfalzkapelle von Anfang an aufs engste mit dem karolingischen Königtum und der Pfalz am Alten Kornmarkt verbunden war, bedeutete die Verlegung der Königspfalz durch König Arnulf von Kärnten (887–899) zum Kloster Emmeram eine tiefe Zäsur in ihrer Geschichte. Die Alte Kapelle verlor dadurch ihre Funktion als Pfalzkirche, als capella, und ihre enge Bindung an den König. Vermutlich dürfte auf diesen Funktionsverlust auch der Name Alte Kapelle zurückgehen, der als Pendant eine neue Pfalzkapelle voraussetzt. Auf einen solchen Zusammenhang deutet jedenfalls hin, daß die Alte Kapelle im Jahr 967, in der Zeit also, als die Königspfalz bei St. Emmeram lag, als „antiqua capella“, als Alte Kapelle, bezeichnet wird. Damit stimmt auch überein, daß Kaiser Heinrich II., unter dem die Königspfalz wieder an den Alten Kornmarkt zurückkehrte und der die Alte Kapelle wieder neu erbaute, im Jahr 1002 von „capella, quam olim Veterem vocabant“, von der Kapelle, die man einstmals „Alte“ nannte, sprach. Mit dem Verlust der pfalzkirchlichen Funktion war ein stetiger Niedergang verbunden, der schließlich im Verfall der Bausubstanz der Kirche endete und wohl auch die Auflösung des um das Jahr 911 letztmals genannten Kanonikerstifts bedeutete. In einer Urkunde Kaiser Ottos II. aus dem Jahr 967 wird die Kapellenanlage als „dilapsa atque distructa“, als verfallen und zerstört, bezeichnet. Für diesen ruinösen Zustand der Alten Kapelle dürften der verheerende Stadtbrand des Jahres 891 und die Kämpfe um das nahegelegene Osttor der Stadt auf dem heutigen Dachauplatz bei der Belagerung der Stadt durch Kaiser Otto I. im Jahr 953 mit verantwortlich gewesen sein. Sie hinterließen wie an anderen Gebäuden der Pfalz am Alten Kornmarkt so sicherlich auch an der Alten Kapelle ihre Spuren, die wegen des Funktionsverlusts der Kirche von niemandem beseitigt wurden. Im Gefolge dieser Entwicklung war die Alte Kapelle Mitte des 10. Jahrhunderts für den König bedeutungslos geworden. So vergab sie Otto I. auf Lebenszeit an Bischof Rihpert von Brixen. Nach dem Tode Bi-

schof Rihperts (vor 977) fiel die Alte Kapelle wieder an den König zurück, gelangte aber unter Herzog Heinrich IV. in die dingliche Verfügungsgewalt des bayerischen Herzogs. Mit der Wahl Herzog Heinrichs IV. im Juni 1002 zum deutschen König ging sie endgültig in Königsbesitz über.
Unter Herzog Heinrich IV. (995–1004) erblühte die Alte Kapelle wieder zu neuem Leben. Er erbaute sie nach eigenen Angaben von den Grundmauern auf neu, errichtete dort unter seinem Kaplan Tagino wieder ein Kanonikerstift, erhob sie zur „mater aecclesia" und beschenkte sie als neuer König Heinrich II. am 16. November 1002 mit königlicher Freiheit. Die Alte Kapelle schien somit erneut als königliche Pfalzkapelle einer glanzvollen Zukunft entgegenzugehen. Diese glänzenden Perspektiven waren allerdings nur von kurzer Dauer. König Heinrich II. wandte bald seine Vorliebe von Regensburg ab und erwählte Bamberg zu seinem bevorzugten Residenzort, insbesondere nach der Gründung des Bistums Bamberg im Jahr 1007. Für die Alte Kapelle hatte das zur Folge, daß sie Heinrich II. am 1. Juni 1009, vermutlich um eine Brücke der Kontinuität zwischen der alten Kaiserstadt Regensburg und der Neugründung Bamberg zu schlagen, an die Bamberger Kirche schenkte, in deren Besitz sie als Kanonikerstift bis zur Säkularisation blieb.
Besondere Aufmerksamkeit verdient die Formulierung der Urkunde Kaiser Heinrichs II. vom 16. November 1002: „capellam ... a fundamentis in matrem aecclesiam ereximus". Der Titel „mater aecclesia" ist für Bischofs- oder Pfarrkirchen gebräuchlich, für Pfalzkirchen aber unüblich und läßt daher im Zusammenhang mit der Alten Kapelle aufhorchen. Man ist geneigt, in dieser Bezeichnung einen Anklang an den Titel der Lateranbasilika in Rom „caput ecclesiarum, matrix ecclesiarum, magistra ecclesiarum" und damit an den Lateran, den Palast der römischen Imperatoren, zu sehen. In dem Titel der Alten Kapelle „mater aecclesia" könnte demnach der Anspruch bzw. die Idee zum Ausdruck kommen, eine zweite Lateranbasilika zu sein, ein Anspruch der wiederum von der Vorstellung der Roma secunda getragen sein würde. Diese Annahme vom Vorhandensein einer Lateran-Idee in Regensburg gewinnt an Wahrscheinlichkeit, wenn man berücksichtigt, daß in Regensburg – allerdings erst im 13. und 14. Jahrhundert – der Name Latron / Lateran als Bezeichnung für ein Häuserviertel zwischen Schäffner-, Weiße Lilien-, Königs- und Schwarze Bärenstraße begegnet. In diesem Bereich, der in der Mitte des alten Legionslagers liegt, ist frühzeitig eine Massierung von Königsgut zu erkennen, das erst in späterer Zeit in andere Hände überging. Dort war auch die Alte Kapelle begütert, und die Höfe der auswärtigen Bischöfe, die der Pfalz am Alten Kornmarkt zugeordnet waren, umgaben wie ein Kranz dieses Stadtviertel. Aufgrund dieser topographischen und besitzrechtlichen Gegebenheiten ist mit großer Wahrscheinlichkeit davon auszugehen, daß der Latron / Lateran in Zusammenhang mit der Königspfalz am Alten Kornmarkt und damit auch mit der Alten Kapelle als der Kapelle dieser Pfalz stand.
Betrachtet man den Titel „mater aecclesia" der Alten Kapelle, die aus dem Ende des 14. Jahrhunderts überlieferte Bezeichnung für ihre Nebenkapelle „sub gradu" als „Noricae seu Bavaricae telluris prima omnium ecclesiarum et exordium" bzw. als „ein anvankch ... aller gotz häuser in Bayrn" und den Namen Latron / Lateran als Ausfluß einer in Regensburg im Zusammenhang mit der Pfalz am Alten Kornmarkt bestehenden Lateran- bzw. Roma secunda-Idee, dann stellt sich die Frage nach dem Ursprung und nach dem Urheber dieser Gedankenwelt. Für die Urheberschaft dieser Vorstellungen können aufgrund der Gegebenheiten wohl nur die beiden Erbauer der Alten Kapelle, Ludwig der Deutsche und Heinrich II., in Betracht kommen. Zunächst scheint alles auf Kaiser Heinrich II. hinzudeuten, da er im Jahr 1002 für sich in Anspruch nahm, die Alte Kapelle „a fundamentis in matrem aecclesiam" erhoben zu haben. Berücksichtigt man aber, daß sich Heinrich II. nach seiner Königswahl bald von Regensburg abwandte und Bamberg zu seiner bevorzugten Residenz wählte, sowie im Jahr 1009 die Alte Kapelle dorthin vergab, dann dürfte eine von ihm in Regensburg begründete Lateran- bzw. Roma secunda-Idee zu kurzlebig gewesen sein, um einem Stadtteil den Namen geben zu können. So ist die Annahme naheliegend, daß Heinrich II. bei der Neuerrichtung der Alten Kapelle eine in Regensburg bereits vorhandene Tradition einer Roma secunda wieder aufgegriffen hat. Diese Tradition dürfte dann auf Ludwig den Deutschen, den Ersterbauer der Alten Kapelle und vermutlich auch der Königspfalz am Alten Kornmarkt, zurückgehen. Dafür spricht auch, daß Ludwig der Deutsche in seinen Urkunden von Regensburg durchwegs als „civitas regia" oder „urbs regia" sprach. Regensburg war demnach für ihn seine Königsstadt schlechthin, der Ort, wo sein Königtum unmittelbar zum Ausdruck kam. Daher ist davon

auszugehen, daß er durch die Übernahme der Lateran- bzw. Roma secunda-Idee seine „civitas regia" Regensburg mit Aachen, der Verkörperung des Roma secunda-Gedankens auf deutschem Boden, auf die gleiche Stufe stellen wollte. Die Alte Kapelle hätte demnach als seine Pfalzkapelle die Lateranbasilika in Rom versinnbildlicht und hätte sich darin von allen anderen Kirchen unterschieden, sie wäre in diesem übertragenen Sinn die „mater aecclesia" gewesen.

Literatur: R. Bauerreiss, „Caput, matrix, magistra omnium ecclesiarum", in: Münchner Theologische Zeitschrift 13 (1962) S. 202–206. – R. Bauerreiss, Ein mittelalterlicher „Lateranpalast" in Regensburg, in: Zwiebelturm 19 (1964) S. 200–203. – R. Bauerreiss, Ein „Lateranpalast" in Altbayern, in: Jahrbuch für altbayerische Kirchengeschichte 23 (1963) S. 101–108. – L. Falkenstein, Der „Lateran" der karolingischen Pfalz zu Aachen, Köln-Graz 1966 (Kölner Historische Abhandlungen, Bd. 13). – A. Kraus, Civitas Regia. Das Bild Regensburgs in der deutschen Geschichtsschreibung des Mittelalters, Kallmünz 1972 (Regensburger Historische Forschungen, Bd. 3). – J. Schmid, Die Geschichte des Kollegiatsstiftes U. L. Frau zur Alten Kapelle in Regensburg, Regensburg 1922. – P. Schmid, Regensburg. Stadt der Könige und Herzöge im Mittelalter, Kallmünz 1977 (Regensburger Historische Forschungen, Bd. 6). – R. Strobel – J. Sydow, Der „Latron" in Regensburg. Ein Beitrag zum Kontinuitätsproblem, in: Historisches Jahrbuch 83 (1964) S. 1–27.

Peter Schmid

80. Kaiser Heinrich II. schenkt der Kirche von Bamberg die Alte Kapelle in Regensburg

Merseburg, 1009 Juni 1

Pergament, 36,5×50 cm, Siegel auf Urkunde, Durchmesser ca. 9 cm

München, Bayerisches Hauptstaatsarchiv, Kaiser-Selekt 249

Kaiser Heinrich II. schenkt auf Intervention seiner Gemahlin Kunigunde die in Regensburg im Donaugau und im Herzogtum des Ruodpert gelegene Kapelle oder Abtei (abazia) der bischöflichen Kirche zu Bamberg mit allen Zugehörungen.

Literatur: MB XXVIII, S. 393f. (Nr. 249). – MGH Dipl. III, S. 230f. (Nr. 196). – Joseph Schmid, Die Urkunden-Regesten des Kollegiatsstiftes Unserer Lieben Frau zur Alten Kapelle in Regensburg 1, Regensburg 1911, S. XI.

Peter Morsbach

81. Zwei Portalskulpturen

Regensburg, um 1200

Abgüsse der Originale vom barocken Nordportal der Alten Kapelle (Originale aus Sandstein)

Maße:

Kniender: H 70 cm, B 35 cm, T 28 cm (mit Block)

Sitzender: H 83 cm, B 38 cm, T 40 cm (mit Block)

Regensburg, Landbauamt, Lapidarium der Staatl. Dombauhütte

Die beiden um 1200 entstandenen Skulpturen befinden sich in zwei halbrunden Nischen beiderseits des barocken Nordportals der Alten Kapelle in Regensburg, in das sie spätestens 1752 versetzt wurden. Sie entstammen einem heute nicht mehr bestimmbaren größeren Bildzusammenhang und wurden zusammen mit einer Marienstatue des 14. Jahrhunderts und zwei spätromanischen Löwen in den barocken Portalneubau übernommen.

Die heute links angeordnete Skulptur zeigt einen knienden Mann mit langen gesträhnten Haaren und Vollbart. Er hat die Hände erhoben und trägt ein langes, in der Taille gegürtetes Gewand.

Ihm gegenüber sitzt auf einem Stuhl eine zweite männliche Gestalt mit einer flachen, haubenähnlichen Kopfbedeckung, großen, von einem Wulst eingefaßten Augen, kurzen Haaren und einem spitzen Vollbart. Sein Untergewand besteht aus einem gefältelten dünnen Stoff und einem gefiederten, vorne offenen und am Hals geknöpften Übergewand. Er hält ein Tuch an das Gesicht. Die Skulpturen stehen stilistisch in nächster Nähe zu den Werken des Westportals des St.-Kastulus-Münsters in Moosburg (um 1212, Karlinger, Tff. 43–45), einem Relief im Kreuzgang von St. Zeno in Reichenhall (vor 1208, Karlinger, Tf. 42) und dem ebendort befindlichen Relief Kaiser Friedrichs (Karlinger, Tf. 46). Aber auch Verwandtschaften zur oberitalienischen emilianischen Skulptur sind festzustellen. Die charakteristischen Merkmale des Schöpfers dieses Werkes sind in den Worten Karlingers „das Breite, Eindrückliche seiner Flächenkurven, die Auswertung gehäufter Linien als Gegenspiel zu ihnen, die Gesetzmäßigkeit des symmetrisch geformten Blockes in den Gesichtshälften, die Kraft, eine durchaus ornamentale Gesamtheit mit Leben zu erfüllen". Anläßlich des Ausbaus der Skulpturen zeigte sich, daß beide mit einem Block gearbeitet und versetzt sind. Der Block des Knienden besitzt auf der rechten Seite eine exakte Krümmung, aus der sich auf einen Bogenanfänger schließen läßt. Auf dem geraden Randabschnitt der linken Seite befindet sich ein Rundstab, der Teil einer Rahmung gewesen sein muß. Daraus läßt sich erkennen, daß der Kniende im linken Zwickel eines Portals oder Fensters angebracht war. Ein solcher Zusammenhang wird auch bei der zweiten Skulptur sichtbar, so daß eine ursprüngliche Plazierung zu beiden Seiten eines Portals ersichtlich ist.

In der Forschung gibt es von alters zwei unterschiedli-

che Meinungen über die Bedeutung der Gruppe, die Beichte oder Taufe als konkreten liturgischen Akt mit historischen Persönlichkeiten dargestellt sehen wollen. Als gesichert gelten darf lediglich die gemeinsame Herkunft aus einem größeren Komplex. Die von der Mehrzahl der Forscher in der jüngeren Zeit vertretene Meinung, es handle sich um die Darstellung der Taufe, namentlich Herzog Theodos durch den hl. Rupert, ist sicherlich eine barocke Interpretation im Rahmen des allgemeinen Bildprogramms. Jedoch läßt sich ein wie auch immer gearteter Akt vor, während oder nach der Taufe nicht namhaft machen. Auch die Überreichung des Taufgewandes wurde so niemals dargestellt.
So bleibt die ältere Theorie der Beichte. Überblickt man die mittelalterlichen Darstellungen dieses Themas, so zeigt sich jedoch, daß beide Figuren für eine Beichtszene zu weit voneinander getrennt sind. Der Beichtvater saß auf einem Stuhl im Kirchenraum und der Beichtende kniete vor ihm.
Ist der Sitzende aber tatsächlich ein höherer kirchlicher Würdenträger? Bei seiner Kopfbedeckung handelt es sich um eine an einen Turban erinnernde gewickelte Haube, die wenig Ähnlichkeit mit einer Bischofsmitra besitzt, wie sie im hohen Mittelalter gebräuchlich war. Auch die Angaben zur liturgischen Gewandung sind wenig eindeutig. Und zuletzt das erhobene Tuch der rechten Hand: dies ist ein alter Trauergestus, ähnlich dem Legen der Wange in die Hand. Wird es sich bei dieser Gruppe vielleicht nicht eher um den letzten Rest einer Kreuzigung oder Beweinung handeln? Kopfbedeckungen wie die sog. Mitra finden wir in den verwandten Werken der emilianischen Plastik um Benedetto Antelami oder in Saint-Gilles-du Gard bei der Darstellung von Juden. Insofern könnte der Sitzende z.B. als Nikodemus bezeichnet werden.

Literatur: Romuald Bauerreiss, Ein Lateranpalast in Altbayern (Regensburg), in: Jahrbuch 1963 für altbayerische Kirchengeschichte (Deutingers Beiträge 23/1), S. 101-108. - Ders., Ein mittelalterlicher Lateranpalast in Regensburg, in: Der Zwiebelturm 19 (1964), S. 200-203. - Karl-Heinz Betz, Das ikonologische Programm der Alten Kapelle in Regensburg, in: VHVO 118 (1978) S. 15-17. - Alois Elsen, Das romanische Portal der Alten Kapelle in Regensburg, in: Deutsche Gaue 34 (1933), S. 23-27. - Josef Andreas Jungmann, Die lateinischen Bußriten in ihrer geschichtlichen Entwicklung, Innsbruck 1932. - Hans Karlinger, Die romanische Steinplastik in Altbayern und Salzburg 1050-1260, Augsburg 1924, 35. - A. Niedermayer, Künstler und Kunstwerke der Stadt Regensburg, Landshut 1857, S. 145. - Wilhelm Schlombs, Die Entwicklung des Beichtstuhls in der katholischen Kirche, Düsseldorf 1965. - Hugo Graf Walderdorff, Regensburg in seiner Geschichte und Gegenwart, Regensburg [4]1896, S. 262f.

Peter Morsbach

82. Carmina Ratisponensia

Schäftlarn (?), 12. Jahrhundert
Pergament, 143 Bll., 25×17,5 cm
Die Carmina Ratisponensia auf fol. 92r-97r, 102r-113v, 118v, 119v

München, Bayerische Staatsbibliothek, Clm 17142

Die „Carmina Ratisponensia" sind die älteste Sammlung von lateinischen Liebesbriefen aus dem deutschen Sprachraum. Sie stammen aus Regensburg, wie die zweimalige Erwähnung der Alten Kapelle *(vetula capella,* c. 16 und 17) zeigt. Einzelne historische Anspielungen in den Briefen führen auf den Anfang des 12. Jahrhunderts als Entstehungsdatum der Briefe, doch könnten sie auch über einen längeren Zeitraum hinweg, etwa bis zur Jahrhundertmitte, zusammengetragen sein.
Der Clm 17142 bietet nur eine spätere Abschrift einer Sammlung dieser Briefe, die ursprünglich auf Wachstäfelchen oder Pergamentzetteln ihren Adressaten erreichten.
Als Briefpartner können wir eine Gruppe von Mädchen *(vestalis cohors* und ähnliche Bezeichnungen) aus dem Text erschließen, von denen zwei sogar mit Namen erscheinen: Bertha und Hemma. Dazu kommen zwei oder drei männliche Partner, die die Lehrer der Mädchen waren. Wir werden also an die klösterliche Lateinschule an einem der Regensburger Kanonissenstifte Ober-, Mittel- oder Niedermünster zu denken haben, in denen der Adel seine Töchter erziehen ließ. Als Lehrer solcher Schulen fungierten in der Regel Kleriker der Männerklöster oder Kanonikerstifte am Ort.
Den Zusammenhang mit dem Schulbetrieb zeigen die „Carmina Ratisponensia" einerseits durch die Versform (Hexameter), andererseits durch die zahlreichen Anspielungen und Zitate aus Schulautoren oder auch durch die einmal geäußerte Bitte um Korrektur der literarischen Briefübung (Nr. 7, s.u.).
Ein Bezug zur Alten Kapelle ergibt sich aus Nr. 16 und 17 der Sammlung (aufgeschlagen): *En ego, quem nosti, sed amantem prodere noli. / Deprecor ad Vetulam te mane venire Capellam. / Pulsato leniter (*lies: *leviter), quoniam manet inde minister. / Quod celat pectus modo, tunc retegit tibi lectus.* (Sieh, da bin ich, den du kennst, aber verrate den Liebenden nicht! Ich flehe dich an: komm morgens zur Alten Kapelle. Klopfe nur leicht, denn dort wohnt der Kirchdiener. Was dir mein Herz noch verbirgt, offenbart dir dann das Lager.)
So eindeutig die Aussage hier ist, ein Realitätsbezug läßt sich weder sicher behaupten noch abstreiten; Zitat und Anspielung werden auch hier verwandt und zwar aus dem biblischen „Hohen Lied". Nr. 17 schließlich, eine fingierte Liebeserklärung, ist in Wahrheit ein Schmähgedicht auf den Propst der Alten Kapelle, für den das Mädchen Hemma jetzt schon die siebte Freundin ist.
Ungewöhnlich sind solche Beziehungen zwischen Kle-

rikern / Ordensleuten und Frauenklöstern nicht. Immer wieder gehen Capitularien und Synodalbeschlüsse dagegen an, öfter sind sie uns auch durch Reflexe in der (lateinischen) Literatur belegt (Schaller). Bereits Karl der Große wies in einem Capitulare die Äbtissinnen an, den Nonnen zu verbieten, *winileodos scribere vel mittere* (Liebeslieder zu schreiben oder zu schicken, MGH, Cap. I, 63, c. 19). Zahlreich sind die Liebesbrief-Gedichte im 12. Jahrhundert, so aus Frankreich die des Marbod von Rennes oder Baudri von Bourgueil, die beide als Lehrer an Kathedralschulen gewirkt haben, oder aus Spanien die Lieder aus dem Kloster Ripoll (Latzke). Das berühmteste „Paar" des 12. Jahrhunderts sind die junge, adlige Kanonisse Heloise und ihr Lehrer, der berühmte Pariser Theologe Abaelard.
Unsere Kenntnis von der Liebesbrief-Literatur des frühen und hohen Mittelalters ist von einem merkwürdigen Faktum bestimmt: die im Umgang mit Schriftlichkeit geschulten Kleriker sollten nicht lieben, die Laien, die lieben durften, konnten in der Regel nicht schreiben. Bis ins 13. Jahrhundert sind uns ausschließlich lateinische Liebesbriefe erhalten. Auch die bekannten Zeilen *Du bist min, ich bin din* ... aus den Tegernseer Liebesbriefen, das früheste Zeugnis in der Volkssprache, sind in einen lateinischen Prosabrief eingelagert, der rhetorisch sorgfältig gefeilt und mit zahlreichen Zitaten römischer Klassiker ausgestattet ist.
Aufgeschlagen: f. 94^v / 95^r. Links: Hymnischer Preis auf die wie Feuer verzehrende Liebe *(amor est dulcissimus ardor:* Liebe ist das süßeste Feuer), die hier zwischen Traum und Wirklichkeit geschildert wird. Zahlreiche Anspielungen und wörtliche Übernahmen aus Dichtungen des römischen Dichters Ovid, der zur Schullektüre des Mittelalters gehörte (Handschriften in der Bibliothek von St. Emmeram nachgewiesen). Rechts: Mehrere kleine Gedichte, deren Anfang jeweils durch ein §-Zeichen angedeutet ist, z. B. Nr. 7: *Corrige versiculos tibi quos presento, magister, / Nam tua verba mihi reputo pro lumine Verbi, / Sed nimium doleo, quia preponas mihi Bertham* (Bessere die Verslein, die ich dir sende, mein Lehrer, denn deine Worte achte ich für mich wie das Licht des (göttlichen) Wortes. Doch es schmerzt mich allzu sehr, daß du Bertha mir vorziehst).
Weiter unten (Nr. 9): *Mens mea letatur corpusque dolore levatur / Idcirco quia me, doctor, dignaris amare* (Mein Geist freut sich und mein Leib ist aus Trauer emporgehoben, weil du, mein Lehrer, mich mit deiner Liebe ehrst).
Weiter unten (Nr. 16/17) die Verse, die die Erwähnung der Alten Kapelle bieten.

Literatur: Text: Carmina Ratisponensia. Hg. von A. Paravicini, Heidelberg 1979. Engl. Übersetzung von Dronke, 1968. – Forschung: D. Schaller, Probleme der Überlieferung und Verfasserschaft lateinischer Liebesbriefe des hohen Mittelalters, in: Mittellat. Jahrb. 3, 1966, S. 25–36. – P. Dronke, Medieval Latin and the Rise of European Love-Lyric. 2 Bde. 2. Aufl. Oxford 1968, hier Bd. 1, S. 221 ff., Bd. 2, S. 422–447. – Ders., The Carmina Ratisponensia, in: Sandalion 5, 1982, S. 301–309. – Ders., Women Writers of the Middle Ages. A Critical Study of Texts from Perpetua (†203) to Marguerite Porete (†1310). Cambridge 1984. – Th. Latzke: Die Carmina erotica der Ripoll-Sammlung, in: Mittellat. Jahrb. 10, 1974, S. 138–201. – C. Märtl, Regensburg in den geistigen Auseinandersetzungen des Investiturstreits, in: Deutsches Archiv 42, 1986, S. 145–191, hier S. 154–156.

Nikolaus Henkel

83. Tragaltar

Regensburg (?), 1. Drittel des 13. Jahrhunderts
Porphyr, vergoldetes Silberblech, Eichenholz
L 24 cm, B 16 cm

München, Schatzkammer der Residenz (Wittelsbacher Ausgleichsfond).

Der Tragaltar gehört zum Säkularisationsgut, das ab 1810 aus Regensburg nach München überführt wurde. Er befand sich bis dahin in der Alten Kapelle. Zeit und Name des Stifters sind unbekannt.
Der Tragaltar besteht aus einem Porphyraltarstein, der in eine rechteckige Eichenholzplatte eingelegt ist. Den Rand der Oberseite verkleidet ein breiter Rahmen aus vergoldetem Silberblech. Er zeigt die von Zickzackbändern mit Blattmotiven und zuinnerst einer Kerbschnittleiste eingefaßten figürlichen Darstellungen in Form männlicher und weiblicher Heiliger in Halbfigur unter Kleeblattbögen. In der oberen Reihe flankieren Paulus, Petrus, Johannes der Täufer und Andreas eine Kreuzigungsszene mit Maria und Johannes, unten Cäcilia, Agathe, Margareta und Juliane, in der Mitte Maria mit dem Christuskind. Auf der linken Seite stehen Jakobus, Stephanus, Vinzenz, Martin, Nikolaus, Maria Magdalena; rechts Bartholomäus, Laurentius, Adalbert, Malachias, Bernhard und Agnes. Alle Heiligen sind durch Beischriften benannt, von denen die meisten im Genitiv stehen und sich auf eingeschlossene Reliquien beziehen dürften.
Auf dem Randstreifen läuft auf einem vergoldeten Silberbeschlagband die Widmungsinschrift um, die besagt, daß dieses Heiligtum allen hier aufgezählten Heiligen gehöre: OMNES · IS·TI · SANC·TI·QVI · SVNT · HIC · IN · SCRIP · TI·ILLOR · SANCTVARIVM · EST · HIC. Die Rückseite des Tragaltares trägt einen purpurfarbigen Seidenbezug und kreuzförmigen Silberbandbeschlag.
Die älteste Datierung des Altares auf 1240 wurde von Achim Hubel zu Recht in Zweifel gezogen. Er schlug eine Entstehung um 1200 vor und verwies darauf, daß „der Stil der Gravierungen die ab etwa 1220 sich entwickelnde dynamische Expressivität in Gestik und Faltenführung vermissen läßt" (Hubel 65). Die Problematik der Datierung liegt in dem Umstand, daß Regens-

burger Bildwerke aus der 1. Hälfte des 13. Jahrhunderts relativ selten sind und somit exakte Vergleichsmöglichkeiten fehlen. Die besten Parallelen bieten noch immer die Buchmalerei und die ältesten Glasfenster des Regensburger Domes der Zeit um 1230. Hierbei läßt sich feststellen, daß die Darstellungen des Tragaltares bereits ein Bewegungspotential und eine Energie besitzen, die der älteren Regensburger Buchmalerei des 12. Jahrhunderts noch fehlt, und das sich in der Haltung des Johannes der Kreuzigung, dem schon recht bewegten Haar und zupackenden Gesten der Heiligen zeigt. Dies läßt sich durchaus den spärlichen Zeugnissen der Regensburger Malerei der Zeit des 1. Drittels des 13. Jahrhunderts vergleichen (Ausstellungskatalog Regensburger Buchmalerei, München 1987, Kat. 47, 48, Tff. 122, 123). Auch in den Fenstern aus dem Westchor des romanischen Domes ist eine ähnliche Zunahme der Dynamik feststellbar. Eine Datierung in das 1. Drittel des 13. Jahrhunderts scheint daher gut möglich.

Literatur: Hans THOMA, Herbert BRUNNER, Schatzkammer der Münchner Residenz, München 1967, S. 29, Nr. 12. – Ausstellungskatalog Goldschmiedekunst im Bistum Regensburg, Regensburg 1979, S. 64f., Kat. 101, Abb. 212 (Achim HUBEL).

Peter Morsbach

84. Sog. Heinrichsgewänder

Regensburg, Kollegiatstift U. L. Frau zur Alten Kapelle

Ornat I: *Kasel*

In bunten Vertikalstreifen mit Riemchengold gemusterte Seide.

Westturkestan oder Persien, Anfang 14. Jahrhundert.

Rückenhöhe 142 cm; Rückenbreite 102 cm; vorn auf 34 cm beschnitten.

Rapport 42 : 24,2 - 24,8 cm.

Lampas liséré: mit zwei Lanzierschüssen, ohne Grundschuß.

Hauptkette: Bindekette 5 : 1. Hauptkette: Seide, Z-Drehung, weiß oder rosa (heute auf der Vorderseite beige) oder grün. Bindekette: Seide, Z-Drehung, feiner, heute weiß. 90 – 108 Fäden/cm.

1. Schuß: Seide, zweifädig, schwarzbraun; ein Faden umgedreht, der andere Faden mit S-Drehung, sehr fein. 2. Schuß: Lederriemchengold, auf Unterseite versilbert. 30 – 32 Fäden/cm.

Die Bindekette bindet den doppelten Seidenschuß und den Goldschuß auf der Oberseite leinwandartig. Die Hauptkette bindet nur den Seidenschuß in fünfbindigem Kettatlas, Fortschreitungszahl. 3. Beide Bindungen dienen für Grund und Muster. Der Seidenschuß liegt auch als Muster, leinwandbindig, über dem Kettatlas.

Längsstreifen: 1. In hohen Rechtecken Kampf von Fonghoang und Drachen, getrennt durch Quadrate mit vierteiliger Blüte, kleine Drachen in den Winkeln; schmale Rahmenleisten mit Leopard hinter Gazelle, Hund hinter Hase, dazwischen zwischen Scheiben mit Flechtwerk symmetrisches Rankengeflechtband. 2. Wechsel von vier verschiedenen quadratischen oder leicht überhöhten Rechteckfeldern: 1. vor fein gerautetem Grund Granatapfelblüte; 2. Rautenfeld; 3. fünfblättriger symmetrischer Blütenstand um mittlere Ährenform; 4. versetzt in drei durch schmale Bänder getrennte Längsstreifen Kreuze im Wechsel mit Zickzackbändern.

Ornat II: *Dalmatik*

Aus zwei unterschiedlich gemusterten Geweben gleicher Art: in bunten Vertikalstreifen mit Riemchengold gemusterte Seide.

Westturkestan oder Persien, Anfang 14. Jahrhundert.

Höhe im Rücken 141 cm, vorn 127 cm; Breite des Rückens 98 cm, vorn 68 cm.

Leinenfutter. Die Ärmel sind mit roter Seide gefüttert.

Vorder- und Rückenteil: Gewebe b

Rapport 20 – 21,5 : 25,5 cm.

Lampas mit einem Lanzierschuß.

Hauptkette : Bindekette 5 : 1. Hauptkette: Seide, Z-Drehung, grün oder hellblau oder rosa oder weiß oder schwarzbraun. Bindekette: Seide, Z-Drehung, heute beige-rosa. 90 Fäden/cm.

1. Schuß: Seide ungedreht, weiß. 2. Schuß: Lederriemchengold. 36 – 40 Fäden/cm.
Die Bindekette bindet beide Schüsse auf der Oberseite in Köper 1/2 S-Grat. Die Farbstreifen mit der Hauptkette in fünfbindigem Kettatlas, Fortschreitungszahl. 2. Unter den Goldflächen wird der Grundschuß in fünfbindigem Schußatlas von der Hauptkette gebunden. So entsteht ein Positiv-Negativeffekt des Musters.

Drei Längsstreifen: 1. Wechsel von vier quadratischen Feldern, darin, jeweils zwischen Ranken: kauernder Panther, Schwan im Kreis, ruhende Gazelle, Schildkröte im Kreis. 2. Wechsel von vier quadratischen Feldern mit zwei unterschiedlichen Sternfliesenmustern bzw. mit Vierpässen um Blatt- oder Blütenstand. 3. In hohen Rechtecken Kufi-Inschrift im Wechsel mit Quadratfeldern mit vielteiliger Rosette in Kreis. Trennende Rahmenleisten mit sich jagenden Hasen, vier Blüten untereinander und Rankenband, jeweils getrennt durch Flechtknoten oder Rosette.

Ärmelvorderteile: Gewebe a

Rapport 18,5 : 25 – 26 cm.

Lampas mit einem Lanzierschuß.

Hauptkette: Bindekette 5 : 1. Hauptkette: Seide, Z-Drehung, hellblau oder grün oder weiß oder schwarzbraun. Bindekette: Seide, Z-Drehung, ungefärbt. 90–96 Fäden/cm.

1. Schuß: Seide, ungedreht, hellrosa. 2. Schuß: Riemchengold. 36–44 Faden/cm.
Die Bindekette bindet beide Schüsse leinwandartig auf der Oberseite. Die Hauptkette wird durch den Seidenschuß in Köper 4/1 Z-Grat auf der Oberseite gebunden. Auf der Unterseite bindet die Bindekette beide Schüsse leinwandartig, während die Hauptkette nur den Seidenschuß in Kettköper 4/1 Z-Grat bindet.

Längsstreifen. 1. Hohe Rechtecke mit Kufi-Inschrift im Wechsel mit Quadraten, darin Vierfüßler in zum Kreis geschlungener Ranke; Rahmenleisten mit Wechsel von geometrischer Musterung. 2. Wechsel von vier verschiedenen, ungefähr quadratischen Feldern: 1. Rosette im Kreis; 2. Rautennetz mit Blüten; 3. Kreis mit Drachenpaar; 4. stilisierte Blütchen in versetzten Reihen.

Die beiden Ornate der Alten Kapelle bestehen jeweils aus Kasel, Dalmatik und Tunicella.

Während man früher solche Seidengewebe mit Riemchengoldmusterung aus der ersten Hälfte des 14. Jahrhunderts für chinesische Erzeugnisse hielt, weisen die Kufi-Inschriften nicht nur auf islamische Auftraggeber, sondern auf eine weiter westliche Herkunft. Mittlerweile kennt man bereits um 1200 und aus dem frühen 13. Jahrhundert Seidengewebe mit Riemchengold-Musterung, von denen einige wenigstens aus Spanien kommen, andere wahrscheinlich aus dem östlichen Mittelmeergebiet. Bei der umfangreichen, diesen gegenüber rund ein Jahrhundert jüngeren Gruppe, zu denen die Brokate der Alten Kapelle gehören, stehen u. a. die Muster mit Drachen, Fonghoang, Halbmonden, Wolkenbändern unter augenfälligem chinesischem Einfluß. Jedoch bezeugen zu einer Zeit, als das Mongolenreich China mit Mittelasien verband und noch weiter westlich vorgestoßen war, Kufi-Inschriften und Atlasbindung eine Produktion in Westturkestan oder doch in Persien, wo mit ähnlicher Musterung, aber mit Goldlahn, das Totenkleid Herzogs Rudolfs IV., heute im Wiener Diözesanmuseum, gearbeitet ist; seine Inschrift nennt den persischen Ilchan Abu Sa'id (1317–35).

Literatur: Otto von Falke, Kunstgeschichte der Seidenweberei 2. Berlin 1913, S. 54–57, Abb. 336–41. – Sigrid Müller-Christensen in: Sakrale Gewänder des Mittelalters. Ausstellung München 1955, S. 30/31, Kat. Nr. 60, Abb. 71–75 (mit weiterer Literatur). – Saskia Durian-Ress – Hannelore Herrmann – Ulrike Reichert in: Aus dem adeligen Leben im Spätmittelalter. Die Skaliger in Oberitalien und in Bayern. Ausstellung Verona 1986, S. 82–89, Kat. Nr. 6. – Die beiden Ornate werden wegen ihrer Riemchengoldbrokate häufig in der Fachliteratur genannt und auch abgebildet.

Hannelore Hermann – Leonie von Wilckens

85. Petrus Lombardus: Quatuor libri sententiarum

Alburg, beendet am 17. Juni 1469
Prachthandschrift auf Papier, durchschossen mit einzelnen Pergamenteinlagen, 226 fol., geschrieben von Frater Johannes 1459–1467, beigebunden Quaestiones breves des Wiener Magisters Harrer über alle vier Bücher der Sentenzen, 217 fol. Gepreßter Schweinslederband mit Schließen, Beschläge fehlen. 29,5 × 42,5 cm

Regensburg, Bischöfliche Zentralbibliothek als Depositum der Stiftsbibliothek der Alten Kapelle, Regensburg, Sign. Nr. 2026

f. 1–211 a. Petri Lombardi Quatuor libri sententiarum. Von lib. I. fehlt Blatt 1–7. Je Seite 1 von lib. II, III und IV sind mit prächtiger Initiale und Rankenverzierung auf Goldgrund ausgestattet.

f. 54 b: Finitus est primus liber de misterio Trinitatis per manus fratris Johannis. Anno d. M° . cccc° . LXVI. In vigilia sancti Thome Apostoli.

f. 107 b: Explicit liber secundus tractans de creatione rerum corporalium et spiritualium et aliis pluribus eis convenientibus, ut supra dictum est, per manus fratris Johannis. Anno ..67. In vigilia sancti Viti martiris.

f. 150: Ibi est finis libri tercij. A°. ..LVII° (1457).

f. 211 a: Finitus est liber quartus sententiarum. In Vigilia sancti Thome apostoli per manus fratris Johannis. Anno domini M°. cccc°. LXVII°.

f. 211 b–215 b leer.

f. 216 a–247 b. Johannis de Fonte, ordinis fratrum minorum, Compendium magistri sententiarum.

f. 247 a–256 b. Register.

f. 257 a–475 b. Magistri Harrer Wiennensis Questiones breves super omnes quatuor libros sententiarum circa textum.

f. 475 b: Explicit in Alburg anno domini M° cccc° LXIX° (1469). Die XVII mensis Junii.

Die Sentenzen des Abaelardschülers Petrus Lombardus galten als das theologische Lehrbuch des Mittelalters und waren von grundlegender Bedeutung für die Entwicklung der scholastischen Methode. Der Erfolg dieses Werkes war u. a. auch dadurch bedingt, daß der Name des Petrus Lombardus in ein Lehrdekret des Laterankonzils von 1215 aufgenommen wurde, nachdem die Sentenzen schon vorher anstelle der Bibel als Grundlage für theologische Vorlesungen verwendet wurden. Dieses ungemein hohe Ansehen des Lombarden war auch die Ursache für die Fülle und großartige Ausschmückung der Sentenzenhandschriften, wie sie in den Bibliotheken anzutreffen sind.
Aufgeschlagen: Incipit des 3. Buches der Sentenzen „über die Fleischwerdung des Wortes“; auf Pergament, zweite Seite beginnend mit der Initiale „cum venit igitur plenitudo temporis ut ait apostolus misit deus filium suum fructum de muliere“ ...

Literatur: Joseph Schmid, Die Handschriften und Inkunabeln der Bibl. des Kollegiatstiftes U. L. Frau zur Alten Kapelle, Regensburg. 1907, S. 12, Nr. 18. – Ars sacra, U. L. Frau zur Alten Kapelle, Regensburg, Ausstellungskatalog, Museen der Stadt Regensburg (1964), S. 15. – Ernst R. Hauschka, Verborgene Pracht, Handschriften, Wiegendrucke und ein Teigdruck aus der Bibliothek der Alten Kapelle, in: Basilika Alte Kapelle in Regensburg früher Pfalzkapelle der bayer. Herzöge, der karolingischen Könige und Kaiser, 1964, S. 208.

Paul Mai

86. Urkunde zur Residenzpflicht

Regensburg, 1249 September 11

Or. Perg. – 22 cm br : 23 cm h, Plica: 2,4 cm. – 2 Siegel an Perg.-Str., S 1 Stiftskapitel, verloren, S 2 Stiftsdekan Sighart, spitzoval, 4 cm br : 6 cm h, leicht beschädigt; Siegelbild: Stehender Engel mit nach oben erhobenem Kopf; Legende, im unteren Drittel stark beschädigt: SIGHARTUS DECANUS [VETERIS CAPELLE] RATISPONENSIS

Regensburg, Bischöfliches Zentralarchiv StiAK U 27.

Dekan S(ighart) und das Kapitel der Alten Kapelle zu Unserer lieben Frau in Regensburg erlassen strengere Bestimmungen bezüglich der Residenzpflicht, da von den 18 Kanonikern oft nur fünf bis sechs dem Offizium beiwohnen, während sich die übrigen außerhalb der Stadt aufhalten.

Zeugen: Sighart Decanus, H(einricus) Frisaco, H(einricus) puer, H(artmannus) custos, B(ernhardus) plebanus, Hugo cappellanus, Vl(ricus) plebanus Sancti Pauli, R(iboto) scolasticus, C(onradus) Notar des Bischofs von Regensburg, Reihperus obellarius, C(onradus) de foro.

Ungedruckt. – Regest: Die Urkunden-Regesten des Kollegiatstiftes U. L. Frau zur Alten Kapelle in Regensburg, hrsg. von Joseph Schmid 1 (1911) Nr. 27.

Paul Mai

87. Urkunde mit 15 Siegeln

Regensburg, 1466 Mai 17

Or. Perg. – 56 cm br : 33 cm h; Plica 6,5 cm. 15 S an Pergamentstreifen.

Regensburg, Bischöfliches Zentralarchiv StiAK U 1006

Stiftsdekan Johann Hayden und das ganze Stiftskapitel unserer lieben Frau zur Alten Kapelle [Andreas Hakkner Pfarrer von St. Kassian und Martinus Finsing(er) Pfarrer von St. Emmeram, seniores, Petrus Sweykkel Pfarrer in Hekking (Niederhöcking), Conradus Le$\overset{e}{\text{w}}$enberg(er) Pfarrer in Lotzenkirchen (Loitzenkirchen), Johannes Reysegk Pfarrer in P$\overset{e}{\text{o}}$nting (Penting), Johannes Weissenberg(er) plebanus in summo (Dompfarrer), Conradus Hawer, Michael Wild Pfarrer in Perngaw Eystetensis diocesis (Berngau Diözese Eichstätt), Johannes Wirtt(er) arcium magister Pfarrer in Lyenperg (Leonberg welches? bei Burglengenfeld oder bei Tirschenreuth), custos, Johannes Prugkhay Pfarrer in Arrach, Cristannus Heymlich obellarius und vicescolasticus, Georgius Lurtz und Philippus Leonis] verbinden sich zur Aufrechterhaltung ihrer Rechte gegenüber den Bischöfen von Regensburg und deren Generalvikaren anläßlich einer neuen Verfügung über die Scholaren und andere Personen des Stiftes.

S 1: Kapitel der Alten Kapelle, rund, D 6 cm, leicht beschädigt; thronende Gottesmutter zwischen zwei Arkadenbögen, mit Lilienszepter in der rechten Hand; Legende: S. – CAPITULI STE MARIAE VETERIS CAPELLE RATISPONENS(IS)

S 2: Stiftsdekan Johann Hayden, spitzoval 3,5 cm breit : 5,5 cm hoch; leicht beschädigt; Muttergottes im Strahlenkranz, auf dem linken Arm das Kind, in der rechten Hand ein Szepter haltend, zu Füßen Wappen mit von links unten nach rechts oben geneigtem Baum (Hausmarke); Legende: S. – JOHANNES HAYDEN DECANUS VETERIS CAPELLE RATISPONENSIS

S 3: Andreas Hakkner, D 2,9 cm; Engel. Wappenschild, geteilt durch einen Querbalken, zwei von der Mitte ausgehende Schrägbalken und einen nach unten führenden senkrechten Balken; Legende: S. – ANDREAE HAKKNER

S 4: Martin Finsinger, rund, D 2,6 cm; im Dreipaß in der Mitte St. Emmeram, links unten der Kanoniker vor ihm kniend, rechts unten drei Würfel mit den Zahlen 4, 5 und 6; Legende: S. – MARTINI FINSINGER

S 5: Conrad Lewenperger, rund, D 2,7 cm; in der Mitte Wappen mit von rechts unten nach links oben steigendem Stab, um den sich eine Schlange windet; Legende: S. – CONRADI LEWENPERGER

S 6: Philipp Leonis, rund, D 3 cm, Rand stark beschädigt; in der Mitte Wappen mit von links unten nach rechts oben aufsteigendem Löwen, der in den Vorderpranken eine Kugel hält; Legende: S. – PHILIPPI LEONIS

S 7: Johannes Wirtter, rund, D 3,1 cm, Wappen, mit Helmzier, Schild senkrecht geteilt, rechte Hälfte eine Maus, linke Hälfte ein Haus; Legende: S. – JOANNIS WIRTTER

S 8: Johannes Weissenberger, rund, D 3 cm; Storch im Wappenschild; Legende: S. – JOHANNIS WEISSENBERGER

S 9: Conradus Hawer, rund, D 2,8 cm, am linken unteren Rand leicht beschädigt; Kelch, darüber drei Sterne; Legende: S. – CONRADI HAWER

S 10: Michael Wild, rund, D 2,7 cm, am oberen Rand stark beschädigt; stehende Christusfigur mit Marterwerkzeugen auf einem von einem Pfeil durchbohrtem Herz; Legende: S. – MICHAELIS WILD

S 11: Johann Reysegk, rund, D 2 cm; Dreipaß, in der Mitte Wappenschild, von links unten nach rechts oben durch drei Linien geteilt, in den beiden Feldern jeweils drei Kreise (Hausmarke); keine Legende

S 12: Johannes Prugkhay, rund, D 2,9 cm; Fledermaus (Hausmarke); Legende: S. - JOHANNIS PRUGKHAY

S 13: Georg Lurtz, rund, D 2,2 cm; Dreipaß, in der unteren Hälfte senkrecht geteilter Schild, linke Hälfte Eule, rechte Hälfte Horn (Hausmarke); keine Legende

S 14: Christian Heymlich, rund, D 3,6 cm; untere Hälfte Schild mit Kreuzzeichen, darüber links Amboß, bekrönt von einem Federbusch, links und rechts von Blumenornamentik umrahmt; Legende: S. - CHRISTIANNI HEYMLICH

S 15: Petrus Sweikkel, rund, D 2,4 cm; Schild in der unteren Hälfte rautenförmiges Gitterwerk, darüber Kreuz; Legende: S. - PETRI SWEIKKEL

Ungedruckt. - Regest: Die Urkunden-Regesten des Kollegiatstiftes U. L. Frau zur Alten Kapelle in Regensburg, hrsg. von Joseph Schmidt 1 (1911) Nr. 1006

Paul Mai

KONRAD VON MEGENBERG (1309–1374)

Eine Gedenktafel neben dem romanischen Portal der St.-Gallus-Kapelle in der Schwarzen Bären-Straße, die zum sog. Ernvelser-Hof gehörte, erinnert daran, daß hier in Regensburg vor mehr als 600 Jahren ein für seine Zeit hochgebildeter Mann lebte und ebenda am 14. April des Jahres 1374 verstarb: der *magister artium* und Domkapitular Konrad von Megenberg. Mehr als ein Vierteljahrhundert lang, und zwar von 1348 bis zu seinem Tode, lebte er in dieser Stadt, wo er neben der Würde eines Kanonikers ab 1350 das Amt des Schulmeisters der Domschule und von 1359–1363 das eines Pfarrers der Dompfarrei von St. Ulrich innehatte. Eine weitere, von ihm durchaus angestrebte Karriere blieb ihm allerdings versagt: Seine Anstrengungen, in die Dignität des Dompropstes aufzusteigen, waren trotz päpstlicher Provision auf dieses Amt ebenso erfolglos geblieben wie seine Bemühungen, andernorts eine seiner Bildung und seinem Stand entsprechende Position zu erringen. Dabei hatten seine Eltern, die aller Wahrscheinlichkeit nach einem kleinen fränkischen Ministerialengeschlecht aus dem südlich von Nürnberg gelegenen Mäbenberg angehörten, ihrem Erstgeborenen – seine Mutter zählte bei seiner Geburt 16 Jahre – eine Ausbildung zuteil werden lassen, die ihm dereinst eine erfolgreiche Laufbahn als Kleriker garantieren sollte: Bereits im Jahr 1316, als Konrad gerade sieben Jahre alt geworden war, schickten sie ihn zum Schulbesuch nach Erfurt, wo er sich, wohl auch zur finanziellen Entlastung seiner Eltern, bald seinen Lebensunterhalt selbst verdiente, indem er zuerst als Repetitor Mitschüler unterrichtete und schließlich selbst Vorlesungen hielt. Auch das anschließende Studium der *artes liberales* an der Pariser Sorbonne, das er mit dem Magistergrad abschloß, mußte er sich durch eine gleichzeitige Lehrtätigkeit am zisterziensischen St.-Bernhard-Kolleg selbst finanzieren.
Acht Jahre lang, von 1334–1342, blieb Conradus de Montepuellarum, wie er sich, seinen Namen latinisierend, nunmehr nannte, als Lehrer an der Sorbonne. Eine wissenschaftliche Auseinandersetzung, die er mit einem anderen Magister der Universität offensichtlich mit ungewöhnlicher Heftigkeit führte, erregte einiges Aufsehen und endete damit, daß Konrad *propter maleficium suum* für ewige Zeit von der Universität ausgeschlossen wurde, eine Maßnahme, die man allerdings nach Ablauf eines Semesters wieder aufhob. Dieses Ereignis wirft ein bezeichnendes Licht auf seinen Charakter: Ähnlich wie in seinen späteren Kontroversen mit Wilhelm Occam, dessen Lehren er zeitlebens heftig bekämpfte und den er als Ketzerfürst, Engel des Satans und Drachen beschimpfte, scheint er auch hier seiner einmal als richtig empfundenen Meinung mit allen – auch den für ihn negativen – Konsequenzen treu geblieben zu sein. Diese Standfestigkeit mag dazu beigetragen haben, daß er, wie er selbst im Rückblick sagt, „als geliebter Sohn der Universität geehrt (wurde)"; seine eigene, die anglikanische Nation, der er als Deutscher an der Sorbonne zugeordnet war, drückte ihm ihr Vertrauen dadurch aus, daß sie ihn mehrfach zum Prokurator bestellte und ihn zweimal, 1337 und 1341, zu Verhandlungen mit Papst Benedikt XII. nach Avignon entsandte.
Die Reisen nach Avignon – wir wissen von fünf weiteren, die Konrad in späteren Jahren erfolgreich u.a. im Auftrag Kaiser Karls IV. (1361), des Domkapitels (vermutlich 1362) und des Rats der Stadt Regensburg (1357) unternahm – boten ihm Gelegenheit, auch in eigener Sache bei der Kurie vorzusprechen und sich um eine Pfründe zu bewerben: So wurde ihm 1341 ein Kanonikat in Regensburg in Aussicht gestellt, 1361 die Regensburger Dompropstei sowie ein Kanonikat am Passauer Dom und vermutlich im Jahr darauf ein Kanonikat am Salzburger Domstift. Von all diesen päpstlichen Provisionen erlangte er schließlich nur ein einziges Amt, nämlich das Regensburger Kanonikat, das er allerdings nicht vor dem Jahr 1348 übernehmen konnte.
Wir kennen die Gründe nicht, die Konrad dazu bewogen, Paris zu verlassen. Ein Empfehlungsschreiben an den Herzog von Österreich und den Rat der Stadt Wien, das ihm seine anglikanische Nation ausstellte, dürfte ihm den Weg nach Wien geebnet haben, wo er sechs Jahre lang, von 1342–1348, als Rektor der Stephansschule wirkte. Damit war er aufgrund eines Privilegs von 1296 auch gleichzeitig das oberste Schulaufsichtsorgan einer Stadt, die als Residenz der Habsburger politischer, kultureller und wirtschaftlicher Mittelpunkt des Landes war. Zweifellos genoß er, der einstige Pariser Universitätsprofessor, hier großes Ansehen: Wir wissen von persönlichen Beziehungen zum Hof – Konrad selbst be-

richtet von einem Gespräch mit dem Kanzler Herzog Friedrichs –, und wenn zwei östereichische Annalenwerke für das Jahr 1351 die Fertigstellung einer heute leider verschollenen *Historia sancti Matthaei* aus der Feder Konrads verzeichnen, so dokumentiert sich darin eine Wertschätzung, die man ihm selbst noch nach seinem Weggang aus Wien entgegenbrachte.
Die Übersiedlung nach Regensburg wird vermutlich mit der oben erwähnten päpstlichen Provision auf die Domherrnwürde im Zusammenhang stehen, die Konrad nunmehr erlangte. Sie fällt zusammen mit einem anderen Ereignis, von dem er uns in seiner *Vita sancti Erhardi* berichtet: Von einer Lähmung am ganzen Körper befallen, sei ihm im Traum Heilung am Grab des heiligen Erhard verheißen worden. So habe er sich mit dem Schiff nach Regensburg bringen lassen und sei während der Messe am Grab des Heiligen im Niedermünster auf wunderbare Weise geheilt worden.
In den ersten Regensburger Jahren (1348–1354) verfaßte Konrad seine wohl wichtigsten Werke: die moralphilosophischen Schriften *Speculum felicitatis humanae* und *Yconomica*, die kirchenpolitischen Traktate *De translatione imperii* und *Contra Wilhelmum Occam* sowie alle seine naturkundlichen Schriften *(Quaestiones super speram, Expositio super speram, Die deutsche Sphaera, Causa terrae motus, Das Buch der Natur, Tractatus de mortalitate in Alamannia).* Obwohl ihm sein neues Amt sichtlich die Voraussetzungen dafür schuf, konzentriert an seinen wissenschaftlichen Werken arbeiten zu können, so betrachtete Konrad, wie es scheint, seinen Aufenthalt in Regensburg doch nur als vorübergehend. Bereits im Jahr 1349 reiste er in eigener Sache wieder nach Avignon, und aus den Widmungspassagen einiger oben genannter Schriften geht hervor, daß er versuchte, in die Dienste Kaiser Karls IV., Herzog Rudolfs IV. von Österreich oder des jungen Kardinals Pierre Roger de Beaufort, einem Neffen Papst Clemens' VI. und nachmaligen Papst Gregor XI., aufgenommen zu werden. Alle diese Bemühungen schlugen, wie schon angedeutet, fehl. Konrads freundschaftlicher Mentor, der Domdechant und spätere Bischof von Regensburg, Konrad von Haimburg, setzte sich dafür ein, daß ihm die Dompfarre St. Ulrich übertragen wurde, die er bis spätestens 1363 betreute. Die Gründe, die dazu führten, daß er sich bereits nach vier Jahren von diesem Amt zurückzog, sind uns nicht bekannt; in seinem theologischen Hauptwerk, dem *Commentarius de laudibus B. V. Mariae,* deutet er an, daß er in diesen Jahren „von vielen Plagen heimgesucht" worden sei. Krankheit und persönliche Mißerfolge, die er für eine Strafe des Himmels hielt, dürften den nun alternden Mann zur Einsicht gebracht haben, daß er sich mit dem Erreichten zufrieden geben mußte. Ob er zu dieser Zeit noch *scholasticus Ratisbonensis* war, wie er sich in dem um 1350 geschriebenen Pesttraktat bezeichnete, wissen wir nicht. Als Domherr widmete er sich in den letzten Jahren seines Lebens im besonderen den Belangen des Domkapitels und verfaßte kirchenrechtliche Schriften, die den Kanonikern als praktische Handbücher bei der Ausübung ihres Amtes von Nutzen sein konnten. Am 14. April 1374 starb Konrad von Megenberg und fand im Niedermünster in Regensburg seine letzte Ruhestätte.
Große Verbreitung dürften seine Werke, die er immerhin hohen und höchsten kirchlichen und weltlichen Würdenträgern dedizierte, nicht gefunden haben. Abgesehen von seinem *Tractatus de limitibus parochiarum civitatis Ratisponensis* (Kat. Nr. 53) und der *Deutschen Sphaera,* einer Übersetzung der *Sphaera mundi* des Engländers Johannes de Sacrobosco, die uns immerhin in neun bzw. zehn Handschriften und vier Drucken überliefert sind, kennen wir von den übrigen Schriften oftmals nur ihren Titel, im günstigeren Fall einen, manchmal zwei, jedoch höchstens drei Textzeugen. Eine Ausnahme bildet dabei das *Buch der Natur,* dieses „erste systematisierte deutschsprachige Kompendium des Wissens über die geschaffene Natur" (RUBERG), dem ein außerordentlicher Erfolg beschieden war: An die 150 Handschriften sind noch auf uns gekommen, die uns diesen Text vollständig oder als Fragment, in Teilabschriften und Bearbeitungen überliefern, dazu acht Druckauflagen aus der Zeit zwischen 1475 und 1540 und fünf Inkunabeln mit dem Abdruck des Abschnitts über die Kräuter als Anhang zum Arzneibuch des Ortolf von Baierland.
Mit dem *Buch der Natur,* das er um 1350 in Regensburg vollendete, wollte Konrad den lateinunkundigen Laien das Wissen über die Schöpfung Gottes, über die sie umgebende Natur, ihre Wirkkräfte und Sinnbildhaftigkeit umfassend vermitteln. Gute Freunde hätten ihm, so berichtet er, ein lateinisches Buch mit der Bitte überantwortet, es für sie zu übersetzen. Er wiederum habe sich *ze dienst der werden muoter* [Gottes] *und dar nach guoten freunden* dieser Arbeit unterzogen und dabei den Text nicht nur übersetzt,

sondern auch *mer dan daz drittail gemert und den sin erläucht, so ich pest mocht.* Als Autor des lateinischen Buches galt, wie aus dem kunstvoll gebauten strophischen Prolog hervorgeht, Albertus Magnus, eine Meinung, die Konrad jedoch später zu Recht in Zweifel zog. Tatsächlich hatte er eine Bearbeitung der Enzyklopädie *Liber de natura rerum* des Albertus-Magnus-Schülers Thomas von Cantimpré (ca. 1201 – ca. 1263) vor sich, deren Großgliederung er für seine Zwecke veränderte und deren Inhalt er unter Einarbeitung weiterer Quellen (Isidor von Sevilla, Avicenna, Albertus Magnus u. a.) sowie eigener Beobachtungen und Sinndeutungen erweiterte. Abweichend von seiner lateinischen Vorlage, die den Stoff in 20 Bücher unterteilt, gliederte Konrad sein Werk in acht Teile: (1) Der Mensch, (2) Planeten, Meteorologie, Elemente, (3) Tierwelt (Vierfüßler, Vögel, Fabeltiere *(merwunder)*, Fische, Schlangen, niedere Tiere), (4) Bäume, (5) Kräuter, (6) Edelsteine und Gemmen, (7) Metalle, (8) Heilkräftige Brunnen und Fabelwesen *(wundermenschen)*. Dieser Aufbau läßt eine sinnvolle Gliederung erkennen: Der vornehmsten Schöpfung Gottes, dem Menschen als Mikrokosmos wird der Makrokosmos gegenübergestellt, dem sich in der Abfolge von der belebten zur unbelebten Natur die weiteren Teile anschließen. Nicht in dieses Schema paßt zweifellos das Kapitel über die *wundermenschen*, das Konrad, wie er eigens vermerkt, wenn auch widerwillig, als Anhang nach einer anderen lateinischen Vorlage hinzufügte: *nu vant ich ain puoch ze latein der selben lai, daz hat noch ains stucks mer, daz sagt von den wunderleichen menschen. daz wil ich in freuntschaft auch her zuo setzen, wan, zwar, ich gaeb gern, het ich iht.* Eine Reihe von Handschriften überliefert das *Buch der Natur* mit einem zusätzlichen, an den Beginn gestellten Abschnitt über die göttliche Trinität, die Engel und die Seele; diese Fassung ist dem österreichischen Herzog Rudolf IV. gewidmet.

Für den mittelalterlichen Menschen war es selbstverständlich, daß Gott der von ihm geschaffenen Natur in all ihren Seinsbereichen neben ihren äußeren, beobachtbaren Eigenschaften einen geistigen Sinn beigegeben hat. Die Naturforscher sahen es daher als ihre Aufgabe an, nicht nur die rein naturkundlichen Fakten der Dinge darzustellen, sondern auch den in den Dingen zunächst noch verborgenen Sinn mit Hilfe allegorischer oder tropologisch-moralischer Deutung zu erschließen und damit den Menschen zur Gotteserkenntnis zu führen. Den heutigen Leser mittelalterlicher Natur-Enzyklopädien darf es daher nicht überraschen, wenn er neben der reinen Sachbeschreibung, die oftmals mit Hinweisen auf nützliche oder schädliche Eigenschaften in bezug auf den Menschen ergänzt wird, allegorische Deutungen vorfindet, die zumeist auf die göttlichen Personen, Maria, aber auch auf den sündigen Menschen, den Teufel etc. verweisen. Konrad von Megenberg macht dabei keine Ausnahme: Zum einen war ihm durch seine lateinische Vorlage keine geringe Anzahl von Allegoresen vorgegeben, zum anderen machte er gerne selbst davon Gebrauch. Besonders die Gottesmutter Maria ist es, die er häufig als Sinnbild für Blumen und Edelsteine zitiert. Sehr deutlich wird seine Sprache, wenn es gilt, Mißstände bei den Laien, aber auch im Klerus darzustellen: so vergleicht er z. B. das Krokodil mit einem Wucherer, *der die armen kaufläut haime lädt zuo dem wehsel oder zuo anderm geding, und verslint si danne ze letzst alsô ganz,* oder den Kapaun mit Prälaten und Priestern, die unfruchtbar sind *in gaistleichen werken, wan si machent niht gaistleicher kind: wolt got, daz si der leipleichen auch niht machten; sie singent ir tagzeit niht: wolt golt, daz si si spraechen mit andâht und süngen niht werltleicher lieder.* Nach der Aufzählung weiterer Verfehlungen kommt er zum Schluß: *der vaizten cappân waiz ich laider vil. mit dem cappân tregt der poes geist die klainen spizvogel, sam die kôrherren, pfarrer, münich und ander gaistleich flaischleich läut, in das êwig leiden, die ir pfrüent nement ân fruchtpaereu werk.* Wie wichtig Konrad andererseits die natürlichen Eigenschaften der Dinge nahm, geht beispielhaft daraus hervor, daß er den Abschnitt über die heilkräftigen Kräuter gegenüber seiner Vorlage um die Beschreibung von weiteren 40 Pflanzen vermehrte.

In seinem Bemühen, den Menschen die praktische Verwertbarkeit der von Gott geschaffenen Dinge, vor allem der Pflanzen, Steine und Metalle vor Augen zu führen, bescherte Konrad von Megenberg dem *Buch der Natur* eine breite und lang anhaltende Wirkung: Ganze Teile und Kapitelfolgen fanden Eingang in Arznei- und Kräuterbücher des 15. und 16. Jahrhunderts, zumeist allerdings ohne Hinweis darauf, wer ihr Autor war.

Literatur: Franz Pfeiffer (Hg.), Das Buch der Natur von Konrad von Megenberg. Reprographischer Nachdruck der Ausgabe Stuttgart 1861. Hildesheim 1962. (Dieser Ausgabe sind die Primär-Zitate entnommen.) – Helmut Ibach, Leben und Schriften des Konrad von Megenberg. Berlin 1938 (Neue deutsche Forschungen 7). – Sabine Krü-

GER, Konrad von Megenberg, in: Gerhard PFEIFFER (Hg.), Fränkische Lebensbilder. Würzburg 1968 (Veröffentlichungen der Gesellschaft für fränkische Geschichte, Reihe VII A/2)), S. 83–103. – Uwe RUBERG, Allegorisches im „Buch der Natur" Konrads von Megenberg, in: Frühmittelalterliche Studien 12 (1978), S. 310–325. – Georg STEER, Konrad von Megenberg, in: Kurt RUH u. a. (Hgg.), Die deutsche Literatur des Mittelalters. Verfasserlexikon, Bd. 5. 2. Aufl. Berlin – New York 1985, Sp. 221–236. – Margit WEBER, Konrad von Megenberg. Leben und Werk, in: Beiträge zur Geschichte des Bistums Regensburg 20 (1986), S. 213–323. – Gerold HAYER, Die Überlieferung von Konrads von Megenberg „Buch der Natur". Eine Bestandsaufnahme, in: Volker HONEMANN und Nigel F. PALMER (Hgg.), Deutsche Handschriften 1100–1400. Oxforder Colloquium 1985. Tübingen 1988, S. 408–423.

Gerold Hayer

88. Konrad von Megenberg: Das Buch der Natur

Hagenau (Elsaß): Werkstatt des Diepold Lauber, um 1440

Papier, 342 Bl., 380×280 mm

Stadt- und Universitätsbibliothek Frankfurt am Main, Ms. Carm. 1 (Ausst. 47)

Der Berufsschreiber und Miniaturenmaler Diepold Lauber unterhielt im elsässischen Hagenau eine Schreiberwerkstatt (nachweisbar von 1427–1467), die – für diese Zeit ein Novum – überwiegend Bücher mit volkssprachlicher Literatur auf Vorrat herstellte. Die Handschriften, die hier entstanden, vermitteln ein einheitliches Bild: Die Texte sind mit großen, meist ganzseitigen, kolorierten und mit raschem, aber sicherem Strich hingesetzten Federzeichnungen geschmückt. Unsere Handschrift enthält 40 Vollbilder des Illuminators A der Werkstatt. Mit Ausnahme der Titelillustrationen (Landtiere, Vögel, Fische etc.), die die Thematik der einzelnen Großabschnitte vorwegnehmen, bleibt die Komposition der übrigen Bilder stereotyp: Eine Gruppe von fünf höfisch gekleideten Männern betrachtet ein Tier oder eine Pflanze.

Von Konrads von Megenberg „Buch der Natur" existiert außer dieser noch eine weitere Handschrift aus der Werkstatt Laubers: der cod. pal. germ. 300 der Universitätsbibliothek in Heidelberg.

Literatur: R. KAUTZSCH, Diebold Lauber und seine Werkstatt in Hagenau, in: Centralblatt für Bibliothekswesen 12 (1895), S. 1–32 und 57–113. – Rosy SCHILLING, Die illuminierten Handschriften und Einzelminiaturen in Frankfurter Besitz. Frankfurt 1929, Nr. 162, S. 194–196. – Gerhardt POWITZ – Herbert BUCK, Die Handschriften des Bartholomäusstiftes und des Karmeliterklosters in Frankfurt am Main. Frankfurt am Main 1974 (Katalog der Stadt- und Universitätsbibliothek Frankfurt am Main 3/II), S. 407f.

Gerold Hayer

89. Konrad von Megenberg: Das Buch der Natur

Elsaß, um 1440

Papier, 424 Bl., 402×295 mm

Stuttgart, Württembergische Landesbibliothek, cod. med. et phys. 2°14

Diese Handschrift stammt möglicherweise ebenfalls aus der Werkstatt des Diepold Lauber. Der sprachliche Befund weist ins Elsaß, die Entstehungszeit läßt sich aufgrund der Wasserzeichen des verwendeten Papiers auf ca. 1440 eingrenzen. Die Art des Buchschmuckes stimmt mit der oben beschriebenen Handschrift überein, sieht man davon ab, daß die 45 Illustrationen wesentlich abwechslungsreicher komponiert und qualitätvoller gezeichnet sind. Hervorzuheben ist das Bemühen des Illuminators, heimische Tier- und Pflanzenarten realistisch darzustellen.

Interessant ist die Geschichte der Handschrift, über die ein Eintrag seines Besitzers Auskunft gibt: *Iste Liber Est Mey Hainri[ci] Comitis in Wirtenberg. Diß bůch ist gewesen kayser sigmuncz vnd ist darnoch worden ainer frauen von bayern die och ain fro zů luczeburg was vnd von danen kamß dem rentmayster zů luczenburg der selbig mir eß in minr gefengnuste hat důn schencken alß ich zu luczenburg in sinem huß gefangen lag Ja noch lig got der allmechtig vnd die kunglich můter sin hellff mir daruß.* (Graf Heinrich von Württemberg [1448–1519] wurde im Zuge der Expansionspolitik Herzog Karls des Kühnen von Burgund drei Jahre lang, von 1474 bis zu dessen Tod im Jahre 1477, gefangengehalten; sollte die Handschrift ursprünglich tatsächlich Kaiser Siegmund gehört haben, müßte sie vor seinem Todesjahr [1437] angefertigt worden sein.)

Literatur: Gerold HAYER, *zu lob dem hochgebornem fürsten Rudolfen dem vierden herczog in Österreich.* Zur Rezeption von Konrads von Megenberg „Buch der Natur", in: Peter K. Stein u. a. (Hgg.), Festschrift für Ingo Reiffenstein zu seinem 60. Geburtstag. Göppingen 1988 (Göppinger Arbeiten zur Germanistik 478), S. 473–492, hier S. 481.

Gerold Hayer

90. Konrad von Megenberg: Das Buch der Natur

Nördliches Elsaß (?), um 1460

Papier, 374 Bl., 287×217 mm

Heidelberg, Universitätsbibliothek, cod. pal. germ. 311

Entsprechend dem kleineren Format dieser Handschrift sind die 299 zum Teil gerahmten lavierten Federzeichnungen ebenfalls kleinformatig gehalten; eine Ausnahme bilden die neun ganzseitigen Titelminiaturen zu den einzelnen Großabschnitten des Textes. Die Arbeit an den Textillustrationen teilten sich offensichtlich zwei Zeichner, wobei R. KAUTZSCH in jenem, der die Tier- und Titelminiaturen anfertigte, den Einfluß Hans Schillings zu erkennen glaubt, der in der Werkstatt Diepold Laubers arbeitete.

Für die Wirkungsgeschichte des „Buches der Natur“ ist diese Handschrift von besonderem Interesse. Anstelle des Abschnitts über die Kräuter finden wir hier (wie in zwei weiteren Handschriften) das Kräuterbuch des Johannes Hartlieb interpoliert, das seinerseits eine erweiterte Version des entsprechenden Abschnittes aus Konrads von Megenberg „Buch der Natur“ darstellt. Hartlieb war Arzt und Berater Herzog Albrechts III. von Bayern-München und starb im Jahr 1468.

Literatur: Karl BARTSCH, Die altdeutschen Handschriften der Universitäts-Bibliothek in Heidelberg. Heidelberg 1887 (Katalog der Handschriften der UB Heidelberg 1), S. 57. – R. KAUTZSCH, Diepold Lauber, S. 107. – Hans WEGENER, Beschreibendes Verzeichnis der deutschen Bilderhandschriften des späten Mittelalters in der Heidelberger Universitätsbibliothek. Leipzig 1927, S. 48f. – HAYER, Überlieferung S. 418f.

Gerold Hayer

91. Konrad von Megenberg: Das Buch der Natur

Augsburg: Johann Bämler, 30. 10. 1475
Papier, 292 Bl., Kleinfolio 270×195 mm

Staats- und Stadtbibliothek Augsburg, 2°Ink. 351

Das große Interesse am „Buch der Natur“ Konrads von Megenberg auch noch im späten 15. Jahrhundert zeigt sich nicht zuletzt daran, daß das Werk innerhalb eines Vierteljahrhunderts gleich sechs Auflagen erfuhr, und zwar von den Augsburger Druckern Johann Bämler (1475, 1478 und 1481), Anton Sorg (1482) und Hans Schönsperger (1482 und 1499); eine stark gekürzte Fassung erschien 1536 und 1540 bei Christian Egenolff in Frankfurt am Main.

Die 12 ganzseitigen Holzschnitte jeweils zu Beginn der einzelnen Abschnitte entsprechen dem Bildprogramm der elsässischen Lauber-Handschriften mit einer Ausnahme: Anstelle des Aderlaßmannes, der dort den Abschnitt über den Menschen eröffnet, zeigt der Holzschnitt in Bämlers Ausgabe einen Aussatz-Schaumann, der in einem von einer Säule getragenen Gewölbe von zwei Ärzten, versehen mit Uringlas und Buch, untersucht wird. Hier wie dort deutet die Illustration darauf hin, daß zu dieser Zeit der arznei- und heilkundliche Aspekt von Konrads Natur-Enzyklopädie besondere Beachtung fand.

Literatur: Hain *4041. – Karl SUDHOFF, Deutsche medizinische Inkunabeln. Leipzig 1908 (Studien zur Geschichte der Medizin 2/3), S. 73. – Georg STEER, Zur Nachwirkung des „Buch der Natur“ Konrads von Megenberg im 16. Jh., in: Volkskultur und Geschichte. Festgabe für J. Dünninger zum 65. Geburtstag. Berlin 1970, S. 570–584. – HAYER, Überlieferung, S. 421.

Gerold Hayer

92. Reinmar von Brenn(en)berg

aus: Große Heidelberger Liederhandschrift (Codex Manesse), Zürich, um 1310–1330

(Sammlung von Leichs, Liedern und Sangsprüchen von rund 140 Autoren, Text ohne Musiknotation)

Pergament, 426 Bl., 35,5×25 cm, 136 ganzseitige Miniaturen. – Reinmar von Brenn(en)berg hier fol. 188r (Miniatur), fol. 188v–189v (Text)

Heidelberg, Universitätsbibliothek, Cod. Pal. Germ. 848

Faksimileseite im Besitz der Universitätsbibliothek Regensburg

Reinmar von Brenn(en)berg führt im späteren 13. Jahrhundert – wie viele andere, meist dem niederen oder mittleren Adel angehörende Dichter-Sänger – die Tradition der um 1200 blühenden Liebeslyrik in deutscher Sprache (Minnesang) weiter, produktiv, wenngleich nicht mehr innovativ.

Die Herren der ministerialischen Familie von Brennberg in der Oberpfalz östlich Regensburg standen im 13. Jahrhundert im Lehensverhältnis zum Bischof von Regensburg, bekleideten zeitweise auch das Amt des Truchsessen (Chef der Hofhaltung) am Bischofshof. Der Name Reinmar war in der Familie erblich. Es ist wohl der von 1238–1271 gut bezeugte Reinmar II., der als Dichter strophisch-sangbarer Lyrik hervorgetreten ist und wahrscheinlich auch – wie üblich – die Melodien dazu verfaßt hat.

Erhalten ist ein relativ schmales Œuvre von vier Minneliedern (I–III, V) in jeweils selbständigem Ton sowie ein breitausladender, der Sangspruchdichtung verpflichteter Ton (IV) mit 12 z. T. selbständigen Strophen. Thematisiert werden, öfter mit lehrhafter Tendenz, das Leiden an der Minne und das Hoffen auf die Erhörung durch die geliebte *frouwe,* oft in gelehrt-verwegener Bildhaftigkeit, Klage über die spröde Geliebte, die *vil reine süeze senfte morderin,* und ein Streitgespräch zwischen Liebe und Schönheit. Ton IV ist auch von anderen Liederdichtern benutzt worden, u. a. für eine Totenklage über 11 z. T. berühmte Minnesänger. Nur von diesem Ton ist in später Meistersinger-Tradition in der Kolmarer Liederhandschrift (um 1460) eine Melodieaufzeichnung erhalten.

Die dem Œuvre in der Heidelberger Liederhandschrift vorangestellte Miniatur gehört nicht zu den sonst durchweg typisierenden Autorenbildern, sondern gibt eine dramatische Szene wieder: vier Männer, durch Eisenkappen und Gewänder als nicht-ritterlich gekennzeichnet, dringen auf den in der Mitte stehenden Ritter Reinmar ein. Er greift gerade zu seinem Dolch, doch fährt ihm schon ein Schwert in die Seite, ein von oben gestoßener Dolch dringt in den Schädel ein. Hochmittelalterlicher Kunstauffassung entsprechen die gelassenen Mienen der Beteiligten, die in auffälligem Gegensatz zur Drastik des Dargestellten stehen.

Bereits die Forschung des 19. Jahrhunderts hatte diese Darstellung Reinmars von Brennenberg mit einem spektakulären Mordfall verbunden, von dem uns eine Urkunde berichtet: Am 14. 4. 1276 verspricht der Bischof von Regensburg, Leo Tundorfer, seinem Domkanoniker Bruno von Brennberg Hilfe und Rat, „daß ihm von der Stadt Regensburg Genugtuung geleistet wird für die Ermordung seines Bruders und seiner Mannen und für die Schäden, die seinen Mannen von den Regensburger Bürgern zugefügt worden seien." *(quod emenda a Civitate Ratisp(onensi) sibi fiat de occisione fratris sui, et hominum suorum, et de dampnis suis hominibus a Civibus Ratisp(onensibus) irrogatis.* [Codex chronologico-diplomaticus Episcopatus Ratisponensis Hg. von Th. Ried. Bd. 1, Regensburg 1816, S. 540–542]). Welcher der drei Brüder des Domkanonikers Bruno, von denen einer Reinmar hieß, der Ermordete ist, wissen wir nicht. Rund 40 Jahre später aber haben die Zürcher Liedersammler um den Patrizier Rüdiger von Manesse nicht nur die Lieder Reinmars, sondern auch eine Nachricht von der Mordgeschichte. Daß man in Zürich keine präzisen Kenntnisse von den Brennbergern hatte, zeigt das auf der Miniatur abgebildete Phantasiewappen auf Schild und Helmzier. Das „richtige" Wappen der Brennberger ist ein „sprechendes": ein Dreiberg, aus dem Flammen züngeln.

Mit dem Minnesänger verbindet sich bald eine Sage, die den Mordfall mit dem verbreiteten Erzählmotiv vom gegessenen Herzen verbindet, die „Brembergersage": Der Bremberger liebt eine adlige Dame, wird jedoch verleumdet und vom Ehemann der Dame gefangen und getötet. Eine Fassung der Sage bietet eine Fortsetzung: der Dame wird das Herz des Brembergers als Mahl vorgesetzt, sie ißt und stirbt vor Gram.

Liedhafte, strophische Balladen, die diese Sage literarisch formen und z. T. Reinmars Ton IV. als Strophenform benutzen, sind erst aus dem 16. Jahrhundert bekannt (Sappler, Knopp), doch dürfte die Sage wohl früher entstanden sein. Bumke vermutet, kaum zu Recht, daß die Miniatur in der Heidelberger Liederhandschrift der früheste Reflex der Bremberger-Sage sei. – Unabhängig vom Bremberger-Komplex wurde das Motiv des gegessenen Herzens bereits früher literarisch bearbeitet von dem in Basel lebenden Konrad von Würzburg (gest. 1287) in seinem „Herzmaere".

Literatur: Textausgabe: C. von Kraus (Hg.): Deutsche Liederdichter des 13. Jahrhunderts. 2 Bde. 2. durchges. Aufl. Tübingen 1978. Bd. 1, S. 325–333 (Text), Bd. 2, S. 385–396 (Kommentar).

Forschung: J. Liese: Der Minnesänger Reinmar von Brennenberg. Sein Geschlecht und seine Lieder. Programm Posen 1897; E. Fuchs: Die Herrschaft Brennberg. Regensburg 1979; J. Bumke: Ministerialität und Ritterdichtung. Umrisse der Forschung. München 1976, S. 27–29; Codex Manesse, die Große Heidelberger Liederhandschrift. Katalog zur Ausstellung vom 12. Juni–4. Sept. 1988. Universitätsbibliothek Heidelberg. 2. Bde. Heidelberg/Frankfurt 1988 (Bd. 2, Tf. 61

Abbildung der Miniatur). – Zur Bremberger-Sage: A. Kopp: Bremberger-Gedichte. Ein Beitrag zur Brembergersage. Wien 1908; P. Sappler: Artikel „Bremberger“, in: Die deutsche Literatur des Mittelalters. Verfasserlexikon. 2. Aufl. hg. von K. Ruh u.a. Bd. 1, 1978, Sp. 1014–1016 (Literatur).

Lied III

1 Der meie ist komen gar wunneclîch
mit manger hande schoene.
der walt ist niuwes loubes rîch,
in fröit der vogel doene.
sie hebent wunneclîchen schal,
vor in diu liebe nahtegal,
der sanc ich hôhe kroene.

2 Junge und alte, sît gemeit
und sprechet wol den frouwen.
von in kumt alliu sælekeit,
ir mugt si gerne schouwen
und sult in iemer wesen holt:
si gebent wunnebernden solt,
ir lob ist wol erbouwen.

3 Gedenke, sinnic sælic man,
an reiner wîbe güete,
waz si wirde mugen hân.
ir lob in êren blüete
und ist ouch gar durchliuhtic ganz
alsam der liehten sunnen glanz:
si gebent hôchgemüete.

Der Mai ist gekommen, überherrlich,
mit vielfältiger Schönheit.
Der Wald ist reich an neuem Laub,
ihn freut der Gesang der Vögel.
Sie erheben herrlichen Gesang,
allen voran die liebe Nachtigall,
deren Gesang ich über alles preise.

Ihr Jungen und Alten, seid fröhlich
und lobt die höfischen Damen.
Von ihnen kommt alle Glückseligkeit,
ihr könnt sie mit Freude anschauen
und sollt ihnen allzeit gewogen sein:
sie schenken freudebringenden Lohn,
ihr Lob ist wohl begründet.

Kluger und glücklicher Mann, bedenke
das edle Wesen vollkommener Frauen,
was sie an Würde besitzen können.
Ihr Lob erblühte in (gesellschaftlicher) Ehrerbietung
und ist auch kristallklar
wie das Strahlen der hellen Sonne:
Sie verleihen das Gefühl höfischer Freude.

Nikolaus Henkel

III.

KLÖSTER UND STIFTE

DIE BENEDIKTINER

Den „Benediktinerorden“ gibt es streng genommen erst seit 1893, als Papst Leo XII. diese Konföderation einrichtete. Verallgemeinernd bezeichnete man jedoch schon seit dem Mittelalter Mönche und Nonnen, die in ihren Gemeinschaften nach der Regel Benedikts von Nursia lebten, als Benediktiner, bzw. Benediktinerinnen.

Benedikt hatte diese Regel um 550 in Anlehnung an ältere Vorbilder für seine Mönchsgemeinschaft in Montecassino verfaßt. Ihre 73 Kapitel von verschiedener Art und Länge bilden eine maßvolle Richtschnur für das Leben im Kloster. Sie erläutern die Aufgaben von Mönchen und Abt, die Liturgie, das Gebet und die Organisation des Klosterlebens. Indem Papst Gregor I. eine Biographie Benedikts verfaßte und seine Regel rühmte, legte er das Fundament für den Siegeszug benediktinischen Gedankengutes durch Europa. Dieser verlief jedoch nicht kontinuierlich, sondern erlebte Brüche und Verzögerungen.

Erst nach einer Epoche der Mischregelobservanz, während derer sich die Klöster nicht ausschließlich nach Benedikts Regel richteten, sondern sich aus mehreren Regeln eine jeweils eigene zusammenstellten, begegnet die alleingültige Regel Benedikts. Von England aus erobert sie sich im 8. Jahrhundert nach und nach das Festland. 717 wurde Montecassino wiederbegründet. Schritt für Schritt verdrängte die „regula Benedicti“ Einflüsse anderer Regeln.

Die karolingischen Herrscher grenzten mönchische und kanonikale Gemeinschaften voneinander ab. Auf Grund ihrer Politik sollte bis ins hohe Mittelalter hinein monastisches Leben nur noch unter dem Grundgesetz der „regula Benedicti“ als klösterliches Grundgesetz möglich sein. Eine in seinem Auftrag in Montecassino kopierte Fassung der Benediktregel erklärte Karl der Große zum Normtext für die fränkischen Klöster. Ludwig der Fromme, in theologischen Fragen beraten von Benedikt von Aniane, dem seine Zeitgenossen den Ehrennamen „Benedictus II“ zugestanden, erklärte die Benediktregel zur alleingültigen Mönchsregel im Frankenreich. Die von ihm auf Synoden erlassenen Consuetudines, die Regel ergänzende Ausführungsbestimmungen für das tägliche Leben im Kloster, konnten sich jedoch nicht in einer einheitlichen Form durchsetzen.

Die Klöster wurden zur Einrichtung von Schulen und Skriptorien verpflichtet und somit über die Jahrhunderte hinweg zu Vermittlern von Literatur, Kunst, Musik und Wissenschaften. Ihre bedeutende Rolle in Mission und Kolonisierung in der Karolingerzeit bescherte den Mönchen mehr Kontakt mit der Welt, als es Benedikts Ideal einer eigenständig lebenden Gemeinschaft vorgesehen hatte. Adel und Herrscher fanden über Schenkungen und Privilegien, über Abgabenforderungen und Gastrecht Einfluß im Kloster, die Mönche wurden Mitträger wie Abhängige der Politik. Die Folge war ein Niedergang monastischer Traditionen.

Einzelne Klöster traten dieser Entwicklung besonders vehement entgegen. So wurden das 910 in Burgund gegründete Cluny und das 933 wiederbesiedelte lothringische Gorze zu Hauptträgern einer umfassenden Erneuerungsbewegung im Geiste der Regel Benedikts. Die Consuetudines Clunys strebten eine völlige Abkehr von weltlichem Einfluß an: sie verweigerten Laien den Einfluß auf das Kloster und stellten es unter unmittelbaren päpstlichen Schutz. Auf der Basis der gemeinsamen Consuetudo schlossen sich die einzelnen Klöster unter einem Generalabt zu einem starken Verband, dem „sacer ordo cluniacensis“ zusammen.

Im Herrschaftsgebiet der ottonischen Könige fanden ihre Prinzipien weniger Verbreitung als die Ideen der Gorzer Reform. Diese sah zwar eine gemeinsame Consuetudo, jedoch keine zentralistische Verbandsorganisation vor. Da die nach Gorze ausgerichteten Klöster das Eigenkirchenrecht akzeptierten und König, Adel und Bischöfen aufgeschlossen gegenüberstanden, durften sie sich entgegenkommender Förderung durch diese Kreise erfreuen. Eine enorme Verbreitung der Gorzer Consuetudines war die Folge: im Laufe von zweihundert Jahren verpflichteten sich ihr 160 deutsche Abteien.
Eine reiche Vielfalt von Möglichkeiten benediktinischen Mönchslebens brachte das 11. Jahrhundert hervor. Unterstützt von der fürstlichen Opposition gegen den deutschen König entstanden im Reich neue, sich wieder stärker an cluniazensischen Forderungen orientierende Mönchsgemeinden in Siegburg, St. Blasien und Hirsau. Eremitische Ziele mit der Benediktregel zu verbinden, war das Ziel der neu entstehenden Gemeinschaften der Kartäuser und Kamaldulenser. Die Vallambrosaner erklärten Einsamkeit und Armut zu Hauptaspekten ihres mönchischen Gemeinschaftslebens. Diese Ideale strebte in Opposition zum reich und mächtig gewordenen Verband der cluniazensischen Klöster auch die wohl bedeutendste Reformbewegung an der Schwelle zum 12. Jahrhundert an: die zisterziensische.
Diese weite Auffächerung der Consuetudines begründete zum einen eine Blüte benediktinischen Mönchtums in geistigem und kulturellem Leben, andererseits hatte sie Auseinandersetzungen und Rivalitäten zur Folge. Doch blieben noch alle neuen Ordensfamilien durch das verbindende Regelwerk Benedikts geeint.
Mit dem Auftreten von Augustiner-Chorherren und Bettelorden war dem nicht mehr so. Mönch, das mußte nun nicht mehr zugleich benediktinischer Mönch bedeuten. Im 13. Jahrhundert, das durch Bevölkerungswachstum und eine sich wirtschaftlich auf Handel und Gewerbe in den Städten einrichtende Gesellschaft gekennzeichnet ist, verloren die mit dem alten Feudalsystem vielfältig verbundenen, landwirtschaftlich orientierten Benediktinerabteien ihre Vorrangstellung und bisweilen sogar ihre Existenzgrundlagen. Hohe Besteuerungen und Ausbeutung durch die Vögte beschleunigten den Niedergang. Das Kommendewesen beinhaltete für die Überlebenden die Gefahr, als Versorgungsanstalten für die Nachkommen des Adels dahinzukümmern. Die Jugend fühlte sich mehr zu den Ideen der Bettelorden hingezogen, und mit dem Studium an den Universitäten konnten die Schulen der alten Abteien nicht mehr konkurrieren; Nachwuchsprobleme waren die Folge. Erst das ausgehende 14. Jahrhundert brachte eine Wende. Auf den Grundlagen der Regel Benedikts entstanden in den Klöstern von Kastl, Melk und Bursfelde Consuetudines, die vielen benediktinischen Klöstern entscheidende Anstöße zur Erneuerung vermitteln konnten. Auf kanonische Visitationen und jährliche Kapitel als kontrollierende Einrichtungen mochten sich jedoch nur die der Bursfelder Richtung angehörenden Äbte einigen. Sie errichteten eine 1446 ihre Bestätigung findende föderative Kongregation, wie sie bereits über hundert Jahre zuvor die Bulle „summi magistri“ Papst Benedikts XII., die sogenannte Benedictina, zur Garantie des Fortbestandes der Benediktinerklöster erwünscht hatte. Eine Union aller Reformgruppen kam jedoch nicht zustande.
Dem allmählichen Wiederaufblühen benediktinischen Klosterlebens bereitete die Reformation ein jähes Ende. Etwa die Hälfte aller Benediktinerklöster Europas hörten auf zu bestehen. Nur mühsam setzte im ausgehenden 16. Jahrhundert wieder ein Neuanfang ein, angeregt durch die Entscheidungen des Konzils von Trient. Er beschränkte sich jedoch auf die katholischen Gebiete.

„Ora et labora“ – „Bete und arbeite“, wörtlich findet sich dieser Auftrag nicht in der Regel Benedikts. Doch er umschreibt zwei Hauptanliegen benediktinischen Mönchtums. Außer zu Arbeit und Gebet verpflichteten sich die Mönche Benedikts mit den Gelübden zu Ortsbeständigkeit (stabilitas loci), zur Beachtung der Regel (conversatio morum), zum Gehorsam (oboedientia), zu persönlicher Armut (paupertas sancta) und Maßhalten (discretio). Ihr Kloster sollte sich eigenständig versorgen können: Wasser, eine Mühle, Nutzgärten und verschiedene Werkstätten sollten innerhalb seiner Mauern liegen: „So brauchen die Mönche nicht draußen herumzulaufen, was ihren Seelen ja durchaus nicht zuträglich wäre“ (Regula Benedicti, Kapitel 66, 7 nach der Übersetzung Steidles). Die Mauern waren als Isolation gedacht, in kriegerischen Zeiten bedeuteten sie zudem Schutz.
Nach Benedikt sollte das Nebeneinander im Kloster dem Leben in der Familie gleichen. Dem Abt

kommt dabei die Rolle des Vaters zu: Er ist Oberhaupt des Klosters, leitet seine Geschäfte und entscheidet über geistliche Fragen. Seine Autorität konnte gegebenenfalls Vorschriften der Regel abändern. In strittigen Fragen kann er den Rat der Mitbrüder einholen, ist aber nicht verpflichtet, ihn anzunehmen. Die Wahl eines neuen Abtes war ein dementsprechend bedeutsamer Akt für das Kloster, nicht selten führte sie zu Einflußversuchen weltlicher Kräfte. Benedikt hatte jedoch festgelegt, daß sie von den Mönchen in eigener Verantwortung durchgeführt werden sollte, wobei nicht die Stimmenmehrheit, sondern die „weisere Meinung" ausschlaggebend sein sollte. Da man „menschlicherweise" über sie nicht immer einig war, kam es bisweilen zu Auseinandersetzungen in den Klöstern. War die Wahl entschieden, bestätigte und segnete der Bischof den zukünftigen Abt.

Er bestellte sich bei größeren Gemeinschaften einen „Prior" als seinen Stellvertreter. Die Verwaltung des Klosters oblag dem Cellerarius, dem Novizenmeister war die Betreuung zukünftiger Mönche anvertraut. Weitere wichtige Klosterämter hatten der Gastpater, der Krankenhausbruder und der Pförtner inne. Letzterer hatte die meisten Kontakte zur Außenwelt, vorsichtshalber hatte deshalb schon Benedikt geraten, ihn aus den Reihen der älteren Mönche auszuwählen. Alle waren sie dem Abt Rechenschaft schuldig.

Das tägliche Leben gestaltete sich in den einzelnen Klöstern unterschiedlich, denn die Regel Benedikts hatte nicht alle anfallenden Fragen vorhersehen können. Die Klöster entwickelten eigene Lösungen und legten sie in einer Art „Zusatzverfassung" fest, den sogenannten Gewohnheiten (Consuetudines). Sie waren zeit- und landschaftsabhängig. Viele Klöster übernahmen die Consuetudines anderer und bildeten so Verbände und Kongregationen.

Der Tagesablauf war bestimmt vom Gottesdienst. Von bald nach Mitternacht bis zum Abend rief eine Glocke die Mönche alle ein bis zwei Stunden zum Offizium zusammen, zur Rezitation von Psalmen, Hymnen, Gebeten und Bibellesungen.

Im allgemeinen wurden die Mönche jahreszeit- und festtagsabhängig um 1 Uhr bzw. 2 Uhr nachts geweckt, um in der Kirche die Matutin zu beten. Lesungen und Gebete schlossen sich an. Bei Tagesanbruch folgten die Laudes. Am Tag widmeten sich die Mönche körperlicher und geistiger Arbeit, unterbrochen von den Stundengebeten der Prim (etwa 6.30 Uhr), der Terz (etwa 8.15 Uhr), der Sext (ca. 12 Uhr), und der Non (etwa 14.30 Uhr). Im Sommer wurde zweimal am Tag gespeist: eine Hauptmahlzeit mittags und die zweite nach der Vesper (etwa 17 Uhr). Im Winter und während der Fastenzeit gab es nur eine Mahlzeit am Tag, wobei Novizen und kranke Mönche Ausnahmeregelungen unterlagen. Der Speiseplan richtete sich nach dem kirchlichen Festkalender. Auf die Komplet (zwischen 17 und 20 Uhr) folgte die Nachtruhe.

Billig, landesüblich und der Jahreszeit angepaßt sollte nach Benedikt die Kleidung des Mönches sein. Spätantiker Mode entsprechend zählte er Tunika, Kukulle, Gürtel, Skapulier, Sandalen, Schuhe und für reisende Mönche die Hose auf. Material, Schnitt und Farben der Gewänder hat er nicht erläutert. Bis ins frühe Mittelalter gab es diesbezüglich keine Vorschriften, erst die Reformbestrebungen Benedikts von Aniane brachten solche hervor. Mönche, die nach ihnen lebten, trugen helle Tuniken und dunklere, oft blaue Kukullen. Der schwarze Habit war ursprünglich eine Eigenheit des cluniazensischen Klosterverbandes. Erst mit dem 13. Jahrhundert wurde er Kennzeichen aller benediktinischen Mönche.

Doris Gerstl

BENEDIKTINISCHE KLÖSTER IM BISTUM REGENSBURG

Die Anfänge benediktinischen Mönchtums innerhalb der heutigen Regensburger Bistumsgrenzen liegen im ungewissen. Daß Kloster Weltenburg schon im 7. Jahrhundert gegründet wurde, ist nicht zu beweisen, wie die kultische Kontinuität bei St. Georg in Regensburg. An Stelle der letzteren steht heute die Emmeramskirche, benannt nach dem fränkischen Missionar, der nach seinem gewaltsamen Tod bei Kleinhelfendorf hierher überführt worden ist. Seinem Namen verschrieb sich ein an die Kirche angrenzendes Kloster. Hatte es bereits der hl. Rupert eingerichtet, wie es eine spätere Lokaltradition will, oder versammelten sich um die Wende vom 7. zum 8. Jahrhundert Begleiter Emmerams in mönchischer Gemeinschaft um sein Grab? Allenfalls archäologische Neuentdeckungen könnten Antworten zu dieser Frage ermöglichen. Die schriftlichen Quellen überliefern einen durch die Bistumsgründung des Bonifatius grundgelegten immensen Bedeutungszuwachs für das Emmeramskloster. Gaubald, den der Apostel der Deutschen als ersten kanonischen Bischof einsetzte, belebte den Kult Emmerams neu. Wie alle seine Nachfolger auf dem Bischofsthron bis ins 10. Jahrhundert war er zugleich Abt des Emmeramsklosters. Die Vereinigung zweier so wichtiger Ämter in einer Hand wurde einer der beherrschenden Züge des jungen Bistums.

Um dieses wirtschaftlich zu stabilisieren, übertrug Herzog Odilo das vermutlich von ihm selbst gegründete Chammünster an St. Emmeram. An der Straße nach Böhmen gelegen, vertritt es den Typus des „bajuwarischen Grenzklosters". Politisch wie missionarisch war es für das Bistum besonders bedeutsam. Weiter im Landesinneren entstand an derselben Straße zur Further Senke Pfaffmünster bei Straubing. Ihr großer Bedarf an Fisch für die langen Fasten- und Abstinenzzeiten zog die Mönche immer wieder in Fluß- oder Seenähe. Das bereits erwähnte Weltenburg, das um 765 errichtete Michaelskloster in Metten, das wohl in die gleiche Zeit zurückreichende regensburgische Eigenkloster Wörth und die Tassilogründung Münchsmünster finden sich an der Donau.

All diese Klöster bezeugen das 8. Jahrhundert als das Jahrhundert des monastischen Aufbruchs in Bayern. Die Stifter – agilolfingische Herzöge wie bajuwarische Adlige – erhofften sich für ihre Anstrengungen oft nicht nur jenseitigen, sondern auch diesseitigen Lohn. Die Mönche dieser frühen Klöster genossen noch gewisse persönliche Freiräume. Die reine Benediktusregel hatte solche zwar nicht vorgesehen, doch deren mit Normen Columbans vermengte Sonderform, die sogenannte Mischregel, ermöglichte sie ihnen.

Mit der Absetzung Herzog Tassilos III. (788) fand die erste Blütezeit monastischen Lebens in Bayern ein Ende. Karl der Große gründete hier kein einziges Kloster. Er und seine Nachfolger trachteten vielmehr danach, die Stellung ihnen ergebener Bischöfe zu stärken und übertrugen diesen Kloster um Kloster. Bischof Baturich von Regensburg wurde von dieser Politik besonders begünstigt. Im Tausch gegen Obermünster konnte er 833 mit Mondsee sogar ein karolingisches Reichskloster erster Ordnung an sich bringen. Ihrer Selbständigkeit beraubt, oft ohne eigenen Abt, erlebten die meisten dieser bischöflichen Eigenklöster einen allmählichen Niedergang. Auf abnehmende Religiosität und Regeltreue folgte häufig ihre Umwandlung in Kanonikerstifte, d.h. in Gemeinschaften adliger Kapitelherren, die nicht bereit waren, private Einkünfte aufzugeben. Andere Klöster wurden ganz verlassen, so Pfaffmünster, Wörth und Engelbrechtsmünster. Die agilolfingische Gründung Berg im Donaugau läßt sich heute nicht einmal mehr eindeutig lokalisieren.

Noch existente Gemeinschaften litten schwer unter den immer wiederkehrenden Ungarneinfällen. Es bedurfte keiner angeblichen Säkularisationen Herzog Arnulfs, um das monastische Leben im Bistum Regensburg des 10. Jahrhunderts fast zum Erliegen zu bringen.

Im Gegenteil, gerade dieser Herzog führte um 920 die schützenden Mauern seiner Residenzstadt um das Bischofskloster St. Emmeram herum. Doch sogar hier, in der ehrwürdigen von Karolingern wie Arnulfingern geförderten Abtei zeichnete sich der allgemeine Niedergang ab. Erst Bischof Wolfgang vermochte ihm entscheidend entgegenzutreten, indem er 975 die Belange von Bistum und Kloster entscheidend trennte. Er löste die Personalunion von Bischof und Abt auf und gab St. Emmeram in Ramwold einen eigenen, aus dem Kloster St. Maximin in Trier stammenden und somit der Gorzer Reform verpflichteten Abt. Dieser erneuerte die klösterliche Disziplin nach den gorzischen Consuetudines, verhalf Wissenschaften und Künsten zu neuer Blüte und pflegte den Kontakt mit den Herrschern. Mittels deren Förderung wurde St. Emmeram schließlich zu einem Reformzentrum für das ganze Reich. Im Laufe des 11. Jahrhunderts wurden 19 seiner Mönche als Äbte in andere Klöster gerufen, darunter in so ehrwürdige Abteien wie Tegernsee, St. Peter in Salzburg, Lorsch und Fulda. Im Bistum selbst wurde Weltenburg mit Emmeramer Mönchen belebt.

Wolfgang sorgte sich auch um die Disziplin der beiden adeligen Damenstifte Ober- und Niedermünster. Ihnen zum Vorbild errichtete er 983 „Mittelmünster" als erstes nach der strengen Benediktusregel lebendes Frauenkloster in Regensburg. Langwährender Erfolg war dieser Unternehmung Wolfgangs nicht beschieden: Beeindruckt vom leichteren Leben der beiden Stifte wandte sich Mittelmünster bald der gemäßigteren Kanonissenregel zu. Längeren Bestand hatte dagegen das 1037 von Graf Eberhard von Ebersberg gegründete Benediktinerinnenkloster in Geisenfeld an der Ilm: erst 1803 wurde es endgültig aufgelöst. Es gehört wie die Männerklöster Oberalteich und Prüll, das bereits kurz vor der Jahrtausendwende von Bischof Gebhard I. eingerichtet wurde, zur zweiten Klostergründungswelle im Bistum.

Ab der Mitte des 11. Jahrhunderts zeichnen sich in dem, auf seine Selbständigkeit gegenüber dem Bischof pochenden, Emmeramskloster abermals Reformbestrebungen ab. In der Schrift des Mönches Otloh haben sie beredten Niederschlag gefunden. Sein Schüler Wilhelm wurde 1069 als Abt in das Schwarzwaldkloster Hirsau gerufen und reformierte dies nach den strengen cluniazensischen Gewohnheiten. Als „Consuetudines Hirsaugienses" übernahmen mehr als hundert Klöster seine Leitsätze, ohne jedoch wie die Klöster Clunys einen Verband zu bilden. Im heimatlichen St. Emmeram setzten sie sich nur sehr langsam durch, erst 1117 erreichte das Kloster die von Cluny geforderte Befreiung aus bischöflicher Gewalt und wurde direkt dem Papst unterstellt. Einen Abt hirsauischer Prägung erhielt es wie Prüll erst in den 40er Jahren des Jahrhunderts. Zu diesem Zeitpunkt hatte die Hirsauer Reform mit einer Gründung des Bamberger Bischofs Otto I. längst Einzug gehalten im Bistum: Auf Eigengut seiner Kirche hatte er vor den Toren Regensburgs Prüfening gegründet. Seine ersten Mönche waren Schüler Wilhelms aus Hirsau. 1114 erhielten sie mit Erminold einen umstrittenen Abt. Als besonders strenger Gregorianer bereits in Lorsch gescheitert, erschlug ihn in Prüfening ein Bruder im Zorn. Unter seinen Nachfolgern entwickelte sich Prüfening prächtig: die Kirche, die Handschriften seines Skriptoriums und die theologischen wie historischen Werke seiner Mönche zeugen bis heute davon.

Prüfening blieb nicht das einzige Kloster im Bistum, das der Bamberger Bischof im hirsauischen Sinne beeinflußte. In Zusammenarbeit mit dem einheimischen Adel besetzte er Ensdorf, Biburg, Münchsmünster und Mallersdorf mit Mönchen aus Wilhelms Schwarzwaldkloster. In das 1118 von Markgraf Diepold III. von Cham-Vohburg mit reichen Stiftungen neubegründete Reichenbach und das alte Metten kamen hirsauisch orientierte Mönche aus Kastl. Auch wenn unsicher bleibt, ob auch Weltenburg und Oberalteich sich der Reformbewegung anschlossen, zeichnet sich doch eine umfassende Hirsauer Bewegung im Bistum ab. Sie entspricht den allgemein sich abzeichnenden Tendenzen der Zeit: in der großen Auseinandersetzung zwischen Kirche und Reich, dem Investiturstreit, durften sich die der päpstlichen Partei zuzurechnenden Hirsauer Klöster allerorten der Förderung durch den gegen die Zentralmacht des Königs operierenden Adel erfreuen.

Noch im spannungsreichen Nebeneinander beider Reformbewegungen erwuchs in Regensburg ab der Mitte des 11. Jahrhunderts eine neue irische Tradition. Aus einem kleinen Inklusorium bei der Obermünsterkirche entwickelte sich ein einflußreicher benediktinischer Konvent. Seine Mönche wurden von den Regensburger Kaufleuten als Begleiter auf ihren weiten Reisen geschätzt. Um 1090 waren sie es, die den Iren vor dem westlichen Stadttor den Grund für ein größeres Kloster zur Verfügung stellten. Dem heiligen Jakobus geweiht, wurde es zum Mutterkloster aller fälschlicherweise als „Schottenklöster" bezeichneten Niederlassungen irischen Mönchtums im Deutschen Reich. Solch ein starker Matrikularverband war den heimischen Benediktinergemeinschaften fremd. Jede auf sich alleine gestellt, konnten sie sich nicht wehren gegen die im 13. Jahrhundert wachsenden Einflußnahmen weltlicher wie geistlicher Herren. Zudem mußten sie erkennen, daß die Gläubigen sich in einer Welt entscheidender gesellschaftlicher Veränderungen mehr den jungen Bettelorden zuwandten. Nachwuchssorgen, wirtschaftliche Not und der Verfall klösterlicher Disziplin waren die Folge.

Die Bischöfe versuchten dem entgegenzutreten. Albert der Große veranlaßte die Äbte Albert von Metten und Poppo von Oberalteich, alle benediktinischen Mönchsgemeinschaften des Bistums viermal im Jahr zu visitieren. Oberalteich war gerade in dieser Zeit des allgemeinen Niederganges durch eine Reihe hervorragender Persönlichkeiten beispielgebend geworden. Lange Zeit blieb dem Kloster die letzte benediktinische Gründung im Bistum untergeordnet: Frauenzell im Bayerischen Wald. 1324 bestätigte sie Bischof Nikolaus von Ybbs, hundert Jahre später wurde sie zur Abtei ausgebaut.
Mit Beginn des 15. Jahrhunderts ergriff die benediktinischen Klöster des Bistums ein umfassender Erneuerungsversuch. Seinen Ausgang hatte er vom böhmisch beeinflußten Kastl genommen, das sich unter besonderer Betonung der Liturgie auf den religiösen Ernst und die Regelstrenge der Hirsauer Reform zurückbesann. 1402, mit der Einsetzung des Kastler Mönches Johannes Strolenfelser als Abt, schloß sich Reichenbach der Reform an. Von hier übernahmen sie Weltenburg, Mallersdorf, Prüfening, Frauenzell, Prüll, Metten und Biburg. Ensdorf erhielt 1413 einen Abt aus Kastl, und in St. Emmeram fanden die „Consuetudines Castellenses" unter Abt Hartung Pfersfelder (1451–1458) Eingang.
Eine zweite Reformwelle ging vom Kloster Melk aus. Sie verbreitete, unterstützt vom bayerischen Herzog Wilhelm III., die „Consuetudines Sublacenses", die strengen Lebensvorschriften der Mönche von Subiaco. Im Regensburger Sprengel bekannten sich die Klöster Oberalteich, Metten und Weltenburg allein zu ihnen. In Mallersdorf und Prüfening traten sie neben die Kastler Gewohnheiten. Denn die Treue zur jeweiligen Reform basierte allein auf gutem Willen; weder Melk noch Kastl mochten sich zu Verbänden zusammenschließen, sie richteten weder regelmäßige Generalkapitel noch kanonische Visitationen ein. Einer Union aller Reformkongregationen standen um so mehr Bedenken entgegen. So verhalfen die spätmittelalterlichen Erneuerungsbewegungen zwar einzelnen Klöstern zu neuer Blüte, sie vermochten jedoch nicht, die Gesamtheit der Klöster zu stärken.
Hussitenkriege und Landshuter Erbfolgekrieg, Pestepidemien und Hungersnöte schwächten sie. Die Reformation schließlich führte zur „Katastrophe deutscher Klöster". Reichenbach fiel den Säkularisationen seines protestantischen Landesherrn zum Opfer, in Ensdorf war das klösterliche Leben bereits vor seinem Eingreifen erloschen. Die verlassenen Klöster Biburg und Münchsmünster kamen an die Jesuiten. Prüfening, Mallersdorf, Oberalteich, Metten, Frauenzell und Weltenburg gerieten zeitweise an den Rand des Ruins. Die Abtei St. Jakob in Regensburg wurde nach längeren Streitigkeiten vom Papst den Schotten übergeben, und das ihr zugehörige Priorat Weih St. Peter 1552 ohne größere Proteste zugunsten eines Ausbaus der Stadtbefestigung zerstört. Allein St. Emmeram bewahrte den Mönchen alten Glaubens ein bescheidenes, innerlich gefestigtes Domizil. Die große Zeit der Mönche war vorbei.

Literatur: Karl Josef BENZ, Regensburg in den geistigen Strömungen des 10. und 11. Jahrhunderts, in: U. R. Schriftenreihe der Universität Regensburg Bd. 1, Regensburg 1979, S. 75–95. – Karl Suso FRANK, Geschichte des christlichen Mönchtums, Darmstadt [4]1983. – Josef HEMMERLE, Die Benediktinerklöster in Bayern (= Germania Benedictina Bd. 2), München 1970. – Friedrich PRINZ, Frühes Mönchtum im Frankenreich, Kultur und Gesellschaft in Gallien, dem Rheinlande und Bayern am Beispiel der monastischen Entwicklung (4.–8. Jahrhundert), München 1965. – Georg SCHWAIGER, Die Benediktiner im Bistum Regensburg, in: Klöster und Orden im Bistum Regensburg, Beiträge zu ihrer Geschichte (= BGBR Bd. 12), Regensburg 1978. – Basilius STEIDLE (Hrsg.), Die Benediktusregel, lateinisch-deutsch, Beuron [2]1975. – Gerd ZIMMERMANN, Ordensleben und Lebensstandard, Die Cura corporis in den Ordensvorschriften des abendländischen Hochmittelalters, 2. Teile, Münster 1973.

Doris Gerstl

93. Karte der Benediktinerklöster in Altbayern und dem Erzbistum Salzburg

aus: Johann Baptist Homann, Atlas Novus Terrarum Orbis Imperia, Regna et Status, Bd. 1, Nürnberg 1732, Tf. 120 (altkoloriert)

Fürst Thurn und Taxis Hofbibliothek, XIV A 2

Der Ausschnitt aus Homanns Karte „Germania Benedictina" zeigt blau eingefaßt und gefärbt das Territorium des Kurfürstentums Bayern und des Erzbistums Salzburg. Diözesangrenzen und politische Territorien (Neuburg, Sulzbach) sind nicht berücksichtigt. Die Klöster werden nach ihrem Rang bezeichnet:
gefürstete Abteien: Mitra mit Infuln und zwei Abtstäben,
Reichsabteien: Mitra mit Infuln und Doppeladler
exemte Abteien: Mitra mit Infuln und Kreuz
nicht exemte Abteien: Mitra mit Infuln
Nonnenklöster: Äbtissinnenstab
Priorate mit Religiosen: P

Nonnenpriorate: P.M.
Propsteien: P.P.
Superiorate: S.
Die Karte ist ein Werk von P. Rupert Carl (1684 - 1751), der Profeß im Kloster Weihenstephan war.

Literatur: Edgar Krausen, Die kirchengeschichtliche Kartographie im Bereich der Diözese Regensburg, in: VHVO 106 (1966), S. 255 f.

Peter Morsbach

94. Hl. Benedikt

niederbayerisch, Ende 15. Jahrhundert
Lindenholz mit nachmittelalterlicher Fassung
H ohne Stab 90 cm, mit Stab 105,5 cm

Metten, Benediktinerabtei St. Michael

Der Ordensgründer trägt ein Untergewand (Talar?), darüber eine schwarze Kukulle mit geraffter Kapuze und ein Birett der alten Form als gewölbte Mütze. Das Gesicht des Heiligen mit einer langen, geraden und dünnen Nase, dem schmallippigen Mund ist leicht asymmetrisch angelegt, wodurch es etwas nach rechts verschoben wird. Die Kapuze der Kukulle ist auf die Schulter herabgelassen und legt sich in zwei Faltenwülsten um den Nacken. Die weichen Hände mit ihren biegsamen Fingern treten aus den als flache Schlaufen gebildeten Ärmeln der Kukulle hervor, die zur Körpermitte stärkere und fast rechtwinklig gebrochene Falten ausbildet. Ihr rechter Saum ist hochgeschlagen und enthüllt das sich auf dem Boden stauende Untergewand. Unter der teilweise kleinteilig-knittrigen Fältelung der Kukulle zeichnet sich das rechte Knie ab, die Spitze des rechten Schuhs lugt unter dem Untergewand hervor.

Links hält Benedikt als allgemeines Attribut den Abtstab, in der Rechten als spezielle Attribute ein Regelbuch, auf dem ein Glasbecher steht, aus dem sich eine Schlange emporwindet. Glas und Schlange beziehen sich auf eine wunderbare Begebenheit im Leben des Heiligen: Als Mönche in Vicovaro dem wegen seiner strengen Zucht verhaßten Benedikt einen Kelch mit vergiftetem Wein kredenzten, zersprang das Gefäß bei der Segnung, während das Gift in Gestalt einer Schlange entwich. Die Attribute Glas und Schlange treten wohl erst seit dem späteren 15. Jahrhundert auf, während das Birett schon um die Jahrhundert-Mitte nachweisbar ist. Bei dem Glasbecher handelt es sich um einen mit zwei Nuppenreihen besetzten sog. Krautstrunk mit gewölbtem (gekniffenem?) Fuß, eine Glasgefäßform, die hauptsächlich seit dem späten 15. Jahrhundert bis ins 1. Drittel des 16. Jahrhunderts weit verbreitet war (Phoenix aus Asche und Sand, Ausst.-Kat. München 1988, S. 336, Kat. Nr. 403 - 429).

Die Herkunft der Skulptur ist unbekannt.

Literatur: Die Kunstdenkmäler von Niederbayern XVII: Stadt und Bezirksamt Deggendorf, bearb. von Karl Gröber, München 1927, S. 177, Fig. 143.

Peter Morsbach

ST. EMMERAM ZU REGENSBURG

Die Anfänge kommunitären Lebens am Grabe des hl. Emmeram liegen nahezu im Dunkel. Strittig sind sie überdies als Folge der nicht entschiedenen Kontroverse um den Zeitpunkt des Martyriums, das den aquitanischen Missionsbischof ereilte: Ob die Hinrichtung Emmerams in Helfendorf, sein erstes Begräbnis in der Aschheimer Peterskirche, die Überführung und Beisetzung des Leichnams in der Friedhofskirche St. Georg zu Regensburg um 685/90, 700 oder erst 715 sich ereigneten, ist von Bedeutung auch für die frühe bayerische Klostergeschichte. Emmerams wenig informierter Biograph Arbeo berichtet um 770 zwar davon, dem Bischof sei von Herzog Theodo die Aufsicht über die monastischen Gemeinden des Landes angetragen worden, nichts aber von einer eigenen Klostergründung des ‚Oberabtes'. Zu St. Georg nahmen nicht die Mitglieder eines Mönchskonvents, sondern Priester den Toten in Empfang, der als Mitpatron dort erstmals zu 727/37 erwähnt ist, als der – ebenfalls zugereiste – Bischof Ratharius den Hof Pürkwang (bei Kelheim) aus der Hand Herzog Hucperts erhielt. Die Pflichten eines Klosterleiters *(rector monasterii)* übte auch der 739 von Bonifatius zum Regensburger Diözesan bestellte Bischof Gaubald aus, der mit seinen Priestern und Diakonen die Gebeine Emmerams erheben, in ein kostbar geschmücktes Hochgrab umbetten ließ und so einen Kultmittelpunkt innerhalb einer neuen Emmeramskirche schuf. Gaubalds Nachfolger, bis 975 Äbte der monastischen Gemeinschaft von St. Emmeram und Bischöfe der jüngeren Kathedralkirche in Personalunion, ließen sich bis in die Mitte des 12. Jahrhunderts hinein in ihrem vornehmsten Eigenkloster bestatten. Die Ausgestaltung der Klosterbauten wurde unter Abtbischof Sindpert fortgeführt: 783 gilt in der hochmittelalterlichen Geschichtsschreibung Regensburgs als das Jahr des Baubeginns, in dem eine erweiterte Basilika errichtet wurde, deren Mauern erst 1166 bei einem Klosterbrand einstürzten. Zu 791 ist nicht nur die Ringkrypta der Hauptapsis zum ersten Mal urkundlich erwähnt, sondern auch die Anwesenheit von Mönchen.

Über die Güterausstattung in der Gründungsphase von St. Emmeram, der die agilolfingischen Herzöge zuzustimmen hatten, ist nicht sehr viel zu ermitteln, da das älteste Buch der Gütertraditionen adeliger Schenker (nach 822) nur sehr fragmentarisch überliefert ist. Ein erkennbarer Besitzschwerpunkt lag südlich von Regensburg. Hinzu kam 794 aus der Hand König Karls Fiskalgut in unmittelbarer Nähe des Klosterbezirks, das bis nach Prüll reichte, Acker- und Weideland, aber auch Fischteiche umfaßte. Gütergemeinschaft mit dem Peters-Münster bestand bis zur Ämtertrennung von 975. Von Beginn an läßt sich auch enge Kooperation zwischen Schreibermönchen und bischöflichen Notaren (des späteren Kanoniker-Konvents am Dom) in der Schreibschule nachweisen, so in einer „ersten kalligraphischen Periode" (B. Bischoff), die in etwa mit der Amtszeit des Abtbischofs Adalwin (781–817) zusammenfällt, und im Kreis der Buch- und Urkundenschreiber um den in Fulda ausgebildeten Abtbischof Baturich (817–848), der zudem seit 833 als Erzkaplan König Ludwigs des Deutschen fungierte. Fremde Einflüsse in der klösterlichen Bibliothek schon seit der Mitte des 8. Jahrhunderts äußern sich in Codices angelsächsischer Schrift (northumbrisch: ‚Walderdorff' – Fragment, nach K. Gamber „Bonifatius-Sakramentar"; Regensburger Insulare: Augustinus' Kommentar zum Johannes-Evangelium), oberitalienischer (Verona) und westfränkisch-burgundischer Provenienz, aber auch in der Übernahme eines Schreibers aus Mondsee, das 833 der Regensburger Kirche zugeschlagen worden ist. Namentlich bekannte Schreiber wie Dignus, Ellenhart und Engyldeo haben ihr Handwerk in St. Emmeram ausgeübt. Die breite Kenntnis tironischer Noten geht auf die Anwesenheit der königlichen Kanzlei zurück.

Diplome der ostfränkischen Karolinger für St. Emmeram sind zahlreich belegt. Ludwig der Deutsche († 876), der sich oft und lange in Regensburg aufhielt, schenkte Güter in Pöchlarn und Tulln, wahrscheinlich im Zusammenhang mit missionarischer Tätigkeit St. Emmeramer Mönche im ehemals awarischen Südosten. Zeitgleich dazu ist aus den privaten Traditionen dort begüterter Magnaten (‚Anamot-Codex', vor 891 verfaßt, erhalten in einer Kopie um 975) ein Ausgreifen des Klosters donauabwärts, insgesamt aber nach 850 ein Rückgang von Grundbesitzschenkungen zugunsten einträglicher Tauschgeschäfte zu beobachten, die auf eine gezielte Arrondierung der klösterlichen Grundherrschaft schließen lassen. Die in der Forschung umstrittene Nachricht, Königin Hemma habe 876 in der Klosterkirche (nördlicher Seitenchor) ihr Grab gefunden, ist unlängst gesichert worden (F. Fuchs). Besondere Vorliebe

für St. Emmeram empfand zweifelsohne Arnulf von Kärnten, der – dem Klosterhistoriographen Arnold (1035/37) zufolge – sich den Heiligen als persönlichen und Reichspatron erwählt und in der Nachbarschaft eine Pfalz erbaut habe, die in Paradies und Vorhalle der Basilika lokalisiert wird (M. PIENDL). Als Dank für den überstandenen Mähren-Feldzug 893 soll Arnulf den liturgischen Ornat der Pfalz, darunter das Ziborium und den ‚Codex aureus' (Hofschule Karls des Kahlen), an St. Emmeram übertragen haben. Dorthin wurde der in Ötting (29. 11. 899) gestorbene Kaiser überführt; sein Anniversar wird dem Konventsnekrolog gemäß am Tage der Bestattung (8. 12.) begangen.
Die Haustradition schreibt zudem um 1050 Arnulf „den allerheiligsten Diebstahl" *(furtum sacratissimum)* der Reliquien des Dionysius Areopagita aus S. Denis/Paris und deren Bewahrung in St. Emmeram zu, mit Hinweis auf die – urkundlich tatsächlich belegten – Memorialstiftungen Arnulfs, die sein Erzkanzler, Abtbischof Aspert, entgegennahm. Asperts Nachfolger, der Mönch Tuto (894–930), wiederum war einer der einflußreichsten Berater König Ludwigs des Kindes bis 905; sein Schützling ist – entgegen der in St. Emmeram im 11. Jahrhundert gepflegten Ansicht – freilich dort nicht begraben. Während seiner langen Amtszeit ließ Tuto einen goldverzierten Hochaltar in der Emmeramskirche errichten, ein neues Traditionenbuch anlegen und vom Mönch Louganpert mehrere Handschriften schreiben. Das in St. Emmeram von einem Zeitgenossen verfaßte ‚Fragmentum de Arnulfo duce Bavariae' berichtet vom guten Einvernehmen mit dem Luitpoldinger-Herzog, der das Kloster in den Schutz der Stadtmauern einbeziehen ließ und das Land vor den Ungarnstürmen bewahrte; feindliche Einfälle Konrads I. und Heinrichs I. machten Regensburg zu schaffen. Abtbischof Isangrim (930–942) stammte ebenfalls aus dem Konvent von St. Emmeram – das Diktum Propst Arnolds, in der Frühzeit sei das Bischofsamt abwechselnd einem Domkanoniker oder einem Mönch des Emmeram-Klosters zugefallen, trifft im großen und ganzen bis zur Mitte des 10. Jahrhunderts zu. Vom vorletzten der Abtbischöfe, Michael (942–972), einem Kanoniker, zeichnen die ‚Libri de s. Emmerammo' Arnolds das Bild eines ottonischen Reichsbischofs: Erzählt werden – in bewußt ausgestaltetem Kontrast zu den nachfolgenden Reformern Wolfgang und Ramuold – bewaffnete Konflikte mit dem regionalen Adel, Rechtsstreitigkeiten, die Teilnahme an der Lechfeld-Schlacht 956, der gescheiterte Versuch, den Neffen als Erben des Bischofsamtes zu präsentieren. Nichts erfährt man dagegen von den Interna im Kloster, der Größe und Zusammensetzung des Konvents, lediglich Kritik an der zweckentfremdeten Servitial-Nutzung des Klostergutes durch den Bischof, die die Mönche dazu gezwungen habe, sich Lebensunterhalt und Kleidung außerhalb des Klosters zu besorgen und privat zu verwalten.
Eine wichtige Zäsur in der Klostergeschichte war der Entschluß des aus dem alemannischen Reformkonvent von Einsiedeln berufenen Abtbischofs Wolfgang (972–994), Domstift und Kloster voneinander zu trennen und den Mönchen in dem schon hochbetagten Dekan Ramuold von St. Maximin einen erfahrenen Praktiker monastischen Lebens des Trierer Reformmönchtums als Abt (975–1000) an die Spitze zu stellen, den er aus gemeinsamen Tagen in Trier kannte. Zwar war der Amtsantritt Ramuolds von kriegerischen Auseinandersetzungen um Regensburg überschattet; nach einem kürzeren Exil in Trier kehrte der Abt jedoch mit Reliquien aus Lothringen zurück, die er zur Stiftung von Altären in der bis 980 von ihm errichteten Krypta und in den Abtei- und Michaelskapellen 982 verwandte. Während seiner langen Amtszeit verstand sich Ramuold vorrangig als Lehrer und Fürsorger des Konvents, wie aus der Vielfalt seiner Maßnahmen deutlich wird. Für St. Emmeram wurde in einem „westdeutschen Skriptorium" (B. BISCHOFF) ein Consuetudo-Exemplar (Cod. Einsidl. 235) redigiert. Den schon von Wolfgang konzipierten Bibliothekssaal stattete Ramuold mit über 80 neuerworbenen Büchern aus, unter denen sich auch Historiographie und Kompendien weltlichen Rechts befanden. Eine 2bändige Homiliensammlung widmete der Abt seinen Mönchen in der erhaltenen Vorrede. Der ‚Codex aureus' wurde in seinem Auftrage restauriert; die Künstlermönche Aripo und Adalpert malten Ramuolds Bild auf das erste Blatt. Der Reichtum an Paramenten und liturgischen Geräten, den zwei Brüder verwalteten, hat Bischof Gebhard I. später dazu verführt, die Schatzkammer von St. Emmeram zu erleichtern. Nach Wolfgangs Tod verschlechterten sich die Beziehungen der Äbte von St. Emmeram zu ihren bischöflichen Herren erheblich, mit tiefgreifenden Auswirkungen auch für die Konvente des 11. und 12. Jahrhunderts. Immerhin weisen die von Ramuold angelegten Traditionen-Bücher eine Fülle von Güter- und Zensualenschenkungen aus, mit denen nicht allein das Konventsgut erweitert wurde, sondern auch

ein kontinuierlicher personeller Nachwuchs der *concregatio s. Emmerammi* gesichert war. An der Spitze der Wohltäter steht Herzogin Judith (972/74), die das herzogliche Gut Aiterhofen den Mönchen übereignete, anläßlich des Eintritts ihres alsbald verstorbenen Bruders Ludwig. Die Mitgliederzahl des Ramuold-Konvents ist mangels erhaltener Listen nicht sicher feststellbar: Aus dem 1045 neuerstellten Konventsnekrolog läßt sich aber eine mittlere Konventsstärke von etwa 35 Mönchen im Priester- und Diakon-Rang und bis zu 15 laikalen Konversen errechnen, zuzüglich einer nicht näher bekannten Schar von Oblaten unmündigen Alters. Die soziale Spannweite des Einzugsbereichs von St. Emmeram reichte von Angehörigen bayerischer Adelsgeschlechter (Ebersberger Grafen, Regensburger Burggrafen) bis hin zu Bürgern der Bischofsstadt (E. Freise, Chr. Rädlinger-Prömper).
Besonderes Gewicht wird dem Ramuold-Abbatiat in der monastischen Geschichte der ‚Gorze-Trierer' Reform wegen seiner Ausstrahlungskraft auf verbrüderte Klöster beigemessen, die sich in der Berufung St. Emmeramer Professen auf auswärtige Abtsstühle manifestiert (K. Hallinger). In einer ersten Phase der Aussendung sind herausragende bayerische Klöster hierbei bevorzugt worden, so Tegernsee (Gozpert 982), St. Peter zu Salzburg (Tito 987), Seeon (Adalpert ca. 994) und Mondsee (Adalrad vor 1000). Nach der Erhebung des bayerischen Herzogs zum König Heinrich II. 1002 finden sich Mönche von St. Emmeram als Leiter von Abteien in anderen Stammesgebieten, so in Lorsch (Werner, Poppo 1005), Fulda (Poppo 1013) und selbst im sächsischen Berge bei Magdeburg (Marcward 1022); zuvor hatte schon das unterfränkische Münsterschwarzach in Alapold (1001) einen Vertreter der in St. Emmeram geübten monastischen Disziplin erhalten, noch nach 1023 Bleidenstadt (im Taunus) mit Isanricus. Auch aus anderen Gründen haben Konventsangehörige sich außerhalb ihres Klosters aufgehalten, einige als Adlaten ihrer Mitbrüder, die andernorts zu Abtswürden aufgestiegen waren. Der Diakon Guntpald, Schreiber und Miniator, „der den Stil der Regensburger Malschule nach Hildesheim übertrug" (B. Bischoff), schuf dort mehrere Handschriften für Bischof Bernward (vor 1011 bis nach 1014). Der Mönch Hartwic, später Abt von St. Emmeram (1028–1029), ein außergewöhnlich gebildeter Gelehrter, hat in Chartres studiert und Handschriften von dort nach Regensburg mitgebracht. Dagegen mußte der spätere Propst Arnold nach einem ersten Versuch, die sprachlich veraltete Emmeramsvita Arbeos zu überarbeiten, seine Mönchsgemeinschaft unfreiwillig verlassen und im Magdeburger Exil sich beim Domscholaster Meginfrid weiterbilden, dem Redakteur der Vita b. Emmerammi.
Die Nachfolger Ramuolds hatten wiederholt unter Bedrückung durch die bischöflichen Klosterherren wie auch an Unfrieden im Konvent zu leiden. Auffällig ist die hohe Zahl von Absetzung oder Resignation in der Reihe der Äbte. Der erste nicht aus St. Emmeram stammende Abt, Purchard (1030–1037), vormals Cantor auf der Reichenau, sorgte nicht allein für ein Verzeichnis der Abgaben aus den Klostergütern, sondern auch für die Aufzeichnung der Miracula und Memoria des hl. Emmeram (aus der Feder Arnolds). Auch die folgenden Äbte wurden von außen geholt: Der ehemalige Domkanoniker Udalrich verwaltete im letzten Amtsjahr zusätzlich Tegernsee; Erchanpert war zuvor Abt von Mondsee; Peringer kam aus Fulda. St. Emmeramer Professen – wie etwa der Cellerar Wisili-Wisunt, der an der Propagierung des Dionysius-Kultes beteiligt war – wurden dagegen mehrfach in Prüll und Weltenburg als Äbte eingesetzt. In die Amtszeit Reginwards (1048–1060) fallen Ereignisse, die als Höhepunkte der Klostergeschichte verstanden werden dürfen: 1049 wurden die angeblichen Gebeine des Dionysius Areopagita entdeckt und erhoben, worüber ein erster Translationsbericht verfaßt wurde, als dessen Autor der vielseitig begabte Mönch und Kalligraph Otloh in Frage kommt. 1052 wurde Bischof Wolfgang kanonisiert und in Gegenwart Papst Leos IX. in eine neuerbaute Krypta im Dionysius-Chor überführt; die Vita des hinzugewonnenen Klosterpatrons schrieb wiederum Otloh, dessen reiches schriftstellerisches Œuvre, aber auch seine Tätigkeit als Kopist von Handschriften wir aus autobiographischen Bemerkungen und aus paläographischen Eigenheiten kennen (B. Bischoff). Auch die Anfertigung von gefälschten Privilegien und Diplomen in St. Emmeram, die die Unabhängigkeit des Klosters vom Regensburger Bischof beweisen sollten, wird Otloh zugetraut. Früher zeitweilig Klosterlehrer und Dekan, verließ Otloh im Dissens mit Abt und einem großen Teil des Konvents St. Emmeram für einige Jahre des Exils in Fulda und Amorbach. Als bedeutende Mitbrüder Otlohs haben besonders die Musiktheoretiker Otker und Wilhelm, der spätere Abt von Hirsau (1069–1091), zu gelten.
Die weit gespannten Verbrüderungsbeziehungen des Konvents, der sich schon spätestens seit 1045 mit

den Klöstern der ‚Godehard-Reform' verbunden wußte, lassen sich aus dem Konventsnecrolog des 11. Jahrhunderts zuverlässig nachzeichnen; sie reichen – wie die Liste der Bücher, die Otloh für andere geschrieben hat – bis nach Hersfeld, Köln, St. Gallen und nach Böhmen. Mehrere Professen des hl. Emmeram nahmen im Freisinger Kloster Weihenstephan und auf dem Bamberger Michelsberg äbtliche Aufgaben wahr. Die guten Kontakte der Äbte von St. Emmeram zum Hofe des Saliers Heinrich IV. äußerten sich nicht allein in Fragen der Berufungspolitik, sondern auch darin, daß Briefsammlungen, Synodalbeschlüsse und andere Texte aus dem Umkreis des Herrschers in St. Emmeram aufbewahrt wurden; das ‚Krakauer Evangeliar' wurde in der Emmeramer Schreibstube hergestellt, desgleichen die Vita Heinrici IV., die vielleicht von Abt Pabo (1095–1105/6) verfaßt worden ist.
Pabos Absetzung wegen Simonie führte zu einem langwierigen Revisionsverfahren gegen Bischof Hartwig I., in den sich Papst Paschalis II. einschaltete. Als das Kloster 1137–42 den fälligen Romzins verweigerte, sah sich Abt Engilfried abgesetzt. Nach einem kurzen Zwischenabbatiat Pabos wurden 1143 Mönche aus Admont zur Wiederherstellung der monastischen Ordnung eingeführt, die nunmehr nach Hirsauer Maßstäben ausgerichtet war. Papst Lucius II. soll zu 1144 dem Kloster die römische ‚libertas' zugestanden haben – das Privileg ist nur in einer gefälschten Urkunde Friedrichs I. transsumiert erhalten. Die admontischen Äbte Berthold († 1149) und Adalbert († 1177) haben sich um Neuordnung der Klosterinterna bemüht, wie aus der sorgsamen Redaktion des Traditionenbuchs und aus der Anlage eines neuen Konventsnecrologs zu ersehen ist. Nach den Brandkatastrophen von 1152/3 und 1166 war eine grundlegende Erneuerung der Basilika und Klostergebäude notwendig; unlängst entdeckte Wandmalereien im Kapitelsaal von St. Emmeram (1170/75) gehören in jene Restaurationsphase ebenso wie die kopial überlieferten Tituli der Malereien in der Kirche. Abt Peringer II. († 1202) setzte sich ein Denkmal mit Glasmalereien und der Installation einer Wasserleitung. Die bischöfliche Herrschaft war in Privilegien Lucius' III. 1182/83 bestätigt worden; die Pontifikalien erhielten die Äbte von St. Emmeram erst seit der Mitte des 13. Jahrhunderts.
In Mitleidenschaft gezogen wurde St. Emmeram 1250 durch die Folgen des Mordanschlags Regensburger Ministerialen auf König Konrad IV. innerhalb des Klosterbezirks. Abt Udalrich III. war verdächtig, den Anschlag mitvorbereitet zu haben; Verwüstungen im Kloster sind in zweitgenössischer Überlieferung bezeugt, desgleichen das Begräbnis von königlichen Rittern, die beim Anschlag ums Leben gekommen waren, in der Mitte der Basilika. Die Auseinandersetzungen mit den Regensburger Bischöfen traten 1268 in ein neues Stadium, als man in der Klosterbibliothek die alten Privilegien wiederentdeckte und neuerlich Exemtionsansprüche stellte, die die Kurie unterstützte. 1275 wurde das Kloster von Bischof und Bürgerschaft geplündert, Abt Haymo zur Resignation gezwungen; sein Nachfolger anerkannte die bischöfliche Jurisdiktion und den ihm auferlegten Treueid. Spätestens 1295 hat die Abtei die Reichsunmittelbarkeit erlangt, mit Hilfe einer Immunitätsfälschung auf den Namen Ludwigs des Kindes. Seit 1275 ist in St. Emmeram ein Register aller Urkunden in protokollarisch korrekter Form belegt. Abt Balduin (1312–1324) und sein Nachfolger Albert von Schmidmühlen (1324–1358) nahmen den Exemtionsprozeß vor der Kurie wieder auf; nach einer Beweisaufnahme 1322 in Regensburg wurde 1326 in Avignon verfügt, daß der Bischof von Regensburg gegenüber St. Emmeram lediglich das Bestätigungs- und Visitationsrecht habe. Es folgte eine Blütezeit des Klosters, die sich in der Vergrößerung der Bibliothek und dem Bau der Infirmarie (1335) und des Bibliothekssaals (1346) erkennen läßt. Erhaltene Kostenrechnungen geben detaillierte Auskunft über die Wirtschaftsführung und Renovierungsarbeiten. Die baulichen Verschönerungen und andere Ausgaben führten zu Beginn des 15. Jahrhunderts zu einer finanziellen Krise, diese wiederum zum Reformeingriff 1417 von Kastl und Reichenbach aus. Das Abbatiat des Wolfhard Strauß, der sich durch große Aufwendungen für den Dionysius-Kult und den Gottesdienst auszeichnete, wurde 1452 mit einer erneuten Reform beendet; die Reformstatuten Melker Richtung sind denen von Scheyern verwandt, praktiziert hat man aber eher die Kastler Observanz. Universitätsstudien führten Mönche von St. Emmeram, darunter den späteren Abt Johannes Tegernpeck (1471–1493), nach Leipzig; Tegernpecks Amtszeit und die der beiden Münzer (–1535) gelten als Blütezeit, in der zahlreiche Konföderationen geschlossen, der Kirchenschatz vergrößert und rege Bautätigkeit gepflegt wurde. Zahlreiche Gelehrte, unter ihnen Konrad Celtis, Veit Arnpeck, Johannes Aventin und Erasmus Daum, haben die Handschriftenschätze der Bibliothek benutzt, die nach 1500 vom

Bibliothekar Dionysius Menger neugeordnet und umfassend katalogisiert worden ist. Der Klosterhumanist Christophorus Hoffmann stellte die Geschichte der Abtei und der Regensburger Bischöfe dar; „als die Reformation in der Stadt Regensburg ihren Einzug hielt, bewährte sich die Integrität des Konvents" (B. BISCHOFF) über den Ausgang des Mittelalters hinaus.

Eckhard Freise

Quellen:

Arbeo von Freising, Vita vel passio Haimhrammi episcopi et martyris Ratisbonensis, rec. Bruno KRUSCH (MGH SSrG) Hannover 1920; in deutscher Übersetzung von Bernhard BISCHOFF, Leben und Leiden des hl. Emmeram, München 1953;

Max PIENDL, Fontes monasterii s. Emmerami Ratisbonensis. Bau- und kunstgeschichtliche Quellen;

Die Traditionen des Hochstifts Regensburg und des Klosters S. Emmeram, hg. von Josef WIDEMANN, in: Quellen und Erörterungen zur bayerischen Geschichte. Neue Folge 8, München 1943;

Fragmentum de Arnulfo duce Bavariae, ed. Philipp JAFFÉ, in: MGH SS 17, Hannover 1861, S. 570;

Annales Sancti Emmerammi brevissimi, ed. Philipp JAFFÉ, in: ebd. S. 571;

Consuetudines Germaniae, Redactio sancti Emmerammi, dicta Einsidlensis, ed. Kassius HALLINGER, in: Corpus Consuetudinum Monasticarum, VII, 3, Siegburg 1984, S. 187-256;

Arnold von St. Emmeram, Libri de s. Emmeramo, ed. Georg WAITZ, in: MGH SS 4, Hannover 1841, S. 543-574;

Paul MAI, Der St. Emmeramer Rotulus des Güterverzeichnisses von 1031, in: Beiträge zur bayerischen und deutschen Geschichte. Hans Dachs zum Gedenken, hg. vom Historischen Verein für Oberpfalz und Regensburg (Verhandlungen des Historischen Vereins für Oberpfalz und Regensburg 106, 1966), Regensburg 1966, S. 87-101;

Das Martyrolog-Necrolog von St. Emmeram zu Regensburg, hg. von Eckhard FREISE, Dieter GEUENICH und Joachim WOLLASCH, in: MGH Libri Memoriales et Necrologia, N.S. III, Hannover 1986;

Translationis et Inventionis sancti Dionysii Ratisponensis historia antiquior, hg. von Adolf HOFMEISTER, in: MGH SS 30,2, Leipzig 1934, S. 823-837;

Otloh, Vita sancti Wolfkangi episcopi, ed. Georg WAITZ, in: MGH SS 4, Hannover 1841, S. 521-542;

Otloh, Libellus de suis tentationibus, in: J.-P. MIGNE, Patrologia latina 146, Paris 1853, Sp. 27-58;

Otloh, Liber proverbiorum, in: ebd., Sp. 299-348;

Otloh, Liber visionum, hg. von Paul Gerhard SCHMIDT, in: MGH, Quellen zur Geistesgeschichte des deutschen Mittelalters, im Druck;

Translatio s. Dionysii Areopagitae, ed. Rudolf KOEPKE, in: MGH SS 11, Hannover 1854, S. 343-375;

Annales s. Emmerammi minores, ed. Georg WAITZ, in: MGH SS 13, Hannover 1881, S. 47f.;

Notae Sancti Emmerammi, ed. Philipp JAFFÉ, in: MGH SS 17, Hannover 1861, S. 572-576;

Necrologium Monasterii S. Emmerammi Ratisbonensis, ed. Franz Ludwig BAUMANN, in: MGH Necrologia III, Berlin 1905, S. 301-334 (Überlieferung B-I);

Literatur (in Auswahl):

Kurt REINDEL - Friedrich PRINZ - Hubert GLASER - Franz BRUNHÖLZL, in: Handbuch der bayerischen Geschichte, Erster Band. Das alte Bayern, Das Stammesherzogtum bis zum Ausgang des 12. Jahrhunderts, hg. von Max SPINDLER, 2. überarbeitete Auflage München 1981;

Gertrud DIEPOLDER, Arbeos Emmeramsleben und die Schenkung Ortlaips aus Helfendorf. Eine Quellenrevision im Lichte archäologischer Befunde, in: Land und Reich, Stamm und Nation. Probleme und Perspektiven bayerischer Geschichte, Festgabe für Max Spindler zum 90. Geburtstag, hg. von Andreas KRAUS (Schriftenreihe zur bayerischen Landesgeschichte 78) 1, München 1984, S. 269-285;

Olav RÖHRER-ERTL, Der St. Emmeram-Fall. Abhandlung und Berichte zur Identifikation der Individuen I und II aus der Pfarrkirche St. Emmeram in Regensburg mit dem Hl. Emmeram und Hugo, in: Beiträge zur Geschichte des Bistums Regensburg 19, 1985, S. 7-132;

Lothar KOLMER, Die Hinrichtung des heiligen Emmeram, in: Regensburg und Bayern im Mittelalter, Studien und Quellen zur Geschichte Regensburgs 4, 1987, S. 9-31;

Karl BABL, Emmeram von Regensburg. Legende und Kult, in: Thurn und Taxis-Studien 8, Kallmünz 1973;

Josef HEMMERLE, Art. ‚Regensburg St. Emmeram', in: Germania Benedictina II, Bayern. Die Benediktinerklöster in Bayern, Augsburg 1970, S. 238-247;

Ferdinand JANNER, Geschichte der Bischöfe von Regensburg, 1, Regensburg - New York - Cincinnati 1883;

Friedrich PRINZ, Frühes Mönchtum im Frankenreich. Kultur und Gesellschaft in Gallien, den Rheinlanden und Bayern am Beispiel der monastischen Entwicklung (4. bis 8. Jahrhundert), München-Wien 1965, Nachdruck Darmstadt 1988;

Klaus GAMBER, Die ersten Bischöfe von Regensburg. Worin bestand ihre Funktion als Äbte von St. Emmeram?, in: Klöster und Orden, S. 61-94;
Christine RÄDLINGER-PRÖMPER, St. Emmeram in Regensburg. Struktur- und Funktionswandel eines bayerischen Klosters im früheren Mittelalter, in: Thurn und Taxis-Studien 16, Kallmünz 1988;
Max PIENDL, Probleme der frühen Baugeschichte von St. Emmeram in Regensburg, in: Zeitschrift für bayerische Landesgeschichte 28, 1965, S. 32-46;
Bernhard BISCHOFF, Die südostdeutschen Schreibschulen und Bibliotheken der Karolingerzeit, Teil I. Die bayerischen Diözesen, Wiesbaden ²1960; Teil II. Die vorwiegend österreichischen Diözesen, Wiesbaden 1980;
Regensburger Buchmalerei. Von frühkarolingischer Zeit bis zum Ausgang des Mittelalters, Ausstellung der Bayerischen Staatsbibliothek München und der Museen der Stadt Regensburg, München 1987;
Bernhard BISCHOFF, Studien zur Geschichte des Klosters St. Emmeram im Spätmittelalter (1324-1525), in: Ders., Mittelalterliche Studien 2, S. 115-155.
Rudolf BUDDE, Die rechtliche Stellung des Klosters St. Emmeram in Regensburg zu den öffentlichen und kirchlichen Gewalten vom 9. bis zum 14. Jahrhundert, in: Archiv für Urkundenforschung 5, 1914, S. 153-238;
Joachim WOLLASCH, Aus einem Regensburger Kalendar des 9. Jahrhunderts, in: Historiographia Mediaevalis. Studien zur Geschichtsschreibung und Quellenkunde des Mittelalters, Festschrift für Franz-Josef Schmale zum 65. Geburtstag, hg. von Dieter BERG und Hans-Werner GOETZ, Darmstadt 1988, S. 60-76;
Peter SCHMID, Regensburg, Stadt der Könige und Herzöge im Mittelalter, in: Regensburger Historische Forschungen 6, Kallmünz/Opf. 1977;
Alois SCHMID, Die Herrschergräber in St. Emmeram zu Regensburg, in: Deutsches Archiv für Erforschung des Mittelalters 32, 1976, S. 333-369;
Franz FUCHS, Das Grab der Königin Hemma († 876) zu St. Emmeram in Regensburg, in: Festschrift Max Piendl zum 70. Geburtstag, Dillingen 1989, im Druck;
Max PIENDL, Die Pfalz Kaiser Arnulfs bei St. Emmeram in Regensburg, in Thurn und Taxis-Studien 2, 1962, S. 96-126;
Hagen KELLER, Kloster Einsiedeln im ottonischen Schwaben, in: Forschungen zur oberrheinischen Landesgeschichte 13, Freiburg/Br. 1964;
Kassius HALLINGER, Gorze - Kluny. Studien zu den monastischen Lebensformen und Gegensätzen im Hochmittelalter, in: Studie Anselmiana 22-25, Rom 1950/51;
Georg SCHWAIGER, Der heilige Bischof Wolfgang von Regensburg (972-994). Geschichte, Legende und Verehrung, in: Beiträge zur Geschichte des Bistums Regensburg 6, 1972, S. 39-60;
Josef KLOSE, St. Wolfgang als Mönch und die Einführung der Gorzer Reform in Bayern, in: ebd. S. 61-88;
Max PIENDL, St. Emmeram in Regensburg. Die Baugeschichte seiner Klostergebäude, in: Thurn und Taxis-Studien 15, 1986, S. 133-364;
Eckhard FREISE, Die Äbte und der Konvent von St. Emmeram im Spiegel der Totenbuchführung des 11. und 12. Jahrhunderts, in: Das Martyrolog-Necrolog von St. Emmeram, S. 96-106;
Bernhard BISCHOFF, Literarisches und künstlerisches Leben in St. Emmeram (Regensburg) während des frühen und hohen Mittelalters, in: Mittelalterliche Studien. Ausgewählte Aufsätze zur Schriftkunde und Literaturgeschichte, Band II, Stuttgart 1967, S. 77-115;
Georg SWARZENSKI, Die Regensburger Buchmalerei des X. und XI. Jahrhunderts. Studien zur Geschichte der deutschen Malerei des frühen Mittelalters, Leipzig 1901;
Hartmut HOFFMANN, Buchkunst und Königtum im ottonischen und frühsalischen Reich, in: Schriften der Monumenta Germaniae Historica Band 30, I/II, Stuttgart 1986;
Eckhard FREISE, Kalendarische und annalistische Grundformen der Memoria, in: Memoria. Der geschichtliche Zeugniswert des liturgischen Gedenkens im Mittelalter, hg. von Karl Schmid und Joachim Wollasch (Münstersche Mittelalter-Schriften 48, München 1984), S. 441-557;
Joachim WOLLASCH, Das Martyrolog-Necrolog von St. Emmeram als Zeugnis für die Geschichte des Mönchtums im Reich, in: Das Martyrolog-Necrolog von St. Emmeram, S. 11-27;
Bernhard BISCHOFF, Art. ‚Hartwic von St. Emmeram', in: Die deutsche Literatur des Mittelalters. Verfasserlexikon, ²3, 1981, Sp. 529-532;
Karl LANGOSCH, Art. ‚Arnold von St. Emmeram', ebd. ²1, 1978, Sp. 464-470;
Ernst DÜMMLER, Über den Mönch Otloh von St. Emmeram, in: Sitzungsberichte der Königlich Preußischen Akademie der Wissenschaften, Phil.-Hist. Klasse 1895, S. 171-1102;
Helga SCHAUWECKER, Otloh von St. Emmeram. Ein Beitrag zur Bildungs- und Frömmigkeitsgeschichte des 11. Jahrhunderts, München 1965;
Andreas KRAUS, Die Translatio s. Dionysii Areopagitae von St. Emmeram in Regensburg, in: Sitzungsberichte der Bayerischen Akademie der Wissenschaften, Phil.-Hist. Klasse 1972, Heft 3, München 1972;
Andreas KRAUS, Civitas regia. Das Bild Regensburgs in der deutschen Geschichtsschreibung des Mittelalters, in: Regensburger Historische Forschungen 3, Kallmünz/Opf. 1972;
Claudia MÄRTL, Regensburg in den geistigen Auseinandersetzungen des Investiturstreits, in: Deutsches Archiv für Erforschung des Mittelalters 42, 1986, S. 145-189;
Georg SCHWAIGER, Die Kanonisation Bischof Wolfgangs von Regensburg (1052), in: Beiträge zur altbayerischen Kirchengeschichte 27, 1973, S. 225-235;

Johann Lechner, Zu den falschen Exemtionsprivilegien für St. Emmeram in Regensburg, in: Neues Archiv der Gesellschaft für ältere deutsche Geschichtskunde 25, 1900, S. 625–635;
Helga Philipp-Schauwecker, Otloh und die St. Emmerammer Fälschungen des 11. Jahrhunderts, in: Verhandlungen des Historischen Vereins für Oberpfalz und Regensburg 106, 1966, S. 102–120;
Andreas Kraus, Saint-Denis und Regensburg: Zu den Motiven und zur Wirkung hochmittelalterlicher Fälschungen, in: Fälschungen im Mittelalter, Internationaler Kongreß der Monumenta Germaniae Historica München, 16.–19. September 1986, Teil III, MGH Schriften 33, III, Hannover 1988, S. 535–549;
Claudia Märtl, Isto anno praevalebunt falsarii. Fälscher im spätmittelalterlichen Regensburg, ebd. S. 551–571;
Richard Strobel, Romanische Architektur in Regensburg. Kapitell, Säule, Raum, Nürnberg 1965;
Heidrun Stein, Ein romanischer Kapitelsaal. Freilegung von Wandmalereien in Regensburg, St. Emmeram, in: Thurn und Taxis-Studien 15, 1986, S. 29–78;
Alfons M. Zimmermann, Das älteste Martyrologium und Nekrologium von St. Emmeram in Regensburg, in: Studien und Mitteilungen zur Geschichte des Benediktiner-Ordens 63, 1951, S. 140–154;
Benedict Braunmüller, Conföderationsbriefe des Klosters St. Emmeram in Regensburg, ebd. 3, 1, 1882, S. 113–117;
Wilhelm Weizsäcker, Die Familia des Klosters St. Emmeram in Regensburg, in: Verhandlungen des Historischen Vereins von Oberpfalz und Regensburg 92, 1951, S. 5–48;
Matthias Thiel, Das St. Emmerammer Register von 1275 in Clm 14992. Seine Vorstufen und Nachläufer. Ein Beitrag zum klösterlichen Registerwesen und dessen Anfängen, in: Zeitschrift für bayerische Landesgeschichte 33, 1970, S. 85–134;
Franz Fuchs, Unbekannte St. Emmeramer Baurechnungen des 14. Jahrhunderts, in: Thurn und Taxis-Studien 15, 1986, S. 7–28;

95. Vanitas mit Ansicht des Klosters St. Emmeram von Südosten

Hans Mielich, 1536 (sign. 1536/HM rechts über der Schnauze des Hundes)
Öl auf Holz, 67 × 64,5 cm

Museen der Stadt Regensburg, Inv. Nr. K 1935/200

Das 1935 aus dem Kunsthandel erworbene Bild entstand während Mielichs Aufenthalt in Regensburg zwischen 1536 und ca. 1540. Der Auftraggeber war, wie die sehr detaillierte Darstellung von St. Emmeram vermuten läßt, ein Konventuale des Klosters.
Die Allegorie der Vergänglichkeit ist im Vordergrund ausgebreitet: neben einem schlafenden Kind mit rinnender Sanduhr ein ruhender Windhund, daneben ein Dolch, offene und zerschlissene Geldbeutel, Schmuck, eine Urkunde, ein Totenkopf, ein Spiegel, brennende und erloschene Kerze und entsprechende Spruchweisheiten. Hinter dem zur Seite gezogenen Vorhang bietet sich die älteste erhaltene Ansicht des Klosters dar: der mächtige Komplex der Basilika mit der alten Ostapsis und einem Umgang, den flachen Seitenschiffen und dem Westquerhaus macht die Monumentalität der Anlage besonders deutlich. Das hohe Satteldach vor der Apsis hielt Busch nicht für die Ramwold-Krypta (bei ihm fälschlich: Dionysius-Krypta), sondern für einen „Stadel im Zwischengarten am Turm“, was von der Lokalisierung her sicherlich nicht richtig ist. Neben St. Emmeram erhebt sich das steile Dach der zweischiffigen Pfarrkirche St. Rupert mit dem Polygonalchor des frühen 15. Jahrhunderts. Davon nach Norden abgerückt steht der Campanile in seiner alten Gestalt vor dem teilweisen Abbruch und der Ummantelung von 1575–1579. Der Turm gliedert sich in ein hohes Sockelgeschoß, einen glatten Schaft und ein durch Dreierarkaden geöffnetes Glockengeschoß. Die Errichtungszeit, von Busch noch um 1050 angegeben, wurde jüngst von Susanne Klemm mit guten Gründen in die 2. Hälfte des 10. Jahrhunderts unter Abt Ramwold verlegt. Noch nicht letztlich entschieden ist die Frage, ob der ansonsten recht exakte Mielich das Glockengeschoß genau überliefert oder eine Abbildung in einem in Brüssel aufbewahrten Codex aus St. Emmeram von 1560 (Klemm, Abb. 23) mit einer Vierer- bzw. zwei Doppelarkaden wie in der Turmneugestaltung von 1575 ff.
Alles in allem ist Mielichs Ansicht von St. Emmeram eine der wichtigsten Bildquellen zur Geschichte des vorbarocken Zustandes der Klosterkirche.

Literatur: Bernhard Hermann Röttger, Der Maler Hans Mielich, München 1925, S. 16 f. – Karl Busch, Hans Mielichs „Vanitas“ von 1536, in: Münchner Jahrbuch der Bildenden Kunst NF XI (1936), S. XXXIV–XXXVI. – Susanne Klemm, Studien zum Glockenturm von St. Emmeram in Regensburg, in: BGBR 20 (1986), S. 333.

Peter Morsbach

96. ‚Muspilli‘

Salzburg/Regensburg, St. Emmeram, 9. Jahrhundert. Pergament, 61 Blätter, 17,6 × 12,6 cm. Text des ‚Muspilli‘ auf freien Seiten und Blatträndern von f. 61r, 119v, 120r–v, 121r–v. Moderner Schweinsledereinband (um 1955)

München, Bayerische Staatsbibliothek, Clm 14098

Das althochdeutsche ‚Muspilli‘, 103 Stabreimverse mit Einfluß des „modernen“ Endreims, stellt in apokalyptisch-visionären Bildern das Schicksal der Seele nach dem Tode und das Jüngste Gericht dar. Die Heere des Himmels und der Hölle kämpfen um die Seele des Menschen. Das Glück des Paradieses, die Qualen der Hölle, werden eindrucksvoll geschildert: die Engel *pringent sia sar uf in himilo rihi: / dar ist lip ano tod, lioht ano finstri, selida ano sorgun: dar nist neoman siuh* (die Engel bringen sie sogleich hinauf in das Reich der Himmel: dort ist Leben ohne Tod, Licht ohne Finsternis, eine Heimstatt ohne Sorgen, dort ist niemand krank; v. 13-15). - Nun wird das Weltgericht angekündigt, dem der Kampf des Elia gegen den Antichrist vorausgeht (abgeleitet aus Apoc. 11,3-12). Am Ende des erhaltenen Textes wird das Weltgericht geschildert: „Wenn das himmlische Horn laut geblasen wird und der sich auf den Weg macht, der da richten wird Tote und Lebendige, dann erhebt sich mit ihm das mächtigste Heer. Das ist so kühn, daß ihm keiner widerstehen kann"; v. 73-76. Anfang und Schluß des Werks sind verloren. Brüche in der Gedankenabfolge, Unstimmigkeiten, wohl auch Lücken im erhaltenen Text haben eine bündige und schlüssige Interpretation bisher verhindert. Nicht ganz ohne Grund urteilte von STEINMEYER 1916: „Das verzweifeltste Stück der althochdeutschen Litteratur".

Die Schwierigkeiten der Interpretation hängen zum großen Teil mit der Form zusammen, in der das Werk überliefert ist. Es ist eingetragen auf freien Seiten und Blatträndern einer um 830 geschriebenen lateinischen Handschrift, die den pseudoaugustinischen ‚Sermo de symbolo contra Iudaeos' enthält. Wie das Widmungsgedicht am Schluß der Handschrift (s.u.) zeigt, hat der Salzburger Bischof Adalram (821-836) diese Abschrift der lateinischen Predigt über das Glaubensbekenntnis dem jungen bayerischen Herzog Ludwig gewidmet, dem späteren König Ludwig dem Deutschen, der in Regensburg residierte. Erst wesentlich später, in der 2. Hälfte des 9. Jahrhunderts, ist der Text des ‚Muspilli' eingetragen worden, „wahrscheinlich am Hofe Ludwigs des Deutschen, durch eine des Buchschreibens ungewohnte Hand" (B. BISCHOFF: Die südostdeutschen Schreibschulen, Bd. 2, Wiesbaden 1980, S. 151).

Vermutungen der älteren Forschung, König Ludwig selbst oder seine Gattin Hemma hätten den Text geschrieben, sind spekulativ. Daß Ludwig der Deutsche der Dichtung in der Volkssprache wohlwollend gegenüberstand, ist jedoch unbestritten: Otfrid von Weißenburg widmete ihm seine großangelegte Evangelienharmonie (entstanden zwischen 863-871).

Die Art, in der das ‚Muspilli' überliefert ist, ist nicht ungewöhnlich. Charakteristisch für die Anfänge deutschsprachiger Schriftlichkeit und Literatur im 9. und 10. Jahrhundert ist ihr mindergeachteter Rang gegenüber der übermächtigen lateinischen Schriftkultur. Das drückt sich etwa aus in der durchweg geringeren Schriftqualität deutschsprachiger Denkmäler gegenüber lateinischen und - abgesehen von wenigen Ausnahmen (Otfrid, Tatian, Notker) - in ihrer Existenzform: die meisten althochdeutschen Texte finden sich auf Blatträndern, freien Vorsatzblättern oder an ähnlich untergeordneter Stelle in lateinischen Handschriften.

Der Werktitel ‚Muspilli' stammt von J. A. SCHMELLER, damals Kustos an der Kgl. Bibliothek zu München, der den Text entdeckte und 1832 erstmals herausgab. Er bezieht sich auf ein rätselhaftes Wort, das in v. 57 des Textes erscheint: *dar nimac denne mak andremo helfan uora demo muspille* (Da kann kein Verwandter dem anderen helfen vor dem „muspilli"). Bedeutung und Herkunft des Worts sind trotz zahlreicher Forschungen unklar, „Verderben, Weltuntergang" dürften annähernd den Inhalt treffen.

Aufgeschlagen f. 119v/120r. Links Schluß des lateinischen Sermo, geschrieben in ausgeglichener und schöner karolingischer Minuskel, rechts in Majuskelschrift (Capitalis rustica) das Widmungsgedicht des Adalrammus (zwei Distichen): *ACCIPE SUMME PUER PARUU(M) HLUDOUUICE LIBELLU(M) / QUEM TIBI DEUOTUS OPTULIT EN FAMULUS / SCILICET INDIGNUS IUUAUENSIS PASTOR OUILIS / DICTUS ADALRAMMUS SERUULUS IPSE TUUS* (Empfange, höchster Knabe du, Ludwig, dies kleine Büchlein, das dir dein treu ergebener Diener hier darbringt, der unwürdige Salzburger Schafhirte, genannt Adalrammus, dein Knecht.).

Gleichfalls in karolingischer Minuskel, aber unsicher und unbeholfen im Ductus, öfter ohne Worttrennung, an den unteren Blatträndern v. 19b-27 des ‚Muspilli': *daz in es sin muot kispane, / daz er kotes uillun kerno tuo / enti hella fuir harto uuise, / pehhes pina: dar piutit der satanasz altist / heizzan lauc ...* ([Deshalb ist es für jeden Menschen notwendig,] daß ihn sein Herz dazu drängt, Gottes Willen freudig zu tun und das Höllenfeuer und die Qual des [glühenden] Pechs zu meiden. Dort hält der uralte Satan die heiße Flamme bereit ...).

Literatur: Textausgaben: E. von STEINMEYER (Hg.), Die kleineren althochdeutschen Sprachdenkmäler, Berlin 1916 (Nachdruck Dublin-Zürich 1971). S. 66-81; H. D. SCHLOSSER, Althochdeutsche Literatur. Ausgewählte Texte mit Übertragungen und Anmerkungen, Frankfurt/M. 1970 u.ö., S. 200-205; HAUG (s.u.), S. 34-54 (mit Übersetzung und Kommentar).
Forschung: H. KOLB: Himmlisches und irdisches Gericht in karolingischer Theologie und althochdeutscher Literatur, in: Frühmittelalterliche Studien 5, 1971, S. 284-303; H. FINGER: Untersuchungen zum Muspilli, Göppingen 1977 (Göppinger Arbeiten z. Germanistik 244); W. MOHR/W. HAUG: Zweimal ‚Muspilli', Tübingen 1977; H.-H. STEINHOFF: Artikel ‚Muspilli', in: Die deutsche Literatur des Mittelalters. Verfasserlexikon. 2. Aufl. Hrsg. von K. RUH u.a., Bd. 6, Berlin-New York 1987, Sp. 821-829 (hervorragende Darstellung mit Verzeichnung der umfangreichen älteren Forschung).

Nikolaus Henkel

97. Consuetudines aus St. Emmeram in Regensburg

Regensburg, ehem. Kloster St. Emmeram, um 970/80
Pergament, 165 Bl., 25,7 × 20,2 cm, Holzdeckel des 15. Jahrhunderts mit weißem Lederüberzug

Einsiedeln (CH), Bibliothek des Benediktinerklosters, Cod. Eins. 235 (490)

In der Stiftsbibliothek des Benediktinerklosters Einsiedeln (Schweiz) wird seit ca. 1026 – respektive bis 1050 – eine Handschrift als Urkunde und Textzeuge aufbewahrt, die als Ausgangsbeweis dafür gilt, daß die Mönchsreformen seit 980/90 im „Reich der Deutschen" (seit Konrad I. von Franken, 911–918) eine eigene Entwicklung gehabt haben. Diese Reformen auf deutschem Boden sind nicht identisch mit denen von Cluny. Der Inhalt der Handschrift „Einsidlensis 235" weist aus dem lothringischen Raum über Frankreich, Trier nach Regensburg. „Bräuche verschiedener Herkünfte wurden eingefügt, die eine eigene Entwicklung der Reformen auf dem deutschen Reichsgebiet charakterisieren ... Der Reformzug ging von Regensburg 1005 nach Lorsch, 1013 Fulda und 1014 nach Korvey weiter." Bereits in 1690 bezeichnete E. Martène diese Handschrift mit „antiquiae ... Germaniae consuetudines", während auf der vorderen Decke im 15. Jh. „De consu(etu)dines monacharum" nachgetragen wurde. Die „Einsidlensis 235" wurde – vom paläographischen Ansatz her – auf die Zeit 980/90 datiert – für St. Emmeram in Regensburg geschrieben, bzw. abgeschrieben, kopiert, „als der Reformabt Ramwold von St. Maximin in Trier nach Regensburg berufen wurde". In dem großen Standardwerk Corpus Consuetudinum Monasticarum erhielt die Handschrift vom Editor generalis, Kassius Hallinger, die Bezeichnung „E-Handschrift" („E" steht für Emmeram bzw. Einsiedeln). Der volle Titel lautet: „Cons. Lotharingicae, redactio s. Emmrammi, dicta Einsidlensis, saec. X."). Dieser Text wurde von vier Haupthänden geschrieben; es folgte noch ein Nachtrag, der dem Schriftcharakter nach im 11./12. Jh. vorgenommen wurde. Die vier Haupthände schrieben eine Vorlage ab; die Bibliotheksheimat ist ursprünglich St. Emmeram in Regensburg. „Ungeklärt ist bis heute, wann und wieso" die Handschrift des E-Textes von Regensburg in das Stift Einsiedeln zwischen 1026–1050 gelangte. Hat Einsiedeln sie von St. Emmeram angefordert, und ist sie dann dort einfach verblieben, wollte St. Emmeram Einsiedeln reformieren, wurden Quellenmaterialien ausgetauscht? Im Rahmen der Textforschungen konnte all dieses bis heute nicht geklärt werden. Tatbestand ist aber, daß „der Reformzug ... von Regensburg 1005 nach Lorsch, 1013 Fulda und 1014 nach Korvey weiter"-ging, um nur diese Klöster zu nennen. Der bis heute älteste Textzeuge der Reformbewegungen des Mittelalters, „Einsidlensis 235", ist von besonderer Bedeutung, wenn man berücksichtigt, daß die Consuetudines monasticarum als historische Quellengattung spätestens seit 1972 in der mediävistischen Geschichtsforschung mit hohem Stellenwert anerkannt sind. Waren die Consuetudines zunächst ungeschriebene, gelebte Gewohnheiten, ging man dazu über, diese niederzuschreiben. „Ende des 8. Jh. trat die benediktinische Consuetudo in die dritte Phase ihrer (begrifflichen) Entwicklung. Sie wird zur Reform-Consuetudo." Sie bekommt einen Verbindlichkeits- bis Rechtscharakter für die Angehörigen einer Klostergemeinschaft. Die Inhalte und Struktur der Kapitel sind im E-Text als Ursprungstext weniger umfangreich als spätere Reformtexte, die wachsend immer mehr regeln und ordnen. In geraffter Form sieht der Textinhalt der E-Handschrift wie folgt aus: die Glockenzeichen für Gottesdienste, Sonn-, Feier- und Festtage, Gebetszeichen (unterschiedlich nach Jahreszeiten), Tod von Angehörigen der Gemeinschaft; über das Verzeichnis der Ämter, über die Sänger, Gesangsordnungen, Verwendung von Beleuchtungen, Gebrauch von Kerzen, das Beräuchern sowie deren Träger bzw. Ausführende, Ordnung der Lesungen, Dienst des Bibliothekars, Festordnungen incl. Gebrauch der Dalmatik und des Rauchmantels, bei öffentlichen Messen, das Backen von Hostien, das Konsekrieren; die letzten Kapitel betreffen die Ordnung des Aderlassens, gesondert nach Winter-, Sommer- und Fastenzeit.

So sah die erste Stufe der geschriebenen Consuetudines aus als Ergänzung, Interpretation, Abänderung und Sicherung der Regel des hl. Benedikt. Das Äußere der Handschrift kann wie folgt beschrieben werden: Sie ist auf Pergament, gelblich-weiß, mittlere Stärke geschrieben, Blattgröße etwa 15,8 × 20,1 cm, Schriftspiegel 18,4 × 14,3 cm, wurde (15. Jh.?) in Holzdeckel gebunden, die mit Weißleder überzogen sind; dazu kam ein neuer, schmaler rotbrauner Lederrücken (19. Jh.?). Die Ausgangstexte stammen aus der Zeit 980/90, deren Entstehung gar vor 970 liegen kann.

Die Handschrift des E-Textes wurde in Bd. VII/3 des Corpus Consuetudinum Monasticarum von Prof. DDr. Hallinger kritisch ediert, in Bd. VII/1 kommentiert (1984). Was aus diesem Urtext und den nachfolgenden zu den Consuetudines auf deutschem Boden wurde, erkennt man daran, daß das gesamte Forschungsunternehmen im Verlaufe von ca. 50 Jahren bis heute auf 16 Bände angewachsen ist. Die kritisch edierten Texte geben „Sichten frei" auf Kultur-, Wirtschafts-, Rechts-, Musik- und Theatergeschichte des Abendlandes, ferner auf linguistische und sozialgeschichtliche Entwicklungen im Mittelalter als eine der Urquellen unseres heutigen verfaßten, organisierten Gesellschaftslebens im weitesten Sinne des Wortes.

Literatur: Kassius Hallinger, Corpus Consuetudinum Monasticarum Bd. VII/1–4. – Ders., in: Max-Planck-Institut für Geschichte 68, S. 140–166. – Ders., Gorze-Kluny 2, Rom 1951, S. 869ff. – E. Martène, De antiquis monachorum ritibus, Paris 1690, passim. – O. Ringholz, Des Benediktinerstiftes Einsiedeln Thätigkeit für die Reform deutscher Klöster, in: SMBO 7, 1 (1886).

Karl Reinhard Schulte

98. Gefälschtes Diplom König Ludwigs des Kindes für das Kloster St. Emmeram in Regensburg

903 August 12

Orig. Perg., H 44,3 cm, B 47,9 cm, Siegel ∅ ca. 5,5 cm

München, Bayerisches Hauptstaatsarchiv, Kaiserselekt Nr. 94

Die Geschichte des Benediktinerklosters St. Emmeram im hohen und späten Mittelalter ist geprägt von ständigen Auseinandersetzungen mit den Regensburger Bischöfen. Um die Mitte des 11. Jahrhunderts wurden im Kloster vier Kaiserurkunden und eine Papsturkunde gefälscht, um den Besitz der Mönche vor den Übergriffen des Bischofs zu schützen und um die Rechtsstellung des Klosters zu verändern: aus dem bischöflichen Eigenkloster sollte ein exemtes, d.h. von der Jurisdiktion des Bischofs befreites und unter päpstlichem Schutz stehendes Reichskloster werden. Als am Ausgang des 13. Jahrhunderts der Streit zwischen Bischof und Kloster erneut aufflammte, knüpften die Urheber des hier ausgestellten Spuriums in äußerst raffinierter Art an die Fälschertradition des 11. Jahrhunderts an. Der Text eines echten Diploms König Ludwigs des Kindes wurde abgeschabt und neu beschrieben, wobei jedoch Rekognitionszeile und Siegel der echten Urkunde stehengelassen wurden. Nach dem Wortlaut der Fälschung soll der König dem Kloster alle nur denkbaren Freiheiten gewährt haben, vor allem die Reichsunmittelbarkeit und alle Rechte, *„die die vornehmsten Abteien des Benediktinerordens in Deutschland besitzen"*.

Die Fälschung erwies sich als äußerst erfolgreich. Als König Adolf von Nassau 1295 nach Regensburg kam, bestätigte er das vermeintliche Diplom seines Vorgängers und belehnte Abt Karl von St. Emmeram als Reichsfürsten mit den Regalien. Auch zum Ausgang des Prozesses um die Exemtion an der Kurie in Avignon hat das Spurium wesentlich beigetragen: am 27. Juni 1326 erging der Urteilsspruch Papst Johannes' XXII., der dem Kloster Exemtion und Reichsunmittelbarkeit erteilte. Im Jahre 1754 wurde die Echtheit der Urkunde von dem gelehrten Jesuiten Marcus Hansiz († 1766) angefochten, doch fand sie im diplomatisch geschulten Emmeramer Fürstabt Johann Baptist Kraus einen glühenden Verteidiger, und es kam zu einem erregten und druckschriftenreichen „bellum diplomaticum" über die Beurteilung des Stücks.

Ausgabe: Theodor Schieffer (Hg.), Die Urkunden der deutschen Karolinger 4, Die Urkunden Zwetibolds und Ludwigs des Kindes (MGH, Diplomata regum Germaniae ex stirpe Karolinorum 4), Berlin 1960, S. 221–223.

Literatur: Johann Lechner, Zu den Exemptionsprivilegien für St. Emmeram, in: NA 25 (1900) S. 627–635. – Rudolf Budde, Die rechtliche Stellung des Klosters St. Emmeram in Regensburg zu den öffentlichen und kirchlichen Gewalten vom 9. bis zum 14. Jahrhundert, in: AUF 5 (1914), 153–238. – Claudia Märtl, *Isto anno prevalebunt falsarii.* Fälscher im spätmittelalterlichen Regensburg, in: Fälschungen im Mittelalter. Internationaler Kongreß der Monumenta Germaniae Historica, München, S. 16.–19. September 1986, Teil III Diplomatische Fälschungen (I) (Schriften der MGH 33, III), Hannover 1988, S. 551–571.

Franz Fuchs

WILHELM VON HIRSAU

Der Emmeramer Mönch Wilhelm zählt zu den hervorragenden Gestalten der monastischen Reformbewegung, die im 11. Jahrhundert von Cluny ausging und sich durch ihn als Hirsauer Reform in Deutschland verbreitete. Von seinem Leben ist nicht mehr bekannt als das, was seine Biographen Bernold von St. Blasien (MGH SS V, 451) und Haimo von Hirsau (Migne PL 150, Sp. 901–922, MGH SS XII, 211–225) überliefern.

Geboren wurde Wilhelm um 1026 in Bayern und kam schon als Knabe in das Kloster St. Emmeram nach Regensburg. Dort zeichnete er sich durch besonderen Studieneifer und wissenschaftliches Streben aus. Zu dem wesentlich älteren Mönch Otloh (siehe dort) scheint er eine enge Beziehung gehabt zu haben, denn dieser erscheint auch als Gesprächspartner eines Dialoges in Wilhelms Abhandlungen über Astronomie und Musik.

Diese beiden Traktate, von denen von „de astronomia“ nur Prolog und Anfang des Textes erhalten sind (Migne PL 150, 1639–1642), umreißen auch die hauptsächlichen Interessensgebiete Wilhelms in den sieben freien Künsten. Wilhelm selbst ersann und baute aufgrund seiner astronomischen Studien auch neue Geräte, von denen eines bekannt und erhalten geblieben ist: das Astrolabium aus St. Emmeram (Kat. Nr. 100). Wegen der wörtlich übereinstimmenden Angaben bei Bernold und Haimo zog Bischoff (Bischoff 979f.) den Schluß, daß sich der Inhalt der astronomischen Studien und Schrift Wilhelms mit der Zeitrechnung und der astronomischen Jahresteilung befaßte. Er erfand ein „horologium naturale“, auch scheint ihn das Problem der Berechnung der Sommersonnenwende oder Tagundnachtgleiche vorzugsweise interessiert zu haben. Auch löste er mit großem Sachverstand viele Schwierigkeiten des Computus, der in Klöstern üblichen Art der Zeitberechnung. Höchst erfahren in allen Bereichen der Musik, brachte er auch dort große Verbesserungen zustande (MGH SSV, 451; SS XII, 211).

So ist für Wilhelm bezeichnend, daß er die im Mittelalter eng verwandten Künste Astronomie und Musik, die nach den Gesetzen des Aufbaus der Welt fragten, besonders pflegte. Seine beiden Schriften spiegeln auch die zwiespältige geistige Atmosphäre des 11. Jahrhunderts. Es ist bemerkenswert, daß er die Begründung seiner Arbeiten in den Prologen in die Form des Streitgespräches zwischen dem Autor und seinem Freund Otloh bringt. Otloh, der in diesem Punkte sicherlich gut charakterisiert ist, hat einen „extremen Rigorismus“ (Bischoff 979f.) zu verteidigen, der den Mönchen nur das Studium des Psalters – in strenger Auslegung der Regel – gestatten wollte, während er selbst die für das geistliche Leben bestimmende Notwendigkeit aufzeigt, Mönche in den freien Künsten zu unterweisen, wie er es in St. Emmeram vielleicht selbst tat.

Der naturwissenschaftlich interessierte Emmeramer kam über den hl. Ulrich von Zell (1029(?)–1093), der zunächst dem Konvent von Cluny angehörte, mit der cluniazensischen Reformbewegung in Berührung. Wilhelm und der Regensburger Patriziersohn Ulrich waren, etwa gleich alt, vielleicht zusammen in der Klosterschule St. Emmeram erzogen worden.

1069 wurde Wilhelm in das Schwarzwaldkloster Hirsau gerufen, wo er seine europäische Bedeutung als Reformabt und Autor der nach den Konstitutionen von Cluny erarbeiteten *Constitutiones Hirsaugienses* (1079) erlangte, doch ist dies ein Thema, das den hier gesteckten Rahmen bereits überschreitet. Wilhelm starb in Hirsau am 4. Juli 1091.

Sein hinterlassenes literarisches Werk ist nicht umfangreich: neben den *Constitutiones* blieben nur das Fragment der astronomischen und zwei musiktheoretische Abhandlungen erhalten.

Literatur: MGH SS V, S. 451. – MGH SS XII, S. 209–225. – Bernhard Bischoff, Wilhelm von Hirsau, in: Die deutsche Literatur des Mittelalters, Verfasserlexikon, Bd. IV, Berlin 1953, Sp. 977–981. – A. Zimmermann, Ulrich von Zell, in: LThK X, 370f. – Hubert Jedin (Hrsg.), Handbuch der Kirchengeschichte, Bd. III, 1, Freiburg–Basel–Wien 1985, 520f. – Horst Fuhrmann, Neues zur Biographie des Ulrich von Zell († 1093), in: Person und Gemeinschaft im Mittelalter. Karl Schmid zum 65. Geburtstag. Sigmaringen 1988, S. 369–378.

Peter Morsbach

99. Abt Wilhelm von Hirsau

Miniatur aus dem Codex traditionum monasterii Reichenbachensis, fol. 1v (Photographie)
Kloster Reichenbach, vor 1150
Pergament, 40 Blätter, 23,5 × 16 cm. Roter Ledereinband des 13./14. Jahrhunderts. Rücken erneuert. Miniatur: 16 × 11 cm

Stuttgart, Württembergische Landesbibliothek, Cod. hist. quart. 147

Der sog. Reichenbacher Codex enthält die Traditionen des Hirsauer Tochterklosters Reichenbach an der Murg, wo er vor der Mitte des 12. Jahrhunderts entstanden sein dürfte.

Auf fol. 1v befindet sich die einzige erhaltene mittelalterliche Darstellung Wilhelms von Hirsau. Der in Albe und Pluviale gekleidete Abt steht in Vorderansicht, in den Händen den Abtstab und ein Buch. Sein Gesicht, dessen Lebendigkeit auf einer leichten Asymmetrie beruht, wird von einem kurzgeschnittenen Vollbart und einer flachen Haarkappe mit Stirnlocke gerahmt. Die Strenge und Nüchternheit der Darstellung werden durch die einfache und stilisierte Wiedergabe des Gewandes in teilweise ockerfarbener Lavierung durch v-förmige stärkere Haupt- und dünne parallele Begleitstriche bedingt. Die Miniatur gehört dem Hirsau-Zwiefaltener Kunstkreis an.

Literatur: Annegret Butz, Katalog der illuminierten Handschriften der Württembergischen Landesbibliothek, Stuttgart 1987, Kat. 83 (mit älterer Literatur). – Andreas Kraus, Wolfgang Pfeiffer (Hrsg.), Regensburg. Geschichte in Bilddokumenten, München 1979, Nr. 68.

Peter Morsbach

100. Kopfteil eines Astrolabiums (Abguß)

Regensburg, vor 1069
Maße: ∅ der Scheibe 61 cm, H des alten Teiles 209,5 cm, H gesamt 255 cm

Museen der Stadt Regensburg, Inv. Nr. HVE 3

Das sog. „Astrolabium des Wilhelm von Hirsau" ist ein astronomisches Instrument, das der Beobachtung der „Breitenkreise, Hauptpunkte des Himmels, Lage der äußeren Tierzeichen" (Zinner 279) diente, wie es das lateinische Gedicht auf der Hauptseite erklärt.

Das Astrolabium ist von einzigartigem kulturhistorischem Wert, da es das älteste erhaltene mittelalterliche Astrolabium darstellt, zu dem es auch keine Parallelen gibt.

Es erhebt sich über einem mehrfach gestuften, jüngeren Unterbau, der aus einem rechteckigen Sockel, einer rückseitig geraden, sonst aber viermal gebrochenen Basis mit längeren Neben- und kurzen Vorderseiten besteht. Diese Brechung in fünf Seiten eines Achtecks setzt sich in der hohen Plinthe mit der breiten und flachen Basis aus dichtem festem Kalkstein fort. Darüber steht aus grauem, porösem Kalkstein ein stelenförmiger Pfeiler, von einer kreisrunden Scheibe bekrönt, davor eine achteckige Säule mit niedrigem Kapitell und hohem Kämpfer. Dieser kelchförmige Kämpfer mit seinen seitlichen Voluten trägt als Verzierung ein herzförmiges Palmettenmotiv mit gefiederten Blättern. Über einer Deckplatte schließlich kniet eine jünglingshafte Männergestalt, die nach oben blickt. Der Mann ist durch die auf dem Scheibenrand umlaufende Inschrift als der antike Astronom Aratos von Soloi (Kilikien) bezeichnet, der mit seinem Zeichenstab den Lauf der Sterne durchmessen habe: SIDEROS MOTVS RADIO PERCVRRIT ARATVS. Aratos hatte um 270 v. Chr. das Lehrgedicht „Phainomena" verfaßt, in dem er die Lage der Sternbilder, Wetterzeichen und Hauptkreise des Himmels beschreibt, das dem Entwerfer des Astrolabiums sicherlich bekannt gewesen sein dürfte.

Auf der eigentlichen Hauptseite der Scheibe ist ein System von Linien eingeritzt, das von einem Kreis mit Gradeinteilung umgeben ist. Waagrecht verläuft der „Horizont", der von einer „Achse" von 48° und dem „Äquator" durchschnitten wird. Parallel zum Äquator laufen zwei Wendekreise und ganz außen schließlich die Polarkreise, „Arkticus" und „Antarkticus" (zu den einzelnen Kreisen vgl. Kat. Nr. 101). Die Linien waren vermutlich mit Metall ausgelegt, Löcher können zum Einstecken von Stiften gedient haben, über die man die Hauptkreise und -linien des Himmels anvisieren konnte, wie dies auch die bereits erwähnte außen umlaufende Inschrift sagt: CLIMA CICLI CARDO CELI LOCVS EXTIMA SIGNI. MVLTVS AD HEC VSVS EST. PATET HINC SUB ACVMINE VISVS.

Das Liniensystem ist die in die Ebene projizierte kugelförmige Sphaira des Ptolemäus. Bereits in den 80er Jahren des 10. Jahrhunderts hatte der am Hofe Ottos III. wirkende Astronom Gerbert eine Abhandlung über den Aufbau der Sphaira „De sphaerae constructione" verfaßt, galt seiner Zeit jedoch noch als Ausnahme unter den Astronomen, da er zur Beobachtung des Laufes der Sterne das bei den Arabern gebräuchliche Astrolabium verwendete (Schramm 46). Das Astrolabium aus St. Emmeram, wo es bis 1811 aufbewahrt wurde (Strobel 45 f.), diente als Lehrgerät für Sternkunde. „War die Bildsäule richtig im Freien aufgestellt, so daß der Jüngling nach Süden schaute, und zwar an einem Ort von ungefähr 48° Polhöhe – Regensburg hat 49° Polhöhe – so konnte jeder, der über den Stift in der Mitte zu den einzelnen Stiften am Rande mit dem Auge zielte, sich leicht die Lage des Nordpols und der Hauptkreise am Himmel einprägen" (Zinner 279).

Auch die Festlegung der Polhöhe auf 48° sichert als Entstehungsort Regensburg bzw. St. Emmeram. Das Astrolabium wurde von jeher mit Wilhelm von Hirsau in Verbindung gebracht und auf die Zeit um 1060/69 datiert. Richard Strobel konnte für den oberen Teil des

Monuments diese zeitliche Einordnung überzeugend bestätigen (Strobel 46–49). Der untere – aus einem anderen Stein gefertigte – Block wurde von ihm (und auch schon früher H. Wentzel) in die Zeit um 1230 datiert und mit einer Umfunktionierung zu einem Denkmal für Wilhelm von Hirsau verbunden. Hierdurch wurde es auf eine Höhe von 2,55 m gebracht, welche es der praktischen Verwendung entzog (Strobel 50f.). Schließlich wies Strobel mit Recht darauf hin, daß wir „am Astrolabium den für die Romanik sehr seltenen Fall (haben), daß eine Säule als Einzelmonument Figurenträgerin wird. Ein der Antike und dann wieder der Renaissance geläufiges Motiv wird plötzlich in salischer Zeit aufgegriffen, zwar umgedeutet (...), aber in dieser Umdeutung zu höchster Vollendung geführt. Die Säule wird begriffen als Hoheitszeichen ... Die Aktion, die auf ihr stattfindet, und sei sie noch so alltäglich und spontan, wird ‚erhoben' zu einer dauernden und allgemeingültigen. Daß es ein profanes Thema ist (der heidnische Astronom zum Sternenhimmel emporblickend), macht die Darstellung umso erstaunlicher" (Strobel 49f.).

„Das Astrolabium ist uns als Verwirklichung wissenschaftlicher, historischer und künstlerischer Ideen vor Augen getreten. Es ist sicher mit Wilhelm von Hirsau der Emmeramer Zeit zu verbinden. Nicht nur als Lehrgerät, sondern auch als Monument stellt es einen einzigartigen Fall weitgespannter mittelalterlicher Bildkraft dar, die sich in künstlerisch großartiger Weise manifestiert hat" (Strobel 51).

Literatur: E. Zinner, Das mittelalterliche Lehrgerät für Sternenkunde zu Regensburg und seine Beziehungen zu Wilhelm von Hirsau, in: Zeitschrift für Instrumentenkunde 43 (1923), S. 278–282. – Hans Karlinger, Das Astrolabium aus St. Emmeram in Regensburg, in: Münchner Jahrbuch für Bildende Kunst 13 (1938/39), S. 12–17. – Hans Wentzel, Astrolabium, in: RDK I, Sp. 1161–1166. – Percy Ernst Schramm, Sphaira · Globus · Reichsapfel, Stuttgart 1958, S. 79. – Richard Strobel, Romanische Architektur in Regensburg (Erlanger Beiträge zur Sprach- und Kunstwissenschaft Bd. 20), Nürnberg 1965, S. 44–51.

Peter Morsbach

101. Darstellung der Himmelskreise

Federzeichnung aus: Wilhelm von Hirsau, De astronomia, fol. 1v

Regensburg, um 1060

Maße: 16 × 21,5 cm

München, Bayerische Staatsbibliothek, Clm 14689

Die Darstellung der Himmelskreise aus der Handschrift „de astronomia" des Wilhelm von Hirsau ist die einzig erhaltene Illustration zu seinem Werkfragment, dem sicherlich eine Reihe von Schaubildern beigegeben werden sollten bzw. waren.

Um 90° nach links gedreht stimmt die Zeichnung exakt mit der auf der Schauseite des Astrolabiums aus St. Emmeram (Kat. Nr. 100) überein. Die einzelnen Achsen sind bezeichnet mit ARTICVS, TROPICVS AESTIVVS, TROPIC⁹ HIEMALIS, ANTAR(K)TICVS und ORI(zon) (nördlicher Polarkreis, Sommerwendekreis, Winterwendekreis, südlicher Polarkreis, Horizont), eine spätere Hand fügte AEQUINOCTIALIS, ZODIACOS und AXIS (Äquator, Tierkreis, Achse) hinzu. Die „Axis" steht wie auf dem Astrolabium im Winkel von 48° zum Horizont. Im Prolog seiner „Astronomia" kündigte Wilhelm zwar eine Beschreibung des Astrolabiums an, diese jedoch ist verschollen. Die Federzeichnung ist der höchst seltene Glücksfall einer zeitgenössischen „Entwurfszeichnung" zu einem erhaltenen wissenschaftlichen Gerät des mittleren 11. Jahrhunderts, das mit einer historisch faßbaren Person am Ort ihres Wirkens in Verbindung gebracht werden kann.

Literatur: E. Zinner, Das mittelalterliche Lehrgerät für Sternenkunde zu Regensburg und seine Beziehungen zu Wilhelm von Hirsau, in: Zeitschrift für Instrumentenkunde 43 (1923), S. 280f. – Richard Strobel, Romanische Architektur in Regensburg (Erlanger Beiträge zur Sprach- und Kunstwissenschaft Bd. 20), Nürnberg 1965, S. 49. – Andreas Kraus – Wolfgang Pfeiffer (Hrsg.), Regensburg. Geschichte in Bilddokumenten, München 1979, Nr. 69.

Peter Morsbach

DIE „ARNULFINISCHE SCHENKUNG“

Propst Arnold von St. Emmeram berichtet in seinem um 1036 fertiggestellten 1. Buch über die Wunder des hl. Emmeram (Kat. Nr. 102), daß (im Jahre 893) König Arnulf von Kärnten (um 850–899), natürlicher Sohn Karlmanns, nach einem Feldzug gegen seinen früheren Verbündeten, den Mährerfürsten Swatopluk, im Triumphzug unter dem Geläut aller Kirchenglocken in Regensburg einzog. Den glücklichen Verlauf dieses Krieges schrieb, so behauptet Arnold, der König nicht zuletzt der Hilfe seines Patrons Emmeram zu, dessen Kloster er dann auch mit reichen Geschenken bedachte.

Die Emmeramer Tradition brachte spätestens seit Arnold König Arnulf in eine sehr enge und freundschaftliche Verbindung mit dem Kloster. Schließlich hatte der König, wie Arnold zu berichten weiß, Emmeram zu seinem und des Reiches Patron erkoren und die Pfalz vom Alten Kornmarkt in die Nachbarschaft des Klosters verlegt. Die Verlegung der Pfalz konnte P. Schmid mit guten Gründen auf 888 datieren (P. Schmid 57). Schon lange wird das Areal nördlich der Emmeramskirche mit dem Pfalzbereich identifiziert. In einer bis heute grundlegenden Studie konnte M. Piendl 1962 den Haupttrakt der Pfalz zwischen dem heutigen Nordtor (um 1250) und der Kirche lokalisieren. Soweit aus dieser frühen Zeit für Regensburg und gerade St. Emmeram überhaupt etwas als gesichert gelten kann, ist es allgemein akzeptiert, daß die nach 1166 überwölbte Doppelnischenanlage die Sala Regia, der Thronsaal der Pfalz war. Auch P. Schmid wies nachdrücklich auf diese Problematik hin (P. Schmid 55f.). Schon 1933 konnte F. Mader nachweisen, daß die Nischen und die heutigen Portale nicht zusammengehören, die Nischen also älter sind als die 1050 durchgebrochenen Türöffnungen.

Die Beziehung Arnulfs zum Kloster des hl. Emmeram war keineswegs so intensiv und herzlich, wie Arnold dies glauben machen wollte. A. Schmid zeigte, daß zumindest aus den Urkunden keine „besondere Vorliebe für den großen Regensburger Heiligen deutlich“ wird (A. Schmid 348).

Arnold berichtet, daß der König zum Dank für den Ausgang des Feldzuges den ganzen Schmuck seines Palastes dem Kloster bzw. Heiligen übergab. Ob es sich tatsächlich so verhielt, läßt sich mit letzter Sicherheit nicht sagen. Es ist wahrscheinlich, daß Arnulf 899 in St. Emmeram beigesetzt wurde, und zwar „nur in der Kirche der von ihm errichteten Königspfalz ... nahe dem Emmeramsgrab“ (A. Schmid 350). Nach seinem Tode scheint das „ornatum palatii“ Arnulfs unter der schwachen Herrschaft seines Nachfolgers, Ludwigs des Kindes, lediglich in der Pfalz bzw. im Kloster verblieben zu sein. Es besteht die begründete Vermutung, daß das Kloster sich den Schmuck der Pfalz aneignete bzw. ihn behielt, denn A. Schmid wies darauf hin, „daß Konrad I. unmittelbar nach Erlangung der Herrschaft in Bayern 916 nach St. Emmeram zog und die Herausgabe dieses Teils der Kronjuwelen forderte. Das Königtum hat demnach das Emmeramskloster nicht als rechtmäßigen Besitzer dieser Pretiosen anerkannt“ (A. Schmid 348).

Was beabsichtigte Propst Arnold mit seiner Beschönigung der tatsächlichen Vorgänge? Die Errichtung der Königspfalz bei St. Emmeram, die schon dadurch bemerkenswert ist, daß sie nicht vom Abt des Klosters, sondern vom König selbst durchgeführt wurde und die späteste ihrer Art ist (P. Schmid 56), hängt vielleicht mit „der Abwälzung der beschwerlichen Last der Königsgastung zusammen“ (A. Schmid 348). Unter der Pflicht, den König und sein Gefolge während ihrer Aufenthalte zu versorgen, hatten betroffene Städte und Klöster sehr zu leiden, da sie, um mit F. Prinz zu sprechen, vom königlichen „Heuschreckenschwarm“ regelmäßig kahlgefressen wurden.

Das Verhältnis zwischen Bischof und Kloster verschlechterte sich zur Zeit des Propstes Arnold unter den Bischöfen Gebhard I. (995–1023), Gebhard II. (1023–1036) und Gebhard III. (1036–1060) zusehends. Bei der Trennung der Ämter des Regensburger Bischofs und Abtes von St. Emmeram durch den hl. Wolfgang 975 war zwar die Personalunion, nicht aber die Vermögenseinheit von bischöflichem Stuhl und Kloster aufgehoben worden. Zahlreiche Besuche der Kaiser in der 1. Hälfte des 11. Jahrhunderts bedeuteten für die Bischöfe, hauptsächlich Gebhard I., die die Pflicht zur Königsgastung hatten, eine enorme Belastung. So ist es verständlich, daß sie auch auf das Vermögen des Klosters zurückgriffen, was für dieses wiederum eine harte wirtschaftliche Bedrängung bedeutete. Anstrengungen der Emmeramer in Verbindung mit dem bayerischen Herzog sollten schließlich 995 zur Beilegung dieses Konfliktes

führen, was aber offensichtlich nicht der Fall war. Dies beweist die Eskalation des Streites unter Gebhard III. in der Mitte des 11. Jahrhunderts (siehe S. 119 ff.).
Insofern ist die Betonung des engen Verhältnisses von Arnulf zum Emmeramskloster in ähnlicher Weise zu beurteilen, wie die dionysische Fälschung: es ging um eine Verbesserung der Position des Konventes gegenüber dem Bischof. Es wurde besser, enger und herzlicher dargestellt, als es jemals gewesen war.

Literatur: Alois SCHMID, Die Herrschergräber in St. Emmeram zu Regensburg, in: Deutsches Archiv zur Erforschung des Mittelalters 32 (1976), S. 334–350. – Max PIENDL, Fontes monasterii s. Emmerami Ratisbonensis, in: Thurn und Taxis-Studien 1, Kallmünz 1961, S. 17f., Nr. 15. – Ders., Die Pfalz Kaiser Arnulfs bei St. Emmeram in Regensburg, in: Thurn und Taxis-Studien 2, Kallmünz 1962, S. 95–126. – Peter SCHMID, Regensburg. Stadt der Könige und Herzöge im Mittelalter (Regensburger Historische Forschungen, Bd. 6), Kallmünz 1977, S. 53–58. – Handbuch der bayerischen Geschichte, Bd. 1, hrsg. von Max SPINDLER, München ²1981, S. 269–275 (Kurt REINDEL). – Andreas KRAUS, Civitas Regia. Das Bild Regensburgs in der deutschen Geschichtsschreibung des Mittelalters (Regensburger Historische Forschungen, Bd. 3), Kallmünz 1972, S. 17–19. – Karl HAUSBERGER, Geschichte des Bistums Regensburg I, Regensburg 1989, S. 66–69.

Peter Morsbach

Arnold von St. Emmeram

Der literarische Ruhm des Propstes Arnold von St. Emmeram blieb – im Gegensatz zu seinen beiden jüngeren Mitbrüdern Otloh und Wilhelm von Hirsau – auf Regensburg und das Kloster beschränkt. Dennoch sind gerade seine Schriften über den hl. Emmeram und das Kloster (Migne PL 141, Sp. 985–1108) höchst wichtige Quellen der lokalen historischen und kunstgeschichtlichen Forschung.
Arnold stammte aus dem Geschlecht der Vohburger, sein Großvater väterlicherseits war Markgraf Berchtold von Cham und Vohburg, sein Großvater mütterlicherseits hieß ebenfalls Arnold (MGH SS IV, 553). Sein Geburtsjahr wird um 1000 angenommen. Aufgrund einer in der Familie lange geübten Verehrung des hl. Emmeram – so berichtet er selbst (MGH SS IV, 553) – trat er schließlich ins Kloster St. Emmeram ein, um sich gänzlich der Verehrung des Märtyrers auch in Wort und Schrift hinzugeben. Im Kloster vollzog er auch seinen Anschluß an die strenge cluniazensische Observanz (er mag hierdurch auch Otloh und Wilhelm beeinflußt haben) und widmete sich dem Studium verschiedener Kirchenväter, für die er die Lektüre der antiken Autoren aufgab. Wie er sich selbst ausdrückt, tauschte er Dunkelheit gegen Licht und Belial gegen den Herrn (MGH SS IV, 546). Ein Dorn im Auge war ihm die Lebensbeschreibung des hl. Emmeram durch Arbeo von Freising, dessen unklassisches Latein er als Ergebnis der Nachlässigkeit späterer Bearbeiter sah. Arnold berichtet, als er sich mit Erlaubnis des Abtes an eine Bereinigung des Textes machen und alle Fehler, die ihn aus der Sicht seiner Zeit heraus störten, verbessern wollte, habe sich eine Gruppe konservativer Mitbrüder gegen ihn empört, die keinerlei Eingriffe duldeten. Daraufhin mußte er sich auf Befehl seines Abtes „in Saxoniae exilium" nach Magdeburg begeben, wo er Freundschaft mit dem Domscholaster und Propst Meginfried schloß. Es gelang ihm, diesen zu überreden, eine revidierte Vita des Emmeram zu verfassen („Liber de vita et virtutibus B. Emmerammi", Migne PL 141, Sp. 969–986). Nach dreijähriger Verbannung kehrte er nach Regensburg zurück, wo er 1030 das lange ersehnte Buch Meginfrieds erhielt.
Nach der Rückkehr von einer Reise nach Pannonien, die er auf Anordnung seines Abtes Burchard zu unternehmen hatte, wurde er Propst des Klosters. Vor 1050 muß er verstorben sein.
An Meginfrieds Emmeramsvita anschließend, schrieb Arnold zwei Bücher „de miraculis et memoria beati Emmerami", von denen das erste 1036, das zweite 1037 vollendet wurde.
Ausgehend von Arbeo, hauptsächlich aber der Zeit König Arnulfs von Kärnten, in der die Emmeramsverehrung zu einem Höhepunkt gelangte, erzählt Arnold in chronologischer Reihenfolge verschiedene wundersame Begebenheiten, die die Macht des Heiligen unter Beweis stellen sollen. Hierbei beschreibt er auch die „arnulfinische Schenkung" an das Kloster, darunter den Tragaltar Arnulfs und den Codex Aureus (MGH SS IV 551), jedoch noch nicht die Reliquien des Dionysius, deren Fälschung ab der Mitte des 11. Jahrhunderts für das Kloster eine so große Bedeutung gewinnen sollte.
Das zweite Buch behandelt hauptsächlich Leben und Wirken des Bischofs Wolfgang, die Trennung des Regensburger Bischofsstuhles von den Abtwürden des Klosters St. Emmeram mit der Berufung des Ab-

tes Ramwold aus St. Maximin in Trier und die Geschichte der Regensburger Kirche dieser Zeit, aber auch zahlreiche Exkurse, die mit dem eigentlichen Thema nicht in Verbindung stehen.
Der bislang nie ausgestellte Clm 14870 enthält als Autograph auf fol. 9–15 Antiphone und Responsorien zum Fest des hl. Emmeram, die Arnold für Bischof Johannes von Gran gedichtet hatte, auf fol. 35–58 das 1. Buch der Wunder des hl. Emmeram, während das 2. Buch nur in einer Handschrift des 15. Jahrhunderts in Salzburg (Stiftsbibliothek St. Peter, cod. b VI 2) überliefert ist.

Literatur: MIGNE, PL 141, Sp. 985–1108. – MGH SS IV, S. 543–575. – Bernhard BISCHOFF, Literarisches und künstlerisches Leben in St. Emmeram (Regensburg) während des frühen und hohen Mittelalters, in: SMBO 51 (1933), S. 110–113. – Karl LANGOSCH, Arnold von St. Emmeram, in: Die deutsche Literatur des Mittelalters, Verfasserlexikon, Bd. 1, Berlin–New York 1978, Sp. 464–470. – Franz Josef WORSTBROCK, Meginfried von Magdeburg, in: Die deutsche Literatur des Mittelalters, Verfasserlexikon, Bd. 6, Berlin–New York 1987, Sp. 303–306. – Karl BABL, Emmeram von Regensburg, Legende und Kult (Thurn und Taxis-Studien, Bd. 8), Kallmünz 1973, S. 60–64.

Peter Morsbach

102. Arnold von St. Emmeram über die Schenkung König Arnulfs von Kärnten an das Kloster St. Emmeram

aus: Liber I. de miraculis beati Emmerammi
Regensburg, St. Emmeram, zwischen ca. 1030 und 1036 (Autograph)
Pergament, 141 Bl., 21 × 27 cm

München, Bayerische Staatsbibliothek, Clm 14870

Im 5. Kapitel seines Buches berichtet Arnold von der „reverentia", derer sich der hl. Emmeram unter den Fürsten erfreute. Besonders betont er die Verehrung König Arnulfs von Kärnten, der nur durch die Hilfe seines Reichspatrons Emmeram den Krieg gegen die Mähren unter Swatopluk glücklich hatte beenden können. Nach Regensburg zurückgekehrt und triumphal begrüßt, schickte er Geschenke an alle Klöster Norikums und übergab hauptsächlich seinem Patron Emmeram aus Dank den ganzen Schmuck seiner Pfalz.
Unter den Gaben, die Arnulf als Dank für Emmerams Förderung des Sieges im Mährenkrieg stiftete, befand sich *„ein viereckiges Ciborium, dessen Dach mit Gold beschlagen und dessen Giebel mit einem Kranz aus Edelsteinen besetzt ist. Der Körper aber ist zum Zeichen doppelter Hochachtung oben und unten ähnlich gestaltet und wird von acht goldenen Säulchen getragen. … Es befanden sich darunter auch vollständige Evangelienbücher, mit Gold und Edelsteinen bedeckt, geschrieben, gemalt und auf alle mögliche Weise verziert. Von diesen ist eines eine Elle lang, von seiner künstlerischen Beschaffenheit, seinem Wert und Gewicht aber so, daß man schwerlich etwas ihm ähnliches finden wird."*
Weiter zählten ein silberes „Flechtwerk" (craticula, bei Gamber: Radleuchter) zum Schmuck des Ziboriums, außerdem eine Reihe von bunten Tüchern, Altartüchern wohl, vielleicht auch Wandschmuck, unter den Gaben.
Erhalten blieben hiervon nur das Ziborium und das goldene Evangelienbuch, der Codex Aureus.

Literatur: MGH SS IV, 551. – MIGNE, PL 141, Sp. 1003–1005. – Albert BOECKLER, Das Erhardbild im Uta-Codex, in: Studies and Literature for Belle da Costa Greene (1954), S. 219–230. – Percy Ernst SCHRAMM, Herrschaftszeichen: gestiftet, verschenkt, verkauft, verpfändet (Nachr. d. Akad. d. Wiss. Göttingen, Phil.-Hist. Kl. 1957, 5), 1957, S. 168f.

Peter Morsbach

103. Codex Aureus

Hofschule Karls des Kahlen, 870
Pergament, 126 Bl., 42 × 33 cm

München, Bayerische Staatsbibliothek, Clm 14000 (Photos)

Schon Arnold von St. Emmeram geriet bei der Beschreibung des Codex Aureus ins Schwärmen, dem man schwerlich etwas Gleichartiges an die Seite stellen könne. In der Tat ist die Aufmachung der Handschrift von einer selten verschwenderischen Pracht, die zugleich Krönung und Abschluß der Tätigkeit der Hofschule Karls des Kahlen bedeutet.
Erschreckend ist der gegenwärtige Zustand des Codex, der als hochgefährdetes Kulturgut der Menschheit angesehen werden muß. Dieser Zustand läßt eine Ausleihe des Originals zum gegenwärtigen Zeitpunkt unter keinen Umständen mehr zu. Wie bei anderen karolingischen Handschriften wurden, um eine körnige, tastbare Farbstruktur zu erreichen, die Pigmente der verwendeten Deckfarben mit viel zuwenig Bindemittel aufgetragen, das sich inzwischen auch weitgehend zersetzte. Dies hat zur Folge, daß die Veränderung des Aufbewahrungsortes durch damit verbundene auch nur geringste klimatische und mechanische Beeinflussung ein Abpulvern der Malschichten nach sich zieht, wie dies in den letzten Jahrzehnten beobachtet werden konnte. So ist von der Handschrift nur noch geringster und vorsichtigster Gebrauch zu machen, denn Möglichkeiten zur Farbfestigung gibt es noch nicht. Nach düsteren Prognosen sind solche Methoden im gegenwärtigen Stand des restauratorischen Wissens in absehbarer Zeit nicht zu erwarten. So wird man sich auch in Zukunft, wie

dies in dieser Ausstellung der Fall ist, mit Reproduktionen begnügen müssen, um den Zerfall eines der großen Werke der Weltkunst nicht noch mehr zu beschleunigen.

Da der Codex Aureus in der Literatur durch zahlreiche Beschreibungen und Erwähnungen gut bekannt ist, soll in diesem Rahmen nur eine knappe Darstellung angefügt werden.

Nach dem letzten von drei Widmungsgedichten schrieben die Brüder Liuthard und Beringar das Evangeliar im Jahre 870 für Karl den Kahlen. In ihren Bildern verarbeiteten sie Anregungen aus den großen Skriptorien wie der Hofschule Karls des Großen, Tours oder Reims, worin auch das Bestreben Karls des Kahlen deutlich wird, es im Ruhm Karl dem Großen gleichzutun.

Die Handschrift besteht aus vergoldeten Purpurpergamentblättern, der Text ist bis auf Capitulare evangeliorum (Minuskel) in goldenen Unzialen geschrieben. Jede Textseite besteht aus zwei Kolumnen und wird von breiten Ornamentrahmen eingefaßt, wobei sich die Muster der gegenüberliegenden Seiten entsprechen.

Den Auftakt der Bilderfolge macht das Thronbildnis Karls des Kahlen (fol. 5^v), der der Anbetung des Lammes (fol. 6^r) zugewandt ist. Auf fol. 6^v schließt sich eine Majestas Domini an. Die Darstellungen der vier Evangelisten Matthäus (fol. 16^r), Markus (fol. 65^r), Lukas (fol. 197^r) und Johannes (fol. 46^r) stehen vor jeweils zwei Incipit- und Initialseiten zu Beginn jedes Evangeliums (fol. 16^v–17^r, 46^v–47^r, 65^v–66^r, 97^v–98^r). Dazu kommen jeweils eine Incipit- und Initialseite zu Beginn der Handschrift (fol. 1^v–2^r). Zwölf Kanontafeln (fol. 7^r–12^v) und zahlreiche einzelne Initialseiten vervollständigen den Schmuck des Codex Aureus.

Nicht minder kostbar als die Handschrift selbst ist der goldene Buchdeckel mit getriebenen Goldreliefs, Goldfiligran, Smaragden, Saphiren, Perlen, Zellenschmelz in getriebenen oder gestanzten Fassungen. Das Zentrum bildet eine Majestas-Domini-Darstellung, von übereinander stehenden Evangelistenpaaren flankiert und von vier Szenen aus den Evangelien begleitet. Ein breiter Rahmen faßt den Deckel ein, ein kleiner das mittlere Christus-Bild, von dem aus vier Stege nach außen laufen. Der Deckel gehört zur gleichen Gruppe von Goldschmiedewerken wie das Ziborium Arnulfs. Unter Abt Ramwold von St. Emmeram (975–1001) fand eine Restaurierung der Handschrift statt, wie dies aus einer jüngeren Inschrift und Miniatur auf dem ursprünglich leeren fol. 1^v hervorgeht.

Ziborium und Codex Aureus kamen 1810 als Säkularisationsgut nach München.

Literatur: Georg Leidinger (Hrsg.), Der Codex Aureus der Bayerischen Staatsbibliothek in München, 6 Bde., München 1921–1925. – Wilhelm Köhler – Florentine Mütherich, Die karolingischen Miniaturen, Bd. 5, Berlin 1982, S. 102–108. – Florentine Mütherich – Joachim E. Gaehde, Karolingische Buchmalerei, München 1976, S. 102–108. – Ausstellungskatalog Thesaurus Librorum. 425 Jahre Bayerische Staatsbibliothek, München 1983, S. 32–35. – Rita Otto, Zur stilgeschichtlichen Stellung des Arnulfziboriums und des Codex Aureus aus St. Emmeram in Regensburg, in: Zeitschrift für Kunstgeschichte 15 (1952), S. 1–16. – Paul Edward Dutton – Edouard Jeanneau, The Verses of the „Codex Aureus" of Saint-Emmeram, in: Stvdi medievali, serie terza XXIV (1983), S. 75–120, Tfl. 1–8.

Peter Morsbach

104. Reiseziborium König Arnulfs von Kärnten

Reims (?), um 890

Eichenholzkern, getriebenes Goldblech, Golddraht, Perlen, (Halb-)Edelsteine, Porphyr, Lindenholz

H 59 cm, Br 31 cm, T 24 cm

München, Schatzkammer der Residenz, Photo (Wittelsbacher Ausgleichsfonds)

Der viersäulige Aufbau erhebt sich über einer profilierten Sockelplatte. Vier Säulchen mit attischen Basen und Plinthen besitzen einen Schaft mit viermal zwei Kanneluren. Auf einem Kelchkapitell mit Kämpfer ruht ein vierbogiger Baldachin mit profiliertem Rahmen, der zugleich Basis ist für vier kurze Säulchen mit dicken Basen und Kapitellen. Diese stützen ein Dachgebilde, das aus zwei sich durchschneidenden Satteldächern über einer Deckplatte besteht. Im Winkel der Dachschrägen sind pyramidenförmige Zwickelstücke eingesetzt.

Auf der unteren Basisplatte liegt der eigentliche Altarstein, eine dunkelgrüne Porphyrplatte im Lindenholzrahmen. Alle Elemente sind durch Perlstabreihen eingefaßt. Der an den Kanten durch Lisenen verstärkte Baldachin, obere Rahmenplatte, Giebeldreiecke und Dachfirst werden an den Vorderseiten von Smaragden, Amethysten und Saphiren geziert. Die Steinfassungen bestehen aus Kreuzschleifen aus Golddraht, getriebenem Blattwerk, Perlen und Goldtürmchen. Die figürlichen und ornamentalen Treibarbeiten (Akanthuswellenranken), zumeist aus der Entstehungszeit, zeigen in den Zwickeln der Baldachinvorderseite zwei Cherubim, ansonsten achtstrahlige Sterne, in den Giebeldreiecken das Lamm Gottes auf der Vorderseite, Schöpferhand, Taube und Engel mit Heroldstab und Weltscheibe (angelus missae). Die Dachschrägen tragen szenische Darstellungen des Neuen Testamentes: Erweckung des Jünglings von Naim, Christus und Apostel vor hohem Gebäude (Auferstehungsprophezeiung unter dem Gleichnis des Tempelabbruches nach Joh 2,19), die drei Versuchungen Christi, Erscheinung des Auferstandenen am See Genezareth, Erweckung des Lazarus, Christus mit Aposteln, Vögeln und Lilien.

Die Stifter- bzw. Weiheinschrift in getriebenen Majuskeln steht auf der Kranzleiste des Baldachins: REX ARNVLFVS AMORE DEI PERFECERAT ISTVD / VT FIAT ORNATVS SC PARTIBVS ISTIS X-PS CVM DISCIPVLIS COMPONAT VBIque (König Ar-

nulf ließ dieses Werk aus Gottesliebe vollenden, damit es dieser heiligen Stätte Zierde werde; Christus möge ihn, wo immer er auch sei, mit seinen Jüngern vereinen). Die Inschrift bezeichnet Arnulf als „rex", somit muß die Entstehung des Ziboriums zwischen 887 und 896 (Königs- und Kaiserkrönung) erfolgt sein.
Auf dem Dach saß nach der Abbildung im Uta-Codex ursprünglich ein Knauf, der später durch ein heute abgegangenes Kreuz ersetzt wurde. Von den anfangs vier Gemmen am Dachfirst existiert nur noch eine antike Korundgemme mit einer eingeschnittenen Reiherdarstellung.

Das Arnulfsziborium wird mit anderen spätkarolingischen Werken wie dem Deckel des Codex Aureus der sog. „Jüngeren Reimser Gruppe" zugerechnet. Vom Figurenstil mit den schlanken, biegsamen Gestalten, ihren zum Teil abrupten und gespreizten Gesten, der kalligraphischen Detailfreude in der Schilderung nervös bewegter Gewandfältelung steht das Ziborium in enger Verwandtschaft zu den Darstellungen des Utrecht-Psalters. Die Darstellungen beinhalten neben Hinweisen auf die Trinität (Schöpferhand – Lamm Gottes – Taube) nur christologische Szenen, die einen deutlichen Hinweis auf die Funktion des Ziboriums geben.

Gedacht ist es als Überbauung und Überdachung eines Tragaltares und stellt nichts anderen dar als die Miniaturabbildung eines großen Altarziboriums, wie diese in der Regel seit dem 5./6. Jahrhundert im Osten, im Westen wohl erst später, über den Hochaltären der Hauptkirchen errichtet wurden. Nördlich der Alpen scheinen Ziborien zunächst nicht sehr weit verbreitet gewesen zu sein, was jedoch auch auf Überlieferungslücken zurückgeführt werden kann. Zumeist standen die Ziborien als Überdachungen des Altares (Tempelchen oder Altarkapelle nach Braun 190) auf vier Stützen. Zeitgenössisch nannte man die kleinen wie das Arnulfsziborium *„ciboria itineraria"*, Reiseziborien, die z. B. vom Kaiser auf seinen Reisen durch das Land mitgeführt und für die Feier der Messe gebraucht wurden.
Die erste Erwähnung des Ziboriums stammt von Arnold von St. Emmeram (Kat. Nr. 102), der es einfach „ciborium quadratum" nennt. In dem 1761 wohl von Johann Baptist Kraus verfaßten „Bericht von den Heiligen Leibern" wird deutlich gesagt, daß das Ziborium „kein Altare portatile genennet werden" kann. Dies ist insofern richtig, als das Altare portatile nur einen Teil des Ziboriums darstellt. Es wurde sicherlich als Altärchen verwendet, woran die Porphyrplatte und die darunter geborgenen Reliquien auch keinen Zweifel lassen. Klaus Gamber konnte in einer wichtigen Untersuchung zeigen, daß dies jedoch nur der sekundäre Zweck war. In erster Linie diente das Ziborium als Behältnis zur Aufbewahrung der Eucharistie, wie dies in der ältesten Darstellung im Uta-Codex aus Niedermünster (Clm 13601 fol. 4), um 1020, deutlich wird: auf dem Altar steht es neben einem Evangeliar (Codex Aureus), Kelch und Patene. Unter dem Baldachin ist an (vier) Ketten ein Kästchen aufgehängt. Dieses diente, wie byzantinische Vergleichsbeispiele, aber auch die Beischrift zeigen, der Aufbewahrung der Hostie *(Jesus Christus verus panis veniens de celis:* Jesus Christus, das wahre Brot, das vom Himmel kommt). Also war das Ziborium ein tragbarer Tabernakel. Tabernakel bzw. Pyxis mit Eucharistie, Evangelienbuch und Reliquienkästchen gehörten zur zugelassenen Altarausstattung, wie sie seit Papst Leo IV. (847–855) im Abendland gültig war. Gamber betont die Darstellungen des Lamm Gottes und der anbetenden Cherubim im Dach als Hinweis auf die Verwendung als Aufbewahrungsort der Eucharistie. Der Zweck wird auch noch durch die durchwegs christologischen Bildthemen betont.

Literatur: Hans Thoma – Herbert Brunner, Schatzkammer der Residenz München, München 1964, S. 17–21. – Edition der Inschrift: Karl Strecker, MGH Poetae 4 (1964), S. 1054 – Joseph Braun, Der christliche Altar, Bd. 2, München 1924, S. 189–209. – Klaus Gamber, Die Pfalz Kaiser Arnulfs von Kärnten und ihr künstlerischer Schmuck, in: Ecclesia Reginensis, Regensburg 1979, S. 178–183. – Ausstellungskatalog Regensburger Buchmalerei, München 1987, Tf. 11. – Rita Otto, Zur stilgeschichtlichen Stellung des Arnulfsziboriums und des Codex Aureus aus St. Emmeram in Regensburg, in: Zeitschrift für Kunstgeschichte 15 (1952), S. 1–16.

Peter Morsbach

105. Rundscheibe mit Darstellung eines Erzengels

deutsch, um 1000 (?)
Goldzellenschmelz, Durchmesser ca. 6,3 cm

München, Bayerisches Nationalmuseum, MA 188

Die Rundscheibe mit der Darstellung eines Erzengels stammt aus dem Kloster St. Emmeram in Regensburg und wird erstmals 1761 in dem „Bericht von den Heiligen Leibern" als „goldene Blatten" einer „Weibs-Person" erwähnt.
Sie zeigt auf Goldgrund die in Zellenschmelztechnik (in Kombination mit Grubenschmelz?) ausgeführte Gestalt eines Engels mit rundgebogenen Flügeln, der Szepter und Globus trägt. Mit einiger Wahrscheinlichkeit wird es sich um Michael handeln.
Die Binnenzeichnung wird durch extrem dünne Goldstege erreicht. Um das weiße Gesicht legt sich eine braune Haarkappe, der Nimbus besteht aus einem grünen inneren und blauen äußeren Streifen, der mit weißen Punkten besetzt ist. Blau sind Augen und Brauen gehalten, in Rot der Mund. Über das in zwei verschiedenen Blautönen leuchtende, mit goldenen Manschetten, einem Kragen mit blauen Punkten und einem dreiteiligen roten Ornament versehene Unterkleid legt sich eine Art breiter Stola, die abwechselnd in grüne und goldene Vierecke mit blauen Punkten geteilt ist und sich vor dem Bauch überkreuzt. Die weißen Hände tra-

gen ein Szepter mit blau-braun geteilter Stange, einem blauen Aufsatz mit weißem Mittelpunkt und einen braunen Globus mit weißen Streifen und blauem Dreiberg. Die Flügel setzen sich aus blauen, weißen, braunen, grünen und goldenen länglichen Zellen zusammen. Das nicht bei Marie-Madeleine GAUTHIER, Émaux méridionaux I, Paris 1987 erwähnte Stück wird allgemein um 1000 datiert. GAMBER vermutete zu Recht die Herkunft aus einem größeren Zusammenhang, z. B. einem Altar und brachte es in Verbindung mit dem Schmuck der Pfalz Arnulfs von Kärnten, wofür freilich Beweise nicht zu erbringen sind. Diese Herkunft bedeutete auch eine Rückdatierung des Stückes um ca. 100 Jahre. Eine exakte zeitliche Einordnung scheint bei dem geringen Denkmälerbestand dieser Zeit nur schwer möglich.

Literatur: (Johann Baptist KRAUS), Bericht von den Heiligen Leibern und Reliquien, welche in dem Fürstlichen Reichs-Gottes-Hauß S. Emmerami . . . aufbehalten werden, Regensburg 1761, S. 83 f., Tf. IX. – Klaus GAMBER, Die Pfalz Kaiser Arnulfs in Regensburg und ihr künstlerischer Schmuck, in: Ecclesia Reginensis, Regensburg 1979, S. 182 f.

Peter Morsbach

106. Die Flechtbandmalereien in der Ringkrypta von St. Emmeram in Regensburg

Wandmalerei in Kalkfarben auf Putz, um 740

1952 wurden in der Ringkrypta von St. Emmeram an einigen Stellen kleine Probeflächen von Flechtbandmalereien freigelegt. 1957 erwähnte sie der Spezialist für frühmittelalterliche Kunst, André Grabar, in einer Epochenübersicht. Eine genauere Überprüfung durch das Bayerische Landesamt für Denkmalpflege im Jahr 1962 bot mir dann Gelegenheit zur Darlegung der Befunde und zu einer ersten kunstgeschichtlichen Betrachtung. Bedauerlicherweise sind inzwischen keine weiteren Untersuchungen am Denkmal selbst hinsichtlich des Gesamtumfangs der erhaltenen Ausmalung erfolgt.
Trotzdem läßt sich anhand der sichtbaren Befunde das Ganze in den Grundzügen erschließen und eine genauere, technologisch untermauerte zeitliche Einordnung geben.
Die Ringkrypta, die sich als überwölbter Gang außen und etwas eingetieft um die Hauptachse der Kirche von St. Emmeram herumzieht, ist wahrscheinlich aus Anlaß der Überführung der Gebeine des Titelheiligen in ein Bodengrab im Apsisscheitel im Jahre 740 errichtet worden, um den Pilgern zu ermöglichen, dem heiligen Leib möglichst nahe zu kommen, ohne den dem Klerus vorbehaltenen Altarraum betreten zu müssen. Der Heilige – dessen Grab in dieser Form heute noch an seiner ursprünglichen Stelle vorhanden ist – lag mit den Füßen gegen die Apsiswand zu und durch eine kleine Öffnung am Fußende des Sarkophags – eine sogenannte „fenestella“, ein Fensterlein, war es sogar möglich, wie es vielerorten an Heiligengräbern der Brauch war, mit den Gebeinen ehrfurchtsvollen Berührungskontakt herzustellen oder sie auch von außen wahrzunehmen.
Dies geschah über dem Altar des hl. Johannes, der bei der Translation in der Ringkrypta zu Füßen des in die Erde eingelassenen Steinsargs angelegt worden war. Der Altar befindet sich heute noch dort an derselben Stelle. Er wird in einer nicht datierten Quelle erwähnt, die zeitlich aber wohl bald nach 740 einzuordnen ist: eine Frau stiehlt einen Kelch vom Altar des Hl. Johannes in der Ringkrypta zu Füßen des Hl. Emmeram.
Während die Ringkrypta „confessio“ so früh erwähnt ist, wird sie nicht unter den Bauten genannt, die Bischof Sintpert 783 neu bei St. Emmeram aufführen ließ. Man wird daraus schließen dürfen, daß sie damals nicht erneuert wurde, sondern unverändert weiterbestand wie dies nun seit 740, abgesehen von Zu- und Erweiterungsbauten, bis heute der Fall ist. Die erste urkundliche Erwähnung der Ringkrypta datiert vom 1. September 791.
Die Ringkrypta von St. Emmeram ist das einzige Bauwerk im Bistum Regensburg, das heute noch aus der Zeit der Bistumsgründung vor 1250 Jahren erhalten ist. Da eine alte Überlieferung über die Anwesenheit des Hl. Bonifatius bei der Übertragung der Gebeine des Hl. Emmeram 740 berichtet, wäre es nicht ausgeschlossen, daß gerade die 739 erfolgte Bistumsgründung den Anlaß zu dieser Umgestaltung der Kirche St. Emmeram gegeben hat.
Die 1962 durchgeführten Untersuchungen der Flechtbandmalereien an den Gewölben der Ringkrypta haben ergeben, daß die Malerei unmittelbar auf dem Verputz liegt, der direkt auf dem mit dem Fugenmörtel materialgleichen und ihn homogen weiterführenden Grobputz aufgebracht worden ist. Daß dies in einem Arbeitsgang erfolgte, zeigt sich darin, daß wesentliche Teile der Malerei – wovon noch zu sprechen sein wird – in den noch feuchten Malputz eingeritzt worden sind, d. h. ein Grundliniengerüst für die Malerei gleichzeitig mit dem Verputz hergestellt wurde. Die Flechtbandmalerei ist im Zuge des Baufortgangs und nicht zu einem späteren Zeitpunkt entstanden. Sie ist deshalb genau so alt wie die Ringkrypta selbst und stellt damit das einzige Zeugnis der Monumentalmalerei des 8. Jahrhunderts in Bayern dar.
In der Ringkrypta sind an mehreren Stellen Stücke ornamentaler Wand- und Deckenmalereien in sehr guter Erhaltung freigelegt worden. Sie lassen erkennen, daß es sich um zusammengehörige Teile einer den ganzen Bau einbeziehenden Bemalung handelt. Sie sollen deshalb gemeinsam behandelt werden:

Vorjoche im Südwesten

Anschließend an die barocken Mauer- und Wölbungsteile des südlichen Eingangs zur Ringkrypta wölbt sich ein vor die Ringtonne gelegter und sie übersteigender, etwa 40 cm breiter Vorbogen. Seine Laibung zeigt eine Flechtbandbemalung im Zustand provisorischer Freilegung von 1952. Die Flechtbänder sind freihändig, d. h. ohne konstruktive Hilfslinien ockergelb unterzeichnet. An mehreren Stellen ist die Unterzeichnung im selben Arbeitsgang korrigiert. Die Malerei selbst ist in Dunkelrot (zwischen gebranntem Ocker und Englischrot), Gelb und Schwarz ausgeführt. Das Gelb der Unterzeichnung bleibt stellenweise als Kontur stehen. Der weiße Malgrund dient als Auflagefläche für das Ornament, teils ist auch Schwarz dafür verwendet. Das Feld der Bogenlaibung wird von einer Folge von geraden Bändern bzw. Strichen in Rot, Weiß und Schwarz gerahmt. Die Bänder des Flechtwerks sind breit und zweibahnig. Das Ornament ist in mehrere farbig voneinander geschiedene, in sich zentrierte Systeme, in „Knotenflächen“ aufgeteilt, die sich an den Randstellen miteinander verknüpfen. Das Geflecht ist dicht und läßt den Grund nur wenig zur Wirkung kommen. Die freihändig gezogenen Linien haben etwas Lockeres, Ungezwungenes an sich.

Ein Suchgraben von dieser mit Flechtband gefüllten Bogenlaibung aus über ihr Stirnsegment bis in das kurze Stück des darüberliegenden Tonnengewölbes angelegt, gab ornamentale Bemalung pflanzlicher oder tierischer Kategorie in den gleichen drei Farben Ocker, Dunkelrot und Scharz frei. Ein Darstellungszusammenhang läßt sich noch nicht ablesen. Die Malerei in den „Vorjochen“ der Ringkrypta sind mit denen der Ringtonne schichtengleich, doch besteht in der Malweise ein Unterschied.

Ausmalung der Ringtonne

Die Untersuchung der 1952 provisorisch freigelegten Teile der Malereien in der Wölbungszone der Ringkrypta und 1962 systematisch angelegte Suchgräben lassen die Ausmalung der Ringtonne als einheitliches schichtengleiches System in großem Zuge erkennen. Einzelheiten können erst nach einer systematischen Freilegung beobachtet werden, so daß die vorliegende Besprechung nur unter Vorbehalt gegeben werden kann: Etwa an der Kämpferlinie der Ringtonne zieht sich an der Innen- und Außenseite des Umganges ein waagrechtes Rahmensystem von etwa 30 cm Höhe hin. Am südwestlichen Beginn der Ringtonne knickt die Rahmung rechtwinkelig um und verbindet über den Rand des Gewölbefeldes hin beide Seiten des Ganges. Ein in den gewölbten Deckenspiegel angelegter Suchgraben traf bisher auf keine Darstellung innerhalb des Rahmensystems. Es ist jedoch nicht ausgeschlossen, daß in lockerer Verteilung ornamentale Malerei – etwa Medaillons – im Deckenfeld vorhanden sind.

Das an den Ansatz der Tonnenwölbung optisch gebundene Horizontalband an der Außenwand des Ringganges ist aus geraden, verschieden breiten, schwarzen, roten und weißen Bändern aufgebaut, von denen die schwarzen stellenweise gelb gesäumt sind. Die gelbe Farbe liegt dabei als Unterzeichnung unter dem Schwarz. Das Farbband ist in sich symmetrisch. Als Symmetrieachse dient ein breites weißes Band, in dem sich (bei dem im Nordteil der Kryptaaußenwand freigelegten Teilstück) Spuren einer Schriftbemalung finden. An der Innenwand des Ringganges zieht sich an der Kämpferlinie der Wölbung ein horizontales Flechtband in breiter, durch gerade Bänder und Striche gebildeter Rahmung hin. Sowohl im farblichen Aufbau als auch in der Technik der Vorritzung entspricht es dem Rahmensystem am südwestlichen Rand der Ringtonne. Das komplizierte Verflechtungssystem bedient sich einer Hilfskonstruktion von einander im Wechsel überschneidenden und tangierenden konzentrischen Kreisen, die blind in den Malgrund geritzt sind. Ebenso sind vertikale Hilfslinien am Schnitt- bzw. Berührungspunkt der Kreise, eine horizontale Grundlinie und der Verlauf einzelner, vor allem diagonaler Flechtbänder vorgeritzt. In den unteren, das Flechtwerk säumenden Bändern sind Pilgerinschriften eingeritzt. Sie müssen noch entziffert werden.

Über das südwestliche Ende der Tonnenwölbung zieht sich, die beiden Horizontalstreifen verbindend, ein Flechtbandornament als Abschlußrahmen. Es wird von weißen, roten und schwarzen geraden Linien gesäumt. Wieder sind als Hilfslinien für die Aufteilung der Fläche und das Verflechten der Bänder mit dem Zirkel geschlagene, konzentrische Kreise blind in den nassen Malgrund vorgeritzt. Zwei Bänder in farbiger Differenzierung (weiß und rosa) mit unterschiedlicher Binnenzeichnung (glatt und dreibahnig) genügen, um die komplizierte Verschlingung zu bewirken. Der Ornamentgrund ist schwarz gehalten.

Mit der Regensburger Buchmalerei des 8. Jahrhunderts haben die monumentalen Flechtbandmalereien der Ringkrypta stilistisch wenig Verwandtschaft. Lediglich die technologisch bedingte Erdfarbenpalette ist beiden eigen und die bei der Buchmalerei gelegentlich vorkommende Verwendung des Zirkels als Hilfsmittel des Vorzeichnens.

Da außer den monumentalen Flechtbandmalereien in der Ringkrypta von St. Emmeram, soweit ich sehe, kein zweites Zeugnis dieser Kunstgattung in Europa in ablesbarem Umfang erhalten ist, läßt sich eine stilkritische Einordnung nicht vornehmen. Als Mittel der großflächigen Raumgliederung begegnet das geometrische Flechtband als Bordürenfüllung und Flächenfüllung in der spätrömischen Baukunst in Fußbodenmosaiken in analoger Funktion. Aus dem Frühmittelalter ist es in ähnlicher Konstruktionsweise als Reliefornament an Bauteilen, vor allem zahlreichen Schrankenplatten und Schrankenpfeilern überliefert.

Literatur: Max Piendl, Fontes monasterii s. Emmerami Ratisbonensis, in: Thurn und Taxis-Studien Bd. 1, Kallmünz 1961, S. 1 ff. – Walter Haas, Max Piendl, Hans K. Ramisch, Beiträge zur Baugeschichte von St. Emmeram in Regensburg: Raumwoldkrypta, Ringkrypta, Kapitelsaal, in: Thurn und Taxis-Studien Bd. 2, Kallmünz 1962, S. 127–156.

Hans Ramisch

ABBATIUNCULA METEMA – METTEN, DIE „KLEINE ABTEI“

Die mittelalterliche Geschichte der alten Donauabtei Metten teilt sich wie die anderer früher Klöster – Münchsmünster oder Weltenburg – in drei Abschnitte, deren erster unter den Benediktinern von der Gründung um 766 bis ins 10. Jahrhundert reicht, und dann bis 1157 durch die Periode der Kanoniker abgelöst wird, auf die wiederum Benediktiner folgen.

Zeitpunkt, Anlaß und Umfang der Gründung Mettens sind bislang weitgehend unbekannt und nur auf Umwegen über nicht immer sehr zuverlässige Quellen zu erschließen. Die Entstehung des Klosters ist mit den Namen zweier Kirchenmänner verbunden, des sel. Gamalbertus und des sel. Utto. Von beiden wissen wir sehr wenig. Der erstmals um 748 im Salzburger Verbrüderungsbuch genannte Gamalbertus lebte als Grund- und Pfarrherr im nördlichen Mündungsgebiet der Isar im waldreichen Gebiet Buch, wo er eine Eigenkirche besaß. Von ihm erbte ein Utto, der im nicht weit von Metten entfernten Michaelsbuch zu Hause war, den Grundbesitz, um darauf ein Kloster zu bauen.

Metten wurde um 766 gegründet, sein erster Abt war sicherlich jener Utto, der in den Reichenauer und Salzburger Verbrüderungsbüchern genannt ist und 770 an der Synode von Dingolfing teilnahm. Vielleicht aus Sicherheitsgründen errichtete er sein Kloster nicht im flachen Land, sondern an den Hängen des nördlichen Donauufers. Die enge Beziehung zum damals noch unbesiedelten Bayerischen Wald, die aus dieser Situation deutlich wird, weist schon auf die spätere wichtige Rolle Mettens als Rodungskloster und Vorposten der Zivilisation.

Sah eine spätere Klostertradition Karl den Großen als Gründer an, so ist doch längst deutlich geworden, daß Metten in der vorkarolingischen Zeit bereits als kleines Sippenkloster auf dem adeligen Grundbesitz eines Gamalbert und Utto entstand. Bis ins 10. Jahrhundert blieb Metten von geringem Einfluß und Bedeutung. „Das Abteichen“ – abbatiuncula – heißt es noch 893 (MB XI, 435), und im Aachener Klosterkatalog von 817 finden wir das Abteilein unter den kleinen Klöstern der III. Klasse, die außer Gebet und Fürbitte für Kaiser und Reich keine Leistungen erbringen mußten und konnten. Als Argumente für eine Gründung der agilolfingischen Zeit führte Prinz zum einen die Entsprechung des Michaelspatroziniums zu Mattsee und Mondsee an, zum anderen die Nennung Uttos in der ordo abbatium des Salzburger Verbrüderungsbuches mit den Äbten der agilolfingischen Gründungen Niederalteich, Mondsee und Mattsee an der Spitze und zum dritten die Lage Mettens inmitten agilolfingischer Schenkungsorte (Prinz 437f.).

Nach dem Ende der Agilolfingerherrschaft 788 legte die Förderung Mettens durch die Karolinger den Samen für die Aufwärtsentwicklung des Klosters. Karl der Große zog den Besitz nicht ein, sondern nahm ihn unter seinen Schutz. Metten wurde in seinen Rechten und Besitzungen bestätigt, erhielt königlichen Schutz und Immunität und eine beachtliche Dotation mit Rodungsgebiet. So ist der Frankenherrscher nicht als Gründer, sondern Mehrer des Klosters anzusehen.

Bald schon muß sich eine Art Konkurrenz mit dem benachbarten mächtigeren und älteren Kloster Niederalteich bemerkbar gemacht haben, ohne daß Metten zunächst eine größere Rolle hätte spielen können. „... erst nach und nach, wohl auf Grund der großen Förderung durch die Karolinger, scheint sich Metten gegen Niederaltaich durchgesetzt zu haben, denn 868 erhielt es in Plattling und Lailing Besitz, der ursprünglich Niederaltaich gehörte. Am frühen Mettener Besitz, soweit er feststellbar ist, fällt bei einem Vergleich mit der Erstdotation des Mauritiusklosters Niederaltaich durch Odilo und Tassilo auf, daß sich sehr wenig alte ing-Orte darunter finden, also wenig Altsiedelland zur ursprünglichen Ausstattung gehörte. Metten mußte sich gegen das reiche Nachbarkloster mit seinen Weinbergen und romanisch besiedelten Besitzungen im Altsiedelland erst emporarbeiten“ (Prinz 437).

Den Schenkungen der Karolinger verdankte Metten wohl den überwiegenden Teil seiner Besitzungen; abgesehen von den alten Beziehungen zu Michaelsbuch und dem Land Gamalbertus’, erhielt es von Karl ein großes Waldgebiet südlich von Regen, unter Ludwig d. Dt. Trasdorf bei Tulln, eine königliche Villa Weißenburg und das Waldgebiet auf dem Nordufer der Altmühl bei Eichstätt. Im ersten Jahrhundert seiner Geschichte erstreckten sich die (lückenhaft überlieferten) Besitzungen Mettens in einem Gebiet zwischen Weißenburg i.B. und dem Wienerwald. „Der Hauptbesitz lag im Gäu, im nördlichen Mündungswinkel der Isar; an ihn schloß sich das Rodungsgebiet im Vor- und Innerwald an. Von der Isar griff das Kloster aus nach Osten; Vils Pram, Rotel, Ybbs und Traisem bezeichnen die einzelnen Stationen seines Vordringens in östlicher Richtung. Metten griff auch nach Westen aus; Aitrach, Laaber, Abens, Altmühl sind hier die Etappen seiner Ausbreitung. Gewiß war der Besitz des Klosters vielfach Streubesitz" (FINK 42). Bei einer Bewertung der Leistung der Karolinger sollte bedacht werden, daß Karl bei der Übernahme der Herrschaft 788 in Bayern „ein blühendes und wohlorganisiertes monastisches Leben vorfand, zu dessen weiterem Gedeihen er kaum Wesentliches hinzufügte" (PRINZ, Handbuch 462).

Das 10. Jahrhundert brachte mit der Bedrohung durch die Ungarn und die Säkularisationen von Klosterbesitz unter Herzog Arnulf von Bayern nach 907, die ihm zur Aufstellung eines neuen Heeres gegen die Ungarn dienen sollte (REINDEL 281f.), einen tiefgreifenden Wandel. Inwiefern auch Metten von den Ungarnkämpfen betroffen war, läßt sich heute kaum mehr abschätzen. Um die Mitte des 10. Jahrhunderts hatte Metten wohl einen Großteil seines ursprünglichen Besitzes wieder verloren.

Wesentlich für seine Stellung war nicht zuletzt die Familie der Babenberger. Kaiser Otto II. nahm nach der Flucht des aufständischen Bayernherzogs Heinrichs des Zänkers nach Böhmen 976 eine Reorganisation der bayerischen Ostmark vor, die er dem Babenberger Luitpold verlieh. Durch die Neuordnung im Südosten des Reiches, durch die auch das Herzogtum Kärnten entstand, setzte eine neue Kolonisationswelle ein. Als Grafen des östlichen Donaugaues konnten die Babenberger die Schutzherrschaft über das Kloster für sich beanspruchen, auf dessen Gütern sie scheinbar ihre Gefolgsleute und Ministerialen ansiedelten.

Die für die bayerischen Klöster so schlechte Zeit des 10. und 11. Jahrhunderts brachte auch für Metten einen tiefgreifenden Wandel: das völlig darniederliegende monastische Leben erlosch und machte einer Periode der Kanoniker Platz. Dies bedeutete ein Ende des Armutsgelübdes und der vita communis, der Verpflichtung zum gemeinsamen Leben. Auch die neue Zeit brachte neue Güter mit der Verleihung bzw. Bestätigung des königlichen Kammergutes Wischlberg 976 (MB XI 439) und der Verleihung des Marktrechtes an Metten 1051 (MB XI 440f.), das neue Einnahmequellen eröffnete.

Herzog Heinrich Jasomirgott († 1177) mußte 1156 nach der Aussöhnung Friedrichs I. Barbarossa mit den Welfen das Herzogtum Bayern hergeben und erhielt statt dessen die Ostmark (Österreich) als selbständiges Herzogtum.

Mit dem Rückzug der Babenberger und der Übernahme Bayerns durch den Welfen Heinrich den Löwen (um 1125–1195) beginnt auch für Metten ein neuer Abschnitt seiner Geschichte.

Heinrich Jasomirgott besaß im Donaugau Metten und Pfaffmünster. 1157 setzte er in Metten wieder Mönche ein und verlegte die dort ansässigen Kleriker nach Pfaffmünster, von wo er sie vielleicht zunächst hatte kommen lassen. Noch ist die Bemerkung Michael Wenings nicht genau geklärt, auf die Hans Agsteiner hinwies, Metten sei 1134 durch Kriegswirren „in Abgang kommen und etliche zwanzig Jahr lang" von Kanonikern aus Pfaffmünster besetzt gewesen (AGSTEINER 7). Das Kloster wurde nun auch wieder mit Gütern ausgestattet, blieb jedoch noch unter der Oberherrschaft der Babenberger. Die damals hier wieder angesiedelten Mönche waren Vertreter der Hirsauer Reformbewegung. Wie Wilhelm Fink nachzuweisen versuchte, könnten sie vielleicht durch familiäre Beziehungen der Babenberger aus der Petershausener Filiation Kastl bei Amberg (Bistum Eichstätt) gekommen sein. Hierbei darf nicht verwundern, daß man nicht auf das bedeutende Prüfening im Bistum Regensburg zurückgriff, denn Kastl war ein alter Besitz der Grafen von Sulzbach, mit denen die Babenberger wiederum verschwägert waren.

Die Einführung der Hirsauer Observanz brachte einen grundlegenden Wandel des Klosterlebens mit sich. Wie bereits im Abschnitt über Prüfening erwähnt wurde, betonen die Hirsauer Konstitutionen in erster Linie das innere, persönliche Gotteserlebnis durch Gebet, Versenkung, strenges Reglement des mönchischen Lebens und eine Intensivierung der Liturgie. So waren für weitere Rodungs- und Missionstätigkeit, wie sie vor der Kanonikerperiode stattgefunden hatte, kaum mehr Möglichkeiten vorhanden, obwohl gerade im 12. Jahrhundert durch die im östlichen Donaugau mächtigen Grafen von Bogen eine neue Zivilisationswelle in den Bayerischen Wald ausging. Ein weiteres Charakteristikum der Hirsauer Reform zeigt sich auch in Metten: nämlich das Fehlen einer intensiven Schreibertätigkeit. Von frühen

Mettener Schriften wissen wir hauptsächlich aus Abschriften des 14. und 15. Jahrhunderts. Es werden Einflüsse des alemannischen Westens greifbar, auch scheinen alte Verbindungen zur Reichenau bestanden zu haben, ohne daß diese konkret nachgewiesen werden können. Eine Art von Seelsorgerhandbuch der Zeit um 1260/65 erhielt sich in der Bayerischen Staatsbibliothek (Cgm 88), dessen Predigten als sprachliche Meisterleistungen schon mit denen Berthold von Regensburg zugeschriebenen verglichen wurden (Fink 82–87). Albert I. (ca. 1240–1272) scheint eine gewisse Schreibertätigkeit gefördert zu haben (Fink 1,22; 2,90f.). Zu den Hauptwerken der Mettener Buchmalerei siehe Kat. Nr. 111 und 112.

Literatur: Wilhelm Fink, Entwicklungsgeschichte der Benediktinerabtei Metten (SMBO, 1. Ergänzungsheft), 2 Teile, München 1926. – Friedrich Prinz, Frühes Mönchtum im Frankenreich, München–Wien 1965, S. 436–438. – Hansjakob Becker, Gamalbertus von Michaelsbuch, in: BGBR 5, Regensburg 1971, S. 7–21. – Josef Hemmerle, Die Benediktinerklöster in Bayern (Germania Benedictina, Bd. II), Augsburg 1970, S. 143–148. – Monumenta Boica, Bd. XI: Monumenta Metensia, München 1771 S. 341–518. – Hans Agsteiner, Stiftsverlegung 1581, Pfaffmünster–Straubing (Beiheft zum Jahresbericht des Historischen Vereins für Straubing und Umgebung 82, 1979/80), Straubing 1981, S. 7. – Ludwig Holzfurtner, Gründung und Gründungsüberlieferung. Quellenkritische Studien zur Gründungsgeschichte der bayerischen Klöster der Agilolfingerzeit ... (Münchener Historische Studien 11), Kallmünz 1984, S. 220–222.

Peter Morsbach

107. Erzengel Michael

Niederbayern, um 1500

Laubholz mit jüngerer Fassung, Schwertheft ergänzt

H 122,5 cm

Metten, Benediktinerabtei St. Michael

Der Erzengel Michael wird als Schutzpatron der Abtei Metten verehrt. Die derzeit in der Studienkirche aufgestellte Skulptur dürfte in einer niederbayerischen Werkstatt um 1500 entstanden sein.

Der leicht nach links gewandte Engel schwingt das Flammenschwert hinter dem Kopf und trägt links die Seelenwaage. Das durch ein gedrehtes Stirnband gehaltene schulterlange Haar in spiraligen und Buckellocken bewegt sich leicht nach hinten zurück. Das Gesicht ist ruhig und ebenmäßig, mit gerader Nase, leicht hervortretenden Augen und der Andeutung eines Doppelkinns.

Michael trägt ein überlanges, in der Taille mit Überfall gegürtetes Gewand, vor dem sich zwei Bänder über der Brust kreuzen, ein weites Halstuch und einen Mantel, der von einer (überfaßten?) Schließe gehalten wird und den er links unter den Arm geklemmt hat. Die weiche Fältelung des Kleides wird von einer kleinteiligen Struktur am Oberkörper nach unten stets großzügiger, wo sich das rechte, vorgesetzte Bein abzeichnet. Größer, stärker geknickt und vom Charakter her „steifer" wirkt der Mantel: rechts vom erhobenen Arm gerade fallend, links geprägt von zwei aufeinanderfolgenden hohen Schüsselfalten.

Die niederbayerische Skulptur des späten 15. Jahrhunderts ist, abgesehen von Detailforschungen, noch immer unzureichend bekannt und erforscht. Dies gilt auch für die beiden Skulpturen aus Metten, die diese Ausstellung zeigt, den hl. Benedikt (Kat. Nr. 94) und den Erzengel Michael. Insofern ist es in diesem Rahmen kaum möglich, mehr als eine eher allgemeine Einordnung in regionale künstlerische bzw. kunsthistorische Zusammenhänge versuchen zu wollen.

Literatur: Die Kunstdenkmäler von Niederbayern XVII: Stadt und Bezirksamt Deggendorf, bearb. von Karl Gröber, München 1927, S. 177, Fig. 142.

Peter Morsbach

108. Utto-Stab

12., 14.–15. Jahrhundert

Walroßzahn, Holz, Glas, Metall

Maße: 155 cm, Kurva bis Holzknauf 16 cm

Metten, Benediktinerabtei St. Michael

Ältestes Abzeichen der äbtlichen Vollmacht und Würde ist der Abtstab, er war schon lange Zeit vor der Verleihung der Pontifikalienrechte an die Klostervorsteher in Gebrauch. Wir dürfen davon ausgehen, daß der erste Abt des Klosters Metten, der selige Utto, der Tradition nach gestorben an einem 3. Oktober (gewiß im ersten Viertel des 9. Jahrhunderts), einen Hirtenstab besaß. Der Wunsch traditionsreicher Klöster nach einem Verehrungsgegenstand aus der Hand des Klostergründers führte auch in Metten zur Legendenbildung, zu der die Ehrwürdigkeit und die Kostbarkeit des „Utto-Stabes" verleiteten.

Den Stab im ganzen der Zeit Uttos zuzuordnen, wollte bislang nicht gelingen, obwohl dieser ehrwürdige Stab die Entwicklung vom ursprünglichen Wanderstab zum sinngeladenen Hirtenstab vollzogen hat. „Die formale Weiterbildung zur Volute (= Krümme) verdankt ihren Ursprung einem neuen Sinngehalt, der auf den Stab übertragen wurde. Als Zeichen geistlicher Würde bezeichnete er von Anfang an auch Macht und Kraft. Isidor von Sevilla schrieb dem Hirtenstab um 600 die Fähigkeit zu, zu lenken, zu strafen und aufzurichten. Die Härte des Beines deutete Honorius Augustodunensis als

Sinnbild der Gesetzeskraft, die Weichheit des Holzes am Stab als die Milde des Evangeliums und den Nodus als ‚gemma', Kleinod, gleich Gottheit Christi. Deutlicher erklärte Durandus, Bischof von Monde, daß der Hirtenstab ‚pedum' genannt wird, weil die Hirten mit seinem gebogenen Griff ‚pedes retrahent animalium', die Füße der Herdentiere zurückziehen."

Angesichts der Gegensätzlichkeiten, die in den bisherigen Beschreibungen des Utto-Stabes auffallen müssen, wäre eine Untersuchung der verschiedenen Bestandteile nach modernen wissenschaftlich-technischen Methoden wünschenswert. Die Wandlung, die die Gestaltung des Stabes im Lauf der Jahrhunderte erlebt hat, läßt sich bislang nur sehr allgemein einordnen:

1. Der sehr einfache, dreiteilige Holzschaft war offensichtlich gelb gefaßt. Im 17. Jahrhundert abgeschabte Teile des Stabes wurden als Mittel gegen Gelbsucht gebraucht. Auch die Akten des Seligsprechungsprozesses von 1635 erwähnen die Wunderkraft dieses Stabes gegen die Gelbsucht, beziehen sich aber nicht auf den Schaft, sondern auf die Krümme, von der ebenfalls abgeschabt wurde. Der Bericht der zwei bischöflichen Kommissäre von 1635 hingegen läßt beide Möglichkeiten zu: „*... wie dann auch sein (= Abt Utto) miraculösischer Stab bei dissem Closter gezaigt wird, so villen gelbsichtigen darum eingegeben geholffen wirdt, in sonderheit erst vor anderhalb Jar, alss sich ein pater im Closter Seidenstetten inferioris Austriae Sub exilio Suebico aufgehalten und selbigen Hofrichter, qui omni alia spe destitutus fuit, mit dissem heyligen Stab geholffen.*" Über das Alter des Holzschaftes läßt sich nichts Genaues bestimmen; sein Holz stammt von einer in der Umgebung von Metten selten vorkommenden Eichenart. Der Form nach kann er durchaus in die Karolingerzeit zurückreichen.

2. Auf dem dreiteiligen Holzschaft sitzt ein Glasknauf, darüber eine vierseitige Metallkapsel mit einer Inschrift in einfachen romanischen Majuskeln: QUOD DOMINUS PETRO, PETRUS TIBI CONTULIT UTTO. Die Inschrift stützt die Legendenbildung, Kaiser Karl der Große habe den Stab vom Papst persönlich überreicht bekommen und ihn dem ersten Abt von Metten ausgehändigt. Anderswo wird der Bezug zum Schutzbrief des Papstes Innozenz III. aus dem Jahr 1275 hergestellt, worin von der Abtwahl, der Profeß und der Disziplin des Klosters gehandelt wird. Im 12. Jahrhundert sorgten die Päpste vor allem für die materielle und rechtliche Sicherstellung der Klöster. Im Zusammenhang mit der Gründungslegende des zwölften Jahrhunderts, dem allmählichen Verlust der lückenlosen Überlieferung aus der Gründungszeit und den geänderten Zeitverhältnissen kann diese Inschrift auch zum zusätzlichen Kampfmittel um Freiheit und Unabhängigkeit von bischöflichen Einflüssen benützt worden sein.

3. Die Verlängerung über Glasknauf und Metallkapsel schließt mit einem romanischen Holzknauf ab, in den sich die zum Teil beschädigte Krümme aus Walroßzahn

Nach MB XI

einfügt. Die Krümme zeigt Spuren von Abschabungen, die in den Akten des Seligsprechungsprozesses von 1635 erwähnt sind: „*Baculus Pastoralis B. Uttonis nobis percharus, supernae eburneus aeque existimatur miraculosus, pars enim Eboris huius minutissima abrasa morbus multis ut vocant Regiam, germanice Gelbsucht, quantumvis luridum et immedicabilem persaepe absumpsit, sicuti etiam nunc consuevit absumere funditus.*"

Über das Alter der Krümme gehen die Ansichten auseinander. Sie wurde schon für karolingisch gehalten, für frühromanisch (11. oder 12. Jahrhundert). Letztere Datierung durch Vergleich mit sicher datierten Hirtenstäben, während sich für die Karolingerzeit solch figürlicher Schmuck nicht nachweisen läßt. Die drei Stücke der Krümme sind durch Zapfen verbunden, sie stellen einen Drachen vor, der dem zurückblickenden Lamm Gottes nachstellt – ein nicht seltenes Motiv bei Bischofsstäben seit dem 11. Jahrhundert. Das Lamm Gottes ist abgebildet mit einem Kreuz und einer Fahne (wovon nur der untere Schaft-Teil original erhalten ist), im übrigen erweist sich das Lamm aus einem Stück geschnitzt. Zehn Krabben (nur fünf sind vollständig erhalten) verzieren das vergoldete Messingband, das sich um die Krümme legt, teils zum Schmuck, teils zum Schutz. Hinter dem Lamm ist eine vergoldete Metallstandarte eingesteckt, die den gotischen Buchstaben „U“ für „Utto“ trägt, während der Schaft der Standarte ein Kreuz trägt. Krabben und Standarte gehören dem Ende des 14. oder Anfang des 15. Jahrhunderts an und sind auch auf dem Utto-Bild zu sehen, das den Einbanddeckel des Mettener Evangeliars (Clm 8201) ziert.

In seinen einzelnen Bestandteilen geht der Utto-Stab zumindest teilweise in die Zeit vor dem großen Klosterbrand von 1236 zurück. So bedeutet er – neben der Anlage des Klosters im Kern – ein kostbares Relikt aus den frühen Jahrhunderten des Klosters. Sein Wert für die heutige Abtei nimmt noch zu im Wissen um die Tatsache, daß der Utto-Stab sogar die völlige Auflösung des Klosters überdauerte und nie in fremde Hände außerhalb des Klosters Metten gelangte. Der Aufhebungskommissär Franz Wilhelm Eckert, der die Säkularisation der Abtei Metten zu verkünden und durchzuführen hatte, ließ zunächst die Verzierungen samt Utto-Stab aus dem Glasschrein entfernen, der an der Nordseite des Presbyteriums aufgestellt war. Am 14. April 1803 erhielt Eckert jedoch von der Generallandesdirektion in München die Weisung, alles wieder an Ort und Stelle zurückzulegen, *„indem man solcher unbedeutender Kleinigkeiten wegen dem Pöbel kein Ärgerniß geben will“.* Die Rettung des Utto-Stabes verdanken wir folglich dem Umstand, daß dieser in der den Gläubigen vertrauten Klosterkirche, für alle sichtbar, aufbewahrt wurde. Bei einer Umordnung des Presbyteriums wurde 1910 der Stab des seligen Utto entfernt und in einem würdigen Gehäuse im Psallierchor neben dem eben angeschafften neuen Altar aufbewahrt. Im Zuge der letzten Renovierung unter Abt Augustinus III. Mayer (1966–1971) erhielt der Chor einen Altar aus der Abtei Windberg, der Utto-Stab aber befindet sich seither in Verwahrung des jeweiligen Abtes.

Literatur: Bayerisches Hauptstaatsarchiv München XXX KL 335 (1803 IV 14), Generallandesdirektion an Aufhebungskommissär Eckert, München. – B. Ponschab, Die seligen Utto und Gamelbert, Regensburg 1910. – W. Fink, Die Mettener Stiftskirche, Deggendorf 1920. – Ders., Entwicklungsgeschichte der Benedictinerabtei Metten, Bd. 2, München 1928. – Die Kunstdenkmäler von Niederbayern XVII: Stadt und Bezirksamt Deggendorf, bearb. von Karl Gröber, München 1927, S. 168f. – M. Pfister-Burkhalter, Der Esso-Stab von Beinwil-Mariastein, in: Mariastein 6 (1967), S. 123.

Michael Kaufmann

109. Ansicht des Klosters Metten

Metten (?) 1776

Kolorierte Federzeichnung, 37 × 30 cm

Metten, Archiv der Benediktinerabtei St. Michael

Die Aquarellzeichnung aus dem Jahr 1776 birgt für die Geschichte des Klosters Metten eine für das Auge des Betrachters zunächst unscheinbare Überraschung, die aber dem Historiker um so wertvoller ist, als die gesamte mittelalterliche Tradition das Gründungsjahr 792 nennt – eine bewußte Hervorhebung der Wirksamkeit Karls des Großen – und den Kaiser das Kloster gründen läßt. Selbst der Klosterhistoriker W. Fink († 1965) „staunte nicht schlecht“, als er das vorliegende Bild zum erstenmal sah und hatte mit dessen Hilfe Ursache genug, seine Theorie von der Mettener Gründung „um 770“ näherhin auf das Jahr 766 zu verlegen. Noch Abt Roman II. Märkl (1706–1729) weiß in seiner Chronik nur vom karolingischen Gründungsjahr, und Abt Cölestin Stöckl (1791–1803) setzt in seiner „Series Abbatum“ – seinem Mitnovizen P. Gregor Geyer (1742–1772) folgend – das Jahr 791. Der Zeichner und Geometer Mathias König befindet sich somit völlig außerhalb der zeitgenössischen Überlieferung und bewirkt mit seiner ansonsten als Nebensache zu betrachtenden Erläuterung einen wichtigen Anstoß für die Erforschung der Gründungsgeschichte des Klosters Metten.

Das Bild wird auch aus dem Grund eine besondere Kostbarkeit, als es unter den wenigen über den Säkularisationssturm hinübergeretteten Bildern – neben einer Gesamtansicht im Hintergrund eines Porträts des Abtes Lambert Kraus – das einzige authentische Zeugnis von der Ausdehnung der gesamten Klosteranlage im ausgehenden 18. Jahrhundert ist. Die große Bauperiode der Barockzeit, in der noch einmal dem Zeitgeschmack und -bedürfnis entsprechend gebaut worden war, ist bei Entstehung der Zeichnung bereits abgeschlossen. In der vorliegenden Gestalt ist das Kloster 1803 der Aufhebung unterworfen worden, mit der Wiedererrichtung 1830 beginnt auch in der Baugeschichte ein neues Kapitel.

Man möchte auf den ersten Blick das Kloster Metten durch den heute dominierenden Barockstil als rein barock erkennen, erst bei tieferem Forschen innen und außen vermag man die älteren und jüngeren Bauperioden zu erspüren. Unsere Schwierigkeit, die Fundamente früherer Jahrhunderte aufzufinden, darf als Bürge dafür gelten, daß die heutige Anlage im Kern auf die älteste Bausubstanz zurückgeht. W. Fink und B. Busch, die den Versuch unternommen haben, die Baugeschichte des Klosters Metten zu beleuchten, sind in dieser Vorbedingung einig.

Der Kern entfaltet sich ausgehend von der Kirche und dem anliegenden Kreuzgang, denn die Suche nach der karolingischen Klosteranlage darf sich gewiß an dem überlieferten Plan von St. Gallen aus dem 9. Jahrhundert orientieren, allerdings mit dem bemerkenswerten Unterschied, daß die Mettener Konventgebäude nicht auf der Südseite der Klosterkirche entstanden, sondern im Norden. Die herkömmliche Begründung, diese Umkehrung hätten die im Süden zusammenfließenden und oftmals überschwemmten Bäche gefordert, ist nur zum Teil plausibel. Daß die Möglichkeit nicht wahrgenommen wurde, die Kirche weiter nach Norden zu rücken, damit die Klosteranlage doch im Süden sich angesiedelt hätte, läßt wohl auch die Vermutung zu, daß man die Kirche über ein uraltes, womöglich schon vorklösterliches, zumindest aber vorkarolingisches Heiligtum erbauen wollte. Der Kreuzgarten war jedenfalls von den Konventgebäuden eingeschlossen, dem St. Gallener Plan zufolge im östlichen Erdgeschoß der Kapitelsaal, darüber das Dormitorium, gegen Norden Speisesaal und Küche.

Metten wurde im 10. Jahrhundert von den Babenbergern abhängig. An Stelle der Mönche traten Kanoniker, die die Subsistenz des Klosters durch Einbringen von Eigenbesitz sichern halfen. Erst 1157 zogen wieder Benediktiner ein. Mit der damit verknüpften Einführung der Hirsauer Observanz ging der Umbau der karolingischen in eine romanische Basilika einher, die im wesentlichen in einer Verlängerung der Kirche nach Osten und Westen, in einer Umordnung der klösterlichen Räumlichkeiten und im Bau einer starken Umfassungsmauer nach Süden und Osten bestand.

1236 traf das Kloster eine verheerende Brandkatastrophe, eine Zäsur in der Bauentwicklung. Wenn auch die Notiz über dieses Unglück hervorhebt, daß das Kloster bis auf die Grundmauern niedergebrannt sei, so zeigt sich doch, daß das neue Kloster auf den alten Mauern aufgebaut wurde. Eine Außenansicht von der Nordseite der Kirche findet sich auf dem Einbanddeckel des Mettener Evangeliars (Clm 8201), dargestellt ist Kaiser Karl der Große mit dem Modell der Mettener Kirche. Zu Beginn des 14. Jahrhunderts wurde die Seelsorgskirche für die Einwohner der Hofmark erbaut, zugleich war sie Begräbnisstätte für die Besitzer der nahen Burg Egg. Der älteste Egger, der in der St.-Martins-Kirche begraben wurde, war Ulrich, bestattet 1310. Diese Kirche wurde der Tribut an die Säkularisation, 1807 wurde sie abgebrochen. Von den Grabsteinen hat P. Johannes Evangelist Elger (1756 - 1828) Zeichnungen angefertigt, die in der Staatsbibliothek München aufbewahrt werden (Cgm 2264). Die Steine selber wanderten zum Brückenbau nach Vilshofen.

Unter Abt Petrus I. (1389 - 1428) setzt eine rege Bautätigkeit ein. Einer der einprägsamsten Bauten war 1407 die Marienkapelle, von deren Einweihung die Gedenktafel und aus deren Gewölbebögen zwei Schlußsteine erhalten sind. Abt Petrus II. Vältl (1446 - 1459) begann mit der Umgestaltung der Kirche. Die romanische, halbkreisförmige Apsis und das anschließende Quadrat wurden niedergelegt. Seit dem Wiederaufbau endet der Chor in den vertrauten fünf Seiten des Achtecks. In der Folgezeit erfuhr die gesamte Kirche eine Angleichung an den Stil der Apsis. Als Abt Johannes I. Höpfl (1459 - 1479) starb, war der gotische Umbau der Kirche wohl vollendet, denn 1479 erhielt sie die kirchliche Weihe. Abt Oswald II. Mayr (1548 - 1568) errichtete eine neue Abtei. Bisher wohnte der Abt über der Pforte neben der Kirche. Die neue Abtei ragte im Norden über die Westfront hervor.

Ende des 16. Jahrhunderts befand sich das Kloster wirtschaftlich und personell auf einem Tiefstand. Fünf Priester und einige Kleriker hielten das monastische Leben, so gut es noch ging, aufrecht. Daß in dieser Zeit auch der bauliche Zustand zu leiden hatte, ist selbstverständlich. Mit großer Mühe gelang es Abt Johannes III. Nablas (1595 - 1628) aus St. Emmeram, dem Kloster zu neuer Blüte zu verhelfen. Sein Erneuerungsstreben nach innen war begleitet von einer regen, großzügigen Bautätigkeit. 1613 errichtete er eine neue Abtei im Anschluß an den von Abt Oswald II. aufgeführten Bau. Nach elf Jahren (1624) wagte sich Abt Johannes an den Neubau des Dormitoriums, wobei die Klosteranlage über die mittelalterliche nördlich der Kirche hinausrückte und im Osten anschließend einen neuen Hof, den sog. „Herrenhof", später „Novizengarten" zu umschließen begann, im Süden von Abt Roman II. Märkl (1706 - 1729) erst 1714 durch den Senioratstrakt geschlossen. Die 1407 erbaute Marienkapelle in der nördlichen Verlängerung mußte bei der Erweiterung 1624 weichen.

Zu einer überaus mutigen Maßnahme entschloß sich Abt Johannes, obwohl ab 1623 zugleich auch Abt von St. Emmeram, durch den Neubau der Ökonomie im Nordwesten des Klosters. Bis in die Mitte des 20. Jahrhunderts konnte der von seinem sehr tüchtigen Nachfolger Abt Christoph Guetknecht (1628 - 1645) vollendete, zum Teil mit einem doppelten Arkadengeschoß gestaltete Bauhof den Ansprüchen der Landwirtschaft genügen. Zwischen den neuen Ökonomiegebäuden und dem Nordtrakt des Klosters ließ Abt Johannes III. auch noch Brauerei, Mühle und Pfisterei neu erstellen und legte so die Baulinien des heutigen Klosterhofes und des Bauhofes fest. Spätere Zeiten haben nur noch ergänzt. Unter den Äbten Roman I. Schäffler (1668 - 1686) und Benedikt I. Ferg (1686 - 1706) begann die barocke Erneuerung der beiden Westtürme, denen schindelgedeckte Zwiebelhauben aufgesetzt wurden. Um Schäden an der Kirche zu beseitigen und dem neuen Stilempfinden entgegenzukommen, machte sich Abt Roman II. Märkl an die prächtige Ausstattung der Bibliothek (1718/20) und der Kirche (1720/29). Seine Bautätigkeit beschränkte sich nicht auf das Kloster, auch den inkorporierten Kirchen gab er ein neues Aussehen (1714 Kirchturm in Loh, 1724 Kirchturm in Neuhausen, 1728 Abbruch und barocker Neubau der Pfarrkirche in Michaelsbuch). Abt Johannes III. Nablas hatte sich durch

seine Tätigkeit ein Andenken gesichert, das nicht erlöschen kann, solange das Kloster besteht. Abt Roman II. Märkl verdient die gleichwertige Ehrung aus der Feder des Abtes Cölestin Stöckl (1791 - 1803), da er in seiner „Series Abbatum" schreibt: *„Hic est ille vir, quem mox ab initio numquam sat depraedicandum dixi, cujusque memoria Mettenae semper sacra esse debet."*
Die Nachfolger schlossen bei Bedarf die vorhandenen Baulücken, so daß bis zum Ende des 18. Jahrhunderts die Klosteranlage um vier Innenhöfe gruppiert war. Abt Augustinus II. Ostermayer (1730 - 1742) griff die vorhandene Baulinie auf und begann mit dem repräsentativen Verbindungstrakt zwischen Kloster und Brauerei, beherrscht von der Fassade für das „Triclinium maximum", dem heutigen Festsaal. Kriegseinwirkungen und der Tod des Abtes hemmten die Vollendung. Abt Columban Gigl (1744 - 1752) erbaute den Trakt von der Ökonomieeinfahrt bis zu den Schafställen, schloß somit den Kreis um den Bauhof. Abt Adalbert Tobiaschu (1753 - 1770) endlich konnte den von Abt Augustin II. begonnenen Repräsentativtrakt vollenden. Abt Lambert Kraus (1770 - 1791) war es verwehrt, größere Bauten durchzuführen. Ein großzügig angelegter Ziergarten mit Gartenhaus gegenüber der Abtei wurde aus wirtschaftlichen Notwendigkeiten von seinem Nachfolger Abt Cölestin Stöckl als Hopfengarten genützt.
Die Zeit der Säkularisation verursachte einen völligen Stillstand des Klosterlebens, folglich auch für Bauten und Erneuerungen. Nur die größten Schäden ließen Staat und Private beseitigen, um den Verfall aufzuhalten. Die Dorfkirche St. Martin wurde für unnötig erklärt und abgebrochen. Der Gutsbesitzer Johann von Pronath auf Offenberg kaufte nach und nach von den Klostergebäuden, aber auch für ihn bedeuteten die wenig nutzbringenden Bauten eine sehr große Last. Mit der Wiedererrichtung des Klosters 1830 setzten vom Konventbau ausgehend die Erneuerungsarbeiten ein. Die Um- und Ausbauten des 19. und 20. Jahrhunderts durch das Anwachsen des Konvents und die erhöhten Raumansprüche für Schule und Seminarien haben das Bild des 18. Jahrhunderts nicht immer zum Besseren verändert. Der Kern der mittelalterlichen Anlage ist unangetastet, die großen Erweiterungen unter Abt Johannes III. Nablas und Abt Roman II. Märkl blieben richtungsweisend für jedes in Aussicht genommene Projekt.

Literatur: W. Fink, Geschichte der Anlage von Kirche und Kloster der Benediktinerabtei Metten, in: Studien und Mitteilungen des Benediktinerordens [SMBO] 55 (1937), S. 230 - 258. - B. Busch, Baugeschichte des Klosters Metten, in: Alt und Jung Metten [AJM] 32 (1965/66), S. 150 - 165. - W. Russer, Neuaufbau der benediktinischen Familie in Metten durch Abt Johannes Nablas (1595 - 1628), in: Alt und Jung Metten [AJM] 33 (1966/67), 43 - 51. - C. Stöckl, Series Abbatum, (MS) Archiv der Abtei Metten, 1791 - 1803.

Michael Kaufmann

110. Ortsplan von Metten

Johann Mathias König, 1778
kolorierte Federzeichnung, 45 × 34,5 cm
Metten, Archiv der Benediktinerabtei St. Michael

Der Geometer Johann Mathias König fertigte diese Zeichnung an, als er sich 1778 als Gast in Berg bei Metten aufhielt. Seine Hauptanliegen waren, einen Grundriß über die Hauptgebäude des Klosters und einen Häuserplan der Hofmark vorzulegen.

1. Das Kloster:
Bezeichnet werden die Klosterkirche St. Michael (AA),
die Dorfkirche St. Martin (BB),
die Abtei/Prälatur (CC),
das Refektorium - Winterrefektorium im Erd-,
Sommerrefektorium im Obergeschoß - (DD),
das Dormitorium, „Schlafhauß", (EE),
der große Speisesaal „triclinium maximum" (FF),
die Brauerei (GG),
der Stadel (HH),
der Bauhof (II).

Es ist bemerkenswert, daß das Kloster insgesamt gut abgeschirmt war, sei es durch Gebäude oder durch Mauern. Nach der abendlichen Schließung der beiden großen Tore zum Klosterhof und zum Bauhof durch den Torwärter - dieser hatte zwischen beiden Zufahrten seine Wohnung, die „äußere Pforte" - war das ganze Areal hermetisch abgeriegelt. Bei der Säkularisation ergaben sich verschiedene Schwierigkeiten, da die Konventualen nicht mehr an die klösterliche Ordnung gebunden waren und freien Aus- und Eingang beanspruchten. Der Torwärter wurde daher angewiesen, nach Torschluß niemanden mehr einzulassen, es sei denn, der Betreffende hatte einen entschuldbaren Grund für seine Verspätung.
Das Kloster ist eingesäumt von zwei Bächen, dem Perlbach und dem Weinbach. Der größere Perlbach fließt von Norden her östlich am Kloster vorbei und nimmt südlich den Weinbach auf, bevor er in die Donau mündet. Die Zeichnung läßt nicht mehr erkennen, daß im Norden der Mühlbach abgezweigt worden war, der sich beim Konventbau wieder mit dem Perlbach vereinigt. Am Perlbach treten die Waldhöhen ziemlich nahe an die Donau heran, doch so, daß sie eine ausreichend große Mulde freilassen für Kirche, Wirtschaftsgebäude und Wohnhäuser. Der Winkel, mit dem die zusammenfließenden Bäche die Klosteranlage einschließen, ist heute nicht mehr erkennbar, denn der kleinere Weinbach, von Paulusberg kommend, wurde im letzten Viertel des 19. Jahrhunderts in einem geschlossenen Kanal durch das Dorf geführt. Solange der Lauf des Weinbaches die Überschwemmungen von der Donau her mittragen mußte, war die Südseite des Klosters oftmals durch eine schwer passierbare Sumpfwiese beschützt und abgeschlossen.

2. Die Hofmark:
Nach dem päpstlichen Schutzbrief des Jahres 1275 gehörte das Dorf Metten mit seinen Bewohnern, seinen Einkünften, der zeitlichen Gerichtsbarkeit und allem Zubehör dem Kloster. Eine Urkunde von 1763 spricht daher noch von Mettener Pertinenzuntertanen, damals siebenundvierzig. Nach 1770 waren es achtundvierzig. Die Salbücher des 16. Jahrhunderts führen achtunddreißig bis neununddreißig Hofstätten mit Häusern an, 1620 war ihre Zahl auf achtundvierzig gestiegen. Der Dreißigjährige Krieg brachte einen Rückschlag. Eine Urkunde von 1650 zählt als Einwohner Mettens einunddreißig Häusler auf.

Literatur: I. Poll, Das Brauwesen des Benediktinerklosters Metten, in: Beiträge zur Geschichte des Klosterbrauwesens 2 (1937), Berlin 1937. – W. Fink, Entwicklungsgeschichte der Benedictinerabtei Metten, Bd. 3, München 1930. – I. Deixlperger, Consignatio omnium familiarum in Metten, 1730 (MS), Archiv der Abtei Metten. – M. Kaufmann, Materialsammlung zu einem Häuserverzeichnis der Hofmark Metten (MS), Archiv der Abtei Metten.

Michael Kaufmann

111. Benediktsregel und monastisch-aszetische Schriften

Metten (?), 1414
33 × 25 cm, 217 Bl., originaler Ledereinband

München, Bayerische Staatsbibliothek, Clm 8201 d

Die Benediktsregel ist in einer großen, für feierlichen liturgischen Gebrauch üblichen Schrift, der Textura, geschrieben, ein Hinweis auf die geplante Nutzung des Werkes zur Lesung in Kapitelsaal und Refektorium. Der gute Erhaltungszustand bezeugt jedoch, daß man die Handschrift nur selten zu besonderen Gelegenheiten gebrauchte. Neben der Benediktsregel finden sich einige Traktate vor allem zur monastischen Zucht.
Auftraggeber ist Abt Petrus I. des Benediktinerklosters Metten. Er hat sich mit seinem kleinen Konvent in einem vorgeschalteten Dedikationsbild zu Füßen des Ordensvaters und dessen erstem Biographen, des Kirchenvaters Gregor des Großen, darstellen lassen; außerdem unterrichtet ein langes Dedikationsgedicht über Anlaß und Absichten des Auftrags. Petrus war aus der benachbarten und befreundeten Abtei Oberalteich herbeigerufen worden, um die Verhältnisse in Metten zu ordnen, was mit großem Erfolg geschah. Nachdem er schon als Cellerar und Infirmar in Oberalteich Kunstwerke beauftragt hatte, u. a. ein Tafelgemälde mit Szenen aus dem Leben des sel. Albert, verwendete er in Metten die erwirtschafteten Überschüsse u. a. für die Errichtung von Kapellenbauten und eines Kreuzganges mit Glasfenstern, die in alten Berichten hoch gerühmt wurden. Von seinem Mäzenatentum sind nur noch die beiden Handschriften geblieben (unsere Kat. Nr. und Kat. 112), die aus derselben Zeit stammen, von denselben Künstlern ausgemalt wurden und programmatisch einander ergänzen.
Ausgemalt wurde die Handschrift durch einen Buchmaler Prager Schulung zusammen mit einem Gehilfen. Sein Werkstattsitz war bisher nicht nachzuweisen, da ähnliche Buchmalereien in Salzburg, Nürnberg und Bamberg entstanden, wahrscheinlich ebenso in anderen Regionen um das böhmische Zentrum herum. Aus der Verteilung der vom Schreiber für Bilder freigelassenen Flächen ist zu schließen, daß die jetzige Ausmalung mit einem Zyklus zum Benediktsleben, der auf die illustrierte Biographie in Versen des Abtes Herrmann von Schuttern aus dem späten 13. Jh. (sog. bis-bini-vita) zurückgeht, erst einer Planänderung entstammt. Nur die ersten Bilder finden ausreichend Platz; der größere Teil der Szenen des Zyklus mußte sich mit dem Raum, der für Initialen vorgesehen war, begnügen und wurde deshalb nur als Federzeichnungen angelegt und nicht ausgemalt. Der künstlerisch-technische und ornamentale Aufwand für die Bilder nimmt nach und nach ab, ebenso der Anteil des Hauptmalers. Die Bilder der ersten Seiten zeichnen sich durch eine juwelenartig schmückende und lebhafte Farbigkeit, lebendige Erzählung der Ereignisse des Heiligenlebens und, von heutigen Betrachtern besonders geschätzt, feine Landschaftshintergründe aus, die jedoch planlos mit Goldrankengründen wechseln. Die typisierenden Formen des Schönen Stils sind bereichert durch genaue Beobachtung. Der Zyklus war so berühmt, daß er 1444 in dem Ms. 173 des Wiener Schottenklosters kopiert wurde.

Literatur: E. Dubler, Das Bild des Hl. Benedikt bis zum Ausgang des Mittelalters, St. Ottilien 1953. – R. Suckale, Untersuchungen zu den Mettener Handschriften (Clm 8201 und 8201 d), ungedruckte Habilitationsschrift, 2 Bde., München 1975 (Exemplare in der Bayer. Staatsbibl. München, German. Nationalmus. Nürnberg, Staatsbibl. Bamberg und Kunsthist. Institut der Univ. Wien). – Ders., Das geistliche Kompendium des Mettener Abtes Peter. Klosterreform und Schöner Stil um 1414/15, in: Anzeiger des Germanischen Nationalmus, 1982, S. 7–22.

Robert Suckale

112. Plenarreliquiar und Geistliches Kompendium

Metten (?), 1414/15
48,5 × 34,5 cm, 107 Bl., metallener Buchdeckel von ca. 1340 und 1414/15 mit Reliquien, vergoldeten Bronzereliefs und transluziden Silberemails

München, Bayerische Staatsbibliothek, Clm 8201

Abt Petrus I. von Metten ließ im Anschluß an die Benediktsregel (s. Kat. Nr. 111) 1414/15 ein großes geistliches Kompendium vor allem in didaktischer Absicht anlegen, das er dann durch die Voransetzung der Vier

Evangelien und eines mit Reliquien versehenen Metalldeckels zu einem Plenarreliquiar überhöhte. Zusammenstellung und Verbindung der Teile sind einmalig. Zu den eher didaktischen Stücken zählt die illuminierte Armenbibel, ein typologischer Zyklus in üblicherweise 32 Bildgruppen zur Heilsgeschichte: eine Folge von Rotaillustrationen zum Meßtraktat des Papstes Innozenz III. († 1216); ein Abriß der biblischen Geschichte bis Christus in Stammbaumform, die sog. Genealogia Christi des Petrus von Poitiers († 1205); eine lockere Serie von zumeist allegorischen Demonstrationsfiguren aus dem sog. Geistlichen Obstgarten des Johannes von Metz (von ca. 1270), z. T. später ergänzt durch gleichartige Schemata.

Daneben stehen Bestandteile eher symbolisch-allegorischen Charakters, so des Hrabanus Maurus ‚De laudibus Sanctae Crucis', ein aus karolingischen Zeiten stammender Zyklus von Figurengedichten vor allem zur Zahlensymbolik und Symbolik des Kreuzes. Diese auf spätantike Vorbilder zurückgehende Bilderfolge war im Hochmittelalter sehr beliebt gewesen, seit dem 13. Jh. jedoch ‚außer Mode' gekommen. Es war eine Folge der mißlichen Lage und der daraus sich ergebenden rückwärtsgewandten Tendenz um 1400 gerade bei den alten Orden der Kirche, daß man sich bewußt wieder einem derartigen alten Werk zuwandte, dessen Verfasser obendrein Benediktiner war; dies Beispiel wurde später auch von Klöstern der Melker benediktinischen Reformkongregation wie Ebersberg oder Tegernsee nachgeahmt. Retrospektiv, aber mit deutlichem Bezug zu Regensburg, aus dem viele der Vorlagen dieser Handschrift stammen dürften, ist auch das Bild der symbolischen Kreuzigung, die aus dem Uta-Evangelistar kopiert ist (ehem. Obermünster, heute München, Bayer. Staatsbibl. Clm 13601, um 1020; s. Ausst. Kat. Regensburger Buchmalerei, München 1987, Nr. 17). Die Evangelisten dürften auf Vorbilder des 12./13. Jh. zurückgehen, wie ja überhaupt der Typus des Plenarreliquiars aus dem früheren Mittelalter stammt und erst wieder durch den sehr rückwärtsgewandten Kaiser Karl IV. aufgegriffen wurde. Dazu paßt, daß man für den Buchdeckel eine ältere Pax- oder Reliquientafel (vielleicht auch Buchdeckel) aus der Zeit des Abtes Albert II. (1322–48), wahrscheinlich eine Regensburger Goldschmiedearbeit, wiederverwendete.

Das Mettener Kompendium enthält gleichsam eine ganze Bibliothek. Doch wurde es für die Zwecke wissenschaftlicher Bildung wohl kaum benutzt, wie der gute Zustand beweist. Eher muß man das Buch als eine symbolische Thesaurierung des als wesentlich Erachteten ansehen. Sicher wurde es jedoch bei Prozessionen, vor allem Flursegen, herumgetragen, wozu vielleicht das Bild des hl. Benedikt mit seinem zauberkräftigen sog. Benediktssegen Anlaß gewesen sein könnte.

Entsprechend der didaktischen Tradition sind die meisten Bilder und Zyklen als unfarbige Zeichnungen angelegt, bewußt bescheidener als die Kreuzeslobgedichte, die wie die Benediktsvita der Regel (Kat. Nr. 111) in Deckfarben ausgemalt wurden. Dazwischen gibt es eine vermittelnde Anspruchsebene, die farbig lavierten Evangelistenbilder und die ebenfalls aquarellierte große allegorische Darstellung der Eucharistie.

Die Arbeit ist zwischen dem Meister und seinem Gehilfen so aufgeteilt, daß sich der Hauptmaler jeweils die eher am Anfang stehenden Bilder vorbehalten hat, dazu die erzählenden Zyklen von Armenbibel und Genealogia Christi, während dem Gehilfen die Mehrzahl der allegorischen Schemata überlassen blieben. Die Meisterarbeit ist u. a. an der häufigen Abweichung von den Vorzeichnungen, den vielen Pentimenti und der beständig nach Änderung der Gestaltung strebenden Malweise ablesbar, besonders der Armenbibel. Daß es sich bei dem Künstler um einen Buchmaler handelt, obendrein um einen in Prag geschulten, erkennt man an der hauptsächlichen Verwendung des Pinsels, nicht der Feder, für die Zeichnung, außerdem an der fein strichelnden Technik, die den besseren Bildern einen ungewöhnlichen, subtilen Reiz gibt. Es war nicht üblich, didaktische Illustrationen so qualitätvoll zu gestalten. Dies bezeugt nicht allein die für Benediktiner geradezu typische Sorgfalt und mäzenatische Einstellung, sondern auch eine für die Epoche des Schönen Stils um 1400 bezeichnende Verfeinerung des Kunstgeschmacks. Die beiden Mettener Handschriften haben in Bayern damals kaum ihresgleichen.

Literatur: wie Kat. Nr. 111.

Robert Suckale

OBERALTEICH

Nach einer im 15. Jahrhundert entstandenen gelehrten Theorie schmeichelte sich Kloster Oberalteich, zu den Urklöstern des 8. Jahrhunderts im Donaugau, Niederalteich, Metten und Pfaffmünster zu gehören. Wie letzteres wäre es danach in den Ungarneinfällen untergegangenen, um das Jahr 1100 aber wieder ins Leben gerufen worden. Vier Jahrhunderte hindurch vermochte diese Theorie die klösterliche und die allgemeine Geschichtsschreibung zu beeinflussen. Tatsächlich gehört Oberalteich jedoch zu den zahlreichen Klostergründungen der Zeit nach der Jahrtausendwende, die mit ihren kirchenfreundlichen politischen Neuerungen und monastischen Reformen eine neue Blütezeit des Klosterwesens herbeiführte. Die Unsicherheit über die Frühgeschichte des Klosters ist durch seine schlechte Überlieferungslage bedingt. Zum einen ist die frühe urkundliche Überlieferung bis zum Jahr 1245, in dem das Kloster durch einen Brand zerstört wurde, äußerst spärlich: bis zu diesem Jahr, bedingt vermutlich durch die Brandkatastrophe, besitzen wir nur 19 Urkunden aus dem Klosterarchiv, darunter drei Fälschungen, und den Traditionskodex. Eine eigentliche Gründungsurkunde oder Gründungsnotiz ist darunter nicht enthalten. Der Traditionskodex beginnt mit einer Sammelnotiz der frühesten Schenkungen, die man zum größten Teil als die Gründungsausstattung betrachten kann. Leider hat der Redaktor dieser Sammelnotiz seine protokollarischen Vorlagen radikal gekürzt, ihm selbstverständlich erscheinende Verwandtschafts- und Standesangaben zu den Schenkern weggelassen oder in mißverständlicher Form in den Text eingefügt und damit das älteste Dokument zur Klostergeschichte zu einer Quelle des Rätselratens über die Gründungszeit, die Gründer und ihre Genealogie, die Besiedelung des Klosters und seine monastische Ausrichtung gemacht.

Nach jüngeren quellenkritischen Untersuchungen steht fest, daß der eigentliche Gründer Kloster Oberalteichs der Domvogt des Hochstifts Regensburg Friedrich II., verheiratet mit Adelheid, einer Tochter des ungarischen Königs Bela I., war.

Seine letzte urkundliche Erwähnung findet sich in einem Diplom Kaiser Heinrichs IV. von 1086; kurz danach ist er gestorben. In welchem Umfang die Herren von Kirchroth und Aschwin von Zeitldorn (in der 2. Hälfte des 11. Jahrhunderts Vogt von Kloster Niederalteich), in dessen Hände die ersteren Erbbesitz zur Übertragung in kirchliches Eigentum delegiert hatten, an der eigentlichen Klostergründung beteiligt waren, läßt sich nicht mehr entscheiden. Aschwin jedenfalls überträgt diesen Besitz weiter an Domvogt Friedrich II., der ihn (bzw. Teile davon) seinerseits – neben anderen Gütern – zur Gründungsausstattung des zukünftigen Hausklosters seiner Familie, die auch bis zu ihrem Aussterben 1148 die Vögte stellen sollte, macht.

Auch die Frage, ob die Grafen von Windberg, die sich nach der Umwandlung ihrer Burg Windberg in ein Prämonstratenserkloster in den 30er Jahren des 12. Jahrhunderts nach Bogen benennen, an der Gründung Oberalteichs beteiligt waren, muß offen bleiben. Ihr Anteil an frühen Schenkungen steht weit hinter der Ausstattung des Klosters durch die Domvögte zurück. Daß aber enge verwandtschaftliche Beziehungen zwischen allen erwähnten Familien bestanden haben müssen, kann keinem Zweifel unterliegen. So übernehmen auch die Grafen von Bogen nach dem Aussterben der Domvögte 1148 die Klostervogtei, die sie bis zu ihrem eigenen Aussterben 1242 innehaben sollten, beerbt dann, wie in ihrem übrigen Besitz, von den Wittelsbachern.

Die Gründung des Klosters ist um das Jahr 1080 anzunehmen. Im Jahr 1090 wird der erste Klosterbau fertiggestellt, im Jahr 1109 die neue Klosterkirche St. Peter geweiht. Eine Kirche, mit der sich der junge Konvent behelfen konnte, hat es am Ort aber schon vorher gegeben; in ihr hatten die Domvögte und wohl auch die Grafen von Windberg-Bogen ihre Grablege.

Die frühen Schenkungen konzentrieren sich in auffälliger Weise im Gebiet nördlich der Donau. Während die Grafen von Windberg-Bogen dabei den heutigen Landkreis Bogen nur selten überschreiten, schenken Angehörige der domvögtischen Familie bevorzugt Orte und Waldgebiete in den heutigen Landkreisen Kötzting und Viechtach mit besonderem Schwerpunkt in dem noch unerschlossenen Gebiet, das sich nordöstlich an das schon früh von Kloster Metten gerodete anschließt und das seinerseits im Nordosten von der Mark Cham begrenzt wird. Der Auftrag der Gründer zu Rodung und Landaus-

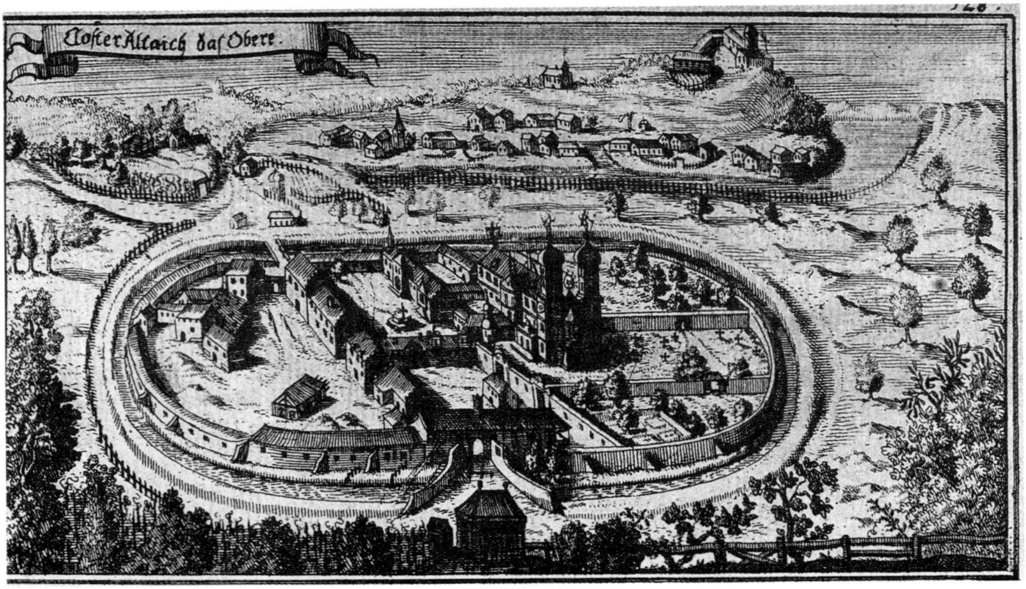

Nach Ertl, *Churb. Atlas 1687*

bau tritt darin klar zu Tage. Kloster Oberalteich hat denn auch im 12. und 13. Jahrhundert eine intensive Rodungstätigkeit entfaltet, der eine Reihe von Orten, deren Mehrzahl mit dem Grundwort -ried gebildet ist, ihre Entstehung verdankt.

Über die monastische Ausrichtung des Gründungskonventes gibt es keine unmittelbaren Nachrichten. Vielfach wurde an eine Herkunft der ersten Mönche aus Hirsau oder St. Blasien gedacht. Der Oberalteicher Nekrolog und die Herkunft einer beträchtlichen Zahl Oberalteicher Äbte sprechen hingegen eindeutig für ein anderes Gründungskloster, nämlich das benachbarte Niederalteich. Niederalteicher Profeß war nicht nur der erste Abt Egino, sondern von dort kamen nachweislich von den ersten 15 Äbten vom Ende des 11. bis zum Ende des 12. Jahrhunderts noch weitere vier, also mindestens ein Drittel aller Äbte dieses Zeitraumes. Auch im 13. und 14. Jahrhundert lieferte Niederalteich noch drei Äbte, darunter den bedeutenden Poppo (1260–1282). Der Nekrolog schließlich verzeichnet in seinen erhaltenen Teilen von den zwölf Niederalteicher Äbten vom Ende des 11. bis zum Ende des 12. Jahrhunderts insgesamt sechs, während umgekehrt im Niederalteicher Nekrolog sogar neun der fünfzehn Oberalteicher Mönche dieses Zeitraumes Aufnahme fanden. Oberalteich gehört demnach ohne Frage zur Niederalteicher Gruppe des Gorzer Reformkreises. So sind denn auch zwei der Gorzer Reform zugehörige Äbte im Oberalteicher Nekrolog eingetragen: Abt Sigebold von Lambach-Melk und der bedeutende aus Gorze stammende Abt Eggebrecht von Schwarzach am Main (auch Abt von Lambach, Neustadt am Main und Michelsberg).

Auch der damalige Niederalteicher Vogt Aschwin von Zeitldorn, Salmann und Tradent eines Teiles der Gründungsausstattung, hat bei der Besiedelung des neuen Klosters von Niederalteich aus mit Sicherheit seinen Einfluß geltend gemacht.

Mit Niederalteich schließlich verbindet Oberalteich auch einer der wenigen Nekrologeinträge von Personen, die lange vor der Gründung des Klosters gestorben waren, deren Namen also durch Vermittlung

eines Nekrologs des Mutterklosters dorthin gelangt sein müssen: zum 10. Oktober ist Guntherius Eremita verzeichnet, der 1045 in Kloster Břevnow verstorbene Thüringer Grafensohn aus dem Hause Schwarzburg, der Abt Godehard von Niederalteich in Hersfeld kennengelernt hatte und von dort nach Niederalteich gezogen war, später das Rodungskloster Rinchnach gründete, vor allem aber durch seine Tätigkeit in Böhmen bekannt ist. Zu Böhmen hatten aber auch die Grafen von Windberg-Bogen einige Beziehungen, und andererseits bestand noch im 13. Jahrhundert zwischen Oberalteich und Břevnow unter dem Abt Dlohumil Gebetsverbrüderung. Es wäre also nicht undenkbar, daß über Niederalteicher oder gräfliche Vermittlung auch böhmische Mönche zum Gründungskonvent gehörten. Und so unwahrscheinlich die Vermutung klingen mag, es könnten sogar Mönche aus Ungarn zur Erstbesiedelung Oberalteichs herangezogen worden sein. Auf sie – vermittelt durch die oben erwähnte ungarische Königstochter Adelheid – könnte der Nekrologeintrag über den heiligen Stephanus rex zurückgehen.
Hatten seine ersten Vögte, verwandte Familien und ihre jeweiligen Ministerialen das Kloster bei seiner Gründung und das ganze 12. Jahrhundert hindurch durch Schenkungen reichlich und großzügig ausgestattet, so sahen seine letzten Bogener Vögte in ihm vor allem eine Finanzquelle für ihre zahlreichen kriegerischen Unternehmungen. Einen wirklichen Aufschwung und gleichzeitig seine erste große Blütezeit erlebte Oberalteich erst unter dem schon erwähnten Abt Poppo (1260–82). Er war in Kloster Niederalteich Schüler des dortigen Abtes Hermann gewesen. Poppo reformierte das Klosterleben, vermehrte ganz wesentlich die Bibliothek, richtete eine geordnete Registratur ein und ersetzte die bisherige Kirche durch eine dreischiffige Basilika. Im Rahmen der päpstlichen Reformbestrebungen wurde er von Albertus Magnus, Bischof von Regensburg 1260–62, zum Visitator aller Benediktinerklöster seiner Diözese ernannt. Die erstaunliche Vergrößerung der wirtschaftlichen Basis des Klosters unter seiner Führung spiegelt sich im Privileg Papst Gregors X. von 1274, das auch die Rodungszehnten nennt. Unter seinem Abbatiat trat 1261 Albert, ein Ministeriale der Grafen von Haigerloch, ins Kloster ein, wo er nach seinem Tod im Jahr 1311 wie ein Heiliger verehrt wurde. Er hat sich große Verdienste um den Geist des Klosters und seiner Umgebung und die Seelsorge erworben. Den Abt Konrad Pfeffer (1282–97) veranlaßte er, ein Krankenhaus zu errichten. Seine besondere Fürsorge galt den Leprosen, die er, ohne sich um die Ansteckungsgefahr zu kümmern, geistlich versorgte. Im Kloster wurde ihm eine überraschend moderne, schon den Geist des Humanismus ankündigende Vita verfaßt.
Im Regensburger Bischof Nikolaus von Ybbs (1313–40) fand das Kloster, das er auch zu seiner Grablege bestimmt hatte, einen besonderen Freund und Gönner. Erfreulich waren auch Oberalteichs Beziehungen zu Kaiser Ludwig dem Bayern, der nach dem Aussterben der niederbayerischen Linie der Wittelsbacher 1340 in die Vogteirechte eintrat. Diese Tatsache sollte in den folgenden Jahren für das Kloster lebenswichtige Bedeutung erlangen. In den 40er Jahren des 14. Jahrhunderts stürzte es sich in eine Kulturarbeit großen Ausmaßes und gleichzeitig ein wirtschaftlich riskantes Unternehmen: die Verlegung des Donaubettes, an dem es bisher unmittelbar gelegen war, um zehn Kilometer nach Süden und Westen. Ludwig der Bayer, der die Anregung zu dieser Arbeit selbst gegeben hatte, unterstützte das Kloster durch Steuer- und Zollbefreiungen, entschädigte es mit Güter- und Geldzuwendungen und machte 1347 den Oberalteicher Abt Friedrich II. (1346–58) zu seinem Hofkaplan. Diese Zuwendung Kaiser Ludwigs zum Kloster war der Beginn der traditionell durch die kommenden Jahrhunderte hindurch guten Beziehungen der Wittelsbacher zum Kloster.
Die kaiserliche Unterstützung, ohne die es in seinem Bestand gefährdet gewesen wäre, konnte aber die schwierige Wirtschaftslage dieser Jahre nicht ganz auffangen. Das Kloster war gezwungen, eine Reihe von Gütern zu verpfänden. Erst dem bedeutenden Abt Peter Ursenbeck (1379–1403) gelang es, sie zurückzukaufen. Unter ihm erlangte aber vor allem das florierende künstlerische Leben des 14. Jahrhunderts, von dem vorzügliche Steinplastiken auf uns gekommen sind, seinen Höhepunkt. Seine reiche Bau- und Ausstattungstätigkeit erfährt im 15. Jahrhundert ihre Fortsetzung, so daß Kirche und Kloster allmählich vollständig erneuert werden. Die Spätgotik erreichte ihre höchste Blüte unter dem Abt Johann Asperger, genannt Bauernbeck (1438–63), der trotz erstaunlich umfangreicher Bauvorhaben in der Lage war, neue Güter zu erwerben, Weinberge anzulegen und neben den künstlerisch begabten Mitgliedern seines Konventes auch auswärtige Künstler und Kunsthandwerker bei der Herstellung von Büchern, liturgischen Gegenständen, Fresken und Glasmalereien zu beschäftigen. Das frühe wissenschaftliche In-

teresse Abt Aspergers zeigt sich darin, daß er ein Museum und eine neue Schule mit Lehrerwohnung einrichtete (eine Klosterschule hatte schon seit dem 12. Jahrhundert bestanden).
Inzwischen war Kloster Oberalteich künstlerisch und geistig so hochstehend, daß es sich mit dem bedeutenden Kloster Tegernsee messen konnte, mit dem es auch in den vergangenen Jahrzehnten in regem Bücheraustausch gestanden hatte. Da zudem Tegernsee im 15. Jahrhundert zu einem Zentrum der religiösen Erneuerung geworden war, die klösterliche Disziplin in Oberalteich aber eher zu wünschen übrig ließ, veranlaßte Herzog Albrecht IV. schließlich die Wahl des ehemaligen Tegernseer Priors Christian Tesenbacher zum Oberalteicher Abt (1483–1502). Ihm gelang es nicht nur, das geistliche Leben in Oberalteich zu heben, er reformierte auch die Klöster Metten, Weltenburg und Prüfening.
Nach einer Zeit des inneren und äußeren Niederganges im 16. Jahrhundert leitete schließlich Abt Vitus Höser (1614–34) die Zeit dauernder geistlicher, wissenschaftlicher und künstlerischer Blüte Kloster Oberalteichs, in der seine Patres Geschichtsschreiber, Universitätsprofessoren, ja Mitglieder der Bayerischen Akademie der Wissenschaft stellen sollten, ein.

Exkurs:
Der Bogenberg und seine Wallfahrt

Ein Bericht über Kloster Oberalteich im Mittelalter wäre höchst unvollständig, gedächte er nicht des Bogenberges und seiner Marienwallfahrt. Von Anbeginn an war der Bogenberg, dieses hervorragende Naturdenkmal, ein einzelner, bis ans Donauufer vorgeschobener Ausläufer des Bayerischen Waldes, im Besitz des Klosters. Um 1080, bei der Gründung Oberalteichs, heißt er noch „mons Grind", um 1100 wird schon die auf ihm befindliche „ecclesia Bogana" erwähnt, und um 1115 erfahren wir deren Patrozinium: *„ecclesia sancte Marie in monte Grint"*. Die Anfänge der Wallfahrt liegen im Dunkeln. Die magisch anmutende Lage des Berges und seine Besiedelung vom 2. Jahrtausend v. Chr. an legen die Vermutung einer früheren Kultstätte nahe. Ähnlich anderen Legenden berichtet die Oberalteicher Überlieferung, das steinerne Madonnenstandbild sei donauaufwärts geschwommen, auf dem sog. Marienstein unterhalb des Bogenberges gestrandet und von Aschwin (von Zeitldorn) auf dem Bogenberg in seiner dortigen Kirche aufgestellt worden. Sichere Nachrichten über die Wallfahrt zur heiligen Maria auf dem Bogenberg besitzen wir erst durch bischöfliche Ablässe für Pilger dorthin aus dem 13. Jahrhundert. Vermutlich auf Veranlassung des oben erwähnten Abtes Peter Ursenbeck (1379–1403) wurde das die folgenden Jahrhunderte hindurch bis heute gültige Gnadenbild, eine Sandsteinfigur der hl. Maria in der Hoffnung, geschaffen. In einer Nische in der Leibesmitte trägt Maria das Jesuskind. Dieser ikonographische Typus kommt zwar über ganz Europa verteilt, zahlenmäßig aber nur selten vor. Er will in Tradition der Kirchenväter und der Mysteriendichtung Maria als das Gefäß der „hypostatischen Union", der Vereinigung der göttlichen und der menschlichen Natur, darstellen. Es löste als Gnadenbild wahrscheinlich die romanische Steinmadonna, die das nach dem symbolträchtigen Apfel greifende Jesuskind auf den Knien hält, ab. Diese frühe Steinplastik zählt zu den bedeutendsten Werken, die sich in Niederbayern aus dem Hochmittelalter erhalten haben. Es stammt aus der Vorgängerkirche der 1295 neu errichteten und wurde auch beim Kirchenbau 1463 in das neue Bauwerk eingegliedert. Zu diesem Zeitpunkt muß die Wallfahrt schon weithin berühmt gewesen sein: Zum Neubau spendeten zahlreiche Adelsgeschlechter und Städte und Märkte Altbayerns einschließlich München. 1477 gründete Kloster Oberalteich in würdiger Nachfolge des seligen Albert auf dem Bogenberg eine Leprosenbruderschaft zur geistlichen Betreuung der Sondersiechen. Die Jahrhunderte seines Bestehens hindurch hat Kloster Oberalteich den Bogenberg und die neben Altötting wichtigste Wallfahrt Altbayerns betreut. Es bleibt uns, mit einem Wallfahrtsspruch des 17. Jahrhunderts zu schließen:
„Dieses, lieber Leser, seye dir vor dißmal genug. Lebe wohl und lobe Gott in seinen Werken – und fahre fortt, weitters seine heilige Muetter mit und neben uns zu Bogenberg mehr und mehr zu verehren."

Literatur: Hans Bleibrunner, Der Bogenberg. Ein altes Heiligtum in Niederbayern, Bogen 1962. – Ders., Der Einfluß der Kirche auf die niederbairische Kulturlandschaft, in: Verh. d. histor. Vereins f. Niederbayern 77 (1951). – Karl Bosl, Forsthoheit als Grundlage der Landeshoheit in Baiern, in: Gymnasium und Wissenschaft. Festgabe zur Hundertjahrfeier des Maximiliansgymnasiums in München (1949) S. 1–55. – Georg Dehio, Handbuch der Deutschen Kunstdenkmäler, Bayern II: Niederbayern, Darmstadt 1988. – Michael HARTIG, Die niederbayerischen Stifte, München 1939. – Cornelia MOHR, Die Traditionen des Klosters Oberalteich, in: QE NF 30,1, München 1979. – Ludwig MORENZ, Magister Nikolaus von Ybbs, in: VHVO 98 (1957. – Max PIENDL, Die Grafen von Bogen I–IV, in: Jahresber. d. histor. Vereins f. Straubing und Umgebung 55–57 (1952–54). – DERS., Das Oberaltaicher Register von 1260–1403, in: AZ 49 (1954) S. 27–38. – Friedrich PRINZ, Bayerns Adel im Hochmittelalter, in: ZBLG 30,1 (1967) S. 53–117. – Siegfried REICKE, Das deutsche Spital und sein Recht im Mittelalter, in: Kirchenrechtl. Abhandlungen (1932), S. 111–114. – Hans SAGSTETTER, Die Säkularisation des Benediktinerklosters Oberaltaich, in: Jahresber. d. histor. Vereins f. Straubing und Umgebung 85 (1984) S. 333–434. – Franz Xaver SCHLECHT, Allgemeine Entwicklungsgeschichte des Klosters Oberaltaich, in: Jahresber. d. histor. Vereins f. Straubing und Umgebung 39 (1936) S. 66–92. – Angelus STURM, Albert von Oberaltaich (1239–1311). Mystik und Karitas im bayerischen Donaugau, in: Vierter Jahresber. der bayerischen Benediktinerakademie (1925) S. 10–28. – DERS., Das Leben des seligen Mönches und Pfarrers Albert zu Oberaltaich, in Jahresber. d. histor. Vereins für Straubing und Umgebung 33 (1930) S. 35–57.

Cornelia von Karais

ZUM OBERALTEICHER SCRIPTORIUM DES 12. JAHRHUNDERTS

Eine Beurteilung des Scriptoriums von Kloster Oberalteich im 12. Jahrhundert ist nur oberflächlich und ungenau möglich. Von den nicht einmal dreißig in der Bayerischen Staatsbibliothek München erhaltenen illuminierten Handschriften der Klosterbibliothek sind nur fünf und ein Teil einer sechsten eindeutig dort entstanden, während bei neun weiteren eine Entstehung in Oberalteich anzunehmen ist. Der Rest stammt aus anderen süddeutschen Schreibschulen. Im Gegensatz zu Scriptorien wie Prüfening und Salzburg, in denen eine gewisse stilistische Einheitlichkeit auch über einen Zeitraum von einigen Jahrzehnten zu beobachten ist, läßt sich von Oberalteich ein solches Bild nicht gewinnen.

Die frühen figürlichen Initialen aus dem 2. Viertel des 12. Jahrhunderts zeigen eine Vorliebe für die Darstellung von Figuren, die auf Buchstaben und Ranken schaukeln, hindurchgesteckt, kunstvoll darin verwoben oder daran festgebunden sind (Clm 9512, 9513, 9552, 9673). Dies wird noch bis ins spätere 12. Jahrhundert weitertradiert. Im erhaltenen Bestand der südostdeutschen Buchmalerei läßt sich dies in so gehäufter Form nur noch um 1140/1150 in der vielleicht in Salzburg entstandenen Bibel von Ranshofen (Clm 12601 und 23029, vgl. KLEMM, Die romanischen Handschriften, Kat. 213–214) nachweisen. Die Initialranken mit den sich knollenartig verdickenden Enden, die sich in zwei, drei oder vier Blätter teilen, stehen von Anbeginn deutlich in der südostdeutschen Tradition. Den teilweise höchst heterogenen Figurenstil generell zu beurteilen, ist wegen der Zufälligkeit der Erhaltung der Handschriften schwerlich möglich.

Aus welchen Quellen die frühen Einflüsse auf das Oberalteicher Scriptorium im 2. Viertel des 12. Jahrhunderts gespeist wurden, kann nur vermutet werden: neben Hirsau, zu dessen nervös-feiner Strichelung Beziehungen bestehen, müßte, worauf Elisabeth KLEMM hinweist, das Kloster Niederalteich treten. Von dort kamen im späten 11. und 12. Jahrhundert eine Reihe von Äbten nach Oberalteich. Außerdem gehörte es zu den wichtigen Zentren der sog. bayerischen Klosterschule des 11. Jahrhunderts, auch mögen von hier aus die nicht ganz eindeutig faßbaren Einflüsse aus der Schule des Roger von Helmarshausen (KLEMM) vermittelt worden sein. Jedoch wurde die Bibliothek von Niederalteich völlig vernichtet, so daß seine Buchmalerei praktisch unbekannt ist.

In der 2. Hälfte des 12. Jahrhunderts, in der Abt Gerhard (ca. 1160–1180) zwei Handschriften stiftete (Clm 9504 und 9548), fand augenscheinlich eine Orientierung auf das Scriptorium des benachbarten Klosters Windberg statt, das in diesem Zeitraum unter Abt Gebhard eine bemerkenswerte Blüte seiner Buchmalerei erlebte. Unstreitig lassen sich nun Verwandtschaften feststellen: in den schlanken, teils schmächtigen Figuren mit großen Köpfen, deren häufig in der Mitte gescheiteltes Haar durch feine dünne Parallelstrichelungen in Strähnen geteilt wird oder in den unruhig bewegten Gewändern, in denen immer wieder größere Flächen isoliert stehen. Das in einer T-Initiale in Clm 9504, pag. 356 (KLEMM, Die romanischen Handschriften, Abb. 265) für Oberalteich so ungewöhnliche Motiv des sich aufbauschenden und flatternden Gewandzipfels erscheint zwar hin und wieder auch in verschiedenen Regensburger und Salzburger Handschriften, sehr auffällig und häufig jedoch in Windberg. Einen Anklang an die Fabulierlust der Windberger Drachenzeichner zeigt eine S-Initiale in Clm 9504 (KLEMM, Die romanischen Handschriften, Abb. 258), während die Initiale mit dem Drachen in Clm 9512, fol. 1^r um 1120/1140 für Oberalteich schwerlich denkbar ist (KLEMM, Die romanischen Handschriften, Abb. 233). Daher stellt sich auch hier wie in anderen Teilen dieser Handschrift die berechtigte Frage, ob die Initiale nicht um 1160/1180 unter Windberger Einfluß nachträglich eingefügt wurde (vgl. Kat. Nr. 134 = Cgm 17).

Alles in allem ergibt sich für das Oberalteicher Scriptorium ein uneinheitliches weil unvollständiges Bild. Im 2. und 3. Viertel des 12. Jahrhunderts, um die Jahrhundertmitte und um 1200 lassen sich Zeiten erhöhter Tätigkeit feststellen. Ansonsten scheint man sich darauf beschränkt zu haben, zumindest illuminierte Handschriften aus anderen Scriptorien für die eigene Bibliothek zu erwerben.

Im Laufe der folgenden Jahrhunderte entfalteten die Oberalteicher Mönche unter kunstsinnigen und bibliophilen Äbten eine umfangreiche Schreiber- und Sammlertätigkeit, auf die im Rahmen dieser Ausstellung jedoch nicht mehr eingegangen werden kann. Den Höhepunkt erreichte die Gelehrsamkeit unter den Äbten Jakob Glettner (reg. 1423–1438) und Johann Asperger (reg. 1438–1463), von denen letzterer auch eine rege Bautätigkeit entfaltete, und schließlich noch unter Abt Christian Tesenbacher (reg. 1483–1502), während dessen Regierung der geistige Austausch mit Kloster Tegernsee intensiviert wurde.

Literatur: Fr. X. Schlecht, Wissenschaftliche und künstlerische Betätigung der Benediktiner Oberaltaichs bis 1630 mit quellenkritisch untersuchter Abtliste, in: SMBO 54 (1936), S. 311–341. – Elisabeth Klemm, Die romanischen Handschriften der Bayerischen Staatsbibliothek I, Wiesbaden 1980, 80–93.

Peter Morsbach

113. Gregor, Moralia in Iob, Teile III und IV (Bücher 11–22)

Daz himelrîche

vermutlich Oberalteich, um 1120–1140 (1170/80)
Pergament, 213 Blätter, 35 × 25 cm, heller Ledereinband des 14. Jahrhunderts

München, Bayerische Staatsbibliothek, Clm 9513

Band II der wahrscheinlich in Oberalteich entstandenen Handschrift besitzt vier figürliche Initialen: eine Q-Initiale auf fol. 1^r^ (aufgeschlagen: links und Mitte: Gregor, rechts: himelîche) mit einer Figur mit ausgebreiteten Armen und einer Drachencauda, eine vor ein M gebundene Figur mit gespreizten Armen und Beinen auf fol. 15^r^, eine auf dem Querstrich eines E reitende Figur auf fol. 30^r^ und einen originellen bärtigen Kopf als Q auf fol. 78^v^. Die nicht sonderlich qualitätvollen Darstellungen sind durch eine gewisse Lebendigkeit, nervöse Binnenzeichnung mit wechselnden feinen und kräftig schattenden Falten und durch große Hände mit grotesken Fingerstellungen charakterisiert. Sie gehören in ihrer Unbeholfenheit sicher nicht zu den besten Leistungen des Oberalteicher Scriptoriums.

Literatur: Elisabeth Klemm, Die romanischen Handschriften der Bayerischen Staatsbibliothek I, Wiesbaden 1980, Kat. 116.

Peter Morsbach

‚Daz himelrîche' hier auf den äußeren Blatträndern von f. 1^r^–7^r^ eingetragen.
Hymnischer Lobpreis Gottes, Beschreibung des Himmelreichs und des Lebens vor dem Thron Gottes.
In der hymnischen Sprache des Psalters setzt das Gotteslob ein: *Michil bis du herro got und lobelih harte, / mihil ist din chraft uf dere himilisken warte* (Groß bist du, Herr Gott, und hoch zu loben. Groß ist deine Macht auf der Höhe des Himmels). Der mittelhochdeutsche Wortlaut entspricht der Übersetzung des ‚Windberger Psalters" (Kat. Nr. 134), dessen Schreiber auch ‚Daz himelrîche' geschrieben hat, vielleicht sogar der Autor des Werks ist. Das Gotteslob geht über in die Gliederung der Welt: das Firmament als Reich der Engel, die Erde unter der die Toten und auf der die Lebenden weilen, schließlich das Himmelreich. Beschrieben wird die Himmelsburg, das himmlische Jerusalem, wie es die Apocalypse (c. 21) schildert: *got selbe erliuhtet die burch iouh den sal dar inne. / si nebedarf liehtes des sunnen noch dere maninne. / dere sternen hat si rat iouh anderre liehtuazze. / uon reinem golde glenstet ein ieglich ire gazze. / die mure sint al umbe mit golde gewieret, / sint mit aller slaht uare gimmen wole gecieret* (Gott selbst erleuchtet die Burg und den Saal im Innern: Sie braucht nicht das Licht der Sonne noch des Mondes, sie kann verzichten auf die Sterne und andere Lichter. Von reinem Golde erstrahlt jede ihrer Straßen, die Mauern sind ganz mit Gold überzogen und mit Edelsteinen in allen möglichen Farben herrlich verziert). Der Regenbogen wird beschrieben und seine Bedeutung als Mahnung an den Bund Gottes mit den Menschen, schließlich der Ort, an dem die Seligen sich aufhalten, wo alle gleich sind und ihnen alles gegeben ist, was sie brauchen. – Am Ende des Werks steht die Schilderung des Throns Gottes, vor dem (nach Apoc. 4) die vier Tiere stehen, in denen die Kirche die Evangelisten symbolisiert sah, und die 24 Ältesten. Mit ihnen betet der Dichter in der Wir-Form um Vergebung der Sünden, Bewahrung vor den Nachstellungen des Teufels, um den *helfelichen trost* des Geistes und die Aufnahme in das Ewige Leben.
Der Text könnte bestimmt gewesen sein für die klösterliche Tischlesung des Windberger Konvents, wo das Werk aufgezeichnet wurde, oder des Oberalteicher, wohin die Handschrift gehörte. Denkbar ist aber auch, daß er zur geistlich-erbaulichen Vorlesung vor Laien bestimmt war, die ja nicht lesen konnten. Deutschsprachige Literatur dieser Zeit – geistliche wie weltliche – war in der Regel nicht für den einzelnen Leser bestimmt, sondern wandte sich an die höfische Gemeinschaft, vor der sie vorgelesen oder – bei Minnelied und Sangspruch – vorgesungen wurde.
Das interessante Formexperiment des Werks, Langzeile mit Endreim, erinnert entfernt an den Kürnberger, das Nibelungenlied oder an Walthers von der Vogelweide sog. Elegie. Hinzu kommt eine vorzügliche rhetorische Durchbildung der Sprache.
Auffällig ist die Überlieferungsform des Textes auf den Blatträndern einer aus Oberalteich nach Windberg ausgeliehenen Handschrift. Sie entspricht der Überlieferung althochdeutscher Literatur wie sie oben beim ‚Muspilli' (Kat. Nr. 96) dargestellt wurde. Auffällig sind die häufigen Korrekturen im Text, die möglicherweise mit der Textentstehung zusammenhängen.

Texte wie ‚Daz himelrîche' zeigen, wie weit die meist wohl klösterlicher Herkunft entstammende geistliche Literatur der Zeit um 1160/80 entfernt war von der gleichzeitig im Westen des Reichs entstehenden weltlichen Literatur: nach französischen Vorbildern werden dort in den Formen des Antike- und Artusromans und im Minnelied ganz andere Themen aufgegriffen: Liebe, ritterliche Bewährung, Erwerb der Landesherrschaft. Literaturgeschichtlich gesehen ist die 2. Hälfte des 12. Jahrhunderts eine Zeit beispielloser Innovation, gleichzeitig aber auch größter Gegensätze in Inhalten, Thematik und Form.

Textausgaben: A. Leitzmann (Hrsg.): Kleine geistliche Gedichte des XII. Jahrhunderts. Berlin 1929, S. 20–27; F. Maurer (Hrsg.): Die religiösen Dichtungen des 11. und 12. Jahrhunderts. Bd. 1. Stuttgart 1964, S. 368–370.
Forschung: W. Freytag: Artikel ‚Daz himelrîche'. In: Die deutsche Literatur des Mittelalters. Verfasserlexikon. 2. Aufl. hg. v. K. Ruh u. a., Bd. 4. Berlin–New York 1983, Sp. 18–21; G. Vollmann-Profe: Geschichte der deutschen Literatur. Hrsg. v. J. Heinzle. Bd. I, 2. Frankfurt 1986, S. 145–147.

Nikolaus Henkel

114. Gregor, Homiliae in Hiezechilem
(Predigten zu Ezechiel)

Oberalteich, um 1150/60
Pergament, 140 Blätter, 33 × 24 cm, moderner Pappeinband

München, Bayerische Staatsbibliothek, Clm 9511

Die ganzseitige, wegen ihres schlechten Erhaltungszustandes auf Papier aufgezogene Widmungsminiatur (fol. 1^{v}), eine Federzeichnung auf farbigem, gerahmten Grund unter Verwendung von Gold, Silber, Rosaviolett, Blau und Grün, zeigt zwei Reihen von je drei Personen in Arkadenrahmen. Die drei oberen und die mittlere Figur unten tragen einen Nimbus. Stilistisch bieten die Darstellungen ein sehr individuelles Bild: die wildbewegten Gewänder setzen sich aus sackförmigen Einzelflächen, Spiralen, scharf oder rautenförmig gebrochenen Säumen zusammen; den dunklen Konturen folgen hellere, parallele Binnenzeichnungen. In gleicher Weise unorganisch türmen sich die Haarmassen aus dichten Wülsten auf, werden die Bärte zum Teil als ovale Ringe wiedergegeben. Schrittmotiv, T- oder Doppel-T-förmige Faltensäume, die Darstellung der Hände wie auch die Initialen zeigen trotz allem die Verankerung der Handschrift in der südostdeutschen Buchmalerei um die Mitte des 12. Jahrhunderts.
Bislang nicht eindeutig geklärt sind die Benennungen der Figuren: in der Mitte oben wird man Christus mit Segensgestus und Lilienszepter sehen, unter ihm in einer sehr auffälligen Christusangleichung den Klosterpatron Petrus. Den neben Christus stehenden „Laien" könnte man mit Vorbehalt als Paulus, den zweiten Klosterpatron deuten. Hinter dieser auffällig abweichenden Figur steht eindeutig ein spätantikes Vorbild wie der über der rechten Schulter geknöpfte Mantel in gleicher Weise zeigt wie die antikisierende, kontrapostische Fußstellung und die für spätantike Paulusdarstellungen charakteristische Schriftrolle in der Hand, die hier jedoch nicht richtig verstanden zu sein scheint. Neben Petrus stehen der ungenannte Schreiber der Handschrift (auf fol. 12^{v} verewigte sich auch der Initialenmaler) und ein Abt. Hierfür kommen am ehesten die Äbte Dietrich (um 1148/1159) oder Gerhard (1160/62 bis 1167) in Frage. Nicht benannt werden kann hingegen der heilige Abt oder Bischof neben Christus, der Tonsur wegen vielleicht ein Benediktiner-Heiliger.

Literatur: Elisabeth Klemm, Die romanischen Handschriften der Bayerischen Staatsbibliothek I, Wiesbaden 1980, Kat. 119. – Cornelia Mohr, Die Traditionen des Klosters Oberalteich (Quellen und Erörterungen zur bayerischen Geschichte NF 30, 1. Teil), München 1979.

Peter Morsbach

115. Sammelhandschrift
aus drei verschiedenen Teilen des 10./11.–13. Jahrhunderts

Bayern, um 1170–1180 und um 1200
Pergament, 260 Blätter, 30,5 × 20,5 cm
Restaurierter Einband mit alten Lederresten
München, Bayerische Staatsbibliothek, Clm 9536

Die Sammelhandschrift besitzt auf dem ursprünglich leeren Schlußblatt einer Lage (fol. 116^{v}) eine 12,8 × 15 cm große, leicht lavierte Federzeichnung, die Christus auf einem Faltstuhl thronend zwischen den Heiligen Nikolaus und Vitus zeigt. Die Beischriften stammen von einem Schreiber Konrad, der sich selbst nennt *(Cunrad⁹me scripsit).* Das Bild weist einige ungewöhnliche Merkmale auf: einerseits Christus auf einem Faldistorium und bezeichnet mit der Kreuzesinschrift „Jesus Nazarenus Rex Judeorum", andererseits die Hervorhebung des hl. Vitus und die Verbindung mit dem hl. Nikolaus. Die Konturen der Gestalt Christi sind nachgezogen, so daß z. B. im Vergleich seiner Hände mit denen der beiden anderen die nicht sehr hohe Qualität der Zeichnung deutlich wird, die alles in allem den Eindruck einer Kopie nach einem unbekannten Vorbild macht.
Stilistisch bestehen deutliche Verwandtschaften zum benachbarten Scriptorium in Windberg. Die Hervorhebung des hl. Vitus wiederum weist auf mögliche Beziehungen zu Kloster Prüll.

Literatur: Elisabeth Klemm, Die romanischen Handschriften der Bayerischen Staatsbibliothek I, Wiesbaden 1980, Kat. 123.

Peter Morsbach

116. Apostelleben (Vitae Apostolorum)

Regensburg-Prüfening (?), um 1150 und um 1200
Pergament, 144 Blätter 25,5 × 17,5 cm. Mittelalterlicher Ledereinband

München, Bayerische Staatsbibliothek, Clm 9564

Die Handschrift befand sich seit dem 12. Jahrhundert in Kloster Prüll bei Regensburg und gelangte im 14. Jahrhundert nach Oberalteich. Ihre Herkunft ist ungeklärt. Elisabeth KLEMM lokalisiert sie aufgrund des frühen Besitzeintrages nach Prüll, über dessen Scriptorium bislang jedoch so gut wie nichts bekannt ist.

Eine Beurteilung der beiden unterschiedlichen Initialpaare führt kaum weiter: sowohl das ältere Paar zu Beginn der Petrus-Vita (um 1150) wie das jüngere, um 1200 hinzugefügte der Matthias-Passion finden in der zeitgenössischen Regensburger, Salzburger und Passauer Buchmalerei kaum Vergleichbares, sind westlich beeinflußt. Besonders in den beiden Matthias-Initialen stehen ganz außergewöhnlich elegante Schöpfungen vor Augen, die sich solchen Hauptwerken wie dem Nonnberger „Orationale von St. Erentrud" um 1200 (KLEMM, Die Romanischen Handschriften, Kat. 274) an die Seite stellen.

Die einzige Federzeichnung steht ganzseitig zu Beginn der Matthias-Passion (fol. 129[r]). Zwei anbetende Engel in Viertelkreisen der oberen Ecken und zwei Apostel (Petrus mit Schlüssel und Johannes Evangelista?), zwischen denen ein kleiner Mönch kniet, umgeben die thronende Muttergottes mit ihrem Kind.

Der Stil der Darstellungen gibt einen sehr deutlichen Hinweis auf den möglichen Entstehungsort: das gelängte, etwas vorgeschobene Gesicht des Petrus mit der charakteristischen, etwa herzförmigen Umrißlinie des Haaransatzes, das Haar der anderen Figuren, das von dünnen, parallelen Strichen durchzogen wie eine Kappe auf dem Kopf liegt, die rundlichen, weichen Gesichtsformen, die typischen T-Falten der Gewandsäume oder die schlanken, biegsamen Finger legen eine Herkunft aus Kloster Prüfening nahe, mit dessen Handschriften-Illustrationen des späten 12. Jahrhunderts die Merkmale dieser Zeichnung fast völlig übereinstimmen. „Unprüfeningisch" sind die weich fließende, elegante Einmuldung der Schoßfalten Mariens und die auffallenden gemuldeten Querfältelungen der Apostelgewänder. Diese Muldenfalten lassen eine Entstehung der Zeichnung um 1200 durchaus möglich erscheinen.

Von der Maria-Petrus-Gruppe entstand kurz nach 1200 in einer Handschrift aus Windberg eine vereinfachende Kopie (KLEMM, Die romanischen Handschriften, Kat. 197).

Literatur: Elisabeth KLEMM, Die romanischen Handschriften der Bayerischen Staatsbibliothek I, Wiesbaden 1980, Kat. 128, Kat. 96. – Ausst. Kat. Regensburger Buchmalerei, München 1987, Kat. 39.

Peter Morsbach

117. Petrus Comestor, Historia Scolastica

Regensburg, um 1300
44,8 × 31,5 cm, 619 Seiten (!), Ledereinband des 17. Jh.

München, Bayerische Staatsbibliothek, Clm 9501

Die Historia Scolastica ist eine Bibelnacherzählung und -kommentierung aus der Feder eines Kanzlers der Pariser Kathedrale, Pierre le Mangeur, lat. Petrus Comestor oder Manducator, d. h. der Bücherverschlinger († um 1179). Einerseits ist es eine didaktisch klare und knappe Zusammenfassung der biblischen Geschichte. Eine mehr oder weniger große Zahl von Merkzeichen und Schemata an den Rändern erleichtern die Benutzung. Andererseits wird der biblische Stoff durch Angaben aus den Jüdischen Altertümern des Flavius Josephus, antiken Geschichtsschreibern, Kirchenvätern und anderen Quellen ergänzt und bereichert, z. T. in Exkursform. Dadurch ist die Historia Scolastica in höherem Maße ein Lehr- und Geschichtsbuch als die Bibel. Sie wurde eines der populärsten Bücher des Mittelalters, erst recht in ihren oft sehr freien volkssprachlichen Redaktionen, die z. T. in Versen erfolgten, wie die Weltchroniken. Die Geistlichkeit bevorzugte die ursprüngliche, lateinische Version. Sie diente teils zur (lauten) Lektüre, teils als unerschöpfliches Handbuch voller Geschichten und Geschichtchen für Prediger und (Pfarr-) Geistliche. Letzteres ist auch für diese Handschrift wahrscheinlich, da sie am Anfang die sog. arbores consanguinitatis enthält, d. h. didaktische Schemata, die bei der Prüfung von Eheaufgeboten erlaubten festzustellen, ob der Grad der Verwandtschaft zu eng war; auch in Erbschaftsangelegenheiten u. ä. m. konnten diese Tafeln nützlich sein. Außerdem enthält der Band ab S. 590 eine kurzgefaßte Chronologie.

Die Handschrift stammt aus der Benediktinerabtei Oberalteich. Dieses Kloster war im 13.–15. Jh. ökonomisch, wissenschaftlich und moralisch eines der blühendsten Bayerns; viele Reformimpulse gingen von ihm während dieser Zeit aus. Auf S. 24 ist in der einzigen bildlich ausgestatteten Initiale ‚R(everendo) ...' ein Benediktinerabt dargestellt, wie er das Buch Gott dediziert, der in der oberen Buchstabenhälfte in Büstenform dargestellt ist. Welcher der Oberalteicher Äbte den Auftrag erteilt hat, läßt sich wohl nicht mehr feststellen. Hingegen ist wahrscheinlich, daß man als Vorlage die Handschrift Clm 22239 vom Jahre 1279 aus dem benachbarten (und befreundeten) Prämonstratenserkloster Windberg benutzte, die sich eng an Pariser Handschriftenausstattungsbräuche anlehnt, vielleicht sogar französischer Herkunft ist.

Die Windberger Handschrift dürfte in den Diözesanmittelpunkt Regensburg zur Abschrift mit den entsprechenden Wünschen zur Ausstattung geliefert worden sein. Das läßt sich eindeutig aus dem Codex erschließen: er ist von mindestens zwei professionellen Schreibern geschrieben und zwei Rubrikatoren rubriziert worden, nach Regensburger Brauch, der sich damals von Pariser

Gewohnheiten herleitet, etwa in den alternierenden Blau-Rot-Buchstaben der Titelzeile, in der Art der Fleuronnée-Zierbuchstaben in Grün und Rot (im hinteren Teil gelegentlich auch in Blau und Rot). Die Lagen sind klein durchnumeriert und haben Reklamanten (meist bei einer späteren Bindung weggeschnitten).
Das sicherste Indiz aber gibt die bildliche Ausstattung, d. h. die Bildinitiale auf S. 24: sie stimmt ikonographisch überein mit einer sicher regensburgischen Arbeit, dem Einzelblatt der Pierpont Morgan Library in New York M 870/1, das aus einem Antiphonar des Hl.-Kreuz-Klosters in Regensburg stammt (Ausst. Kat. Regensburger Buchmalerei, München 1987, Nr. 71, um 1310). Da die Oberalteicher Darstellungsweise stilistisch älter ist, eng verwandt der 1295 datierten Legenda Aurea aus St. Emmeram (a. a. O. Kat. Nr. 69), wird man die Entstehung der Handschrift in die Jahre um 1300 zu rücken haben. Auch die vielen Prachtinitialen mit Tiermasken, Drachen, Blüten usw. weisen noch auf Traditionen des 13. Jh. zurück, ebenso die Neigung, alle Formen mit dicken schwarzen Linien zu konturieren sowie die Bevorzugung von leuchtend warmen Farbtönen, insbesondere eines satten Gelb. An den Initialen fällt im übrigen die vielfache Abweichung von den mit Rötel angelegten Vorzeichnungen auf.

Literatur: F. X. Schlecht, Wissenschaftliche und künstlerische Betätigung der Benediktiner Oberalteichs bis 1630 mit quellenkritisch untersuchter Abtsliste, in: SMBO 54, 1936, S. 311–341. – H. Jerchel, Die bayerische Buchmalerei des 14. Jahrhunderts, in: Münchner Jahrbuch der bildenden Kunst NF 10, 1933, S. 70–109, bes. S. 80 (dort als bayerisch).

Robert Suckale

DIE ZISTERZIENSER

Die Zisterzienser sind aus dem benediktinischen Mönchtum hervorgegangen. Sie haben vier Gründungsväter: Robert von Molesme, Alberich, Stephan Harding und Bernhard von Clairvaux.
Der erste, Robert, verließ wohl 1098 zusammen mit 21 Gefährten sein Kloster Molesme, um im einsam gelegenen Citeaux unter strenger Beachtung der Regel Benedikts klösterlich zu leben. Alberich, sein erster Nachfolger als Abt in diesem „neuen Kloster" führte die Gemeinschaft über die Anfangsschwierigkeiten hinweg, sicherte ihr 1100 die päpstliche Bestätigung und legte ihre Grundsätze schriftlich nieder. Der oberste Leitsatz der neuen Gemeinschaft war: „Zurückbesinnen auf die Reinheit und Richtigkeit der Benediktsregel". Nach ihr wollte sie in apostolischer Armut und Entsagung leben. Einkünfte aus Grund- oder Herrschaftsrechten, sowie den Zehnten lehnte die junge Gemeinschaft im Gegensatz zum reich und mächtig gewordenen Verband des Nachbarklosters Cluny ab. Die Mönche sollten ihren Lebensunterhalt mit den eigenen Händen erarbeiten. Um daneben die vollständige Ausführung des Gotteslobes, des opus dei und der lectio divina, zu gewährleisten, wurden Laienbrüder, sogenannte Konversen, aufgenommen. Sie arbeiteten für die Klostergemeinschaft, waren jedoch weder Lohnarbeiter noch Mönche. Persönliche Studien und das Tragen der Kukulle war ihnen untersagt, bei der Abtswahl hatten sie kein Mitspracherecht. Doch waren sie es, die den Mönchen von Citeaux ermöglichten, trotz ihrer landwirtschaftlichen Grundlagen auf die Wirtschaftsordnung Clunys zu verzichten. Für die in abgelegenen Gegenden zu errichtenden Neugründungen rodeten sie die Wälder, legten sie die Sümpfe trocken. Mit ihrer Hilfe wurden die Mönche Citeauxs und seiner Tochterklöster, die Zisterzienser, begehrte Kolonisatoren.
Die Einrichtung erster Tochterklöster unter dem auf Alberich folgenden Abt Stephan Harding machte Vorschriften über das gegenseitige Abhängigkeitsverhältnis der Konvente notwendig. Stephan erließ sie mit der „carta caritatis". Sie gestand den einzelnen Klöstern weitgehend Selbständigkeit zu – im Gegensatz zu Cluny hatte jedes seinen eigenen Abt. Alle Äbte hatten sich einmal im Jahr zum Generalkapitel in Citeaux, einer Art „oberster Instanz" einzufinden. Es sollte die Einheit der Lebensrichtlinien in den einzelnen Klöstern gewährleisten, die zusätzlich durch jährliche Visitationen des jeweiligen Mutterklosters überprüft werden sollten. Diese von Calixt II. 1119 bestätigte Verfassung erfuhr bis zu ihrer endgültigen Festlegung in der Bulle „parvus fons" Clemens' IV. (1265) mehrfach Veränderungen. Durch die „carta caritatis" wurden die Zisterzienser zum ersten Orden im eigentlichen Sinne: ihre Vorschriften grenzten Gemeinschaften gleich lebender Mönche von anderen Formen klösterlichen Lebens ab und gaben ihnen zugleich eine einheitliche Struktur.
Unter maßgeblicher Beteiligung Stephan Hardings entstand nahe bei Citeaux das erste Zisterzienserinnenkloster: Tart. Bald begann dieses Tochtergründungen zu errichten. Förmlich in den Orden inkorporiert wurden Nonnenkonvente jedoch erst ab der Wende vom 12. zum 13. Jahrhundert, nachdem der Orden 1184 die Exemtion von bischöflicher Gewalt erhalten hatte.
Zu überragender Bedeutung verhalf dem Orden Bernhard von Clairvaux. 1112 in Citeaux eingetreten, wurde er bereits drei Jahre später zum Abt des neuentstandenen Clairvaux erhoben. Hier verbrachte er sein Leben, 38 Jahre war er Abt. Seine lange Regentschaft sollte das 12. Jahrhundert zum „Bernhardinischen" werden lassen. Die besondere Christusmystik und Marienfrömmigkeit des Ordens gehen auf ihn zurück. Die großen Auseinandersetzungen zwischen Zisterziensern und Cluniazensern um die rechte Auslegung der Regel führte er an und fand in Petrus Venerabilis, dem Großabt von Cluny, einen ebenbürtigen Gegner. Bei der gespaltenen Papstwahl 1130 ergriff Bernhard Partei für Innozenz II., gegen die scholastischen Lehren Abaelards zog er erbittert zu Felde, mit dem Traktat „de consideratione" versuchte er Einfluß zu nehmen auf Papst Eugen III. – einst Mönch seines Ordens. Er prägte die Zweischwerterlehre, veranlaßte mit flammenden Kreuzzugspredigten geistliche und weltliche Fürsten zum Aufbruch ins Heilige Land und förderte die Ritterorden. Seine schillernde Persönlichkeit prägte das 12. Jahrhundert. Er selbst bezeichnete sich am Ende seines Lebens als Fabelmonster („chimaera mei saeculi"): weder als Kleriker noch als Laie empfand er sich. Um die zerrütteten Zustände seiner Zeit wieder zurechtzurücken, war er aus seiner engen Zelle getreten und hatte damit zugleich die kontemplative

Haltung des Mönches preisgegeben. Dem Orden verhalf sein Auftreten zu ungeheuerem Zulauf. Bernhard selbst begründete 69 Filialen von Clairvaux; im Jahr seines Todes umfaßte die zisterziensische Gemeinschaft insgesamt 344 Klöster. Über 100 Zisterziensermönche wurden im 12. Jahrhundert zu Bischöfen erhoben, 12 zu Kardinälen. Zisterzienser dienten Päpsten und Kaisern als Diplomaten und hüteten die Reichskleinodien der Könige.
In der gewaltigen Expansion des Ordens lag aber bereits der Keim des Verfalls. Fast unübersehbar und dementsprechend schwer kontrollierbar wurden die Neugründungen. Als mit der Mitte des 13. Jahrhunderts freiheitsversprechende Städte die Menschen anzogen, mangelte es an Laienbrüdern, die die Eigenwirtschaft der Klöster aufrechterhielten; Lohnarbeiter mußten eingestellt werden. Die daraus resultierende Verarmung führte zum Nachlassen der klösterlichen Disziplin und zu Auseinandersetzungen der einzelnen Klöster untereinander. Wirtschaftskrisen, Kriege und Seuchen kamen hinzu. Die entstehenden Nationalstaaten erschwerten die Visitationen und spalteten die Klöster während des großen Schismas in Parteigänger Urbans VI. und Clemens' VII. Viele Klöster, die all dem trotzten, erstarben mit der Reformation.

Gottesdienst (opus dei), geistliche Lesung (lectio divina) und die Handarbeit (labor manum) bildeten die Grundpfeiler zisterziensischen Lebens im Mittelalter. Ziel war ein streng an der Regel Benedikts ausgerichtetes Leben. Notwendige Ergänzungen wurden in der „carta caritatis", der „ecclesiastica officina" und in den Beschlüssen der Generalkapitel niedergelegt.
Die Organisation des Klosters selbst glich der des benediktinischen Konvents. Im Unterschied zum Klosterverband von Cluny hatte jedoch jedes Kloster einen eigenen Abt. Zur überragenden Bedeutung der Zisterzienser trug die Einrichtung eines Konversenstandes arbeitender Klostermitglieder bei. Sie wurden nicht in die Klausur aufgenommen und lebten, betreut vom Konversenmeister, in einem eigenen Gebäude außerhalb der Klausur oder auf Außenhöfen, sogenannten Grangien. Nur an Sonn- und Feiertagen nahmen sie an der Messe in der Klosterkirche teil. Die Mönche selbst feierten täglich die Messe. Anfangs war sie sehr schlicht, erst im 13. Jahrhundert übernahmen die Zisterzienser die aufwendigeren Formen der römischen Liturgie. Allzu prächtigen Schmuck der Kirchen lehnten sie weiterhin ab, ihre Klöster sind am Fehlen der Kirchtürme zu erkennen. Nur ein kleiner Dachreiter ragt in die Höhe.
Die grundlegende Forderung nach Schlichtheit und Askese prägte Speisen und Kleidung. Fleischgenuß war den Mönchen anfangs völlig verboten. Ihre Kukulle war im Gegensatz zu der schwarzgefärbten der Benediktiner, ursprünglich aus grober, ungefärbter Schafswolle genäht. Unter ihr trugen die Mönche als Arbeitskleidung einen weißen Habit mit schwarzem Skapulier, einen Stoffstreifen mit angenähter Kapuze, dessen Enden über Brust- und Rücken bis zum Saum des Habits reichten. Eigentliche Ordenskleidung war die graue ungefärbte Kukulle. Deshalb wurden die Zisterzienser auch als die „grauen", bzw. „weißen" Mönche berühmt. Nach der Legende hatte Maria selbst dem zweiten Abt von Citeaux, Alberich, dieses graue Gewand überreicht.

Doris Gerstl

ZISTERZIENSER IM BISTUM REGENSBURG

Fünf zisterziensische Konvente entstanden im Laufe des hohen Mittelalters im Bistum Regensburg: Die Männerklöster Waldsassen, Walderbach und Gotteszell und die beiden Frauenklöster Seligenthal und Pielenhofen.

Unter ihnen hatte nur das 1133 vom Schwiegervater Barbarossas, Markgraf Diepold III. von Vohburg, eingerichtete Waldsassen im westlichen und mittleren Böhmen noch wirklich kolonisatorische Aufgaben zu bewältigen. Es wurde zum geistlichen, kulturellen und wirtschaftlichen Zentrum des nachmaligen „Stiftslandes". Zwei böhmische Tochterklöster hat es gegründet: Sedlitz und Ossegg. Das Jahr 1571 brachte das Ende dieser ersten bedeutenden Phase des Waldsassener Klosters: es wurde vom pfälzischen Kurfürsten aufgehoben.

Walderbach hatte dieses Schicksal bereits 1562/63 erlitten. Als Familienstiftung der Burggrafen von Regensburg und der mit diesen verwandten Landgrafen von Stefling war die Zisterze 1143 aus einem Augustinerchorherrenstift hervorgegangen. Die Chorherren hatten gerade den Bau einer neuen Kirche begonnen, als die Zisterzienser einzogen. Die grauen Mönche übernahmen deren Grundriß und kamen so zu einer der Bautradition ihres Orden bis dahin fremden Hallenkirche, deren gesamtes Mittelschiff sie mit modernen Rippen wölbten. Noch heute steht die Walderbacher Kirche.

Gotteszell wurde 1258 von Heinrich Pfölingen und seiner Ehefrau Mathilde gegründet. Es ist die letzte Zisterze des alten Bayern. Als am geringsten Bestiftete hatte sie stets mit finanziellen Schwierigkeiten zu kämpfen. Im 15. Jahrhundert mußte sogar der Stab des Abtes verpfändet werden.

Reich ausgestattet war dagegen Seligenthal. Herzogin Ludmilla, die Tochter des böhmischen Königs, hatte es zum Gedenken an ihren ermordeten Gemahl, den Wittelsbacher Ludwig I., 1232 auf dem Gelände des Landshuter Heilig-Geist-Spitales eingerichtet. Das Zisterzienserinnenkloster sollte zum wittelsbachischen Totenmonument werden. Über 40 Mitglieder der in Landshut residierenden niederbayerischen Linie des Geschlechts wurden hier bestattet. Die Ordensfrauen, überwiegend selbst aus adeligen Kreisen stammend, waren ihnen zu immerwährendem Sühne- und Fürbittgebet verpflichtet.

Adelig waren auch die meisten Nonnen des Klosters Pielenhofen. Eine Schutzurkunde Papst Gregors IX. nennt es 1237 erstmals als „Portas sanctae Mariae". 1559 wurde es vom protestantischen Kurfürsten aufgehoben.

Literatur: Angelika Ehrmann, Peter Pfister und Klaus Wollenberg (Hrsg.), In Tal und Einsamkeit. 725 Jahre Kloster Fürstenfeld. Die Zisterzienser im alten Bayern, Katalog und Aufsatzband zur Ausstellung im Kloster Fürstenfeld 1988. – Georges Duby, Der heilige Bernhard und die Kunst der Zisterzienser, Stuttgart 1981. – Kaspar Elm, Peter Joerrissen und Hermann Josef Roth (Hrsg.), Die Zisterzienser. Ordensleben zwischen Ideal und Wirklichkeit. Katalog und Zusatzband (= Schriften des Rheinischen Museumsamtes Nr. 10 und Nr. 18), Köln 1981. – Ambrosius Schneider u. a. (Hrsg.), Die Cistercienser, Geschichte – Geist – Kunst, Köln [2]1977.

Doris Gerstl

WALDSASSEN

Wie zahlreiche andere deutsche Zisterzienserklöster war auch Waldsassen eine adlige Stiftung. Als weltlicher Stifter gilt Markgraf Diepold III. (1075–1146), Herr über einen großen Teil der mittleren Oberpfalz mit der Herrschaft Vohburg, den Marken Cham und Nabburg. Diepold hatte 1131 der Begegnung Papst Innozenz II. mit König Lothar von Supplinburg in Lüttich beigewohnt und muß dort mit Bernhard von Clairvaux zusammengetroffen sein. Bereits zwei Jahre später, 1133, erfolgte die Gründung Waldsassens.

Für Diepold III. mußte der Zisterzienserorden in zweifacher Hinsicht interessant sein. Zum einen strebten die Ordensniederlassungen nach wirtschaftlicher Unabhängigkeit und Selbstversorgung, so daß die Gründung von Zisterzen auch für solche Stifter möglich war, denen keine überreichen Mittel zur Verfügung standen. In der Tat war die Erstdotation Waldsassens mit drei Dörfern nicht überreich. Zum anderen standen dem Orden zahlreiche Konversen zur Verfügung, die gute landwirtschaftliche Kenntnisse besaßen und somit für Rodungsarbeiten und den Landausbau herangezogen werden konnten. Diepold selbst trieb im nördlichen Teil des Nordgaus schon längere Zeit eine planmäßige Kolonisation voran, bei der ihn die Zisterze Waldsassen unterstützte. Bis um 1140 entstanden die Pfarreien Beidl, Eger, Redwitz, Tirschenreuth und Wondreb. Dazu kamen noch im 12. Jahrhundert zahlreiche befestigte Sitze, Burgen und die Pfalz Eger. Der Hauptbeweggrund für die Errichtung Waldsassens dürfte wohl in dieser Zivilisationsarbeit zu suchen sein, deren Schwerpunkt auf der Erschließung des westlichen und mittleren böhmischen Raumes lag.

Waldsassen ist in der Tradition des Zisterzienserordens die 100. Gründung und gehört zu den frühesten deutschen Zisterzen. Eine eigentliche Gründungsurkunde wie im Falle Seligenthals (Kat. Nr. 121) ist nicht bekannt. Die ersten Mönche kamen aus dem thüringischen Volkenrode, das eine Gründung des Klosters Kamp am Niederrhein, der ersten deutschen Zisterze (1122), war. Somit gehörte auch Waldsassen zur Filiation Morimond-Kamp. Volkenrode war 1131 gegründet worden, just in dem Jahr, in dem Diepold den hl. Bernhard kennenlernte.

Der Aufschwung Waldsassens setzte bald ein. Schon 1143 gründete es selbst eine erste Tochterzisterze im böhmischen Selec (Sedletz), der in diesem Raum 1194 Ossek folgte. Dazwischen lag die Gründung Bronnbachs in Baden 1151, gegen das wohl 1166 Walderbach in der Oberpfalz von Kloster Maulbronn getauscht wurde.

1147 nahm König Konrad III. Waldsassen unter seinen Schutz. Die Befreiung von fremder Gerichtsbarkeit und die freie Wahl eines Schutzherren neben dem deutschen König leiteten die Erteilung der Reichsunmittelbarkeit ein. Bis 1185 konnte Waldsassen einen umfangreichen Grundbesitz auf einer Fläche von über 60 km² erwerben, der in einer päpstlichen Urkunde bestätigt wurde. Das Kloster verfügte mit dem sog. „Stiftland" somit über die *„bedeutendste Grundherrschaft in der nordwestlichen Oberpfalz"* (Hubel 2). Die Kaiser Heinrich VI. und Friedrich II. bestätigten 1194 und 1214 die Immunität des Klosters. Durch enge Beziehungen nach Böhmen erfreute sich Waldsassen auch der besonderen Gunst der böhmischen Krone. Hauptsächlich die Pržemisliden erteilten zahlreiche wirtschaftliche Privilegien.

Während des 14. Jahrhunderts hatte Waldsassen immer wieder unter fremden Übergriffen, Kriegen und Plünderungen zu leiden. Hiervor und vor wirtschaftlicher Bedrängnis suchte es Ludwig der Bayer 1354 in Schutz zu nehmen und bestätigte nochmals die Reichsunmittelbarkeit.

In den Hussitenkriegen des 15. Jahrhunderts wurde das Kloster zu Reichsleistungen verpflichtet. Zu den äußeren Problemen traten bereits im 14. Jahrhundert innere Belastungen, die bis zur Entzweiung des Konventes führten. Gegen die Zahlung von Abfindungen waren zuviele Äbte bereit, vorzeitig zu resignieren. Wegen der Wahl des Schutzherren spaltete sich der Konvent 1411 in zwei Parteien, was mit zwei abgesetzten Äbten zu einem „kleinen Schisma" führte. Doch kannte auch das 15. Jahrhundert glanzvolle Höhepunkte. Der Abt von Waldsassen wurde spätestens 1434 „Fürst" genannt, ohne jedoch Sitz und Stimme auf der Fürstenbank des Reichstages zu erringen. Die Reichsmatrikel von 1521 nennt ihn an 26. Stelle auf der Prälatenbank (Gerhard Oestreich in Gebhardt, Handbuch der deutschen Geschichte 11, München [5]1983, S. 141).

Das 16. Jahrhundert bedeutete wie für so viele oberpfälzische Klöster auch die Zeit des Niedergangs und der (vorübergehenden) Auflösung. Es war nicht zuletzt die Schuld des Klosters selbst, dessen Abt Konrad II. (1394–1417) aufgrund der Zerstrittenheit des Konventes die Hilfe des Pfalzgrafen bei Rhein erbeten und erhalten hatte. Die Pfälzer waren Gegner der Reichsunmittelbarkeit Waldsassens und erhielten, als das Kloster anstelle der böhmischen Schutzherrschaft die „kurpfälzische Advokatie" wählte (Krausen) und somit nach ihrer Interpretation die Reichsfreiheit aufgegeben hatte, die Möglichkeit zu internen Eingriffen in das Klosterleben oder wie 1525 zur militärischen Besetzung des Stiftlandes. Krausen bezeichnete die neuen Äbte als „*Kreaturen der Amberger Regierung*". Nach der Gefangennahme des letzten freigewählten Abtes Georg III. 1537 durch Herzog Friedrich II. von der Pfalz wurden nurmehr Administratoren eingesetzt. Der Konvent mußte Friedrich II., der 1544 Kurfürst wurde, als Landesherrn anerkennen. Bereits sechs Jahre später löste Kurfürst Ottheinrich nach der Einführung der lutherischen Lehre das Kloster auf. 110 Jahre sollte des dauern, bis aus Kloster Fürstenfeld wieder Zisterzienser nach Waldsassen kamen.

Literatur: Karl Wild, Baiern und Böhmen, Beiträge zur Geschichte ihrer Beziehungen im Mittelalter, in: VHVO 88 (1938), S. 121f. – Die Kunstdenkmäler der Oberpfalz XIV: Bezirksamt Tirschenreuth, bearb. von Felix Mader, München 1908, S. 86–137. – Edgar Krausen, Die Klöster des Zisterzienserordens in Bayern, München-Pasing 1953, S. 100–103. – Achim Hubel, Die Stiftskirche Waldsassen (KKF 2), München-Zürich [28]1983. – Rolf Jakob, Die Stiftsbasilika Waldsassen im 12. Jahrhundert, in: Oberpfälzer Heimat 25 (1981), S. 93–113. – Karl Hausberger, Geschichte des Bistums Regensburg I, Regensburg 1989, S. 97f.

Peter Morsbach

118. Grundriß des Klosters und Ortes Waldsassen

Moritz Wienner (?), o. D. [1621]
kolorierte Federzeichnung, Papier auf Papier neu aufgezogen, 40,8 × 53,7 (32,2 × 44,8) cm
Maßstab ca. 1 : 1810

Amberg, Staatsarchiv, Plansammlung
(früher: München, Bayerisches Hauptstaatsarchiv, Plansammlung 11096)

Der um 1621 von dem Hauptmann Moritz Wienner angefertigte Grundriß des Ortes und Klosters Waldsassen verdankt seine Entstehung vermutlich den in diesem Jahr in der Oberpfalz ausbrechenden Kriegswirren. Er gehört zu einer Folge von insgesamt acht Pänen Wienners west- und nordoberpfälzischer Orte, die in erster Linie unter Berücksichtigung ihrer Befestigungsanlagen gefertigt wurden. Rot eingezeichnet sind die bestehenden Gebäude.

Zur mittelalterlichen Situation läßt sich folgendes sagen: Die Zisterze Waldsassen besaß seit dem 15. Jahrhundert, wohl aufgrund der Hussitenkriege, zwei Ringmauern (Mauern dürfte es auch schon früher gegeben haben): eine geschlossene innere, die Kirche, Kreuzgang, Konvent- und Verwaltungsgebäude, Klostergarten und das von einem Wassergraben umgebene sog. Abteischloß (neue Abtei) umzog. Darum legte sich im Abstand von ca. 100 bis 150 m ein zweiter, annähernd spitzbogiger Mauerzug, der Anfang und Ende an der Wondreb nahm. Der Bereich zwischen den beiden Mauern war im Mittelalter weitgehend unbebaut und diente der landwirtschaftlichen Versorgung des immer wieder bedrängten Klosters. In der östlichen Hälfte des Areals lagen drei Teiche, die nicht nur die neue Abtei zu schützen hatten, sondern anfangs in erster Linie der Fischzucht dienten. Der Grundriß zeigt also das durch Mauern geschützte Gebiet, das der wirtschaftlichen Versorgung und Unabhängigkeit des Klosters dienen mußte. Im Kern der Anlage erhoben sich die Klostergebäude um die Kirche. Zieht man – soweit dies nach unserer Kenntnis möglich ist – spätere An- und Erweiterungsbauten ab, so kristallisiert sich auch in Waldsassen das Schema einer Zisterze heraus; ein Schema, das im Prinzip für alle Klöster des Ordens verbindlich war, jedoch von Ort zu Ort mit mehr oder minder großen Abänderungen ausgeführt wurde (Abb. bei Schröder S. 313).

Mittelpunkt des Klosterlebens war – bei den Zisterziensern vielleicht noch mehr als bei anderen Orden – die Kirche, die nur und ausschließlich Klosterkirche war, „weder für Pilgerscharen noch für eine Pfarrgemeinde bestimmt" (Schröder 315). Aus dem Grundriß (Gestalt und Aufriß die Kirche werden in Kat. Nr. 119 behandelt) geht lediglich hervor, daß es sich um einen langgestreckten Bau mit fünfapsidialem Staffelchor handelte. Ein östliches Querhaus ist nicht zu sehen, obwohl es existierte. An der Westseite stand die Vorhalle. Vom südlichen Querhausarm waren sodann die Klostergebäude zugänglich. Unmittelbar an das Seitenschiff angebaut erhob sich das Kreuzgangsgeviert, an dessen Südseite sich ein Brunnenhaus befand, das auf einem Grundriß um 1618 (Abb. in KDB Opf. Fig. 66) eingezeichnet ist. In südlicher Verlängerung von Querhaus und Vorhalle standen, durch den Kreuzgangssüdflügel verbunden, die Abteigebäude. Entsprechend dem Einteilungsschema müßte der Ostflügel Sakristei, Bibliothek, Kapitel- und Mönchssaal und darüber das

Nach ERTL, *Churb. Atlas 1687*

Mönchsdormitorium aufgenommen haben. Im Südflügel lag demnach wohl das Mönchsrefektorium, im Westflügel Konversen- und Laienrefektorium, darüber das Laiendormitorium. Genauere Rückschlüsse lassen sich weder aus diesem Grundriß noch der Stilpschen Ansicht ziehen.

Natürlich ist im Grundriß Wienners die alte Anlage nur mehr im Prinzip zu erkennen, die bis 1621 zahlreiche Um- und Anbauten erhielt, aber auch Verluste hinnehmen mußte. Wann die anderen, nach Osten und Westen sich erstreckenden Flügel mit den Nebengebäuden und dem späteren Pfarrhof (Stilp 14) angefügt wurden, ist nicht überliefert. 1495 begann der Neubau von Refektorium, Bibliothek und Parlatorium (im Ostflügel?). Doch in den Zerstörungen, die Waldsassen während des Landshuter Erbfolgekrieges erlitt, verschwanden etliche ältere Bauten und Bauteile ersatzlos (Dazu KDOpf. 90f.).

Das nordwestlich der alten Abtei angelegte Schloß, eine Art Weiherhaus mit eigener Umwehrung und vier Ecktürmen, „neue Abtei" genannt, war unter Abt Johannes VI. (1433–1461) begonnen und unter Abt Nikolaus IV. (1461–1479) vollendet worden. Seine Errichtung war aufgrund zweier Plünderungen durch böhmische Horden 1430 und 1433 notwendig geworden.

Nördlich an die Klosterkirche anstoßend, jedoch nicht, wie dies Wienner zeigt, am Seitenschiff, sondern am Nordchor und vermutlich über das Querhaus zugänglich, lag eine gotische Kapelle mit Strebepfeilern, die zum angrenzenden Friedhof gehört haben dürfte.

Der Zugang zum Klosterbereich geschah durch ein westliches Torhaus in der äußeren Ringmauer. Dort befand sich die spätestens aus dem frühen 14. Jahrhundert stammende Kapelle St. Jakob (Stilp 5,6). Torkapellen gehören zur Ausstattung von Zisterzen (vgl. Aldersbach u.a.). Hier fand der Gottesdienst für die Frauen statt, *„denen der Zutritt zur großen Klosterkirche nur an der Oktav vor deren Einweihung gestattet war"* (KDOpf. 99).

Die im südwestlichen Bereich des ursprünglich unbebauten Areals zwischen den Ringmauern angelegten Hauskomplexe gehören zu den 1614–1618 entstandenen Wohn- und Fabrikationsstätten der Tirschenreuther Färber- und Zeugmacherfirma Geisel (FUCHS 133), die produktionsbedingt die Nähe des Wassers am Mühlbach, an dem vermutlich schon die Mühlen des Klosters standen, und der Wondreb suchte.

Literatur: Die Kunstdenkmäler der Oberpfalz XIV: Bezirksamt Tirschenreuth, bearb. von Felix MADER, München 1908, S. 89–94, Fig. 65. – Ausstellungskatalog, Die Oberpfalz in alten Ansichten, Amberg 1988, Nr. 42, S. 132–134 (Achim FUCHS). – Ulrich SCHRÖDER, Architektur der Zisterzienser, in: Die Zisterzienser, Ausstellungskatalog Köln 1981, S. 311–344, Abb. 2.

Peter Morsbach

119. „Geometrischer Abriß des Closter- und neu erbauten Orts Waldtsassen"

Ferdinand Jakob Stilp, 1670
Teilkolorierte Federzeichnung, Pergament,
37 × 42 (35,1 × 40) cm

Amberg, Staatsarchiv, Plansammlung
(früher: München, Bayerisches Hauptstaatsarchiv, Plansammlung 3294)

Die Vogelschau Stilps entstand ein Jahr nachdem nach 110jähriger Unterbrechung Waldsassen an Zisterzienser aus Fürstenfeld zurückgegeben wurde. Inzwischen hatte sich die Ortschaft Waldsassen gegenüber der Zeit des Moritz Wienner vergrößert. Deutlich zeigt Stilp Zerstörungen des Dreißigjährigen Krieges und der nachfolgenden Zeit. Als *„abgebrendt"* bezeichnet er die Amtsschreiberei (9), das Schloß (11), das Neugebäude (12). Auch scheint die Kirche Schäden aufzuweisen. Knapp ein Jahrzehnt später begann die Barockisierung, die keinen mittelalterlichen Rest stehen ließ.

Wir wollen uns noch einmal der Klosterkirche zuwenden, gibt uns diese Ansicht doch ein recht gutes und halbwegs zuverlässiges Bild der romanischen Anlage mit ihren späteren Veränderungen.

Die Weihe der Kirche, die sich anstelle einer älteren und kleineren Anlage erhob, fand unter dem 5. Abt Daniel am 12. Juni 1179 in Gegenwart Kaiser Friedrich Barbarossas und zahlreicher Fürsten durch den Regensburger Bischof Konrad II. von Raitenbuch (Kuno) statt, einem treuen Anhänger des Kaisers.

Gesicherte Baudaten fehlen so gut wie ganz. Im 3. Viertel des 13. Jahrhunderts, einer Zeit verstärkter Bautätigkeit, scheint die Einwölbung vorgenommen worden zu sein, die eine Flachdecke ersetzte. Unter Abt Ulrich (1304–1310) entstand an der Westseite der Kirche die sog. Paradieskapelle. Der Vierungsturm muß unter Abt Nikolaus IV. (1461–1479), der auch die neue Abtei vollendete, errichtet worden sein. Damals vergrößerte man auch die Kirchenfenster.

Größere Schäden verursachten die Wirren des Landshuter Erbfolgekrieges 1504, die eine Neuweihe der Kirche notwendig machten (1517). Hierbei handelte es sich wohl in erster Linie um Schäden an der Ausstattung, denn der alte Kirchenbau stand noch bis 1681.

Bei Rekonstruktionsfragen bleibt man in erster Linie auf die Ansicht Stilps und – mit Einschränkungen – die Pläne von 1618 und 1621 angewiesen. So ist es unzweifelhaft, daß die Kirche eine dreischiffige Basilika mit fünfapsidialem Staffelchor war. Auch muß sie ein Querhaus besessen haben, das nur wenig oder gar nicht über die Flucht des Langhauses hervortrat, da es die älteren Grundrisse nicht zeigen. Bei Stilp hingegen zeichnet es sich sehr deutlich ab. Die auf dem Plan von 1618 quer durch die Kirche gezogene Linie stellt entweder das Querhaus oder einen Lettner dar. Der Vierungsturm ersetzte sicherlich einen einfachen Dachreiter. Das 1306 erbaute Paradies bzw. die Paradieskapelle rekonstruierte R. Jakob als Vorhalle in der Breite des Mittelschiffs (Grundriß bei Jakob Abb. 6), die vielleicht nach 1504 auf die ganze Breite des Kirchenschiffs erweitert wurde, wie dies auch Stilp überliefert. Ähnliches zeigt die Abbildung der mittelalterlichen Kirche in Ertls Kurbayerischem Atlas 1690. Jedoch sollte man auch an die Möglichkeit einer Vorhalle in ganzer Kirchenbreite schon 1306 denken (so auch Schütz 45).

Das auffälligste Merkmal der Basilika, der Staffelchor mit fünf Apsiden, wurde in der Forschung immer wieder diskutiert. Bei der Frage nach der Herkunft dieser Bauidee wird man zunächst in den thüringischen Raum verwiesen, woher die ersten Mönche Waldsassens kamen. Als direktes Vorbild zieht man schon lange die Benediktinerkirche Thalbügel, begonnen 1142, in Erwägung (Grundriß bei Jakob S. 104, Abb. 3). Aber auch französische Einflüsse wie der Benediktinerkirche von Payerne können von Bedeutung gewesen sein, da Waldsassen zur Filiation von Kamp am Niederrhein, der ersten deutschen Zisterze (gegr. 1122), gehörte, die wiederum von Kloster Morimond gegründet worden war. Morimond war für die Verbreitung des Zisterzienserordens in Deutschland von großer Wichtigkeit. Insofern könnte dem Bau Waldsassens letztlich eine cluniazensische Tradition zugrundeliegen. Dies nochmals zu diskutieren, ist jedoch hier nicht der Ort. Waldsassen übte nach einiger Zeit selbst eine gewisse Ausstrahlung aus: die Zisterzen von Bronnbach, einer Waldsassener Filiation (1146), Maria Bildhausen in Unterfranken (1161?) und Stams in Tirol (1284) scheinen mit ihren fünfapsidialen Chorlösungen dem oberpfälzischen Vorbild verpflichtet zu sein.

Die Gesamtrekonstruktion des Waldsassener Grundrisses hat Jakob in Anlehnung an die Kirche von Bronnbach unternommen.

Literatur: Die Kunstdenkmäler der Oberpfalz XIV: Bezirksamt Tirschenreuth, bearb. von Felix Mader, München 1908, S. 89–96. – Rolf Jakob, Die Stiftsbasilika Waldsassen im 12. Jahrhundert, in: Oberpfälzer Heimat 25 (1981), S. 93–113. – Bernhard Schütz, Bauten der Zisterzienser in Bayern, in: In Tal und Einsamkeit. 725 Jahre Kloster Fürstenfeld, Aufsatzband, Fürstenfeldbruck 1988, S. 44f. – Ernst Badstübner, Klosterkirchen im Mittelalter, München 1988, S. 131, 140–217. – Ausstellungskatalog, Die Oberpfalz in alten Ansichten, Amberg 1988, Kat. 43, S. 135–137 (Achim Fuchs). – Achim Hubel, Stiftsbasilika Waldsassen (KKF 2), München–Zürich [28]1983, S. 2–4.

Peter Morsbach

120. Konventsiegel

Waldsassen, 1353 Februar 1

Wachs, Durchmesser ca. 4 cm, rechts unten am Rand leicht beschädigt

München, Bayerisches Hauptstaatsarchiv, Waldsassen 349

Das Siegel hängt mit einem weiteren stark beschädigten an einer Urkunde über die Stiftung einer Beleuchtung des St. Magdalenenaltares. Das Siegelbild zeigt die auf einer Sitzbank thronende Muttergottes, nach rechts gewandt, mit einem Szepter oder Reis. Das Kind steht auf dem linken Oberschenkel der Mutter. Die Umschrift lautet *s[igillum] – conventvs – m[onasterii] – waltsassen.*

Literatur: Kunstdenkmäler der Oberpfalz XIV: Bezirksamt Tirschenreuth, bearb. von Felix MADER, München 1908, Fig. 62.

Peter Morsbach

Nach ERTL, *Churb. Atlas 1687*

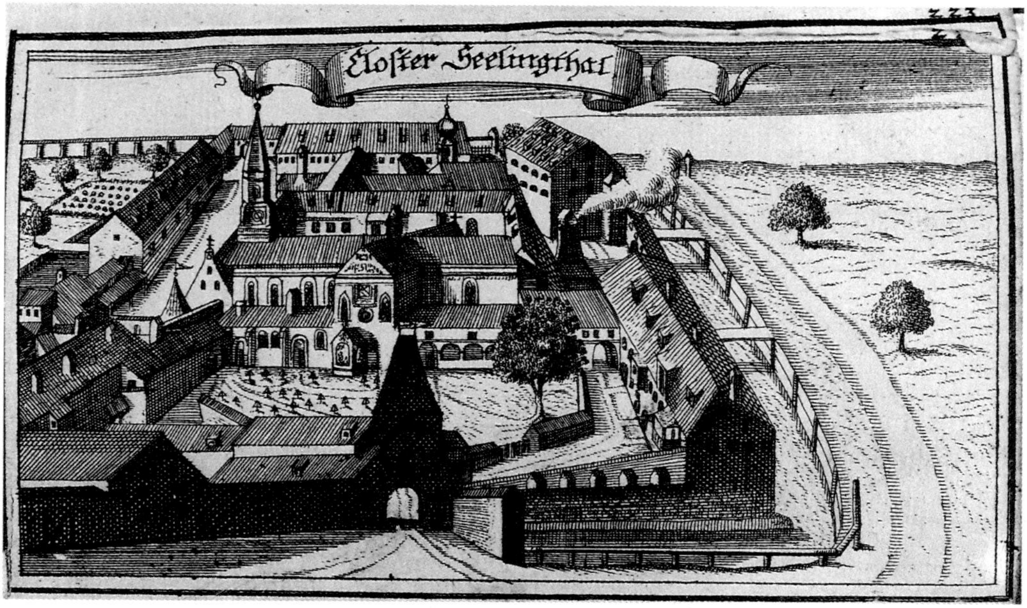

SELIGENTHAL

Herzog Ludwig I. der Kelheimer (1173–1231) aus dem Hause Wittelsbach beabsichtigte nach 1190 immer wieder, Regensburg erneut zur Hauptstadt des Herzogtums Bayern werden zu lassen. Als einer der engsten Vertrauten des Kaisers stritt er sich mit Bischof Konrad von Frontenhausen (1204–1226) um die Herrschaft über die Stadt. Konrad gelang es wiederholt, den Ambitionen Ludwigs – zumindest in Regensburg – erfolgreich Widerstand entgegenzusetzen und letztlich den Kampf um die Stadtherrschaft (fast) zu gewinnen.

Das Stadtrechtsprivileg, das Kaiser Friedrich II. 1230 der Stadt erteilte, brachte, obwohl Bischof Siegfried (1227–1246) Hofkanzler des Kaisers war, in erster Linie den Bürgern eine unschätzbare Verbesserung ihrer Position, Privilegien und Rechtsgarantien. Dieses würde auf längere Sicht nicht nur die Stadtherrschaft des Bischofs ins Wanken bringen, aber wesentlich ist, daß der Herzog als Stadtherr überhaupt nicht mehr berücksichtigt wurde. Er hatte keinen Anteil an der Stadtsteuer mehr, seine Rechte in der Stadt und gegenüber ihren Bürgern waren eingeschränkt, indem diesen z. B. die Mitwirkung als Urteilssprecher am herzoglichen Gericht eingeräumt wurde (Schmid 507–512).

Herzog Ludwig I. wurde im Jahr darauf, auf wessen Befehl auch immer, ermordet. Den Wittelsbachern blieb in der Stadt nur mehr der Herzogshof, während sich die Besitzverhältnisse im Umland sehr zu Ungunsten des Bischofs konsolidiert hatten. Bereits 1204 hatte Ludwig den Bau von Landshut begonnen, nicht, um auf Regensburg zu verzichten, sondern um ein *„Bollwerk gegen Regensburg bis zu dessen geplanter Rückgewinnung“* zu errichten (Ambronn 290). Indes ist die Gründung Landshuts nicht gegen Regensburg als Stadt, sondern gegen den Regensburger Bischof zu verstehen und immer im Zusammenhang mit anderen wittelsbachischen Stadtgründungen zu sehen, die sich in einem weiten Gürtel um Regensburg legen, um dieses mehr und mehr zu isolieren: Kelheim um 1181, Straubing 1218, Landau a. d. Isar 1224, Ingolstadt und Deggendorf um 1250, Dingolfing 1251, womit langsam eine Abschnürungspolitik der Bayernherzöge begonnen wurde, die die Stadt jahrhundertelang in einem erbarmungslosen Würgegriff halten sollte.

Herzoginwitwe Ludmilla, die in erster Ehe mit Graf Albert von Bogen verheiratet gewesen war, stiftete nach dem Tode ihres Mannes 1232 das Kloster Seligenthal bei Landshut, die erste Niederlassung von Zisterzienserinnen in Altbayern, auf einem Gelände, das dem Landshuter Heiliggeistspital jenseits der Isar, im Gebiet der Regensburger Diözese gehörte. Sinn und Zweck dieser Stiftung lag, wie der Stiftungsbrief Ludmillas (Kat. Nr. 121) ausdrücklich hervorhebt, in der immerwährenden Fürbitte der Nonnen für das eigene Seelenheil, das ihrer beiden Gatten, ihrer Söhne und aller Nachfahren. Ludmilla wählte Zisterzienserinnen, weil – wie sie formulierte – dieser Orden unter den übrigen *„wie der Morgenstern inmitten der Dunkelheit leuchtet und gleich der Sonne das heilige Haus des Herrn, die Kirche, erhellt“* (übs. von I. Kronpass). Noch heute nennen die Nonnen von Seligenthal ihre Stifterin Ludmilla und alle bayerischen Fürstenpersonen beim abendlichen Totengedenken. Ludmilla, eine gebürtige Přzemyslidin setzte mit ihrer Wahl gewissermaßen eine Tradition des böhmischen Königshauses fort, das die Zisterzienser im eigenen Lande schon seit 100 Jahren förderte.

Kaiser Friedrich II. gehörte zu den eifrigsten Förderern des Ordens und man kann sich die Frage stellen, inwiefern die von Herzog Otto II. ausdrücklich mit seinem Siegel gebilligte Wahl seiner Mutter auch eine gewisse Loyalitätsbezeugung gegenüber dem Kaiser war. Gab es vielleicht noch einen anderen Grund für die Entscheidung zugunsten der Zisterzienserinnen, der mit letzterem Gedanken zusammenhängt, aber vielleicht genau das Gegenteil aussagt und in erster Linie gegen den Regensburger Bischof gerichtet war? Mitnichten waren kolonisatorische Erwägungen wie noch bei der Gründung von Waldsassen 100 Jahre zuvor maßgeblich. Es war die Zeit, in der der Regensburger Bischof Siegfried, ebenfalls Mitsiegler der Urkunde, als Hofkanzler des Kaisers eine im Grund anti-päpstliche Position einnahm. Der Zisterzienserorden war eher päpstlich ausgerichtet und vertrat seit Bernhard von Clairvaux den Primat des Papstes und die Zweischwerterlehre. Otto II. befand sich in heftigen Auseinandersetzungen mit allen Bischöfen, hauptsächlich in Regensburg und Freising, er lag in Fehde mit dem Sohn des Kaisers, König Heinrich, der ihm 1233 eine empfindliche Niederlage zufügte, aus der ihn dessen Vater befreite

(KRAUS 185f.). Welche politischen Ziele die unterstützenden Oberhäupter der Kirche und des Herzogtums mit der Stiftung auch immer verfolgt haben mögen: Ludmilla handelte wie ihre berühmten Zeitgenossinnen, Hedwig von Schlesien-Andechs und Elisabeth von Thüringen, sie ließ sich von religiösen Motiven leiten. Nach der Tradition lebte sie selbst bis zu ihrem Tode bei den Nonnen ihrer Stiftung. Es ist verständlich, daß die Grablege der niederbayerischen Wittelsbacher in der Abteikirche von Seligenthal nach der bayerischen Landesteilung von 1255 ihre eigentliche Bedeutung erhielt. Sie unterstrich den Willen der Familie, Landshut zur Hauptstadt des Herzogtums und die Burg Trausnitz zur ständigen Residenz zu machen (HERZOG 91f., STÖRMER 146).

Die Stifterin Ludmilla gründete das Kloster jenseits der Isar in einem Gelände, das dem Heiliggeistspital gehörte, in einer ziemlichen Entfernung zur Stadt, aber doch nahe genug, um notfalls ihren Schutz und die wirtschaftlichen Vorteile aus dieser Tatsache zu genießen.

Am Ort des Klosters könnte sich bereits als klosterähnliches Vorstadium eine Frauengemeinschaft befunden haben, die sich karitativen Tätigkeiten widmete. Eine wirtschaftliche Trennung zwischen Kloster Seligenthal und dem Heiliggeistspital erfolgte erst im Jahre 1252.

Der Aufbau des Klosters gelang unter tatkräftiger Mithilfe des Klosters Kaisheim, dessen Abt auf das Bestreben der ersten Seligenthaler Äbtissin Agnes von Grün(en)bach zum Vaterabt und Visitator wurde. Die endgültige Aufnahme in den Zisterzienserorden fand 1246 statt.

Mit dem Bau der Klosterkirche wurde im Jahre 1233 begonnen. Bis zu ihrer Fertigstellung jedoch übernahm die Afrakapelle die Funktion der Klosterkirche. Hier fand auch im Jahre 1240 Herzogin Ludmilla ihre vorläufige Ruhestätte. Die 1259 geweihte Klosterkirche mit Gruftgewölbe wurde durch die Überführung ihrer Gebeine endgültig zur Grabstätte der Wittelsbacher, in der bis 1545 „nahezu alle Mitglieder des niederbayerischen Herzogshauses ihre Ruhestätte“ fanden, rund 40 an der Zahl (LIST 536).

Die große Blüte Seligenthals hängt nicht nur mit der reichen Dotation durch das Herzogshaus zusammen. Wie Störmer betonte, „bildete (es) gleichzeitig auch eine wichtige Klammer zwischen dem Landesfürsten und dem Adel, der dem Kloster zahlreiche Güter schenkte, seine Töchter in dieses Kloster brachte ... Damit ist Seligenthals gesellschaftlich-religiös-politische Stellung gewissermaßen ambivalent: es ist sowohl wittelsbachisches Hauskloster als auch ‚Adelskloster‘“ (STÖRMER 146). In das Kloster traten vornehmlich Töchter des Adels ein.

Im 13. und der 1. Hälfte des 14. Jahrhunderts, die auch kulturell einen Höhepunkt der Klostergeschichte darstellen, erfreute sich das Kloster des besonderen Schutzes und der Förderung durch den Regensburger Bischof und vor allem durch Kaiser Ludwig den Bayern in seiner Eigenschaft als Herzog von Niederbayern bzw. Vormund der niederbayerischen Herzogssöhne. Doch im Laufe des 14. Jahrhunderts änderte sich der Charakter der Stiftungen: immer weniger Adelsstiftungen lassen sich feststellen, während das Bürgertum nun immer häufiger und endlich fast ausschließlich Zuwendungen machte. Die wirtschaftliche Unabhängigkeit bedingte einen beträchtlichen Aufschwung, den Herzog Friedrich 1392 schließlich zugunsten der Landshuter Bürger bremste.

Um 1310 ließ sich eine verstärkte künstlerische und bauliche Tätigkeit feststellen, die in erster Linie der Ausstattung der Afrakapelle als Stätte des ehemaligen Stifterinnengrabes galt. Unter Äbtissin Barbara von Gumppenberg (1474–1489) wurden im letzten Viertel des 15. Jahrhunderts verschiedene Teile gotisiert, so der Kreuzgang mit angrenzenden und darüberliegenden Räumen, z.B. Altes Priorat, Küche mit Außenkamin (ehemals wahrscheinlich Kapitelsaal), Refektorium u.a.

1495, am Ende des Mittelalters, wütete die Pest auch in Seligenthal, wo sie viele Opfer forderte. Doch den Tiefpunkt seiner Entwicklung durchlief das Kloster um die Mitte des 16. Jahrhunderts, als der Konvent, ähnlich wie in anderen bayerischen Klöstern, unter Äbtissin Sabina Hauserin (1552–1574) nahezu völlig ausstarb. Vor diesem Schicksal schließlich bewahrte es das Zisterzienserinnenkloster Niederschönenfeld bei Rain an der Donau, das 1241 ebenfalls als adliges Kloster gegründet worden war (Daten nach RIHA).

Literatur: Wilhelm STÖRMER, Die Hausklöster der Wittelsbacher, in: Ausstellungskatalog Wittelsbach und Bayern I/1, München 1980, S. 139–150. – Andreas KRAUS, Das Herzogtum der Wittelsbacher: Die Grundlegung des Landes Bayern, ebd., S. 177–185. – Erich STAHLEDER, Die Burg Landshut, genannt Trausnitz, im Mittelalter, ebd., S. 240–252. – Karl-Otto AMBRONN, Regensburg, die verlorene Hauptstadt, ebd., S. 285–294. – Klaus KRATZSCH,

Wittelsbachische Gründungsstädte. Die frühen Stadtanlagen und ihre Entstehungsbedingungen, ebd., S. 321–325. – Edgar KRAUSEN, Die Wittelsbacher und die mittelalterlichen Reformorden, ebd., S. 349–351. – Claudia LIST, Die mittelalterlichen Grablegen der Wittelsbacher in Altbayern, ebd., 534–537. – M. Irene SCHNEIDER O. Cist., Woher kamen die ersten Schwestern, in: Seligenthal 1232–1982, Landshut 1982, S. 21–45. – Georg SPITZLBERGER, Die Gräber der Wittelsbacher in der Abteikirche Seligenthal, ebd., S. 107–122. – M. Desideria RIHA O. Cist., Seligenthal, geschichtlicher Überblick, ebd., S. 361–369. – Theo HERZOG, Landshuter Urkundenbuch, Neustadt a. d. Aisch 1963, S. 91 f. – Quellen und Erörterungen zur bayerischen und deutschen Geschichte V: Monumenta Wittelsbacensia 1, München 1857. – Peter SCHMID, Die Anfänge der Regensburger Bürgerschaft und ihr Weg zur Stadtherrschaft, in: ZBLG 45 (1982), S. 483–539.

M. Irene Schneider – Peter Morsbach

121. Stiftungsurkunde des Klosters Seligenthal

Landshut (?), 1232
Pergament, 34,4 × 31 cm (Faksimile) mit zwei anhängenden Siegeln

München, Bayerisches Hauptstaatsarchiv, Kloster Seligenthal Nr. 1

Ludmilla, Herzogin von Bayern tut (nach der Vorrede) kund, daß sie nach dem Beispiel jener Witwe im Evangelium etwas aus dem Erbteil ihrer Eltern in der Schatzkammer des Herrn hinterlegen möchte, um nicht dereinst mit leeren Händen vor seinem Angesicht zu erscheinen. Daher stiftet sie mit Wissen und Zustimmung ihres Sohnes Otto, Herzogs von Bayern und Pfalzgrafen bei Rhein, einen Nonnenkonvent des Zisterzienserordens, dessen weiblicher Teil in Bayern so gut wie unbekannt ist. Unter den anderen Orden jedoch leuchtet er wie der Morgenstern inmitten der Dunkelheit und erhellt wie die Sonne die Kirche, das heilige Haus des Herren. Das Kloster gründet sie auf dem Grund und Boden des Spitals zu Landshut, das auf dem Gebiet der Diözese Regensburg liegt, damit die Nonnen wie die Wächter über den Mauern Jerusalems Tag und Nacht den Herrn lobpreisen und nicht nachlassen mögen, für ihre (der Herzogin) Sünden und Verfehlungen, für die verstorbenen Ehemänner, Herzog Ludwig von Bayern und Graf Adalbert von Bogen, für das Heil und die Unversehrtheit (das Wohlbefinden) ihrer Söhne und Nachfahren, seinen Namen anzuflehen. Daher übergibt sie als Dotation gleichsam als das Schärflein die zwei Heller (der Witwe des Evangeliums), fünf Dörfer in der Pfarrei Cham vor dem Böhmerwald, nämlich Schwarzenberg, Leming, Oberfaustern, Unterfaustern und Ritzenried, deren Bewohner, außer einer ewigen Abgabe von 21 1/2 Pfund weniger 2 Pfennige und je einem Scheffel Weizen und Korn, von niemandem zu irgendwelchen Diensten, Zinsen oder Steuern gezwungen werden dürfen. Und so sollen für diese vorgenannten Dörfer ihr Sohn, der oft genannte Herzog und seine Nachfolger Richter und Verteidiger sein, ohne jeglichen Zins, Besteuerung oder andere Dienstleistungen (zu erheben), wie immer sie diese auch nennen mögen, durch die die Armen immerfort von ihren Richtern und Vögten bedrückt werden.

Geschehen im Jahre der Gnade 1232, im Jahr 5 der Indictio, als der ehrwürdige Herr Siegfried der Regensburger Kirche vorstand und Bischof dieser Stadt war und unser (Ludmillas) geliebter Sohn Otto das Herzogtum Bayern und die Pfalzgrafschaft Bayern innehatte, durch deren und unser (Ludmillas) Siegel Bestätigung wir das vorliegende Schriftstück bekräftigen.
Es folgt die Aufzählung der Zeugen der Stiftung.

Literatur: Theo HERZOG, Landshuter Urkundenbuch I, Neustadt a. d. Aisch 1963, Nr. 22. – M. Immolata KRONPASS, Stiftungsurkunden des Klosters Seligenthal, in: Seligenthal 1232–1982, Landshut 1982, S. 14–17, Abb. S. 13 (lateinischer Text und deutsche Übersetzung).

Peter Morsbach

122. Maria mit Kind vom Altar der Preysingkapelle in Seligenthal

Regensburg, spätes 13. Jahrhundert
Holz mit älterer Fassung, H 60 cm

Seligenthal, Zisterzienserinnenabtei

Die aus Sicherheitsgründen von ihrem alten Standort, dem 1629 entstandenen Altar der Preysingkapelle am südlichen Seitenschiff der Klosterkirche, in die Klausur übertragene Sitzfigur der Muttergottes mit Kind ist das älteste und wertvollste Andachtsbild in Seligenthal. Zeitpunkt und Grund der Stiftung (Mitgift einer adligen Dame für das Kloster?) lassen sich nicht exakt bestimmen, wie auch die Frage nach dem ursprünglichen Standort nicht beantwortet werden kann.
Maria sitzt mit ihrem Sohn auf dem linken Bein auf einem Stuhl mit hoher Lehne. Sie trägt einen (1629?) stark beschnittenen Schleier und ein in der Taille gegürtetes Kleid. Über die schmalen Schultern legt sich ein dünner Mantel, der bis zum Boden reicht. Zwischen den Knien spannt sich das Kleid in drei regelmäßigen Schüsselfalten, läßt die Fußspitzen frei, zwischen denen der Saum sich in einer doppelten T-Falte aufstellt. Das zarte nach unten blickende Gesicht Mariens mit seinem still verhaltenen Lächeln wird von fein gesträhnten, schulterlangen Haaren gerahmt. Die nach vorne gehal-

tene Linke Mariens könnte ursprünglich vielleicht ein Szepter gehalten haben. Der Christusknabe streckt seinen rechten Arm empor zum Kopf der Mutter. Sein Haar liegt flach am Kopf an, der von rundlichen großen Formen geprägt ist. Sein Gewand besteht aus einer Folge von flachen, teilweise durch breite Kerben getrennten Faltenfolgen.

A. Hubel schrieb die Gruppe dem Regensburger Kunstkreis des späten 13. Jahrhunderts zu. In der Darstellung des Lächelns stellt sich der Seligenthaler Maria ein weiteres Regensburger Werk dieser Zeit an die Seite, eine Maria in der Hoffnung, aus Heilig Kreuz, Regensburg, heute im Germanischen Nationalmuseum in Nürnberg.

Literatur: Ausstellungskatalog Wittelsbach und Bayern I/2, München 1980, Kat. Nr. 155 (Achim Hubel). – Georg Spitzlberger, Zisterzienserinnenabtei Seligenthal (KKF 583), München - Zürich [4]1985, S. 19. – Heinz Stafski, Die Statuette einer „Maria in Erwartung" aus dem Dominikanerinnenkloster Hl. Kreuz in Regensburg, in: Zeitschrift für Kunstwissenschaft 27 (1973), S. 55-62.

Peter Morsbach

123. Hl. Bernhard von Clairvaux

Schwaben (?), 2. Viertel 15. Jahrhundert
Holz mit Fassung von 1641?, Abtstab neu, H ca. 80 cm
Seligenthal, Zisterzienserinnenabtei

Die Statue des hl. Bernhard steht als Schreinwächter zusammen mit dem hl. Benedikt als Gegenstück im Retabel von 1641 auf der Nonnenempore der Klosterkirche. Der Heilige trägt eine weiße Kutte, einen (erneuerten) Abtstab und ein Buch. Die Kutte legt sich in langgezogenen Falten, die Ärmel in lappig fallenden und weichen Linien. Auf dem Boden staut sich der Saum in fast sockelhafter Weise. Der weiche, fließende, zugleich aber sehr dichte Stoff reiht das Werk in den Umkreis des Weichen Stils der Zeit um 1430 ein.

Eine eigenartige Diskrepanz besteht zwischen dem schmalen, völlig unter der Fülle der Kutte verborgenen Körper und dem großen, „kindhaften", auch in den Einzelheiten rundlichen Kopf mit Tonsur.

Die Herkunft der Skulptur ist nicht geklärt. Direkte Vergleichsbeispiele aus dem Landshuter Umkreis fehlen. F. Kobler sprach die Vermutung aus, es könne sich um ein schwäbisches Bildwerk handeln, das über die engen Beziehungen Seligenthals zu Kloster Kaisheim seinen Weg nach Landshut gefunden haben mag.

Literatur: Ausstellungskatalog Die Zisterzienser. Ordensleben zwischen Ideal und Wirklichkeit, Bonn 1980, S. 547 f., Kat. Nr. F 15 (Friedrich Kobler).

Peter Morsbach

KANONIKER IM BISTUM REGENSBURG

Kaum ein Begriff der Kirchengeschichte weist soviele Bedeutungsnuancen auf wie der des Kanonikers. Das Spektrum reicht vom asketisch, mönchisch in einer Gemeinschaft lebenden Priester bis zum weltlich freizügigen Pfründeninhaber, der nur die niederen Weihen besitzt. Ursprünglich waren mit dem Begriff Kanoniker wohl die im bischöflichen Register geführten Kleriker gemeint. Dennoch wurde im Mittelalter der etymologisch falschen Interpretation der Vorzug gegeben und von den Kanonikern auch eine Lebensführung nach strengen Maßstäben, nach dem Kirchenrecht und den Konzilsbeschlüssen (lat. *canones*), erwartet. So schreibt z. B. der Kirchenreformer und Kardinal Petrus Damiani, der sich wiederholt für das gemeinsame Leben von Klerikern einsetzte: „Sie wollen also Kanoniker, d. h. nach der Regel lebend, genannt werden, ohne nach dieser Regel zu leben."

Als eigener Stand werden die Kanoniker und Kanonissen erst ab dem Aachener Reformkonzil von 816 erkennbar. Bis dahin sind sie von Mönchen bzw. Nonnen in ihrer Lebensweise kaum zu unterscheiden; doch von jenem Jahr an wurden als Kanoniker diejenigen bezeichnet, die nach der „Aachener Regel" ein gemeinsames Leben in Armut führen sollten, zu gemeinsamen Mahlzeiten und Gebeten täglich zusammenkamen und auch ihre Kleidung aus dem Kirchengut bezogen. Beabsichtigt war damit im Frankenreich ein einheitlicher Klerus, der an den Kathedralkirchen den Dienst versah. Bei der Errichtung des Bistums Regensburg 739 durch Bonifatius waren zunächst noch die Mönche von St. Georg/St. Emmeram mit den pastoralen und administrativen Aufgaben im Zusammenhang mit dem Bischofsstuhl betraut. Bischof Gaubald und seine Nachfolger waren auch gleichzeitig Äbte von St. Emmeram. Erst durch die Eingliederung Bayerns in das Frankenreich 788 und durch den etwa gleichzeitig stattfindenden neuen Dombau konnten auch die karolingischen Reichsgesetze von 816 in Regensburg Geltung erlangen. Für die Folgezeit, spätestens Ende des 9. Jahrhunderts, muß man mit eigenen Kanonikern im Dombereich rechnen, obwohl erst unter Bischof Wolfgang um 975 die Trennung des Besitzes von St. Emmeram und des Hochstifts erfolgte, ein eigener Abt in St. Emmeram eingesetzt wurde und somit die endgültige Differenzierung zwischen Kanonikern und Mönchen vollzogen wurde. Weitere Kanonikergemeinschaften in Regensburg bestanden bereits im 9. Jahrhundert, wie die der Kanoniker an der Pfalzkapelle Ludwigs des Deutschen, die später Alte Kapelle genannt wurde, oder die der Kanonissen in Ober- und vielleicht auch in Niedermünster.

Durch die Kirchenreform des 11. und 12. Jahrhunderts durchdrangen neue Ideen die Kanonikerstifte. Die Rückbesinnung auf die Urkirche der Apostel und die *vita communis* forderte den Verzicht auf Privateigentum, auf getrennte Wohnmöglichkeiten und andere Annehmlichkeiten. So klagte man bereits 1059 auf der Lateransynode darüber, daß die Nahrungsrationen der Kanoniker und Kanonissen nach der Aachener Regel eher dem Bedürfnis von Zyklopen und Matronen genügten als dem von Kirchenleuten. Bei der Suche nach Orientierungshilfen berief man sich auf von Augustinus tatsächlich oder angeblich überlieferte Schriften und Regeln, die den neueren strengeren Vorstellungen besser entsprachen, doch nicht von allen Kanonikern übernommen wurden. Ein Teil der Gemeinschaften, die **Säkularkanoniker,** verblieb bei der Aachener Regel. Davon setzten sich die **Regularkanoniker** oder **Chorherren** ab: diejenigen, die nur das von Augustinus stammende *praeceptum* als Regeltext übernahmen, wurden künftig als Augustinerchorherren oder *ordo antiquus* bezeichnet, und eine weitere Gruppe, die Prämonstratenser oder der *ordo novus,* näherte sich am stärksten in ihrem asketischen Opfer den Mönchen an, indem sie zusätzlich den aus dem augustinischen Umfeld stammenden *ordo monasterii* befolgte. Eine Besonderheit stellten im 12. und beginnenden 13. Jahrhundert die Augustinerchorherren von St. Mang in Stadtamhof dar, sie befolgten ergänzend zur Augustinusregel die Statuten von S. Maria in Porto bei Ravenna, die gewisse Erleichterungen beim Essen und bei der Kleidung gewährten. Weitere Orden nahmen die auf Augustin beruhenden Vorschriften an, wie z. B. die Dominikaner, die Augustinereremiten oder die Kreuzherren. Sie werden aber wegen ihrer besonderen Ordensstruktur und Regelauslegung nicht zu den Chorherren gerechnet. Alle drei Richtungen der Kanoniker, die Säkularkanoniker, die Augustinerchorherren und die Prämonstratenser waren im Mittelalter im Bistum Regensburg vertreten, insgesamt kann man in der Zeit von 816 bis 1500 mehr als vierzig Stifte oder

Klöster zählen. Und auch heute, nahezu 200 Jahre nach den Wirren der Säkularisation, sind wieder Niederlassungen der Säkularkanoniker und der Regularkanoniker in der Diözese vorhanden: Das Domkapitel, die Kanoniker von St. Johann und die Kanoniker an der Alten Kapelle, ferner Augustinerchorherren in Paring sowie Prämonstratenser in Speinshart und Windberg.

Literatur: Wilhelm FINK, Geschichte der Orden und religiösen Genossenschaften in der Diözese Regensburg, in: 13. Jahresbericht des Vereins zur Erforschung der Regensburger Diözesangeschichte, Metten 1939, S. 26–78, bes. S. 26–48. – Norbert BACKMUND, Die Chorherrenorden und ihre Stifte in Bayern. Augustinerchorherren, Prämonstratenser, Chorherren v. Hl. Geist, Antoniter, Passau 1966. – Norbert BACKMUND, Die Kollegiat- und Kanonissenstifte in Bayern, Windberg 1973. – Rudolf SCHEEFFER, Die Entstehung von Domkapiteln in Deutschland (Bonner Historische Forschungen 43), Bonn 1976. – Stefan WEINFURTER, Die Kanonikerreform des 11. und 12. Jahrhunderts, in: Neunhundert Jahre Stift Reichersberg. Augustiner Chorherren zwischen Passau und Salzburg, Linz 1984 S. 23–32. – Karl HAUSBERGER, Geschichte des Bistums Regensburg, 2 Bde., Regensburg 1989.

Christian Lohmer

DAS AUGUSTINERCHORHERRENSTIFT ST. MANG IN STADTAMHOF

Lange vor der Gründung eines Augustinerchorherrenstiftes in Stadtamhof am nördlichen Donauufer gegenüber Regensburg existierte spätestens 1053 eine Kirche „an der Stetten", die das für das Bistum einmalige Patrozinium St. Mang = St. Magnus besaß. Die Verehrung dieses Füssener Heiligen mag über verwandtschaftliche Verbindungen Bischof Gebhards II. (1023–1036) oder aufgrund der im 11. Jahrhundert engen Beziehungen des Klosters St. Emmeram zum Kloster des hl. Magnus in Füssen nach Regensburg gekommen sein. Vielleicht aber läßt sie sich schon in die Zeit des hl. Wolfgang – von der Herkunft ebenfalls Schwabe – zurückführen, da bereits im ältesten Regensburger Kirchenkalender von 994 das Fest des hl. Magnus für den 6. September nachgewiesen ist.

Der erste Versuch einer Klostergründung bei St. Mang im 11. Jahrhundert, die Ulrich von Zell, der nachmalige Prior von Cluny, auf eigenem Grund durchführen wollte, schlug wohl aufgrund des Widerstandes oder Desinteresses des Regensburger Bischofs fehl.

Erst das 12. Jahrhundert ermöglichte die Entstehung eines Chorherrenstiftes. Bischof Konrad (Kuno) von Raitenbuch (1126–1132) förderte mit Unterstützung Gerhochs von Reichersberg nachdrücklich die Einführung der Vita Communis bei der Weltgeistlichkeit. Ihm ist es wohl zu verdanken, daß unter seinem Nachfolger Heinrich I. von Wolfratshausen (1132–1155) von Regensburg aus vier Chorherrenstifte besiedelt bzw. ins Leben gerufen werden konnten: Paring, Rohr, Schamhaupten und St. Mang in Stadtamhof.

St. Mang ist die Gründung des Klerikers Gebhard, der vielleicht mit Ulrich von Zell verwandt war, weil er im Jahre 1138 auf ererbtem Gebiet – dort, wo Ulrich ein Kloster gründen wollte – das Stift errichtete. Bereits im Jahr darauf wurde es von Innozenz II. unter päpstlichen Schutz genommen. Gebhard führte auf Empfehlung des Erzbischofs Walter von Ravenna die Regel des Chorherrenstiftes S. Maria in Porto bei Ravenna ein. Damit wurde St. Mang das einzige Stift nördlich der Alpen, das diese seit der 1. Hälfte des 12. Jahrhunderts in der Kirchenprovinz Ravenna verbreiteten Consuetudines hatte. Franz Fuchs konnte in einer verdienstvollen Untersuchung zeigen, daß Walter von Ravenna kein Regensburger Domherr gewesen war, sondern sich lediglich als päpstlicher Legat 1130 in Regensburg aufhielt, wo vielleicht Gebhard von ihm die Priesterweihe empfing. Seitdem brachte dieser Walter eine große Verehrung entgegen und blieb mit ihm verbunden.

Gebhard selbst begründete in einer von Franz Fuchs edierten Schrift die Einführung der Regel von S. Maria in Porto Fuori damit, daß er sie als maßvoll und vernünftig ansah. Er lehnte die asketischen Vorstellungen seiner Zeit ab, wie sie z.B. die Prämonstratenser vertraten und plädierte für ein „normales" Leben der Geistlichen ohne übertriebene Zucht und Strenge, die die Lebensfreude minderten und sowohl der menschlichen Natur als auch dem göttlichen Willen entgegenliefen.

Es darf bei den engen Verbindungen Süddeutschlands zu Oberitalien nicht verwundern, daß beim Bau des Stiftes und der Kirche von St. Mang lombardische, aus dem Gebiet von Como stammende Bauleute beschäftigt wurden. Dies geht aus einem bekannten Brief Gebhards an den Erzbischof von Mailand hervor, in dem er sich 1146 über betrügerische Machenschaften der Italiener bei seinem Kirchenbau beschwerte. Dem zweiten Kirchenpatron St. Andreas wurde ein weiterer Altar geweiht, der Erzengel Michael zum dritten Patron erhoben.

Am Ende des 12. Jahrhunderts entwickelte St. Mang sich zu einer vielbesuchten und beliebten Wallfahrt, aber die zu geringe Dotierung verhinderte eine große Blüte des Stiftes. Abgesehen von der Person des Geschichtsschreibers Andreas von Regensburg, der im folgenden gewürdigt wird, leistete es keinen überragenden Beitrag zur Kirchengeschichte des Bistums.

Seit dem frühen 16. Jahrhundert ging es mit St. Mang bergab, so daß es sich nur mit Mühen und notdürftig in die Neuzeit retten konnte: 1545 gab es nur mehr einen einsamen Konventualen.

Literatur: Norbert Backmund, Die Chorherrenorden und ihre Stifte in Bayern, Passau 1966, S. 141–143. – Max Hopfner, Augustinerchorherrenstift und Kirche St. Mang, in: Festschrift Stadtamhof, Regensburg 1981, S. 26–29. – Franz Fuchs, Bildung und Wissenschaft in Regensburg. Neue Forschungen und Texte aus St. Mang in Stadtamhof

(Beiträge zur Geschichte und Quellenkunde des Mittelalters 13) Sigmaringen 1989, S. 17–20, 81–98. – Karl Bauer, Regensburg, Regensburg [4]1988, S. 625f. – Karl Hausberger, Geschichte des Bistums Regensburg I, Regensburg 1989, S. 78–81, 94–96.

Peter Morsbach

124. Ansicht des Augustinerchorherrenstiftes St. Mang von Süden

Deckfarbenzeichnung von Joseph Philipp aus: Joseph Rudolph Schuegraf, Chronik von Stadtamhof, Ms Regensburg 1835, nach S. 40
16 × 24,5 cm

Regensburg, Stadtarchiv, I AE 2 45.

In zwei historischen Ansichten wird der Stiftskomplex von St. Mang vor der Zerstörung durch die Schweden 1634 überliefert: auf der Nordansicht Regensburgs in Hartmann Schedels Weltchronik, Nürnberg 1493, und einer Nordansicht der Stadt von Michael Ostendorfer 1553 (Bauer Abb. S. 854, 862). Schedels Zeichner Michael Wolgemut – zuverlässiger als Ostendorfer – zeigt eine dreischiffige Basilika mit apsidialem Chorabschluß und Dachreiter. Diese um 1140 von oberitalienischen Bauleuten errichtete Kirche wurde wie das Stift 1633/34 aus strategischen Gründen „genzlich rasiert". Der heutige Neubau begann erst 1697.
Insofern dürfte die Zeichnung Joseph Philipps ebenfalls den mittelalterlichen Bau zeigen: eine kreuzförmige dreischiffige Kirche mit im Vergleich zum heutigen Bau stark ausladenden Querhausarmen und einem runden apsidialen Chorabschluß. Dem entspricht eine Darstellung der Zeit um 1600 im Bayerischen Hauptstaatsarchiv München (Festschrift Stadtamhof, Abb. S. 67), während die immer wieder zitierte Federzeichnung von Hans Georg Bahre, um 1650 (Museen der Stadt Regensburg, Abb. Festschrift Stadtamhof, S. 27) zu ungenau ist. Doch ist auch bei Philipps Vedute, die sich nicht genau datieren läßt, eine gewisse Vorsicht angebracht.
Der im ersten Viertel des 15. Jahrhunderts errichtete Kreuzgang und die Stiftsgebäude schließen sich nördlich und nordwestlich an die Kirche an.

Literatur: Unpubliziert. Zu einer weiteren Zeichnung mit dem Stifter Gebhard, ebenfalls von Joseph Philipp vgl. Festschrift Stadtamhof, Regensburg 1981, S. 51. – Karl Bauer, Regensburg, Regensburg [4]1988, S. 862–864 (Ansichten Nr. 2 und 5). – Andreas Kraus – Wolfgang Pfeiffer, Regensburg. Geschichte in Bilddokumenten, München 1979, Abb. 99. – Karl Busch, Regensburger Kirchenbaukunst 1160–1280, in: VHVO 82 (1932), S. 11–15.

Peter Morsbach

ANDREAS VON REGENSBURG

Andreas von Regensburg lebte in der ersten Hälfte des 15. Jahrhunderts im Augustinerchorherrenstift St. Mang in Stadtamhof. Die Informationen über Lebensdaten und -umstände dieses bedeutenden Geschichtsschreibers sind spärlich. Immerhin lassen sich die versteckten Angaben, die Andreas selbst zu seiner Person macht, wesentlich ergänzen, vor allem anhand der bislang wenig beachteten archivalischen Überlieferung St. Mangs. Andreas hieß mit Zunamen Müller oder Müllner *(molitoris)* und stammte aus Reichenbach am Regen, wo vermutlich seine Familie in eher bescheidenen Verhältnissen lebte. Sein ungefähres Geburtsjahr 1380 kann man aus dem Datum seiner Priesterweihe ableiten. Möglicherweise ging er zuerst im Kloster Reichenbach zur Schule; um die Mitte der 90er Jahre des 14. Jahrhunderts hielt er sich nach eigener Aussage zum Schulbesuch in Straubing auf. 1401 in St. Mang eingetreten, wurde er in der Pfingstwoche 1405 in Eichstätt zum Priester geweiht. Nicht zuletzt aufgrund seiner Tätigkeit erlebte St. Mang in der ersten Hälfte des 15. Jahrhunderts einen materiellen und geistigen Höhepunkt. Andreas' geschicktes Auftreten und sein Ansehen als Geschichtsschreiber machten ihn zum geeignetsten Vertreter der Interessen seines Klosters. In den St. Manger Archivalien läßt sich gut verfolgen, wie ihn Verteidigung und Verwaltung des Klosterbesitzes in zunehmendem Maße beanspruchten, wobei er nicht nur schriftlich tätig wurde, sondern auch Geschäftsgänge und mindestens eine Reise zu Herzog Ernst, dem Vogt St. Mangs, nach Straubing unternahm. 1430 sorgte er als Testamentsvollstrecker für die Durchführung des Letzten Willens des mit ihm befreundeten Regensburger Juristen Konrad von Hildesheim. Seit den 20er Jahren des 15. Jahrhunderts scheint er mit dem geistlichen Rang eines *senior* ausgestattet gewesen zu sein, und spätestens vom Frühjahr 1438 an hatte er die Stellung eines Dekans inne. Auch nach diesem Zeitpunkt kümmerte er sich noch besonders um die Bibliothek St. Mangs, die durch die von ihm zusammengetragenen und auf seine Veranlassung abgeschriebenen Texte zu einer der reichhaltigsten Büchersammlungen Regensburgs nach St. Emmeram wurde. Andreas starb am 7. Dezember eines unbekannten Jahres zwischen 1442 und 1447.

Mindestens 33 Jahre lang hat Andreas historische Aufzeichnungen über seine eigene Zeit gemacht: von seiner Priesterweihe 1405 bis zum Spätsommer 1438. Unablässig sammelte er Materialien (historische, theologische, juristische, literarische Werke, Briefe, Urkunden, Akten), die er aus Regensburger Bibliotheken, aus dem Umkreis der Regensburger Bischöfe, aus dem Kloster Reichenbach, von Durchreisenden und durch Korrespondenz erhielt. Eine wichtige Quelle bildeten für ihn die Berichte „glaubwürdiger Männer", die er selbst befragte. Unter seinen vielen, oft nicht namentlich genannten Gewährsleuten für mündliche und schriftliche Auskünfte finden sich bekannte Persönlichkeiten wie die Theologen Nikolaus von Dinkelsbühl und Johannes von Palomar. Bevorzugt suchte er den Kontakt zu solchen Leuten, die aufgrund ihrer Herkunft aus entfernten Ländern, ihrer bedeutenden Stellung oder ihrer Reisen Informationen aus erster Hand bieten konnten über Gegenden, Personen und Ereignisse, an die Andreas selbst nicht herankommen konnte. Obwohl ihm die Mittel für größere Ausflüge fehlten – eine Teilnahme am Konstanzer Konzil (1414–1418) mußte aufgrund seiner beschränkten materiellen Verhältnisse unterbleiben – gelang es ihm so, eine Unmenge Detailkenntnisse zusammenzutragen, was durch die für die damaligen politischen Ereignisse zentrale Lage Regensburgs erleichtert wurde. Für näherliegende Gebiete – wie Reichenbach, Straubing, Regensburg – vermittelt Andreas, bisweilen selbst Augenzeuge, zahlreiche farbige Eindrücke vom Leben seiner Zeit: Naturkatastrophen, Feuersbrünste, Unglücksfälle, Morde und sonstige aufsehenerregende Untaten, adlige Familienangelegenheiten, Skandale im kirchlichen Bereich, auffällige Fremdlinge wie z.B. Zigeuner, all dies und vieles andere mehr findet sein Interesse. Mit besonderer Aufmerksamkeit verfolgte er natürlich das kirchliche Leben im Bistum Regensburg – von den in seine Zeit fallenden Bischofswahlen bis zur Anbringung der großen Glocken im neuen Domturm (1436). Bei der Provinzialsynode von 1419, die die Reformvorhaben des Konstanzer Konzils durchzuführen suchte, war er selbst anwesend, ebenso bei dem Prozeß gegen einen in Regensburg entdeckten Hussiten (1420) und wahrscheinlich auch bei dem Verfahren gegen Magdalena Walpotin, eine offensichtlich verwirrte Person, die als bekehrte Ketzerin im Regensburger Dom zur Schau gestellt und danach eingekerkert wurde (1434). Ein Höhepunkt war der von Kaiser Sigismund in Regensburg abgehaltene „Kaiserliche Tag" 1434, bei dem Andreas die Verhandlungen zwischen der Delegation des Basler Konzils und den Gesandten der Hussiten beobachtete und einen lautstarken Auftritt zwischen einem der hussitischen Anführer, Johannes Rokyzana, und dem Basler Vertreter Johannes von Palomar erlebte.

Die von Andreas solchermaßen in eigener Erfahrung wie aus mündlicher und schriftlicher Überlieferung gesammelten Materialien liegen zum Teil noch in Rohform vor, d.h. tagebuchartige Aufzeichnungen und Exzerptensammlungen (München, Bayerische Staatsbibliothek Clm 903, siehe unten Kat. Nr. 125; Paris, Bibliothèque Nationale Lat. 1503); überwiegend besitzen wir aber von ihm ausgearbeitete Darstellungen und sorgsam geordnete Aktensammlungen. Einigen seiner Werke hat Andreas Vorreden beigegeben, in denen er seine Intention und Methode erläutert. Geschichtsschreibung hat seiner Ansicht nach den Zweck, bedeutende Ereignisse festzuhalten, damit sie auf die Nachwelt in abschreckender oder zur Nachahmung verlockender Weise belehrend wirken. Seine Aufgabe als Geschichtsschreiber sieht er hauptsächlich in der Sammlung und zuverlässigen Niederschrift und Verarbeitung der Quellen, die er auch meist ausdrücklich nennt. Dabei ist er sich der Schwierigkeit der rechten Auswahl von Quellenexzerpten klar bewußt. Mit gelehrten Erörterungen und Interpretationen hält er absichtlich zurück. Jedoch ist er sichtlich bemüht, sowohl bei weit zurückliegenden wie bei gleichzeitigen Ereignissen widersprüchliche Nachrichten gegeneinander abzuwägen und möglichst nüchtern den Sachverhalt festzustellen. Auf diese Weise kann er falsche Prophezeiungen und unhaltbare Gerüchte entlarven. Bisweilen erlaubt er sich auch verhaltene Kritik an Zeitgenossen, so an der Unberechenbarkeit Kaiser Sigismunds, an der überaus großen Geschäftstüchtigkeit des Regensburger Bischofs Albrecht Staufer oder an im Zeitalter der Hussitenkriege überflüssigen Turnierveranstaltungen niederbayerischer Adliger.

Vier Themenkreise hat Andreas in größeren Werken behandelt:

1. Die Geschichte der Päpste und Kaiser von den Anfängen des Christentums bis auf seine Zeit, wobei als dritte Komponente die Geschichte des Regensburger Bistums hinzutritt (*Chronica pontificum et imperatorum Romanorum,* Kat. Nr. 126). Die erste Fassung dieses Werks stellte Andreas 1420–1422 fertig; er führte es in späteren Jahren fort, wobei er zum Teil die Akzente der Darstellung verschob und neues Material einfügte, so daß man insgesamt drei Fassungen (A, B, C) unterscheiden kann. 1422 exzerpierte Andreas aus der A-Fassung die auf Regensburg und verschiedene Ketzereien bezüglichen Abschnitte, um sie Bischof Johann II. von Regensburg als Informationsgrundlage für seine Teilnahme an einer geplanten Reichsversammlung gegen die Hussiten zur Verfügung zu stellen *(Compendium de condicione civitatis Ratisponensis et de diversis haereticis).*

2. Die Geschichte der bayerischen Herzöge. Zur Behandlung dieses Themas wurde Andreas durch persönliche Kontakte mit Angehörigen des wittelsbachischen Hauses angeregt. Herzog Ludwig VII. von Bayern-Ingolstadt wünschte eine Chronik der bayerischen Herzöge von Andreas, nachdem ihm dieser 1425 einen (verlorenen) Stammbaum der Wittelsbacher überreicht hatte; auch das lebhafte Interesse Herzog Ernsts, das er 1431 an den historischen Arbeiten des Andreas bei dessen Besuch in Straubing bekundete, dürfte sich hauptsächlich auf die Rolle der Wittelsbacher bezogen haben. Andreas fertigte für Herzog Ludwig eine die gewünschten Themen berücksichtigende Überarbeitung der A-Fassung seiner Chronik an (B-Chronik; *Chronica de principibus terrae Bavarorum*), die er noch mehrmals veränderte und fortsetzte, zuletzt bis 1436. Aus zwei Fassungen dieser Geschichte Bayerns stellte er selbst eine deutsche Version her (*Chronik von den Fürsten zu Bayern,* siehe unten Kat. Nr. 127).

3. Das Konstanzer Konzil (1414–1418). Andreas betrachtete das große Reformkonzil als das wichtigste Ereignis seiner Zeit. Da er eine historische Darstellung des Konzilsgeschehens bewußt den Teilnehmern und Augenzeugen überlassen wollte, begnügte er sich damit, eine umfangreiche und überaus wertvolle Aktensammlung anzulegen (*Concilium Constantiense,* wahrscheinlich 1421–1423 entstanden). Auch die Akten der 1419 in Regenburg abgehaltenen Provinzialsynode wurden von ihm gesammelt (*Concilium provinciale).*

4. Die Hussiten. Als eine unmittelbare Folge des Konstanzer Konzils und aufgrund der besonderen Bedrohung Bayerns durch die böhmischen Angriffe mußten Andreas die Hussitenkriege notgedrungen interessieren. Er sammelte Aktenmaterial über die Auseinandersetzungen der Jahre 1419–1428, wobei er zum Teil aus nächster Beobachtung stammende Schilderungen der Anstrengungen zur Abwehr der hussitischen Einfälle hinzufügte *(Chronica Hussitarum)*. Wahrscheinlich um 1430 verfaßte er einen Dialog zwischen *ratio* und *animus* über die Hussitenfrage, in dem er die Geschichte der Hussitenkriege darstellte und Grundbegriffe der hussitischen Lehre erklärte *(Dialogus de heresi bohemica)*.

Andreas ist schon zu seinen Lebzeiten wohl vor allem infolge seiner Kontaktfreudigkeit als Geschichtsschreiber über Regensburg hinaus bekannt geworden. So etwa hat einer der 1434 in Regensburg weilenden Gesandten des Basler Konzils, Aegidius Carlier, den Dialog des Andreas über die Hussitenfrage in seine Heimat Frankreich mitgenommen, sich zugleich einige der Beobachtungen des Andreas notiert (Paris, Bibl. Nat. Lat. 1503) und ihm umgekehrt seinen Bericht über den „Kaiserlichen Tag“ zur Verfügung gestellt. Am häufigsten sind die verschiedenen Fassungen der Chroniken des Andreas abgeschrieben, übersetzt und als Grundlage für spätere Geschichtsdarstellungen benützt worden. Aus heutiger Sicht verdient Andreas besondere Wertschätzung durch seine sorgfältige Quellensammlung und -verarbeitung; speziell das *Concilium Constantiense* enthält einige Texte, die nur hier überliefert sind. Seine Aufzeichnungen zu Ereignissen seiner näheren Umgebung sind eine Fundgrube nicht nur für die Lokalgeschichte. Schließlich hat Andreas die erste Landeschronik Bayerns geschrieben, auf der die gesamte bayerische Historiographie des 15. Jahrhunderts aufbaute.

Literatur: Andreas von Regensburg, Sämtliche Werke. Hrsg. von Georg Leidinger (Quellen und Erörterungen zur bayerischen und deutschen Geschichte N.F.I) München 1903. – Peter Johanek, Andreas von Regensburg, in: Die deutsche Literatur des Mittelalters. Verfasserlexikon. 2. Aufl. hrsg. von Kurt Ruh u. a. I, Berlin/New York 1978 Sp. 341–348. – Jean-Marie Moeglin, Les ancêtres du prince. Propagande politique et naissance d'une histoire nationale en Bavière au Moyen Age (1180–1500), Genf 1985, bes. S. 106–135 und S. 258–260. – Claudia Märtl, Zur Biographie des bayerischen Geschichtsschreibers Andreas von Regensburg, in: Regensburg und Bayern im Mittelalter (Studien und Quellen zur Geschichte Regensburgs IV), Regensburg, 1987 S. 33–56. – Franz Fuchs, Bildung und Wissenschaft in Regensburg. Neue Forschungen und Texte aus St. Mang in Stadtamhof (Beiträge zur Geschichte und Quellenkunde des Mittelalters XIII), Sigmaringen 1989, bes. S. 31ff.

Claudia Märtl

125. Notizbuch des Andreas von Regensburg

Erstes Drittel des 15. Jahrhunderts
Papier, 278 Bl., 14,5 × 21,5 cm
Alter Ledereinband über Holzdeckel

München, Bayerische Staatsbibliothek, Clm 903

Der berühmte Codex enthält von Andreas selbst eingetragene und in seinem Auftrag abgeschriebene Texte, darunter höchst bemerkenswerte Abschnitte, wie fol. 221–224 und 235–271 tagebuchartige Aufzeichnungen des Andreas über Ereignisse der Jahre 1422–1427 und 1434 (sog. *Diarium sexennale*), fol. 105–113 die einzige bekannte Abschrift einer die Jahre 1309–1372 umfassenden zeitgenössischen Chronik der bayerischen Herzöge *(Chronica de ducibus Bavariae)*, fol. 115–148 die beste Abschrift der Geschichte des vierten Kreuzzugs von Gunther von Pairis *(Historia Constantinopolitana)*. Die Handschrift ist schon früh in den Besitz des Regensburger Schottenklosters gelangt, vgl. fol. 1^{r} die Schenkungsnotiz *Dominus Ludovicus episcopus quondam Chyemensis* (Ludwig Ebner, † 1516) *dedit nobis hunc librum*, die durch verschiedene Besitzvermerke des Schottenklosters aus dem 16./17. Jahrhundert ergänzt wird. Die aufgeschlagenen Seiten (fol. 37^{v}/38^{r}) stammen aus der legendenhaften, um die Mitte des 13. Jahrhunderts entstandenen Gründungsgeschichte der ersten iro-schottischen Niederlassung in Regensburg, des Priorats Weihsanktpeter *(Libellus de fundacione ecclesiae Consecrati Petri)*. Fol. 38^{r}, von Andreas selbst geschrieben, bietet den Anfang des vierten Teils dieser Geschichte, in dem die sagenhafte Eroberung Regensburgs durch Karl den Großen geschildert wird *(Gesta Karoli Magni de … acquisicione civitatis Ratisponensis)*. In Rückbesinnung auf den antiken Ursprung wird Regensburg in eine Reihe gestellt mit Rom, Trier und Köln und als eine von jeher freie, mit allen irdischen Gütern gesegnete Stadt geschildert, „vor alters genannt die Stadt der quadratischen Steine, weil sie mit großen quadratischen und überall fein behauenen Steinen versehen war, wie man noch heute an den Wänden ihrer (Stadt-)Mauer sehen kann“.

Literatur: Georg Leidinger (Hg.), Andreas S. LXIII–LXX und S. 301–342. – Georg Leidinger, Kommentar zu Lieferung VI, Tafel 6, in: Denkmäler der Schreibkunst des Mittelalters, hg. von Anton Chroust, I. 1, 2,

München 1902. – Pádraig A. Breatnach, Die Regensburger Schottenlegende – Libellus de fundacione ecclesiae Consecrati Petri (Münchener Beiträge zur Mediävistik und Renaissance-Forschung 27), München 1977, S. 82–84 und S. 113–310.

Claudia Märtl

126. Andreas von Regensburg
Chronica pontificum et imperatorum Romanorum

Bayern, 15. Jahrhundert
Pergament, 95 Bl., 27 × 38 cm
Alter beschädigter Ledereinband über Holzdeckel

München, Bayerische Staatsbibliothek, Clm 14036

Der sorgfältig von einer Hand geschriebene Codex aus der Bibliothek von St. Emmeram (Besitzvermerk des 18. Jahrhunderts auf fol. 1ʳ; zu einem möglichen Vorbesitzer vgl. den Vermerk im vorderen Innendeckel: *Egregius Doctor Paulus Kherll 1530*) enthält eine bis einschließlich 1421 reichende Kopie der ersten Fassung der Papst- und Kaiserchronik des Andreas, die wahrscheinlich von der ebenfalls Emmeramer Handschrift München, Bayerische Staatsbibliothek, Clm 14029 abstammt. Wie Andreas in seiner Vorrede sagt, hat er für dieses Werk bis zur Zeit Johannes' XXII († 1334) und Ludwigs des Bayern († 1347) alte Chroniken exzerpiert; für die neuere Zeit bis zu Martin V. (1417–1431) und Kaiser Sigismund (1410–1437) habe er „verschiedene Quellen" und „Berichte glaubwürdiger Männer" verwertet. Als Vorbild für die äußere Anlage hat die überaus verbreitete Weltchronik des Martin von Troppau gedient: in parallelen Spalten werden die Sedenz- und Herrschaftszeiten der Päpste und Kaiser abgehandelt, wobei die Namen der Päpste in roter Schrift innerhalb roter Doppelkreise links, die der Kaiser in schwarzer Schrift innerhalb roter Doppelkreise rechts erscheinen. Mit der Sedenzzeit Papst Gelasius' I. (492–496) tritt die Geschichte des Bistums Regensburg hinzu, dessen Bischöfe in schwarzer Schrift innerhalb schwarzer, unten offener Doppelkreise aufgeführt werden. Nach der vereinzelten Nennung eines Bischofs Paulinus beginnt die kontinuierliche Darstellung der Regensburger Bistumsgeschichte parallel zu den Päpsten Gregor II. und III. (715–731; 731–741) und zu Kaiser Leo III. (717–741) mit Bischof Gaubald, hier fol. 43ᵛ: *Gaubaldus primus;* in den schwarzen Kreisen ist als Sedenzzeit 22 Jahre angegeben *(Sedit annos XXII).* In dem dazugehörigen Abschnitt heißt es, vor dem durch Bonifatius auf Befehl des Papstes eingesetzten Gaubald habe es keine „rechtmäßigen Hirten" gegeben und mit ihm begännen die „bekannten und anerkannten Bischöfe".

Literatur: Georg Leidinger (Hg.), Andreas S. XXXI und S. 1–157. – Johanek, Andreas Sp. 343–344.

Claudia Märtl

127. Sammelhandschrift mit Texten vornehmlich zur bayerischen Geschichte
(Aventin, Andreas von Regensburg, Ebran von Wildenberg, Scheyerner Fürstentafel)

Bayern, Mitte des 16. Jahrhunderts
Papier, 220 Bl., 27,5 × 39 cm
Alter Ledereinband über Holzdeckel

München, Bayerische Staatsbibliothek, Cgm 1557

Der im Auftrag des Augsburger Ratsdieners und Sammlers Paul Hektor Mair († 1579) sauber von einer Hand geschriebene Codex enthält auf fol. 77–123 die von Andreas um 1427/28 angefertigte Übersetzung seiner Chronik von den Fürsten Bayerns. Fol. 82ᵛ zeigt den Stammbaum Karls des Großen, der gemäß der freilich zweifelhaften Konstruktion der Scheyerner Fürstentafel, einer der Hauptquellen des Andreas, zu den Stammvätern der wittelsbachischen Dynastie gehört. Er wird hier wie in dem lateinischen Autograph der Chronik (München, Bayerische Staatsbibliothek, Clm 1805 fol. 101ʳ) in der graphischen Darstellung unter die Linie der bayerischen Herzöge („Könige") gerückt, die mit einem Theodo († 717?) aufhören. Die letzten agilolfingischen Herzöge werden übergangen, möglicherweise um die Absetzung Tassilos III. (788) und damit den Abbruch dieser Herzogsdynastie etwas zu kaschieren.

Literatur: Leidinger (Hg.), Andreas S. 589–655. – Johanek, Andreas Sp. 347. – Moeglin, Les ancêtres du prince S. 106–135 und fig. II (Abb. des Stammbaums aus Clm 1805). – Friedrich Roth (Hg.), Des Ritters Hans Ebran von Wildenberg Chronik von den Fürsten aus Bayern (Quellen und Erörterungen zur bayerischen und deutschen Geschichte N.F. II, 1), München 1905, S. XXIV–XXVI.

Claudia Märtl

DIE PRÄMONSTRATENSER IM BISTUM REGENSBURG

Im Jahre 1115 wandte sich der Xantener Domherr und Hofkaplan König Heinrichs V., Norbert (* um 1080/85 in Gennep, Niederlande oder Xanten, † 1134 in Magdeburg), nach einem eher weltlichen Leben strengen Mönchsidealen zu. Diese versuchte er als Wanderprediger zu verwirklichen und kam dabei in das knapp 20 Kilometer nordöstlich von Laon in Nordostfrankreich entfernte Tal von Prémontré. Dort gründete er 1120 von der Augustinerregel ausgehend ein Kloster, das schon bald die ersten Tochtergründungen, auch in Deutschland, nach sich zog. Von Anbeginn wurden in Doppelklöstern neben Männer- auch Frauenkonvente eingerichtet, die nicht-adligen Frauen eine Alternative zum nur schwer möglichen Eintritt in ein Benediktinerinnenkloster oder Kanonissenstift boten. Jedoch breitete sich mit der zunehmenden Verfestigung der Ordensstrukturen unter Generalabt Hugo de Fosse (1128–1161) im Generalkapitel von Prémontré eine ausgesprochene Frauenfeindlichkeit aus, die 1140 im Verbot und der Auflösung der Frauenkonvente gipfelte.

Norbert von Xanten, neben Bruno von Köln, dem Gründer des Kartäuserordens, der einzige deutsche Ordensstifter, ging schon 1126 als Erzbischof nach Magdeburg. Dort boten sich ihm, seinen Neigungen entsprechend, große Möglichkeiten der Missionsarbeit nach Osten. Tatsächlich leisteten die Prämonstratenser Bedeutendes in der Christianisierung, Kolonisierung und Urbarmachung des Landes östlich der Elbe. Norbert selbst starb 1134 in Magdeburg.

Knapp ein Jahrzehnt später, 1145, erhielten die Prämonstratenser von Papst Eugen III. das Recht, ihre Pröpste zu Äbten erheben zu lassen. Dies stieß jedoch auf wenig Interesse, und so blieben die meisten Klöster Propsteien. Wenige nur, darunter als erstes Windberg (1146), wurden zu Abteien. Den zahlreichen Gründungen folgten seit dem späten 13. und frühen 14. Jahrhundert nur mehr wenige neue.

Der Prämonstratenserorden entwickelte schon sehr früh, wohl noch zu Lebzeiten Norberts, zwei Richtungen: eine asketisch-kontemplative unter Abt Hugo de Fosse und eine asketisch-pastorale, wie sie sich in Deutschland stärker verbreitete. Seit Anbeginn herrschte in den Klöstern eiserne Zucht: immerwährende Abstinenz, ewiges Schweigen, strenges Fasten, Handarbeit und endloser Chordienst. In seiner ursprünglichen Verfassung glich der Orden den Zisterziensern. Die strenge Disziplin stellte ihn in die Nähe der Mönchsorden, nicht der Chorherrenbewegung. Dies zeigte auch seine straffe zentralistische Organisation, die den Augustinerchorherren fehlte. Diese lehnten die übertriebene Härte der Norbertiner ab, die gegen Ende des 13. Jahrhunderts wesentlich gemildert wurde. Bis ins späte Mittelalter schwand auch das Armutsideal. Dies wiederum führte nach dem Konzil von Basel (1431–1437) zu Reformbestrebungen. Neben der von Anbeginn wichtigen Seelsorge innerhalb des Klosters gewann in dieser letzten Glanzzeit des Ordens das Universitätsstudium große Bedeutung. Doch in der Reformationszeit erlebten gerade die Prämonstratenser einen abrupten Niedergang.

Die völlig weiße Ordenskleidung, die dem Orden seinen Beinamen „ordo candidus“ (weißer Orden) gab, entspricht etwa der der Dominikaner. Im Winter trat dazu ein großer weißer Wollmantel mit Capucium. Das Cingulum bestand bis zum 16. Jahrhundert aus Leder. Bis zum Ende des 17. Jahrhunderts trugen die Prämonstratenser als regulierte Chorherren mönchische Kapuze und kanonikales Birett. Die Laienbrüder hatten seit dem 13. Jahrhundert graues Habit zu tragen.

Eine feste Einteilung in Provinzen, die sog. „Zirkarien“, welche in der Regel den jeweiligen Kirchenprovinzen entsprachen, fand gegen und nach 1200 statt. In Deutschland waren dies die Zirkarien Bayern, Ilfeld (im nördlichen Teil der Kirchenprovinz Mainz), Sachsen, Schwaben, Slavia (Pommern), Wadgassen (im Südwesten mit südlichem Teil der Kirchenprovinz Mainz) und Westfalen.

In Bayern konnte sich der Prämonstratenserorden allerdings kaum durchsetzen. Wurden dennoch wenige Gründungen ermöglicht, so lag dies an den Beziehungen Norberts von Xanten und der Förderung durch die beiden Bischöfe Otto von Freising und Otto von Bamberg, wie dies am Beispiel Windberg zu zeigen sein wird.

Zur bayerischen Zirkarie gehörten die Klöster Griffen in Kärnten (1236), Neustift bei Freising (1142), Osterhofen (1128), Schäftlarn (1140), Speinshart (1181), Steingaden (1147), Wilten bei Innsbruck (vor 1138) und Windberg (vor 1139 und 1142). Seit 1309 trat St. Salvator bei Ortenburg dazu. Zwei Niederlassungen nur hatte der Prämonstratenserorden im Bistum Regensburg: das nordöstlich von Bogen gelegene Windberg und Speinshart bei Eschenbach in der Oberpfalz.

Literatur: Norbert Backmund, Monasticon Praemonstratense, I–III, Straubing 1948/60. – Ders., Geschichte des Prämonstratenserordens, Grafenau 1986, S. 9–69, 87–90. – Ders., Die Chorherrenorden und ihre Stifte in Bayern, Passau 1966, S. 159–214. – Franz von Sales Doyé, Die alten Trachten der männlichen und weiblichen Orden sowie der geistlichen Mitglieder der ritterlichen Orden, Leipzig o. J., S. 42, Tf. 26, 27. – Kaspar Elm (Hrsg.), Norbert von Xanten. Adeliger, Ordensstifter, Kirchenfürst, Köln 1984. – Basilius Franz Grassl, Der Prämonstratenserorden, seine Geschichte, seine Ausbreitung bis zur Gegenwart (Analecta Praemonstratensia 10. Beiheft), Tongeren 1934. – Placidus Fern Lefèvre, Wilfried Marcel Grauwen, Les statuts de Prémontré au milieu du XIIe siècle (Bibliotheca analectorum Praemonstratensium 12), Averbode 1978. – Stefan Weinfurtner, Norbert von Xanten – Ordensstifter und „Eigenkirchenherr", in: Archiv für Kulturgeschichte 59 (1977), 66–98. – Alfons Zàk, Der heilige Norbert, Wien 1930.

Peter Morsbach

Nach Ertl, *Churb. Atlas 1687*

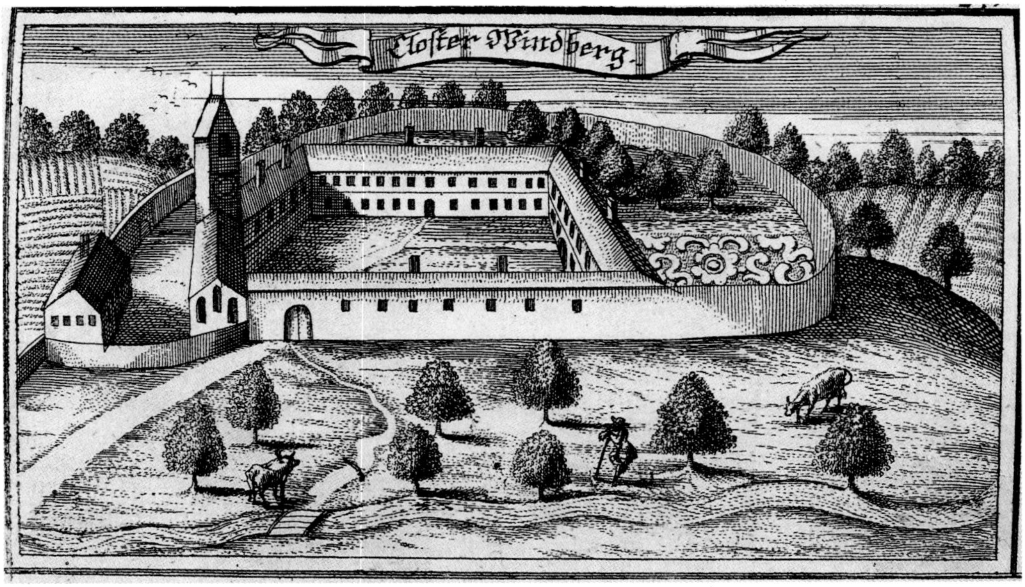

WINDBERG

Kloster Windberg mit den Patrozinien Mariä Himmelfahrt und SS. Sabinus und Serena, wurde offiziell 1142 als drittes Prämonstratenserkloster der Zirkarie Bayern nach Osterhofen (1128) und Wilten bei Innsbruck (vor 1138) gegründet. Schon im 12. Jahrhundert setzte unter Abt Gebhard (1141–1191) eine verunklärende Legendenbildung ein. Die eigentliche Gründung ist wohl auf das unmittelbare Einwirken Norberts von Xanten, Bischof Ottos von Bamberg und eine Reihe anderer historischer Umstände zurückzuführen.

Um 1125 begann eine kleine Schar von Klerikern, die am Hofe des Grafen Adalbert in Windberg in Seelsorge und Verwaltung tätig waren, sich für die Reformideen Norberts zu begeistern. Hierbei spielte auch der Umstand eine Rolle, daß der aus Siegburg kommende Regensburger Bischof Kuno Lehrer Norberts war und den Chorherrn Gerhoch von Reichersberg nach Regensburg berufen hatte. Hier weilte Norbert selbst 1125/26 und 1126 in Rom, wo ihn Adalbert sicherlich persönlich kennenlernte. Dieser stimmte nach anfänglichem Zögern der Gründung eines Prämonstratenserklosters auf seinem Sitz zu, wobei auch die (materielle) Unterstützung durch Bischof Otto von Bamberg eine nicht unwesentliche Rolle spielte, da dieser als einer der Stifter des Klosters angesehen wurde. Sowohl die geistlichen als auch politischen und künstlerischen Beziehungen Windbergs zu Bamberg sind noch nicht ausreichend geklärt.

Zur offiziellen Gründung trug ein politischer Umstand bei: Böhmenherzog Wladislaus, auf der Suche nach Unterstützung gegen böhmische Rebellen durch den deutschen König und den Grafen von Bogen, besserte die materielle Grundlage des Klosters durch Dotationen und Schenkungen von Besitz in Böhmen auf. Der Olmützer Bischof Heinrich Zdik, wohl im Gefolge des Herzogs nach Windberg gekommen, nahm 1142 die erste Kirchweihe vor. Seit diesem Zeitpunkt bestanden enge Beziehungen nach Böhmen, wo der Bischof nun seine Chorherrenstifte als Prämonstratenserklöster zu gründen beschloß.

Seit 1147 war Windberg ein Doppelkloster, dessen Frauenkonvent durch Gräfin Hadwiga, die Witwe Adalberts, ins Leben gerufen wurde. Die Schwestern erhielten eine eigene Nonnenkirche St. Blasius im Nordosten der Klosterkirche. Dem 1140 erlassenen Verbot der Frauenkonvente entzog man sich durch die Verselbständigung der Nonnengemeinschaft, die vom Konvent mit regelmäßigen Zuwendungen unterstützt wurde. So bestand der Frauenkonvent mit Unterbrechungen bis zur Säkularisation.

Im Jahre 1141 berief man den Kölner Gebhard aus dem Doppelkloster Bedberg bei Kleve zum Propst. 1146 ließ er das Kloster zur Abtei erheben und starb nach fünfzigjähriger Regentschaft hochbetagt 1191. Dem Wirken dieses hochgebildeten, für alle Bereiche der Theologie, der Geistes- und Naturwissenschaften, Literatur, Kunst und Architektur begeisterten Mannes verdankt Windberg seine größte geistige Blüte in der 2. Hälfte des 12. Jahrhunderts. Gebhard, der auch selbst als Schreiber bekannt ist, bemühte sich in erster Linie um die Bibliothek, die unter ihm einen beachtlichen Umfang annahm, in der sich praktisch alle wichtigen Standardwerke fanden. Die eigene literarische Tätigkeit des Klosters überrascht durch eine Reihe beachtlicher Leistungen.

Hierbei ragt im besonderen der lateinisch-deutsche Psalter (vor 1187) hervor (Kat. Nr. 134), ein Hauptwerk seiner Art, in dem zwischen die lateinischen Zeilen eine sehr genaue frühmittelhochdeutsche Wort-für-Wort-Übersetzung mit erklärenden Randglossen eingefügt ist, für die wohl Gebhard in Frage kommt.

Das in einer Oberalteicher Handschrift überlieferte Gedicht vom „Himelrîche", eine um 1187 entstandene deutsche Beschreibung des Himmels (Kat. Nr. 113), dürfte ebenfalls aus Windberg, vielleicht aus der Feder Gebhards stammen, da es mit Sprache und Schrift des Interlinear-Psalters weitgehend übereinstimmt.

Noch in der Spätzeit Abt Gebhards übersetzte der Chorherr Albero die lateinische Version des irischen Gedichtes von der Vision des Tnugdal, die „Visio Tnugdali", in der gleichsam als Vorfahre der Visionen Dantes ein Ritter durch Hölle, Fegfeuer und Himmel ziehen muß.

In Windberg entstand, wiederum unter Gebhard, eine deutsche komputistische Handschrift, die älteste ihrer Art. Mit Hilfe komputistischer Texte, die zum festen Bestand jeder Klosterbibliothek gehörten,

konnte man auf mathematisch-astronomischer Basis den Kalender berechnen. Als ein Hauptwerk des Windberger Scriptoriums ist das sechsbändige Legendar (Kat. Nr. 133) mit einer Sammlung zahlreicher Heiligenviten anzusehen, an dessen Entstehung Abt Gebhard offensichtlich selbst intensiv mitwirkte und die wissenschaftliche Redaktion und die Herausgeberschaft übernahm.
Daneben wies die Windberger Bibliothek zahlreiche zumeist im Kloster entstandene Handschriften der Kirchenväter, Kirchenlehrer, Predigtsammlungen, historische Werke, Briefsammlungen und vieles andere mehr auf, die den hohen geistigen Stand Windbergs unter Abt Gebhard deutlich machen.
Die Bedeutung des Windberger Scriptoriums wurde 1980 erstmals von Elisabeth KLEMM gewürdigt. Die bis dahin weitgehend unerkannte Windberger Buchmalerei ragt, wie dies auch die Ausstellung zeigen soll, qualitativ durchaus aus der Zahl der „provinziellen Ableger der Salzburger oder der Regensburger Schule" hervor. Zunächst wird bei einer Beurteilung eine Beeinflussung durch die Buchmalerei des Rheingebietes deutlich, wie dies auch für die Regensburger Buchmalerei anzunehmen ist. Bischof Kuno von Regensburg wurde aus Siegburg berufen, war mit Rupert von Deutz befreundet. Bischof Otto von Bamberg hatte am Rhein gewirkt, der hl. Norbert genauso wie Abt Gebhard von Windberg, der die Kenntnis der rheinischen Malerei vermittelt haben wird.
Dies zeigt sich zunächst im eigenständig windbergischen Stil des Initialschmucks mit seinem phantastischen Dekor, dessen nächste Entsprechungen in der rheinischen Buchmalerei zu finden sind und für den Bayern keine Voraussetzungen aufweisen konnte. Charakteristisch sind die Initialen „mit dichtem unruhigem Rahmengeflecht und an den Ansätzen miteinander und ineinander verflochtenen, gekräuselten Blättchen". Hinzu treten alle möglichen Tiere, gerne Drachen, kletternde und turnende Menschlein und Figureninitialen der denkbar größten Vielfalt. Konkrete Vorbilder lassen sich jedoch nicht namhaft machen. Für den Figurenstil sah E. KLEMM eine Veränderung von einem „feinen, etwas scharfen Strich ... durch eine spontanen, aber wesentlich flüchtiger wirkenden Duktus" hin zu einer „unruhigen Bewegtheit".
Auf die Dauer konnte sich Windberg einer Beeinflussung durch die bayerische Buchmalerei nicht entziehen, zumal auch enge Beziehungen zu Klöstern wie Prüfening und Biburg, dessen Buchmalerei wir allerdings kaum kennen, aber auch zu Salzburg bestanden. Die beiden hiermit umrissenen Hauptkomponenten – Regensburg-Prüfening und Salzburg – zeigen sich im Stil der Federzeichnung, der deutlich regensburgische Züge aufweist und den im späten 12. und frühen 13. Jahrhundert gern verwendeten Deckfarbenmalereien und Goldinitialen, die aus dem Salzburger Umkreis zu kommen scheinen.

Literatur: Norbert BACKMUND, Kloster Windberg. Studien zu seiner Geschichte, Windberg 1977, S. 20–26. – Ders., Der heilige Norbert und sein Orden im Bistum Regensburg, in: BGBR 12 (1978), S. 133–142. – Friedrich WILHELM, Denkmäler deutscher Prosa des 11. und 12. Jahrhunderts. Windberger Kalendernoten A Text, Münchner Texte, 1914, S. 113 f., B Kommentar, ebd. 1916, S. 214–216. – Rainer ROMMENS, Gebhard, Propst und erster Abt von Windberg († 1191), in: Secundum Regulam Vivere, Festschrift für Norbert Backmund, Windberg 1978, S. 169–195. – Elisabeth KLEMM, Gab es eine Windberger Buchmalerei?, in: Anzeiger des Germanischen Nationalmuseums 1980, S. 7–29. – Dies., Die romanischen Handschriften der Bayerischen Staatsbibliothek I, Wiesbaden 1980, S. 95–121.

Peter Morsbach

128. Graf Adalbert von Bogen und Gräfin Hedwig als Stifter

Windberg, um 1550
Federzeichnung auf dem Titelblatt des „Stiffsbuechs" des Abtes Johann Talmair

München, Bayerische Staatsbibliothek, Clm 28832

Das Stiftsbuch des Windberger Abtes Johann Talmair (1541–1570 res.) enthält zwei Ansichten des Klosters und seiner Kirche.
Der Klosterkomplex unter der Bezeichnung *Efigies Coenobij Windberg* wird im Detail relativ genau wiedergegeben, gesehen von Süden mit dem im Vordergrund knienden Stifterpaar Adalbert und Hedwig (BACKMUND Abb. 10).
Die zweite, hier gezeigte Ansicht verkehrt den Maßstab und ist daher als typisches Stifterbild zu bezeichnen. Hedwig und der martialisch gerüstete Adalbert stehen in einem gewölbten, säulengestützten Raum mit zwei rundbogigen Fenstern im Hintergrund, unter denen ein Wandteppich hängt. Zwischen dem gräflichen Paar steht das Kirchenmodell, das, wenn auch nicht sehr geglückt, die Charakteristika des Bauwerkes überliefert, das dreischiffige Langhaus mit dem vorspringenden Querhaus. Der Turm aus der Mitte des 13. Jahrhunderts steht in Wirklichkeit über dem östlichen Joch des nörd-

lichen Seitenschiffes, wird hier als Vierungsturm gezeigt. Betont werden die beiden romanischen Portale in der Westfassade und dem zweiten Joch des nördlichen Seitenschiffes, außerdem die großen Fenster in der oberen Zone des nördlichen Querhausarmes und der Westfassade. Der Turm erscheint hier noch in seiner mittelalterlichen Form als etwa quadratischer, bis auf ein Gesims weitgehend ungegliederter Bau mit vier Fensterpaaren, Pyramidendach und vier Giebeln. Die heutige Form des achteckigen Turmobergeschosses mit Kuppel und Birettkrone ist das Ergebnis eines barocken Umbaus.

Literatur: Norbert BACKMUND, Kloster Windberg, Windberg 1977, Abb. 10, 11.

Peter Morsbach

129. Gregor, Moralia in Iob
Teile IV-VI (Buch 17-35)

Windberg, 1143
Pergament, 199 Bl., 44 × 31,5 cm
Zeitgenössischer Ledereinband

München, Bayerische Staatsbibliothek, Clm 22203

Die zweibändige Handschrift entstand unter Propst Gebhard (1141-1191) und wurde von einem in beiden Bänden auf fol. 1^{r} genannten Heinricus im Jahre 1143 in und für Windberg geschrieben. Die in beiden Bänden unterschiedlichen Initialen stammen von zwei anderen Händen. Neben zahlreichen Initialen, die Drachen, eine Schlange und einen Vogel zeigen, gibt es fünf mit Figuren, deren kleinste 9,2 cm und größte 23,3 cm hoch ist. Die Initialen weisen „auffallend lappige, etwas zerfranste Blätter mit Binnenhäkchen, auch gestielte Kreise" auf, denen der ein wenig dickliche, knollenhafte und feste Charakter der sonst üblichen südostdeutschen vegetabilen Dekorationen fehlt.

Die Initialfigur auf fol. 64^{v}, ein in den Ranken eines P Stehender mit hinweisendem oder Redegestus und leerem Spruchband - eine Figur von hoher zeichnerischer Qualität - zeigt eine ausgesprochene Plastizität, einen Hang zur festen Körperlichkeit und unterscheidet sich dadurch deutlich von den schlankeren I-Initialen auf fol. 85^{v} und 144^{r}. Diese sind auffallend schlank proportioniert, entsprechen genau den Proportionen, wie sie in dieser Zeit in Beispielen der französischen Plastik wie den Chartreser Westportalskulpturen nachzuweisen sind. Doch auch hier bleibt eine Plastizität spürbar. Die Binnenzeichnung der Gewänder wirkt fahrig, nervös tremolierend.

Während in der südostdeutschen Buchmalerei die Vorstufen und Voraussetzungen für diese Zeichnungen zu fehlen scheinen, kann eine Prägung durch niederrheinische und französische Einflüsse durchaus möglich sein.

Literatur: Ausstellungskatalog Bayerns Kirche im Mittelalter, München 1960, Kat. 125. - Elisabeth KLEMM, Die romanischen Handschriften der Bayerischen Staatsbibliothek I, Wiesbaden 1980, Kat. 151.

Peter Morsbach

130. Psalter

vermutlich Windberg, letztes Viertel des 12. Jahrhunderts
Pergament, 166 Bl. + 5 Bl. Papier des 15. Jahrhunderts, 26 × 18,5 cm
Heller Ledereinband des 15. Jahrhunderts

München, Bayerische Staatsbibliothek, Clm 23093

Die erhaltenen Miniaturen zeigen eine thronende Madonna vor Psalm 51 auf fol. 65^{v} (19,1 × 12,8 cm) und eine Maiestas-Domini-Darstellung auf fol. 133^{r} vor Psalm 101 (18,2 × 12,6 cm). Die letztere stimmt ikonographisch mit der Darstellung im Karner von Perschen bei Nabburg i. d. Opf. weitgehend überein (BOECKLER, Abb. 93). Miniaturen und Initialen sind in Deckfarben ausgeführt, wobei gedämpfte, relativ helle Farben wie Rotviolett, Blau, Weiß und Grün, daneben wenig warmes Rot und Ocker verwendet wurden. Die Gesichter und nackten Körperteile in brauner Zeichnung, die Modellierung der Gesichter geschah durch Rosa und helles Braun. Die Falten und Umrißlinien sind kräftig in Schwarz gezogen.

Die Forschung beurteilte die Stellung und Herkunft der Handschrift unterschiedlich: Georg SWARZENSKI ordnete sie mit weiteren Handschriften unbekannter Herkunft in den Umkreis der Erlanger Gumpertusbibel ein. Er verwies auf enge Beziehungen zu einem Psalter in Prag aus der Zeit vor 1174 und lokalisierte die Gruppe in das nordöstliche Bayern, von Salzburg abgesetzt. Hans KARLINGER verwies auf stilistische Verwandtschaft mit den wenig älteren Wandmalereien in Perschen. Die Beziehungen zur Salzburger Buchmalerei sind nicht allzu eng, hingegen weist die von BOECKLER bemerkte große Nähe zum Nekrolog von Obermünster - sowohl stilistisch als auch motivisch - auf starke Beeinflussung durch ein Regensburger Skriptorium. Elisabeth KLEMM nimmt mit einigem Recht eine Entstehung in Windberg an. Die Miniaturen sind stilistisch „deutlich aus der Regensburger Tradition hervorgegangen".

Literatur: Georg SWARZENSKI, Die Salzburger Malerei von den ersten Anfängen bis zur Blütezeit des romanischen Stils, Stuttgart ²1969, S. 138-142, 168, Abb. 224-227. - Hans KARLINGER, Die hochromanische Wandmalerei in Regensburg, München-Berlin-Leipzig 1920, S. 54. - Albert BOECKLER, Die Regensburg-Prüfeninger Buchmalerei des 12. und 13. Jahrhunderts, München 1924, S. 59, 103f., Abb. 90-94. - Elisabeth KLEMM, Die romanischen Handschriften der Bayerischen Staatsbibliothek I, Wiesbaden 1980, Kat. 190. - Dies., Gab es eine Windberger Buchmalerei?, in: Anzeiger des Germanischen Nationalmuseums, S. 14-18. - Ausstellungskatalog Regensburger Buchmalerei, München 1987, Kat. 43.

Peter Morsbach

131. Evangelistar

Windberg, um 1180
Pergament, 52 Bl., 28 × 20,5 cm
Hellbrauner Ledereinband des 16. Jahrhunderts

München, Bayerische Staatsbibliothek, Clm 23339

Das Evangelistar – ein liturgisches Buch, das, im Gegensatz zum Evangeliar mit den vollständigen Evangelien, nur die in der Messe zu lesenden Abschnitte (Perikopen) der Evangelien enthält – wird in der Forschung ähnlich wie der Psalter Clm 23093 (Kat. Nr. 130) beurteilt. Es dürfte um 1180 in und für Windberg entstanden sein. Sowohl vom Stil als auch von der Technik bestehen zu Clm 23093 enge Verwandtschaften.
Die sechs Deckfarbenminiaturen auf poliertem Goldgrund, von denen je zwei vor den Hauptfesten stehen, zeigen die Verkündigung an Maria (fol. 2^r), die Geburt Christi (fol. 2^v), die Kreuzigung mit Maria und Johannes (fol. 27^r), die Auferstehung Christi (fol. 27^v), die Himmelfahrt Christi (fol. 35^r) und das Pfingstfest (fol. 35^v).
Vom Farbeindruck unterscheiden sich die Deckfarbenmalereien in Clm 23339 von denen in Clm 23093 oder auch vom eng verwandten Nekrolog von Obermünster: die Miniaturen liegen auf poliertem Goldgrund, während hauptsächlich Rosa, Grün und ein stumpfes Blau verwendet werden, daneben warme Rot- und Orangetöne. Ocker tritt selten, in leichter Oliv-Färbung für Gesichts- und Körpermodellierung in Kombination mit rosaroten Wangenflecken auf. Die Zeichnung der Konturen und Gewänder erfolgte in kräftigen schwarzen Strichen, Lichter wurden in Deckweiß aufgesetzt.

Literatur: Georg Swarzenski, Die Salzburger Malerei von den ersten Anfängen bis zur Blütezeit des romanischen Stils, Stuttgart ²1969, S. 139–142, Abb. 240–245, 253. – Albert Boeckler, Die Regensburg-Prüfeninger Buchmalerei des 12. und 13. Jahrhunderts, München 1924, S. 60–62, 104 f., Abb. 95–100. – Elisabeth Klemm, Die romanischen Handschriften der Bayerischen Staatsbibliothek I, Wiesbaden 1980, Kat. 191. – Dies., Gab es eine Windberger Buchmalerei?, in: Anzeiger des Germanischen Nationalmuseums 1980, S. 14–19.

Peter Morsbach

132. Evangeliar

Windberg (?), um 1180
Pergament, 166 Bl., 31,5 × 22 cm
Moderner dunkelbrauner Ledereinband

München, Bayerische Staatsbibliothek, Clm 23 342

Das Evangeliar fügt sich nicht ohne weiteres in die von Georg Swarzenski erkannte Gruppe um die Erlanger Gumpertusbibel und den Psalter Clm 23 093 (Kat. Nr. 130) ein.
Im Vergleich zeigen die Evangelistenbilder (vier Deckfarbenminiaturen auf poliertem Goldgrund jeweils zu Beginn der Evangelien) einen uneinheitlichen Charakter. So fügen sich Matthäus und Lukas, Markus und Johannes zu zwei Paaren zusammen, wo z. B. Johannes den Markus in vielem sehr getreu wiederholt. Untereinander bestehen jedoch so deutliche und zahlreiche stilistische und motivische Übereinstimmungen, daß man von einer Miniatorenhand ausgehen kann. Elisabeth Klemm beurteilt den Stil als „etwas hart und schematisch" mit einer teilweise „zeichnerischen Verhärtung", im Vergleich mit den anderen Handschriften eher negativ. Dies muß noch etwas differenzierter gesehen werden.
Der Zeichen- bzw. Malstil in Clm 23093 (Kat. Nr. 130) und Clm 23339 (Kat. Nr. 131) zeigt in der Behandlung von Gewändern und Binnenzeichnungen sehr starke und kräftige schwarze Linien, die feinere Differenzierungen – wenn nicht durch Farbe und Lichthöhungen – bei Säumen, stark gefältelten Partien oder sich bauschenden Gewandzipfeln kaum erlauben. Bei den Evangelisten in Clm 23 342 werden die Konturen und Faltenlinien dünner gezogen, was trotz einer deutlichen Vorliebe zur Darstellung von glatten Flächen wie bei Matthäus und Johannes einer gewissen Plastizität zugute kommt. Die Oberflächen werden lebendiger, die Einzelformen (vgl. Arkadenrahmungen, Säulen, Architekturen) präziser. Partien wie das ausgestreckte rechte Bein des Markus, die komplizierten Fältelungen über seiner rechten Armbeuge oder dem Arm des Lukas gehen über Clm 23093 und 23339 deutlich hinaus, deren eher malerischen Mitteln gegenüber in dieser Handschrift der Einfluß der Federzeichnung deutlicher spürbar geblieben ist. Dies unterstützen noch die kühlen Farben von Blau, hellem Grün und Rosa.

Literatur: Georg Swarzenski, Die Salzburger Malerei von den Anfängen bis zur Blütezeit des romanischen Stils, Stuttgart ²1969, S. 139, 141, Abb. 246–252. – Albert Boeckler, Die Regensburg-Prüfeninger Buchmalerei des 12. und 13. Jahrhunderts, München 1924, S. 60 f., 105 f., Abb. 104–109. – Elisabeth Klemm, Die romanischen Handschriften der Bayerischen Staatsbibliothek I, Wiesbaden 1980, Kat. 192. – Dies., Gab es eine Windberger Buchmalerei?, in: Anzeiger des Germanischen Nationalmuseums 1980, S. 18.

Peter Morsbach

133. Legendarium Windbergense, Bd. IV

Windberg, vor 1191
Pergament, I + 177 Bl., 35,5 × 25,5 cm
Heller Ledereinband des 15. Jahrhunderts

München, Bayerische Staatsbibliothek, Clm 22 243

Das große, sechsbändige Windberger Martyrologium (Legendar) entstand, wie die meisten anderen Handschriften, unter der Regierung des Abtes Gebhard. Jeder Band enthält zu Beginn ein „Breviarium" (Kalender) mit den Heiligentagen eines bestimmten Zeitraumes und die dazugehörigen Heiligenviten:

Bd. I: 1. Januar bis 31. März
(Clm 22240),
Bd. II: 1. April bis 30. Juni
(Clm 22241),
Bd. III: 1. Juli bis 15. August
(Clm 22242),
Bd. IV: 17. August bis 30. September
(Clm 22243),
Bd. V: 1. Oktober bis 17. November
(Clm 22244),
Bd. VI: 22. November bis 31. Dezember
(Clm 22245).

Die Illuminationen des Textes stellen zahlreiche z. T. höchst phantasievolle Initialen dar, deren größte mit 29 cm Höhe sich in Band IV, fol. 1v befindet. Die I-Initiale, die sich für lange, schlanke Gestaltungen anbietet, zeigt drei an der Spitze eines zweistämmigen I hockende und kletternde Männlein, von denen einer einem Drachen, der in vielfachen Windungen den Buchstaben umschlingt, seinen Speer in den Rachen stößt. Die untere Hälfte der Initiale wird von einer spiralförmig verschlungenen Ranke mit dichten dreipaßförmigen Blättern umwunden. Die phantastische Gestaltung dieser und zahlreicher anderer Windberger Initialen mit Drachen der verschiedensten „Gattungen", mit kletternden und turnenden Figürchen muß als typisch „windbergisch" angesehen werden. Hierzu gibt es, wie E. Klemm zeigt, in der Regensburger und Salzburger Buchmalerei keine Voraussetzungen und Parallelen. Anregungen der rheinischen Buchmalerei, nicht zuletzt durch Abt Gebhard vermittelt, sind nicht von der Hand zu weisen.

Literatur: Gerhard Eis, in: Die deutsche Literatur des Mittelalters, Verfasserlexikon V (1955), Sp. 606–609. – Elisabeth Klemm, Die romanischen Handschriften der Bayerischen Staatsbibliothek I, Wiesbaden 1980, Kat. 171. – Dies., Gab es eine Windberger Buchmalerei?, in: Anzeiger des Germanischen Nationalmuseums 1980, S. 10.

Peter Morsbach

134. Lateinischer Psalter mit deutscher Interlinearversion („Windberger Psalter")

Windberg, vor 1187
Pergament, 226 Bl., 30,5 × 22 cm
Heller Ledereinband des 15. Jahrhunderts

München, Bayerische Staatsbibliothek, Cgm 17

Der Windberger lateinische Psalter mit mittelhochdeutscher Interlinearversion wurde seinem Stil nach sicher in Windberg geschrieben und auch dort gebraucht, wie die am Schluß eingefügten sechs lateinischen Gebete, die im Sacramentarium Praemonstratense nachzuweisen sind, und Weihenotizen im Kalender zeigen. Durch die nachgetragenen annalistischen Vermerke von 1187 auf fol. 7v ergibt sich eine Entstehung vor diesem Zeitpunkt.

Der Psalter ist, neben den Evangelien, das für die Liturgie der Kirche und die persönliche Andacht der Gläubigen zentrale Bibelbuch. Im Stundengebet der Mönchsorden des Mittelalters (in geringerem Ausmaß auch heute) hat der Psalter seinen festen Platz: in jeder der 8 Horen des Tages wurden mehrere Psalmen oder Psalmteile in liturgischem Gesang gebetet.

Wegen der z. T. geringen Lateinkenntnisse insbesondere der Novizen war man im gesamten Mittelalter bemüht, das Wortverständnis des Psalters zu fördern. Der „Windberger Psalter" zeigt, wie das bewerkstelligt werden konnte, wahrscheinlich im Zusammenhang mit dem klösterlichen Schulbetrieb. Dem in größerer Schrift geschriebenen Text des lateinischen Psalters wurde eine deutsche Übersetzung, zwischen den Zeilen notiert, beigegeben. Die Übersetzung sollte und konnte nicht für sich gelesen werden. Der Lernende ging vom lateinischen Text aus und fand über jedem Wort die entsprechende deutsche Übersetzung. Ein Beispiel aus Ps. 149, Singet dem Herrn ein neues Lied. Der lateinische Text lautet: CANTATE DOMINO canticum novum. Die Interlinearversion: *Singet deme heren sanch daz niuwe;* die Übersetzung gibt, entgegen dem deutschen Sprachgebrauch, die lateinische Wortfolge wieder. Daraus ergibt sich eine Feststellung, die nur auf den ersten Blick paradox ist: der Übersetzer wollte gar keine eigenständige Übersetzung schaffen, sein Ziel war vielmehr, zum Wortverständnis des lateinischen Psaltertextes zu führen. Und dafür benutzte er die Sprache, die jeder verstand, die Volkssprache, das Deutsche.

Während zahlreiche, insbesondere spätere, Psalterübersetzungen sich an den Laien wandten, der das Lateinische nicht verstand, ist der „Windberger Psalter" ausschließlich für den klosterinternen Gebrauch bestimmt gewesen.

Die in Windberg geschriebene Interlinearversion steht nicht alleine. Mit einer ebenso aufgebauten Interlinearversion, die sich heute in Millstatt / Kärnten befindet, und weiteren in Trier und Wolfenbüttel sowie einer Reihe fragmentarischer Texte bildet sie die sog. Windberger Gruppe. Die in Windberg angewandte Übersetzungstechnik ist im frühen und hohen Mittelalter weit verbreitet, z. T. so, daß nur die schwierigen Wörter eine übergeschriebene Übersetzung (Interlinearglosse) erhalten, z. T. ebenso wie bei der Windberger Psalmenhandschrift.

Dem „Windberger Psalter" voraus geht ein Kalendar, in dem die im Bistum Regensburg besonders verehrten Heiligen in roter Farbe eingetragen sind, es sind dies die Hll. Rupert, Emmeram, Dionysius und Wolfgang. Außerdem finden sich hier zwei Einträge in deutscher Sprache, die das Wesen des Schalttags (29. Februar) und die Berechnung des Ostertermins erklären. Es sind

die frühesten Beispiele deutscher Fachprosa auf dem Gebiet der Kalenderrechnung (Texte bei Kirchert Bd. 1, S. 93 f.).
Aufgeschlagen: f. 79v/80r. Auf f. 79v am linken Blattrand wird das im Text von Ps. 50 vorkommende Wort *holocaustis* erklärt: *Holocaustum chuit aluerbrantez. wande sumelichiu opher wurden gare uf dem altare uerbrennet ze asken. und bespranctem die liute der mite. also me unsih nu in dere niuwen ê mit deme wihbrunnen besprenget* (Holocaustus bedeutet „gänzlich verbrannt". Denn gewisse Opfer wurden auf dem Altar ganz zu Asche verbrannt, und man besprengte die Menschen damit, so wie man uns jetzt im Neuen Bund [= nach der Erlösung] mit dem Weihwasser besprengt.). – Den Psalmen angehängt ist jeweils ein Gebet, das die Erlöstheit des Menschen im Anschluß an das (alttestamentliche) Psalmengebet formuliert, hier mit den Worten: Von überfließendem Erbarmen ist der unaussprechliche Name der Dreieinigkeit, o Gott, der du den Abgrund des menschlichen Herzens rein machst, weißer als den Schnee. Erneuere, so bitten wir, in unserem Inneren deinen Heiligen Geist, daß wir dein Lob verkünden können, damit wir, vom rechten wahren Geist gestärkt, es verdienen, in die ewigen Wohnungen im himmlischen Jerusalem aufgenommen zu werden. Durch unseren Herrn (Jesus Christus, ... Amen).
Auf f. 80r, nach der einleitenden Vorbemerkung, der eigentliche Text von Ps. 51. Er beginnt mit einer prächtigen Initiale Q, mit der die zweite 50er-Gruppe des Psalters eröffnet wird (ähnlich noch f. 9r vor Ps. 1 und f. 148r vor Ps. 101). *QUID GLORIARIS IN MALICIA! QVI POTens es iniquitate.* Dazu die Interlinearversion *Waz guotliches du in der ôbile duder mahtich oder gualtich bist an dem oder mit unrehte.* (Was rühmst du dich in [deiner] Bosheit, der du mächtig bist in Ungerechtigkeit.) Und weiter: *Tota die iniusticiam cogitauit lingua tua!,* darüber: *allen den tach daz unreht dahte zunge din* (den ganzen Tag hat deine Zunge Ungerechtigkeit geplant).
Der Psalter besitzt Rankeninitialen, eine bescheidene Tierinitiale auf fol. 99r und zwei Initialen mit Drachencauda auf fol. 41v und 80r. Die mit symmetrischen Rankenschlingen gefüllte und am Rand genagelte Q-Initiale auf fol. 80r zeigt als Charakteristikum etliche kleine, spitz aufgebogene Blättchen, wie diese in sehr verwandter Weise in den Windberger Heiligenpredigten (Clm 22211), auf deren stilistische Nähe auch E. Klemm hinweist, auftreten. Besonderen Wert legte der Miniator auf den mit brauner Tinte nachgezogenen Drachenkopf, der neben dem Exemplar in Clm 22244, fol. 1v (Klemm, Die romanischen Handschriften, Abb. 370) zu den schönsten Schöpfungen der in Windberg sehr beliebten Drachenminiaturen gehört.

Literatur: Hans Eggers, Windberger Psalmen, in: Die deutsche Literatur des Mittelalters, Verfasserlexikon, Bd. 4, Berlin 1953, Sp. 996–1001. – Friedrich Wilhelm, Denkmäler deutscher Prosa des 11. und 12. Jahrhunderts, München 1960, S. 113 f., 214–216. – Ausstellungskatalog Bayerns Kirche im Mittelalter, München 1960, Kat. 126. – Ausstellungskatalog Zwölf Jahrhunderte Literatur in Bayern, München 1975, Kat. 11. – Norbert Backmund, Kloster Windberg, Studien zu seiner Geschichte, Windberg 1977, 20. – Elisabeth Klemm, Die romanischen Handschriften der Bayerischen Staatsbibliothek I, Wiesbaden 1980, Kat. 178. – K. Kirchert, Der Windberger Psalter, Bd. 1: Untersuchung, Bd. 2: Text, München 1979. – Ders., Grundsätzliches zur deutschen Bibelverdeutschung im Mittelalter, in: Zeitschrift für deutsches Altertum 113, 1984, S. 61–78. – Ders., Artikel „Millstätter Interlinearversion zum Psalter", in: Die deutsche Literatur des Mittelalters. Verfasserlexikon. 2. Aufl. hg. von K. Ruh u. a. Bd. 6, 1987, Sp. 534–538. – Allgemein zur Psalmenübersetzung: K. E. Schöndorf, Die Tradition der deutschen Psalmenübersetzungstradition zwischen Notker und Luther, Köln–Graz 1967.

Nikolaus Henkel – Peter Morsbach

135. Schmerzensmann und Muttergottes mit Kind

Böhmen, um 1440/60
Mischtechnik auf Holz (4 Bretter) H 82,5 cm, B 57 cm
Windberg, Prämonstratenserabtei-Kirche

Die Bildtafel ist beidseitig bemalt, zeigt ein älteres Bild des Schmerzensmannes mit vier Engeln und den Leidenswerkzeugen der Zeit um 1440, auf der jetzigen Vorderseite eine Darstellung der Muttergottes mit Kind, die etwas jünger ist und einer böhmischen Werkstatt zugeschrieben werden kann. Tatsächlich fügt es sich gut in die böhmische Malerei kurz vor und kurz nach der Mitte des 15. Jahrhunderts ein. Windberg hatte von jeher enge Beziehungen zu Böhmen, so daß die direkte Herkunft aus diesem Raum sehr leicht möglich ist.

1. Schmerzensmann

Das Schmerzensmann-Bild weist beträchtliche Fehlstellen und Schäden auf, die sich auf die Zonen konzentrieren, an denen die Bretter des Bildträgers zusammenstoßen. So fehlen das linke Bein Christi, der Engel am linken Bildrand, der rechte Bildrand, die rechte Körperhälfte des Engels rechts unten und der untere Rand völlig. Wesentlich besser bietet sich der Zustand der oberen Bildhäfte dar, wo nur teilweise Ausbrüche auftreten. Die Tafel wurde für die Zweitverwendung am unteren Rand abgegründet und auch sonst beschnitten.
Der nach rechts blickende Schmerzensmann präsentiert Wundmale und Geißelspuren, ist mit einem Lendentuch bekleidet, dessen Zipfel weit nach rechts weht. In seiner Körperhaltung, auch der Zeichnung, wirkt er etwas ungelenk. Der verhältnismäßig große Kopf zeigt halbrund geschnittene Augen, eine kräftige Nase und einen vollippigen Mund. Die vier Engel tragen die Arma

Christi: Kreuz, Geißelsäule, Lanze, Schwamm und drei Nägel.
Die Farbpalette des Malers ist nicht allzu umfangreich: ein bräunliches Inkarnat, Lendentuch und Engelsgewänder sind jeweils farblich diagonal geordnet in grünlich-grauem Ton, während das zweite Engelspaar darüber noch einen dunkelroten Mantel trägt. Rotbraun und Olivgrün vervollständigen die Farbzusammenstellung.

2. Muttergottes mit Kind

Kleinere Partien weisen Übermalungen auf, so die untere Hälfte des linken Kinderbeines, erneuert wurden die Vergoldung und die Krone Mariens.
Am Rand des Bildes zeichnen sich deutlich Spuren des wohl schon im 18. Jahrhundert entfernten Rahmens ab. Ich nehme an, daß das Gemälde in der Zweitverwendung einen jener breiten und mit gemalten Darstellungen (z. B. Heiligen) verzierten Rahmen besaß, die für böhmische Gemälde dieser Zeit typisch sind.
Maria trägt ein rotes Kleid und einen tiefblauen (ursprünglich vielleicht wesentlich helleren) Mantel mit Zierborten und ein über den Hinterkopf gelegtes Tuch, das über die linke Schulter auf den Rücken fällt. Rechts hält sie das Jesuskind, das in einem Buch liest und die Linke auf einen Granatapfel (?) in der Hand Mariens legt.
Die hohe und runde Stirn prägt das liebliche Gesicht Mariens, gerahmt von zurückgestrichenem braunem Haar und mit kleinteiligen Detailformen.
Das Kind ist rundlich, auffallend bei seiner Darstellung wie auch an den Händen der Mutter sind die kräftigen Konturlinien.
Den weichen, fließenden Formen des Gewandes stehen die steif-knittrigen und eckig gebrochenen Fältelungen des Kopftuches entgegen, woraus man Rückschlüsse auf die Entstehungszeit ziehen kann. Die verhärteten Falten lassen sich in der böhmischen Malerei der 1. Hälfte des 15. Jahrhunderts, die sanft fließende Formen liebt, nicht nachweisen. Ein Wandel beginnt sich in der Zeit um 1460 deutlich abzuzeichnen, so daß unser Madonnenbild dieser Zeit angehören wird und einen Typ zeigt, der seit dem 14. Jahrhundert allgemein verbreitet war. Konkret lehnt es sich, wie dies auch RÖTTGER bemerkte, an eine Vorlage der Zeit um 1420 an.

Literatur: Jaroslav PESINA, Tafelmalerei der Spätgotik und der Renaissance in Böhmen 1450–1550, Prag 1958. – Die Kunstdenkmäler Niederbayerns XX: Bezirksamt Bogen, bearb. von Bernhard Hermann RÖTTGER, München 1929, S. 478, Fig. 305.

Peter Morsbach

SPEINSHART

Die Gründung des Prämonstratenserklosters Speinshart im Jahre 1145 verlief, verglichen mit Windberg, wesentlich weniger „spektakulär": Der kinderlose Ritter Adelvolk von Reiffenberg, seine Frau Richenza und seine später auf einem Kreuzzug gefallenen Brüder Eberhard und Reinhold schenkten dem Orden Grund und Boden im „Speinshart" genannten Waldgebiet nördlich von Eschenbach. Der Umfang der Schenkung Adelvolks ist jedoch nicht genau bekannt. Damit entstand nach der 1133 erfolgten Gründung des Zisterzienserklosters Waldsassen die zweite Niederlassung eines Reformordens im Norden des Bistums. Wie die Zisterzienser in Waldsassen sollten die Prämonstratenser in Speinshart weniger missionarische als seelsorgerische und zivilisatorische Arbeit leisten, d. h. neben der Betreuung verschiedener Pfarreien die Rodung, Urbarmachung und Kultivierung des Landes vorantreiben. Die elf ersten Mönche kamen aus Kloster Wilten bei Innsbruck. Ob auch in Speinshart anfangs für kurze Zeit ein Doppelkloster bestand, ist aufgrund des Fehlens der mittelalterlichen Quellen nicht zu sagen.

Seit einem Privileg Friedrich Barbarossas von 1163 besaßen die Kaiser als Schutzherren auch das Vogteirecht über das Kloster, wogegen ein Schutzbrief Papst Alexanders III. 1181 es von jeder weltlichen Herrschaft und Bedrückung frei erklärte. Speinshart erfreute sich, wohl aufgrund seiner adligen Konventualen, der besonderen Gunst hoher Förderer wie des bayerischen Herzogs, des Regensburger Bischofs, der Pfalzgrafen bei Rhein, der Landgrafen von Leuchtenberg, des böhmischen Königs und der Kaiser wie Friedrichs II., Ludwigs des Bayern, Karls IV., der 1370 ausschließlich für sich und seine Nachfolger das Vogteirecht erneuerte, und Friedrichs III.

Das Kloster hatte zwei Heimsuchungen über sich ergehen zu lassen: 1310 beschädigte es ein königliches Heer schwer, 1429 plünderten es hussitische Horden.

Speinshart, über dessen mittelalterliche Geistesgeschichte so gut wie nichts bekannt ist, erreichte den für uns faßbaren ersten Höhepunkt seiner Entwicklung im 15. Jahrhundert. Propst Jordan von Neuseß (reg. 1433–1459) erlangte das Amt eines Generalinquisitors für die Prämonstratenserklöster in Böhmen,

Nach Ertl, *Churb. Atlas 1687*

Mähren, Polen, Schlesien und Ungarn, sein Nachfolger Georg Ochs von Gunzendorf (reg. 1457–1503) konnte auf dem Generalkapitel 1459 von St. Quentin die Erhebung des Klosters zur Abtei durchsetzen, wie dies für viele der Ordensniederlassungen in dieser Zeit zutrifft. Darüber hinaus für sich und seine Nachfolger das Visitationsrecht für die Ordensniederlassungen in Böhmen, Polen und Ungarn. Nicht einmal 100 Jahre später sollte das Kloster erstmals aufgelöst werden (1556).

Literatur: A. EDER, Geschichte des Klosters Speinshardt, in: VHVO 25 (1868), S. 32–126. – Die Kunstdenkmäler des Königreichs Bayern, Regierungsbezirk Oberpfalz und Regensburg, XI: Bezirksamt Eschenbach. Bearbeitet von Georg HAGER, München 1909, S. 125–147. – Norbert BACKMUND, Die Chorherrenorden und ihre Stifte in Bayern, Passau 1966, S. 191–194. – Ders., Kloster Speinshart im Mittelalter, in: Analecta Praemonstratensia 51 (1975), S. 102–112. – Ders., Der heilige Norbert und sein Orden im Bistum Regensburg, in: BGBR 12 (1978), S. 142f. – Gustl MOTYKA, Kloster Speinshart (Beiträge zur Geschichte und Landeskunde der Oberpfalz, Heft 18), Regensburg 1980. – Michael HARTIG, Gustl MOTYKA, Kloster Speinshart (SKF Nr. 557), München-Zürich [8]1985.

Peter Morsbach

136. Kloster Speinshart aus der Vogelperspektive von Westen

Kupferstich, um 1670
Maße: 33,7 × 28 cm

Museen der Stadt Regensburg, Inv. Nr. HV 502

Urkundliche Nachrichten über das Kloster und seine Bauten im Mittelalter existieren so gut wie keine mehr. Noch für das 12. Jahrhundert ist mit dem Bau einer Klosterkirche in Stein sicher zu rechnen. Nach den Brandzerstörungen durch ein königliches Heer 1310 und einem Beitrag des böhmischen Königs von 50 Mark als Wiedergutmachung erfolgte ein (teilweiser) Neubau der Klostergebäude und eine Befestigung der Anlage.
Der seltene Kupferstich zeigt die Speinsharter Klosteranlage vor dem Neubau, den Präses Hieronymus Hail 1674 in die Wege leitete und der sich bis in die 1720er Jahre hinzog. Der Stich dürfte im großen und ganzen verläßlich den mittelalterlichen Klosterkomplex überliefern.
An der Nordseite des viereckigen Klostertraktes, der durch einen inneren Torturm (17) geschützt wurde, erhob sich die Kirche, eine dreischiffige, querschifflose Basilika (1). An ihrer Westseite stand der „Campanile“ (2), ein mächtiger Quaderbau von vier Geschossen, der offensichtlich nicht nur Glockenturm war, sondern auch einen fortifikatorischen Charakter besaß. Abtei (3), Gäste- (5) und Verwaltungstrakt (6) und der Konvent (7) mit entsprechenden Nebenräumen schlossen sich im Geviert daran an. Im Osten des Areals lagen Jägerhaus (12), Getreidespeicher (13), Hirten- (14) und Mesnerhaus (18). Die Nordseite begrenzten der Pferdestall (20), das Gästehaus (21), der äußere Torturm (22) und das Pförtnerhaus (23). Der Westen wurde vom Viehstall (25), Richter- (25) und Schulmeister(?)haus (26) und dem Brauereikomplex (27–29) eingenommen.

Literatur: Die Kunstdenkmäler des Königreichs Bayern, Regierungsbezirk Oberpfalz und Regensburg, XI: Bezirksamt Eschenbach, bearb. von Georg HAGER, München 1909, S. 126, 128, Tafel VIII.

Peter Morsbach

137. Kopie des Wurzel-Jesse-Fensters aus der romanischen Klosterkirche in Speinshart

Aquarell mit Tusche, um 1690?
Maße: ca. 108 × 40 cm

Museen der Stadt Regensburg, ohne Inv. Nr.

Das durch Tintenfraß und frühere unsachgemäße Aufbewahrung geschädigte Aquarell, das sich aus drei Einzelblättern zusammensetzt, ist auf Stützpapier aufgeklebt. Es überliefert in einer Kopie, die vermutlich kurz vor dem Abbruch der romanischen Klosterkirche (nach 1691) angefertigt wurde, ein scheinbar auch damals zerstörtes Glasfenster. Dieses hatte 1333 unter Propst Volkwin der aus dem Regensburger Bürgergeschlecht Greslin (Gräsel) stammende Bruder Otto, damals Prior in Speinshart, gestiftet, wie dies die Umschrift des rundbogigen, also für ein romanisches Fenster gedachten Bildfeldes überliefert: „ANNO . DNI . M° CCC XXX . III⁹ . SVB . REGIMINE . VOLKWINI . COMPARATVM . EST HOC . OPVS . A . FRATRE . OTTONE . DICTO . GRESLINO . DE . RATISPONA“. Als Anbringungsort ist das mittlere Ostfenster hinter dem Hochaltar der Klosterkirche zu vermuten, wenn man davon ausgeht, daß es das einzige Glasfenster der Kirche war.
Das Thema der Darstellung war die Wurzel Jesse (VIRGA . IESSE): der dem schlafenden Jesse entspringende Stamm umschließt drei Medaillondarstellungen in Achtpässen mit der Verkündigung Mariens, der Geburt Christi und der thronenden Maria mit Kind, dazwischen befinden sich in kleinen Rankenkreisen je zwei Prophetenpaare. Das halbrunde Bildfeld umziehen die Stifterinschrift und eine äußere Palmettenreihe. In der rechten unteren Ecke kniet Propst Volkwin; daß in der anderen – leeren – Ecke der Stifter bzw. sein Wappen oder das des Klosters verewigt werden sollte oder war, ist anzunehmen. Das leere Bildfeld im Aquarell könnte also eine Beschädigung oder einen unfertigen Zustand des Fensters überliefern.
Das Glasfenster dürfte entsprechend der Kopie hauptsächlich in Rot gehalten gewesen sein, die Gewänder zu-

meist in Grün mit einem helleren Rot. Verwendet wurden noch Grau oder Weiß, Grün und Schwarzlotmalerei.
Die Entstehungszeit des Speinsharter Wurzel-Jesse-Fensters wurde lange in den Zeitraum um 1280/90 mit der Herkunft aus dem elsäßisch-straßburgischen Raum vermutet (WENZEL, SCHÜRER-VON WITZLEBEN), ungeachtet der Inschrift von 1333.
Gabriela FRITZSCHE konnte neulich überzeugend darlegen, daß aufgrund entscheidender Unterschiede zur elsäßischen Glasmalerei des frühen 14. Jahrhunderts eine Entstehung des Fensters um 1333 in einer Glasmalerei-Werkstatt des Regensburger Domes wahrscheinlich ist. Ihre Vermutung stützt sich auf die farbig einheitliche Gestaltung des Hintergrundes – untypisch für die Zeit um 1300, in der sich der Medaillonhintergrund farblich abzusetzen pflegt – die Loslösung der Figuren aus dem engen Rahmensystem der Bildkomposition und die Zähigkeit, mit der sich Medaillonbilder in der Regensburger Glasmalerei bis in die 1340er Jahre hielten.

Literatur: Joseph Rudolf SCHUEGRAF, Geschichte des Domes von Regensburg und der dazu gehörigen Gebäude, in: VHVO 11 (1847), S. 218–220. – Heinrich OIDTMANN, Kopie eines gotischen Glasgemäldes, in: Zeitschrift für christliche Kunst 10 (1897), S. 83–86. – Die Kunstdenkmäler des Königreichs Bayern, Regierungsbezirk Oberpfalz und Regensburg, XI: Bezirksamt Eschenbach, bearb. von Georg HAGER, München 1909, S. 129. – Hans WENTZEL, Meisterwerke der Glasmalerei, Berlin 1951, S. 31. – Gabriela FRITZSCHE, Das Speinsharter Wurzel-Jesse-Fenster, in: Pantheon 43 (1985), S. 5–14.

Peter Morsbach

DIE BETTELORDEN

„... CONTEMPLATA ALIIS TRADERE ...“ – DER DOMINIKANERORDEN IM MITTELALTER

Der Dominikanerorden war der erste Orden, dessen Armutsgebot sich nicht nur auf den einzelnen, sondern auf die gesamte Gemeinschaft bezog. Der Gründer, der hl. Dominicus, ein dem angesehenen adeligen Geschlecht der Guzmàn angehörender Spanier, hatte dies im Interesse der Mobilität der Ordensangehörigen so gewollt. Der Dominikaner sollte sozusagen in der Bevölkerung, für deren Seelenheil er lebte, durch deren Barmherzigkeit mitleben. Die Ordensgründung des hl. Dominicus war eine Reaktion auf die unmittelbare Bedrohung der Kirche in Südfrankreich durch die Ketzerbewegung der Waldenser und der Albigenser, denen die Kirche zunächst recht hilflos gegenüberstand; der in den frühen Jahren dieser Bewegungen starken Spiritualität der Ketzer hatte der nur sehr unzureichend ausgebildete Weltklerus und der durch die stabilitas loci unbewegliche Ordensklerus nicht viel entgegenzusetzen. Aus der unmittelbaren Notwendigkeit ergab sich also das Ideal des neuen Ordens: Beweglichkeit durch den Wegfall einer Bindung an ein bestimmtes Kloster, statt dessen ein Gelübde des Ordensmitgliedes auf den Ordensmeister, das heißt letztlich eine zentrale Organisation und eine straffe Führung. Weit bedeutender noch war die Grundidee des hervorragend ausgebildeten und wissenschaftlich gebildeten Mönches. Den Ordensnovizen erwartete ein mehrstufiges studium generale, in dem ihm letztlich der gesamte Wissensstoff der abendländischen Gelehrsamkeit beigebracht wurde; eine praktische Ausbildung, vor allem in der Predigt als Hauptaufgabe des Ordens („ordo predicatorum“, Abk. OP) schloß sich dem an.

Der neue Orden, der 1218 vom Papst seinen offiziellen Auftrag erhielt, über alle Grenzen hinweg zu lehren, verbreitete sich sehr rasch. Schon vor der offiziellen Anerkennung durch Rom, die die Annahme der in der Praxis des Ordens aber völlig anders gehandhabten Augustinerregel erfordert hatte, hatte sich Dominicus selbst um eine Verbreitung in den romanischen Ländern bemüht; 1217 entstand in Friesach die erste Niederlassung auf deutschem Boden, 1222 war praktisch ganz Europa in die Ausbreitung der Ordensarbeit einbezogen. Die Dominikaner waren die ersten Ordenspriester, die systematisch die von den älteren monastischen Ideen nicht erreichten jungen Städte aufsuchten und dort ihr Wirken ausbreiteten, wo vor allem auch an ihrer hohen Gelehrsamkeit, ihren fundierten theologischen Kenntnissen und ihrer tiefen Spiritualität das entsprechende Interesse herrschte. Ihre vorrangigen geistigen Zentren, Paris vor allem, dann Bologna, Köln, Krakau, waren nicht zufällig die führenden Universitätsstädte des Mittelalters; das geistige Ordensideal entsprach im wesentlichen der Universitätsidee, und die Dominikaner wurden überall, wo ihre Mittelpunkte und führende Universitäten sich am selben Ort befanden, zu tragenden Säulen des geistigen Lebens an dieser Universität, an der sie nicht selten bis zu einem Viertel des gesamten Lehrkörpers beteiligt waren; zudem studierten auch die jungen Patres neben den Studien im Orden selbst an den Universitäten, was dem Orden lange Zeit seine Weltoffenheit sicherte. Die Dominikaner waren wohl das führende Element der spätmittelalterlichen Geistesgeschichte; ohne die von Angehörigen dieses Ordens unternommenen entscheidenden Schritte wäre der Fortschritt des abendländischen Denkens kaum vorstellbar.

Dominikanisches Denken beherrschte in zwei Zweigen das späte Mittelalter. Ohne das Wirken Albertus Magnus' und vor allem Thomas von Aquins, von dem das einleitende Zitat stammt, wäre die abendländisch-neuzeitliche Aristoteles-Rezeption nicht denkbar, welche zuallererst dem profanen Denken wissenschaftlichen Rang verliehen hat. Nahezu ausschließlich auf dominikanischem Boden wurzelt jedoch die abendländische Mystik, deren große Führer Meister Eckehard, Tauler und Seuse die große Synthese zwischen religiöser Leidenschaft und präzisem wissenschaftlichen Denken nach dem Vorbild ihrer Ordensbrüder Albertus und Thomas schufen.

Die Reformation brachte wie für alle Orden auch für die Dominikaner schwere Rückschläge. Die Ordensprovinz Saxonia verlor bis auf wenige Ausnahmen alle Niederlassungen, besser hielt sich die Teutonia, die in den katholisch bleibenden oder rekatholisierten Gebieten doch die weitaus meisten Klöster halten konnte. Gerade die Integration in das Wesen der Städte erwies sich nun als zum Teil sehr schädlich, da sich die meisten Dominikaner unversehens in feindlicher, oft auch sehr feindseliger Umgebung fanden. Der der Reformation vorangegangene Humanismus war den Dominikanern nicht immer wohlgesonnen gewesen, vor allem Aventinus gehörte zu ihren erbarmungslosesten Kritikern, wobei der sonst so besonnene und ehrliche Johannes Thurmayer zu einem wahren Geiferer werden konnte. An der fundamentalen Bedeutung der Dominikaner auch für sein eigenes Denken und Wissen ändert diese durch persönliche Erlebnisse beeinflußte Haltung indessen nichts – die erste geistesgeschichtliche Bewegung der Neuzeit war letztlich von der bedeutendsten des späten Mittelalters auf den Weg gebracht worden.

Ludwig Holzfurtner

DAS DOMINIKANERKLOSTER ST. BLASIUS IN REGENSBURG

Nur die gewaltigen Ausmaße der gotischen Kirche, eines der Hauptwerke süddeutscher Mendikantenarchitektur, zeugt heute von der Bedeutung des ehemaligen Regensburger Dominikanerkonvents. In der Tat hatte dieser seine Glanzzeiten im späten Mittelalter, von seiner Gründung im Jahre 1229 an, bis zur Reformation; mit dieser verlor das Regensburger Dominikanerkloster sein Umfeld, seine Ruhe, seine wirtschaftlichen Grundlagen und auch den größten Teil seines Einflusses. In den einhundertfünfzig Jahren nach dem Dreißigjährigen Krieg hatte das Regensburger Dominikanerkloster ständig mit inneren Problemen zu kämpfen, zu denen sich immer bedrängendere wirtschaftliche Verhältnisse gesellten, so daß sich der Konvent regelrecht seinem Ende 1809 entgegenschleppte; ganze drei Patres verließen am Ende die Gebäude, in denen zu diesem Zeitpunkt über ein halbes Jahrtausend Dominikaner gelebt und gewirkt hatten.

So traurig das Ende des Regensburger Dominikanerkonvents war, so hoffnungsvoll war sein Anfang gewesen. Im Jahre 1229 rief Bischof Siegfried von Regensburg den noch verhältnismäßig jungen, aber unter dem Eindruck der von seelsorgerischen Nöten in Westeuropa geprägten Zeiten rasch sich ausbreitenden Predigerorden nach Regensburg; die Gründung war nach Trier, Koblenz, Straßburg und Magdeburg erst die fünfte des Ordens in Deutschland, und in dieser Spitzengruppe sollte sich dieser Konvent auch bis zur Reformation halten, wie sich aus der Häufigkeit, in der das Provinzialkapitel in Regensburg tagte, ermessen läßt. Noch im Jahre der Gründung wurde mit dem Neubau der Kirche begonnen. Grundlage des Klosterbaues waren eine bis dahin dem Domkapitel gehörende kleine Kirche St. Blasien mit dazugehörender Hofstatt, die Bischof Siegfried den Dominikanern geschenkt hatte. Der ausgedehnte Bau zog sich fast über einhundert Jahre hin; immer wieder wurden von Bischöfen für die Unterstützung des Baus Ablässe gewährt. Welche Popularität der junge Konvent in der Stadt genoß, zeigen die zahlreichen testamentarischen Verfügungen zu Gunsten des St.-Blasien-Klosters der Dominikaner, deren gesamte wirtschaftliche Existenz ja im Wesentlichen von der Spendenfreudigkeit ihrer Umgebung getragen wurde. Im Gegensatz zu den alten Prälatenklöstern, wie etwa St. Emmeram, die sich wirtschaftlich auf mehr oder weniger ausgedehnte Landbesitzungen und Bauern stützten und damit in jedem Fall materiell abgesichert waren, durften Dominikanerkonvente vor dem Jahre 1475 keinen Grundbesitz haben; im späten 15. Jahrhundert indessen war es für den Aufbau einer größeren Grundherrschaft in geistlicher Hand bereits zu spät. Das Regensburger Dominikanerkloster war demgemäß mit Haus- und Grundbesitz, selbst für die Verhältnisse des Dominikanerordens ärmlich ausgestattet, vor allem jedoch mit Besitzungen, die wenig wirtschaftlichen Ertrag abwarfen; lediglich die Brauerei war einigermaßen wirtschaftlich, doch wurde der Absatz innerhalb Regensburgs immer wieder seitens der städtischen Behörden behindert oder ganz verboten.

Daß in einem dem Orden günstigen Klima dennoch der Konvent gedeihen konnte, zeigt seine Geschichte in den ersten dreihundert Jahren seines Bestehens. Im fünfzehnten Jahrhundert, schon relativ kurz vor der Reformation, wird uns ein Konvent von 49 Patres überliefert, das ist wohl, abgesehen von den großen Zentren des Ordens in Köln oder Paris, mit einer der stärksten Konvente des Ordens; zweihundert Jahre später erreichte nicht einmal das Provinzialzentrum in Augsburg diese Anzahl. Welche Früchte das Wirken dieses Konvents in der Seelsorge und der Predigt, nach außen hin doch die primären Aufgaben des Ordens, trug, läßt sich nicht ermessen. Wesentlich besser können wir das geistige Niveau des Konvents im Mittelalter erfassen. Dafür müssen wir noch nicht einmal die kurze Lehrtätigkeit Albertus Magnus' bemühen, der hier in seinen frühen Wanderjahren um 1237 als Lesemeister tätig war; die Wirkung seiner Lehre können wir nur bedingt ermessen. Weit mehr sagt hingegen die Tatsache aus, daß die Bibliothek des Dominikanerklosters um die Mitte des vierzehnten Jahrhunderts nur von denen der Benediktinerklöster St. Emmeram und Prüfening übertroffen wurde, und zwar jeweils nur um wenige Exemplare. Es wirkten auch einige Schriftsteller im Kloster, nicht die bedeutendsten des Ordens zwar, aber doch zu ihrer Zeit wichtige Autoren wie der Homiletiker Johannes Herolt, dessen Werke um 1500 immerhin in fünfzig Exemplaren verbreitet waren.

Als im späten fünfzehnten Jahrhundert im Dominikanerorden eine tiefgreifende Reform eingeführt

wurde, konnte Regensburg-St. Blasien zwar nicht in der ersten Phase eine entscheidende Rolle spielen, vielmehr wurde das Kloster selbst von Nürnberg aus der Reform zugeführt. In der Folge indessen trugen einige Regensburger Konventualen die Reformgedanken weiter nach Wien, Bozen, Weißenburg und Schlesien. Dieses Weitergeben der Dominikanerreform war beinahe schon die letzte bedeutende Leistung des Regensburger Dominikanerklosters St. Blasien vor seinem Abstieg.
Versuche der Reichsstadt Regensburg, das Dominikanerkloster unter ihre Botmäßigkeit zu bringen, hatte es durch die Jahrhunderte hindurch immer wieder gegeben. Gescheitert war dies letztlich an der allgemeinen Immunität der Bettelorden, die seitens des Kaisers garantiert wurde, zum anderen jedoch auch durch die Vertretung aller kirchlichen Institutionen, die diesem unterstanden, durch den Bischof von Regensburg. Ein drittes Hindernis für die reichsstädtischen Behörden auf dem Weg zu einer städtischen Kirchenhoheit war immer der Herzog von Bayern, der jeden Versuch der Stadt, ihre Machtbefugnisse auszudehnen, argwöhnisch beobachtete und die Immunität der kirchlichen Institutionen in Regensburg daher nach Kräften schützte. Letzten Endes war er es auch, der in den Jahren nach 1525, als in Regensburg die Reformation sich durchzusetzen begann, für den Fortbestand von St. Blasien sich mit Erfolg einsetzte. So konnte das Kloster, freilich erst nach langen Wirren und vielen erneuten Anläufen der evangelischen Reichsstadt, es zu reformieren – das heißt: aufzulösen – in seinem weiteren Wirken fortfahren konnte. Zeitweise hatten im Langhaus der Kirche evangelische Gottesdienste stattgefunden, während im Chor weiterhin die Dominikaner ihre Messen feierten. Einige Konventualen, darunter auch ein Prior, waren auch vom Katholizismus abgefallen.
Langfristig schlimmer war jedoch, daß die nunmehr protestantische Reichsstadt für das Kloster als Wirtschaftsgrundlage ausgefallen war. Die ehedem so reichen Spenden und Legate Regensburger Bürger waren zum größten Teil weggefallen. Den Dominikanern blieben nur noch die Erträgnisse ihrer Meßstiftungen, ihre äußerst dürftigen Erträge des Grundbesitzes und der Brauerei und die Honorare für den Seelsorgedienst in den verschiedenen Kirchen. Dennoch mußten zeitweise Gebäude des Klosters, sogar das Sommerrefektorium, vermietet werden, um wenigstens das Notwendigste herbeizuschaffen; zeitweise mußte darauf verzichtet werden, einen Vertreter des Klosters zum Provinzialkapitel zu entsenden. Die Folge dieser materiellen Beengtheit war eine lantente Unzufriedenheit der Konventualen, die sich bis zum Ende des Klosters in ständigen Disziplinarproblemen äußert, wenngleich die Vorkommnisse in St. Blasien sich nicht unbedingt außergewöhnlich ausnehmen. Innerhalb der Ordensprovinz spielte das Kloster demgemäß auch nur noch eine sehr untergeordnete Rolle.
Es grenzt demnach fast an ein Wunder, daß St. Blasien in Regensburg sich doch in der dominikanischen Literatur noch einmal einen, wenn auch eher bescheidenen, Namen machte. Als nach dem Wüten des Dreißigjährigen Krieges, in dem St. Blasien durch die schwedische Einquartierung sein gesamtes Mobiliar verloren hatte und durch die verschiedenen Schatzungen seine ohnehin schon dürftigen finanziellen Mittel einbüßte, die barocke geistliche Landschaft Bayerns zu einer grandiosen Spätblüte ihr Haupt erhob, erwachte auch im Regensburger Dominikanerkloster noch einmal die Freude an wissenschaftlich-literarischem Arbeiten. Sie alle freilich, die in Regensburg da wirkten und schrieben, Steiger, Ullemann, Fabri, Ferler, waren nicht in Regensburg in den Orden eingetreten und hatten hier auch nicht studiert. Denn das konnte der kleine arme Konvent kaum mehr bieten. Es fehlte nicht nur an ausreichend geeigneten Patres, die ein Hausstudium nach dem Vorbild der Benediktinerklöster oder des berühmten Polling hätten gestalten können, sondern auch an entsprechenden Hilfsmitteln. Die Bibliothek, die im späten Mittelalter noch zu den reichsten in Regensburg gehört hatte, hatte längst mit der wissenschaftlichen Entwicklung nicht mehr Schritt gehalten. Sie umfaßte nun rund 2300 Bände, unter denen noch nicht einmal alle bedeutenden Schriften aus dem eigenen Orden zu finden waren, geschweige denn, daß irgendeine Wissenschaft komplett oder auch nur ausreichend vertreten gewesen wäre. Das war keine geeignete Pflanzstätte neuen dominikanischen Geisteslebens mehr, und so blieben die Literaten und Wissenschaftler im Regensburger Dominikanerkloster immer Episode, waren es immer Angehörige fremder Konvente, die zur Ausübung bestimmter Funktionen nach Regensburg versetzt worden waren. Solche Versetzungen waren im übrigen nicht immer im Sinne der Betroffenen; der Konvent hatte inzwischen in der Ordensprovinz einen derart schlechten Ruf, daß sich einmal sogar ein erwählter Prior zunächst weigerte, dieses Amt anzutreten.

Mit dem Anbruch des neunzehnten Jahrhunderts kam auch das Ende des Regensburger Dominikanerklosters. Zunächst einmal verlor es nur jede Immunität und Exemption. Klosterherr war nun Fürsterzbischof Karl Theodor von Dalberg. Das Kloster wurde, wie es auch die Reichsstadt schon wiederholt versucht hatte, mit Ungeld und Steuer belegt, und als der Prior Götsch dies unter dem Hinweis auf die Armut des Klosters ablehnte, lieferte er Dalberg erst recht Grund und Anlaß, das Kloster aufzuheben und die Patres, deren Zahl schon seit Jahrhunderten kaum einmal die Fünfzehn überschritten hatte, zu pensionieren. Sie setzten zwar das Konventsleben zunächst durchaus noch fort, erfüllten auch noch eine Reihe von geistlichen Verpflichtungen, der Konvent jedoch schrumpfte immer noch weiter zusammen, bis jene Zahl von drei erreicht war, die schließlich das Gebäude verließen. In diesem waren sie seit 1806 nur noch geduldet; es beherbergte eine Knabenschule, und als das bischöfliche Studienseminar St. Paul bei der Erstürmung Regensburgs 1809 in Flammen aufgegangen war, wurde dieses in die Gebäude des nunmehr ehemaligen Dominikanerklosters St. Blasien verlegt.
Damit endete die Geschichte des Regensburger Dominikanerkonvents. Sein sechshundertjähriges Jubiläum verfehlte er um ganze dreizehn Jahre; sicherlich, er war nicht ein Brennspiegel des deutschen Geisteslebens gewesen, auch in seinen allerbesten Jahren nicht, in denen ein Albertus Magnus hier gelehrt hatte, als Bibliothek und Schule doch wenigstens in Regensburg zu den ersten gehört hatten. Dennoch gehörte er zur geistigen und geistlichen Landschaft Bayerns, die mit dem Staatwerden der Aufklärung unwiederbringlich ihr traditionelles Gesicht verloren hat.

Literatur: A. Kraus, Beiträge zur Geschichte des Dominikanerklosters St. Blasien in Regensburg 1229–1809 (VHVO 106 (1966), S. 141–174. – J. Staber, Albertus Magnus als Bischof von Regensburg, ebd., S. 175–194. – B. Kühl, Die Dominikanerkirche in Regensburg. Studien zur Architektur der Bettelorden im 13. Jahrhundert in Deutschland (BGBR 20, 1986, S. 75–212).

Ludwig Holzfurtner

138. Bruder Diemar

um 1240–1254

Konsolfigur aus dem Nordchor der Dominikanerkirche St. Blasius in Regensburg, Abguß

Regensburg, Diözesanmuseum

Die um 1240 begonnene und gegen 1300 fertiggestellte Klosterkirche St. Blasius des Regensburger Dominikanerkonventes zählt von der Konzeption, weniger der handwerklichen Ausführung, zu den bedeutendsten Beispielen der deutschen Bettelordensarchitektur. Wie B. Kühl feststellte, beruht ihre Bedeutung darauf, „daß sie aus der Forderung nach einem Raum für die Konsekration der Messe (sic!) und dessen Verbindung mit dem Mönchschor, den ersten klassischen Bettelordenslang- und Hochchor des deutschen Gebietes verwirklichte ... Die Regensburger Dominikanerkirche ragt unter den Bauten der Bettelorden durch ihre Größe und Monumentalität heraus, wodurch der Bau, der Orden und damit auch der Konvent einen auffallenden Rang beanspruchten ... Die Bedeutung der Mendikanten für die Entwicklung der gotischen Architektur Deutschlands ist hierbei darin zu sehen, daß sie auf der Grundlage der romanischen Tradition die Gotik volkstümlich gemacht haben. Die Regensburger Dominikanerkirche ist für diesen Vorgang nicht nur eines der frühesten Beispiele, sondern zugleich auch das künstlerisch bedeutendste Zeugnis“ (Kühl 189, 194).
Über den Architekten, der sich einer heimischen Bauhütte bediente, läßt sich wenig sagen. Kühl stellte fest, daß ihm bedeutende Bauten seiner Zeit bekannt waren und er unter Rücksicht auf lokale Traditionen und mit Blick auf die Zisterzienser und frühe Bettelordensbauten ostfranzösische und lothringische Vorbilder verarbeitete (Kühl 171 f.).
Zumindest kennen wir jedoch einen Baumeisternamen, der mit der Errichtung der Chöre 1240–1254 in Verbindung zu bringen ist. Im östlichen Joch des Nordchores befindet sich als Träger eines Knospenkapitels die in den Dienst eingestellte Figur eines Dominikanermönches, den die an der Wand beigegebene Inschrift als BRU/DER DIE/MAR bezeichnet. Diemar trägt die Ordenstracht aus weißem Habit mit schwarzem Gürtel und schwarzem Skapulier und eine Tonsur. Er wendet sich nach Osten und hält in der Rechten einen großen Zirkel, der neben dem Richtscheit das einzige Zeichenwerkzeug des Baumeisters und quasi sein Attribut war. Die Einzelformen der Skulptur sind derb und grob, die Gestalt wirkt durch den übergroßen Kopf mit dem langen Kinn und der festen Nase gedrungen. Der Habit fällt in geraden, wulstigen Falten.

Literatur: Die Kunstdenkmäler der Oberpfalz XXII, Regensburg 2, bearb. von Felix Mader, München 1933, S. 66, 76, Fig. 48. – Kurt Gerstenberg, Die deutschen Baumeisterbildnisse des Mittelalters, Berlin 1966, S. 34. – Beatrice Kühl, Die Dominikanerkirche in Regensburg. Studien zur Architektur der Bettelorden im 13. Jahrhundert in Deutschland, in: BGBR 20 (1986), S. 115. – Karl Bauer, Regensburg, Regensburg [4]1988, S. 434 f.

Peter Morsbach

DOMINIKANERINNENKLOSTER HEILIG KREUZ REGENSBURG

Das Regensburger Dominikanerinnenkloster Heilig Kreuz, das älteste, noch bestehende Deutschlands, wurde 1983 in einer eigenen Ausstellung gewürdigt, so daß in unserem Zusammenhang eine knappe Behandlung gerechtfertigt ist.

Die Gründungsurkunde von 1233 (Kat. 139) besagt, daß die zunächst verstreut in Regensburg lebenden armen Schwestern sich mit Zustimmung des Bischofs vor der Stadt zusammengefunden und niedergelassen hatten. Der Bischof ersuchte die Bürger, ihnen ein Grundstück im Westen im Bereich der Stadtmauer zu schenken, was dann auch freiwillig und ohne Bedingungen geschah. Der Bauplatz lag im Bereich eines heute noch erkennbaren, lang aufgegebenen Steinbruches. Die Urkunde bezeichnet die Nonnen als geistige Wächterinnen im Westen der Stadt. Insofern scheinen sie, von einer vergleichbaren Gründungslage ausgehend, einen Gegenpol zu den Minoriten im Osten der Stadt gebildet zu haben. Der Stadtwesten war zu dieser Zeit beileibe kein Armutsquartier, auch hier hatten Bürger Besitzungen, die sie einem Bettelorden schenkten.

Hl. Kreuz ist eines der ältesten Dominikanerinnenklöster Deutschlands, auf jeden Fall das älteste in Bayern. Wie in anderen Fällen von Bettelordensniederlassungen auch, so läßt sich für Hl. Kreuz von Anbeginn eine stete Förderung durch bischöfliche oder bürgerliche Gönner feststellen, die dem angesehenen Konvent eine gesicherte wirtschaftliche und finanzielle Grundlage bot. In zahlreichen Testamenten bedachten Bürger und Wohltäter wie Friedrich der Schöne Hl. Kreuz bis um die Mitte des 14. Jahrhunderts reichlich.

Die folgenden knapp einhundert Jahre waren durch eine tiefe Krise des Klosters geprägt, wie sie sich allenthalben in dieser Zeit feststellen läßt. Der klösterliche Glaubenseifer erlahmte, das materielle Fundament zerbröckelte zusehends, so daß 1382 der wirtschaftliche Ruin eingetreten war. Zwei Reformversuche sollten dem daniederliegenden Konvent wieder auf die Beine helfen. 1406 führte der Ordensgeneral Thomas de Firmo eine Reform auf Wunsch und Bitten der Stadt durch, der das Kloster offensichtlich am Herzen lag – gegen den Willen der Konventualinnen. Der Hauptanlaß für Klagen und Beschwerden war die strenge Klausur, der zu beugen, sich verständlicherweise nicht alle Nonnen in der Lage sahen. Auch der zweite Reformversuch genau 70 Jahre später zielte auf die Wiedereinführung der strengen Klausur ab. Da die inneren Verhältnisse eine dauerhafte Erneuerung aus eigenen Kräften anscheinend nicht zuließen, beschlossen Bischof Heinrich IV. und der Rat der Stadt, zwei Schwestern aus dem Katharinenkloster in Nürnberg zu holen, um eine bessere disziplinarische Aufsicht und die Durchführung der Reformpläne gewährleistet zu sehen. Doch mußten 1484 erst fünf weitere Nonnen aus Nürnberg kommen, um endlich einen Erfolg zu erzielen, der dann jedoch umso durchschlagender war: in der Zeit der Reformation, die Regensburg selbst spät, 1542, ergriff, gehörte nun ausgerechnet Hl. Kreuz zu den wenigen, innerlich so gefestigten Konventen, daß, wenn man einer Klosterchronistin wörtlich trauen darf, nicht eine einzige Schwester untreu wurde.

Literatur: Marianne Popp, Die Dominikanerinnen im Bistum Regensburg, in: BGBR 12 (1978), S. 261–277. – Dies., Zur Geschichte des Klosters, in: 750 Jahre Dominkanerinnenkloster Heilig Kreuz Regensburg, München – Zürich 1983, S. 17–25.

Peter Morsbach

139. Gründungsurkunde des Klosters Hl. Kreuz

Regensburg, 1233 Februar 22

Org. Pergament, 31 × 36,5 cm, Plica 3,8 cm, mit zwei Siegeln an rot-gelben Seidenschnüren

Regensburg, Dominikanerinnenkloster Hl. Kreuz, Nr. 1

Bischof Siegfried von Regensburg, kaiserlicher Hofkanzler, bestätigt, daß die Bürger Regensburgs auf seine Bitte hin den armen Schwestern, die bislang zerstreut gelebt und sich mit seiner Zustimmung vor der Stadt zusammengefunden und niedergelassen haben, beim Steinbruch an der inneren westlichen Stadtmauer einen Bauplatz für ein Haus und alles andere notwendige ohne Bedingungen geschenkt haben, damit die büßenden Schwestern, die als geistliche Hüterinnen im Westen der Stadt aufgestellt sind, dafür sorgen mögen, daß die Stadt von Westen durch das Lob Gottes nicht ihrer geistlichen Wache beraubt werde.

(Es folgen die Namen von fünf Bürgern der Stadt als Unterzeichnende).
Die anhängenden Siegel des Bischofs und der Stadt zeigen: im Spitzoval das Bild des thronenden Bischofs mit Stab und Buch und als ältere Stadtsiegel mit dem thronenden Petrus mit Schlüssel (bei Popp 78 fälschlich: im Kahn sitzend).

Literatur: Thomas Ried, Codex chronologico-diplomaticus Episcopatus Ratisbonensis Tl. I, Regensburg 1816, S. 373f., Nr. 388. – Wilhelm Schratz, Urkunden und Regesten zur Geschichte des Nonnenklosters zum hl. Kreuz in Regensburg, in: VHVO 41 (1887), S. 141f., Nr. 506. – Ausstellungskatalog 750 Jahre Dominikanerinnenkloster Heilig Kreuz Regensburg, München–Zürich 1983, S. 78f. (Marianne Popp).

Peter Morsbach

140. Bulle Papst Benedikts XI.

Lateran, 1304 Februar 28

Orig. Perg., 35,1 × 56,1 cm, Plica 5,7 cm, 1 Bleibulle an rot-weißen Seidenschnüren

Regensburg, Dominkanerinnenkloster Hl. Kreuz, Nr. 9

Papst Benedikt befreit alle Priorinnen und Schwestern, die nach der Regel des Augustinus und unter der Fürsorge des Dominikanerordens stehen, von allen Abgaben an weltliche und geistliche Herren und nimmt sie aus der Gerichtsbarkeit und Gewalt der Patriarchen, Erzbischöfe, Diözesanbischöfe und aller anderen.
(Die Bulle Papst Benedikts XI. wurde nicht speziell für Hl. Kreuz in Regensburg, sondern allgemein für alle Dominikanerinnenklöster angefertigt.)

Literatur: August Potthast (Hgb.), Regesta Pontificium Romanorum Bd. II, Berlin 1875, S. 2032, Nr. 25379.

Peter Morsbach

141. Vortragekreuz aus Hl. Kreuz (?)

Umkreis Regensburg (?), um 1310

Mischtechnik auf Holz, das Kreuz besteht aus zwei zusammengedübelten Hartholzplatten
H 52 cm, B 40 cm

Nürnberg, Germanisches Nationalmuseum, Inv.-Nr. KG 1054

Das aus dem Kunsthandel stammende Kreuz, dessen Entstehung für das Kloster Hl. Kreuz angenommen wird, obwohl es nach mündlicher Auskunft von Christine Andrä, Regensburg, für seine Herkunft keinen direkten Beleg gibt, wurde 1936 vom Germanischen Nationalmuseum Nürnberg erworben.
Das Kreuz zeigt beidseitig einen gemalten Kruzifixus und in den dreipaßförmig gebildeten Balkenenden die Evangelistensymbole, auf der anderen Seite zwei Halbfiguren von Engeln und auf den Querbalken Sonne und Mond.
Die Darstellung läßt sich auf das Kreuzigungsbild eines Lektionars aus Hl. Kreuz (um 1267–76), heute in Oxford (Regensburger Buchmalerei, Kat. 61, Tf. 133) zurückführen. M. E. fügt es sich jedoch nicht so gut in die Regensburger Buchmalerei des frühen 14. Jahrhunderts ein, daß man ohne Weiteres auf eine Herkunft aus dem „Umkreis Regensburg" ausweichen kann. Gewisse Unstimmigkeiten bleiben bestehen.
Vergleiche lassen ein Reliquienkästchen dieser Zeit im Regensburger Domschatz (Inv.-Nr. D 1974/66), ein Gebetbuch aus Nonnberg (entstanden um 1310 wahrscheinlich in Regensburg, Regensburger Buchmalerei, Kat. 75) und – noch stärker in der Torsion des Körpers – ein Missale aus Lilienfeld (Regensburger Buchmalerei, Tf. 54) zu. Bei den beiden Handschriften ist die Herkunft aus Regensburg nicht eindeutig geklärt, auch läßt sich die Provenienz des Kreuzes aus Regensburg nicht direkt nachweisen. Das im Verhältnis des dichten, dicken und voluminösen Hüfttuches zum schmächtigen Körper mit seinem auffallend kleinen Kopf ist – dies zeigt auch ein Vergleichsbeispiel eines Glasfensters aus dem Regensburger Dom (Christus am Astkreuz) deutlich – für die Regensburger Malerei untypisch.
Das Kreuz sollte, wie A. Hubel betonte, durch den gepunzten Goldhintergrund wertvoll wirken, zugleich auch als Ersatz für die üblichen Edelmetall-Vortragekreuze dienen – ein Ausdruck klösterlicher Bescheidenheit.

Literatur: Eberhard Lutze, Ein bemaltes Vortragekreuz aus Regensburg, in: Anzeiger des Germanischen Nationalmuseums Nürnberg 1936/39, S. 46–56. – Ausst.-Kat. 750 Jahre Dominikanerinnenkloster Heilig Kreuz Regensburg, München–Zürich 1983, S. 88f. (Achim Hubel). – Ausst.-Kat. Regensburg Buchmalerei, München 1987.

Peter Morsbach

142. Chorbuch III des Klosters Heilig Kreuz

Regensburg, um 1491

Regensburg, Bischöfliche Zentralbibliothek

Glanzstücke aus dem ehemaligen Handschriftenbestand des Klosters Hl. Kreuz stellen fünf großformatige Chorbücher vom Ende des 15. Jahrhunderts dar. Sie befinden sich – 1876 über Holland nach Nordamerika verkauft – nach einer über hundertjährigen Irrfahrt seit 1981 wieder in Regensburg. Ihr vorübergehender Besitzer war der amerikanische Gelehrte Samuel Bowne Duryea, der sie im März 1887 erwarb; sein Exlibris findet sich in allen fünf Bänden. Duryea vermachte seine Handschriftensammlung aber bereits 1895 der Long Island Historical Society in Brooklyn. Von dort kamen die Chorbücher wieder in den Antiquitätenhandel. Die letzte Station ihrer Irrfahrt sollte die 20. Stuttgarter Antiquariatsmesse im Januar 1981 sein, wo sie im Katalog für DM 260000 angeboten worden waren. Die große Gefahr war, daß möglicherweise jedes einzelne Buch blattweise zerlegt zum Verkauf angeboten würde. Der Erlös hätte damit vervielfacht werden können, der Verlust aber wäre unersetzlich und endgültig gewesen. So entschloß sich das Bistum Regensburg, noch ehe die Stuttgarter Antiquariatsmesse ihre Tore öffnete, die kostbaren Chorbücher trotz des beachtlichen Kaufpreises, der nur mit Hilfe von Stellen der öffentlichen Hand aufzubringen war, zurückzukaufen. Im Katalog werden die Bände wie folgt beschrieben: „Eine Regensburger Arbeit aus dem Ende des 15. Jahrhunderts. Großfolio, d.h. die Bände sind ca. 55 cm hoch und ca. 40 cm breit, insgesamt 1077 Pergamentblätter, mit prachtvollem Bildschmuck von hoher Qualität: 8 große Bildinitialen in Deckfarbenmalerei mit Blattgold unterlegt mit über die ganze Seite gehenden Ranken, 5 große Schmuckinitialen in Deckfarbenmalerei auf Goldgrund mit Rankenwerk, zahlreiche federgezeichnete Initialen, teilweise mit Tierornamentik. In Band 1 und 2 der Chorbücher sind auf der linken Seite als vordere Spiegel Aquarellmalereien auf Papier angebracht, die einen unmittelbaren Bezug zum Erwerb der Handschriften durch das Dominikanerinnenkloster Hl. Kreuz herstellen. Das Aquarell in Band 1 zeigt im oberen Teil Maria mit dem Jesuskind im Kreis von vier heiligen Frauengestalten, St. Katharina, St. Apollonia, St. Margareta und St. Ursula, im unteren Teil eine weltliche Frauengestalt und fünf Nonnen, jeweils mit ihren Namenspatroninnen. Vorne links kniet in einem blauen Kleid Agnes Volckamer aus Nürnberg, mit deren Geldspende 1491 die beiden ersten Bände der Chorbücher erworben werden konnten, in der Mitte die Nichte der Wohltäterin, Magdalena Holzschuher, mit dem weißen Schleier der Novizin. Sie war 1488 in das Regensburger Dominikanerinnenkloster eingetreten. Die vier weiteren dargestellten Ordensfrauen sind Brigitta Stromer, Barbara Hegner, Sophia von Wolfkehl und die Priorin Kunigunde Ortlieb, die auf Anordnung des Provinzials des Dominikanerordens, Jakob von Stubach, nach Regensburg kamen und am 8. Januar 1484 von ihm persönlich in das Kloster Hl. Kreuz eingeführt wurden, um es zur strengen Ordensobservanz zurückzuführen. Auf dem rechten Vorsatzblatt des ersten Bandes ist ein Pergamentstreifen eingeklebt mit dem Erwerbungsvermerk: „Item das puch vnd das teil von dem zeit das zu dem teyl gehort ist erecht worten da man zalt nach christi vnseres lieben hern gepurt MCCCC und Im LXXXXI Jar umb XL gulden reinisch von dem gelt das die erbrig fraw Agnes folckammerin zu nurmberg swester magdalena holtzschugerin Ir. mumen geschickt hat in unser closter zum heiligen Creutz Der got genedig sey". Das Aquarell auf dem linken Vorsatzblatt im Band 2 zeigt eine Madonna, die ihren Mantel schützend über die Nonnen des Heiligkreuzklosters ausbreitet. Die Darstellung von Nonnen aus dem Nürnberger Konvent ließ, wohl unter Außerachtlassung der historischen Gegebenheiten, zunächst die Vermutung aufkommen, die Chorbücher wären aus Nürnberg, doch haben eingehende Untersuchungen erwiesen, daß es sich hierbei um eine Regensburger Arbeit handelt.

Nach Schrift und Buchschmuck teilen sich die fünf Bände in drei Gruppen, Band I: Antiphonale de sanctis, Sommerteil; Band II: Antiphonale de tempore, Sommerteil; Bd. III: Antiphonale de tempore et de sanctis, Winterteil; Band IV: Graduale de tempore; Band V: Graduale de sanctis. In der Tat sind diese frühen deutschen völlig kompletten Handschriften in diesem Umfang, mit der ausgezeichneten Qualität der Malereien und der prächtigen Erhaltung in den originalen Einbänden – Schweinsledereinbände auf Holzdeckel mit verzierten Messingbeschlägen – eine Seltenheit allerersten Ranges. Die geringen Gebrauchsspuren deuten darauf hin, daß diese Prachthandschriften selten, wohl nur zu den Hochfesten des Kirchenjahres, benutzt wurden. Was zudem überrascht, ist, daß die Chorbücher auch heute noch in Gebrauch zu nehmen wären. Mit Freude stellten die Dominikanerinnen von Hl. Kreuz fest, daß die Melodie der Choräle sich seit damals nicht geändert hat.

In diesen Prachthandschriften erreichte die Regensburger Buchmalerei „am Abend des Mittelalters", bereits mehr als drei Jahrzehnte nach Erfindung des Buchdrucks, nochmals eine beachtliche Höhe. Der prächtige Bildschmuck (8 große Bildinitialen: Bd. I Schmerzensmann zwischen zwei Jungfrauen, Dominikus, Tod Mariens, Petrus und Paulus, Bd. II Auferstehung, Bd. III König David (hier aufgeschlagen), Bd. IV Verkündigung, Auferstehung; dazu fünf große Schmuckinitialen ohne bildliche Darstellung auf Blattgoldgrund, jeweils mit üppigen farbigen Rankenbordüren) ist möglicherweise dem Umkreis des berühmten Regensburger Illuministen Berthold Furtmeyr zuzuordnen. Zwei spätgotische Aquarellmalereien im Spiegel der Bände I und II stammen eventuell von Schwesternhand. Dabei korrespondiert die „Schutzmantelmadonna" mit einer Mutter-Gottes-Darstellung im Paradiesgärtlein; dieses zuletzt genannte Stifterbild weist außerdem durch seine figürlichen Darstellungen auf wichtige geschichtliche Verbindungen zwischen dem Kloster Hl. Kreuz in Regensburg und dem Katharinenkloster in Nürnberg hin.

Literatur: Paul Mai, Die mittelalterliche Klosterbibliothek und ihre Schätze in: 750 Jahre Dominikanerinnenkloster Heilig Kreuz Regensburg 1983, S. 45f und 82.

Paul Mai

DOMINIKANERINNENKLOSTER PETTENDORF

Das heute nordwestlich von Regensburg über einem Seitental der Donau abseits der Verkehrswege liegende Pettendorf wies im beginnenden hohen Mittelalter eine bedeutende Funktion auf. Die Grafen von Hopfenohe-Lengenfeld-Pettendorf hatten dort einen ihrer namengebenden Sitze. Nach deren Aussterben Anfang des 12. Jahrhunderts traten die Wittelsbacher die Nachfolge an, als deren Amtsort Pettendorf noch im ältesten Herzogsurbar von ca. 1236 erscheint.
Ob bereits aufgrund einer Stiftung des letzten Pettendorfers hier ein Kloster gegründet wurde, wie Schmidt vermutet, läßt sich nicht beweisen. Wenn, dann war diese Gründung im Gegensatz zum Kloster Ensdorf, das aus dem gleichen Anlaß gestiftet wurde, nicht sehr erfolgreich.
Die Gründung der Dominikanerinnenniederlassung um das Jahr 1260 fiel mit einer Verschiebung der Machtverhältnisse im Regensburger Raum zusammen. 1259 unterlag der bayerische Herzog Ludwig der Strenge der aufstrebenden Reichsstadt Regensburg und mußte seine Burgen und Kontrollposten im Weichbild der Stadt räumen. Während z. B. die Burgen Höfling und Landskron abgebrochen wurden, wurde die alte Burganlage in Pettendorf dadurch der ferneren weltlich-machtpolitischen Nutzung entzogen, daß sie zu einem Kloster umgestaltet wurde und damit in den Bereich des geistlichen Rechts kam. Gleichzeitig verlagerte sich der Amtssitz nach Ausweis des Herzogsurbars von ca. 1280 nach Burglengenfeld.
Ob bei der Gründung auch die sogenannte Donauwörther Bluttat, wo Herzog Ludwig 1256 seine des Ehebruchs verdächtigte Ehefrau Maria von Brabant hatte hinrichten lassen, eine Rolle spielte, muß Spekulation bleiben, da eine herzogliche Gründungsurkunde für das Kloster fehlt. In der Stiftungsurkunde des Zisterzienserklosters Fürstenfeld ist dagegen der Gründungsanlaß in der Mordtat eindeutig gegeben. Die Bluttat hat aber insofern einen Bezug in den Regensburger Raum, als ein gleichfalls getötetes Edelfräulein der Herzogin namens Heilica dem Bischöflich-Regensburger Ministerialengeschlecht derer von Brennberg entstammt haben soll.
Im Sprachgebrauch der Bewohner der umliegenden Dörfer wird das Kloster Pettendorf stets Adlersberg – ältere Formen: Arlaß- oder Arleßberg (1672, 1658, 1618, 1575, 1538), Harlasperich (1443), Horlesperig (1443), Hadleinsberg (1431), Hadlasberg (1396) und Hadelatisperg (1351) – genannt. Der Ortsname, der mit einem Adler nichts zu tun hat, wird bisher auf Arl = Erle oder Arlic = Eberesche zurückgeführt. Der älteste Beleg von 1351 macht aber wahrscheinlich, daß er auf den Namen Adelheid zurückgeht. Und zwar dürfte hiermit jene Priorin gemeint sein, die um 1274 den Umzug aus dem Dorf Pettendorf hinaus auf den Jurasporn leitete.
Denn die Neugründung des bayerischen Herzogs Ludwig des Strengen hatte es nicht leicht. Die erste Besetzung mit Dominikanerinnen aus dem Regensburger Kloster Hl. Kreuz scheiterte, als zwischen 1271 und 1274 das Kloster mit der Pfarrkirche ein Raub der Flammen wurde und die Nonnen nach Regensburg zurückkehrten.
Der Neubau wurde nun nicht mehr am alten Ort versucht, sondern das Kloster aus dem Ort Pettendorf in Richtung Donau hinausverlegt auf einen Sporn des Juraplateaus. Dort, inmitten der Feldfluren, wuchs das neue Klostergebäude mit Kirche empor, langsam nur, aber zielstrebig und stilistisch einheitlich. Die Nonnen kamen zum Teil wieder aus Hl. Kreuz in Regensburg, teilweise aber auch aus Weißenburg in Bayern, wo sich das Dominikanerinnenkloster nicht behaupten konnte.
Aus diesem Ursprung heraus erklären sich wohl die starken Beziehungen zum Hochstift Eichstätt. Das Kloster Pettendorf, wie es trotz der Verlegung in den Urkunden überwiegend genannt wird, befand sich meistens in finanziellen Schwierigkeiten, wie zahlreiche Schuld- und Verpfändungsurkunden zeigen. Die Geldmittel zum Kirchenbau gewann man vornehmlich aus Ablässen, die die Bevölkerung herbeiströmen ließen, mit denen man aber auch auf Tour durch das Bistum Regensburg ging und Almosen sammelte. Anfang des 14. Jahrhunderts waren die Startschwierigkeiten überwunden, der niedere Adel und das Regensburger Bürgertum beachten nun das Kloster, in das ihre Töchter eintraten, mit Geld und Grundbesitz. Auch Kaiser Ludwig der Bayer förderte im Angedenken seines Vorfahren, des Stifters, das Kloster. Langsam schälen sich so die vier Besitzkomplexe heraus. Zum einen natürlich das Gebiet um

Klosteranlage Adlersberg-Pettendorf von Südosten

Pettendorf selbst mit Rechten in Hinterberg, Kneiting, Reifental, Tremmelhausen, Schwetzendorf und Schwaighausen, auffallenderweise aber nicht besonders gehäuft im Ort Pettendorf selbst. Dann ein Komplex um Nabburg und Schwandorf und einer um Irnsing und Marching nahe Neustadt a. d. Donau, die sich beide in den Urkunden auf gewisse Stifterkreise oder -familien zurückführen lassen. Durch Kaiser Ludwig den Bayern kam schließlich noch das Patronatsrecht über die Pfarrei Berg bei Neumarkt i. d. Opf. hinzu, die aber nur eine geringe Ausstattung an Widemgütern und Zehntrechten hatte. Splitterbesitz in Niederbayern wurde wohl bei der andauernden Geldnot rasch wieder abgestoßen.

Im 15. Jahrhundert war der Gütererwerb weitgehend abgeschlossen, auch stand das Kloster nun finanziell so gut, daß 1407 ein neuer Hochaltar errichtet werden konnte und verschiedentlich das Kloster Darlehen gewährte, wo es früher doch selbst solche aufnehmen mußte.

In der Reformationszeit ging es dann rasch dem Verfall entgegen. Nach der Chronik der Dominikaner in Regensburg war das Kloster Pettendorf nicht frei von reformatorischen Bestrebungen. 1525 soll der Regensburger Prior mit der Pettendorfer Priorin unter Mitnahme von Kirchensilber geflohen sein. Die letzte von einer Priorin ausgestellte Urkunde datiert von 1541.

Im darauffolgenden Jahr führte Pfalzgraf Ottheinrich die Reformation im Fürstentum Neuburg offiziell ein, was das Ende des Klosters bedeutete. Zur Deckung der Landesschulden sollte der Grundbesitz aller aufgehobenen Klöster veräußert werden, der komplette Verkauf der Pettendorfer Güter an die Reichsstadt Regensburg scheiterte aber. So wurde Pettendorf zusammen mit dem ebenfalls aufgehobenen Zisterzienserinnenkloster Pielenhofen einem Propst unterstellt und als Klosteramt Pielenhofen-Pettendorf weitergeführt.

1575 verwandelte dann Pfalzgraf Philipp Ludwig Adlersberg in eine weltliche Hofmark, der jedoch nur geringe Teile des ursprünglichen Klosterbesitzes zufielen. Auf den pfälzischen Rat Johann Bernhard Rehlinger folgte Johann Münsterer, der dessen Witwe ehelichte, auf diesen Hans Christoph Weiß, dem die Schulden und die Baulast für Kirche und Klostergebäude über den Kopf wuchsen. Auch der Regensburger Bürger Samuel Hopfer wurde in den ersten Jahren des 30jährigen Krieges des Besitzes nicht froh. 1628, als das Fürstentum Neuburg schon wieder katholisch war und die Rekatholisierung der Oberpfalz massiv einsetzte, verkaufte er Adlersberg an das Kloster Hl. Kreuz in Regensburg. Die dortigen Dominikanerinnen hofften, bei der veränderten Religionssituation das Kloster Pettendorf wiederbeleben zu können, waren aber nicht in der Lage, in den Wirren des Kriegs ihren Besitz zu schützen oder gar Nutzen daraus zu ziehen.

In den zwanzig Jahren bis zum Ende des Krieges häuften sie so einen Schuldenberg an, den sie auch während der ersten Friedenszeit nicht abtragen konnten, da niemand das Gut kaufen wollte. Endlich übernahm 1660 das Regensburger Dominikanerkloster St. Blasius gegen moderate Zahlungsbedingungen Adlersberg. Allerdings hatte inzwischen der Pfalzgraf das Klosteramt Pielenhofen-Pettendorf an die Zisterzienser des Reichsstifts Kaisheim veräußert, die planten, Pielenhofen als Subpriorat wiederzuerrichten.

Von diesen erreichte das Kloster St. Blasius zunächst die Anerkennung seiner Rechte an der Hofmark Adlersberg, jedoch veranlaßte die dafür bedungene Abschlagszahlung von 6000 Gulden zusammen mit den übrigen an Adlersberg haftenden Schulden den Prior, nach wenigen Jahren Adlersberg an das Stift Kaisheim zu verkaufen. Im 18. Jahrhundert gehörte der Besitz des ehemaligen Klosters, soweit nicht zur Deckung der Neuburger Landesschulden im 16. Jahrhundert anderwärtig veräußert, zum Subpriorat bzw. Kloster Pielenhofen und wurde nach der Säkularisation vom Kurfürstentum Bayern größtenteils verkauft. Die Hofmark Adlersberg wurde in den ersten Jahrzehnten des 19. Jahrhunderts zertrümmert, auf den einzelnen Parzellen wurden neue Anwesen errichtet.

Literatur: G. BRUNNER, Adlersberg und seine Geschichte, in: VHVO 113 (1973), S. 129–144. – A. SCHMID, Die Anfänge des Klosters Pettendorf, in: BGBR 19 (1985), S. 285–301. – O. TRÖGER, Dominikanerinnenkloster Pettendorf, Urkunden[regesten]... Nr. 1–374, sowie Gült- und Zinsregister von 1544 ..., MS masch., Regensburg 1986–1988.

Ottokarl Tröger

143. Stifterbild aus der Klosterkirche Pettendorf (Photo)

2. Hälfte 14. Jahrhundert?
Fresko, 3,9×1,3 m

An der Nordwand der Kirche nahe der Kanzel befindet sich die Darstellung einer Madonna, unter deren Mantel eine Anzahl Dominikanerinnen betend knien. Zu beiden Seiten Marias stehen Johann Baptist und Johann Evangelist. Die beiden links und rechts davon knienden weltlichen Personen sind durch jeweils ein zweitürmiges Kirchenmodell als Stifter ausgewiesen. Der zur Linken kann wegen der dargestellten Krone nur Ludwig der Bayer sein. Der andere Stifter wurde bisher als „Ritter" apostrophiert. Da seine Kleidung aber der König Ludwigs ähnelt, ist er wohl als bayerischer Herzog und damit am ehesten als Ludwig der Strenge zu identifizieren. Die Wappenschilde über den beiden Stiftern geben in diesem Zusammenhang Rätsel auf. Der linke zeigt in Silber einen blauen oder grünen Schrägrechtsbalken, der rechte einen undefinierbaren Gegenstand auf (heute verblaßtem) goldenem Grund.

Die Datierung ist umstritten, während einige wegen der Darstellung Kaiser Ludwigs des Bayern auf die Zeit vor dessen Zerwürfnis mit dem Papsttum verweisen, geben andere Mitte des 14. Jahrhunderts an. Schmid plädierte zuletzt wegen einer allgemeinen, in vielen Klöstern nachweisbaren Rückbesinnung auf die Stifter in der Zeit um 1400 für einen späten Ansatz des Freskos. Bei dessen stark restauriertem Zustand ist eine Entscheidung kaum zu treffen, ein Ansatz in die 2. Hälfte des 14. Jahrhunderts muß als Kompromiß gelten.

Literatur: Die Kunstdenkmäler von Oberpfalz und Regensburg XX: Bezirksamt Stadtamhof, bearb. von Hans KARLINGER, Georg HAGER, Georg LILL, München 1914, S. 16–18, Abb. 5. – A. SCHMID, Das Stifterbild in der Kirche des ehemaligen Dominikanerinnenklosters Pettendorf bei Regensburg, in: Ars Bavarica 43/44 (1986), S. 21–34.

Ottokarl Tröger

144. Königliche Schenkungsurkunde

Regensburg 1318 Juli 19

Or. Perg., lateinisch, 16×19 cm, Plica 3,5 cm, mit Thronsiegel (restauriert) an rot-gelben Seidenschnüren

München, Bayerisches Hauptstaatsarchiv, Pettendorf Urk. 52 = Kaiser-Ludwig-Selekt 161

König Ludwig schenkt der Priorin und dem Konvent zu Pettendorf das Patronatsrecht über die Kirche in Berg bei Neumarkt i. d. Oberpfalz.

Vier Mal urkundete Ludwig der Bayer als deutscher König und bayerischer Herzog für das Kloster Pettendorf. 1316 gewährte er ihm Zollfreiheit an den oberbayerischen Zollstätten Ingolstadt und Neustadt a. d. Donau, 1323 verwandelte er das von Wolf von Nabburg geschenkte Lehengut Geiersberg in Eigen. Ferner löste er das Recht des Klosters, wöchentlich den größten Baum im Eichenforst bei Hainsacker schlagen zu dürfen, durch Schenkung des Forstes *Awsang* ab.

Kernstück war aber das Patronatsrecht über die in der Diözese Eichstätt liegende Pfarrei Berg, die 1325 durch Bischof Gebhard dem Kloster inkorporiert wurde. Fortan besetzte das Kloster die Pfründe bei der Kirche St. Veit und deren 1444 gestifteten Nebenkapelle in Loderbach mit knapp besoldeten Pfarrern und verwandte die übrigen Pfarreinkünfte für seine eigenen Zwecke.

Regest: RB 5, 387.

Ottokarl Tröger

DIE FRANZISKANER

Als Franziskus von Assisi im Jahre 1209 die erste Regel für die kleine Gemeinschaft entwarf, die er um sich geschart hatte und sie von Papst Innozenz III. mündlich bestätigen ließ, so geschah dies in einem Jahr, in dem der Krieg der Kirche gegen die Sekte der Albigenser einen ersten blutigen Höhepunkt erreichte. Auch die Waldenserbewegung wurde in diesen Jahren teilweise mit Feuer bekämpft. Ihr Begründer, der ehedem reiche französische Kaufmann (Petrus?) Waldes aus Lyon hatte sich in den 1170er Jahren einem Leben nach dem Vorbild der Apostel in Armut und Einfachheit verschrieben. Diese durchaus positiven Ansätze wurden auch von päpstlicher Seite gebilligt. Die heftige Kritik der Waldenser am Zustand des Klerus entfremdete sie der Kirche jedoch bald.

Armutsgebot, Predigttätigkeit und Schlichtheit zeigen eine Verwandtschaft mit den Idealen und Vorstellungen der jungen Gemeinschaft des Franziskus. Wie der große Zulauf zu beiden Bewegungen zeigt, entsprachen ihre Forderungen offensichtlich einem Anliegen der Zeit.

Als Franziskus jedoch im Jahre 1219 seine erste Mitbrüder über die Alpen sandte, machten diese in Deutschland eine unangenehme Erfahrung. Der Chronist Jordan von Giano berichtet, sie seien, der Landessprache nicht mächtig, durch ein Mißverständnis *„für lombardische Ketzer gehalten und entsprechend verfolgt"* worden (Badstübner 228). Man verwechselte sie scheinbar mit dem lombardischen Zweig der Waldenser. Dies konnte gefährlich werden, hatte man doch 1211 in Straßburg 80 Anhänger der Waldenser verbrannt. Auch gegen einzelne Franziskaner gab es Übergriffe. In Deutschland standen sie von allen Provinzen vor den größten Problemen. „Sie waren gezwungen, nach Italien zurückzukehren, und die Lage erschien ihnen in Deutschland so furchterregend, daß sie sich als Gruppe nicht mehr dorthin wagten" (Manselli 211). Wie Manselli zu Recht betont, lag ein Hauptproblem in der Tatsache, daß der Orden als Institution noch nicht genug gefestigt war. Weder hatte er von der Kurie ausgestellte Dokumente, noch ließ er sich den Einsiedlern, noch den Zoenobiten, noch den Chorherren zurechnen. Auch gehörten die Franziskaner nicht in den Priesterstand. Die revolutionäre Bedeutung der Ideen des hl. Franziskus lag in dem Bestreben, die Grenzen und Gemeinschaften zu überwinden, um das wahre, unverfälschte und mitreißende Christentum zu verwirklichen. So beobachtete auch die Kirche mit gemischten Gefühlen die neue Gemeinschaft sehr genau, um jedes Auftreten womöglich ketzerischer Ideen im Keime ersticken zu können.

Die Notwendigkeit, eine feste Regel aufzustellen, Normen und Orientierungen zu geben, stellte sich nach 1219 also sehr deutlich und führte zu den beiden Regeln, in denen Franziskus in aller Vehemenz seine Ideale beizubehalten versuchte: die *Regula non bullata* und die *Regula bullata.* Erste wurde nie zur gültigen Regel, sie gilt als „Spiegel des Ordenslebens um 1221" (Manselli 271). Hingegen wurde die *Regula bullata* am 23. November 1223 von Papst Honorius III. bestätigt. Auch sie gilt als persönliche Leistung des Ordensgründers. Bescheidenheit, Demut und Milde, hauptsächlich aber Predigttätigkeit *„wohlbedacht und lauter ... zum Nutzen und zur Erbauung des Volkes"* und – als die für Franziskus immer wichtigste Forderung – die persönliche vollkommene Armut und das Gebot, keinerlei Geld anzunehmen, sind die Hauptinhalte der *Regula bullata.* Wie bei allen strengen Regeln, die dem natürlichen Hang des Menschen zur Bequemlichkeit zuwiderlaufen, traten noch zu Lebzeiten des Franziskus, und heftiger noch nach seinem Tode, Abweichungen vom Ideal der völligen Armut ein. Die „Konventualen" einerseits, die sich mit der Welt und ihren Spielregeln arrangierten, die kompromißlosen „Spiritualen" andererseits, die treu den Geboten Franziskus' anhingen, konnten nur durch die überragende Persönlichkeit des hl. Bonaventura zusammengehalten werden. Unter dem Pontifikat Johannes XXII. gerieten die Spiritualen zu Beginn des 14. Jahrhunderts als „fraticelli" in den Ruf der Ketzerei und wurden dementsprechend verfolgt. Schließlich führte der immer weiter schwelende Streit der beiden Richtungen zu einem vorübergehenden Niedergang des Ordenslebens, dem jedoch – in großer Zersplitterung – eine neue Hochblüte folgte.

Während des 13. und 14. Jahrhunderts traten etliche Franziskaner als Geistesgrößen europäischer Bedeutung hervor, wie Bonaventura, Antonius von Padua, Duns Scotus, Ubertino von Casale, Michael

von Cesena, Wilhelm von Ockham, Bruder David von Augsburg oder Bruder Berthold von Regensburg, um nur einige zu nennen.
Doch kehren wir nochmals an den Anfang zurück: der Mißerfolg der Missionierung 1219 sollte sich nicht wiederholen. Von Trient aus setzte sich nach einem Beschluß des Pfingstkapitels 1221 erneut eine Gruppe, diesmal besser organisiert, in Richtung Deutschland in Bewegung. Sie erreichte unter der Führung eines Deutschen, Cäsar von Speyer, Augsburg, von wo aus kleine Grüppchen in die verschiedenen Provinzen ausgesandt wurden und der Siegeszug des Ordens einsetzte.
Der weibliche Zweig des Franziskanerordens, der sog. II. Orden der hl. Klara von Assisi (1194–1253), kurz Klarissen genannt, hatte sich im Umfeld des Franziskus gebildet. Klara hatte unter dessen Einfluß ebenfalls allen weltlichen Gütern entsagt und sich mit einer Schar von Gleichgesinnten den Franziskanern zugesellt. 1215 gründete sie ihr Nonnenkloster in Assisi. 1229 erfolgte die päpstliche Anerkennung des sich rasch ausbreitenden Ordens durch Gregor IX.

DIE FRANZISKANER IM BISTUM REGENSBURG

Im Bistum Regensburg errichteten die Franziskaner während des Mittelalters nur vier Niederlassungen, während die Konvente in Stadtamhof, Neunburg v.W., Cham und Straubing erst im 17. Jahrhundert gegründet wurden. Den Regensburger Klöstern (1226 und 1296) folgten die Gründungen in Amberg 1451/52 und Kelheim 1461.
Das Amberger Kloster, dem angeblich schon ein älteres von 1305 vorausging, entstand nach einem Aufenthalt des Minoritenpredigers Johannes Capistrano (1368–1456) aufgrund der Stiftung eines Amberger Bürgers. Jedoch hatte es nur kurzen Bestand, wurde bereits 1555 wieder aufgehoben und erst 1626/27 revitalisiert.
Das Kelheimer Minoritenkloster hatte, wie wir dies auch von anderen Bettelordensgründungen kennen, gegen einen Vertreter des Weltklerus anzukämpfen. Zunächst hatten sich die ersten Minderbrüder 1459 beim sog. Bruderloch (heute Klösterl) inmitten der hohen Felsenschluchten des Donaudurchbruches oberhalb Kelheims niedergelassen. Dort hatte ein Franziskaner-Tertiare namens Anton von Siegenburg sich mit einigen Gefährten 1457 ein St. Nikolaus-Kirchlein errichtet. Gegen den heftigen Widerstand des Kelheimer Ortsgeistlichen gelang es ihnen jedoch, die Erlaubnis zu erwirken, sich bei St. Michael in Kelheim im Jahre 1461 niederzulassen.

Literatur: Raoul MANSELLI, Franziskus, Zürich u.a. 1984 (mit der wichtigsten älteren Literatur). – Karl HAUSBERGER, Geschichte des Bistums Regensburg I, Regensburg 1989, S. 136–140.

Peter Morsbach

DAS REGENSBURGER MINORITENKLOSTER

Im mittelalterlichen Regensburg entstanden zwei Franziskaner-Niederlassungen, das Männerkloster St. Salvator am Kornbühl (heute Dachauplatz) und, in unmittelbarer Nachbarschaft, das Frauenkloster St. Klara. Letzteres ging aus einem Konvent von Magdalenerinnen hervor, die auf Betreiben der Franziskaner 1296 die Clarissen-Regel annahmen und zwei Jahre später auch deren sämtliche Rechte und Privilegien erhielten.

Zu diesem Zeitpunkt bestand das „Minoritenkloster" seit ziemlich genau 70 Jahren. Vom ersten mißlungenen Versuch der Franziskaner, nördlich der Alpen Fuß zu fassen, war Regensburg scheinbar nicht berührt worden. In die noch bayerische Stadt kamen sie nun 1221 von Augsburg her, von wo aus sie Cäsar von Speyer geschickt hatte (nach einer anderen, älteren Auffassung kamen sie aus Ulm und Schwäbisch Gmünd). Drei Brüder fanden unter Führung des Joseph von Treviso sogleich freundliche Aufnahme in der Stadt. Als erste Predigtstätte wurde ihnen eine Kapelle an der Steinernen Brücke zugewiesen, bei der es sich sicherlich um die westlich am stadtseitigen Brücktor gelegene, 1357 erstmals erwähnte Margaretenkapelle handelte (Baualterspläne zur Stadtsanierung: Regensburg VIII, bearb. von Helmut-Eberhard Paulus, München 1987, S. 51). Ihre erste Unterkunft sollen sie im Damenstift Niedermünster gefunden haben. Bischof Konrad IV. (1204–1226), der 1226 als Stifter des Katharinenspitals auftrat, übergab den Franziskanern am 25. 1. des gleichen Jahres die Salvatorkapelle am Kornbühl mit einer für sie errichteten Behausung. Damit entstand das Kloster im östlichen Bereich der Stadt, während drei Jahre später die Dominikaner im westlichen Stadtbereich ihre Niederlassung erhielten. Die Minoriten erfreuten sich bald einer reichen Freigebigkeit und Spendenbereitschaft der Bürger.

Immer wieder wird betont, daß die Niederlassungen der Bettelorden in der Nähe der Wohngebiete der ärmeren Bevölkerung errichtet wurden, um dort besser Seelsorge treiben und die Nächstenliebe verwirklichen zu können. Doch hieran lassen sich Zweifel anbringen (vgl. Cord Meckseper, Kleine Kunstgeschichte der deutschen Stadt im Mittelalter, Darmstadt 1982, S. 226–229). Im Falle Regensburgs müßte dies auch genau untersucht werden. So entstand das Minoritenkloster in einem Bereich, der damals noch nicht ummauert war und städtebaulich einerseits an großbürgerliche, repräsentative Bürger- und Handelshäuser, andererseits an viele Grünflächen und Stadtbauernhöfe grenzte. Hier lagen auch die uralten Besitzungen der Kirche, des Herzogs und Königs, außerdem der reichen Bürger. Hier konnte sich durch Schenkungen von Grund und Boden, die Armen niemals möglich gewesen wären, ein doch relativ großer Klosterkomplex ausbreiten. So schenkte der bayerische Pfalzgraf 1230 einen Garten und zwei Scheunen, ähnliches 1233 auch König Heinrich, auch Bürgerfamilien gaben Gärten und Grundstücke. Ohne dies genauer ausführen zu können, läßt sich doch in Regensburg zeigen, daß das Franziskanerkloster auf altem Bischofs-, Kirchen-, Herzogs- und Königsgut, auf jeden Fall auf dem Grund und Boden der Reichen entstand. Es lag in der noch unbefestigten östlichen Vorstadt, inmitten von Freiräumen also, die eine Überbauung mit großen Kirchen und Klostergebäuden erlaubten. Die Salvatorkirche, seit 1024 nachweisbar, stand in einem Bereich, der sich an die bayerische Herzogspfalz anschloß, in dem Gauer die „Metropolis" des frühen Mittelalters sieht. Der Salvatorkirche versucht er eine für Regensburg höchst bedeutsame Rolle zuzuweisen und vermutet in ihr „eine der frühesten, wenn nicht die früheste christliche Kirche in Regensburg" (Gauer 42). Wie dem auch sei – Klarheit können nur Grabungen erbringen –, die Salvatorkirche erwies sich für die Franziskaner alsbald als zu klein und wurde abgebrochen.

Bis 1259 sind Grundstücksschenkungen größeren Umfanges belegbar. Spätestens zu diesem Zeitpunkt muß auch der Baubeginn von Kirche und Kloster anzusetzen sein. Beim Tode Bruder Bertholds von Regensburg 1272 war der mächtige Bau sicherlich bereits vollendet. Der Chor wurde nach 1290 erneuert und durch den erhaltenen Bau in der 1. Hälfte des 14. Jahrhunderts ersetzt. Die Minoritenkirche, ein Hauptwerk der süddeutschen Bettelordensarchitektur, harrt noch immer einer längst überfälligen wissenschaftlichen Bearbeitung. Lediglich zu den mittelalterlichen Chorfenstern existiert eine ausführliche Untersuchung. Die Klostergebäude, hauptsächlich die beiden Kreuzgänge, erfuhren in der 1. Hälfte des 15. Jahrhunderts Neu-, Um- und Anbauten.

Seine größte Wirksamkeit entfaltete der seit 1239 der oberdeutschen Franziskanerprovinz Alemania mit Sitz in Straßburg unterstellte Regensburger Konvent in der 2. Hälfte des 13. Jahrhunderts. Als führende Persönlichkeiten sind Bruder David von Augsburg, später der Dichter Lamprecht von Regensburg und schließlich Bruder Berthold von Regensburg zu nennen, der im Folgenden gewürdigt werden soll. Die Blüte währte bis ins 15. Jahrhundert. Die Regensburger Franziskaner brachten vier Weihbischöfe hervor. 1415 stellten sie sich unter Schutz und Schirm der Stadt. Gegen Ende des Jahrhunderts machte sich auch im Salvatorkloster ein Nachlassen der Ordensdisziplin bemerkbar, was die Stadt Regensburg zum Eingreifen zwang. In einer Epoche der städtischen Geschichte, die durch den wirtschaftlichen Niedergang geprägt ist, mußte sich dies auch in der finanziellen Lage eines Bettelordens schmerzlich bemerkbar machen. Es begann mit dem Verpfänden von Kirchenschätzen und endete nach der Einführung der Reformation 1542 mit der Übergabe des Klosters und der Gebäude an die Stadt (1544). Kaiser Karl V. ließ den Konvent jedoch sieben Jahre später wieder begründen.

Literatur: Jolanda Drexler, Die Chorfenster der Regensburger Minoritenkirche (Studien und Quellen zur Kunstgeschichte Regensburgs II), Regensburg 1988, S. 10–18. – Franz Hiltl, Das ehemalige Franziskanerkloster Regensburg-St. Salvator, in: Bavaria Franziscana Antiqua II, München 1955, S. 7–43. – Baualterspläne zur Stadtsanierung: Regensburg VII, bearb. von Helmut-Eberhard Paulus, München 1986, S. 59–73 (mit älterer Literatur). – Karl Busch, Regensburger Kirchenbaukunst 1160–1280, in: VHVO 82 (1932), S. 123–134. – Hermann Lanzendörfer, Die Bettelorden der Franziskaner und Dominikaner im Regensburg des 13. Jahrhunderts. Theol. Dipl.-Arbeit, Ms 1985. – Karl Hausberger, Geschichte des Bistums Regensburg I, Regensburg 1989, S. 136–140. – Werner Gauer, Urbs, Arx, Metropolis und Civitas Regia. Untersuchungen zur Topographie der frühmittelalterlichen Stadt Regensburg, in: VHVO 121 (1981), S. 42 f. – Die jüngst beendete Dissertation von Anneliese Hilz-Schrank lag bei der Abfassung des Textes dem Verf. nicht vor.

Peter Morsbach

BERTHOLD VON REGENSBURG: LEBEN UND WERK

Die Franziskaner kamen im Jahre 1221 aus Augsburg, dem Ausgangspunkt der franziskanischen Mission in Deutschland, nach Regensburg. Nachdem ein erstes Missionsunternehmen 1219 gescheitert war, gelang es in den zwanziger und dreißiger Jahren des 13. Jahrhunderts, Augsburg und Regensburg zu geistigen Zentren des Franziskanerordens auszubauen und immer mehr Gläubige vom Heilsangebot der franziskanischen Armut zu überzeugen. Dafür spricht nicht nur die rasch wachsende Zahl von Niederlassungen auch in anderen Provinzen des Reichs, sondern auch die Förderung durch Bürger und Kleriker, welche die Franziskaner bei ihrer Missionstätigkeit erfahren haben und die vor allem in der Gründung immer neuer Kirchen und Klöster sichtbar wurde. Zu überzeugen vermochten die Franziskaner insbesondere durch ihre beispielhafte Lebensweise in Armut und Nachfolge Christi, dann aber auch durch die völlig neuartige Form und Intensität ihrer Predigten.
Der wichtigste und wohl wirkungsmächtigste Prediger des frühen Franziskanerordens in der Teutonia war zweifellos Berthold von Regensburg, der auf seinen zahlreichen Missionsreisen von David von Augsburg begleitet wurde. Dieser David von Augsburg stand später im Mittelpunkt eines Augsburger Kreises von Gebildeten, der sich um die Popularisierung einer praktisch-theologischen Literatur in deutscher Sprache bemüht hat.
Berthold wurde um 1210 wahrscheinlich in Regensburg geboren. Sein theologisches Studium absolvierte er wohl in Magedeburg an der 1228 gegründeten Studienanstalt der Franziskaner und begann seine Predigttätigkeit im Jahr 1240 in Augsburg: „Und da man zalt 1240, da prediget pruder Perchtold von Regensburg hie zu Augspurg“, vermerkt eine anonyme Augsburger Chronik über die Jahre 991–1483 lapidar, gibt damit aber einen zeitlichen Anhaltspunkt für den Beginn von Bertholds Predigt- und Missionsreisen im süddeutschen Raum, dann auch außerhalb der Reichsgrenzen. Sie führen ihn nach Niederbayern und an den Oberrhein, in die Schweiz und in die Steiermark, nach Frankreich und Ungarn. 1263 verpflichtet ihn Papst Urban IV. zur Predigt gegen die Ketzer in Deutschland, Frankreich und der Schweiz, 1272 ist er nach übereinstimmender Auskunft der Chronisten gestorben.
Über diese wenigen Daten hinaus ist über Bertholds Leben nur wenig Gesichertes bekannt. Das erstaunt um so mehr, als uns ausführliche Berichte über seine Predigttätigkeit, über die Menschenmassen, die zu seinen Predigten geströmt seien, sowie über die wunderbaren Folgen seiner Predigten überliefert sind: bis zu 200.000 Zuhörer habe er angezogen, wie er denn auch „lieber auf freiem Feld predigen wollte als in Kirchen“, und immer wieder seien Sünder „vom Pfeil seines Wortes durchbohrt“ und dadurch zur Umkehr gebracht worden. Noch weitere Wunder werden im Zusammenhang mit Bertholds Predigten vermerkt: so habe z.B. ein Knecht, dem sein Herr den Besuch der Predigt untersagt habe, Bertholds Stimme während der Feldarbeit auf einen 30 Meilen entfernten Acker gehört; Zuhörer hätten leuchtende Kronen über Bertholds Kopf gesehen oder eine Dirne habe noch unter dem Eindruck von Bertholds Predigt ihrem alten Leben abgeschworen. Diese und andere Berichte von der Wirkungsmacht der Bertholdpredigten sind Bausteine der Berthold-Legende im Spätmittelalter, nicht aber seiner Biographie. Die Wahrheit solcher Überlieferungen liegt deshalb auch weniger in ihrer faktischen Richtigkeit als in dem Bemühen der Chronisten, den überwältigenden Eindruck von Bertholds Predigten in immer weiterreichenden Übersteigerungen und Wunderanekdoten auszumalen.
Die Neuartigkeit der Berthold-Predigten hat inhaltliche und formale Gründe. Sie sind aktuell in einem bis zu seiner Zeit noch weitgehend unbekannten Sinn, d.h. sie nehmen Fragen des alltäglichen Lebens auf, der gesellschaftlichen Ordnung, der ganz praktischen Fragen von Arbeit, Beruf und Familie. Und sie inszenieren einen lebendigen Dialog von Prediger und Zuhörer, der sich keineswegs auf die Auslegung des Predigttextes beschränkt, sondern Sorgen, Nöte und Ängste der Zuhörer ernst nimmt: sie werden ermahnt und ermuntert, bedroht und getröstet, bringen sich aber auch selbst durch Fragen und andere Einwürfe ein, die dann vom Prediger beantwortet werden; Beispielerzählungen und höchst präzise Vergleiche erläutern den Gedankengang; die Sprache ist konkret und dem Ziel dieser Predigten, der Imagination eines lebendigen Vortrags, durchweg angemessen. Dennoch handelt es sich bei den überlieferten Berthold-Predigten eben nur um Stilisierungen einer realen Vortragssituation, nicht um Bert-

holds Predigten selbst. Die unter Bertholds Namen überlieferten deutschsprachigen Predigten sind weder wortgetreue Nachschriften tatsächlich gehaltener Predigten, noch von ihm selbst verfaßt worden. Zwar entsprechen sie dem Stil der franziskanischen Buß- und Mahnpredigt, welche die eigentliche Schriftauslegung zugunsten der Verurteilung sozialer und theologischer Mißstände sowie verstärkter Aufrufe zu Buße und Umkehr reduzierte und mit Hilfe eines populären Sprachgebrauchs die Wirkung des Predigers zu verstärken suchte. Dennoch sind sie wohl erst nachträglich – und wahrscheinlich im Augsburger Minoritenkreis um David von Augsburg (s. o.) – dem lebendigen Predigtwort nachgebildet worden. Ihre Entstehung ist wohl so zu denken, daß Bertholds Predigten, zum Teil vielleicht von ihm selbst, zum Teil von anderen in lateinischer Sprache aufgezeichnet, dann aber nicht nur ins Deutsche rückübersetzt, sondern zum Zweck der Lektüre überarbeitet worden sind. Insofern sind die überlieferten Berthold-Predigten als Lesetexte zur geistlichen Erbauung, also als „Texte des Buches und nicht der Kanzel" (D. Richter), anzusehen. Zwar liegen ihnen wohl von Berthold gehaltenen Predigten zugrunde, die überlieferte Textform aber repräsentiert eine durchaus eigenständige Redaktionsstufe von einem uns unbekannten Bearbeiter oder Bearbeiterkreis.
Die Themen der Berthold-Predigten sind breit gestreut und betreffen die unterschiedlichsten Bereiche theologischer Unterweisung; eine Tugend- und Lasterlehre des alltäglichen Lebens; christliche Handlungsnormen für Arbeit und Beruf, Herrschaft und Dienst, Ehe und Familie. Insbesondere die Betonung der gesellschaftlichen Lebensformen des Menschen ist für die Berthold-Predigten charakteristisch. Ihr Ausgangspunkt ist der Widerspruch zwischen einem Idealbild von Gesellschaft als brüderlicher Gemeinschaft wechselseitiger Hilfe und Unterstützung aller Menschen und Stände, und der traurigen Realität wechselseitigen Betrugs und wechselseitiger Übervorteilung, des Schadentrachtens und des allseits herrschenden Egoismus. Mit diesem Verständnis von Gesellschaft als brüderlicher Gemeinschaft folgt Berthold der scholastischen Soziallehre seiner Zeit, bezieht sie aber auf ganz konkrete Probleme der sozialen Ordnung und des Wirtschaftslebens, insbesondere in der Stadt, aber auch im agrarischen Bereich: Handwerker verkaufen schlechte Waren und betrügen, bzw. gefährden damit ihre Käufer; Wirtsleute verarbeiten verdorbene Speisen; Bauern versuchen, ihre Nachbarn wie ihre Herren zu übervorteilen; die Herren ihrerseits mißachten die berechtigten Interessen der Armen und nehmen deren Schaden billigend in Kauf; vor allem aber kommen sie ihren Aufgaben nicht nach, Recht und Frieden zu schützen usf.
Die Aggressivität von Bertholds Sünden- und Lasterlehre erklärt sich in erster Linie daraus, daß die Gebote der communitas, der brüderlichen und wechselseitigen Unterstützung aller Stände, verletzt, ja ins Gegenteil verkehrt worden sind. Bertholds Schlüsselbegriff dafür ist „untriuwe". Sie ist das Laster, das jegliche Mitmenschlichkeit zerstört und die Gottes Ordnung auf den Kopf stellt: die Ehre ebenso wie Familie und Haus; die wirtschaftliche Ordnung von Arbeit und Besitz; das Gericht des Herrn ebenso wie den erforderlichen Gehorsam der dienenden Stände.
Ständegesellschaft und Haus entsprechen und ergänzen einander. Sie sind noch nicht in „öffentliche" und „private" Lebensbereiche unterteilt, sondern dienen gleichermaßen der Bewahrung von Gottes ordo. So folgt Bertholds Ehe- und Erziehungslehre dem Gebot wechselseitiger Fürsorge und Unterstützung der Eheleute, Eltern und Kinder, wie es auch für seine Gesellschaftslehre und Berufsethik charakteristisch ist. In seiner XXI. Predigt ‚Von der ê' hat Berthold dieses Gebot wechselseitiger Fürsorge der Ehegatten an den unterschiedlichsten Bereichen einer praktischen Ethik von Ehe und Familie erörtert: so z. B. in wirtschaftlicher Hinsicht als Bewahrung des in die Ehe eingebrachten Guts und als Warnung vor seiner Verschleuderung an Spiel, Putz und Mode; in körperlicher Hinsicht als Respektierung sexueller Schutzräume der Frau gegenüber dem Mann und andere sehr praktische Regeln einer religiösen Sexualmoral. Verbunden allerdings bleiben diese Versuche einer Humanisierung des Ehealltags mit klaren Anweisungen, zur „zuht", d. h. zur Unterwerfung der Ehefrau unter die Gewalt des Mannes sowie zur unnachgiebig strafenden Erziehung der Kinder. Berthold entwirft konkrete Bilder und praktische Gebote einer Verchristlichung des häuslichen Alltags. Er beschränkt sich nicht auf Exegese und Glaubenslehre, sondern widmet sich vorrangig einer höchst praktischen Ethik unterschiedlicher Lebensformen: neben Ehe und Haus betrifft das vor allem die Welt des zünftlerischen Handwerks, dessen Qualitäts- und Produktionsnormen durch Betrügereien unterschiedlichster Art gefährdet sind; die Be-

reiche Tausch und Handel, die in den süddeutschen Großstädten, wie Regensburg und Augsburg, im 13. Jahrhundert erheblich expandierten, immer weniger aber an Regeln des „gerechten Preises" und „gerechten Tausches" zu fesseln waren; schließlich auch die Formen feudaler Herrschaft und feudalen Dienstes, deren Gegensätze im 13. Jahrhundert immer deutlicher zu Tage traten. Die Berthold-Predigten reflektieren diese Veränderungen und versuchen, sie zu beeinflussen. Sie begegnen der untriuwe und der Geldgier, der Übervorteilung und dem Egoismus, die Berthold in allen gesellschaftlichen Bereichen, insbesondere aber in der städtischen Wirtschaft beobachtet, mit der Lehre eines wahrhaft christlichen Lebens. Gemeint ist damit ein Leben in der Nachfolge Christi und der Realisierung christlicher Armut, das nicht auf den engen Kreis von Kloster und mönchischem Leben beschränkt bleibt, sondern sich der Welt zu öffnen und ihre Verchristlichung zu praktizieren sucht.

Literatur: Berthold von Regensburg: Vollständige Ausgabe seiner Predigten mit Anmerkungen von Franz PFEIFFER. Mit einem Vorw. von Kurt Ruh. Bd. 1 Berlin 1965. (Reprogr. Nachdr. der Ausg. Wien 1862). Vollständige Ausgabe seiner deutschen Predigten mit Einleitungen und Anmerkungen von Franz PFEIFFER und Joseph STROBL. Mit einer Bibliogr. und einem überlieferungsgeschichtlichen Beitr. von Kurt Ruh, Bd. 2 Berlin 1965. (Reprogr. Nachdr. der Ausg. Wien 1880). – Berthold von Regensburg: Vier Predigten. Übers. und hrsg. von Werner RÖCKE. Stuttgart 1983. – Frank G. BANTA, Berthold von Regensburg, in: Die deutsche Literatur des Mittelalters. Verfasserlexikon. Hrsg. von Karl Langosch, 2., völlig neu bearb. Aufl. Bd. 1 Berlin/New York 1978, Sp. 817–823. – Irmela von der LÜHE/Werner RÖCKE, Ständekritische Predigt des Spätmittelalters am Beispiel Bertholds von Regensburg, in: Dieter Richter (Hrsg.): Literatur im Feudalismus, Stuttgart 1972, S. 41–82. – Volker MERTENS, B[erthold] von Regensburg, in: Lexikon des Mittelalters, Bd. 1, München 1980, Sp. 2035f. – Dieter RICHTER, Die deutsche Überlieferung der Predigten Bertholds von Regensburg. Untersuchungen zur geistlichen Literatur des Spätmittelalters, München 1968. – Anton E. SCHÖNBACH, Studien zur Geschichte der altdeutschen Predigt, Bd. 2: Zeugnisse Bertholds von Regensburg zur Volkskunde, Wien 1900 (WSB. Bd. 142,7.) – Bd. 3: Das Wirken Bertholds von Regensburg gegen die Ketzer. Wien 1904 (WSB . Bd. 147,5.) – Bd. 4–6: Die Überlieferung der Werke Bertholds von Regensburg. Tl. 1–3. Wien 1905–06. (WSB. Bd. 151,2; 152,7; 153,4.) – Bd. 7–8: Über Leben, Bildung und Persönlichkeit Bertholds von Regensburg. Tl. 1–2. Wien 1906–07. (WSB. Bd. 154,1; 155,5.). – Anthony Eugene SOKOL, Das Grundproblem der Gesellschaft im Spiegel Bertholds von Regensburg, in: Germanic Review 11 (1936), S. 147–163. – Helmuth STAHLEDER, Das Weltbild Bertholds von Regensburg, in: ZBLG 37 (1974), S. 728–798.

Werner Röcke

145. Predigtcorpus mit Predigten Bertholds von Regensburg

München, 1467

1. Schreiber: Jörg Werder: fol. 1ra–97va; 2. Schreiber: fol. 97vb–107ra Papier, 109 (107 gezählte) Bll., 30,5 × 21 cm. Moderner Kartoneinband, vielleicht aus dem 19. Jh.

München, Bayerische Staatsbibliothek, Cgm 1119

Der Schreiber der Handschrift, Jörg Werder „purger zu mynichen", war 1465–1491 Pfründner des Heiliggeistspitals und starb 1503. Die Handschrift enthält:

a) fol. 1ra–96va das Predigtcorpus mit Predigten Bertholds von Regensburg nach der Überlieferungsgruppe *y
b) fol. 97ra–97va verschiedene christliche Lebensregeln („Hie merck lere gegen got. Was man mit got nicht anfecht, das wirt selten volpracht")
c) fol. 97vb–100ra Heinrich Kaufringers Legende vom Waldbruder und vom Engel (Paul SAPPLER [Hrsg.])
d) fol. 100va–107ra eine Bearbeitung des ‚Willehalm'-Romans von Rudolf von Ems aus dem 13. Jh.: „Das ist die sag von Wilhälm von Orliencz, und von seiner lieben Amolei' (vgl. dazu Rosemarie LEIDERER: Die Inedita des Cgm 270. Diss. (masch.) München 1964, S. 59–116).

Aufgeschlagen ist fol. 43^r mit einem Textausschnitt aus der 49. Predigt „Von dem Friede".

Thema der Predigt ist der rechte Frieden, den Gott allen Menschen aufgegeben hat, wenn sie das Himmelreich gewinnen wollen, vor allem aber die Klage über den falschen Frieden, den sie inzwischen mit den schlimmsten Todsünden geschlossen haben. Bertholds Predigten sind zumeist Mahn- und Bußpredigten. Sie beginnen mit einem Gebot oder einer Verheißung, hier: der Verheißung des ewigen Lebens, sofern man den Frieden Gottes bewahre, konzentrieren sich dann aber auf die vielfältigsten Sünden und Laster, die dem Frieden Gottes im Wege stehen.

In der 49. Predigt „Von dem Friede" nennt Berthold drei Formen des falschen Friedens, die vom Teufel in die Welt gebracht worden sind:

- der Friede mit dem Fleisch, d.h.: die Überantwortung an körperliche Freuden, wie übermäßiges Essen und Trinken, Sexualität und andere Formen der „unkiusche";
- der Friede mit den Menschen, d.h.: falsche Rücksichtnahme auf den Herrn, dem der Knecht oder Vasall bei Raubzügen oder anderen Gewalttaten behilflich ist; ebenso aber auch auf den Freund oder Verwandten, dessen Rechtsbrüche oder Verbrechen man deckt;

B. BERTOLDVS FRANCISC.
Attonuit populos BERTOLDVS fulmine linguæ,
Prostrauitq; atrox ore tonante scelus.
Vuidus indoluit Bromius sua castra relinqui;
Pulsa Venus fleuit, fleuit et ipse puer.
Millia mirati plus sexagena docentem,
Impleruunt lacrimis maxima templa suis.
Plebs auidâ bibit aure Patris cælestia dicta.
Cum sacer Orator, quod docet, ipse facit.

Nach Rader, *Bavaria Sancta 1615*

– schließlich als schlimmste Form des pervertierten Friedens: der Friede mit dem Teufel. Wie in vielen anderen Predigten kommt Berthold auch in diesem Zusammenhang auf ein Laster zu sprechen, das ihm aus der städtischen Wirtschaft des 13. Jhs. mit ihren weit entwickelten Kapitalformen und unterschiedlichen Möglichkeiten des Geldhandels, der Kreditwirtschaft und des Wuchers bekannt gewesen und als besonders verwerflich erschienen ist: die „gitikeit", bzw. die verschiedenen Formen der Pfandleihe, der Kreditvergabe, des Vorkaufs u. a. Gemeinsam ist diesen Formen der Geldwirtschaft, daß die Zeit selbst, die Gabe Gottes, vom Wucherer genutzt wird, also auch die Zeit des Gottesdienstes oder der kirchlichen Feste, die dem Lobpreis Gottes vorbehalten sein sollen. Dennoch gibt Berthold noch nicht einmal diese schlimmsten Sünder verloren, sondern fragt, wie auch deren hartes Herz erweicht werden könne.

Auf fol. 43ʳ werden drei verschiedene Möglichkeiten erörtert, wie das geschehen könnte: mithilfe des Weins; mithilfe des Königs, dessen Befehlen man gehorchen müsse; oder aber mithilfe der Frauen: „*wañ ein man waget leib vnd sel vnd vert jñ ein ander lant darumb daz sein fraw mit erñ leb vnd tut manig dinck daz er durch anderst Niemant tet* ..."

Berthold deutet den Wein, den König und die Frauen, die „*des mannes herz als waich machent*" im geistlichen Sinn: der Wein bedeutet die Freude und Ehre der Engel im Himmel, die sie den Habgierigen im Falle ihrer Reue schenken wollen; der König bedeutet Gott in seinem himmlischen Königreich, der den Sündern einen Platz im Himmel verspricht, wenn sie nur auf einen Teil ihres Unrecht erworbenen Guts verzichten wollen.

Die Frau schließlich, die das Herz der Wucherer erweichen soll, bedeutet die Gottesmutter Maria, „*ein plum̄ über all frawen̄ wañ ez ist hymelreich vnd ertreich von jr geziert / die sult ir auch heut eren daz ir vnrechtez gut lat* ..."

Berthold endet mit der resignativen Feststellung, daß sich die Wucherer durch nichts erweichen ließen, sowie mit der effektvollen Frage an Engel und Teufel, ob derart verhärtete Sünder jemals schon gefunden worden seien.

Eine knappe Zusammenfassung der ganzen Predigt schließt sie ab.

Literatur: Catalogus codicum manu scriptorum Bibliothecae Regiae Monacensis, Bd. V/VI. Unveränderter Teilnachdruck der Ausgabe von 1866 für Cgm 501–5154. Wiesbaden 1972, S. 171. – Dieter Richter, Die Deutsche Überlieferung der Predigten Bertholds von Regensburg. Untersuchungen zur geistlichen Literatur des Spätmittelalters (= MTU Bd. 21.), München 1969, S. 92–94. – Berthold von Regensburg: Vollständige Ausgabe seiner deutschen Predigten mit Einleitungen und Anmerkungen von F. Pfeiffer und J. Strobl. Mit einer Bibliographie und einem überlieferungsgeschichtlichen Beitrag von Kurt Ruh, Bd. II. Berlin 1965, S. 700 f.

Werner Röcke

DIE AUGUSTINER-EREMITEN IM BISTUM REGENSBURG

Im Laufe des 11. Jahrhunderts machte sich allenthalben eine Hinwendung zum Eremitendasein in frommer Weltabgeschiedenheit bemerkbar. Um der Gefahr einer Zersplitterung kirchlicher Kräfte vorzubeugen, die verschiedenen Eremitenbewegungen, die einen nicht unbeträchtlichen Zulauf hatten, besser unter Kontrolle zu haben und sie im Kampf gegen innere und äußere Feinde der Kirche einsetzen zu können, veranlaßte Papst Alexander IV. im Jahre 1256 deren Zusammenschluß zum *Ordo Heremitarum Sancti Augustini,* den Augustiner-Eremiten. Vereinigt wurden durchwegs italienische Eremiten, die im späten 12. und frühen 13. Jahrhundert entstanden waren: *Die Fratres Eremitae de Brictinis* (Brettiner); die *Eremitae Fratris Johanni Boni* (Johannboniten, eine Gründung des Johannes Bonus [1168–1249]); die *Fratres Eremitae Ordinis S. Guillelmi* (Wilhelmiten, die sich auf Wilhelm von Malavalle [† 1157] zurückführten, aber erst im frühen 13. Jahrhundert einen Orden bildeten); die *Fratres Eremitae Ordinis S. Augustini de Tuscia* (die toskanische Eremitenbewegung); schließlich die *Katholischen Armen,* die aus der Waldenser-Strömung hervorgegangen waren.

Der schon 1244 eingeleitete Zusammenschluß geschah gegen den Willen der Katholischen Armen und hauptsächlich der Wilhelmiten, die sich lange und heftig widersetzten. Gerade letztere, die schon früh über die Alpen nach Frankreich und Deutschland gezogen waren und dort ihre ersten Klöster gegründet hatten, waren nicht bereit, ihr Einsiedlerleben aufzugeben und in die Städte als Prediger und Seelsorger (gleich den anderen Bettelorden) zu ziehen. Schließlich blieb ein Teil der Wilhelmiten unter der Benediktiner-Regel selbständig, der andere bildete dann einen Teil der Augustiner-Eremiten. Der Einzug der Augustiner in die Städte stieß, da sie wie die Bettelorden der bischöflichen Gerichtsbarkeit entzogen waren, auf den Widerstand der Bischöfe und Geistlichen. Bei den Bürgern und Bewohnern der Städte hingegen erfreuten sie sich großer Beliebtheit.

Einen gewissen Grundstock für das rasche Aufblühen und die weite Verbreitung des Ordens, der in Deutschland im 14. Jahrhundert bereits achtzig Niederlassungen zählte, bildeten frühe Wilhelmiten-Klöster, die in Deutschland und Frankreich bereits seit 1235 belegt sind. Seit der großen Union von 1256 wurden zehn ihrer deutschen Klöster dem Augustinerorden inkorporiert. Zwei davon lagen im Bistum Regensburg: Seemannshausen in Niederbayern, eine 1255 erfolgte Stiftung des Regensburger Domdekans Heinrich Seemann und Schönthal bei Waldmünchen, um 1250/1255 gegründet. Beide schlossen sich jedoch erst 1263 den Augustiner-Eremiten an. In Seemannshausen fand 1264 das erste deutsche Provinzialkapitel statt.

Unter den ersten Provinzialen Guido di Stagia, Engelbert von Regensburg, Walter Raemaker und hauptsächlich Heinrich von Friemar erfolgte seit den 1260er Jahren ein energisch vorangetriebener Zusammenschluß unter einer einheitlichen Führung. Dadurch breitete sich die deutsche Augustinerprovinz so aus, daß sie geteilt werden mußte. Auch das 14. Jahrhundert gilt als eine Blütezeit des Ordens. Schon früh bekämpften die Augustiner die Irrlehren des John Wycliff, aus denen als geistiger Sohn Jan Hus hervorging. Als einer der engagiertesten Gegner Wycliffs und Hus' galt der Provinzial Berthold Puchhauser von Regenburg († um 1440), der in Oxford studiert hatte und Hus literarisch bekämpfte.

Unter den Wirren und Auseinandersetzungen nach dem Tode Hus' 1415 erlitten die Klöster der bayerischen Ordensprovinz in Böhmen und Mähren, aber auch z. T. in Bayern Schäden und Zerstörung. So wurde Schönthal nahe der tschechischen Grenze 1428 und 1429 von hussitischen Horden überfallen, geplündert und niedergebrannt.

Das frühe 16. Jahrhundert schießlich sah die Augustiner-Eremiten an den Wurzeln der Reformation in Gestalt des Wittenberger Ordensbruders Martin Luther, dem zahlreiche Augustiner, auch in Bayern, folgen würden.

Eines der wichtigsten Ereignisse in der Ordensgeschichte des späten 13. Jahrhunderts war das 1290 nach Regensburg einberufene erste Generalkapitel auf deutschem Boden. Bis 1281 hatten diese alljährlich nur mit Italienern in Italien stattgefunden, alle drei Jahre nur trafen sich alle Ordensvertreter. Diese dreijährlichen Kapitel behielt man bei, die nun auch außerhalb Italiens stattfinden konnten. Anläßlich der Vollendung des Regensburger Klosters nutzte man 1290 die Gelegenheit, den Orden durch eine Versamm-

lung „heiligmäßiger und gelehrter Männer“ erstmals außerhalb Italiens darzustellen und dadurch die deutschen Klöster nachhaltig zu fördern.
Die wichtigsten Beschlüsse des Regensburger Generalkapitels betrafen die endgültige und für den Orden in vielen Teilen bis heute gültigen Konstitutionen und die Regelung des intensiven Studiums, des „studium generale“, das als „Fundament des Ordens“ bezeichnet wurde.
An der Spitze des Ordens stand der Generalprior, unterstützt vom Generalvisitor und dem für die weltlichen Dinge verantwortlichen „Procurator ordinis“. Die Verbindung zum Hl. Stuhl hielt der „Procurator curiae“. Den Provinz-Visitatoren waren in der Leitung der Provinzen die Provinzialen nachgeordnet. Innerhalb der einzelnen Klöster wählte das Kapitel einen Prior und der Konvent den Prokurator, den Sacrista und bei mindestens 13 Konventualen Subprior.
Die territoriale Organisation des Augustiner-Ordens erfuhr verschiedene Änderungen. Zunächst gab es bis 1250 eine deutsche Ordensprovinz, die den gesamten deutschsprachigen Raum umfaßte und unter der Leitung eines Provinzials stand. Die starke Ausbreitung des Ordens führte 1290 zur Teilung in eine ober- und eine niederdeutsche Provinz und 1299 in vier Provinzen: die rheinisch-schwäbische umfaßte das Oberrheingebiet südlich Mainz mit Elsaß und Schweiz, die kölnisch-belgische die Region ab Mainz rheinabwärts mit den Niederlanden. Die thüringisch-sächsische Provinz erstreckte sich über Franken, Thüringen und Sachsen bis zur Küste, die bayerische neben dem Stammland nach Böhmen und Mähren, Österreich, Steiermark, Kärnten, Polen, Schlesien, Litauen, Teile von Rußland und Ostpreußen. Die bedeutendsten Niederlassungen des Ordens in der bayerischen Provinz waren die Klöster in München, Nürnberg, Wien, Prag-St. Thomas, Brünn und Regensburg.
Konvente der Augustiner-Eremiten im Bistum Regensburg befanden sich in Schönthal bei Waldmünchen (gegründet 1250/1255), wo seit Beginn des 14. Jahrhunderts auch ein Konvent von Beginen bestand. Gleichzeitig damit war 1255 auch das Kloster Seemannshausen bei Gangkofen in Niederbayern entstanden, in dem man im Laufe des Mittelalters mehrere Provinzialkapitel abhielt. Regensburger Augustiner betreuten die 1296 in Niederviehbach bei Dingolfing entstandene einzige altbayerische Augustinerinnen-Niederlassung, neben der sich ein kleines Ordenshospiz befand. Unter der Obhut des Ordens standen die Pfarrei Rötz im Bayerischen Wald und die Wallfahrtskirche Bettbrunn, unweit Ingolstadts.
Die Tracht der Augustiner-Eremiten bestand aus einem der Kutte ähnlichen schwarzen oder weißen Kleid mit weiten Ärmeln, darüber einem breiten Ledergürtel. Später trugen sie gewöhnlich weißen Rock und Skapulier. Verließen sie das Kloster oder begaben sie sich in den Chor, so legten sie eine große schwarze Kutte mit langen Ärmeln an, an der sich eine große Kapuze befand, die vorne rund geschnitten war und hinten bis zum Ledergürtel hinabreichte.

DAS AUGUSTINERKLOSTER ST. SALVATOR AM JUDENSTEIG IN REGENSBURG

Es ist heute nicht mehr festzustellen, zu welchem Zeitpunkt die ersten Augustiner-Eremiten nach Regensburg kamen. Man wird davon ausgehen können, daß erste Eremiten um 1260 in die Stadt einzogen, wo sie unter wirtschaftlich schwierigsten Verhältnissen dahinvegetierten.

Die Gründung eines Augustinerklosters am Judensteig ging auf eine Initiative der Stadt zurück, die stets auch als Gründerin angesehen wurde. 1267 übergab der Rat den Augustinern die Salvatorkapelle am Judensteig „auf ewig" und stellte ihnen ein Grundstück zur Verfügung. Nach der päpstlichen Schutzbulle für das Kloster 1268 ließ die Bestätigung durch den Bischof noch zwei Jahre auf sich warten. Durch Spenden gefördert, begann 1275 der Bau von Kirche und Kloster, die zum Generalkapitel 1290 vollendet waren. Das Kloster erfuhr alsbald einen bedeutenden Aufschwung, der es nach der Errichtung der bayerischen Provinz zu einer ihrer wichtigsten Niederlassung werden ließ, 1290 *„gleichsam das Mutterkloster für alle Neugründungen"* der Provinz (München, Niederviehbach, Taus, Ramsau, Prag).

Die „Ordenshochschule", die das wissenschaftliche, d. h. philosophisch-theologische Studium generale ermöglichte, das das Fundament des Ordenslebens darstellte, befand sich anfangs für die gesamte bayerische Provinz in Regensburg, bevor auch die Klöster in Prag und Wien (1306) hierfür bestimmt wurden. 1306 erhielten die Augustiner-Eremiten vom Bischof das Recht, im Bistum Regenburg zu predigen, was sich nicht ohne den Widerstand des Weltklerus durchsetzen ließ. Den Lebensunterhalt des Klosters sicherten der Bettel und testamentarische Vermächtnisse von Regensburger Bürgern, die dann 1350–1373 auch die Erweiterung der Kirche erlaubten. Alles in allem genoß das Augustinerkloster am Judensteig ein sehr hohes Ansehen. Zahlreiche seiner Konventsmitglieder bekleideten im Orden hohe Ämter als Provinziale wie Ulrich von Straubing (1300–1315), Nikolaus von Laun (1342, 1344–53), Ulrich von Regensburg, der auch Weihbischof von Regensburg war (1343/44, 1353/58), Albert von Regensburg (1385–1387) und als bedeutendste Gestalt Berthold Puchhauser (1418–31), der im Kampf gegen Wycliff und Hus hervortrat. Andere hatten niedrigere Ämter inne, wieder andere profilierten sich als Wissenschaftler wie Fr. Heinrich von Regensburg, der vor 1334 einen weitverbreiteten lateinischen „Vocabularius" schrieb, Fr. Arnold von Regenburg, der um 1358 Leibarzt des ungarischen Königs wurde oder der nach 1425 verstorbene hochgebildete Fr. Friedrich. Schließlich starb hier im Rufe der Heiligkeit 1329 „der bisher einzige deutsche Augustiner, dessen Verehrung die Kirche genehmigte": der Laienbruder Friedrich von Regensburg, ein Bürgersohn, der sich im Eifer des Gebets, der Nächstenliebe und Wundergaben hervortat.

Unter dem bayerischen Provinzial Johann Ludovici († 1480), später selbst Weihbischof in Regensburg, schloß sich das Augustinerkloster im Rahmen der allgemeinen Ordensreform 1466 der Reformkongregation an und führte die strenge Observanz ein.

Das Kloster lag an der Südwestseite des heutigen Neupfarrplatzes an der Ecke Gesandtenstraße / Obere Bachgasse (der Judensteig war wohl eine kleine Brücke über den Vitusbach) in unmittelbarer räumlicher Nähe zum jüdischen Ghetto. Auf dem Nachbargrundstück besaß der Regensburger Maler und Stadtbaumeister Albrecht Altdorfer seit 1517 ein Haus (Obere Bachgasse 7). Am Ende des Mittelalters steht für das Kloster am Judensteig ein beklemmendes Fanal: die Vertreibung der Juden im Jahre 1519. Eben jener Altdorfer, der als Ratsmitglied hierbei eine so unglückliche Rolle spielte, ließ sich 1538 in der Klosterkirche beisetzen.

Literatur: Adalbert Kunzelmann, Geschichte der deutschen Augustiner-Eremiten, I: Das dreizehnte Jahrhundert, Würzburg 1965. – Ders., III: Die bayerische Provinz bis zum Ende des Mittelalters, Würzburg 1972. – Josef Hemmerle, Die Klöster der Augustiner-Eremiten in Bayern, München-Pasing 1958. – Ders., Zur geschichtlichen Bedeutung der Regensburger Augustiner, in: VHVO 101 (1960/61), S. 147–163. – Ders., Das Regensburger Augustinerkloster St. Salvator 1267–1810, in: 700 Jahre Augustiner in Regensburg 1267–1967, Regensburg 1967, S. 11–35. – Karl Bauer, Regensburg, Regensburg ^{4}1988, S. 138–142.

Peter Morsbach

146. Die Augustinerkirche zu Regensburg von Norden

kolorierte Federzeichnung von Fritz Hasselmann, Regensburg 1862, nach einem Kupferstich des frühen 18. Jahrhunderts
50 × 37,9 cm

Museen der Stadt Regensburg, Inv. Nr. H.V. 258

Nach der Errichtung einer kleinen Holzkapelle am Judensteig im Jahre 1255 wurde 1260 eine Kapelle zum Heiligen Kreuz und nördlich daran anschließend eine größere Kirche erbaut, die wohl aus vier Jochen und einem 3/8 oder aus drei Jochen mit 5/8 Schluß bestand. Beides schenkte die Stadt Regensburg 1267 den Augustiner-Eremiten. 1275 begann die Erweiterung des Baus nach Westen zu einem basilikalen dreischiffigen Langhaus mit vier Jochen. 1278 setzte ein umfänglicher Ausbau des ganzen Klosters ein, der bis zum Generalkapitel des Augustinerordens 1290 abgeschlossen gewesen sein muß. 1350–1373 schließlich führte man einen neuen Chor, der aus vier Jochen und 5/8 Schluß bestand, und einen schlanken Turm im nördlichen Winkel zum Langhaus auf.

Karl Busch konnte 1932 den Grundriß der 1838 wegen Baufälligkeit abgerissenen Klosterkirche mit einiger Sicherheit rekonstruieren: ein aufgrund des herrschenden Platzmangels nur vierschiffiges Langhaus mit nach Osten schmaler werdendem nördlichen Seitenschiff. Die Stützen waren vermutlich Bündelpfeiler, wie sie im Langhaus der Dominikanerkirche verwendet sind oder Säulen mit Diensten auf Hornkonsolen in den Arkadenzwickeln des Mittelschiffs.

Die Ansicht nach einem Kupferstich des frühen 18. Jahrhunderts zeigt relativ getreu eine Nordansicht der Klosterkirche vor dem 1731/32 erfolgten Umbau anläßlich ihrer Barockisierung. Das Langhaus mit großen Obergaden- und Seitenschiffenstern, durch Strebepfeiler gegliedert, besaß ein mittiges Nordportal. An den einschiffigen Chor mit hohen Fensterbahnen und dem kleinen Chorwinkelturm waren niedrige Läden angebaut. Der Dachansatz wurde von einer steinernen Maßwerkbrüstung umzogen. Die dreifach abgetreppten Chorstrebepfeiler, die auf einem Kupferstich von Georg Bichtel (1820) genau überliefert sind, trugen Wasserspeier.

Die im Norden der Klosterkirche 1260 errichtete und 1855 abgebrochene Heilig-Kreuz-Kapelle war ein sehr schlichter und annähernd quadratischer Raum mit Kreuzgratgewölben und zwei kleinen Rundbogenfenstern. Sie gilt als Keimzelle des Klosterbaus.

Literatur: Karl Busch, Die Regensburger Kirchenbaukunst 1160–1280, in: VHVO 82 (1932), S. 149–154, Abb. 62. – Ders., Die Regensburger Augustiner-Kirche vor dem Neubau: Die Oberpfalz 28 (1934), S. 61–66. – Die Kunstdenkmäler von Oberpfalz und Regensburg XXII, Stadt Regensburg 3, bearb. von Felix Mader, München 1933, S. 56–58. – Karl Bauer, Regensburg, Regensburg [4]1988, S. 138–142. – Josef Hemmerle, Das Regensburger Augustinerkloster St. Salvator 1267–1810, in: 700 Jahre Augustiner in Regensburg, 1267–1967, Regensburg 1967, S. 14–18.

Peter Morsbach

147. Kruzifix

süddeutsch, 1. Hälfte 14. Jahrhundert
Laubholz
Maße des Korpus: H 65 cm, B 71 cm

Regensburg, Kath. Kirchenstiftung St. Cäcilia

Zustand: Stark verschmutzt, mit schadhaften Resten älterer Fassung. Die linke Hand ersetzt, Finger der rechten Hand und die Zehen, die durch Schädlingsbefall (Wurmfraß) zerstört sind, erneuert. Kopf und Hals mit leimgetränkter, maschinell hergestellter Leinwand beklebt, die Haare darstellen soll. Auf der Schädelkalotte vierfeldrig aufgelegte Seide. Das Lendentuch zwischen den Oberschenkeln aus älterer, handgewebter Leinwand, gleichartige Tuchreste in Wulstform auf der rechten Hand und auf dem rechten Fuß. Die Dornenkrone ist erneuert, der Nagel durch die Füße fehlt. Im Mund und in der Seitenwunde sind von der Rückseite her Kreuzpartikel oder Hostie eingesetzt. Die Enden der Kreuzbalken sind angestückt, der Kopfteil des Kreuzes mit der Inschrift wurde gänzlich erneuert.

Dieser einzigartige, bislang jedoch praktisch unbeachtete Kruzifixus besitzt ein nach rechts geneigtes Haupt. Das lange schmale Gesicht mit seinen eingefallenen Wangen wirkt durch die Verschiebung des Unterkiefers nach links maskenhaft starr und asymmetrisch. Die Augen sind geschlossen, die Nase lang, dünn und gerade, die Ohren zeigen sich nur als angedeutete längliche Erhebungen. Der gewölbte Brustkorb sinkt über dem Brustbein ein, die Rippen werden durch kräftige Kerben hervorgehoben, während der tiefliegende Bauch mit dem großen Nabel relativ flach und gespannt ist. Die Ärmchen sind dünn, ausgemergelt, mit hervorstehenden Ellenbogen. Ein Lendentuch, das zu beiden Seiten geschnitzt herabhängt, bedeckt die sehr kurzen Oberschenkel. Sehr dünn, wie von Muskelschwund befallen, die Unterschenkel, fast ohne Substanz, mit geschwollenen, verdickten Knien und Gelenken. Die breiten Füße sind übereinandergenagelt. Der völlig ausgezehrte Körper des Gekreuzigten ist mit Ausnahme des Kopfes und der ersetzten linken Hand von Beulen bedeckt.

Hierbei handelt es sich sicherlich nicht um Pestbeulen, wie sie im Volksmund genannt werden, die nur im Bereich der Lymphgefäße am Hals, unter den Armen und in der Leistengegend auftreten und auch in mittelalterlichen Darstellungen völlig richtig wiedergegeben wurden. Entweder sind es stark stilisierte Blutstropfen bzw. Wundmale der Geißelung, die in ihrer Drastik Mitleid erregen sollten oder es ist – was auch einmal in Betracht gezogen werden könnte – eine Darstellung der auch im mittelalterlichen Regensburg weitverbreiteten und jedermann bekannten Knotenlepra (lepratomatöse Lepra). Hierbei bedeckt sich der ganze Körper mit walnußgroßen Beulen, die Krankheit führt zum Abfaulen der Extremitäten, zu Muskelschwund und schließlich zum Tode. So ließen sich die eigenartigen Tuchreste auf dem rechten Fuß und der rechten Hand als die Tücher erklären, mit denen die Kranken ihre faulenden Gliedmaßen bedeckten, wenn es sich nicht um aufmodellierte Haut handeln soll, die durch die Kreuzesnägel hochgeschoben wurde.

Auf den Füßen läßt sich ein starker Schädlingsbefall (Wurmfraß) feststellen. Das Schadensbild hat nichts mit der Darstellung der Lepra zu tun. Dieser Schaden kann auch der Grund für die Erneuerung der linken Hand und der Finger sein. Die Wiedergabe Lepröser war in der mittelalterlichen Kunst spätestens seit dem 10. Jahrhundert bekannt (MARTIN 89), ausgehend von Bibelstellen wie Hiob, der arme Lazarus oder einer Heilung eines Kranken durch Christus. Hierbei läßt sich feststellen, daß eine genaue Wiedergabe der Leprasymptome (Verstümmelungen, braun-rote Knoten, facies leonina) hauptsächlich, aber nicht erst gegen Ende des 15. und Anfang des 16. Jahrhunderts einsetzt. Man versuchte, die Lepra von einer neuen Geißel, der Syphilis, zu unterscheiden (ROOSEN 11, GRÖN 816). Bei älteren Darstellungen ist es „ein durchgehender Zug, die Merkmale der Lepra durch Flecken, Geschwüre und Pusteln darzustellen, die oft in großer Anzahl, aber ohne charakteristisches Gepräge über die ganze Körperoberfläche verteilt sind“ (GRÖN 815).

Gegen eine konsequente Darstellung der Knotenlepra spricht bei diesem Gekreuzigten das nicht zum Krankheitsbild passende Gesicht. Die lepratomatöse Lepra führt zur „facies leonina“, dem „Löwengesicht“ mit furchtbaren Entstellungen der Gesichtszüge durch wulstige Wucherungen (hierzu vergleiche man den grünen „Dämon“ links auf dem Bild der Versuchung des hl. Antonius auf Grünewalds Isenheimer Altar, der tatsächlich ein bedauernswerter weinender Leprakranker ist). Die Starrheit des Christusantlitzes, die in einzelnen Zügen an die durch Degeneration der Gesichtsnerven bedingte „facies antonina“ (durch tuberkuloide Lepra verursacht) erinnert, kann auch lediglich das im Tode erstarrte Antlitz des gemarterten Erlösers darstellen.

Das Problem des Christuskopfes besteht für den Betrachter darin, daß er den Eindruck macht, nicht zugehörig zu sein – was sich jedoch nur durch eine exakte restauratorische Untersuchung der Fassung feststellen läßt, die zur Zeit noch aussteht. Ist der Kopf überarbeitet? Darauf deutet seine ausgesprochene Asymmetrie (zugleich Symptom der facies antonina), sein „hölzerner“ Charakter, der sich von der Machart des restlichen Körpers durchaus unterscheidet.

Bei den zahlreichen Abhandlungen zu Bildern der Lepra muß eines auffallen: es gibt – soweit ich das sehe – keine plastischen, sondern ausschließlich gemalte oder graphische Beispiele. Wenn tatsächlich der Gekreuzigte als Lepröser, derer er in der Bibel etliche heilte, im Umkreis eines Bettelordens dargestellt wurde, so könnte es sich um ein völlig singuläres Stück handeln, das in jener Zeit von jedermann verstanden wurde. In seiner Erbarmungswürdigkeit ist der Gekreuzigte als „crucifixus dolorosus“, der für das 14. Jahrhundert charakteristisch ist, eigentlich den Andachtsbildern zuzurechnen, indem er dem einzelnen Betrachter „die Möglichkeit zu einer kontemplativen Versenkung in den zu betrachtenden Inhalt“ gab (PANOFSKY 264). So steht es gleichsam am Beginn der deutschen Mystik des frühen 14. Jahrhunderts.

Ein wichtiges Indiz der Datierung sind die „ornamentalen“ starken Rippen, die – bereits im späten 12. Jahrhundert bekannt – in der Skulptur um 1300 vermehrt auftreten und bis ins späte 14. und 15. Jahrhundert z. B. bei Vesperbildern fast eine „Leitform“ bilden. Dem Regensburger Kreuz nächst verwandt ist ein um 1307 datiertes Kreuz aus Köln in Perpignan (V. D. MEER-SIBBELEE Abb. 134–136). Weitere Vergleichsbeispiele lassen sich noch bis um die Jahrhundertmitte nachweisen (z. B. SCHILLER, Ikonographie der christlichen Kunst 2, Abb. 483 f., 695, 699; Ausstellungs-Katalog Spätgotik in Salzburg, Salzburg 1972, Abb. 24–26).

Die Darstellung der zahlreichen Knoten unterscheidet den Regensburger Crucifixus dolorosus von anderen seiner Art, da hier die sonst so krassen Blutstropfen und Wundmale nicht eindeutig als solche erkannt werden können (zu vergleichen wäre ein Kölner Kreuz um 1360 bei Wilhelm MÜSELER, Geist und Antlitz der Gotik, Berlin 1936, Abb. 86 f., dort jedoch noch immer deutlich Wunden).

Das Kreuz wurde in der 1255 errichteten Kreuzkapelle an der alten Augustinerkirche aufbewahrt und verehrt. Nach dem Abbruch der Kapelle 1855 übertrug man es in eine neuerrichtete Kapelle, Obere Bachgasse 5, und 1910 in die Kirche St. Cäcilia, in der sich ein Augustinerkonvent gebildet hatte.

Eine alte Regensburger Legende berichtet, der Gekreuzigte habe 1257 einem Priester, der während der Eucharistie bei der Wandlung an der Realpräsenz zweifelte, den Kelch solange abgenommen, bis dieser wieder glaubte. Daraus und aus barocken Darstellungen dieses Wunders läßt sich schließen, daß das Kreuz ursprünglich als Altarkreuz diente. Auf einer Innenansicht der Kreuzkapelle von 1833 (in der Graphischen Sammlung der Museen der Stadt Regensburg) fehlt es allerdings. Unklar sind Zeit und Anlaß der Entstehung dieses eigenartigen Stückes, da die Augustiner-Eremiten, anders als die ebenfalls nach der Augustiner-Regel lebenden Antoniter, zumindest in Regensburg keine Beziehung der Pflege von Leprakranken hatten. Vielleicht besteht ein Zusammenhang mit der 1296–1299 erfolgten Stiftung eines zweiten Leprosenhauses St. Lazarus im Westen der Stadt durch die Patrizierfamilie Zandt, deren gewaltiges Haus sich nur wenige Schritte vom Platz der alten Augustinerkirche erhebt (Gesandtenstraße 3).

Literatur: Erwin PANOFSKY, „Imago Pietatis". Ein Beitrag zur Typengeschichte des „Schmerzensmannes" und der „Maria Mediatrix", in: Festschrift für Max J. Friedländer zum 60. Geburtstag, Leipzig 1927, S. 261–308. – Heribert MEURER, Triumph und Passion. Zur Entwicklung des Kruzifixes, in: Christus im Leiden. Ausstellungs-Katalog Stuttgart 1985, S. 22, 29. – Franz HILTL, Das Notwenderkreuz, in: Klerusblatt 28 (1948), S. 45 f. – Theodor MÜLLER, Alte deutsche Bildhauer, München 1950, Abb. 22. – K. GRÖN, Lepra in Literatur und Kunst, in: Handbuch der Haut- und Geschlechtskrankheiten, Band 10,2, Berlin 1930, S. 808–840. – Egon-Alexander ROOSEN, Die Lepra in der Malerei und ihre Bedeutung für die Geschichte der Medizin, Diss. Tübingen 1944. – Alfred MARTIN, Beiträge zur Geschichte des Aussatzes, der Syphilis, des Antoniusfeuers, der Pest und der an diesen Erkrankten in Deutschland (1), in: Archiv für Geschichte der Medizin 11 (Nachdruck 1965), S. 198 f. – Karl BAUER, Regensburg, Regensburg ^{4}1988, S. 140 f.

Peter Morsbach

148. Gebetszettel

Kupferstich, Regensburg bei Johann Michael Englerth, 1769

Blattgröße 18,8 × 16 cm

Museen der Stadt Regensburg, Inv. Nr. G 1982/127

Das Salvatorkreuz der Augustiner erfreute sich im Volk einer großen Popularität. Daher wurden auch Gebets- und Andachtszettel verbreitet, von denen die Ausstellung zwei Beispiele zeigt.
Der Gebetszettel, der ein *Gebett Zu dem Wunderthätigen Crucifix-Bild, Bey denen PP. Augustinern in Regenspurg* enthält, überliefert in sehr einfacher Darstellung das Kreuz, umgeben von Engeln mit Leidenswerkzeugen, Maria Magdalena und der Wunderszene des zweifelnden Priesters, aus der sich schließen läßt, daß es sich um ein Altarkreuz handelte. Eigenartig erscheint das schalähnliche Gebilde um den Hals des Gekreuzigten, das mit Punkten (Knoten?) versehen ist. Man scheint die Bedeutung dieser Knoten nicht mehr vestanden zu haben.

Peter Morsbach

149. Andachtszettel

Kupferstich, 18. Jahrhundert

Bildgröße: 11 × 6,8 cm

Museen der Stadt Regensburg, Inv. Nr. H.V. 364

Der Andachtszettel, auf dem der Gekreuzigte in dem Augenblick dargestellt ist, als er dem zweifelnden Priester den Kelch wegnimmt, überliefert das Salvatorkreuz in einigen charakteristischen Punkten genauer als der Gebetszettel Kat. Nr. 148 von 1769.
Die Umschrift erzählt die Legende des Kreuzwunders. Weder auf diesem Bild noch auf dem Gebetszettel befindet sich eine Andeutung der Knoten, die den Körper des Originales überziehen.

Peter Morsbach

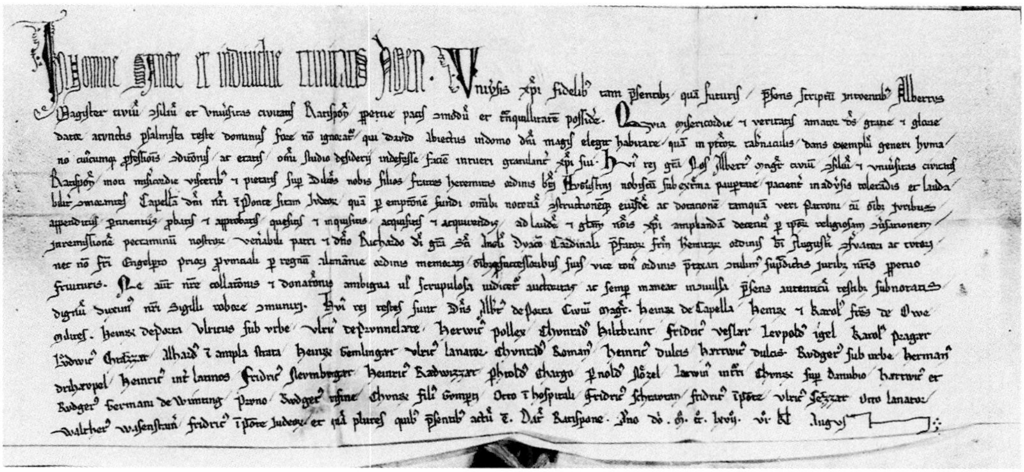

Gründungsurkunde des Augustinereremitenklosters Regensburg von 1267 Juli 27 (München, Bayer. Hauptstaatsarchiv, Stadt Regensburg, Urk. 65)

DIE KARMELITEN

Im Gegensatz zu anderen Orden konnten sich die Einsiedler, die sich auf dem Berge Karmel über Haifa in Palästina niedergelassen hatten, nicht auf eine in diesem Sinne „historische" Stifterpersönlichkeit berufen. Als ihr geistiger Vater galt der Prophet Elija selbst als Prototyp des Eremiten.
Die Kreuzzüge und das allgemeine Aufblühen der Eremitenbewegungen des 11. und 12. Jahrhunderts trugen zur Entstehung des Karmelitenordens um 1200 bei. Zwischen 1206 und 1214 erhielten sie ihre erste Regel durch Albert von Vercelli, den päpstlichen Legaten und Patriarchen von Jerusalem: getrennte Zellen zu andauerndem Gebet und Meditation, gemeinsame Bußübungen, Fasten, tägliche Messen, Armut und körperliche Arbeit waren anfangs die Ideale karmelitischen Lebens.
Wenige Jahre nach der Bestätigung durch Papst Honorius III. (1226) übersiedelte der Orden aus dem unsicheren Heiligen Land nach Europa. Versuche, das Eremitenleben hier weiterzuführen, gediehen nicht weit. Die Milderung und Änderung der Regel (1247) erlaubte es, den europäischen Verhältnissen angepaßt, einen Schritt hin zur zönobitischen Lebensweise der Klostergemeinschaft zu tun und sich in Dörfern und Städten, die das Existenzminimum sicherten, niederzulassen. Auch hier leistete der Weltklerus Widerstand. Ähnlich den Augustiner-Eremiten wurden auch die Karmeliten mehr und mehr in die aktive Seelsorge hineingezogen und schlossen sich 1263 den vom Wesen her verwandten Bettelorden an. Auf dem 2. Konzil von Lyon (1275) wurde die Vierzahl der Mendikanten endgültig festgelegt: Dominikaner, Franziskaner, Augustiner-Eremiten und Karmeliten (diese erst 1298 anerkannt). In der 2. Hälfte des 13. Jahrhunderts erfuhr der Orden ein beträchtliches Wachstum: bis um 1300 gab es in zwölf europäischen Provinzen rund 150 Häuser. Noch in dieser Zeit führten die Karmeliten ein vorwiegend aszetisches und einfaches Eremitendasein, bis gegen Ende des 13. Jahrhunderts das Studium immer größere Bedeutung gewann. Die Seelsorge erforderte eine sorgfältige intellektuelle Ausbildung der Priester. Jede Provinz sollte möglichst vielen Mönchen das Studium generale der Logik, Grammatik und Philosophie in der Provinz und der Theologie in Paris ermöglichen.
Im 14. Jahrhundert verlangsamte sich die Ausbreitung des Ordens, der im großen abendländischen Schisma eine Spaltung in zwei Lager erfuhr, die sich 1411 wieder vereinten. Wie bei vielen anderen Orden auch erlahmte in der 2. Hälfte des 14. und im 15. Jahrhundert der Ordenseifer, wovon die Hauptideale betroffen waren: das Gebetsleben, die Praxis der evangelischen Armut und die Einhaltung des Gemeinschaftslebens (Smet-Dobhan 107). Die 1432 erneut erfolgte Abmilderung der Regel ist ein deutliches Anzeichen hierfür. Gleichzeitig jedoch regten sich von Italien ausgehend energische Reformbestrebungen, die zu einer Rückführung zum ursprünglichen Geist führen sollten: Schweigen im Kloster, Klausur, Abstinenzgebot und gemeinsames Eigentum. Die für Deutschland wichtigste Gestalt dieser Reformen war seit 1451 der Ordensgeneral Johann von Soreth (ca. 1395–1471).
Seit dem frühen 14. Jahrhundert haben wir auch Nachrichten von Karmelitinnen, die als Nonnen anfangs jedoch noch in Privathäusern lebten. Erst seit der Mitte des 15. Jahrhunderts und durch nachhaltige Förderung des sel. Johann von Soreth fanden sie zur klösterlichen Gemeinschaft.
Mit der in den Niederlanden und Deutschland am Ende des Mittelalters erwachenden neuen Spiritualität, die sich in einer Bewegung wie der „Devotio moderna" zeigte, besaßen die Karmeliten zahlreiche Berührungspunkte, die zur Rückkehr zu den alten Idealen des Verzichts auf weltliche Güter, Zurückgezogenheit von der Welt im Leben der Kontemplation und Einsamkeit halfen.
Im frühen 16. Jahrhundert wurden auch die deutschen Karmeliten in die Reformation hineingezogen, wie sich an der Person des Nürnberger Bildhauersohns Andreas Stoß (1477–1540) zeigt, der, seit 1520/25 in die religiösen und politischen Auseinandersetzungen verwickelt, als Provinzial von Oberdeutschland die Provinz vor dem Verlust retten sollte. Dieses Ziel verfolgte er hartnäckig und unbeugsam, aber wenig erfolgreich.
Ein Hauptkennzeichen des karmelitischen Geisteslebens war von jeher eine ausgeprägte Marienfrömmigkeit, die dem Orden den volkstümlichen Namen „Marienbrüder" verlieh. Diese Frömmigkeit war aus einer kleinen Marienkapelle auf dem Karmel entstanden und führte zur 1252 erstmals belegten Bezeichnung *„Brüder der sel. Jungfrau vom Berge Karmel"*.

Die Organisation des Ordens und seine Konstitutionen lehnten sich schon im 13. Jahrhundert an die der Dominikaner an.
An der Spitze des Ordens stand der Generalprior oder Ordensgeneral, der vom Generalkapitel gewählt wurde, das aus ihm selbst und den Provinzialen mit je zwei Beratern bestand. Die nächstniedrigere Ebene betraf die Verwaltung der Provinzen durch einen Provinzial(prior) und das jährlich zusammentretende Provinzialkapitel, an dem auch der Generalprior oder Visitator, Ex-Prioren und Ex-Generäle teilnahmen.
Die einzelnen Konvente besaßen einen Prior mit drei Beratern an der Spitze, solche mit bis zu 24 Mitgliedern zusätzlich einen Subprior. Bis heute kennen die Karmeliten nicht die „*stabilitas loci*", das lebenslange Verweilen in einem Konvent, sondern können je nach Maßgabe im Abstand von drei oder mehr Jahren in andere Klöster versetzt werden.
Zur Zeit der größten Ausbreitungsbewegung des Ordens in der 2. Hälfte des 13. Jahrhunderts bestand nur eine deutsche Provinz, die 1291 in eine ober- und niederdeutsche geteilt wurde. Hauptkonvent für Oberdeutschland war bzw. ist Bamberg, für Niederdeutschland Köln. Damit teilte sich der Orden in insgesamt zwölf europäische Provinzen, zu denen im Laufe des 15. Jahrhunderts noch vier weitere kamen.
Die Ordenstracht der Beschuhten Karmeliten erfuhr im Laufe der Zeit eine Änderung: wegen des weißen Mantels mit schwarzen Querstreifen, den sie über dem naturfarben graubraunen Habit und Skapulier trugen, mußten sich die Karmeliten mancherlei Spott anhören, so daß sie später zu schwarzem oder graubraunem Habit und Skapulier einen schwarzen Ledergürtel und weißen Mantel trugen.
Die Karmelitinnen der alten Observanz trugen braunen Habit, Skapulier, ein Cingulum von Leder, ein weißes Brusttuch, einen schwarzen Schleier, einen zunächst braun und weiß gestreiften, später weißen Mantel und schwarze Schuhe. Die Beschuhten Karmelitinnen trugen ursprünglich lohbraunen Habit und Skapulier, ein schwarzes Cingulum aus Leder und einen weißen Weihel (alle Angaben nach DOYÉ).

Peter Morsbach

DIE MARIENBRÜDER IM BISTUM REGENSBURG

Die älteste Gründung eines Karmelitenklosters im Bistum fand um 1290 in Regensburg statt. Zugleich sollte sie auch die kurzlebigste sein, denn bereits 1367 übersiedelte der Konvent nach Straubing. Dies mag aus wirtschaftlichen Gründen oder wegen beständiger Hochwassergefahr, vielleicht auch wegen gewisser Probleme mit dem Regensburger Bischof (Konrad VI. von Haimberg) geschehen sein. 1319 nahm Papst Johannes XXII., 1330 Kaiser Ludwig der Bayer die Regensburger Karmeliten unter ihren Schutz. Der Konvent bestand bei der Kirche St. Oswald an der Einmündung des Weißgerbergrabens in die Donau.

Als Stifter der Karmelitenklöster des Bistums traten – mit Ausnahme des Regensburger Klosters – stets die Territorialherren auf.

Nach der Errichtung des Straubinger Klosters 1368, des einzigen mittelalterlichen deutschen Karmelitenkonventes, der ohne Unterbrechung bis heute besteht, und das im Folgenden ausführlich gewürdigt wird, eröffneten die Marienbrüder 1392 eine weitere Niederlassung in Abensberg, wohin sie bereits 1389 von Graf Johannes II. von Abensberg berufen worden waren. 1390 und 1391 erfolgten die päpstliche und bischöfliche Erlaubnis zum Klosterbau. Das Kloster selbst gilt als Stiftung des Grafen Johannes und seiner Familie.

Der vierte Konvent – ebenfalls nur von kurzem Bestand – befand sich in Neustadt am Kulm in der nördlichen Oberpfalz. Als Grund für die Stiftung eines Klosters sieht Deckert „die Ähnlichkeit des Rauhen Kulm, an dem Neustadt liegt, mit dem Berg Karmel". Als Stifter trat Pfalzgraf Johann III. von Nürnberg auf. Bereits 1527 (Deckert 41: 1549) wurde das Kloster vom Orden aufgegeben und die Kirche zur protestantischen Stadtpfarrkirche.

Literatur: P. Clemens Maria a S. Ang. Cust., Abriß einer Geschichte des Karmelitenordens und der Klöster der bayerischen Ordensprovinz, Regensburg 1901. – Adalbert Deckert, Die oberdeutsche Provinz der Karmeliten nach den Akten ihrer Kapitel von 1421–1529, Rom 1961. – Joachim Smet – Ulrich Dobhan, Die Karmeliten, 1. Bd., Freiburg-Basel-Wien 1981.

Peter Morsbach

DAS STRAUBINGER KARMELITENKLOSTER IM MITTELALTER

Auseinandersetzungen mit dem Bischof von Regensburg, der darüber aufgebracht war, daß ein Karmelitenmönch von der Kanzel herab gegen die Erweiterung der Domkirche protestierte, sollen der Anlaß für die Übersiedlung der Karmeliten von St. Oswald in Regensburg in die Stadt Straubing gewesen sein. Wohl eher aber sind die Gründe für die Aufgabe des Regensburger Klosters in der starken Besetzung der Stadt mit Klöstern und Bettelorden zu suchen, während das benachbarte Straubing damals noch kein Kloster beherbergte. Oft genug war die klösterliche Niederlassung in St. Oswald, unmittelbar am flachen Donaustrand gelegen, auch von Überschwemmungen bedroht, wie dies gerade für das Jahr 1367 bezeugt ist.

In Straubing sahen die Karmelitenmönche, wo sie bis zu Beginn des 17. Jahrhunderts das einzige Kloster unterhielten, wohl bessere Entfaltungs- und Entwicklungsmöglichkeiten. Von Anfang an hatten sie in dem Bayernherzog Albrecht I., der seit 1353 im Teilherzogtum Straubing residierte, einen großzügigen Gönner und Patron. Von Papst Urban V. erwirkte er mit einer am 6. April 1367 zu Avignon ausgestellten Urkunde den Karmeliten die Erlaubnis für die Niederlassung in der neuen Herzogsstadt Straubing, die ursprünglich auf die Sustentation von zwölf Fratres ausgerichtet war. Seit seiner Gründung gehörte der Konvent zur Oberdeutschen Provinz des Ordens.

Da aber zu diesem Zeitpunkt der Bischofsstuhl in Regensburg verwaist war, wandte man sich zur Klärung der rechtlichen Fragen der Transferierung des Konvents an Erzbischof Johannes von Prag, der auch am 9. Juli 1368 seine Zustimmung erteilte. Mit der Prüfung der Sachlage und Durchführung der Angelegenheit beauftragte er allerdings Andreas, den Kustos der Regensburger Kirche, der seinerseits am 18. September 1368 den Dekan von Pondorf als seinen Stellvertreter in dieser Frage benannte. Bereits am 15. August 1368 hatte Herzog Albrecht I., der sich damals in Holland aufhielt, durch den Landgrafen Johann von Leuchtenberg von Landau aus eine schriftliche Einverständniserklärung mit der Niederlassung in Straubing ausfertigen lassen. Nach einer alten Überlieferung wurde am 1. Oktober 1368, dem Sonntag nach Michaeli, der Aufzug der Karmelitenmönche mit dem ersten feierlichen Gottesdienst festlich begangen.

Am 9. Juli 1368 war der Kustos der Regensburger Kirche beauftragt worden, den Mönchen „einen für den Klosterbau geeigneten Platz zuzuweisen". Zu diesem Zeitpunkt hatte ihnen aber der Straubinger Bürger und Propst des Augsburger Domkapitels Albert Steinhauf wohl schon seine Area mit Haus und Hof in der Nähe des 1356 begonnenen herzoglichen Schlosses geschenkt, denn bereits am 15. August 1368 hatte sich der Stellvertreter des Herzogs mit diesem Gelände für den Klosterbau einverstanden erklärt. Steinhauf erwarb sich damit den Titel eines Mitbegründers des Karmelitenklosters. Wie ein Empfehlungsschreiben Herzogs Albrecht vom 22. Januar 1371 bezeugt, waren die Mönche damals, also kaum zwei Jahre nach der Übersiedlung, bereits mit dem Klosterbau beschäftigt. Nach einer späteren Notiz soll Albert Steinhauf auch eine beträchtliche Geldsumme für die Aufführung des Baus zur Verfügung gestellt haben. Zunächst besaßen die Frauenbrüder in Straubing nur ein „clösterl", das aber baulich entscheidend erweitert werden konnte, als Herzog Albrecht am 9. April 1374 seine Absicht – durch seinen Aufenthalt in Holland war er daran vorerst verhindert gewesen – verwirklichte, den Karmeliten ein Kloster „aus seinem Besitz zu stiften und auf herzoglichem Grund zu erbauen". An der Bruckstraße (Burggasse) übereignete er ihnen Haus, Hof und umzäunten Baumgarten, die er selbst von dem Straubinger Bürger Heinrich dem Haintzen gekauft hatte. Mit dieser Schenkung konnte er freilich das Kloster der Mönche als „unser chloster" und „unser neues stift" bezeichnen. Am 17. Juli 1374 erwarben die Mönche einen im Norden angrenzenden Besitz hinzu. Sie kauften von den Lorenczen-Brüdern Hainrich, Hans und Ulrich zu Straubing ein Bräuhaus, einen Malzstadel, eine Roßmühle und einen Garten, der durch eine zusätzliche Stiftung im Jahre 1414 erweitert wurde.

Der älteste Klosterbau befand sich offensichtlich auf dem östlichen Teil des Geländes und zog sich von Norden nach Süden gegen den Chor der Kirche hin. Eine Urkunde vom 16. April 1398 erwähnt ein „slafhaus" (Dormitorium) des Klosters. Für das Jahr 1404 ist auch schon ein Kreuzgang gesichert, den Weihbischof Seyfridus am 11. Juni 1404 einweihte. In der Folgezeit entstanden weitere Ergänzungsbauten, die aber offensichtlich recht willkürlich angelegt wurden. Auf dem von Steinhauf gegebenen Areal, wo ursprünglich der Friedhof des Klosters lag, erbaute man auch das Noviziat mit kleinem Hof und Garten.

Schon die Gründungsurkunde aus dem Jahre 1367 enthielt die Erlaubnis zu einem Kirchenbau. Nachdem am 1. Oktober 1368 anläßlich des Einzugs der Mönche die erste Hl. Messe gefeiert worden war, konnten am 10. Dezember desselben Jahres bereits zwei Altäre konsekriert werden, die auf einen kleinen Gottesdienstraum hindeuten. Auf ein größeres Gotteshaus läßt endlich die Weihe von sieben Altären schließen, die am 9. November 1372 vorgenommen wurde. Man kann aber sicher nicht davon ausgehen, daß es sich dabei um den jetzigen Chorraum oder gar um einen Teil des Kirchenschiffes handelt. Die Baugeschichte des Chores, der damals sicher noch nicht zugänglich war, zieht sich viel länger hin. In einer Kaufurkunde des Jahres 1374 hören wir zum ersten Mal von dem „gotzhaws" und „clösterl" der Karmeliten. Viele Straubinger Bürger bedachten in den folgenden Jahren die Ordenskirche mit Stiftungen. Sie lassen aber keine sicheren Aussagen über den Baufortschritt des Gotteshauses zu. Eine Urkunde vom 2. Juni 1395 verrät, daß zu dieser Zeit bereits der Chor der Kirche stand. Für die Fertigstellung dieses Bauteils um diese Zeit spricht auch, daß Herzog Albrecht II., der am 21. Januar 1397 starb, *„in medio chori monasterii Carmelitarum"* bestattet wurde, wo sein Grabmal heute noch steht. Die Konsekration der Ordenskirche ist für den 2. Juli 1430 überliefert. Erst 1466 wurde die Wölbung des Chorraumes durch Hans Scharf vorgenommen, wie eine Inschrift am Gewölbe verkündet haben soll.

Der Zeitgenosse Andreas von Regensburg berichtet ferner, daß in den frühen 90er Jahren des 14. Jahrhunderts der Chorbau aufgeführt wurde, der Bau außerhalb des Chores allerdings erst nach mehrjähriger Unterbrechung vollendet werden konnte. Damit können freilich nur die Mauern des Langhauses gemeint sein, denn der Klosterbau war bereits 1404 eingeweiht worden. Die Mauern des Langhauses wurden somit offensichtlich erst zu Beginn des 15. Jahrhunderts angefangen.

Die neuere Forschung sieht heute – abgesehen von dem ersten Architekten, der nur die Sockelzone errichtete – in der Karmelitenkirche zwei Baumeister am Werk. Aus mehreren Gründen wird die Errichtung des Chores dem Meister Hans Krumenauer zugeschrieben. „Das Langhaus wiederum stimmt in den Höhenproportionen und der Raumwirkung so auffallend mit dem der Martinskirche (in Landshut) ... überein, daß man auch hier den gleichen Baumeister vermuten darf" (Stadtfeld), nämlich Hans von Burghausen.

Unter den zahlreichen Grabmälern, die in der Kirche zu finden sind, zählt die Rotmarmortumba Herzog Albrechts II., wohl um 1410/20 entstanden und seit der Barockisierung der Kirche in die Rückfassade des Hochaltares einbezogen, zu den Hauptwerken des Weichen Stils im Donauraum. In der Südwand des Mönchschores ist eine bemerkenswerte Grabplatte eingelassen, die das ritterliche Ehepaar Nothaft darstellt. Die Patrizierfamilie Zeller besaß in früherer Zeit in der Kirche eine eigene Kapelle. Dort befinden sich heute noch drei, in ihrer künstlerischen Ausarbeitung sehr bedeutsame Grabsteine. Das Grabmal für den 1482 verstorbenen Ratsherrn Kaspar Zeller war schon 1464 gearbeitet worden. Das Bahrtuch wird von zwei alten Männern und einem nackten Jüngling gehalten, dessen Portraitzüge Ähnlichkeit mit dem Hinscheidenden zeigen. Aus dem realistischen Bildnis Kaspar Zellers spricht „ein leidenschaftlicher Pessimismus, ein ätzendes Todesgefühl" (W. Pinder).

Schon von Anfang an besaßen die Karmeliten eine ordenseigene Bruderschaft, wenn sie offiziell auch erst im 17. Jahrhundert als Skapulierbruderschaft errichtet wurde. Die Schützenbruderschaft des hl. Sebastian ist bei ihrer Errichtung in die *„Carmeliter Kirchen zu Straubing fundirt"* worden und besaß im Klosterkreuzgang eine Kapelle mit Altar. Im 18. Jahrhundert wurde die Bruderschaft in die Stiftskirche verlegt. Die Bäckenknecht-Bruderschaft hat ihre Anfänge in einer Gemeinschaft, die von dem Weißbäckensohn Karl Hutter im Jahre 1368 ins Leben gerufen wurde. Am Fronleichnamstag 1370 hat der Karmelitenprovinzial Konrad von Rottenburg die Straubinger Bäckenknechte in die Bruderschaft des Ordens aufgenommen. Damit konnte sich eine Bruderschaft im eigentlichen Sinne herausbilden. Ihre offizielle Bestätigung erfolgte durch den Provinzial 1440 bzw. 1442 und 1449, wo vor allem die Abhaltung der Bruderschaftsgottesdienste geregelt wurde. Wiederholt nahmen die bayerischen Herzöge die Bruderschaft im 15. und 16. Jahrhundert in ihren besonderen Schutz. Die kirchliche Bestätigung erhielt sie am 26. Juni 1452 durch Kardinal Nikolaus von Kues.

Schon für das 15. Jahrhundert kann das Straubinger Karmelitenkloster ein Hausstudium nachweisen. Ein Lektor, der gewöhnlich einen akademischen Grad erworben hatte, war für die theologische Ausbildung des Ordensnachwuchses verantwortlich. Häufig hatte er zugleich das Amt des Priors auszuüben. Die lange Liste dieser Lektoren beginnt 1428. Daneben gab es noch die sogenannten Informatoren, die selbst noch in der philosophischen Ausbildung standen. Sie unterrichteten Logik und Grammatik. Zeitweise ließen auch andere Konvente ihren Nachwuchs im Straubinger Kloster ausbilden. Dies braucht nicht zu verwundern, denn nach dem ersten Visitationsverzeichnis, das uns aus dem Jahre 1414 erhalten geblieben ist, verfügte die klösterliche Bibliothek damals, also kaum 50 Jahre nach der Gründung des Klosters, bereits weit über 150 wertvolle Handschriften. Ein im Jahre 1768 angefertigter Bibliothekskatalog nennt über 270 Inkunabelbände, die sich damals im Besitz des Klosters befanden. Nach der Säkularisation im Jahre 1802 verlor das Kloster weitgehend seinen wertvollen Altbestand, erhielt aber in einer wohl einmaligen Tauschaktion im Jahre 1909 einen Teil davon zurück, so daß heute wieder über 150 mittelalterliche Druckwerke den einstigen Bibliothekssaal des Klosters zieren, das als einzige mittelalterliche Gründung der deutschen Karmeliten ununterbrochen bis auf den heutigen Tag besteht.

Ungedruckte Quellen: Bayerisches Hauptstaatsarchiv München: Karmelitenkloster Straubing, Kloster-Urkunden 1-561; Kloster-Literalien 1-92.

Gedruckte Quellen und Literatur: Ä. Hemmauer, Historischer Entwurff der im Jahre tausend siben hundert ein und dreyssig tausend-jährichen Obern Alten Aich, Straubing 1731, S. 237ff. - Monumenta Monasterii Carmelitarum Straubinganorum (= MB XIV, S. 311-346, hrsg. von der Bay. Akademie der Wissenschaften, München 1784). - J. Keim, Kloster und Kirche der Karmeliten in Straubing, in: Niederbayerische Monatsschrift 9, Passau 1920, S. 1-7, 49-56, 129-134. - G. Hatzold, Das Karmelitenkloster Straubing, Straubing 1947. - A. Deckert, Die oberdeutsche Provinz der Karmeliten nach den Akten ihrer Kapitel von 1421 bis 1529, Rom 1961. - A. Deckert, Die Karmelitenkirche in Straubing, SKF Nr. 885, München-Zürich 1968. - A. Deckert, Karmel in Straubing, Rom 1968. - H. Utz, Karmel in Straubing 600 Jahre, in: Jahresbericht des Historischen Vereins für Straubing 70 (1967), Straubing 1968, S. 30-53. - H. Utz, Karmel in Straubing, Zur 600-Jahr-Feier des Klosters 1968, Straubing 1968. - J. Keim, Aus Geschichte und Kunst des Straubinger Karmel, Straubinger Heft Nr. 19, Straubing 1969. - F.-B. Lickteig, The German Carmelites at the medieval universities, Rom 1981. - H. Brinkmöller, Die Raumauffassung des Meisters Hans von Burghausen in seinen Hauptwerken, Bochum 1985, S. 98ff. - D. Stadtfeld, Die Karmelitenkirche in Straubing, Untersuchungen zur Baugeschichte und Baumeisterfrage (ungedr. Magisterarbeit), München 1985. - A. Huber - A. Petzenhauser, Eine von Provinzial P. Johannes Sattler im Jahre 1607 abgefaßte Chronik des Straubinger Karmelitenklosters, in: Jahresbericht des Historischen Vereins für Straubing 87 (1985), Straubing 1986, S. 383-398. - G. Dehio, Handbuch der Deutschen Kunstdenkmäler, Bayern II: Niederbayern, bearb. von M. Brix, München 1988, S. 689-693.

Alfons Huber

150. Kruzifixus

süddeutsch, um 1480

Holz mit alter Fassung, H 198 cm

Straubing, Karmelitenkloster

Der schlanke, flache und zarte Körper des Gekreuzigten wird von einem schmerzerfüllten, nach rechts gesunkenen Haupt mit gebrochenen Augen und halbgeöffnetem Mund beherrscht, das langes, lockiges und gesträhntes Haar umgibt. Ein goldenes Lendentuch, dessen flatternde Zipfel eine Diagonale bilden, verhüllt die schmale Hüftpartie. Eher angedeutet als ausgearbeitet bleiben die Einzelheiten der Modellierung des Oberkörpers.

Das Bildwerk eines unbekannten Meisters offenbart eine feine und sensible, unaufdringliche Gestaltung, die sowohl der Gesamtfigur als auch der Oberflächengestaltung zugute kommt.

Der außerordentlich qualitätvolle Karmelitenkruzifixus gehört in eine Reihe von Kruzifixen in Straubing, die alle in das späte 15. Jahrhundert zu datieren sind. Diese wiederum bilden einen Teil eines bedeutenden Bestandes spätgotischer Skulpturen in der Stadt, dessen Rang in der Ausstellung drei Beispiele aus dem Karmelitenkloster verdeutlichen. Eine Aufarbeitung und Würdigung dieses Komplexes ist ein dringendes Forschungsdesiderat.

Als qualitatives Parallelbeispiel hat ein Kruzifix in der Spitalkirche zu gelten, der in seiner schlanken Körperlichkeit ebenfalls zu den Hauptwerken der Straubinger Spätgotik gezählt werden kann.

Literatur: Ausstellungskatalog zur 600-Jahrfeier der Karmeliten in Straubing, o. O. 1968, S. 21, Nr. 122.

Peter Morsbach

151. Erbärmdechristus

süddeutsch, um 1480

Laubholz mit neuzeitlicher Fassung, H 181 cm

Straubing, Karmelitenkirche Hl. Geist

Die schlanke und von feiner Körperlichkeit geprägte

Gestalt des Schmerzensmannes wird von einem erschöpft zu Boden blickenden hageren, bärtigen Gesicht mit langer, gerader Nase beherrscht. Das gelockte Haar fällt in Strähnen über die Schultern. Ein überlanger, vorne offener Mantel staut sich auf der Standfläche. Rechts wirft der Stoff knittrige Falten, während er links in großzügiger Linie über den Unterarm gelegt so zum linken Fuß geführt ist, daß sich dort die Nagelwunde präsentiert. Die rechte Hand legt sich auf die Seitenwunde, die linke bietet die erhobene Handfläche. Durch das Standmotiv verleiht der Bildhauer seiner Figur den Eindruck einer gewissen Schwäche und Erschöpfung: die Beine mit ihren abgewinkelten Füßen sind leicht eingeknickt und voreinandergestellt.
Der Schmerzensmann, auch *„imago pietatis"* oder Erbärmdechristus genannt, geht wohl auf (nicht erhaltene) frühchristliche Urbilder zurück und wird als Darstellung erstmals im Umkreis Jerusalems im 12. Jahrhundert faßbar. Seit dem 15. Jahrhundert verbreitete sich das Bild des Schmerzensmannes in allen Bereichen der deutschen Kunst. Er gilt als „ein überhistorisches Bild des geopferten Christus, das die Passion und die Wiederholung des Opfers in der Eucharistie umgreift" (Mersmann 87f.). Neben die älteste Form des Schmerzensmannes als Halbfigur über einem Sarkophag stellt sich in Deutschland seit dem 14. Jahrhundert zunehmend der ganzfigurige, lebende Schmerzensmann, der die Wundmale zeigt. Diesem Typ gehört auch der Straubinger Erbärmdechristus an. Häufig verband sich mit der Verehrung der *imago pietatis* auch ein Ablaß. Ob dies auch auf das Straubinger Stück zutraf, läßt sich derzeit nicht genau sagen, ist jedoch auch anzunehmen. Der auf der Rückseite nicht ausgehöhlte Christus war ursprünglich wohl für eine andere – freie – Aufstellung gedacht. Im Volksmund wurde er als „blutiger Jesus" bekannt und durch Andachtsbilder verbreitet. Eine auffallende Verwandtschaft besteht mit dem Karmelitenkruzifixus Kat. Nr. 150.

Literatur: Erwin Panofsky, Imago Pietatis, in: Festschrift für Max Friedländer, Leipzig 1927, S. 261–308. – Wiltrud Mersmann, Schmerzensmann, in: LCI 4, Sp. 87–95. – Die Kunstdenkmäler von Niederbayern VI: Stadt Straubing, bearb. von Felix Mader, München 1921, S. 214, Tf. XXIII. – Ausstellungskatalog zur 600-Jahrfeier der Karmeliten in Straubing, o. O. 1968, S. 10, Nr. 36. – Rupert Schreiner, Der Erbärmdechristus in unserer Studienkirche, in: Aus Geschichte und Kunst des Straubinger Karmel (Straubinger Hefte Nr. 19, 1969), S. 8f. – Karl Hausberger, Geschichte des Bistums Regensburg I, Regensburg 1989, Abb. S. 235.

Peter Morsbach

152. Maria mit Kind

süddeutsch, um 1480
Laubholz mit neuzeitlicher Fassung, H 189 cm
Straubing, Karmelitenkirche Hl. Geist

Die Darstellung Mariens mit dem Kind neben dem linken, östlichen Seitenaltar der Kirche ist ein schönes Beispiel der Marienverehrung der Karmeliten.
Die Muttergottes, ihren Kopf mit der hohen Stirn, dem kleinen Gesicht und dem ausgeprägten Kinn leicht zur Seite geneigt, präsentiert mit einer köstlichen Leichtigkeit und Eleganz das vor ihr fast schwebende Kind. Gestützt wird es von schlanken langen Fingern nur unter der linken Achsel und durch den rechten Daumen seiner Mutter. Maria trägt ein hochgegürtetes Kleid, unter dem sich das linke Knie abzeichnet. Darüber liegt ein kaum exakt faßbares Gewand, das von den Fingern der Rechten emporgehalten ist. Das Kind hält den Zipfel des Schleiers, der sich vom Hinterhaupt Mariens herumzieht. Gleich dem Schmerzensmann hüllt ein langer, vorne offener Mantel den Körper ein. Die Gestaltung dieses Mantels zeigt auf beiden Seiten eine knittrige Faltenfolge, auf der anderen Seite einen langgezogenen Saum, der in einer sockelähnlichen Stauung ausläuft. Zu Füßen Mariens liegt das apokalyptische Motiv der Mondsichel. Die Gestalt der Muttergottes wirkt durch die stärkeren Gewandmassen voluminöser, massiger als die des Schmerzensmannes. Thematisch und inhaltlich bilden Schmerzensmann und Maria als Gegenbilder häufig eine Ergänzung (Mersmann 91).

Literatur: Die Kunstdenkmäler Niederbayerns IV: Stadt Straubing, bearb. von Felix Mader, München 1921, S. 214f., Tf. XXIII. – Ausstellungskatalog zur 600-Jahrfeier der Karmeliten in Straubing, o. O. 1968, S. 10, Nr. 37.

Die Herkunft der drei Straubinger Skulpturen – Kruzifixus, Erbärmdechristus und Muttergottes – ist bislang unklar. Die Werke sind einander sehr verwandt, außerdem besitzen Maria und Schmerzensmann am Gewandsaum identische Punzierungen, woraus jedoch auf eine Herkunft aus der gleichen Werkstatt ohne Untersuchung der Fassungen nicht direkt geschlossen werden kann. Die hin und wieder ausgesprochene Vermutung, sie könnten in den Umkreis des Veit Stoß gehören und über die Vermittlung seines Sohnes Andreas ins Karmelitenkloster gelangt sein, läßt sich nicht belegen. Auch erscheint sie, trotz der Ähnlichkeit Mariens mit Stoßschen Typen, bei einer Datierung auf 1470/80 wenig überzeugend. Werke des Veit Stoß sind aus der Zeit vor seinem Weggang aus Nürnberg nach Krakau 1477 bislang so gut wie nicht zu belegen. Die Frage, ob sich der sicher süddeutsche Bildhauer an der schwäbischen oder fränkischen Skulptur der Zeit orientierte, läßt sich in diesem Zusammenhang nicht befriedigend beantworten.
Eine allgemeine Ausrichtung nach Franken hat freilich etwas für sich, wenn man in Betracht zieht, daß der karmelitische Hauptkonvent seinen Sitz von jeher in Bamberg hat. Andererseits besaß die südwestdeutsche Kunst aus dem Raum zwischen Oberrhein und Ulm eine im-

mense Ausstrahlungskraft. Gegen eine Orientierung an Stoß spricht m.E. beim Schmerzensmann die fast schraubenförmige Linienführung des Körperbaus, an deren Stelle Stoß und sein Umkreis eine einfache S-Linie bevorzugt hätten, oder die Leichtigkeit, mit der Maria das Christuskind emporhält, die so ganz im Gegensatz zu dem kräftigen Zupacken Stoßscher Marien steht. Franken oder Schwaben: schon die prominenten Fälle der Bildhauer Tilmann Riemenschneider und Veit Stoß – beide der Herkunft nach keine Franken – zeigen, daß bis heute nicht einmal die Beziehungen zwischen der schwäbischen und fränkischen Skulptur im Laufe des späten 15. Jahrhunderts zufriedenstellend geklärt sind.

Peter Morsbach

DIE BIBLIOTHEK DES STRAUBINGER KARMELITENKLOSTERS IM MITTELALTER

Durch verschiedene Dotationen und Zuwendungen von seiten der Herzöge und Bürger erlangte das Kloster der Karmeliten, das 1368 von Regensburg nach Straubing übertragen wurde und lange das einzige Kloster in der Stadt blieb, bald seine erste Blüte.

Ein aus dieser Zeit auf uns gekommenes Inventar, das 1414 anläßlich einer Visitation des Klosters für den Provinzial P. Heinrich Grefenberg erstellt wurde, zählt auf zwölf beschriebenen Pergamentblättern die reiche Ausstattung auf, die das Kloster in den wenigen Jahren seit der Gründung erfahren hatte. Bemerkenswert und für die Bibliotheksgeschichte überaus aufschlußreich ist der darin aufgenommene Bibliothekskatalog, der von insgesamt 176 Büchern, d.h. für diese Zeit von Handschriften spricht. Leider geht daraus nicht hervor, welche Codices die Frauenbrüder bei ihrer 1368 erfolgten Übersiedlung aus Regensburg mitbrachten und welche in den ca. 45 Jahren seit ihrer Niederlassung in Straubing hinzuerworben wurden. Um den Ausbau der Bibliothek hatte sich neben anderen Konventmitgliedern, die namentlich angeführt werden, offensichtlich Prior Hans der Helmel besonders verdient gemacht, da sein Name im Verzeichnis mehrmals hervorgehoben wird. Ein großer Wohltäter des hiesigen Konvents, wie aus dem Inventar zu ersehen ist, war auch der an der Universität Paris promovierte P. Friedrich Wagner, Provinzial der Karmelitenprovinz von 1389 bis 1392. Er vermachte dem hiesigen Kloster, in dessen Kirche er auch begraben wurde, mehrere Handschriften. Von ihm ist ein kleiner literarischer Nachlaß erhalten geblieben.

Im Vergleich zu den anderen Bettelordensklöstern ist die genannte Summe von 176 Handschriften für die damalige Zeit relativ hoch. Diese stattliche Anzahl erklärt sich aber auch daraus, daß der Orden größten Wert auf die Ausbildung seiner Mitglieder legte. So wird der oben angeführte P. Friedrich Wagner als ein „Inceptor“ der Universität Wien bezeichnet. An vielen europäischen Universitäten (Paris, Wien, Köln, Prag, Heidelberg, Toulouse, London, Krakau, Leipzig, Bologna usw.) lassen sich in Straubing tätige Karmeliten als Studierende und Dozenten nachweisen. Von ihren Studien brachten sie auch Bücher in das heimische Kloster mit. Manches Werk wurde auch hier geschrieben und erworben.

Aufbau und Aufstellung einer Bibliothek schreiben auch die Konstitutionen des Ordens (Kap. 36, Art. 351ff.) vor: „Unsere Konvente sollen eine Bibliothek besitzen. Die Aufsicht darüber soll vom Prior einem Priester übertragen werden, der sie gut geordnet und sauber halten soll. Er soll dafür sorgen, daß alle Bücher mit dem Spezialsiegel gekennzeichnet sind.“ Eine solche gute Bibliotheksausstattung diente zunächst dem Hausstudium, denn jedes Kloster der Oberdeutschen Provinz hatte für den eigenen Nachwuchs und dessen Ausbildung Sorge zu tragen. Selbstverständlich aber konnte nicht jede Ordensniederlassung über die entsprechende Zahl an geeigneten Lektoren verfügen. So errichtete man in einzelnen Klöstern Partikularstudien. Im Jahre 1473 wird z.B. der Konvent Straubing als Sitz eines solchen Partikularstudiums genannt. Ähnliche Einrichtungen in Straubing lassen sich für die Jahre 1463, 1478 und 1479 belegen.

Für eine Visitation durch den Provinzial, die in der Regel alle zwei Jahre vorgenommen wurde, mußte der Prior des Konvents neben den Rechnungsbüchern auch die Inventare der Sakristei und der Bibliothek bereithalten. So umfaßt die Liste aus dem Jahre 1414 nicht nur die Bände in der Bibliothek, sondern auch die Codices in der Sakristei und im Chor der Kirche sowie auch die Exemplare, die der Prior in seinem Zimmer aufgestellt hatte. Die Handschriften, die zur Bibliothek gehörten, waren elf Gruppen zugeteilt und wiesen meist zweiteilige, gelegentlich auch dreiteilige Buchstabensignaturen auf. Die 144 Handschriftenbände der Bibliothek befanden sich nach dem Wortlaut des Verzeichnisses in einem sogenannten ‚pulpitum', d.h. einem Gestell mit einer Schrägplatte (Pult), das innen und außen bestückt war. Freilich muß dieses Gestell eine große Anlage gewesen sein, wenn es 144 Handschriften unterschiedlicher Größe aufnehmen sollte. Im Register erscheint jede Signatur in einem roten Kästchen. Überschriften zwischen den Buchtiteln, meist mit roten Strichen hervorgehoben, weisen auf die verschiedenen Teile des ‚pulpitum' hin. Zur 7. und 9. Abteilung gehörten die volumina catenata, d.h. diejenigen Bücher, die wegen ihres Wertes zum Schutz gegen Entwendung angekettet waren, wie z.B. eine Abhandlung des hl. Bernhard über die Verachtung der Welt. Aus demselben Grund waren die Bücher der Gruppe 8 hinter „Schloß und Riegel" gesetzt. Bei den meisten dieser Bücher wird es sich wohl um Pergamenthandschriften gehandelt haben, wenn dies auch nicht immer ausdrücklich vermerkt ist. Zwei „vom Herrn" stammende Bücher „mußten geheimgehalten werden" und waren vermutlich vom Herzog gestiftet worden. Besonders umfangreich ist natürlich der Handschriftenbestand an theologischen Studienwerken und Predigten, doch finden sich auch ansehnliche Werke aus dem literarischen, juristischen und medizinischen Fachbereich darunter.

In der Folgezeit war es vor allem der aus Straubing stammende Prior Konrad Steger, der für das Wachstum der Bibliothek besorgt war, zumal er sich selbst als Schreiber von Büchern bestätigt hatte. Ein „Rituale Carmelitanum" aus seiner Feder bewahrt heute die Württembergische Landesbibliothek in Stuttgart auf.

Von dieser mittelalterlichen Handschriftenbibliothek ist jedoch nicht viel übriggeblieben. Nur vereinzelt finden sich Stücke davon in verschiedenen Handschriftensammlungen. Ein 1768 angelegter Gesamtkatalog der klösterlichen Bibliothek kennt unter insgesamt 15 Handschriften nur mehr ein paar aus dem Mittelalter. Nur einen einzigen Codex aus dem Kloster erwähnt die Bayer. Staatsbibliothek, und selbst dieses Exemplar entstammt dem 16. Jahrhundert.

Kaum 30 Jahre nach der Aufhebung des Klosters berichtet der spätere erste Prior des 1842 neuerstandenen Klosters von zwei Handschriften, die er zurückerworben habe. Bei den genannten Exemplaren handelt es sich neben einem „in türkhischer Sprach geschriben Buch" aus dem Jahr 1669 um eine Bibel mit dem Alten und Neuen Testament in Großoktav, auf Pergament geschrieben und mit Goldbuchstaben verziert sowie mit dem Schlußvermerk: „vollendet im Jahre des Herrn 1229 am Fest Allerheiligen". Beide Werke, im Katalog von 1768 noch angeführt, sind heute auch verschollen.

Den Hauptzuwachs in der zweiten Hälfte des 15. Jahrhunderts machten jedoch die Inkunabeln aus, die – nach den handschriftlichen Besitzeinträgen zu schließen – vielfach von Konventmitgliedern an Studienorten erworben worden waren oder infolge Schenkungen in die Bibliothek kamen.

Der genannte handschriftliche Bibliothekskatalog aus dem Jahre 1768, den die Bayerische Staatsbibliothek verwahrt, ist recht aufschlußreich für den Bibliotheksbestand, der in 22 Klassen A–Z und MR (Bibel, Patristik, Predigt usw.) eingeteilt war. Das Bücherverzeichnis nennt über 280 Inkunabelbände, die sich über alle Klassen verteilen. Allein die juristische Abteilung z.B. verfügte über nahezu 70, die Medizin über 16, „Poeten und Humanisten" über 11 und die Profangeschichte über 10 Inkunabelbände. Das älteste Buch in der Bibliothek waren die Sermones des Leonhardus de Utino, das 1475 zu Ulm gedruckt worden war. Mit fast 40 Exemplaren war die Predigtliteratur besonders gut vertreten.

Wiewohl diese Niederlassung bei der Säkularisation 1802 als Aussterbekloster bestehen bleib, verlor die Bibliothek viele dieser Druckwerke. 26 Inkunabeldrucke verwahrt heute die Bayerische Staatsbibliothek, ein Exemplar verirrte sich nach Oslo. Die verbliebenen Inkunabeln gingen an das Straubinger Gymnasium. Auf Weisung der Regierung erhielt das Kloster in einem Tauschgeschäft 1909 seinen bibliothekarischen Altbestand zu einem großen Teil wieder zurück, so daß das Kloster heute tatsächlich die stattliche Anzahl von 160 Inkunabeldrucken besitzt, die zum größten Teil aus dem einstigen Besitz stammen.

Sie stellen auch heute noch den weitaus wertvollsten Bestand der klösterlichen Sammlung dar. Schon allein mit ihren handschriftlichen, oft auch lokal- und familiengeschichtlich bedeutsamen Einträgen und

Notizen, den bemerkenswerten kunsthandwerklichen Einbänden und Verzierungen bedeuten sie eine kulturgeschichtliche Quelle ersten Ranges, unveräußerliches Gut, das unmittelbar mit der Stadt und dem Umkreis verbunden ist.

Quellen und Literatur: Ungedruckte Quellen: Bayerisches Hauptstaatsarchiv München: Karmelitenkloster Straubing, KL 71, Visitationsinventar und Bibliothekskatalog (Urbar I) 1414. – Bayerische Staatsbibliothek München: Cbm C. 766, Catalogus librorum bibliothecae Carmelitanae Straubinganae ... 1768.
Gedruckte Quellen und Literatur: A. DECKERT, Inventar des Straubinger Karmelitenklosters vom Jahre 1414, in: Jahresbericht des Historischen Vereins für Straubing 59 (1956), Straubing 1957, S. 36–60. – A. DECKERT, Die oberdeutsche Provinz der Karmeliten nach den Akten ihrer Kapitel von 1421 bis 1529, Rom 1961. – P. RUF, Säkularisation und Bayerische Staatsbibliothek, Bd. 1, Die Bibliotheken der Mendikanten und Theatiner (1799–1802), Wiesbaden 1962, S. 520–531. – A. DECKERT, Bibliothekskatalog des Straubinger Karmelitenklosters von 1414, in: Jahresbericht des Historischen Vereins für Straubing 68 (1965), Straubing 1966, S. 84–93. – A. DECKERT, Karmel in Straubing, Rom 1968, S. 251–255. – L. BUZÁS, Deutsche Bibliotheksgeschichte des Mittelalters (Elemente des Buch- und Bibliothekswesens, Bd. 1), Wiesbaden 1975. – Chr. E. INEICHEN-EDER, Mittelalterliche Bibliothekskataloge, Bd. IV, 1. T. (Bistümer Passau und Regensburg), München 1977, S. 504–513. – A. HUBER/J. PRAMMER, Handschriften und alte Drucke aus der Karmelitenbibliothek Straubing, Straubing 1986 (Kataloge des Gäubodenmuseums Straubing Nr. 7).

Alfons Huber

153. Klemens V., Constitutiones

Straßburg 1471, bei Heinrich Eggesteyn
42 × 28 cm, 76 Bll., alter Ledereinband mit Stempelprägung

Straubing, Bibliothek des Karmelitenklosters, Y 71

Die Konstitutionen Papst Klemens' V. (1305–1314), der bei der grausamen Vernichtung des Templerordens eine so fatale und unglückliche Rolle spielte, sind eine Sammlung von Dekreten des Konzils von Vienne (1311/12), die er um eigene Dekretalen erweiterte. Papst Johannes XXII., sein Nachfolger, setzte die sog. „Klementinen“ mit der Bulle „Quoniam nulla“ in Kraft (GW Sp. 701).
Das Straubinger, nicht im Gesamtkatalog der Wiegendrucke bekannte Exemplar, stammt in 5. Auflage aus der Druckerei des Heinrich Eggesteyn (Eggestein) aus Straßburg. Die im Gesamtkatalog unter Nr. 7079 zitierte Ausgabe besitzt 76 Blätter und datiert „um 1470“, unter Nr. 7081 74 Blatt und datiert 1471. Das Straubinger Exemplar von 1471 enthält 76 Blatt.
Der Text der Konstitutionen im Zentrum des Blockes wird von den Glossen des Johann Andreae quasi eingerahmt. Blatt I^{r} zeigt die Initiale I mit einem Mönch (Karmelit) und einem Wappen in aquarellierter Federzeichnung in Rot, Blau, Braun und Grün.
Die Druckerei des Heinrich Eggesteyn erlebte ihre Blütezeit zwischen 1464 und 1488. Aus ihr gingen Inkunabeln mit zahlreichen mittelalterlichen Autoren, lateinische Bibeln, juristische Werke, aber wenig Klassisches und Deutschsprachiges hervor.

Literatur: Gesamtkatalog der Wiegendrucke (GW), Nrr. 7079, 7081. – Ferdinand GELDNER, Die deutschen Inkunabeldrucker, Bd. I, Stuttgart 1968, S. 60–62. – Ausstellungskatalog Handschriften und alte Drucke aus der Karmelitenbibliothek Straubing, Straubing 1986, Abb. S. 37.

Peter Morsbach

154. Heilige Schrift

Nürnberg 1478, bei Anton Koberger
42 × 28,5 cm, 467 Bl., alter Einband mit Lederprägung und 2 Schließen

Straubing, Bibliothek des Karmelitenklosters, Y 32

Die Koberger-Bibel kam erst 1727 als Geschenk aus dem Besitz der Grafen von Notthafft zu Runding (bei Cham) in die Bibliothek des Karmelitenklosters. Sie beginnt auf fol. 1^{r} mit einer Epistel des hl. Hieronymus an den Presbyter Paulinus († 388). Der Text enthält zahlreiche gemalte Initialen. Die am aufwendigsten gestaltete Seite, fol. 1^{r}, zeigt auf Goldgrund die Initiale F in Blau mit feinen weißen Binnenlinien in einem Rahmen mit Grün, Grau, Rot und Gelb. Die beiden Textspalten werden durch ein vegetabiles Motiv geteilt, das sehr deutlich seine Einbettung in die letzte Phase der mittelalterlichen Buchmalerei zeigt: einem langen Stengel entwachsen zwei an der Unterseite gezackte, spröde Blattkelche, aus denen sich lange und dünne Fäden entrollt haben. Bedauerlich ist, daß dem Blatt aufgrund starker Beschädigungen von seiner dekorativen Schönheit vieles verloren geht.
Der Nürnberger Verleger Anton Koberger (1440/45–1513) gilt als einer der ersten „Verleger“ größeren Stils in Deutschland, „der die wirtschaftlichen Möglichketien des Buchdrucks erkannte und Buchdruck, Verlag und Buchhandel als kapitalistisches Unternehmen betrieb“ (GELDNER I, 162). In den Jahren 1475–1482 brachte Koberger sieben mehr oder minder identische Ausgaben der Heiligen Schrift heraus, 1478 davon alleine zwei.

Literatur: Friedrich GELDNER, Die deutschen Inkunabeldrucker, Bd. I, Stuttgart 1968, S. 162–167. – Gesamtkatalog der Wiegendrucke, Nrr. 4232, 4234.

Peter Morsbach

155. Ulrich von Riechental, Geschichte des Konzils von Konstanz

Augsburg 1483, bei Anton Sorg
19 × 28 cm, 247 Bll. (hier erhalten 198 Bll.), spätmittelalterlicher Einband mit Lederprägung
Straubing, Bibliothek des Karmelitenklosters, Y 75

In dem Bericht Ulrichs von Riechental, des Chronisten des Konstanzer Konzils, *„vindet (man) wie die herren gaystlich vnnd weltlich eingeritten seind. Vn(d) mit wieuil personen. Auch ir wappen gemalet. vnd wie sy abgeschiden seynd. Auch die sachen die darinn geschehen seind hüpsch vnd gerecht – Gedruckt vnd volendt ...“*
Die „höchst anschauliche, lebendige und zuverlässige Schilderung“ des Konstanzer Konzils wird von über 1100 Holzschnitten des sog. *Sorg'schen Columna-Meisters* illustriert. Diese zeigen nicht nur eine große Zahl von Wappen aller Reichsstände, Kaiser, Heiligen, historischen und biblischen Personen, europäischer Herrscher und östlicher Potentaten, so daß darin manche Kuriosität enthalten ist. Riechentals Geschichte gilt als „das älteste bebilderte Urkundenbuch dieser Zeit“. Bemerkenswert sind auch die ganzseitigen Illustrationen, die eine wichtige Quelle zum Zeremoniell des Mittelalters darstellen; sie zeigen Päpste, hauptsächlich Martin V., Einzüge, eine *„kriechische Messe“*, Belehnungen, die Verbrennung des Jan Hus und vieles andere mehr. Riechental legte als Bürger von Konstanz auch Wert auf die Schilderung des Alltagslebens seiner Stadt während des Konzils: vom Pastetenverkauf über das Kosten des Weines für die Teilnehmer des Konklaves bis zur Erteilung des päpstlichen Segens wird das bunte Treiben dieses für die abendländische Geschichte so hervorragenden Konzils vorgeführt.
Die Spaltung des Abendlandes, das „große Schisma“, das 1378 durch die Wahl Papst Urbans VI. (1378–89) und des Gegenpapstes Klemens VII. (1378–94) entstanden war, teilte die Kirche in zwei Lager, deren eines in Rom verblieb, während das andere sich in Avignon festsetzte. Nach dem Konzil von Pisa (1409), das die Spaltung nicht beseitigen konnte, stand die Christenheit mit drei Päpsten da: Benedikt XIII. (1394–1417), Alexander V. (1409–1410) und Johannes XXIII. (1410–1415). 1413 wandte sich Johannes XXIII. an den deutschen Kaiser Sigismund, der zum Versuch einer Wiedervereinigung ein Konzil forderte, das zum 1. November 1414 nach Konstanz einberufen wurde. Die drei großen Themen des Konzils: *causa fidei* (die Bekämpfung der Häresie), *causa reformationis* (die Reform der Kirche an Haupt und Gliedern) und *causa unionis* (die Beseitigung der Spaltung der Kirche und des Abendlandes) beschäftigten bis zum 22. April 1418 Hunderte von Teilnehmern aus ganz Europa. Die drei Päpste wurden 1415 abgesetzt, durch die Wahl des Kardinals Odo Colonna zu Papst Martin V. überwand man eine der gefährlichsten Krisen in der Geschichte der Kirche.

Die immense Zahl an Teilnehmern spiegelt sich in den Wappen des Riechentalschen Buches, unter denen sich auch zweimal das Wappen Regensburgs findet: die gekreuzten silbernen Schlüssel auf rotem Grund.
Auf Blatt 153ᵛ wird unter dem Kapitel *„die bischof. vnd mit wie vil personen Sy ... kommen seind“* vermerkt, daß *„Herr Albrecht bischof zu regenspurg mit .xl personen“* kam.
Bischof Albrecht III. von Stauffenberg (1409–1421) hatte nach seiner Wahl 1409 – im Jahr des Konzils von Pisa – das Bistum in die Wirren des Schismas geführt. Der aus der pfälzischen Wittelsbacherlinie stammende deutsche König Ruprecht (1352–1410) unterstützte den „legitimen“ römischen Papst Gregor XII. (1406–1415), der zunächst auch von der Regensburger Bistumsleitung mitgetragen wurde. Aber die Bestätigung der Wahl Bischof Albrechts III. geschah durch den Pisaner „Gegenpapst“ Alexander V. (1409–1410). Der Wechsel zur „anderen Partei“ brachte den Regensburger Bischof in Konflikt mit dem weiterhin romtreuen deutschen König und dessen Söhnen, die durch Zwangsmaßnahmen einen erneuten Kurswechsel und die Rückkehr nach Rom herbeiführen wollten.
Bischof Albrecht III. selbst nahm bis 1418 am Konstanzer Konzil teil, wobei ihn als unmittelbar betroffenen Nachbarn des Bistums Prag die Verurteilung der Lehren Jan Hus', Wycliffs und Hieronymus' von Prag *(causa fidei)* interessieren mußte.
Es ist in unserem Zusammenhang noch bemerkenswert, daß der Regensburger Bischof in Riechenthals Geschichte nicht unter seinem Wappen, sondern dem der Stadt Regensburg mit Mitra und Stab geführt wird.
Das Wappen Regensburgs erscheint nochmals an anderer Stelle: unter den Vertretern der Städte wird vermerkt, daß *„von der stat regenspurg ein erliche botschafft ein ritter vnnd drei burger“* kamen (Blatt 236ʳ), die sich auf Grund der beigefügten Namensliste jedoch leider nicht identifizieren lassen.
Der Drucker Anton Sorg arbeitete zwischen 1475 und 1493 in Augsburg und brachte hauptsächlich deutschsprachige geistliche und weltliche Bücher auf den Markt.

Literatur: Friedrich GELDNER, Die deutschsprachigen Inkunabeldrucker, Bd. I, Stuttgart 1968, S. 139–142, Abb. 52. – Ludwig HAIN, Repertorium Bibliographicum I/II, reprint Mailand 1966, Nr. 5610. – Ferdinand JANNER, Geschichte der Bischöfe von Regensburg III, Regensburg u. a. 1886, S. 353–388. – Karl HAUSBERGER, Geschichte des Bistums Regensburg I, Regensburg 1989, S. 203–207. – Hubert JEDIN, Kleine Konziliengeschichte, Basel u. a. 1959, S. 64–72. – Handbuch der Kirchengeschichte, hgb. v. Hubert JEDIN, Bd. III/2, Freiburg 1985, S. 490–516, 545–572 (Karl August FINK).

Peter Morsbach

DER DEUTSCHE ORDEN

Das 12. und 13. Jahrhundert kann als Höhepunkt des europäischen Rittertums bezeichnet werden. Damals entstanden in den Kämpfen um das Heilige Land auch die Ritterorden, die gleichsam das mittelalterliche Ritter- und Mönchsideal in sich vereinigten. Gerade diese neuen Orden hatten eine weit größere Wirkung und Bedeutung, als wir es heute vermuten. Doch das Werden der geistlichen Ritterorden vollzieht sich still und bescheiden, unsicher tastend und probierend. Kreuzfahrer sind ihre Begründer, schwere Mängel des christlichen Staates im Orient die Ursache ihres Entstehens. Die Ritterorden bildeten die, wenn man es so ausdrücken will, koloniale Schutztruppe, den Kern des Heeres. Sie hielten durch ihre weitreichenden Verbindungen den Kreuzzugsgedanken aufrecht. Ihre mächtigen Burgen waren die Hauptbollwerke des christlichen Reiches im Heiligen Land, die Ritterorden waren es, die über volle zwei Jahrhunderte die Angriffskraft des Islams lähmten.

Die Anfänge des Deutschen Ordens waren bescheiden, um nicht zu sagen dürftig. 1187 war das christliche Heer durch Sultan Saladin von Ägypten bei Hittin vernichtend geschlagen worden, der ganze Süden Palästinas mußte geräumt werden. Da flammte die Kreuzzugsidee noch einmal gewaltig auf. Die Elite des abendländischen Rittertums zog nach dem Orient und vereinigt mit den Trümmern des christlichen Heeres wagte man den Sturm auf die Stadt Akkon, das Hauptbollwerk und den Schlüssel des Heiligen Landes, die sich erst nach achtzehnmonatiger Belagerung ergab. Die lange Belagerungszeit forderte unter Freund und Feind ihre Tribute, Seuchen wüteten im Lager, Verwundete baten um Hilfe. Die Not im Feldlager führte zur Gründung des Deutschen Ordens. Um die Mitte des Jahres 1190 errichteten Bürger aus Bremen und Lübeck aus Schiffssegeln ein Feldspital vor der Stadt, das sich in dem von Deutschen besetzten Frontabschnitt zwischen dem Toronberg und dem Fluß Belus befand. Nach dem Anschluß anderer Kreuzfahrer bildete sich eine Ordensgenossenschaft mit Gelübden und mit der Verpflichtung zum Krankendienst, Lebensnorm wurde die Johanniterregel. Bereits am 6. Februar 1191 bestätigte Papst Clemens III. die Hospitalgenossenschaft. Am 5. März 1198 erfolgte die Umwandlung in den geistlichen Ritterorden „Domus S. Mariae Theutonicorum in Jerusalem" – ein Titel, den man sowohl in Erinnerung an das alte Pilgerhaus St. Marien zu Jerusalem wählte, als auch in der Hoffnung auf eine baldige Eroberung der heiligen Stadt –, der Papst Innozenz III. 1199 Februar 19 zustimmte. Zusammen mit anderen dann in großer Zahl folgenden Vorrechten und Privilegien durch die kommenden Päpste und deutschen Herrscher sowie den nach 1244 ausgeformten eigenen Ordensstatuten hatte der Deutsche Orden damit jenes innere Gefüge und auch das durch beide Häupter der Christenheit wohlwollend geförderte Gewicht und Ansehen im öffentlichen Leben der damaligen Zeit erhalten, das seine Gesamtgeschichte und die Entfaltung seiner rasch im syrisch-palästinensischen Küstenstreifen, auf Cypern, Südgriechenland, Sizilien, Italien, Spanien, Frankreich, im gesamten mittelalterlichen Römischen Reich, in Preußen, im Baltikum und in Schweden entstehenden Komtureien oder Balleien fortan entscheidend prägte.

Paul Mai

DEUTSCHORDENS-KOMMENDE ST. GILGEN IN REGENSBURG

Bayerns Herzog Ludwig I., der nach seinem tragischen Tod durch Mörderhand auf der Donaubrücke zu Kelheim von der Nachwelt den Beinamen „der Kelheimer" erhielt, war es, der im Frühsommer des Jahres 1210 dem Deutschen Orden die Ägidienkriche zu Regenburg samt dem Arnulfspalast, der alten burggräflichen Residenz, schenkte; dazu übergab er einen Weinberg bei Ort, eine Manse bei Stadtamhof, die Georgskirche bei Cham, die dortige Kirche im neuen Markt und die Kirche Aichach. Die Kommende „St. Gilgen" erscheint damit als erstes Haus in der Ordensballei Franken, die sich vom Inn bis über den Rhein und vom Voralpenland bis in das thüringisch-hessische Mittelgebirge erstreckte und damit das Kernstück der deutschen Balleien war und alle übrigen an Zahl der Häuser, Kirchen und arrondiertem Besitz übertraf. Man nimmt an, daß Herzog Ludwig während seines Italienaufenthaltes die Institution dieses Ordens kennengelernt hatte; denn ein Jahr zuvor hatte er sich im Heerbann König Ottos IV. befunden, der nach Rom zur Kaiserkrönung zog.

Trotzdem dürfte man in Regensburg schon an die zwei Jahrzehnte über den Deutschen Orden Bescheid gewußt haben, der ja aus einem bescheidenen Feldlazarett während des 3. Kreuzzuges hervorgegangen war. Zu den Teilnehmern dieses Kreuzzuges gehörte auch Bischof Konrad III. von Regensburg, wie man ihn wenige Jahre später im Kreuzheer Kaiser Heinrichs VI. fand, und hier zählte er zu jenen vierzehn deutschen Fürsten und Prälaten, die am 5. März 1198 die Umwandlung der Hospitalgenossenschaft in einen Ritterorden beschlossen, wozu Papst Innozenz III. 1199 Februar 19 seine Zustimmung gab.

Die Entwicklung der Regensburger Kommende ging zügig voran, 1224 erscheint in einer Urkunde ein „confrater dictus de Wildenouue", der die St. Ägidienkirche zu Regensburg verwaltet. Der erste Komtur, Chunradus Vuelacher, ist zu April 1237 urkundlich nachweisbar. Wohl liegen keine konkreten Zahlen über die Stärke des Konvents vor, doch da in Urkunden von den Jahren 1247 bis 1296 zwischen vier und sieben Brüdern als Zeugen genannt werden, scheint er nicht unterbesetzt gewesen zu sein.

An Kirchenpatronaten konnte die Kommende in den folgenden Jahrzehnten nur zwei erlangen, nämlich 1253 die Kapelle zu Brunnleiten bei Regensburg und drei Jahre später die Pfarrkirche zu Dingolfing. Dagegen wurde der Besitzstand sowohl durch Schenkungen als auch durch Käufe abgerundet; er lag vornehmlich um Regensburg selbst, dann in den Gemeinden Ringsheim, Heinrichsdorf, Hagenbach, Aufhausen, Tegernheim und Pfraundorf. Die Kirche von Aichach scheint, nachdem um die Mitte des 13. Jahrhunderts durch die reichen Schenkungen des Berthold von Schildtberg daselbst eine auskömmliche Grundlage für eine eigenständige Kommende geschaffen worden war, Regensburg wieder verlorengegangen zu sein.

Doch in Regensburg ging der Auf- und Ausbau kontinuierlich voran, ein Faktum, das sich auch recht gut an der, baugeschichtlich keineswegs einheitlichen, St. Ägidienkirche ablesen läßt. Der älteste Teil dürfte wohl die Stelle des heutigen Chores eingenommen haben, das mit 1152 überlieferte Weihedatum ist allerdings unrichtig. Um 1250 bis 1260 fügte der Deutsche Orden an die Kirche, die offensichtlich zu klein gewesen war, ein zunächst einschiffiges Langhaus an. Wohl noch im 14. Jahrhundert wurden an das Langhaus zwei ungleiche Seitenschiffe angebaut und die ganze Anlage vielleicht um ein Joch nach Westen verlängert. Beurkundet ist die Errichtung des heutigen Chores durch den 1396 verstorbenen Komtur Marquard Zollner von Rotenstein. Jede Stilepoche brachte die ihrem Empfinden gemäße Ausstattung in die Kirche ein; so kann es nicht wundern, daß bei der Restaurierung des Jahres 1884 rigoros die barocke Ausstattung entfernt wurde, um den reinen Stil der Gotik – oder was man dafür hielt – wieder herzustellen. Die alten Komtureigebäude, die westlich und südlich an die Kirche anschließen, erhielten ihr heutiges Aussehen 1683. Zwischen 1720 und 1726 wurde östlich neben der Kirche das „Neue Deutsche Haus" erbaut. Die Risse hierzu fertigte der Ordensbaumeister Franz Kellner; der als Baumeister genannte David Scherer war vermutlich der ausführende Maurermeister. Die ganze Anlage, zweigeschoßig, besteht aus zwei Langflügeln, die im rechten Winkel zusammenstoßen.

1368 erbaute Willibrand von Parkstein, ein Bruder des Komturs Heinrich von Parkstein, ein Seelhaus für acht Nonnen bei der Kirche. Der Zweck dieser Stiftungen war, Arme und Notleidende zu speisen, Kranke zu pflegen und für die Seelen der Vernachlässigten zu sorgen. Im Stiftungsbrief für das Seelhaus

bei St. Ägid heißt es ausdrücklich, daß die acht Seelfrauen alle Samstage nachts auf den Friedhof gehen und für die Seelen aller Verstorbenen beten sollen.
Allem Anschein nach hatte das Zeitalter der Glaubensspaltung für die Kommende Regensburg keine einschneidenden Bedrückungen gebracht. Die große Zäsur kam erst mit der Säkularisation zu Beginn des 19. Jahrhunderts. Zunächst allerdings bestimmte der § 26 des Reichsdeputationshauptschlusses vom 25. Februar 1803, „aus Rücksicht für die Kriegsdienste ihrer Glieder" die beiden Ritterorden der Malteser und Deutschherren der Säkularisation nicht zu unterwerfen, doch schon zwei Jahre später hob Napoleon auch die Ritterorden in den Rheinbundstaaten auf. Damit war auch das Ende der Kommende zu Regensburg gekommen. Doch sei nicht übersehen, daß Regensburg gewissermaßen eine Sonderstellung genoß. Neben dem Fürstentum Aschaffenburg und der Reichsstadt Wetzlar als Grafschaft bildete das Fürstentum Regensburg, bestehend aus dem bisherigen Hochstift Regensburg samt der Reichsstadt und allem was davon abhängt, mit den darin befindlichen mittelbaren und unmittelbaren Stiften, Abteien und Klöstern, namentlich St. Emmeram, Obermünster und Niedermünster, das Kernstück des dalberg'schen Kurerzkanzlerstaates. Der § 25 des Reichsdeputationshauptschlusses vom 25. Februar 1803 hatte dieses künstliche Staatsgebilde geschaffen, dem zwar kein langes Leben beschieden war, denn im Pariser Vertrag vom 28. Februar 1810 wurde das Fürstentum Regensburg von Napoleon Bayern zugesprochen, aber das siebenjährige Interim hatte doch bewirkt, daß der Sturm der Säkularisation nicht mit der Vehemenz der ersten Euphorie über Regensburg hinwegbrauste. Dalberg war kein Reformer um jeden Preis gewesen und die bayerische Regierung hatte aus den begangenen Mißgriffen des Jahres 1803 gelernt.
1809 verkaufte Fürst-Primas Carl Theodor von Dalberg das sog. „Neue Deutsche Haus" mit dem Seelhaus, einer Scheune und dem Garten an den Freiherrn von Lilien. In den dreißiger Jahren des 19. Jahrhunderts gingen diese Gebäude durch Kauf an die Bleistiftfabrik Rehbach über und erst in jüngster Zeit konnte die Regierung der Oberpfalz die Gebäulichkeiten erwerben und einer durchgreifenden Renovierung und Restaurierung unterziehen.
Die alten Komtureigebäude, südlich und westlich der Ägidienkirche gelegen, wurden 1810 dem letzten Fürstabt der Benediktinerabtei St. Emmeram als Domizil angewiesen. Bis zur Übergabe Regensburgs an das Königreich Bayern konnten die Klostergeistlichen zu St. Emmeram ungestört in ihrem Kloster leben. Dalberg hatte sie zwar auf den Aussterbeetat gesetzt, aber sie nicht vertrieben. Nun mußten sie innerhalb von vierzehn Tagen ihr Kloster räumen. Die Aufnahme Steiglehners in das alte Deutschordenshaus war nicht ohne Bedingungen, er mußte hierfür seine wertvollen Sammlungen von Münzen, Gemmen und Antiken opfern, doch um diesen Preis konnte er bis zu seinem Tod am 21. Februar 1819 ungestört in diesen Räumen wohnen und sich seinen wissenschaftlichen Arbeiten hingeben. Ohne Zweifel ist es seiner Initiative zu danken, daß die Vielzahl der Epitaphien, steingewordene Überlieferung der historisch bedeutenden Vergangenheit der Deutschordens-Kommende zu Regensburg, in der Ägidienkirche eine würdige Aufstellung erfuhren. Nach dem Tode Steiglehners erwarb die Stadt das Haus von seinen Erben für Schulzwecke. 1837 trat wieder ein Wechsel ein, das Domkapitel'sche Krankenhaus kaufte die alten Kommendengebäude von der Stadt. Zeitweise wurde das Krankenhaus simultan genutzt, bis 1882 der Anteil der Protestanten abgelöst wurde. Erst mit der Errichtung des Krankenhauses der Barmherzigen Brüder an der Prüfeninger Straße, das am 23. April 1929 feierlich eingeweiht wurde, ging die Ära des Domkapitel'schen Krankenhauses am Ägidienplatz zu Ende und das Gebäude wurde in das Altersheim St. Josef umgewandelt.
Mit Wirkung vom 1. Januar 1978 ging nun das Haus am Ägidienplatz vom Bischöflichen Domkapitel als dem bisherigen Träger dieser Institution in den Besitz der Marianer des Deutschen Ordens über. Damit regt sich in den ehemaligen Räumen der Deutschordenskommende „St. Gilgen" zu Regensburg, die wohl das älteste Haus der Ballei Franken war, aber an Ausstrahlungskraft von späteren Gründungen weit überflügelt wurde, wieder jener Geist, aus dem der Deutsche Orden im Feldlazarett zu Akko hervorging: die Pflege Kranker und Invalider.

Paul Mai

DIE KOMMENDE GANGKOFEN

Von ihrer relativ späten Gründung im letzten Drittel des 13. Jahrhunderts bis zu ihrer Aufhebung im Zeitalter Napoleons gehörte das Deutsche Haus in Gangkofen mit der dortigen Pfarrkirche ununterbrochen zur Ballei Franken. Am 7. Oktober 1278 hat Graf Wernhard II. von Leonberg bei Gangkofen das ihm bisher zugehörige Patronatsrecht über die Pfarrkirche samt allem Zubehör mit Zustimmung seiner Erben den Ordensmitgliedern geschenkt.

Mit diesem ältesten Dokument beginnt die Geschichte der Kommende Gangkofen.

Für die Ortsgeschichte ist der Hinweis in einer Urkunde vom 23. April 1280 von bemerkenswerter Bedeutung, daß Gangkofen bereits als Markt erwähnt ist und einen Rat von Ältesten besitzt, die beim Erwerb von Wäldern hinter dem Markt für die Komturei mitbeteiligt sind.

Im Kopialbuch der Kommende Regensburg hat sich eine Urkunde vom 11. Juni 1354 erhalten, in welcher der Gangkofer Komtur Niclaus und seine Ordensbrüder mit Zustimmung des Deutschmeisters Wolfram von Nellenburg (1331 bis 1361), Mergentheim, genannte Güter und Gülten der Kommende dem Tiroler Landkomtur Johann Nothaft verkaufte. Man kann von der Gangkofener Komturei nur von einem kleinen Haus der Provinz Franken sprechen, das sich zwar selbst trägt, das aber für die größeren Aufgaben der Provinz und des Gesamtordens keine reichen Mittel bereitstellen kann.

Der Zustand Gangkofens als eines der finanziell schwächsten Balleihäuser Frankens wird aus dem Balleikapitel zu Donauwörth vom 6. Mai 1615 und der hochmeisterlichen Bestätigung des Beschlusses klar ersichtlich:

Zusammen mit dem Haus in Rothenburg ob der Tauber konnte es nur den Balleibetrag von 50 Gulden erbringen.

In diese Zeit der Bemühung des Ordens, die Nachkriegsfolgen in finanzieller und personeller Hinsicht in den Griff zu bekommen, fiel ein Ereignis, das die Geschichte des Hauses und seiner Pfarrkirche um weitere Jahrzehnte bestimmte und zurückwarf: der Brand im Markt Gangkofen, der am Pfingstabend 1666 die Pfarrkirche, das Pfarrhaus und die Unterkünfte völlig vernichtete.

Komtur Johann Friedrich von Knöringen bezifferte den Schaden mit 8000 bis 10000 Gulden und bat den Kurfürsten Ferdinand Maria um die Bausteuer aus vermögenden bayerischen Gotteshäusern in der Höhe von 3000 bis 4000 Gulden. Der für den Kirchenbau verantwortliche Baumeister der Ballei, Franz Keller, wurde von Hornstein 1718 nach Gangkofen beordert, um dort die Grundrisse für den Langbau zu überbringen.

Unbeeindruckt von der Inkorporation der gesamten Ballei Franken in das Deutschmeistertum, welche der Kommende ab 1789 die unmittelbare Unterstellung unter die Mergentheimer Zentralregierung des Ordens brachte, und nach dem Tode Lehrbachs (1787) forderte der bayerische Staat seit 1789 Dezimationsgelder von der Gangkofener Komturei. Im September 1805 wurde von Mergentheim der Verkauf des Benefiziatenhauses in Gangkofen genehmigt. Bald darauf wurde die Kommende Gangkofen von Bayern sequestriert. Der bayerische Übergriff wurde durch den Preßburger Frieden wenige Tage später legalisiert. Die Kommende wurde 1805 von Bayern in Besitz genommen.

Literatur: H. Blank, Die unmittelbar der Deutschordens-Kommende Gangkofen unterstandenen Höfe und Hausstätten, in: Gangkofen und die Deutschordens-Kommende 1279–1979 (1979) 145–174. – H. Boockmann, Der Deutsche Orden, Zwölf Kapitel aus seiner Geschichte, 1981. – B. Demel, Die Deutschordens-Kommende Gangkofen 1278/79–1805/06 in: Gangkofen und die Deutschordens-Kommende 1279–1979 (1979) 19–76. – H. Hartmann, Liste der Komture des Deutschen Ordens zu Gangkofen in: Gangkofen und die Deutschordens-Kommende 1279–1979 (1979) 77–98. – P. Mai, Der Deutsche Orden im Bistum Regensburg, in: Beiträge zur Geschichte des Bistums Regensburg 12 (1978) 219–225. – Ders., Der Deutsche Orden im Bistum Regensburg. Das ehemalige Deutsche Haus in Regensburg wieder in den Händen des Ordens, in: Der Deutsche Orden 2 (1978) 9–13. – Ders., Gangkofen 700 Jahre Deutschordens-Kommende, in: Deutscher Orden I (1980) 6–7. – Ders., Freskenfund in Regensburg, in: Deutscher Orden 3 (1981) 21–22. – Ders., Altenheim des Deutschen Ordens in Regensburg, in: Deutscher Orden 4 (1982) 14–15. – W. Pera, Die Deutschordenskommende Gangkofen und Zimmern (ein Überblick), in: Gangkofen und die Deutschordens-Kommende 1279 bis 1979 (1979) 175–179. – M. Tumler, Der Deutsche Orden im Werden, Wachsen und Wirken bis 1400 mit einem Abriß der Geschichte des Ordens von 1400 bis zur neuesten Zeit, 1955. – Ders., Der Deutsche Orden, von seinem Ursprung bis zur Gegenwart 1975.

Paul Mai

156. Deutschordens-Kommende Gangkofen

Kupferstich aus: Michael Wening, Historico-Topographica Descriptio. Das ist: Beschreibung Deß Churfürsten- vnd Hertzogthumbs Ober- vnnd Nidern Bayern, Teil III: Rentamt Landshut, München 1723
Maße: 36 × 25 cm

Regensburg, Kunstsammlungen des Bistums Regensburg

„Das teutsche Hauß zu Gängkhofen. – Die Stüffter diser Commenda waren Weyland die Grafen zu Leonsperg / der letztere dises hohen Namens vnnd Stammens / genannt Bernhardt / hat den Ritter=Orden angenommen / vnd liget in der Ordens=Kirchen im Chor begraben / dessen schön erhebter / vnd auff vier Postamentern gesetzter Grabstain aber ist Anno 1666. von der durch damahlige Feursbrunst eingefallene Kirchen völlig zerschlagen worden.
Dise Commenda besitzt und geniesset seythero der hochadeliche teutsche Ritter=Orden loblichen Balley Francken. Die Commenda, vnd sonderlich die schöne Ordens=Kirchen / so aneinander gebaut / ist am heiligen Pfingst=Sambstag Anno 1666. da bey einem Burger im Marckt Gängkhofen vnvorsichtig Feur außkommen / abgebrunnen; Anno 1691. vnd 1692. aber die Kirchen un Commenda wider in guten Standt gebracht / und letztere fast ganz neu erbauet worden" (Wening 79 f.).

Die Ansicht Michael Wenings zeigt den nachmittelalterlichen Bestand der Deutschordens-Kommende nach dem Brand von 1666 und vor dem völligen Neubau der Pfarrkirche 1719, da dieser noch nicht erwähnt ist. Durch die verheerende Feuersbrunst wurden die Kirche, Pfarrhaus, Mesners- und Schulmeisterwohnung und weitere Gebäude der Kommende schwer beschädigt bzw. gänzlich zerstört. Dem folgte bis 1692 eine notdürftige Wiederherstellung der Pfarrkirche, zu deren Neubau (1719–1722) man sich jedoch später entschloß. Nur der in der Substanz spätgotische Chor gibt heute noch einen Hinweis auf den Vorgängerbau, der bereits 1152 geweiht und wohl im 15. Jahrhundert umgebaut wurde.
Auch die Gebäude der Kommende, über deren Vorgänger überhaupt nichts bekannt ist, mußten nach 1666 (fast ganz) neu gebaut werden.
Erhalten blieb bis heute die zweiflügelige, bis zur Bina reichende Kommende, an die sich Nebengebäude so anfügen, daß ein viereckig geschlossener Hof mit zwei Zufahrten in der Mitte der Langseiten entsteht. Östlich an dieses „Schloß" schließt sich die Pfarrkirche an.

Literatur: Die Kunstdenkmäler von Niederbayern VIII: Bezirksamt Eggenfelden, bearb. von Hans Karlinger, München 1923, S. 69–73. – Bernhard Demel, Die Deutschordens-Kommende Gangkofen 1278/79–1805/06, in: Gangkofen und die Deutschordens-Kommende 1279–1979, Gangkofen 1979, S. 28–44. – Paul Mai, Geschichte der Pfarrei Gangkofen, ebd., S. 107 f.

Peter Morsbach

157. Drei Wappentafeln

17. Jahrhundert
Mischtechnik auf Holz

Maße:
Tafel 1 H 129 cm, B 221,5 cm (ausgestellt)
Tafel 2 H 83,5 cm, B 422,5 cm
Tafel 3 H 83,5 cm, B 428,5 cm

Gangkofen, Katholische Kirchenstiftung

Die drei Wappentafeln befanden sich ursprünglich wohl im Kapitelsaal der Deutschordens-Kommende, heute Kath. Pfarramt.
Tafel 2 und 3 bildeten eine Einheit und wurden aus dekorativen Gründen bei der letzten Restaurierung getrennt. Tafel 1 war von jeher ein Einzelstück. Sie zeigt vor einem waffenstrotzenden Hintergrund die Wappenkartusche des Stifters der Kommende, Graf Bernhard II. von Leonberg († 1283).
Die beiden anderen Tafeln tragen jeweils sieben Wappenschilde, von denen je drei leer blieben. Es handelt sich um Wappen von Deuschordens-Komturen und Hauskomturen (= Stellvertreter des Komturs, bzw. in Gangkofen auch Leiter der Kommende) aus einem Zeitraum von ca. 130 Jahren. Jedoch ist diese Reihe nicht vollständig. Bei der nachfolgenden Auflistung sind die Namen der fehlenden (Haus-)Komture *kursiv* in Klammern gesetzt (nach Hartmann):

Tafel 2:

1. Konrad von Ehrbsberg, 1437
   (Marquard von Ditzestein, 1444)
2. Friedrich von Li(eb)sberg, 1452
3. Burkhard von Erlingshofen, 1456
4. Friedrich Röder(er), 1478
5. Johann Haberkorn, 1479
6. Georg Truchsess von Waldeck gen. Heimerdinger, 1480
7. Hilpolt von Seckendorf gen. Nolt, 1491.

Tafel 3:

8. Marquard von Teizensau, bis 1493
   (Adolf von Thüngen, 1493–94)
9. Matthäus von Mönsheim, bis 1497
   (Philipp Forstmeister von Gelnhausen, 1497/98)
10. Berthold von Sachsenheim, 1500
    (Konrad Haberkorn von Zellingen, 1509)
    (Friedrich Röder(er), 1513–15)
    (Philipp von Heusenstamm, 1517)
11. Siegfried vom Stein zu Altenstein, 1520
    (Friedrich Sturmfelder von Oppenweiler, 1520–1523)
    (Christoph Sachs, 1528)
    (Friedrich Wandereisen, bis 1537)
    (Siegfried vom Stein zu Altenstein, 1537–40)
12. Georg Löw von Steinfurt, 1542–1545
13. Jakob von Rottenburg, 1548–1553
14. Johann von Plassenburg, 1556–1559.

Literatur: Die Tafeln sind unpubliziert. – Helmut HARTMANN, Liste der Komture des Deutschen Ordens zu Gangkofen, in: Gangkofen und die Deutschordens-Kommende, 1279–1979, Gangkofen 1979, S. 80–83.

Peter Morsbach

158. Die Deutschordenstrachten im Wandel

Stifterbild auf dem Hochaltar der St. Salvator-Kirche in Heiligenstadt:

Komtur Berthold von Sachsenheim ist auf der linken Seite der Predella des Hochaltares abgebildet mit seinem Wappen (zwei rot mit weißgetupfte Hörner in Lyraform auf weißem Grund)

Der Votant kniet mit schwarzer Hose und weißem Rock, auf der Brust das Deutschordenskreuz groß aufgenäht, angetan mit schwarzem Schulterkragen, einen Rosenkranz an den gefalteten Händen mit der Aufschrift: „miserare mei deus".

Zwei kolorierte Zeichnungen
28,5 × 21 cm, 1913
Gangkofen, Pfarrhof

Die Tracht der Mitglieder des Deutschen Ordens wurde 1606 unter der Leitung des energischen Hoch- und Deutschmeisters, Erzherzogs Maximilian von Österreich, auf dem Generalkapitel von 1606 entsprechend dem damaligen Zeitgeschmack vorgeschrieben. Die Neuhinterlegung wurde in Regeln und Statuten gefaßt, in 34 kurzen Kapiteln und von 32 Kapitularen genehmigt. Darin wurden für die Deutschordensritter schwarzer Wams und schwarze Hosen, sowie der weiße Mantel mit dem schwarzen Deutschordenskreuz festgelegt, ferner das Schwert und an einer goldenen Halskette das Deutschordenskreuz. Die Priester trugen zu ihrer schwarzen Soutane und dem schwarzen Birett ein ärmelloses weißes Rochett, auf dem ebenfalls auf der linken Brustseite das Deutschordenskreuz in Schwarz aufgenäht war.

Vgl.: kolorierte Zeichnungen im Pfarrhof zu Gangkofen, Abbildung in: Gangkofen und die Deutschordenskommende 1279–1979, Gangkofen 1979, S. 134.

Paul Mai

Kat. Nr. 157, Tafel 2

Kat. Nr. 157, Tafel 3

DER HOCHALTAR DER WALLFAHRTSKIRCHE IN HEILIGENSTADT

Wohl seit dem Ende des 13. Jahrhunderts dürfte es eine Wallfahrt St. Salvator in Heiligenstadt gegeben haben, die zu einer „neuen Kapelle" führte, welche schon 1279 erwähnt wird. Genaue Größe und Aussehen dieses ersten Baus auf dem Platz der heutigen Kirche ist nicht bekannt. Die Blütezeit der Wallfahrt lag hauptsächlich im 15. Jahrhundert. Mittelpunkt war der große Hochaltar, der gemeinhin auf 1480 datiert wird, woran jedoch Zweifel geäußert werden können. Zugleich besaß man eine heute versiegte Quelle im Bereich des Hochaltares, die als Lebensbrunnen (fons vitae) verehrt wurde.

Der Heiligenstädter Flügelaltar zählt zu den Hauptwerken der spätgotischen Skulptur und Tafelmalerei Niederbayerns und wurde von V. Liedke mit guten Gründen als Landshuter Arbeit angesehen. Die Forschung übernahm die Zuschreibung an Heinrich Helmschrot und Andre Taubenpeck. Liedke sah in den Malereien ein Werk des Jörg (Georg) Preu aus Landshut.

Er zeigt auf der Außenseite der Flügel (Werktagsseite) vier gemalte Szenen aus der Passion Christi: Ölberg, Geißelung, Simon von Cyrene und Kreuzigung. Die Flachreliefs der Flügelinnenseiten (Feiertagsseite) tragen Szenen aus dem Leben Mariens: Verkündigung, Heimsuchung, Geburt Christi und Anbetung der Weisen. Im Schrein thront Christus-Salvator, von musizierenden Engeln umgeben. Die Rückseite des Schreines trägt eine Darstellung des Jüngsten Gerichts mit Christus als Weltenrichter, Maria und Johannes (Deesis). Die Predella, in deren Nische eine plastische Grablegung Christi steht, zeigt auf der Rückseite das gemalte Schweißtuch der Veronika mit der Jahreszahl 1480 und sechs paarweise gruppierte Heilige. Auf den Seiten der Predella wiederum befinden sich Darstellungen des hl. Florian und des hl. Georg. Die Vorderseite zeigt neben der Grablegung eine gemalte Himmelfahrt und das Stifterbild eines Deutschordensherren, zwei rote Büffelhörner mit Lindenblättern belegt auf weißem Grund.

An der Datierung des Altares auf 1480 gibt es aufgrund der Identifikation des Stifterbildes gewisse Zweifel (Kat. Nr. 159).

1865–67 erhielt der Hochaltar ein neues Gesprenge und wurde 1878 einer gründlichen Restaurierung der Fassung unterzogen.

Literatur: Die Kunstdenkmäler von Niederbayern VIII: Bezirksamt Eggenfelden, bearb. von Hans Karlinger, München 1923, S. 102f., Tf. IX, X. – Volker Liedke, Landshuter Tafelmalerei und Schnitzkunst der Spätgotik (Ars Bavarica 11/12 [1979]), S. 29–43. – Paul Mai, Geschichte der Pfarrei Gangkofen, in: Gangkofen und die Deutschordenskommende 1279–1979, S. 114f. – Heide Weisshaar-Kiem, Der Heiligenstädter Altar, in: Der Storchenturm 30 (1980), S. 1–23. – Hans Utz, Wallfahrten im Bistum Regensburg, München–Zürich 1981, S. 59–61.

Peter Morsbach

159. Komtur Berthold von Sachsenheim

Stifterbild vom Hochaltar der Wallfahrtskirche St. Salvator in Heiligenstadt (Photo)
Landshut, um 1500
Heiligenstadt, Wallfahrtskirche St. Salvator

Im rechten Predellenbild des Heiligenstädter Hochaltares befindet sich das Stifterbild eines Deutschordensherren. Das lange Zeit unbekannte Wappen, zwei rote Büffelhörner mit Lindenblättern belegt auf weißem (silbernem) Grund, läßt sich nach dem Auffinden der Gangkofener Wappentafeln (Kat. Nr. 157) nun identifizieren: es handelt sich um Berthold von Sachsenheim, der von 1500 bis spätestens 1509 Komtur zu Gangkofen war. Dies jedoch erschüttert wiederum die bisherige Datierung des Altares auf 1480 aufgrund der Jahreszahl auf der Rückseite der Predella. Es ist ausgeschlossen, daß die Darstellung des Schweißtuches später eingesetzt wurde, denn das Gesicht Christi stimmt völlig mit dem der gemalten Flügelvorderseiten überein. Auch das Stifterbild ist sicherlich zugehörig, wie ein Vergleich z.B. mit dem Apostel Petrus der Predellenrückseite beweist. Allenfalls ist zu überlegen, ob die Jahreszahl unter Umständen erst anläßlich der Renovierung der Fassung 1878 angebracht wurde.

Daß sich Berthold von Sachsenheim vielleicht um 1480 in Gangkofen aufhielt, den Altar stiftete, bevor er 1482 Komtur zu Blumenthal wurde und 1500 wieder zurückkehrte, ist freilich nicht sehr wahrscheinlich. Als Schöpfer der Malereien vermutete Liedke den Landshuter Jörg (Georg) Preu.

Literatur: Volker LIEDKE, Landshuter Tafelmalerei und Schnitzkunst der Spätgotik (Ars Bavarica 11/12 [1979]), S. 30–32. – Heide WEISSHAAR-KIEM, Der Heiligenstädter Hochaltar, in: Der Storchenturm 30 (1980), S. 1–23, insbes. 17f.

Peter Morsbach

160. Zwei Engel aus dem Hochaltar der Wallfahrtskirche St. Salvator in Heiligenstadt

Landshut, um 1500 (?)
Laubholz, H 88 cm

Heiligenstadt, Wallfahrtskirche St. Salvator.

Die zentrale Figur des thronenden Salvators im Schrein des Heiligenstädter Hochaltares wird von acht Engeln umgeben, deren obere über Christus Neuschöpfungen des frühen 20. Jahrhunderts sind. Ein Paar mit Schriftbändern befindet sich unterhalb des Thrones, während zu beiden Seiten jeweils drei Engel übereinander schweben und auf verschiedenen Musikinstrumenten spielen. Von den ausgestellten Engeln trägt der sich im Altarschrein rechts unten befindliche ein Portativ, sein Pendant eine Harfe.

Die sechs munteren Himmelswesen mit ihren weitschwingenden, hochaufgerichteten, zerbrechlichen Flügeln und bauschenden Gewandmassen zeugen von virtuosem handwerklichen Können, sie „gehören mit zu den schönsten Dokumenten altbairischer Schnitzkunst der Spätgotik" (LIEDKE 36). Die Engel besitzen sehr individuelle Gesichter, gerahmt von bewegten lockigen Haarmassen, die gerade fallen oder hinter das Ohr zurückgestrichen sind. Das Schweben oder Flattern der Engel zeigt sich in den zurückwehenden und gebauschten Gewändern, deren schiebende und kreisende Formen die Körper verhüllen.

Im Detail etwas härter und hölzerner wirken verwandte Engelsgestalten des Hochaltares in Gelbersdorf (Lkr. Freising) von 1482 (LIEDKE Abb. 41f.).

Literatur: Volker LIEDKE, Landshuter Tafelmalerei und Schnitzkunst der Spätgotik (Ars Bavarica 11/12 [1979]), S. 36, Abb. 17, 21–24, 63.

Peter Morsbach

WOLFSINDIS - DIE KLEINE HEILIGE VON REISBACH

Bis zum heutigen Tage wird im niederbayerischen Reisbach, einem Ort, in dem 798/799 eine wichtige Synode abgehalten wurde, und im nicht weit entfernten Dirnaich bei Gangkofen, alljährlich am 2. September der Festtag der Wolfsindis begangen, einer Heiligen, deren Kult über die engeren Grenzen der Region hinaus so gut wie unbekannt ist.

Die heutige Verehrung der Wolfsindis geht auf das Jahr 1753 zurück (Utz 248), scheint aber bereits rund 1000 Jahre älter zu sein. Zwei Legenden berichten über sie: nach der einen Version handelte es sich um eine Jungfrau, die ohne das Wissen ihres Vaters zum Christentum übertrat und von diesem dafür getötet wurde. An der Stelle ihres Martyriums soll ein Quelle entsprungen sein. Ähnliche Martyrien sind auch von anderen heiligen Jungfrauen bekannt, z.B. der hl. Barbara, und scheinen die Legende der Wolfsindis beeinflußt zu haben. Eine zweite Version berichtet von Wolfsindis als einer tugendhaften Jungfrau, die von ihrem abgewiesenen Verehrer, einem feindlichen Kriegsmanne, mit einem Pferde zu Tode geschleift wurde (vgl. hierzu das Schicksal der Heiligen Agnes, Agathe u.a.). Die Legenden sind erstmals im 19. Jahrhundert zu belegen.

Es gibt Hinweise, daß bereits im 7. oder 8. Jahrhundert das Grab einer Märtyrerin Wolfsindis in Reisbach bekannt war und verehrt wurde, und aufgrund dessen Reisbach um 753–772 durch Herzog Tassilo III. an das Kloster Wessobrunn kam. Im Wessobrunner Umkreis sind auch die häufigsten Nennungen ihres Namens im Mittelalter zu finden. Ihre früheste Erwähnung datiert auf die 1. Hälfte des 10. Jahrhunderts und findet sich in einem Wessobrunner Nekrolog des Abtes Benedikt (MGH Nekrol. I, 49) mit der Festlegung des Gedenktages auf den 2. September. Eine Urkunde des Regensburger Bischofs Heinrich I., Graf von Wolfratshausen (1132–1155), von 1139 nennt die hl. Jungfrau und Märtyrerin im Zusammenhang mit der Kirche in Reisbach. Ebenfalls unter dem 2. September führt Notker der Stammler aus St. Gallen die Heilige in einem Martyrolog des 12. Jahrhunderts (München, Bayerische Staatsbibliothek Clm 22058). Weitere urkundliche Nachrichten finden sich bei Rosenthal-Dürr S. 12–15.

In seiner Untersuchung zur Gestalt und Überlieferungsgeschichte der hl. Wolfsindis sah Arthur Rosenthal-Dürr neben der Mittelpunktlage des Ortes Reisbach an der alten Straße von Salzburg nach Regensburg und seiner Lage im Grenzbereich dreier Bistümer auch das Wolfsindis-Grab als einen der Hauptgründe für die Abhaltung einer Synode 798/799 an (Rosenthal-Dürr 22). Dies müßte nochmals genauer untersucht werden. Daß der Beschluß der Reisbacher Synode, keines unbekannten Märtyrers oder Heiligen zu gedenken, ganz offensichtlich auf die Person der Wolfsindis keinen Einfluß hatte, wertet Rosenthal-Dürr auch als Beweis für die damals schon allgemein anerkannte Verehrung der Heiligen. Wann und wie die Verehrung der hl. Wolfsindis nach Reisbach kam, ob sie dort lebte und starb oder ob nur ihr Leichnam auf irgendeine Weise dorthin gelangte, wird sich kaum mehr feststellen lassen. Da ihr Name in den großen Heiligenverzeichnissen nicht zu finden ist, handelt es sich bei ihr um eine der zahlreichen Regionalheiligen, deren Verehrung man aber hundertfach noch heute vielerorts in Europa findet, die von Rom zwar nicht unbedingt kanonisiert, aber toleriert wurden, da sie, *per viam cultus* geheiligt, für die Frömmigkeit eines kleinen Bereiches durchaus von Bedeutung waren und sind.

Peter Morsbach

161. Hl. Wolfsindis

Niederbayern, Anfang des 16. Jahrhunderts
Lindenholz (?), H 92,5 cm
mit entstellender Neufassung, geringe Reste alter Fassung am Kopf sichtbar

Dirnaich, Kirchengemeinde St. Martin

Die Kirche St. Martin in Dirnaich, Kirchengemeinde Gangkofen, bewahrt die älteste erhaltene Darstellung der hl. Wolfsindis.

Die Heilige steht nach rechts gewandt, trägt einen Palmzweig und einen Krug, der sich wohl auf die Legende bezieht, nach der am Orte ihres Martyriums eine Heilquelle entsprungen sein soll. Der rundliche Kopf mit seinem breit angelegten Gesicht will frontal betrachtet werden. Das lange Haar legt sich in vier Strähnen über Schulter und Oberarme. Die Zartheit der Einzelformen zeigt sich nicht zuletzt in den feingliedrigen Händen.

Wolfsindis trägt ein langes, sich auf dem Boden stauendes Untergewand, das die linke Schuhspitze sehen läßt und in seiner flachen Faltenführung die Wendung des Körpers unterstreicht. Stärker in der Bewegung schließlich ist der lange, vorne offene Mantel aus knittrigem Stoff, dessen Saum in lockerem Schwung über den rechten Oberschenkel zum linken Unterarm führt und von dort gerade nach unten fällt. So unterstreicht auch er die Wendung des Körpers in den Falten, die vom sich links abzeichnenden Spielbeinknie nach hinten immer höher, zugleich auch schärfer werden. Einen kräftigen Akzent setzt der aufgestellte Mantelsaum unten rechts.

Ein eleganter Schwung durchzieht diese Skulptur, die eine sehr feine bildhauerische Qualität besitzt. Die Einzelform, aber auch der Gesamteindruck bleiben in einer gewissen Flachheit und Sprödigkeit befangen. So ist die Skulptur der hl. Wolfsindis weit von der plastischen Gewalt und Kraft der zeitgenössischen Werke Hans Leinbergers entfernt.

Literatur: Arthur ROSENTHAL-DÜRR, Die heilige Wolfsindis, eine volkstümliche Heilige in Niederbayern in Legende und Kult, in: Verhandlungen des historischen Vereins für Niederbayern 79 (1953), S. 7-46. - Paul MAI, Geschichte der Pfarrei Gangkofen, in: Gangkofen und die Deutschordenskommende 1279-1979, Gangkofen 1979, S. 111 f. - Heide WEISSHAAR-KIEM, Die Kirchen und Kapellen der Pfarrei Gangkofen (SKF Nr. 1615), München-Zürich 1987, S. 14. - Hans J. UTZ, Wallfahrten im Bistum Regensburg, München-Zürich 1981, S. 247 f.

Peter Morsbach

ABBILDUNGSTEIL

Undt drittens werdt noch in ainem mittlern derer gäng gegen dem thor des
hauß ainfacht ganzes grab gefunden mit ziegl wie zu Rom in Catacumbis
zugemacht, darin ain soldat der vierten legion undt christi weller ge-
unterlage, dessen gebain undt marter zaichen auch von andern under sein
altar der izo am selben platz [illegible] Capellen der [illegible] Christi in
[illegible] gelegt worden, von diser undt noch ainer andern, der ~~[illegible]~~ vierten
sundteri genanten Legion hat man eine mänge zerbrochene gebrochene
grabstain gefunden so alle Christen, undt alle wegen des glaubens
under kaiser Antonius gemartert undt hie begraben gelegen der nach
under dises kaisers Regierung weiter all gemeldet worden, daß aber vor
mehr diser ain mächtiger Christen bischoff müeß gewesen sein der
durch die weite statt muß gangen sein, aber gäng aber diser unter
irdischen bischoffs undt christen wonung wasser zu samen auf ainem ge-
fror bisheer ungerechten keller, welcher die erste undt vornembste
grufft: undt Capellen der Christen war. wohin sie von allen orten der
statt durch dise underirdische gäng zur der verfolgung zum gottesdienst
komen känden, undt zweifels ohne vor andern wurde ihr schon gehalten, alldieweilen die jünger Christi undt die Apostel. Petrus Paulus Tomas. undt Andreas Marcus undt sein freundt Barnabas. Jacobus der
grossere, Titus undt Lucas der Evangelist. undt andere sollen deß
heilige messopfer vilmahl darin gehalten haben. wollen noch weiter
~~[illegible]~~ in dem andern Jar der Regierung Claudii des kaisers solle gemeldt
werden.

Hiebey ist die gestaldt der ziegelgrabstain zu sehen, mit ihrer schrifft

Kat. Nr. 1

Kat. Nr. 2

Kat. Nr. 3

Kat. Nr. 4

Kat. Nr. 5

Kat. Nr. 6

Kat. Nr. 7

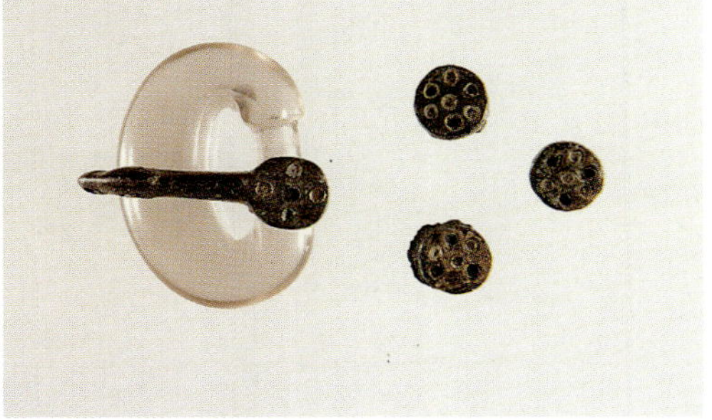

Kat. Nr. 8

Kat. Nr. 9

Kat. Nr. 10

Kat. Nr. 11

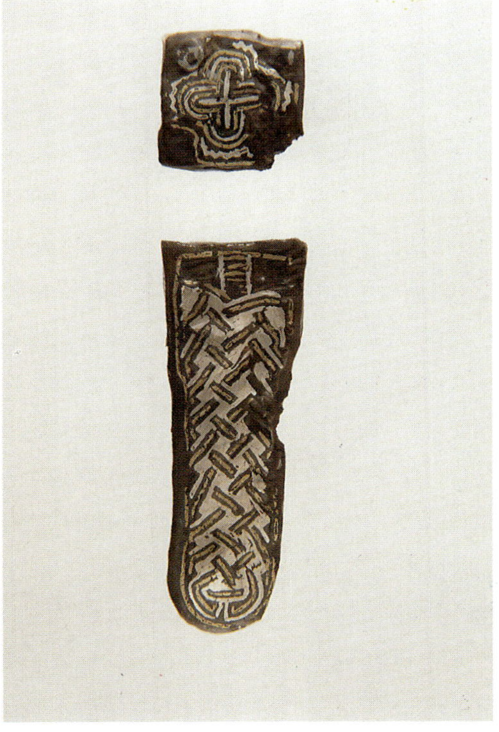

Kat. Nr. 12

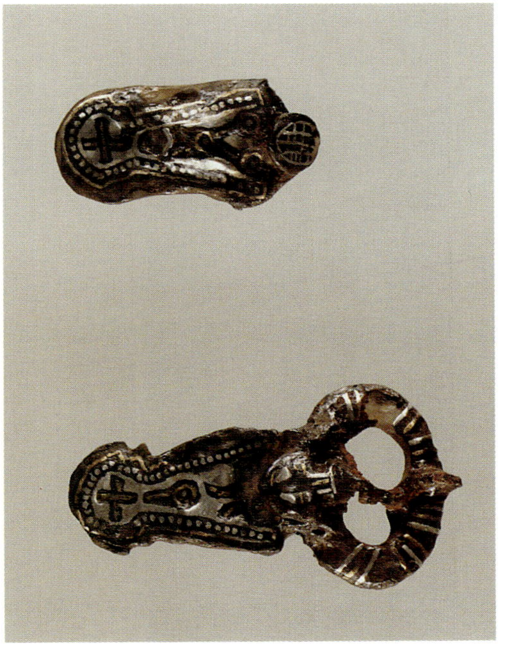

Kat. Nr. 14

Kat. Nr. 13

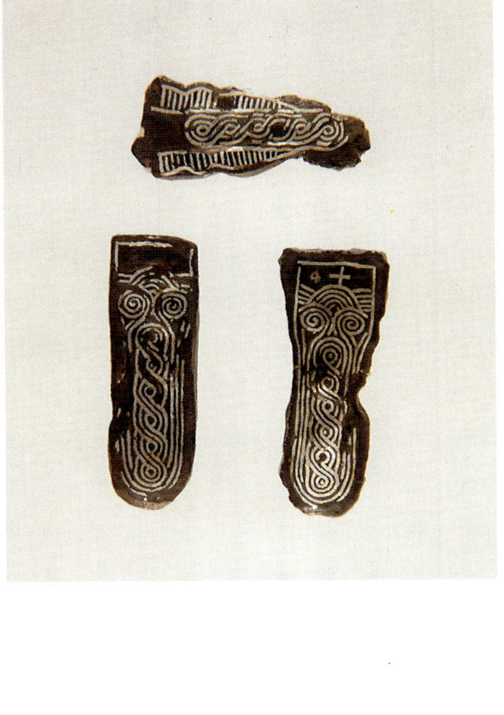

Kat. Nr. 15

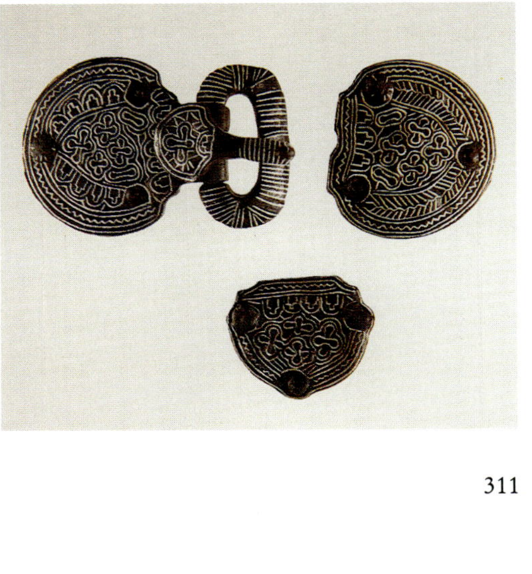

Kat. Nr. 16

Kat. Nr. 17

Kat. Nr. 17

Kat. Nr. 18 Rekonstruktion: S. Codreanu. *Zeichnung:* V. Neumann

Kat. Nr. 19

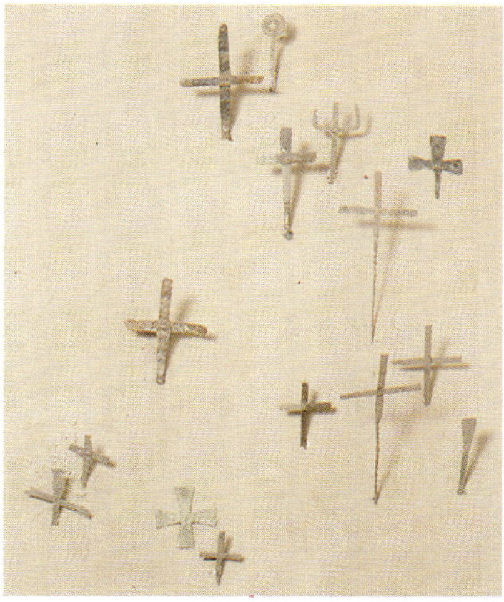

Kat. Nr. 20

Kat. Nr. 21

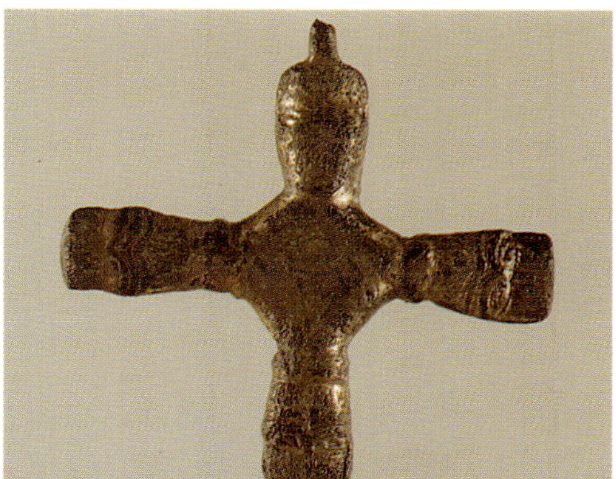

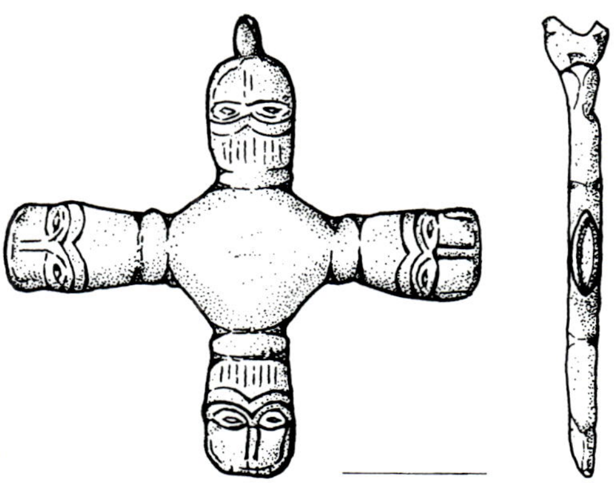

Kat. Nr. 22 Umzeichnung: V. NEUMANN

Kat. Nr. 23

Kat. Nr. 24

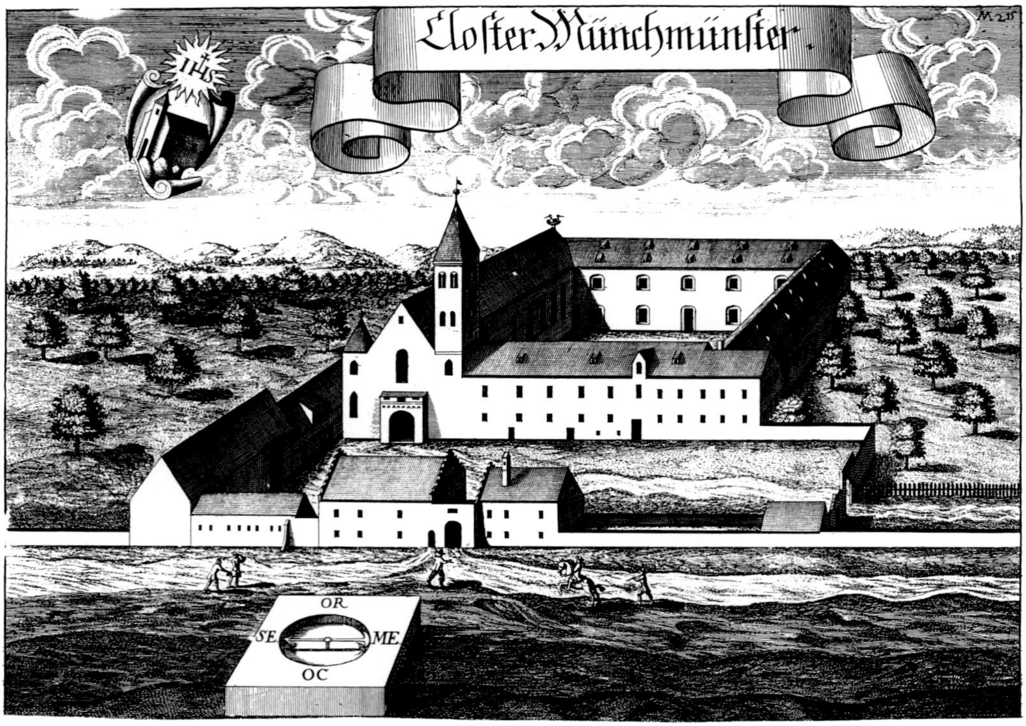
Closter Münchmünster
IHS
OR
SE
ME
OC

Kat. Nr. 25

Kat. Nr. 26

Kat. Nr. 27, 1

Kat. Nr. 27, 2

Kat. Nr. 27,3

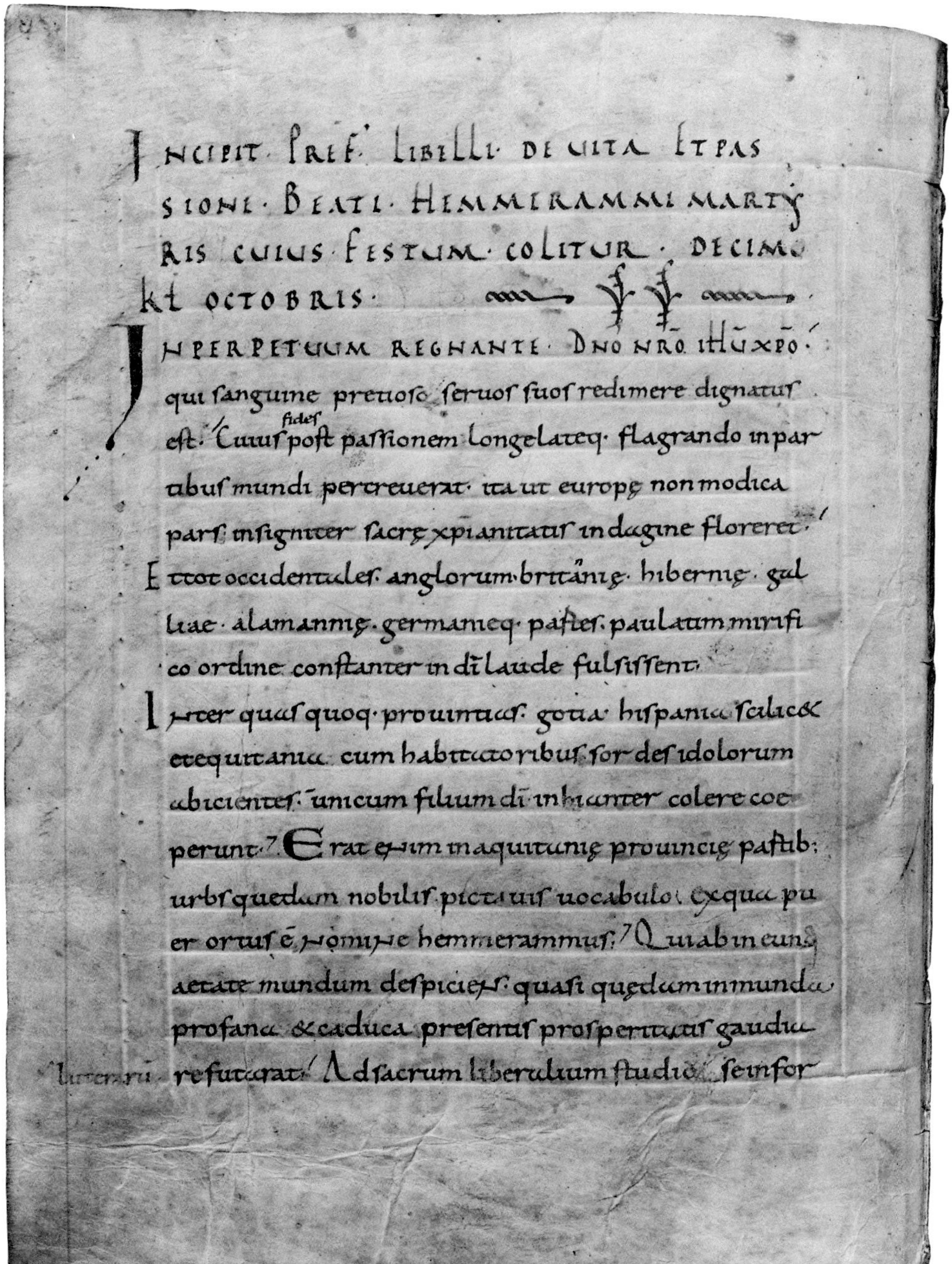

Incipit pref(atio) libelli de uita et pas
sione beati Hemmerammi marty
ris cuius festum colitur decimo
kl(endas) octobris.

In perpetuum regnante d(omi)no n(ost)ro Ih(es)u X(rist)o
qui sanguine pretioso seruos suos redimere dignatus
est. Cuius fides post passionem longe lateq(ue) flagrando in par
tibus mundi percreuerat. ita ut europe non modica
pars insigniter sacre xpianitatis indagine floreret.
Et tot occidentales anglorum britannie hibernie gal
liae alamannie germanieq(ue) pastes paulatim mirifi
co ordine constanter in d(e)i laude fulsissent.
Inter quas quoq(ue) prouincias gotia hispania scilicet
et equitania cum habitatoribus sordes idolorum
abicientes unicum filium d(e)i inhianter colere coe
perunt. Erat enim in aquitanie prouincie partib(us)
urbs quedam nobilis pictauis uocabulo. ex qua pu
er ortus e(st) nomine hemmerammus. Qui ab ineunte
aetate mundum despiciens quasi quedam inmunda
profana et caduca presentis prosperitatis gaudia
respuerat. Ad sacrum liberalium studio se infor

Kat. Nr. 29

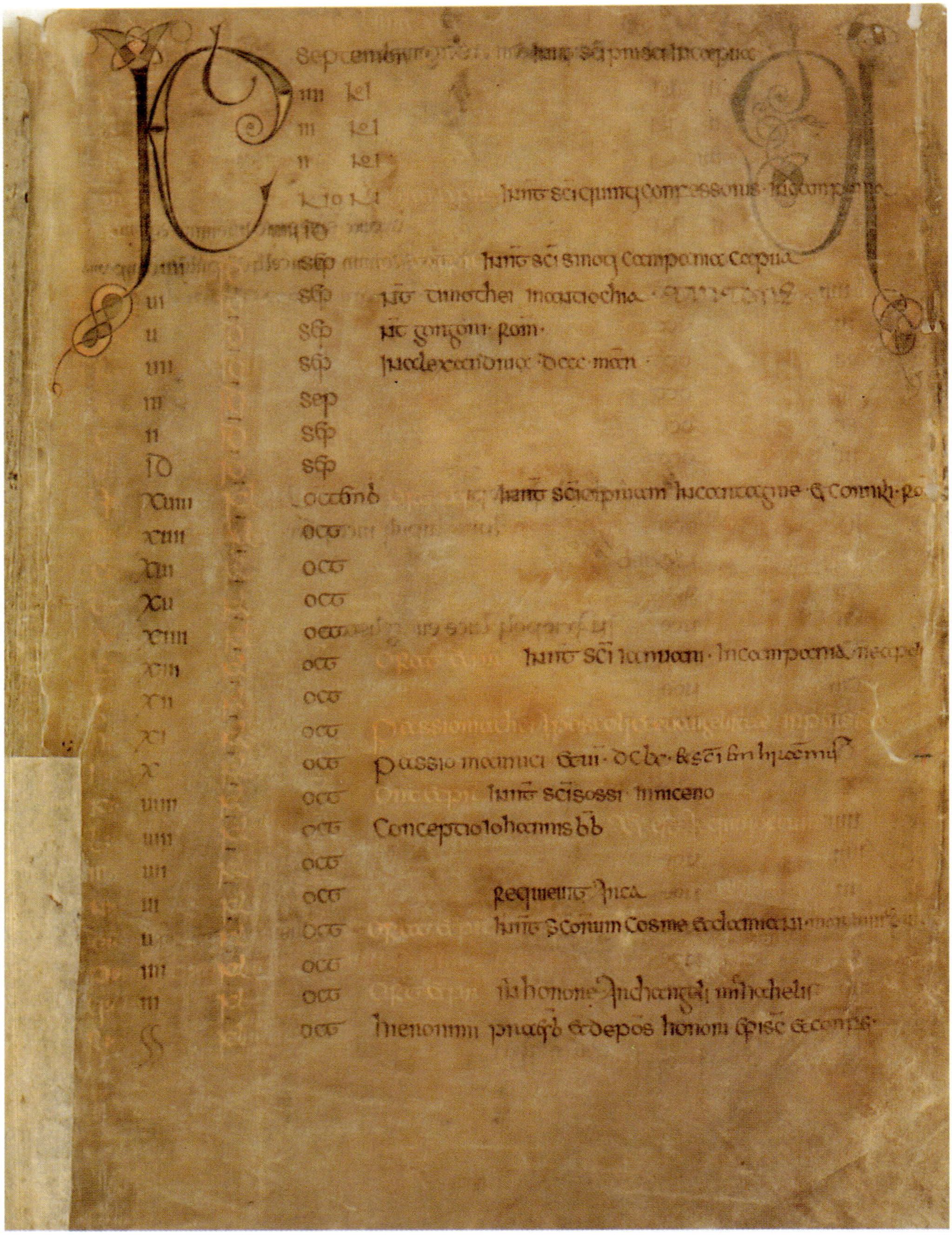

Kat. Nr. 30

Kat. Nr. 31 ▷

Kat. Nr. 32

Kat. Nr. 32

Kat. Nr. 33 a, b, c

Kat. Nr. 33 d

Kat. Nr. 37

Kat. Nr. 38

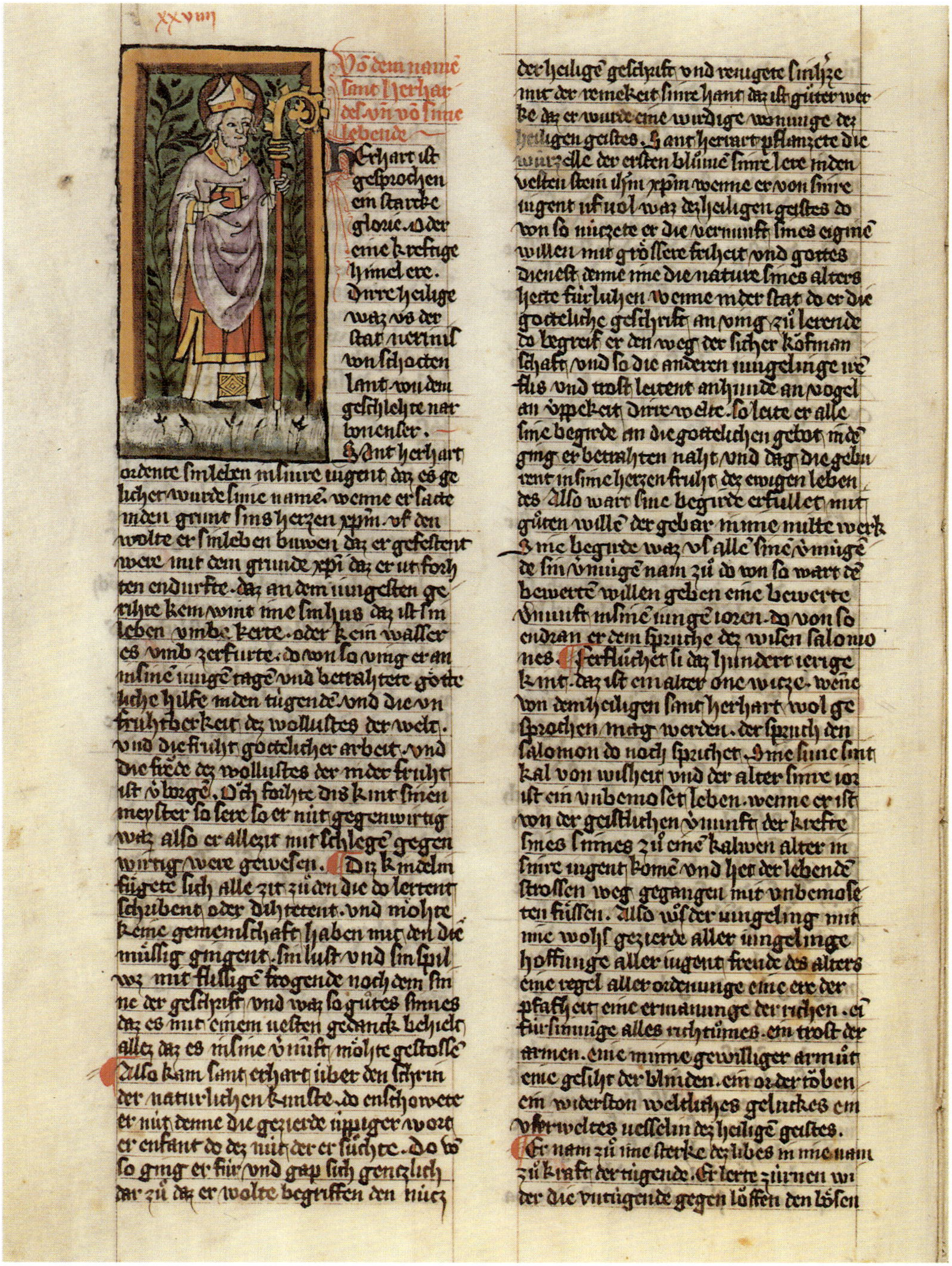

Kat. Nr. 40

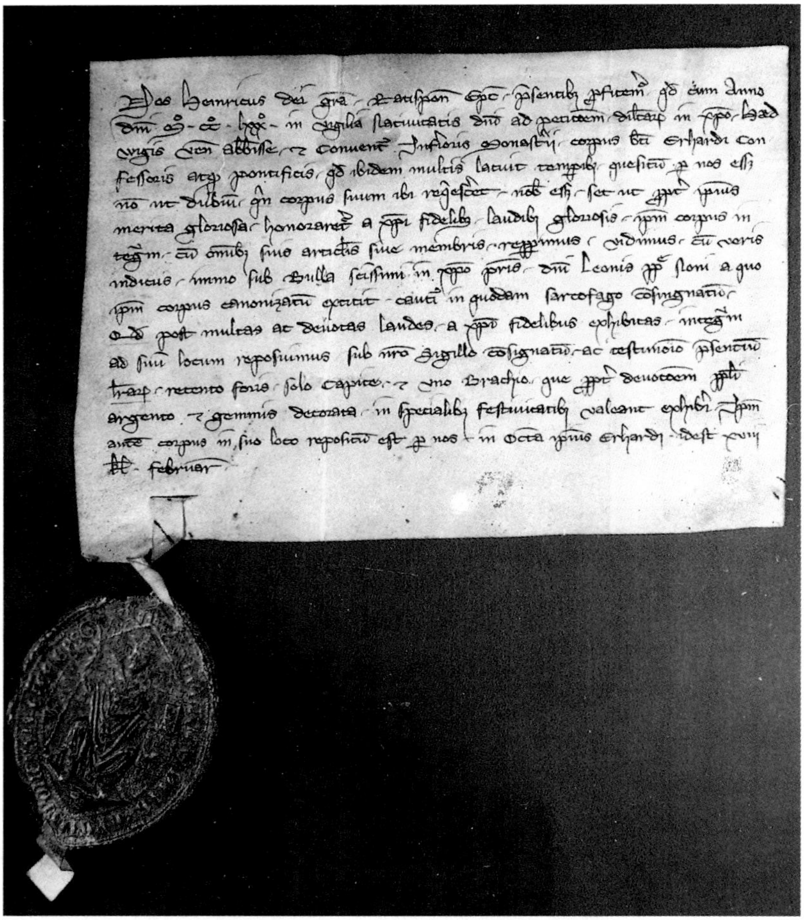

Kat. Nr. 41

Kat. Nr. 42

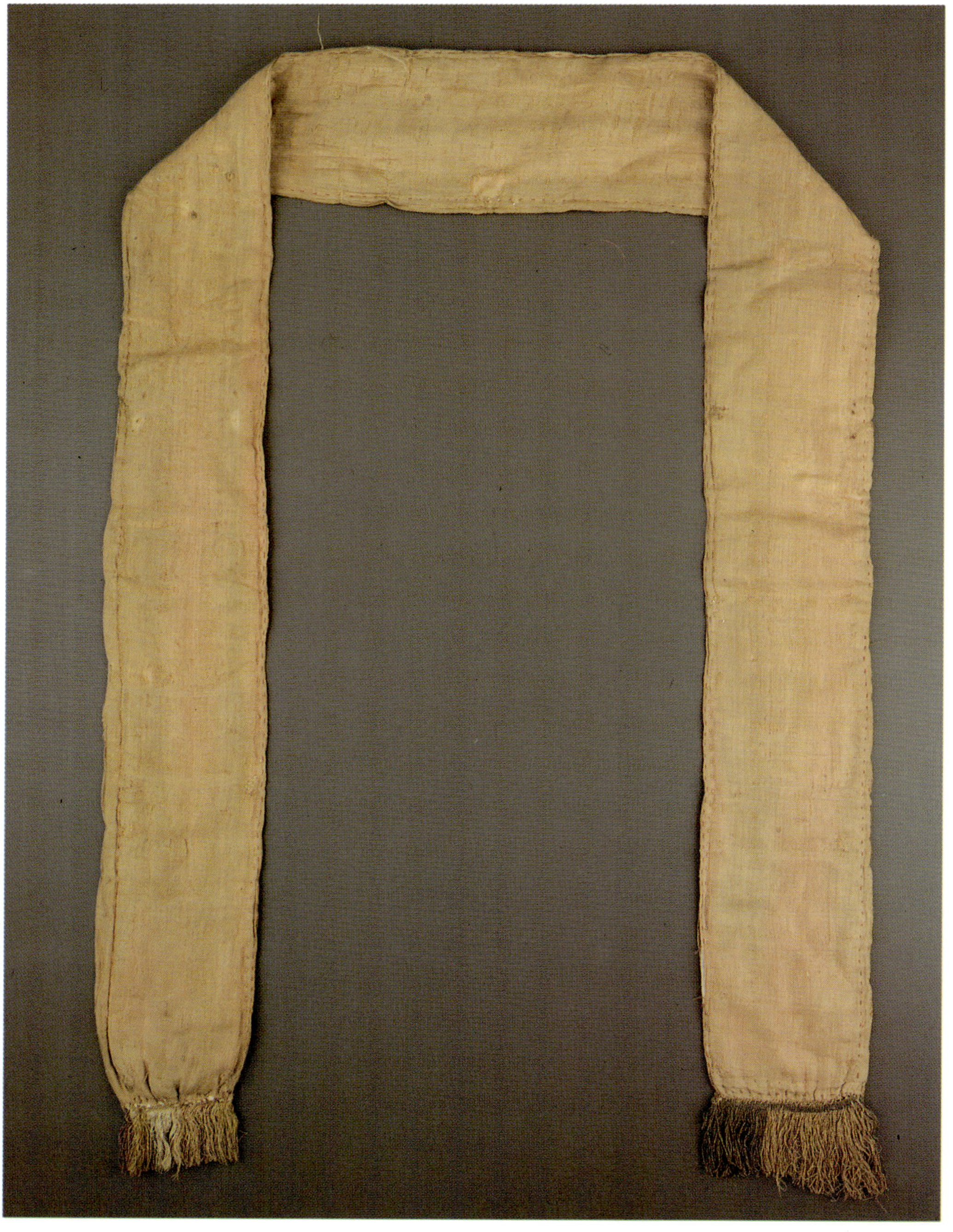

Kat. Nr. 43

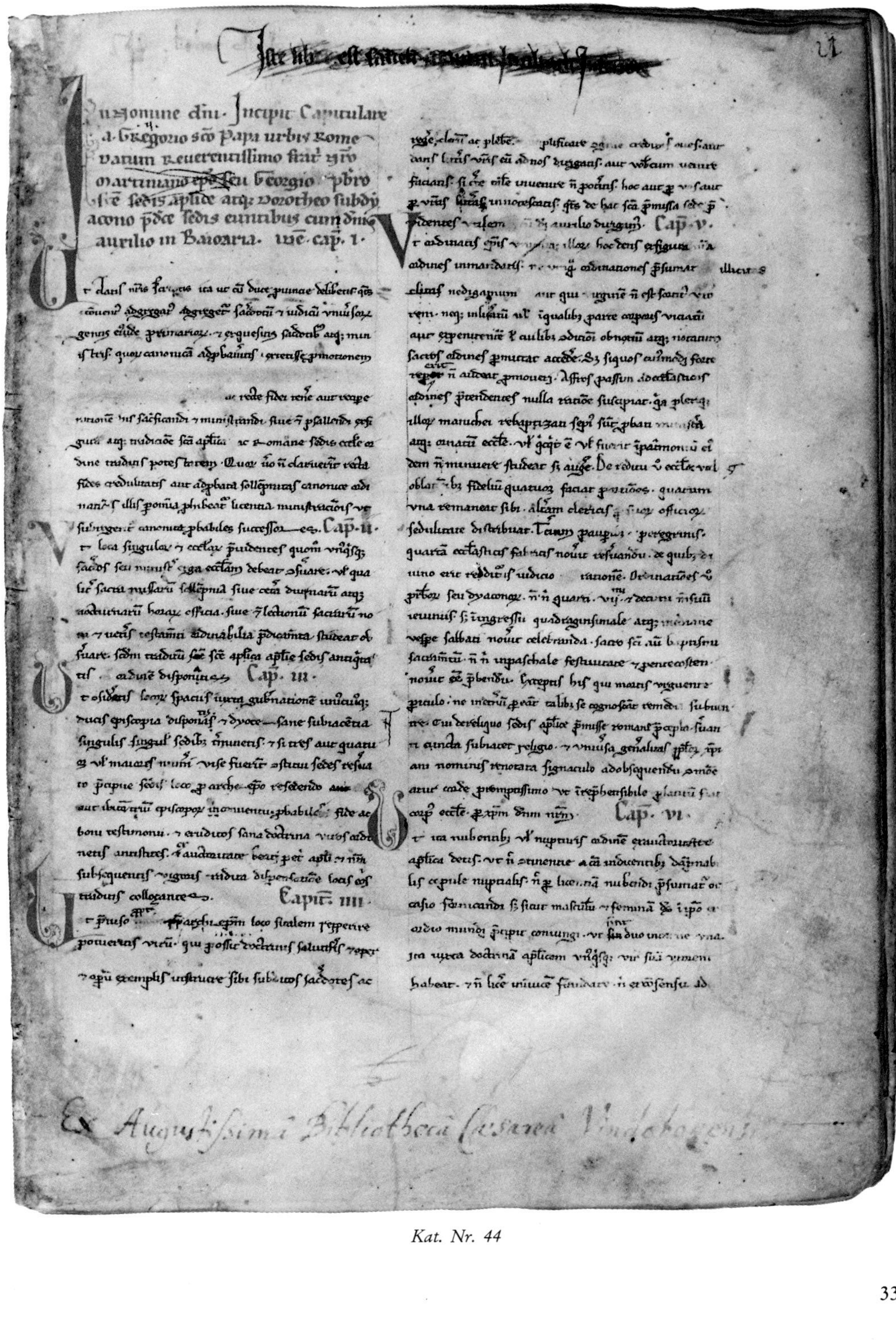

Kat. Nr. 44

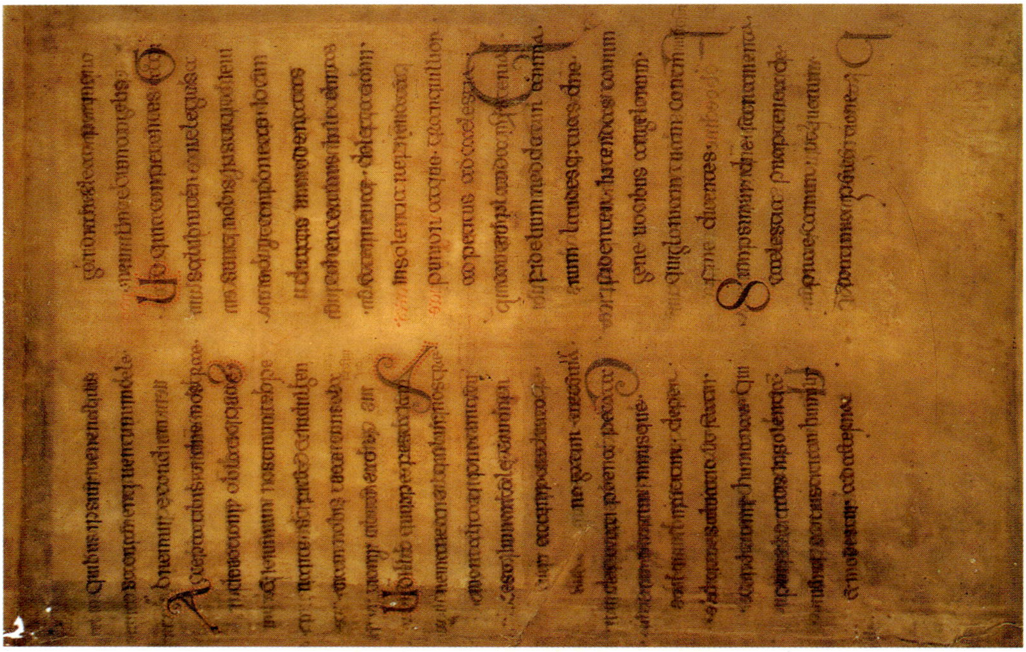

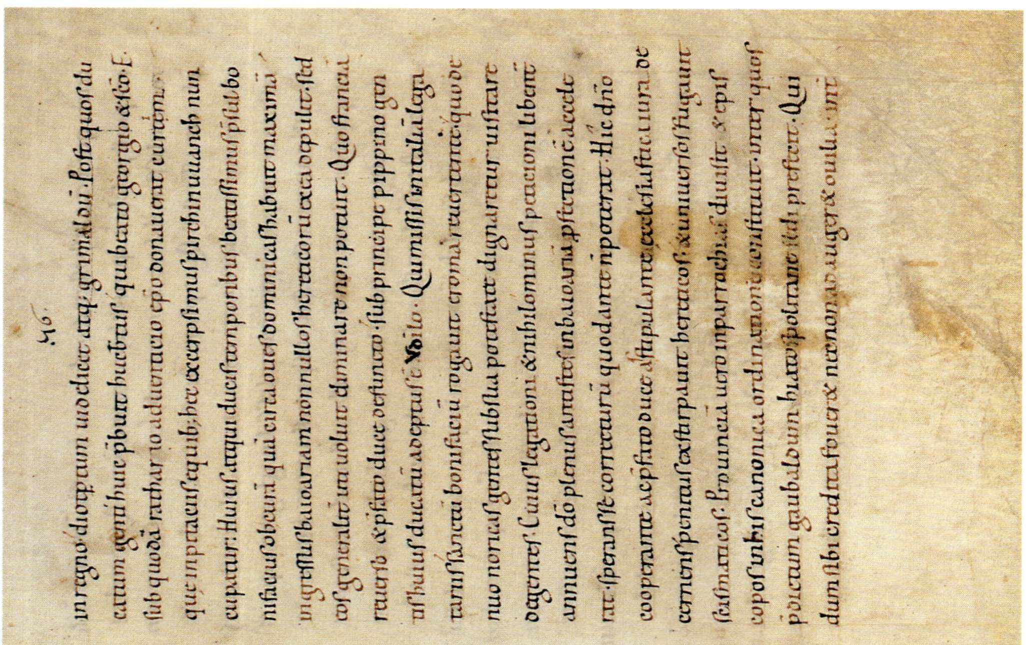

◁ *Kat. Nr. 45, 46*

Kat. Nr. 47

GERMAN
IÆ

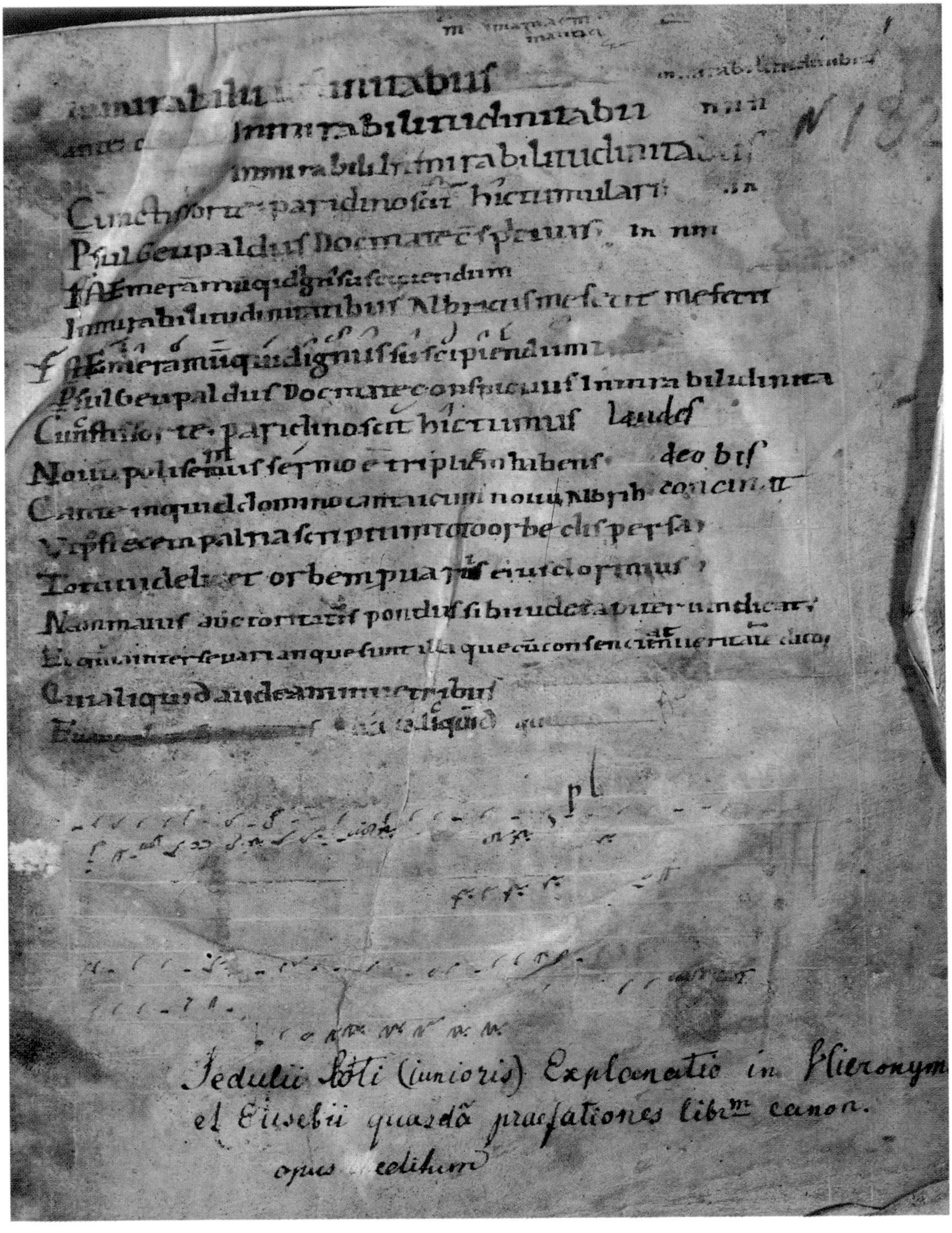

◁ *Kat. Nr. 48*

Kat. Nr. 49

Kat. Nr. 50

Kat. Nr. 51 ▷

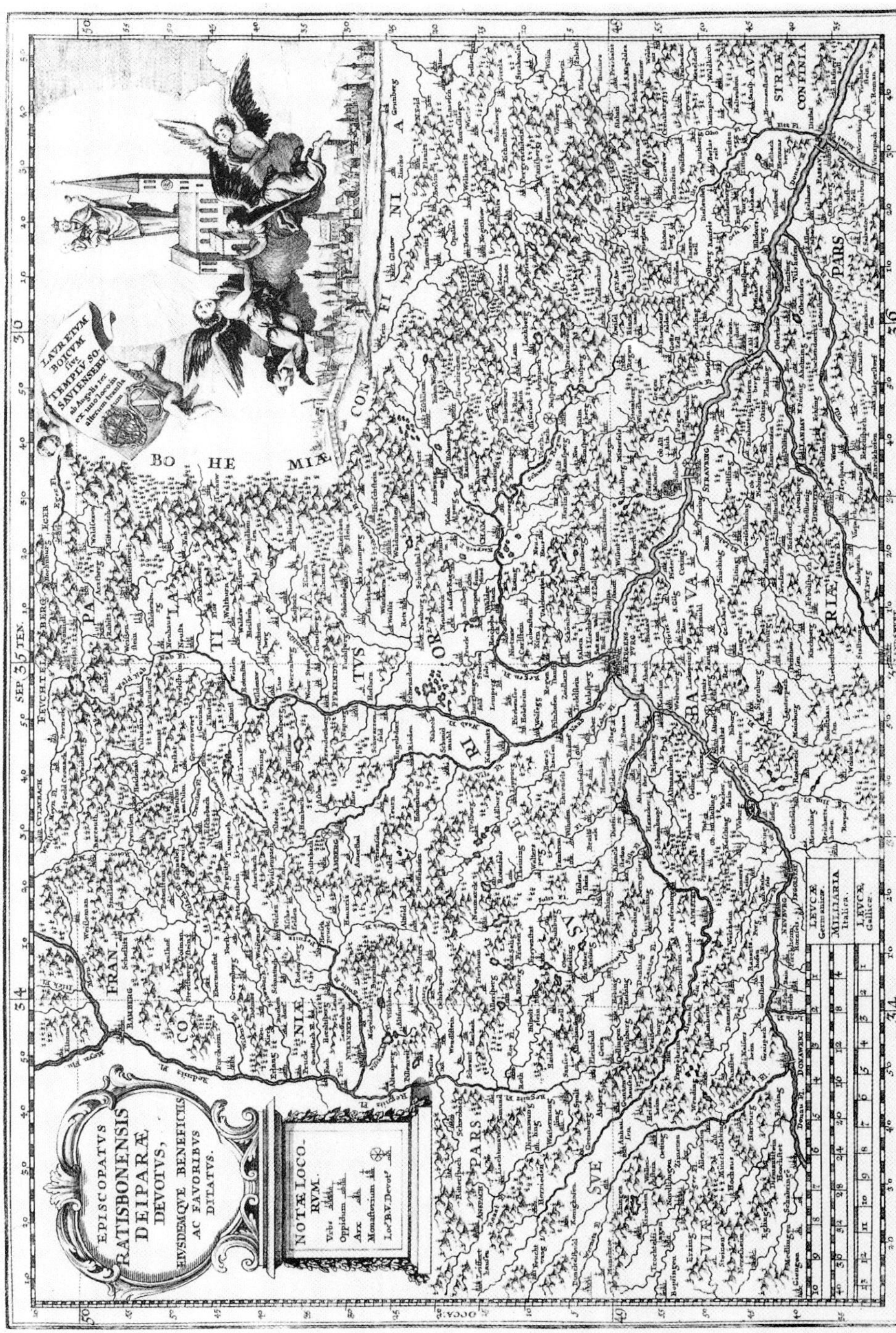
EPISCOPATVS RATISBONENSIS DEIPARÆ DEVOTVS, EIVSDEMQVE BENEFICIIS AC FAVORIBVS DITATVS.
NOTÆ LOCO-RVM.
Vrbs
Oppidum
Arx
Monasterium
Loc. B.V. Devot.
BO HE MIÆ
LEVCÆ Germanicæ.
MILLIARIA Italica.
LEVCÆ Gallicæ.
DONAWERT
STRAVBING
PARS

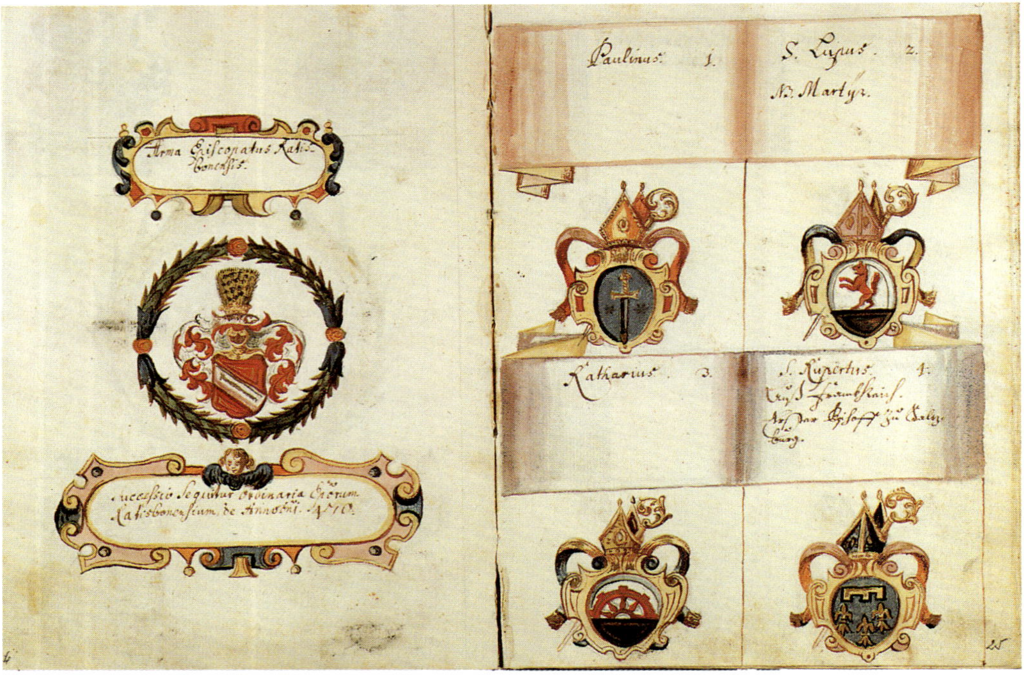

Kat. Nr. 52

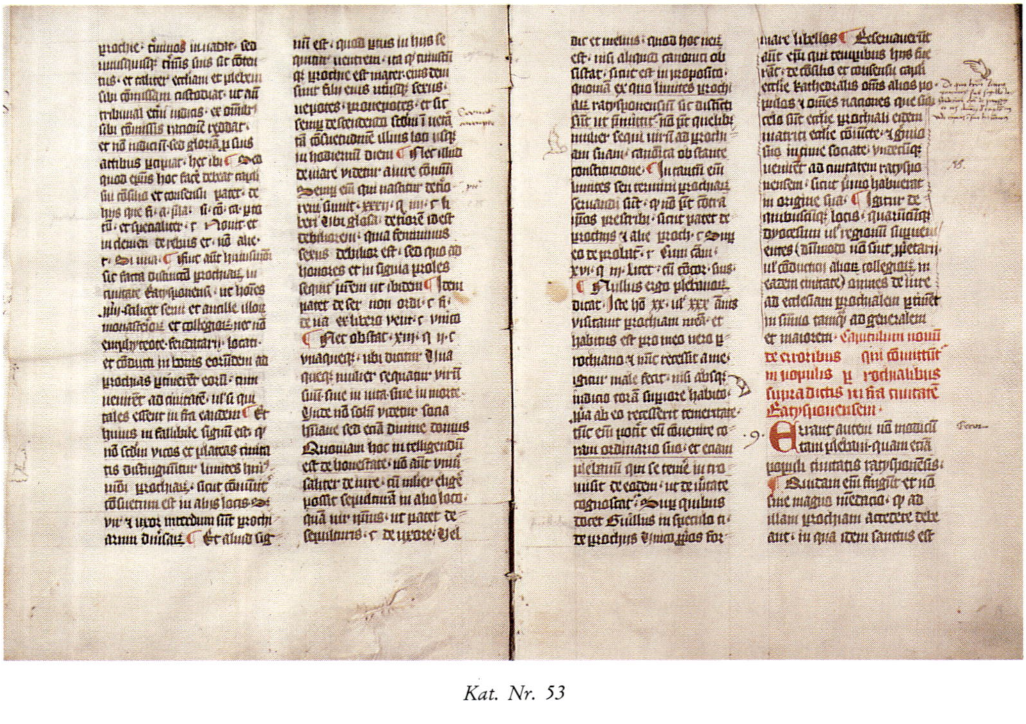

Kat. Nr. 53

Kat. Nr. 54

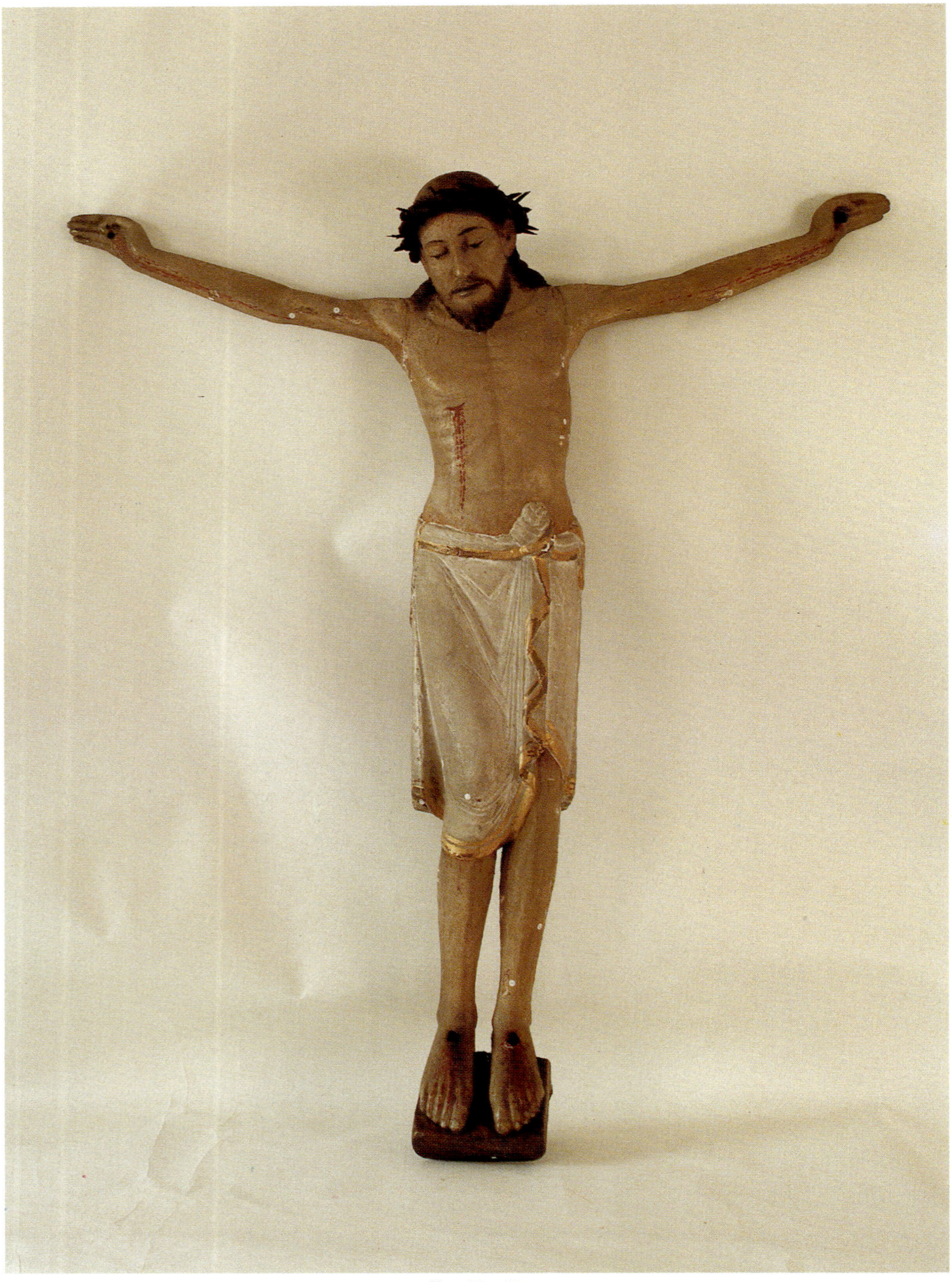

Kat. Nr. 55

Kat. Nr. 56 ▷

Kat. Nr. 57, 1

Kat. Nr. 57, 2

Kat. Nr. 57,5

Kat. Nr. 57,4

◁ *Kat. Nr. 57, 6; 57, 7*

Kat. Nr. 57, 8

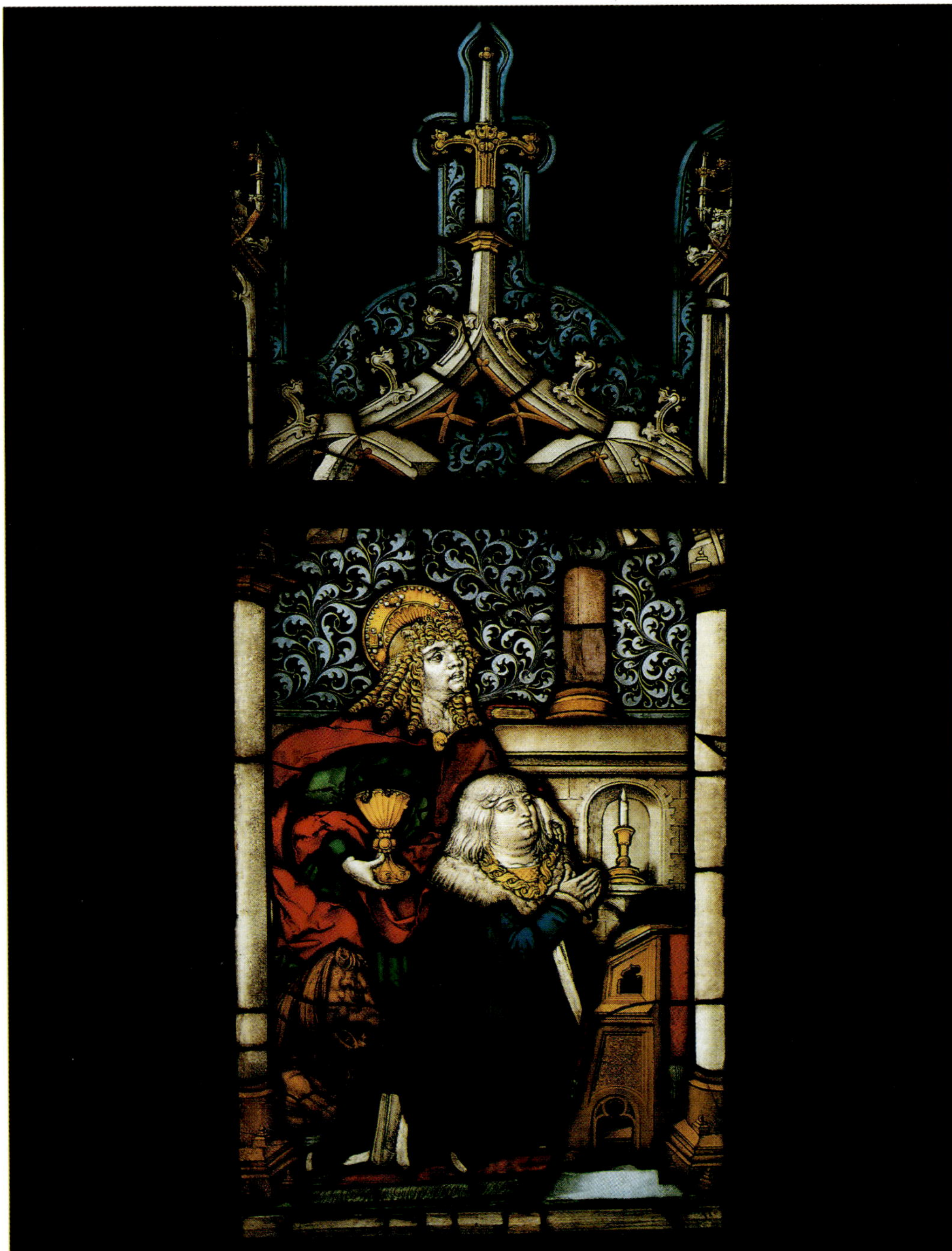

◁ *Kat. Nr. 58*

Kat. Nr. 59

Kat. Nr. 60

Kat. Nr. 61 B 17

Kat. Nr. 61 B 21

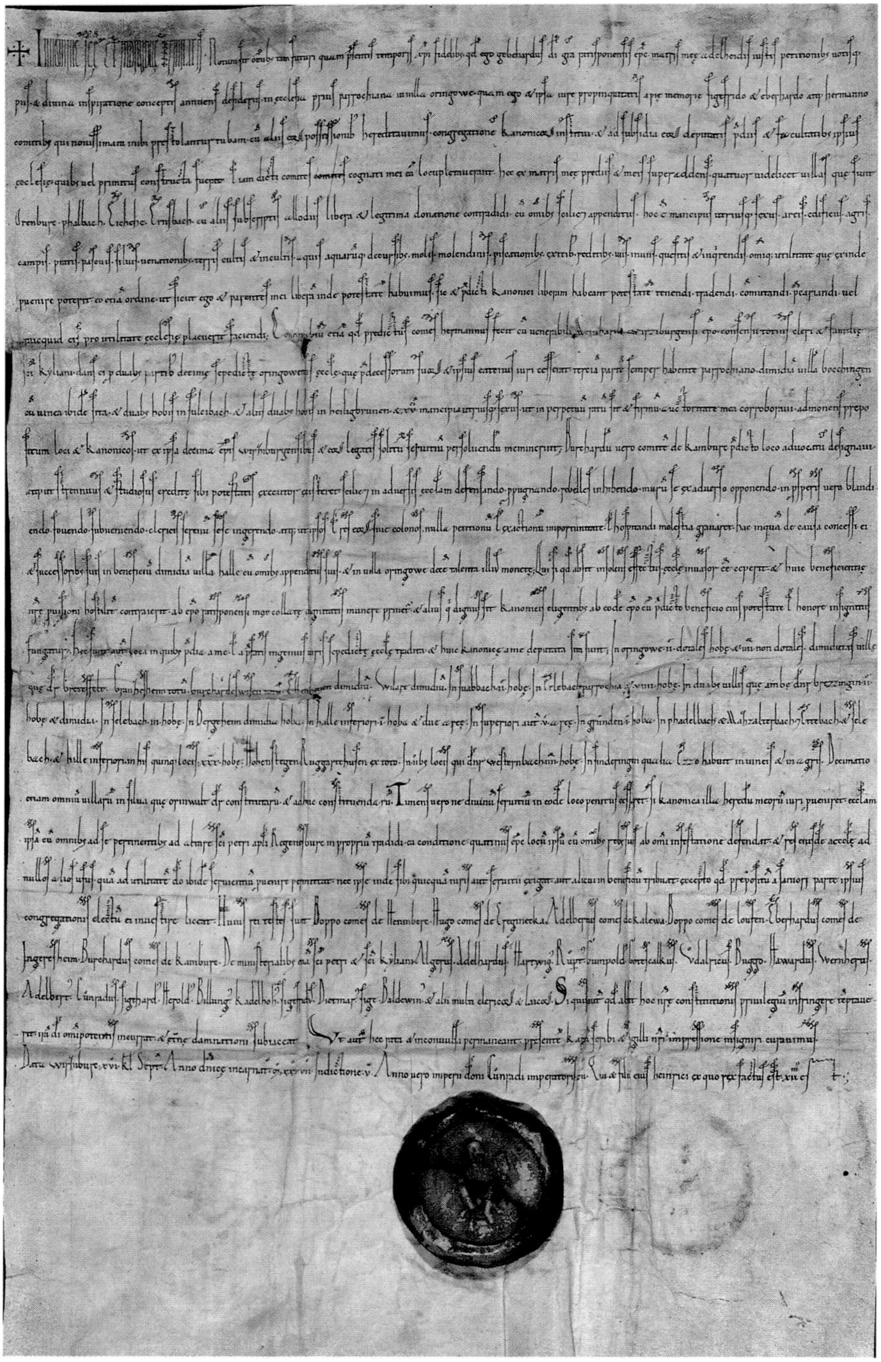

Kat. Nr. 63

Gebhardus Epus
Burkardus Comes
Adelheidis fundatrix
S. petrus patronus

Kat. Nr. 64

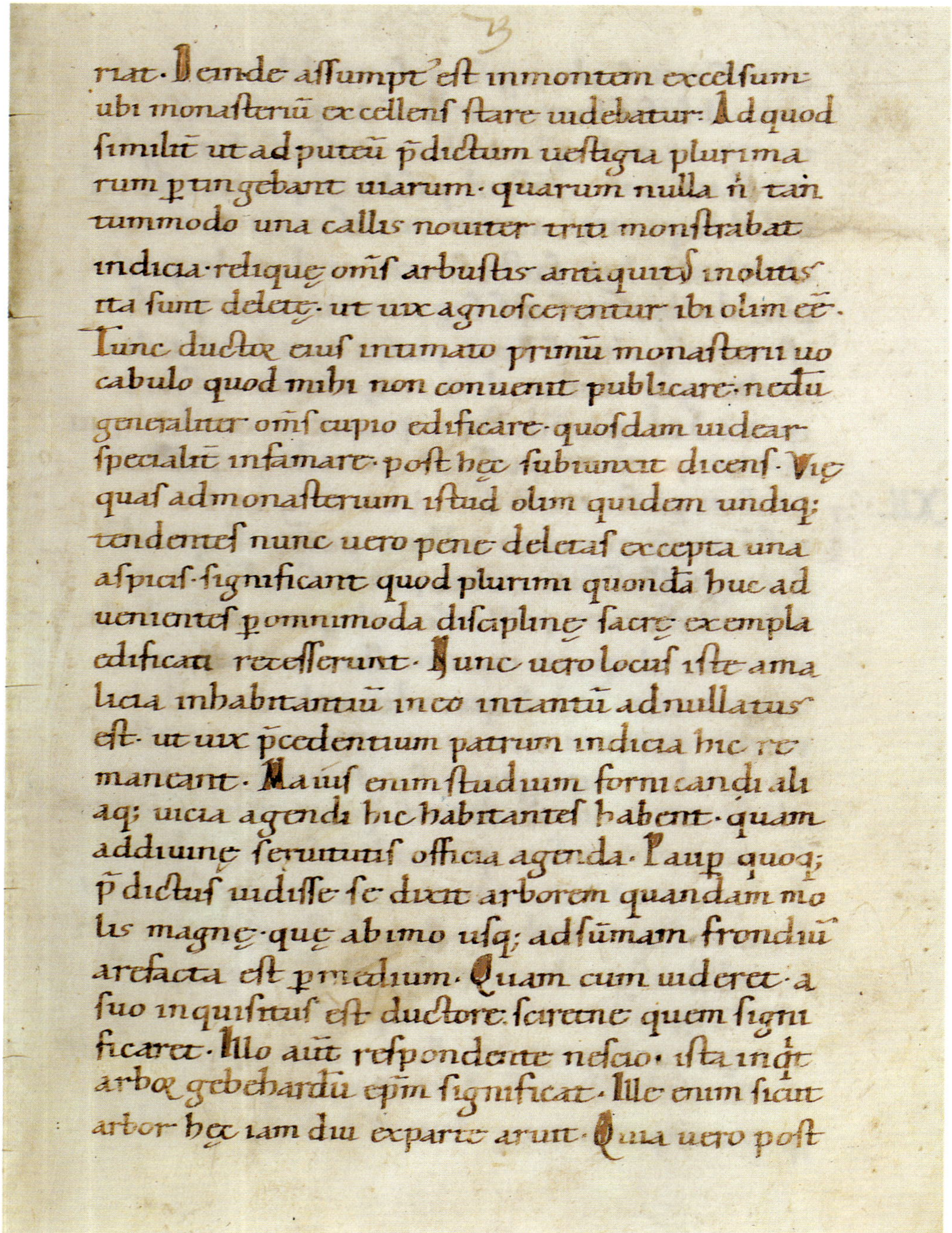
riat. Deinde assumptus est in montem excelsum
ubi monasterium excellens stare uidebatur. Ad quod
similiter ut ad puteum predictum uestigia plurima
rum pertingebant uiarum. quarum nulla non tan
tummodo una callis nouiter triti monstrabat
indicia. reliquę omnes arbustis antiquitus inolitis
ita sunt delete. ut uix agnoscerentur ibi olim esse.
Tunc ductor eius intimato primum monasterii uo
cabulo quod mihi non conuenit publicare. ne dum
generaliter omnes cupio edificare. quosdam uidear
specialiter infamare. post hec subiunxit dicens. Uię
quas ad monasterium istud olim quidem undiq;
tendentes nunc uero pene deletas excepta una
aspicis. significant quod plurimi quondam huc ad
uenientes per omnimoda discipline sacre exempla
edificati recesserunt. Nunc uero locus iste ama
licia inhabitantium in eo intantum adnullatus
est. ut uix precedentium patrum indicia hic re
maneant. Maius enim studium fornicandi ali
a q; uicia agendi hic habitantes habent. quam
ad diuine seruitutis officia agenda. Pauper quoq;
predictus uidisse se dixit arborem quandam mo
lis magnę. quę ab imo usq; ad summam frondium
arefacta est per medium. Quam cum uideret. a
suo inquisitus est ductore. sciretne quem signi
ficaret. Illo autem respondente nescio. ista inquit
arbor gebehardum episcopum significat. Ille enim sicut
arbor hec iam diu ex parte aruit. Quia uero post

Kat. Nr. 65 fol. 24r

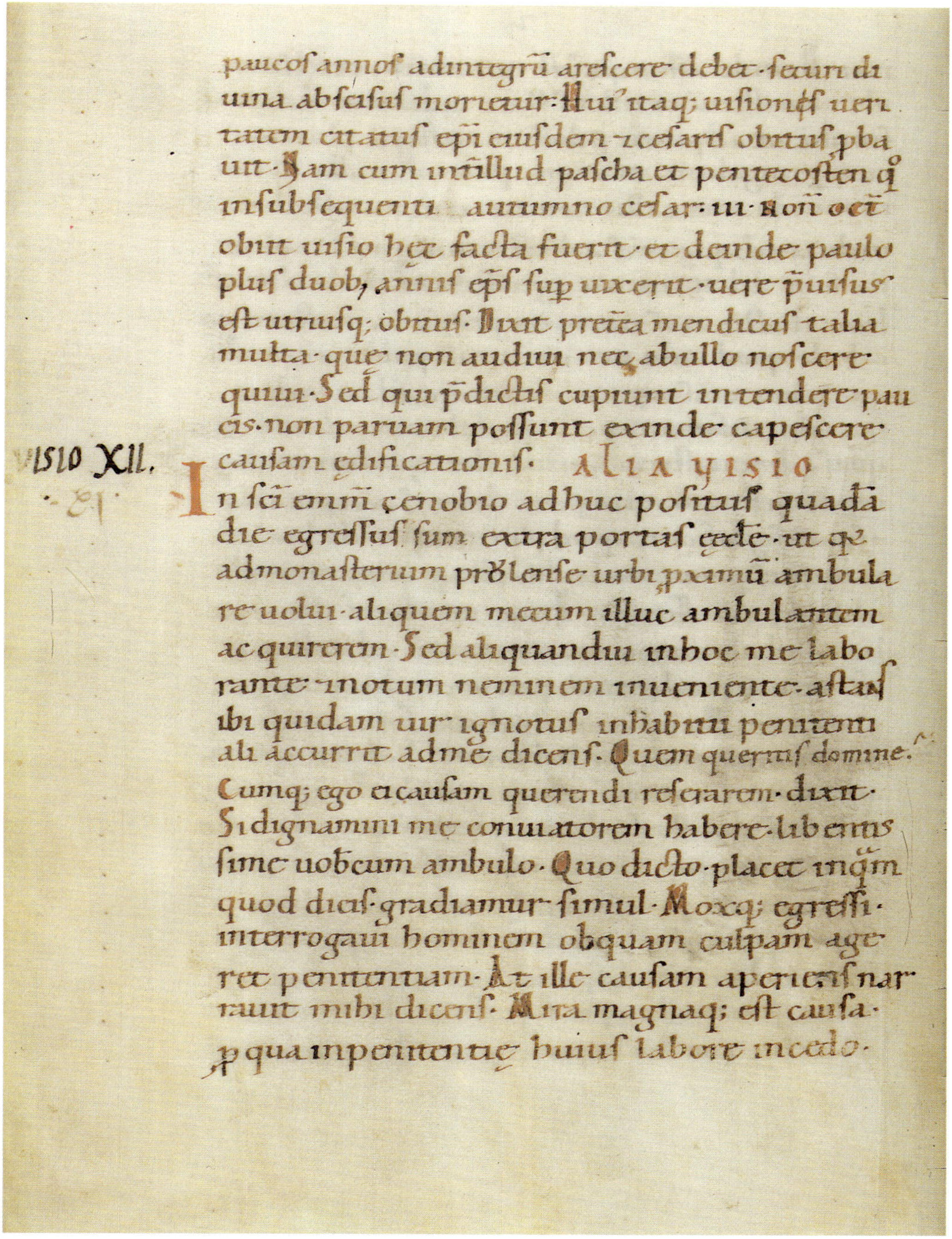
paucos annos ad integrũ arescere debet. securi di
uina abscisus morietur. Hui(us) itaq; uisionis ueri
tatem citatus epi eiusdem & cesaris obitus pba
uit. Iam cum in illud pascha et pentecosten q(ue)
in subsequenti autumno cesar .iii. non. oct.
obiit uisio hec facta fuerit. et deinde paulo
plus duob; annis eps sup uixerit. uere puisus
est utriusq; obitus. Dixit preterea mendicus talia
multa. que non audiui nec ab ullo noscere
quiui. Sed qui pdictis cupiunt intendere pau
cis. non paruam possunt exinde capescere
Visio XII. causam edificationis. ALIA VISIO
In sci emmi cenobio adhuc positus quadã
die egressus sum extra portas eccle. ut que
ad monasterium prulense urbi pximũ ambula
re uolui. aliquem mecum illuc ambulantem
acquirerem. Sed aliquandiu in hoc me labo
rante. et notum neminem inuenientem. astans
ibi quidam uir ignotus in habitu penitenti
ali accurrit ad me dicens. Quem queris domine.
Cumq; ego ei causam querendi reserarem. dixit.
Si dignamini me comitatorem habere. libentis
sime uobiscum ambulo. Quo dicto. placet ingm
quod dicis. gradiamur simul. Moxq; egressi.
interrogaui hominem ob quam culpam age
ret penitentiam. At ille causam aperiens nar
rauit mihi dicens. Mira magnaq; est causa.
p qua in penitentie huius labore incedo.

Kat. Nr. 65 fol. 24v

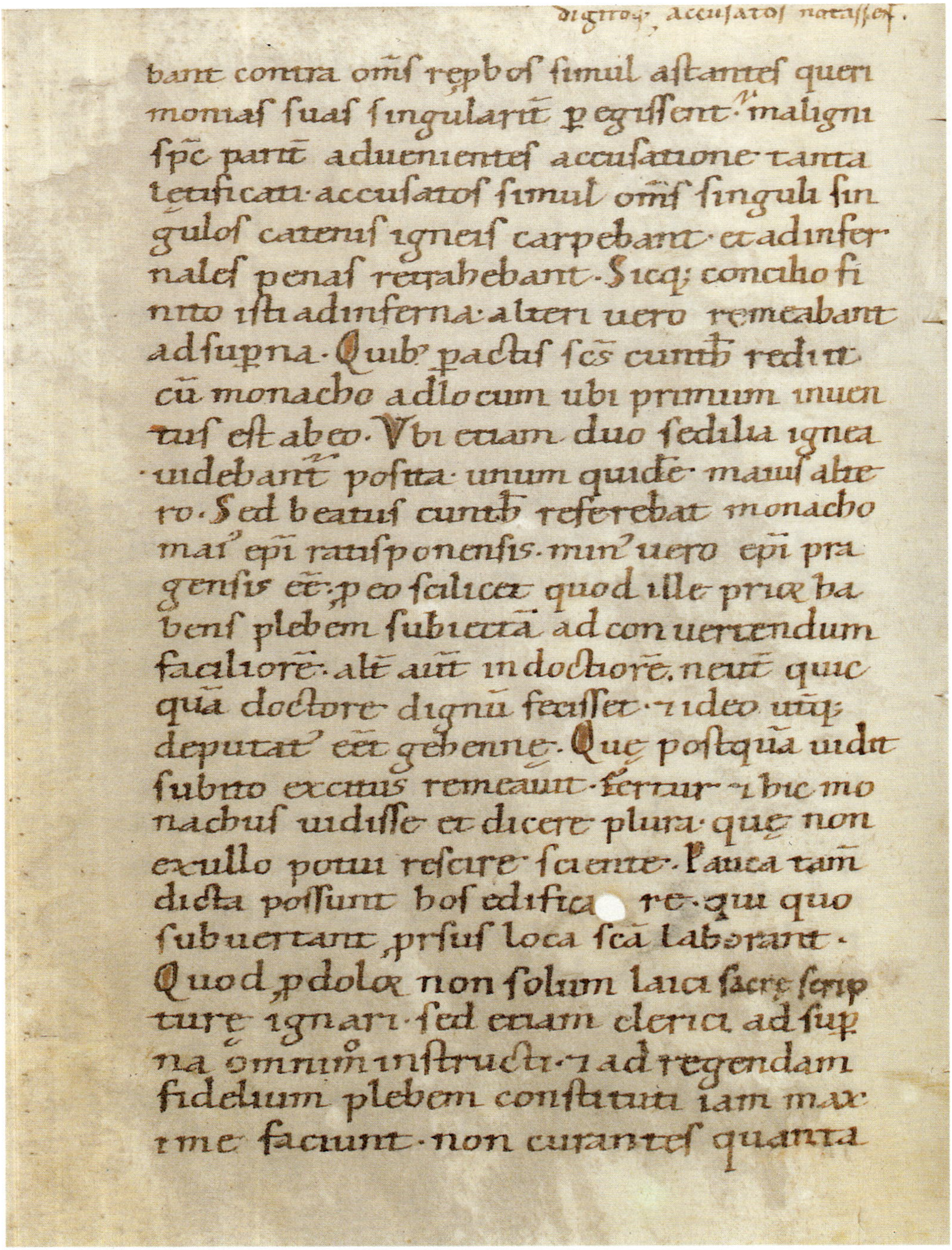
digitos· accusatos notassent·

bant contra om̄s reprobos simul astantes queri
monias suas singulariter per egissent· maligni
sp̄c parti aduenientes accusatione tanta
letificati· accusatos simul om̄s singuli sin
gulos catenis igneis carpebant· et ad infer
nales penas retrahebant· Sicque concilio fi
nito isti ad inferna· alteri uero remeabant
ad superna· Quibus peractis scs cunth redit
cū monacho ad locum ubi primum inuen
tus est ab eo· Ubi etiam duo sedilia ignea
uidebantur posita· unum quidē maius alte
ro· Sed beatus cunth referebat monacho
maius epi ratisponensis· minus uero epi pra
gensis eē· pro eo scilicet quod ille prior ha
bens plebem subiectā ad conuertendum
faciliorē· alter autē in doctiorē· neuter quic
quā doctore dignū fecisset· et ideo utrique
deputatum esset gehenne· Que postquā uidit
subito excitus remeauit· fertur et hic mo
nachus uidisse et dicere plura· que non
ex ullo potui rescire scientē· Pauca tamē
dicta possunt hos edifica re· qui quo
subuertant, prorsus loca scā laborant·
Quod pro dolor non solum laici sacre scrip
ture ignari· sed etiam clerici ad sup
na omnium instructi et ad regendam
fidelium plebem constituti iam max
ime faciunt· non curantes quanta

Kat. Nr. 65 fol. 27v

Kat. Nr. 66, 1

Kat. Nr. 66, 2

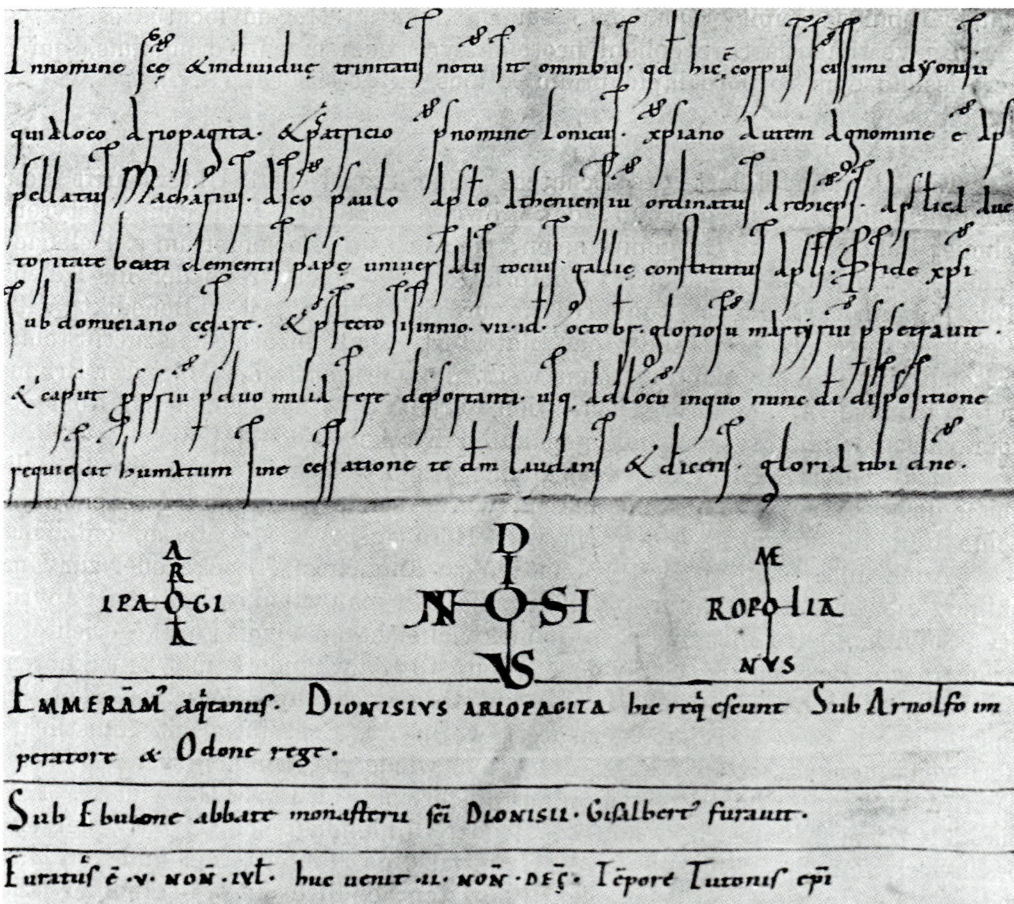
In nomine scę & individuę trinitatis notu sit omnibus qd hic corpus scissimi dyonisii quidicitur ariopagita & patricio nomine Ionicus. xpiano autem cognomine appellatus Macharius. a sco paulo apto Atheniensium ordinatus archieps. apostolica auctoritate beati clementis papę universalis totius gallię constitutus apls. pro fide xpi sub domiciano cesare. & prefecto sisinnio. VII id. octobr. gloriosum martyrium perpetravit. Et caput proprium per duo milia fere deportavit. usq. ad locum inquo nunc di dispositione requiescit humatum sine cessatione te dm laudans & dicens. gloria tibi dne.

AREOPAGITA · DIONISIUS · METROPOLITANUS

EMMERAM' aqitanus. DIONISIUS ARIOPAGITA hic requiescunt Sub Arnolfo imperatore & Odone rege.

Sub Ebulone abbate monasterii sci DIONISII. Gisalbert' furavit.

Furatus ē · V · NON · IUL · huc uenit · II · NON · DEC · Tēpore Tutonis epi

◁ *Kat. Nr. 66,3*

Kat. Nr. 67

Kat. Nr. 66 Authentik

Kat. Nr. 68

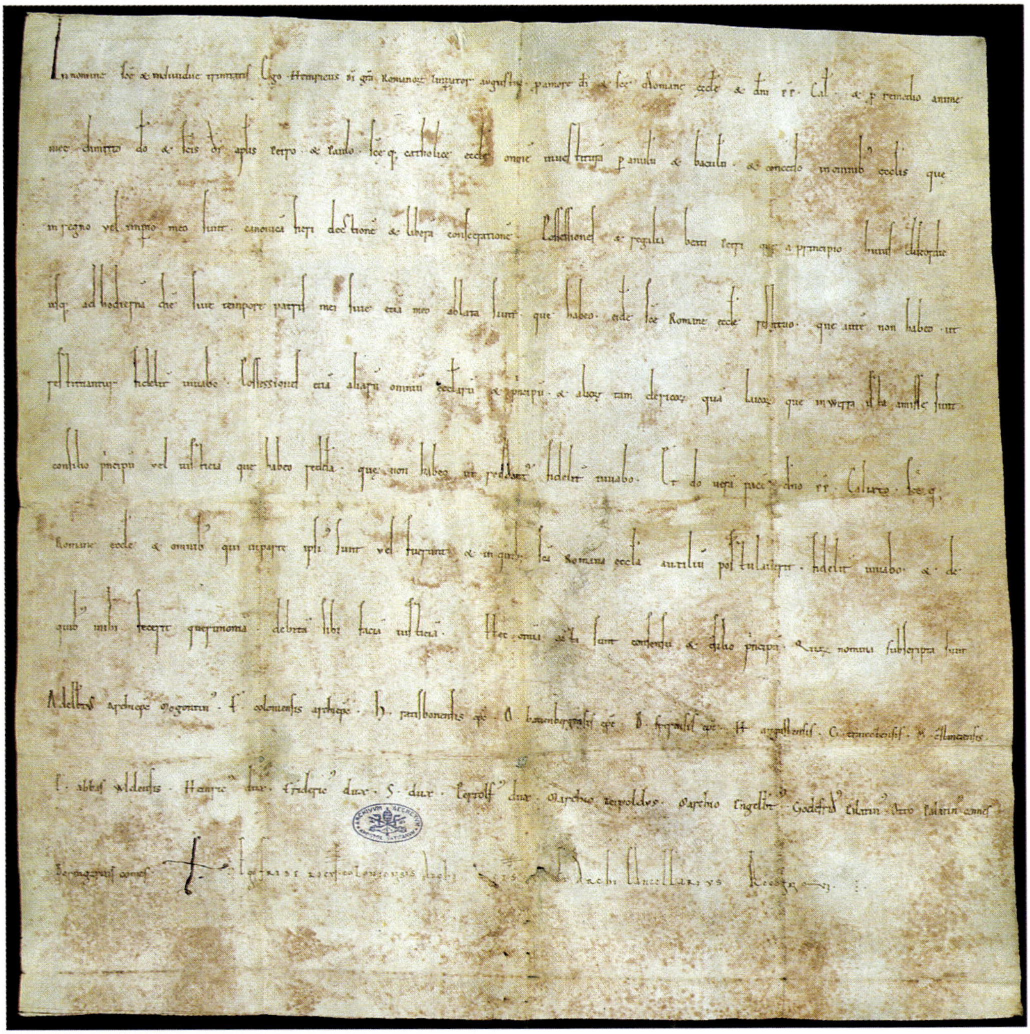

Kat. Nr. 69

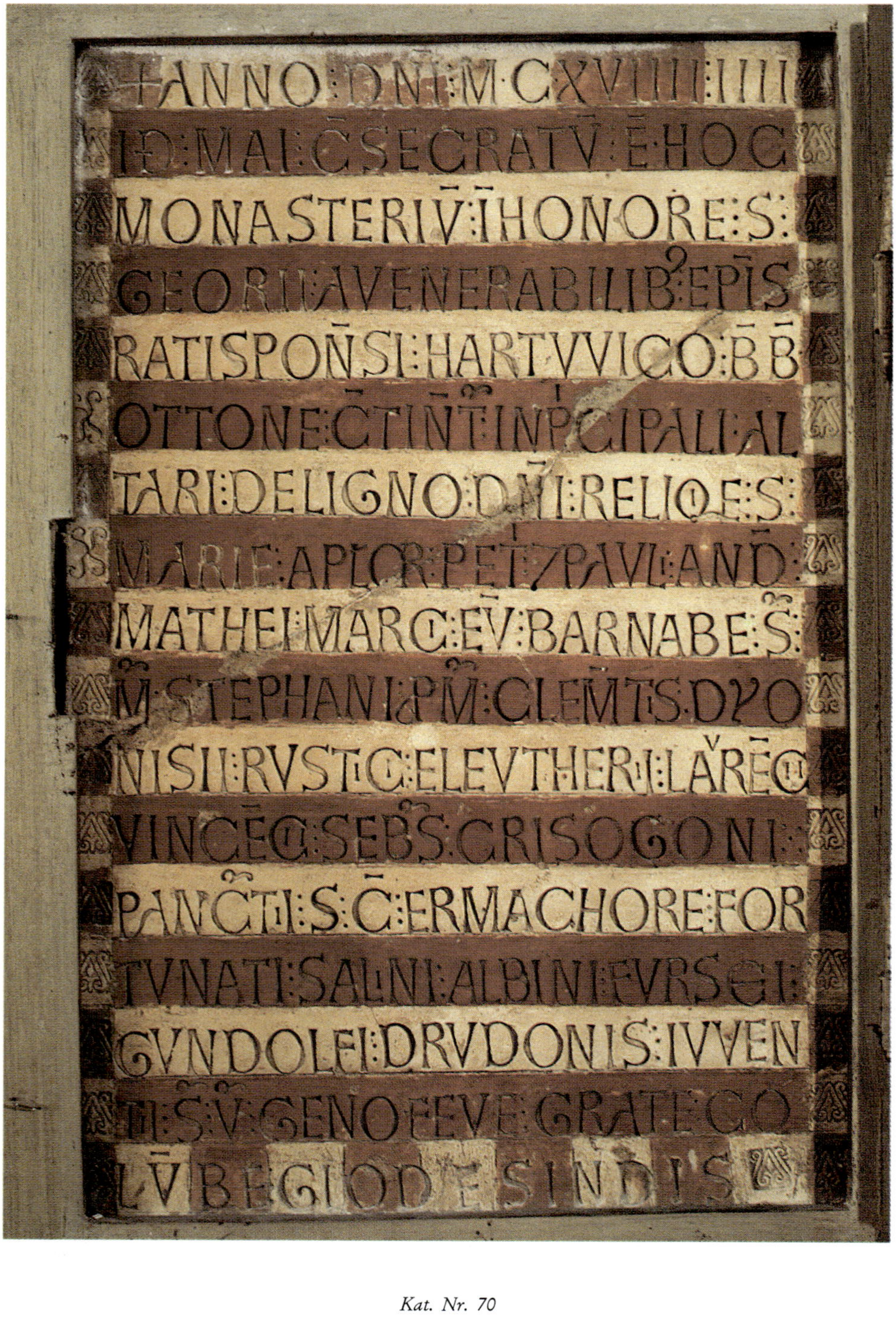
+ ANNO · DNI · M · C · XVIIII · IIII
ID · MAI · CSECRATV · E · HOC
MONASTERIV · I HONORE · S ·
GEORII · A VENERABILIB · EPIS
RATISPONSI · HARTVVICO · B · B
OTTONE · CTINT · IN PCIPALI · AL
TARI · DE LIGNO · DNI · RELIQ · S
MARIE · APLOR · PET · 7 PAVL · AND ·
MATHEI · MARC · EV · BARNABE · S ·
M · STEPHANI · PM · CLEMTS · DYO
NISII · RVSTICI · ELEVTHERII · LARECII
VINCECII · SEBS · CRISOGONI ·
PANCTII · S · CERMACHORE · FOR
TVNATI · SALNI · ALBINI · EVRSCII ·
GVNDOLFI · DRVDONIS · IVVEN
TII · S · V · GENOFEVE · GRATE · CO
LV BEGIO DE SINDIS

Kat. Nr. 70

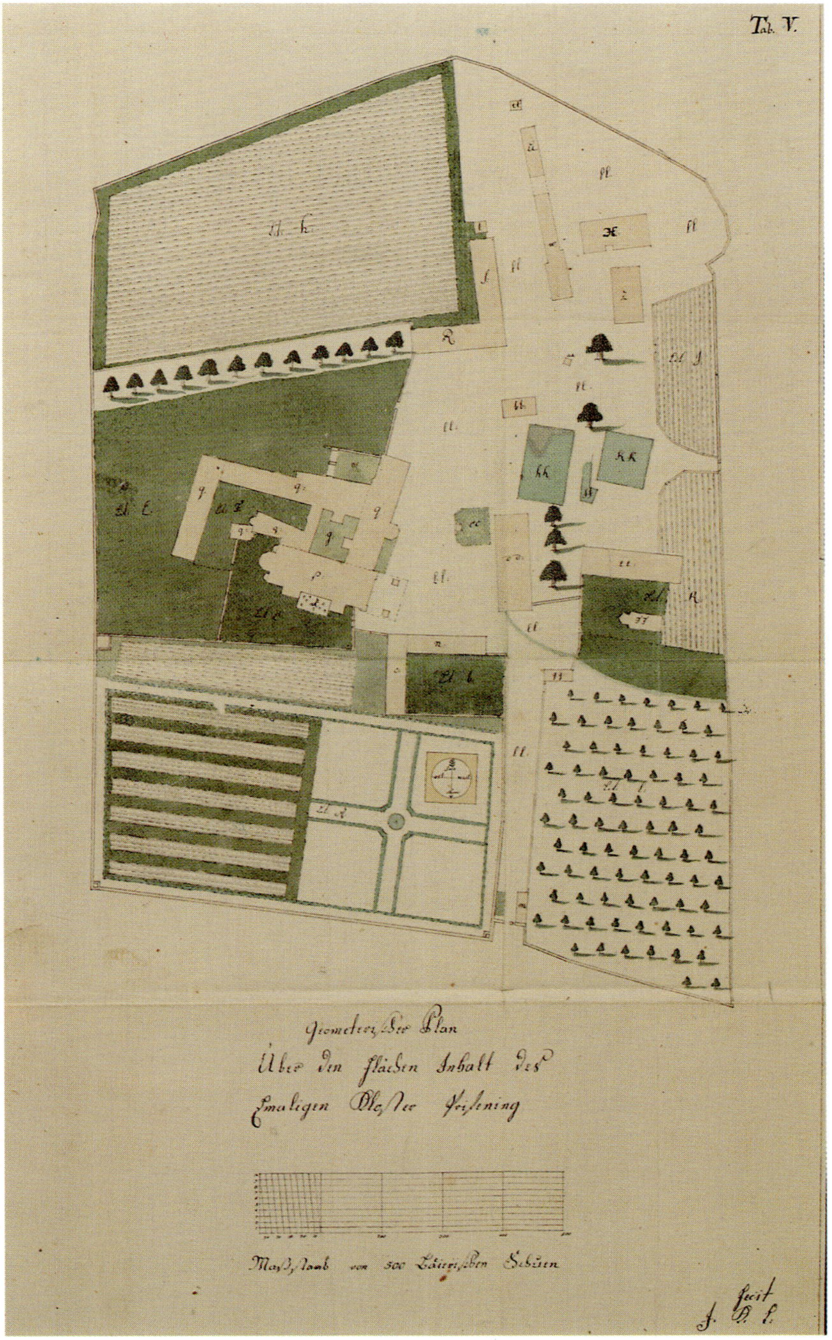
Tab. V.
Geometrischer Plan
Über den flächen Inhalt des
Ehmaligen Closter Prifening
Maßstaab von 500 Bäurischen Schuhen
fecit

Kat. Nr. 72

Kat. Nr. 73

Kat. Nr. 74

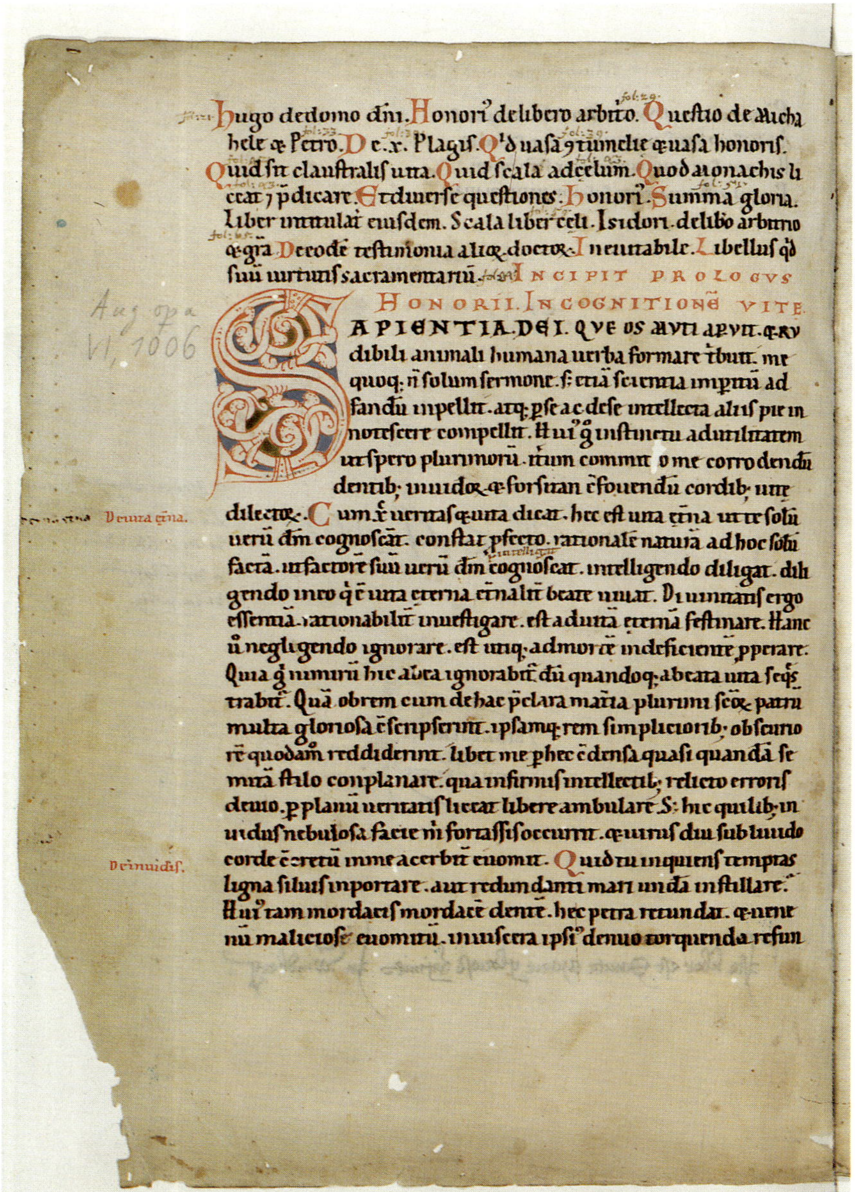

Kat. Nr. 75

Kat. Nr. 76 (nach Klaus Schwarz*)* ▷

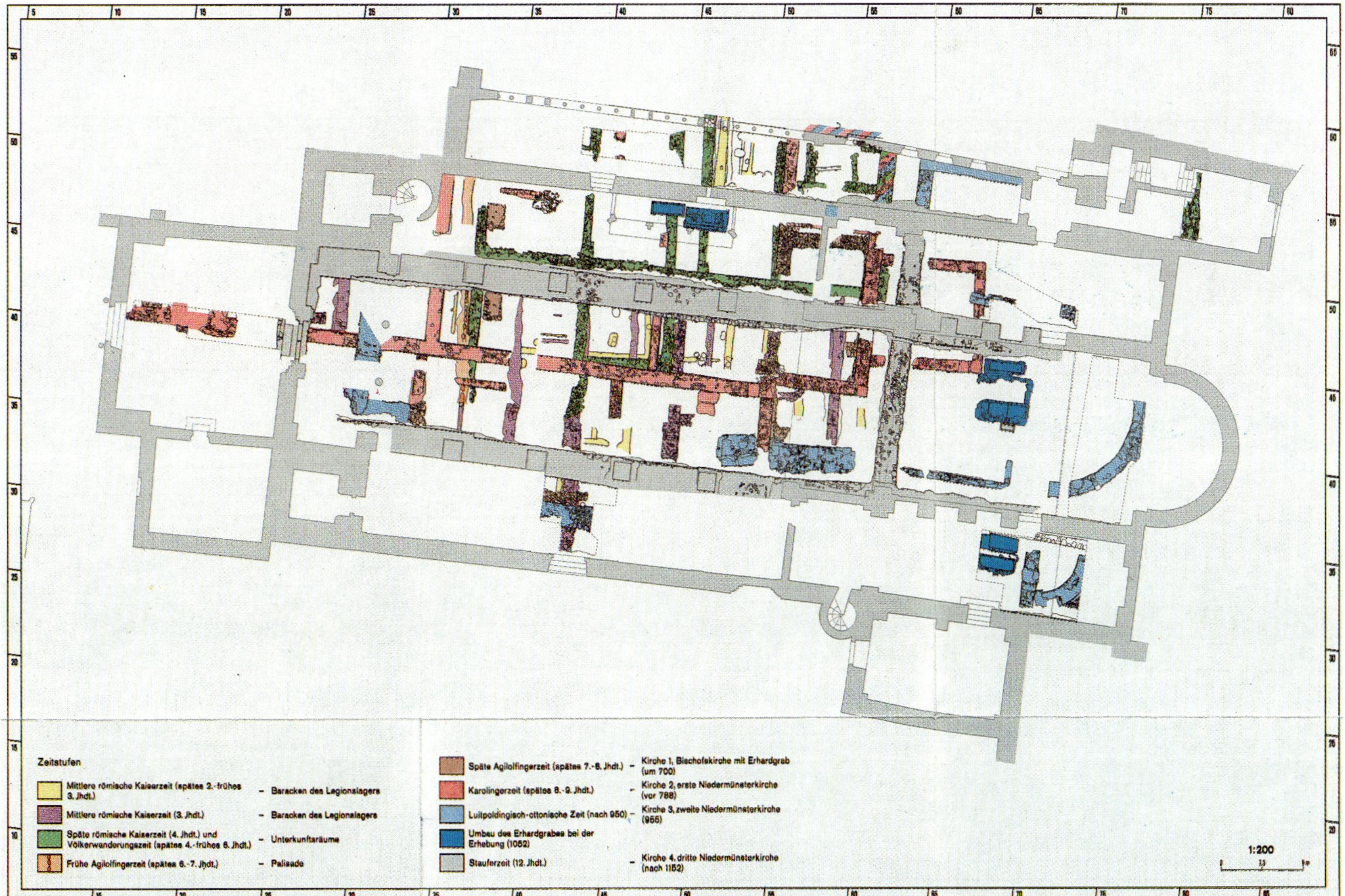
Zeitstufen
Mittlere römische Kaiserzeit (spätes 2.-frühes 3. Jhdt.) - Baracken des Legionslagers
Mittlere römische Kaiserzeit (3. Jhdt.) - Baracken des Legionslagers
Späte römische Kaiserzeit (4. Jhdt.) und Völkerwanderungszeit (spätes 4.-frühes 6. Jhdt.) - Unterkunfträume
Frühe Agilolfingerzeit (spätes 6.-7. Jhdt.) - Palisade
Späte Agilolfingerzeit (spätes 7.-8. Jhdt.) - Kirche 1, Bischofskirche mit Erhardgrab (um 700)
Karolingerzeit (spätes 8.-9. Jhdt.) - Kirche 2, erste Niedermünsterkirche (vor 788)
Luitpoldingisch-ottonische Zeit (nach 950) - Kirche 3, zweite Niedermünsterkirche (955)
Umbau des Erhardgrabes bei der Erhebung (1052)
Stauferzeit (12. Jhdt.) - Kirche 4, dritte Niedermünsterkirche (nach 1152)
1:200

Plan der Ausgrabungsbefunde unter dem Niedermünster zu Regensburg.

Kat. Nr. 77, 1

Kat. Nr. 77, 2

Kat. Nr. 78 ▷

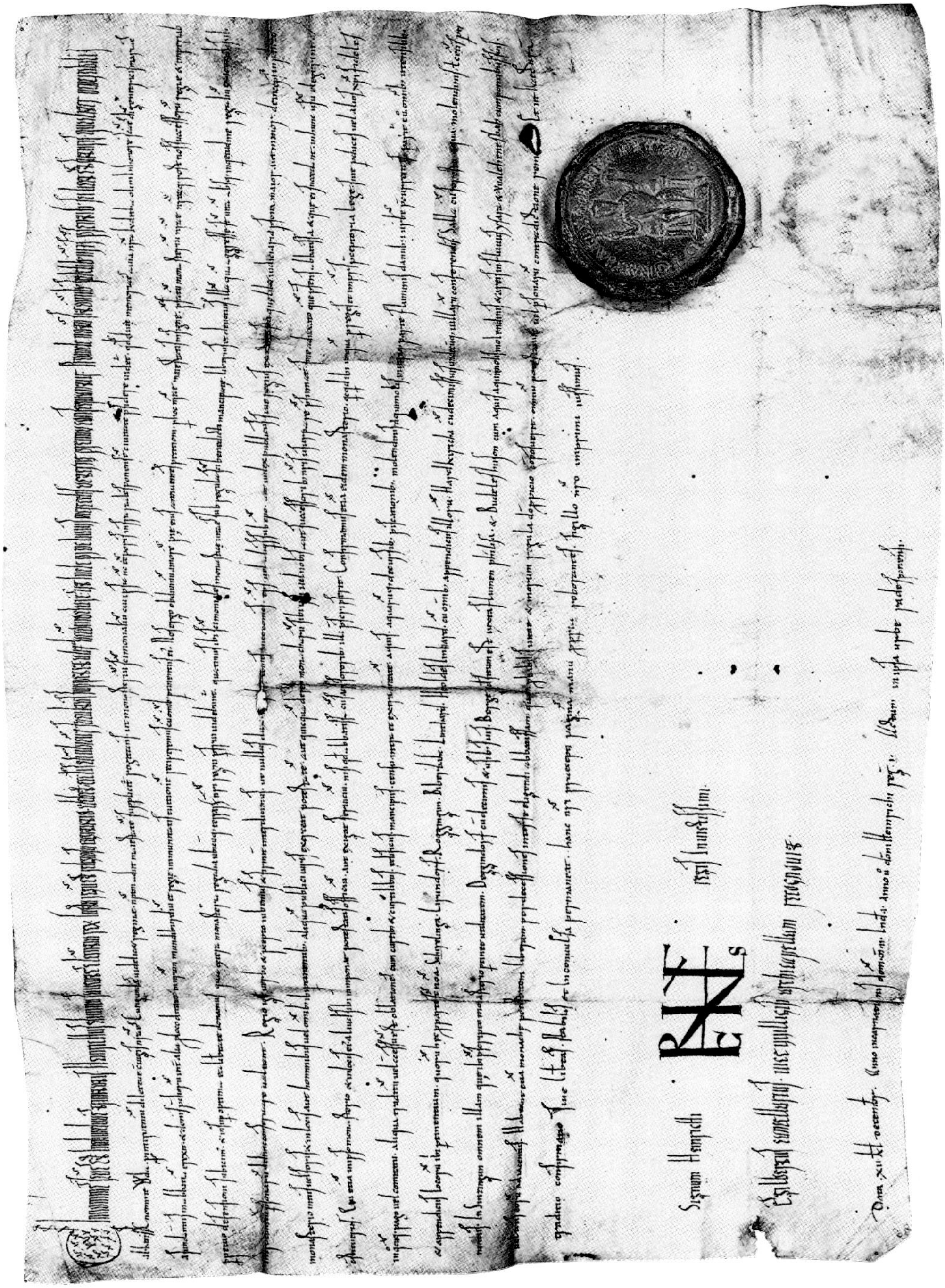

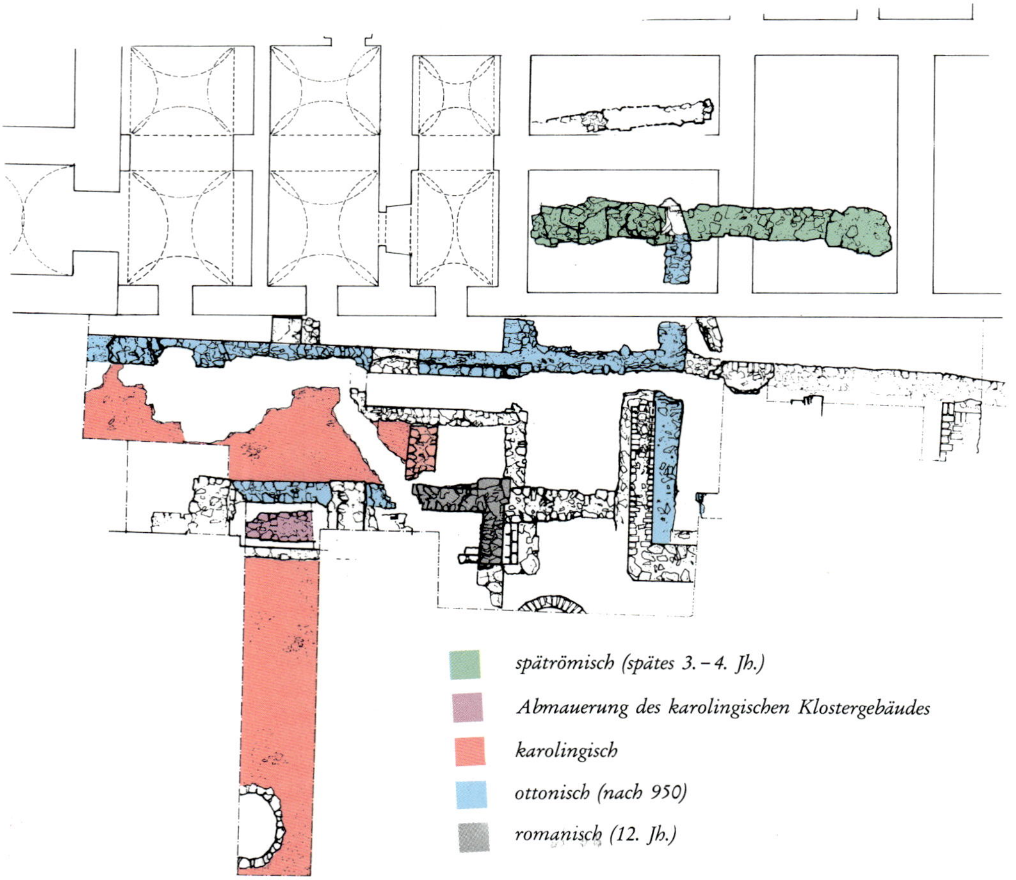

Die Ausgrabung im Niedermünsterkreuzgang 1988.
Gesamtplan mit Darstellung der aufgefundenen Mauerreste. M 1 : 200 (K. SCHNIERINGER)

Kat. Nr. 79 F 1

Kat. Nr. 79 F 2

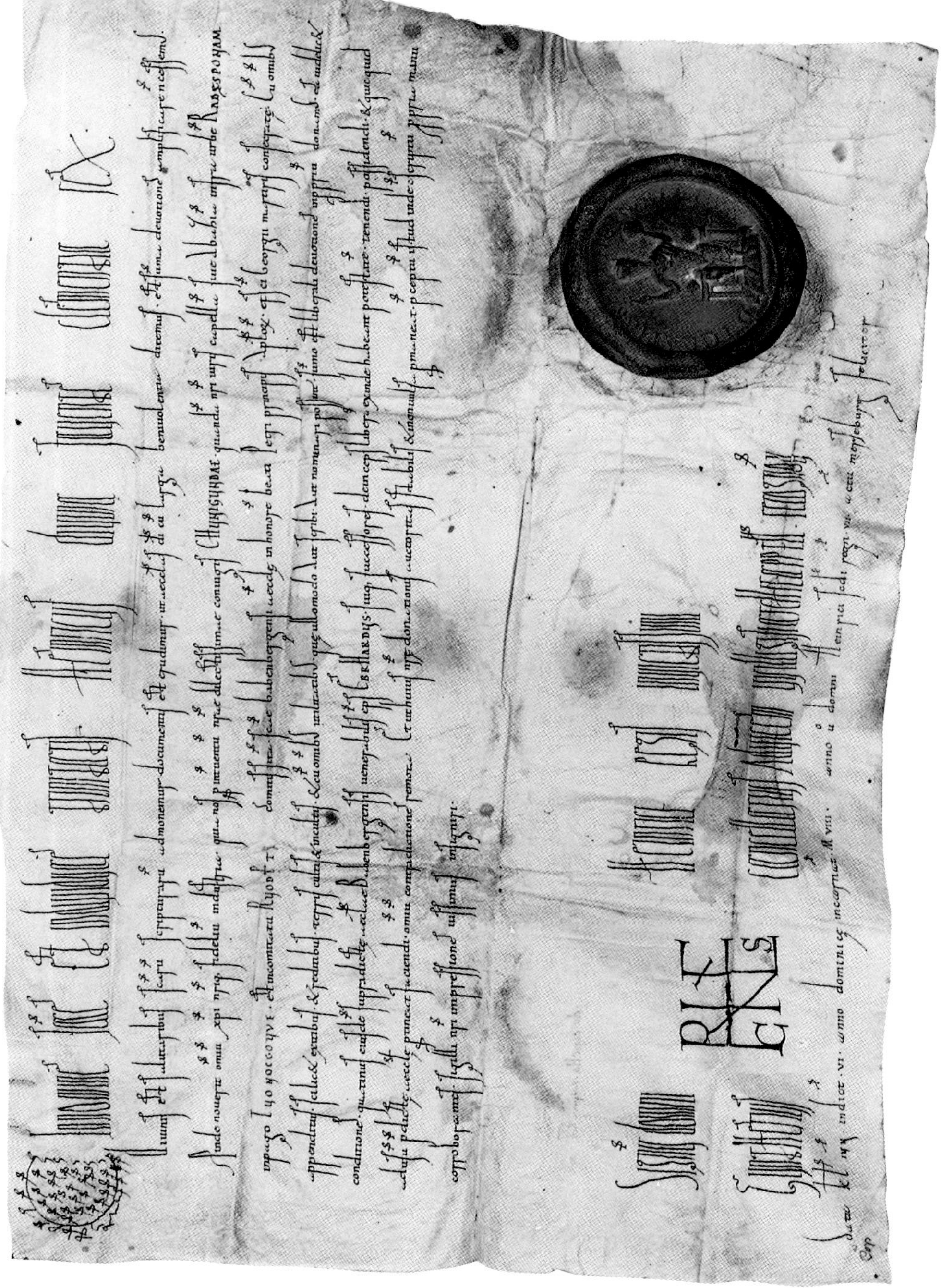

Kat. Nr. 80

Kat. Nr. 81 ▷

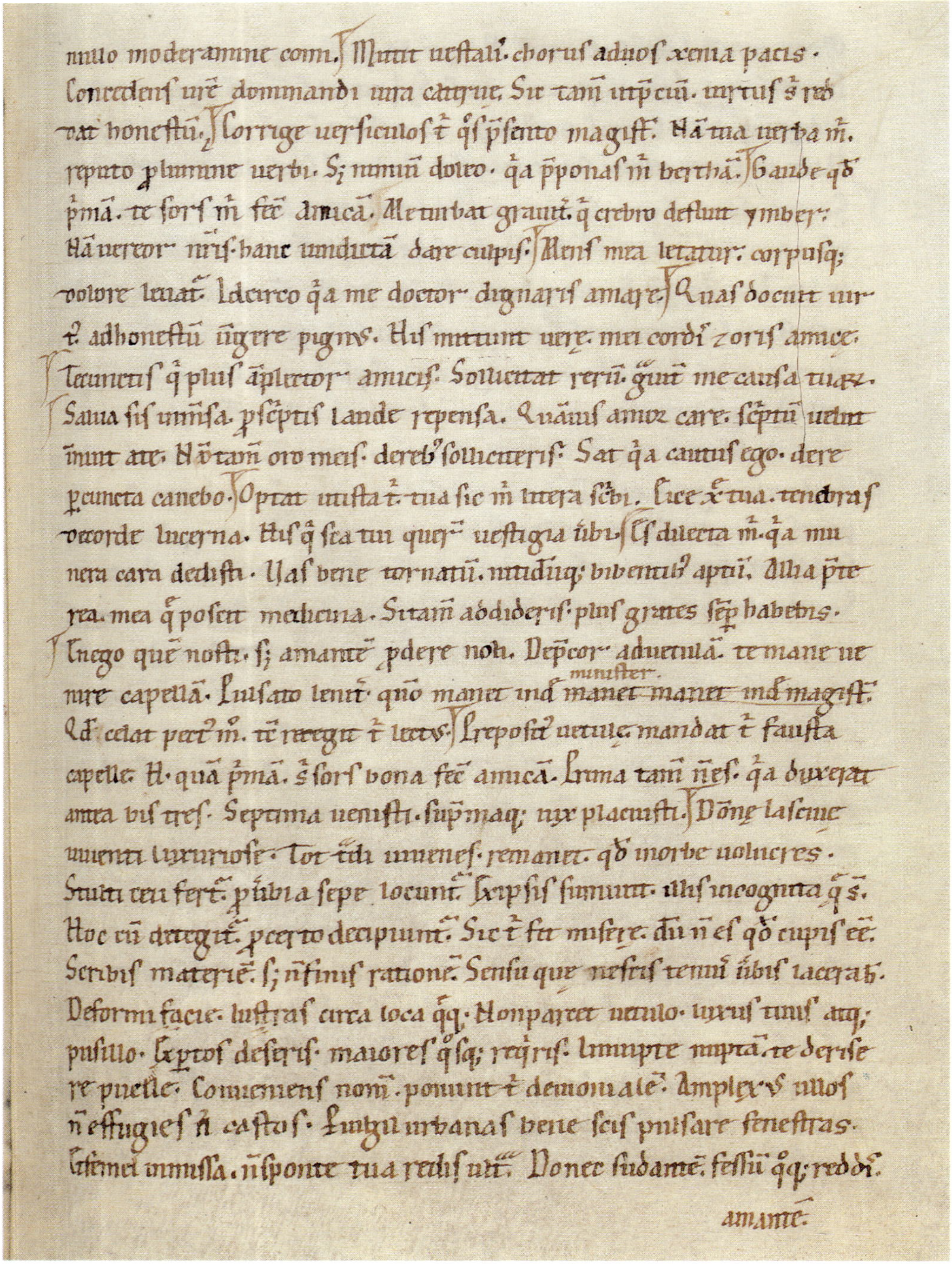
nullo moderamine commi. Mittit vestalis chorus ad vos xenia pacis ·
Concedens vite dominandi iura carere. Sit tamen inter precium. virtus sibi pro-
bat honestum. Corrige versiculos quos presento magister. Nam tua verba mihi
reputo plurimum verbi. Sed nimium doleo. quia preponas mihi bertham. Gaude quod
prima. te sors mihi fecit amica. Me turbat graviter quia crebro defluit ymber:
Nam vereor nostris hanc vindictam dare culpis. Mens mea letatur: corpusque
dolore levatur. Idcirco quia me doctor dignaris amare. Quas docuit virtus adhonestum surgere pigris. His mittunt vere mei cordis zonis amice.
Te nunc tis qui plus aplector amicis. Sollicitat rerum. graviter me causa tuarum.
Salva sis innisa. preceptis laude repensa. Quamvis amor care. sceptrum velut
inuit atte. Non tamen oro meis. derebus solliciteris. Sat quia cantus ego. dere
peruncta canebo. Optat iusta tibi. tua sic mihi littera scribi. Licet Christe tua. tenebras
decorde lucerna. His que sca tui querunt vestigia tibi. Es dilecta mihi quia mu-
nera cara dedisti. Vas bene tornatum. necdumque bibentibus aptum. Alia preterea. mea que posset medicina. Si tamen addideris. plus grates semper habebis.
Lingo quem nosti. sed amantem perdere nolo. Deprecor adventum te mane venire capellam. Pulsato leniter quo manet inde ~~manet manet inde magister~~ minister
Id celat pectus meum. te tegit et lectus. Reposcit vetule. mandat et fausta
capelle. H. quam prima. sibi sors bona fecit amica. Prima tamen nescis. quia duxerat
annua bis tres. Septima venisti. superque nix placuisti. Done lascive
iuventa luxuriose. Tot tibi iuvenes. remanent. quod morbe volucres.
Stulti ceu fertur. probra sepe locuntur. Ex prosis sumunt. illis incognita que sunt.
Hoc cum detegitur. pro certo decipiuntur. Sic et fit misere. dum non es quod cupis esse.
Scribis materiem. sed non finis rationem. Sensu quem nescis tenuis tibis laceratis.
Deformi facie. lustras circa loca queque. Non parcet vetulo. iuvenis tunis atque
pusillo. Sceptos deseris. maiores quisque requiris. Iniuste nuptam. te derise-
re puelle. Convenient nomen. ponunt et demonialem. Amplexus illos
non effugies nec castos. Fingit urbanas bene scis pulsare fenestras.
Extinci inmissa. non sponte tua redis uter. Donec sudamen. fessum quoque reddis
amantem.

Kat. Nr. 82 fol. 95r

Kat. Nr. 83

Kat. Nr. 84 Ornat I

Kat. Nr. 84 Ornat I, Umzeichnung des Musters (H. Herrmann)

Kat. Nr. 84 Ornat II

Kat. Nr. 85 ▷

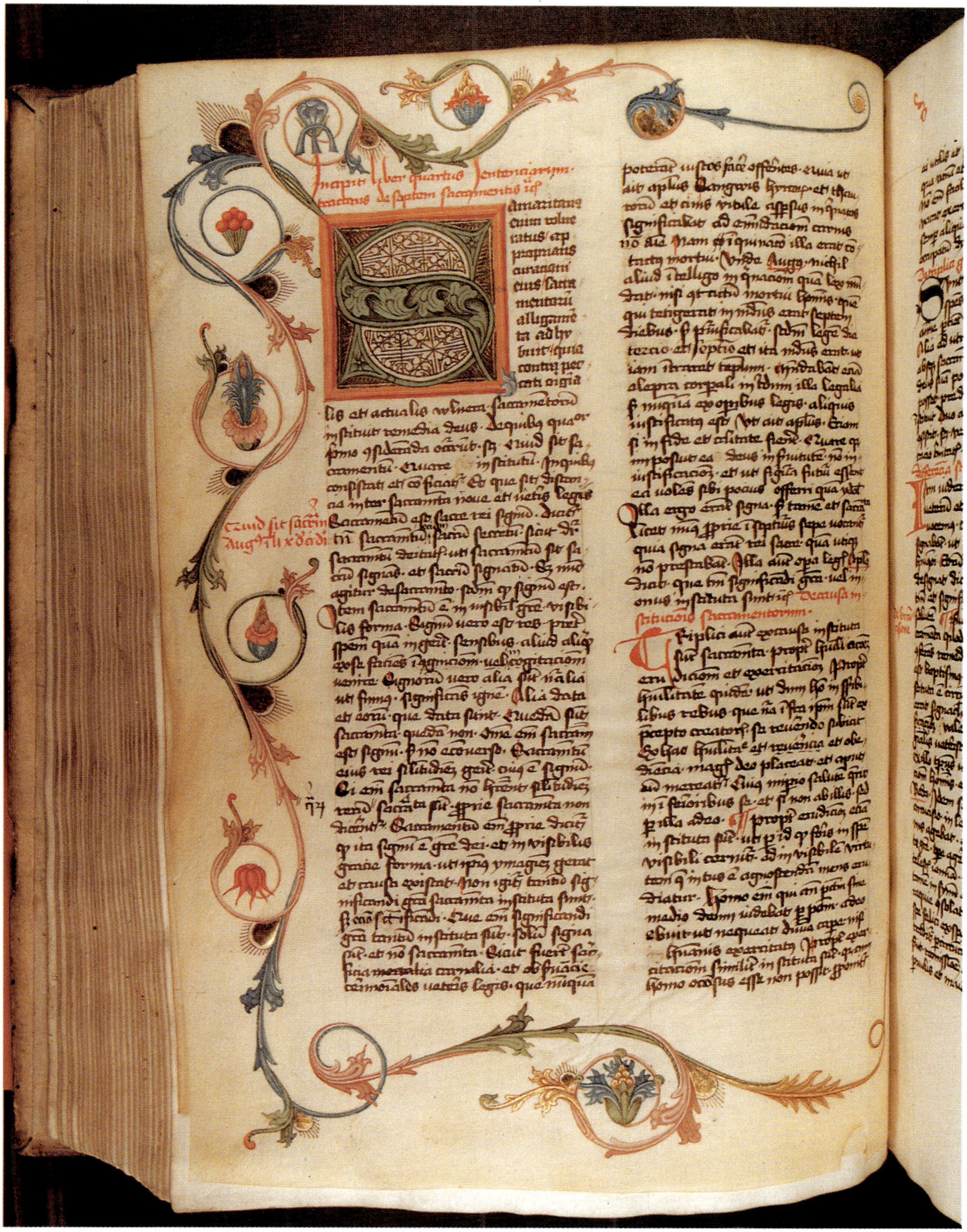

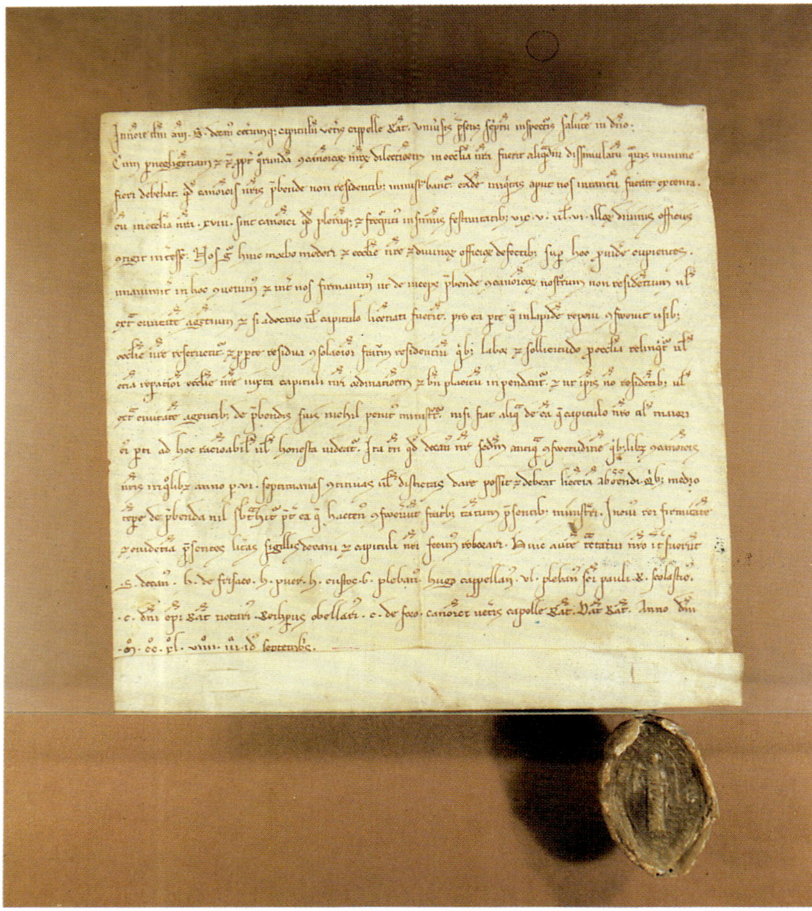

Kat. Nr. 86

Kat. Nr. 87

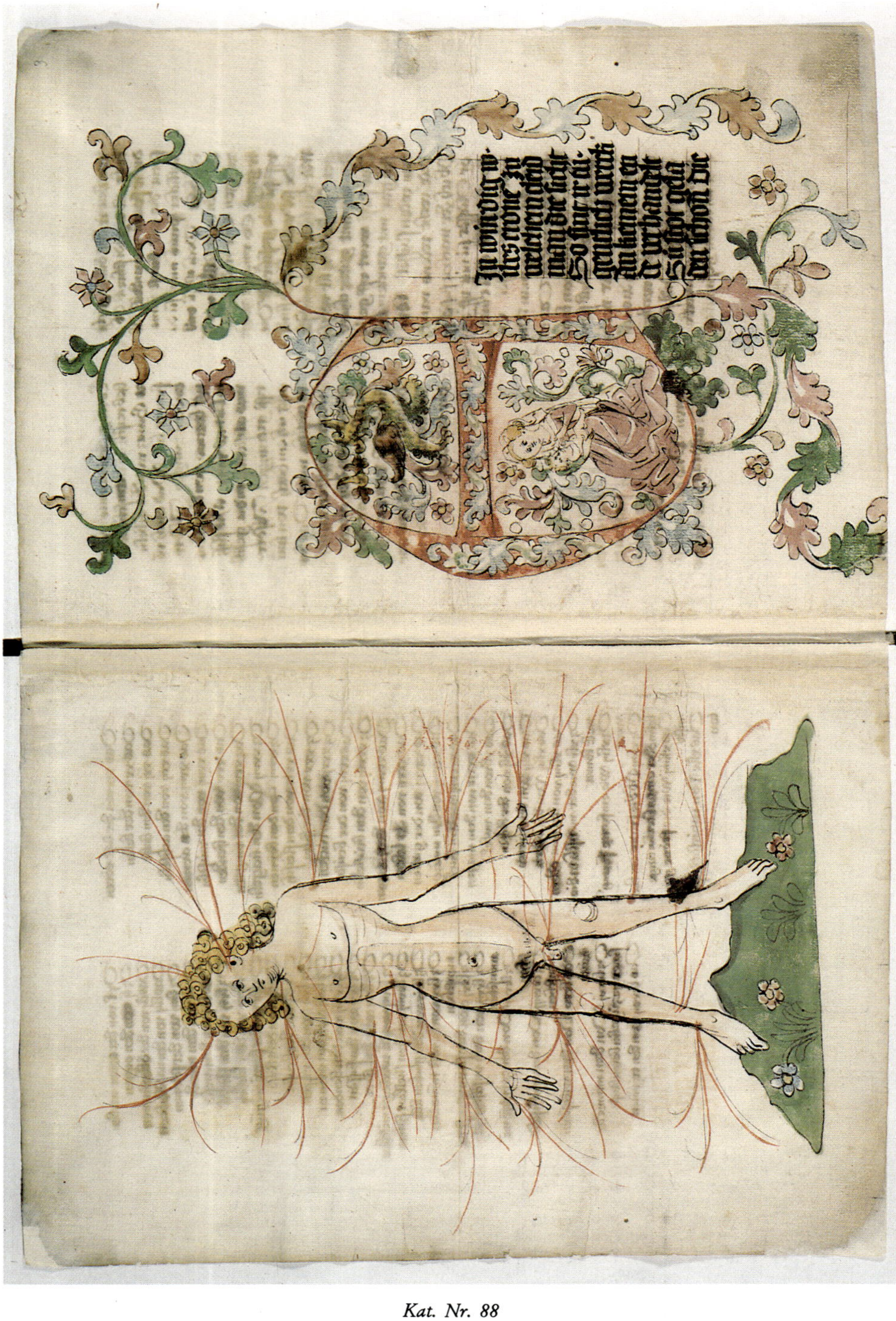

Kat. Nr. 88

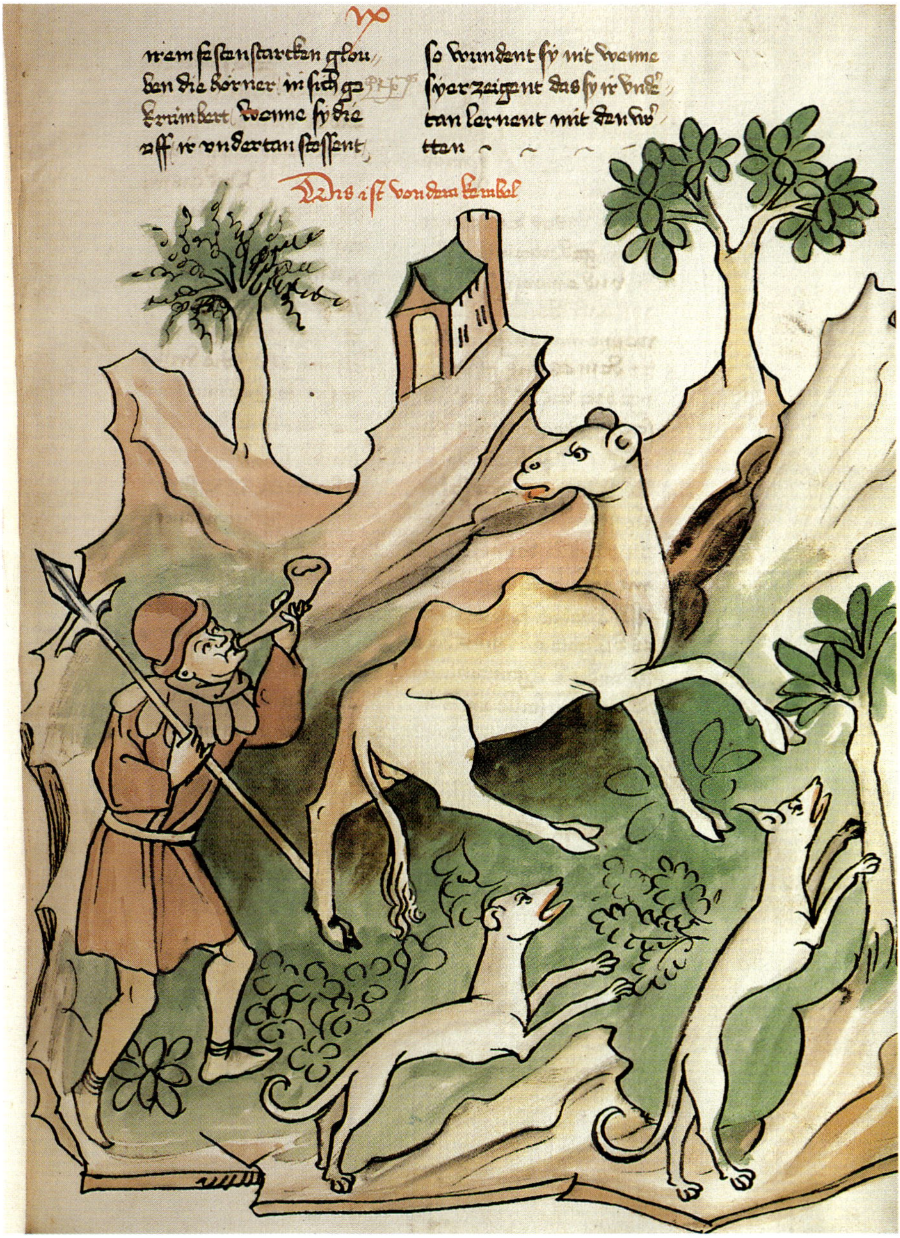
wan se san starcken glou
ben die körner in sich ge
krumbert wenne sy die
uff ir undertan stossent
so krumbent sy mit wenne
syer zeigent das sy ir und
tan lernent mit den wo
tten
Dis ist von dem kembel

Kat. Nr. 89

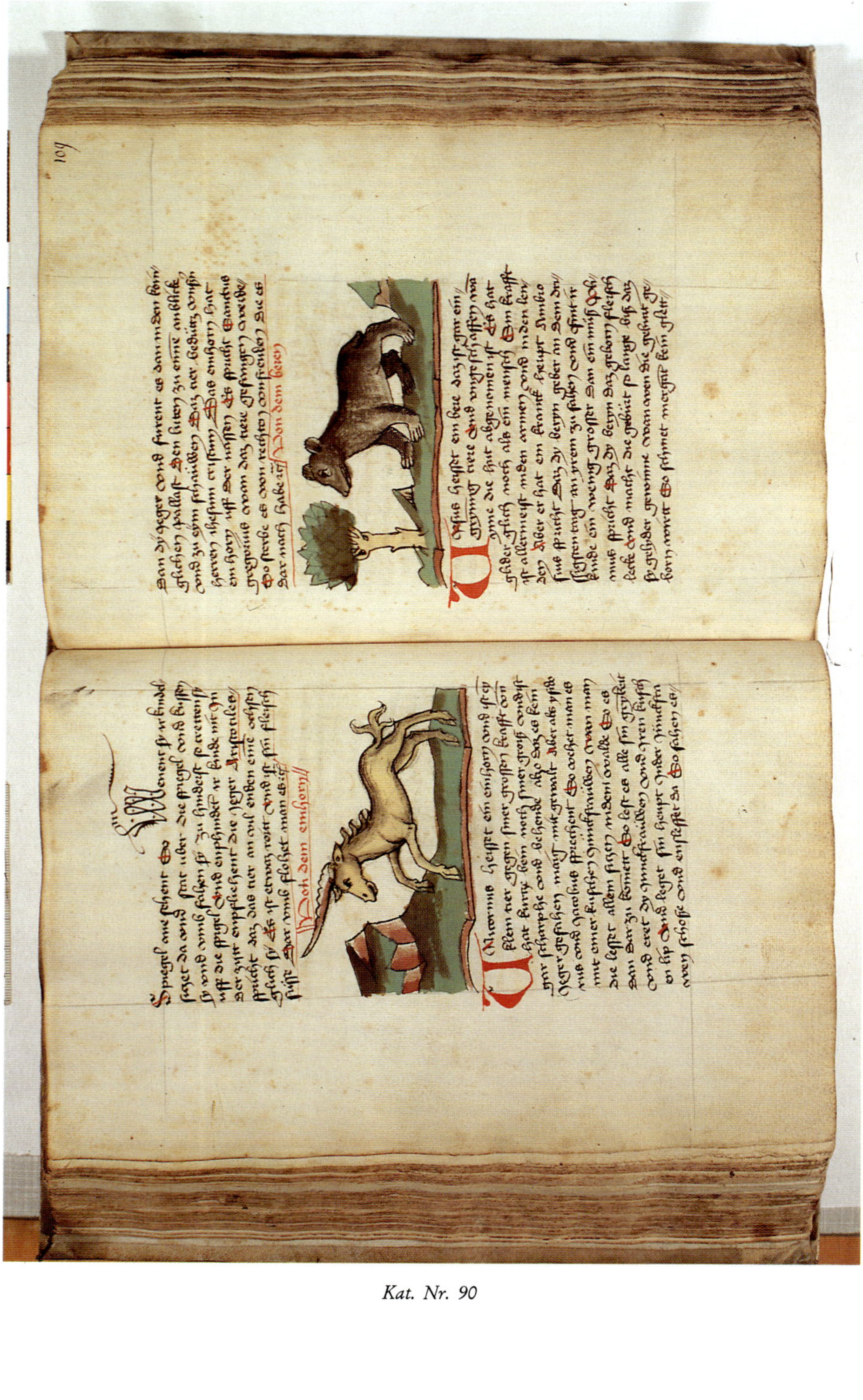

Kat. Nr. 90

Kat. Nr. 91

Kat. Nr. 92

B O H E
M I A
PRAGA
Brzevnovium P.
vulgo S.Margaretæ
S.Ioannis
Sub rupe
Zazaw
S.Procopy
Cladrubium
Przestitium PP.
Raÿhradium
Altenburgum
A U S T
Bamberga
S.Theodori
Michelfeld
Alba Augia
Weissenau
Ensdorffium
Blanckstadium
Eystadium
Ratisbona
Emeram
S.Iacob
ad Scotos
Prislinga
Paringa PP.
Cella Dom.nne
Frauenzell
Altaich Superior
Pogenberga P.
Metten
Altaicha
Inferior
Donauwertha
Weltenburgum
Mallersdorffium
Geisenfelda
Thierhauptum
Hochen Warthum
Schyra
Isara fl.
Passavium
Nidernburgum
Formbachium
Aspachium
Frisinga
Lycœum
Weichen Stephanium
Augusta
Vdalrici
et Affræ
Vindelicorū
B A V A R I A
Monachium
Kempten
Seon
Chiemsee
Salisburgum
Plain
Lambachium
Gleinck
Mellicium
Melck
Danubius fl.
Gersten
Seittenstadium
PP.Sonntagberg
Cremifanum
Crembsmunster
gymnasium
Mariæ Cella
major
Admontes
Gymnasium
Nobilium
Tegurinum
Tegernsee
Pillersee P.
ARCHI-
EPISCOPAT.
SALISBURGENS
Ossiacum
S.Georgy in Lengsee
CARINTHIA
STY
S.Lambert
Mura fl.
Dravus fl.
TYROLIS
Oenus fl.
Sonenburgum
Arnoldsteinium
Sewentum
B.Mariæ Mons
Meran
Vincentia
S.Fortunati
PADUA
Golfo
de
Trieste

Kat. Nr. 93

Kat. Nr. 94

NASCENTES . MORIMVR .
AVSPICOR . A LACHRYMIS . IN . IISDEM . FINIO . VITAM
IN . LACHRYMIS . VITA . EST . TOTA . PERACTA . MIHI .
1536

Kat. Nr. 95

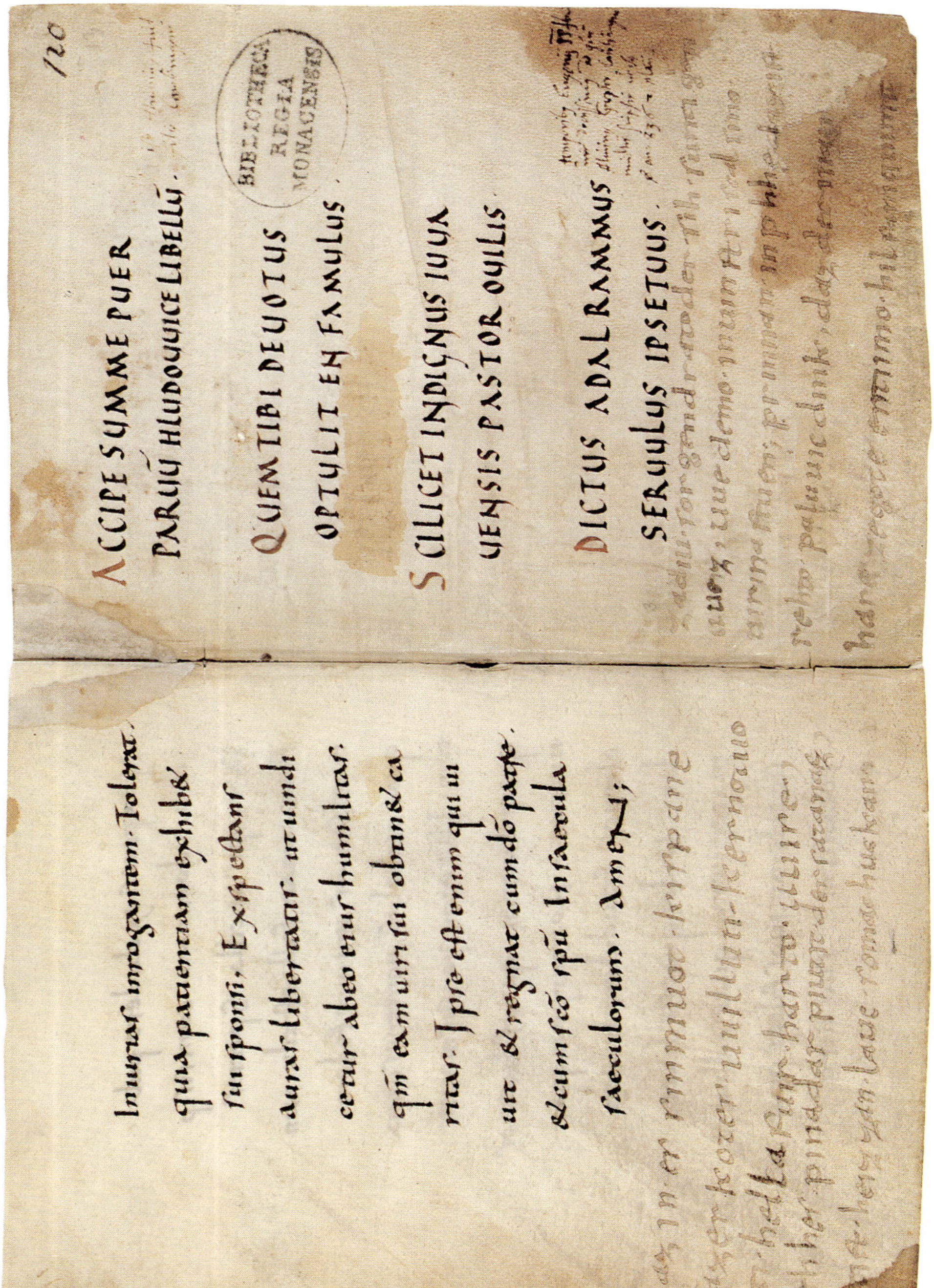

Kat. Nr. 96 *Kat. Nr. 97* ▷

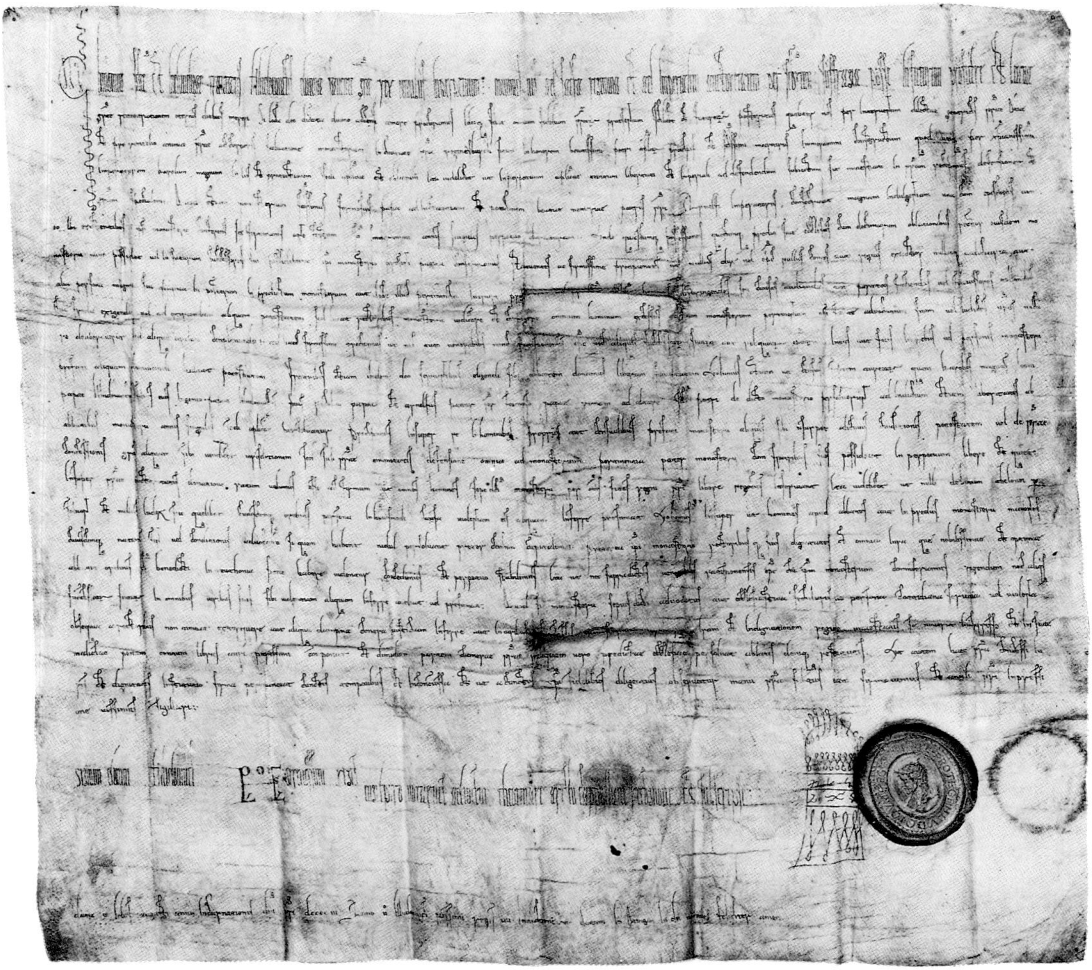

Kat. Nr. 98

Kat. Nr. 99

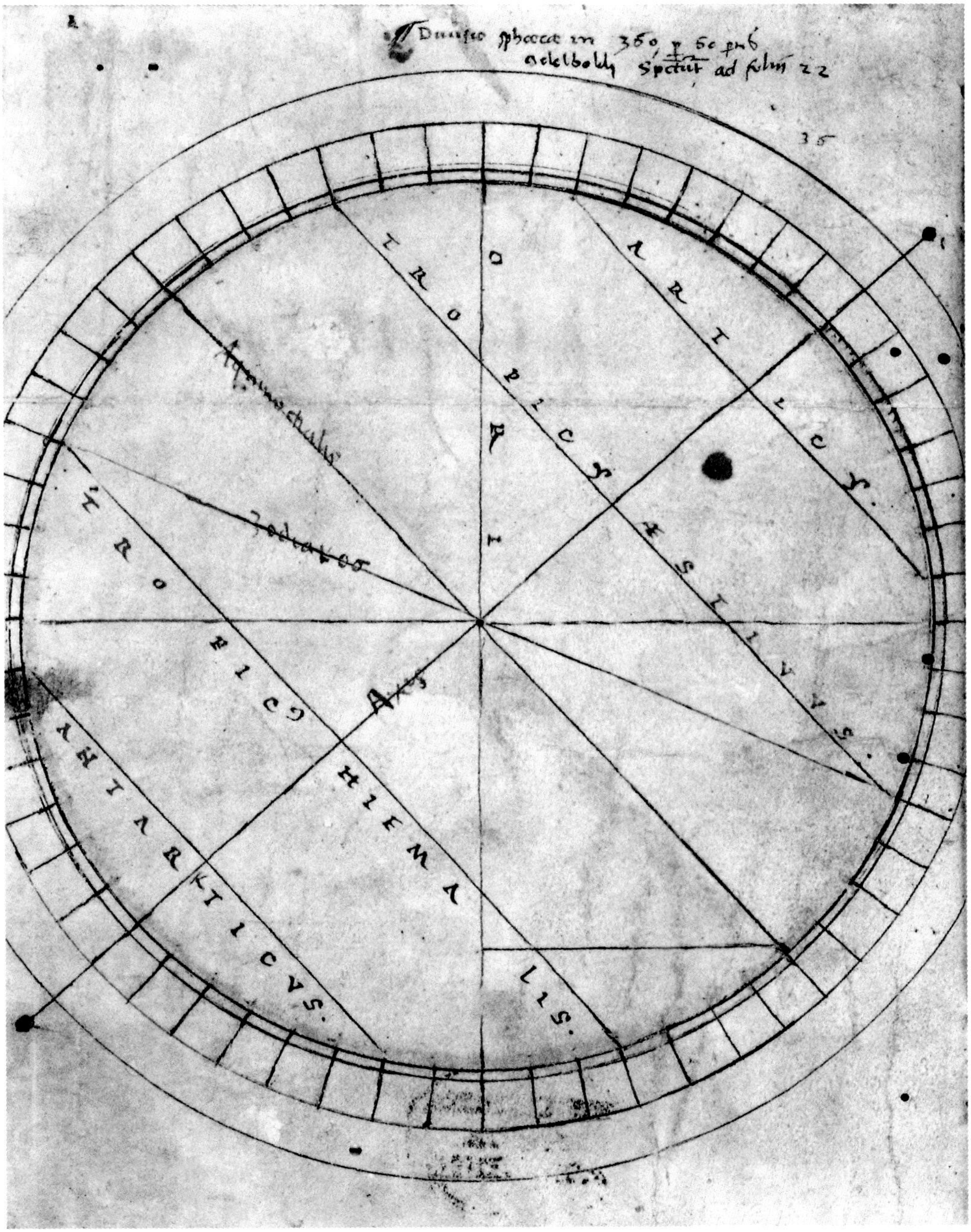

◁ *Kat. Nr. 100*

Kat. Nr. 101

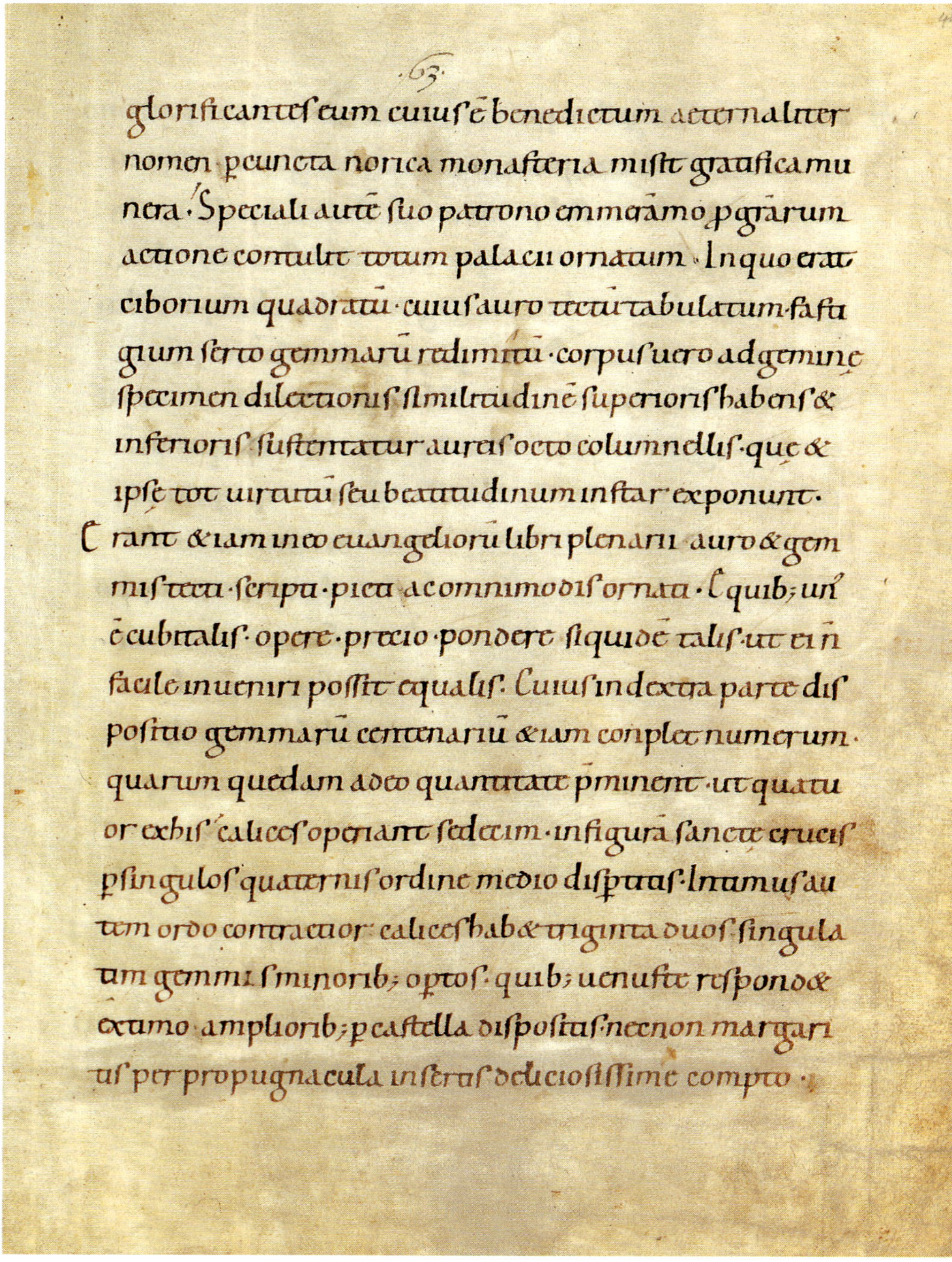

44

.63.

glorificantes eum cuius ē benedictum aeternaliter
nomen p cuncta norica monasteria misit gratifica mu
nera. Speciali autē suo patrono emmerāmo p grārum
actione contulit totum palacii ornatum. In quo erat
ciborium quadratū. cuius auro tectū tabulatum fasti
gium serto gemmarū redimitū. corpus uero ad geminę
specimen dilectionis similitudinē superioris habens &
inferioris sustentatur aureis octo columnellis. quę &
ipsę tot uirtutū seu beatitudinum instar exponunt.
Erant & iam in eo euangeliorū libri plenarii auro & gem
mis tecti. scripti. picti ac omnimodis ornati. E quib; un
ē cubitalis. opere. precio. pondere. siquidē talis. ut ei n
facile inueniri possit equalis. Cuius in dextra parte dis
positio gemmarū centenariū & iam conplet numerum.
quarum quedam adeo quantitate pminent. ut quattu
or ex his calices operiant sedecim. in figurā sanctę crucis
p singulos quaternis ordine medio dispositas. Intimus au
tem ordo contractior calices hab& triginta duos singula
tim gemmis minorib; optos. quib; uenuste respond&
extimo amplioribus p castella dispositis necnon margari
tis per propugnacula insertis deliciosissime compto.

Kat. Nr. 102

Kat. Nr. 103 Evangelist Matthäus

Kat. Nr. 103 Evangelist Markus

Kat. Nr. 103 Evangelist Lukas

Kat. Nr. 103 Evangelist Johannes

Kat. Nr. 104

Kat. Nr. 105

Kat. Nr. 106 ▷

Kat. Nr. 107

Kat. Nr. 108 ▷

DN̄S·PE
CONT

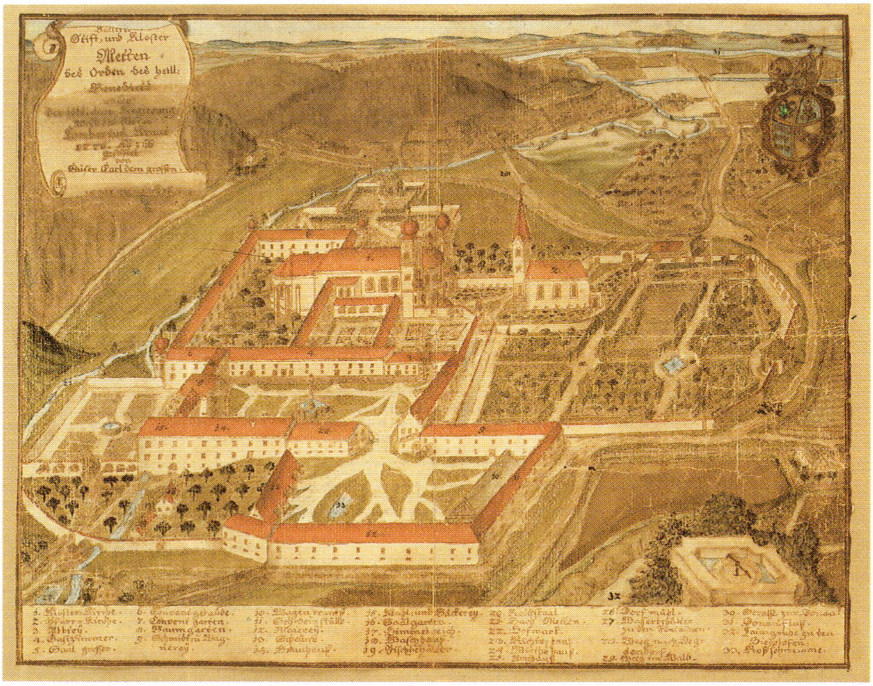

Kat. Nr. 109

Kat. Nr. 110

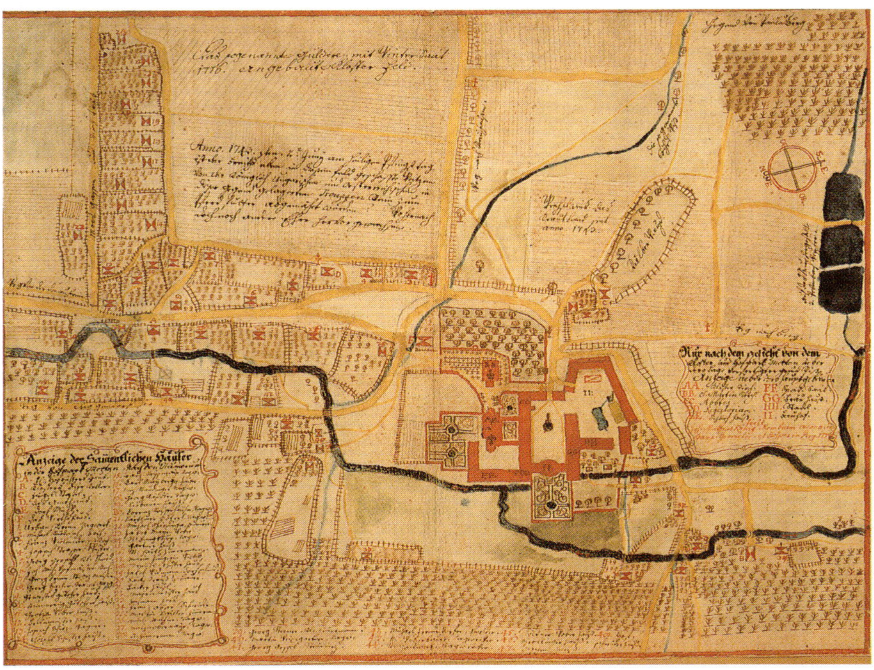

caritatis et pietatis spiritu sancto dignabitur demonstrare.

De officiis diuinis in noctibus.

Hiemis tempore id est a kalendis nouembris usque in pascha iuxta considerationem rationis octaua hora noctis surgendum est: ut modice amplius de media nocte pausetur: et iam digesti surgant. Quod

uero restat. a fratribus qui psalterii uel lectionum aliquid indigent: meditationi inseruiatur. A pascha autem usque ad supradictas kalendas nouembris sic temperetur hora uigiliarum agenda: ut paruissimo interuallo quo fratres ad necessaria naturae exeant custodito. mox matutini qui incipiente luce agendi sunt subsequantur.

Quanti psalmi dic

Kat. Nr. 111

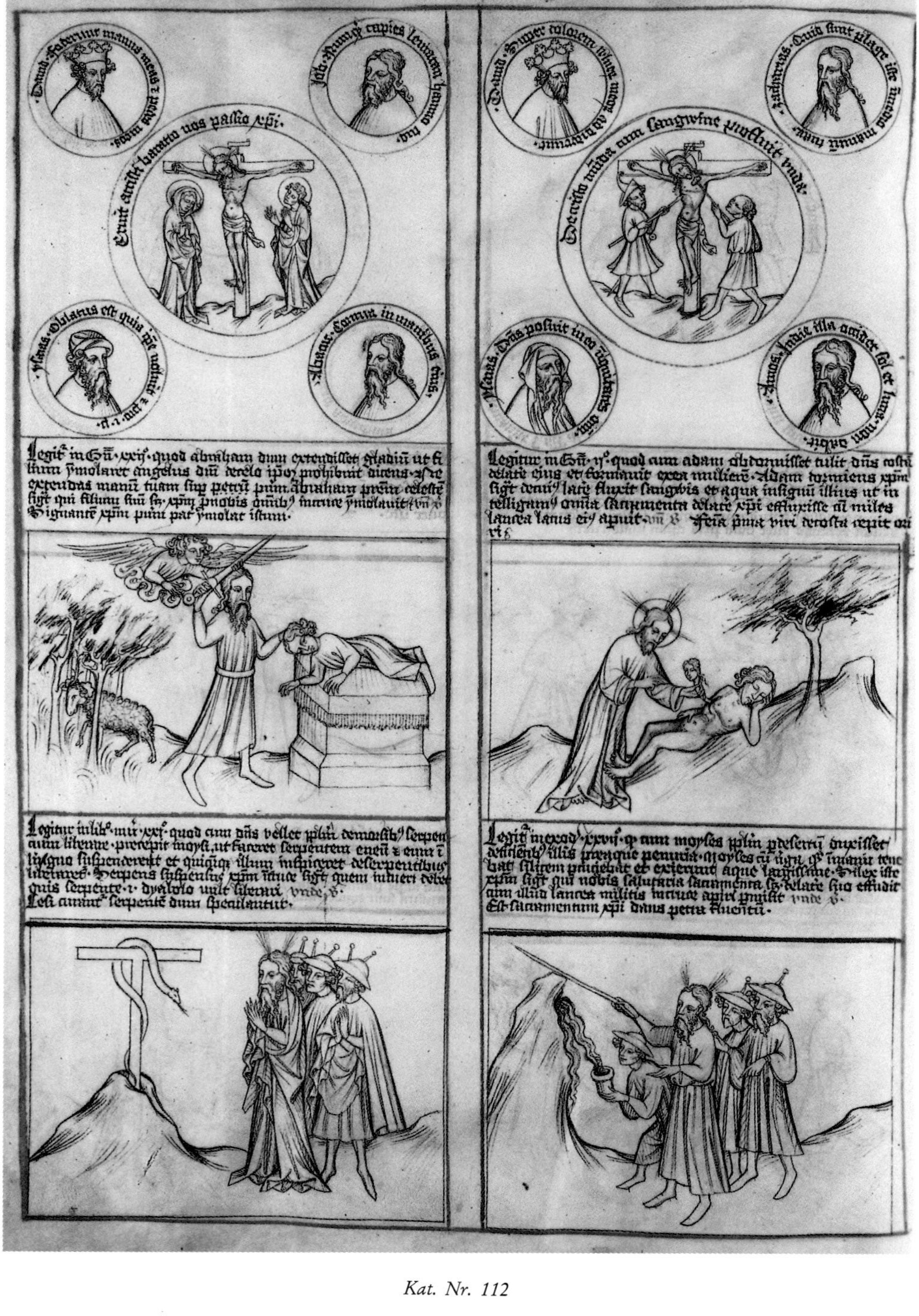

Kat. Nr. 112

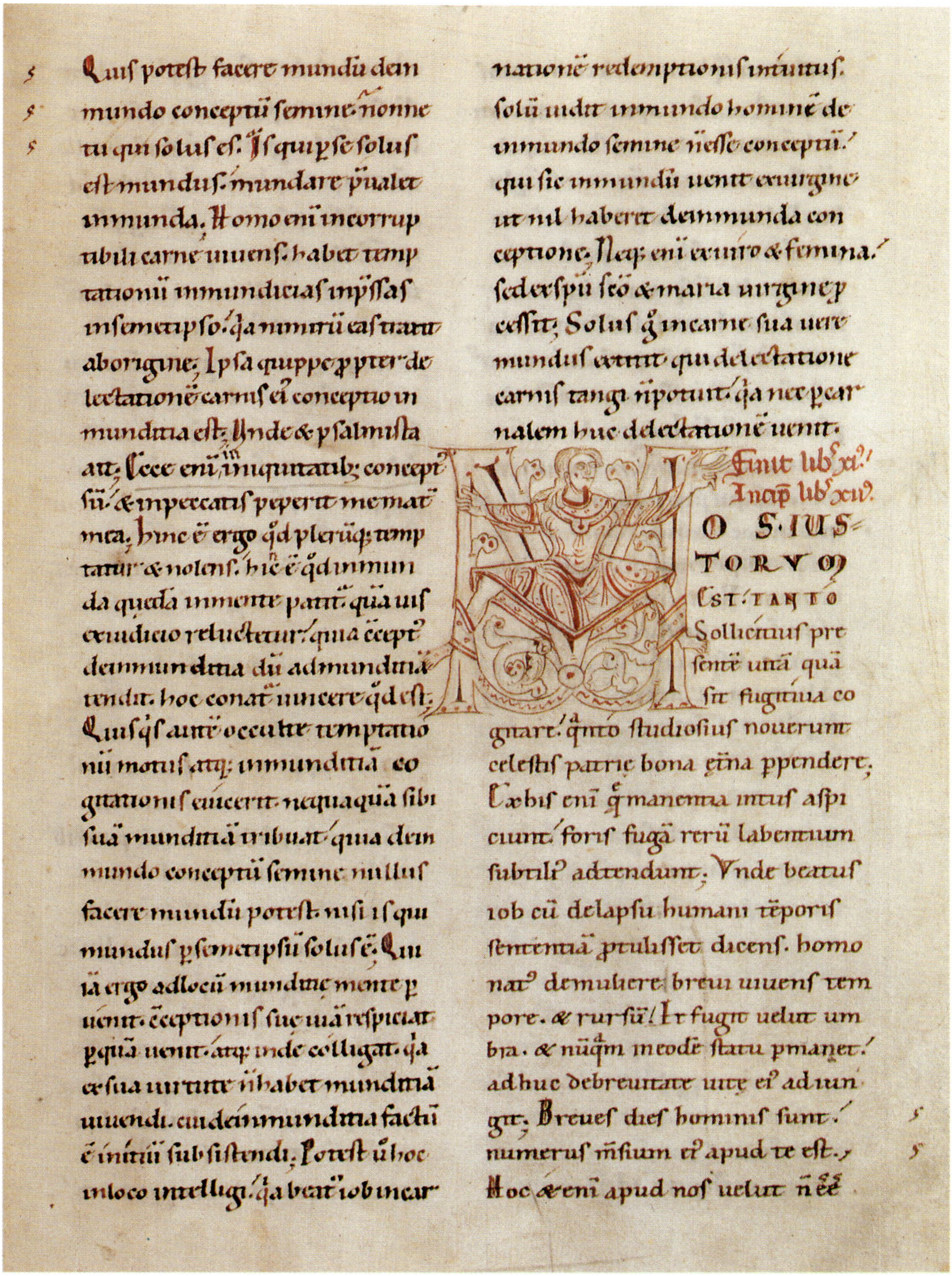

Quis potest facere mundum de im
mundo conceptum semine? nonne
tu qui solus es? Is quippe solus
est mundus, mundare qui praevalet
immunda. Homo enim incorrup
tibili carne vivens, habet temp
tationum immunditias impressas
in semetipso, quia nimirum castitatem
ab origine. Ipsa quippe propter de
lectationem carnis eius conceptio in
munditia est. Unde et psalmista
ait: Ecce enim in iniquitatibus concep
tus sum, et in peccatis peperit me mater
mea. Hinc est ergo quod plerumque temp
tatur et nolens. Hinc est quod inmun
da quaedam invitus patitur, quia vis
ex iudicio reluctatur, quia conceptus
de immunditia dum ad munditiam
tendit, hoc conatur vincere quod est.
Quisquis autem occultae temptatio
num motus atque immunditiam co
gitationis vicerit, nequaquam sibi
suam munditiam tribuat, quia de im
mundo conceptum semine nullus
facere mundum potest, nisi is qui
mundus per semetipsum solus est. Qui
iam ergo ad locum munditiae mentem per
venit, conceptionis suae viam respiciat
per quam venit, atque inde colligat quia
ex sua virtute non habet munditiam
vivendi, cui de immunditia factum
est initium subsistendi. Potest vero hoc
in loco intellegi, quia beatus Iob incar
nationem redemptoris intuitus
solum vidit in mundo hominem de
immundo semine non esse conceptum,
qui sic in mundum venit ex virgine
ut nil haberet de immunda con
ceptione. Neque enim ex viro et femina,
sed ex spiritu sancto et Maria virgine pro
cessit. Solus ergo in carne sua vere
mundus exstitit, qui delectatione
carnis tangi non potuit, quia nec per car
nalem huc delectationem venit.

Finit liber XI. Incipit liber XII.

O S·IUS
TORUM
EST·TANTO
sollicitius prae
sentem vitam quam
sit fugitiva co
gitant, quo studiosius noverunt
caelestis patriae bona aeterna perpendere.
Ex his enim quae manentia intus aspi
ciunt, foris fugam rerum labentium
subtilius attendunt. Unde beatus
Iob cum de lapsu humani temporis
sententiam protulisset dicens: Homo
natus de muliere brevi vivens tem
pore, et rursum: Et fugit velut um
bra et numquam in eodem statu permanet,
adhuc de brevitate vitae eius adiun
git: Breves dies hominis sunt,
numerus mensium eius apud te est.
Hoc enim apud nos velut non esse

Kat. Nr. 113

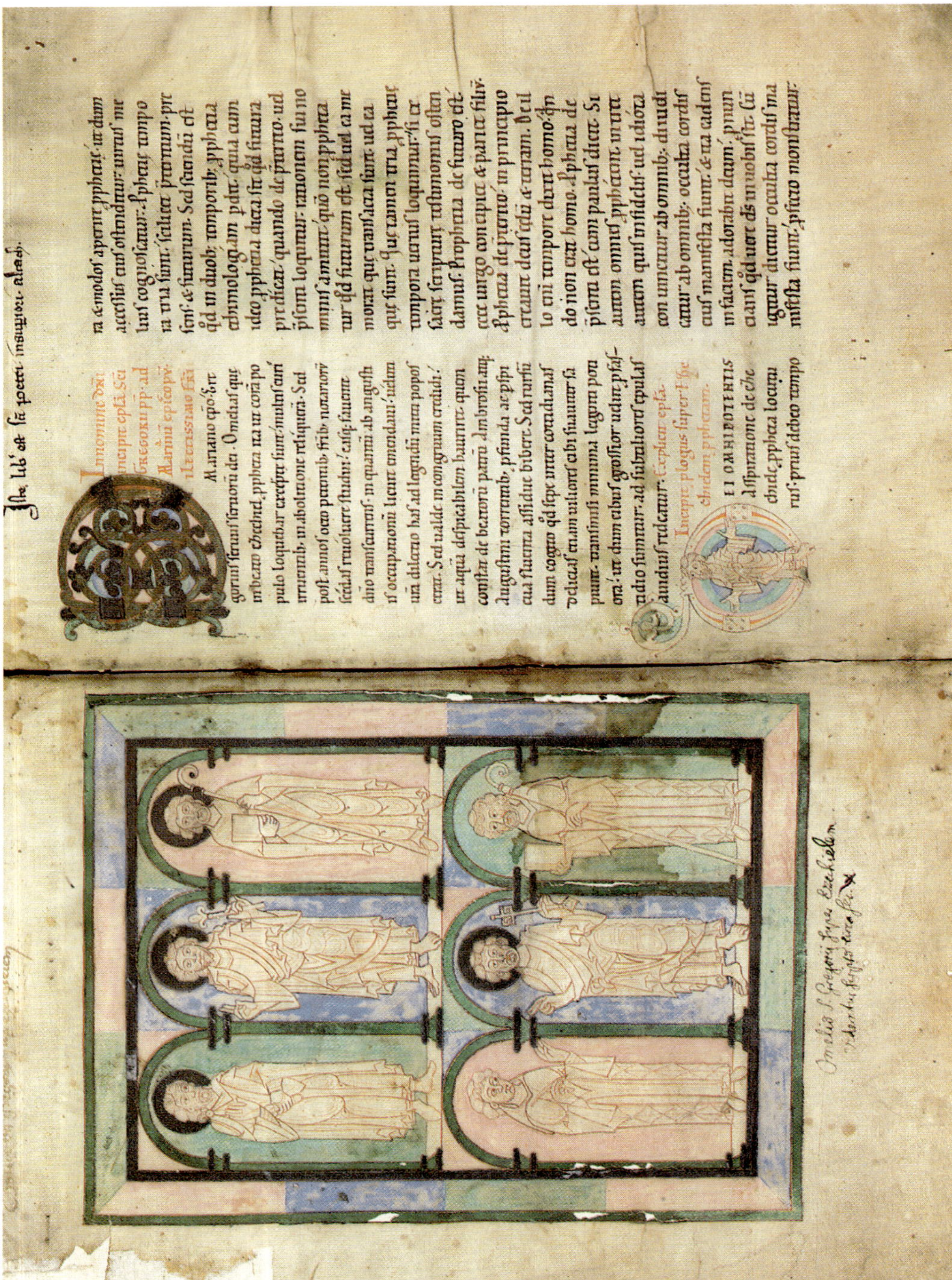

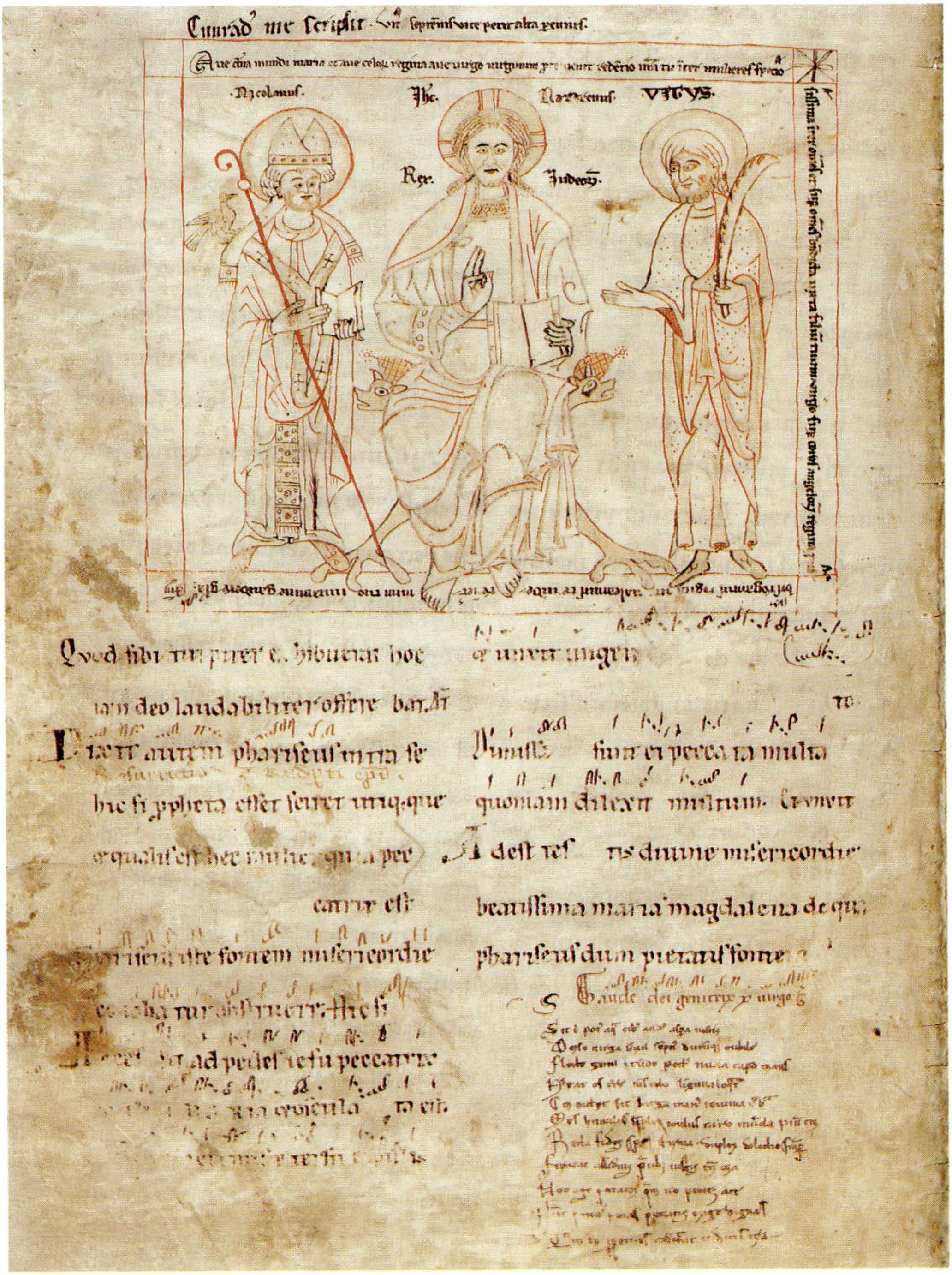
Cunrad' me scripsit
Nicolaus
Rex
VITUS

Kat. Nr. 116

Kat. Nr. 117

Wallfahrtsbild vom Bogenberg (Text auf S. 214) *Kat. Nr. 118* ▷

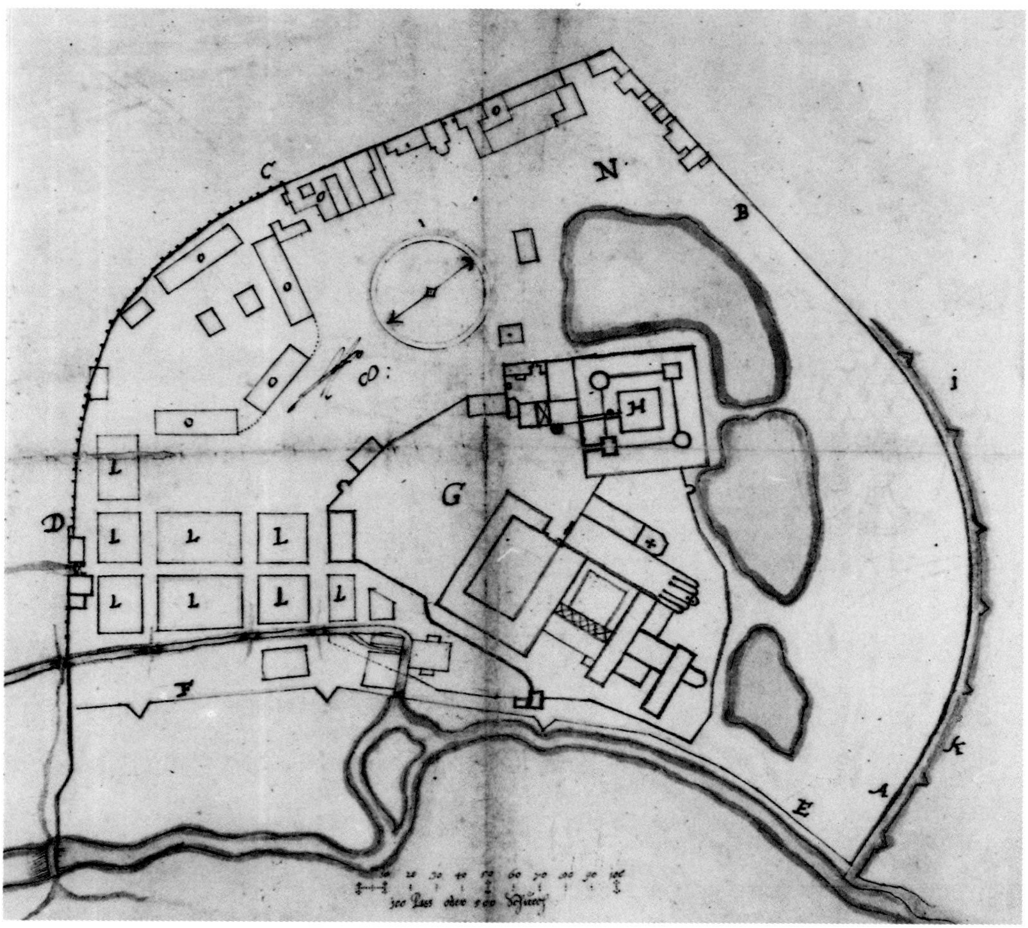

Kat. Nr. 119

Kat. Nr. 120

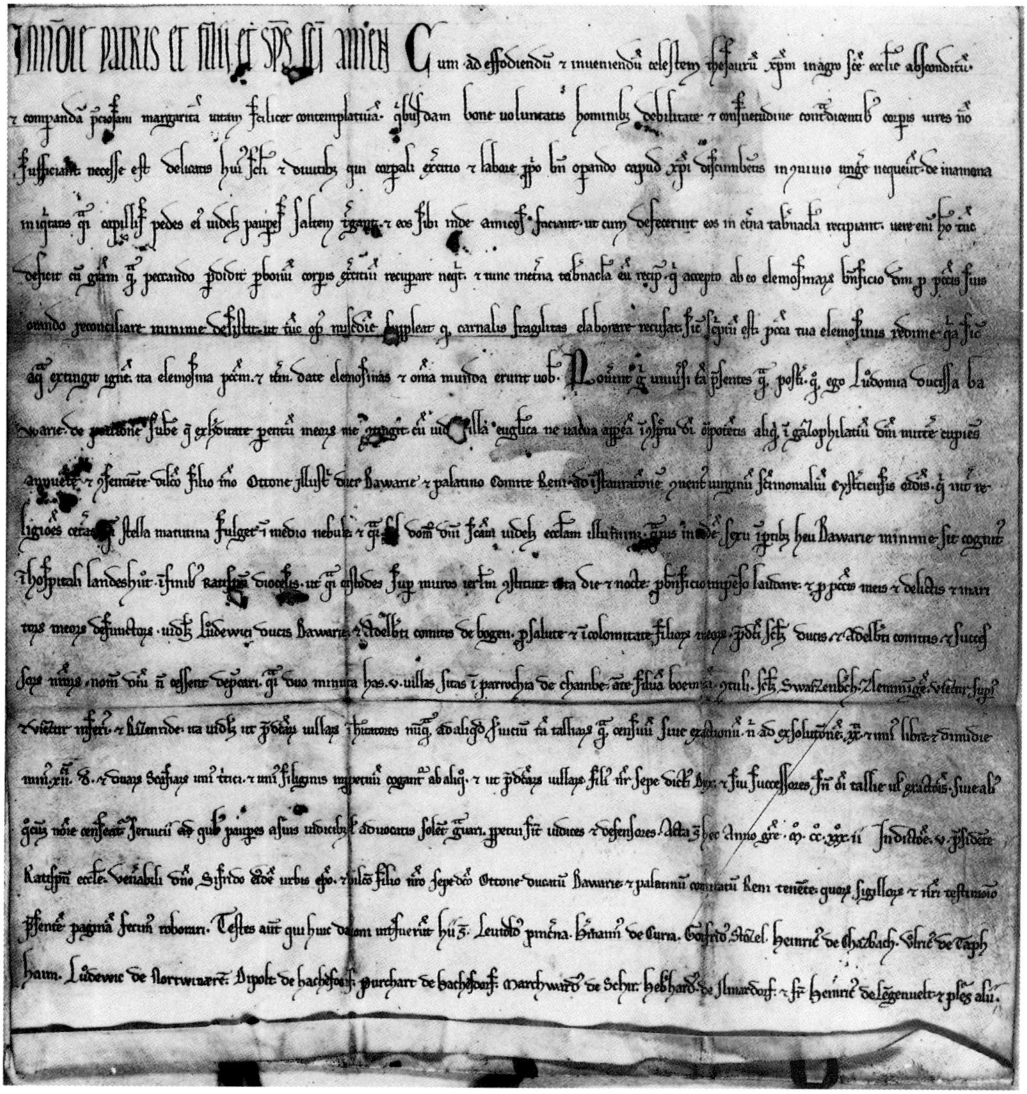

Kat. Nr. 121

Kat. Nr. 122 ▷

Kat. Nr. 123

GEBHARDUS COMES
de Raning: Cathedralis Ecclesiæ Ratis-
bon. Canonicus, & Fundator Ecclesiæ
SS. ANDREÆ & MAGNI.

Kat. Nr. 124

Prospectus Canoniæ SS: Andreæ
& Magni â Gebhardo Comite de Ran-
ing primitus fundatæ
Anno 1138.

Kat. Nr. 124

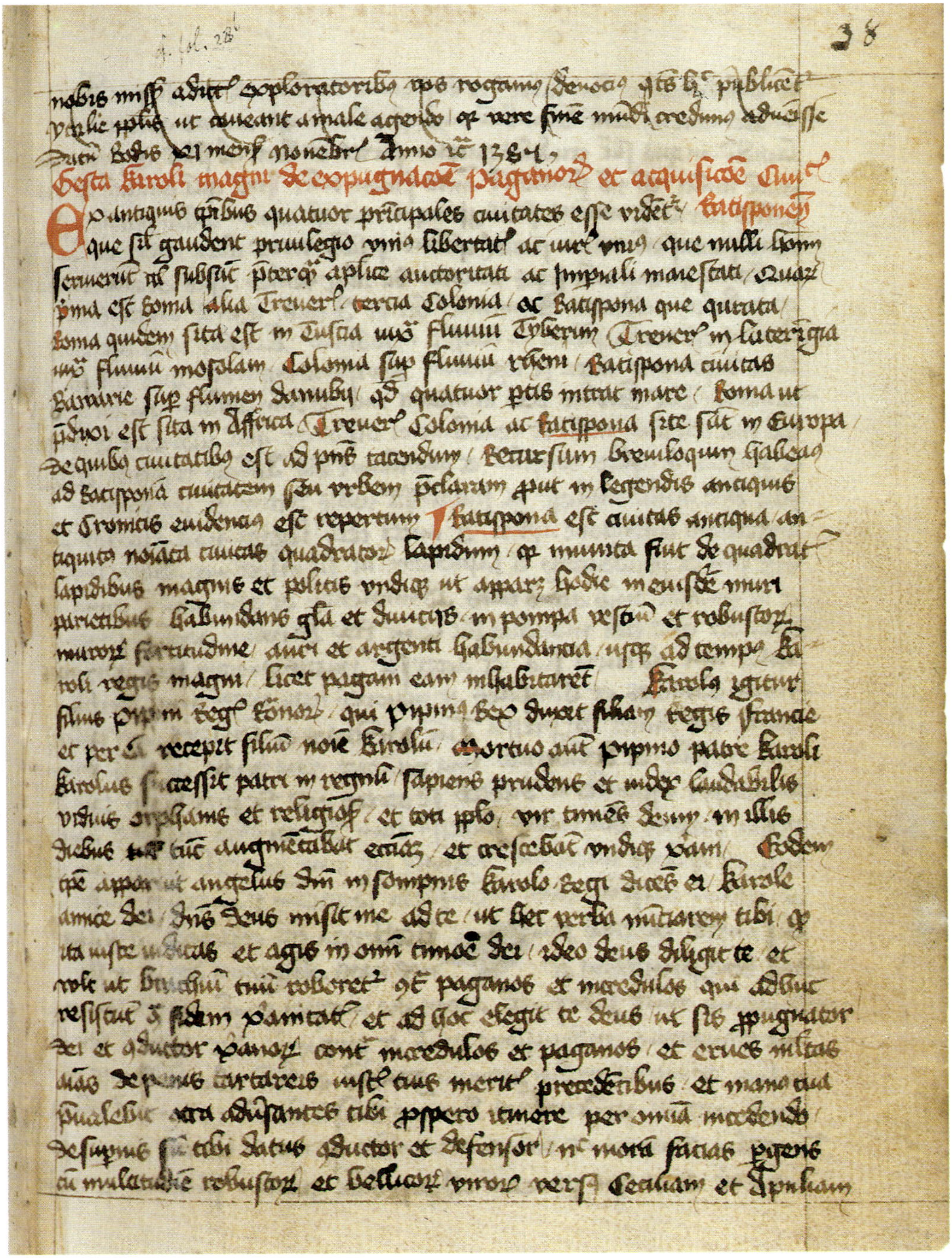

q. fol. 28'

28

nobis missi aditum exploratoribus ipsos rogamus [illegible] quibus hec publicet
[illegible] ut caveant a male agendo quia vere finem mundi credimus advenisse
Datum [illegible] xxi mensis novembris Anno domini 1384.

Gesta Karoli magni de expugnacione paganorum et acquisicione civitatis

Ab antiquis temporibus quatuor principales civitates esse videntur Ratisponensis
que soli gaudent privilegio unius libertatis ac iuris unius que nulli homini
servierunt nec subsunt preterquam apostolice auctoritati ac imperiali maiestati. Quarum
prima est Roma alia Treveris tercia Colonia ac Ratispona que quarta.
Roma quidem sita est in Tuscia iuxta fluvium Tyberim. Treveris in Lotharingia
iuxta fluvium Mosellam. Colonia super fluvium Renum. Ratispona civitas
Bavarie super flumen Danubii quod quatuor partibus intrat mare. Roma ut
predixi est sita in Affrica. Treveris Colonia ac Ratispona site sunt in Europa
de quibus civitatibus est ad presens tacendum. [illegible] breviloquium habeamus
ad Ratisponam civitatem seu urbem preclaram prout in legendis antiquis
et cronicis evidenter est repertum. Ratispona est civitas antiqua antiquitus nominata civitas quadratorum lapidum quia munita fuit de quadratis
lapidibus magnis et politis undique ut apparet hodie in edificiis muri
parietibus habundans gloria et divitiis in pompa vestium et robustorum
murorum fortitudine auri et argenti habundancia usque ad tempus Karoli regis magni licet pagani eam inhabitarent. Karolus igitur
filius Pippini regis Francorum qui Pippinus Bertham duxit filiam regis Francie
et per eam recepit filium nomine Karolum. Mortuo autem Pippino patre Karoli
Karolus successit patri in regnum sapiens prudens et undique laudabilis
virtutis [illegible] et religiosus et totus pius vir timens deum. In illis
diebus [illegible] augmentabatur [illegible] et crescebat undique [illegible]. Eodem
tempore apparuit angelus domini in sompnis Karolo regi dicens: Karole
amice dei, dominus deus misit me ad te ut hec verba nunciarem tibi quia
ita iuste iudicas et agis in omni timore dei ideo deus diligit te et
vult ut brachium tuum roboret contra paganos et incredulos qui adhuc
resistunt contra fidem christianitatis et ad hoc elegit te deus ut sis propugnator
dei et conductor christianorum contra incredulos et paganos et cruces multas
[illegible] de penis tartareis [illegible] tuis meritis precedentibus et manu tua
[illegible] adversantes tibi prospero itinere per omnia incedendo
deus ipse sit tibi datus conductor et defensor. Nunc modo facias [illegible]
cum multitudine robustorum et bellicosorum virorum versus Ceciliam et Apuliam

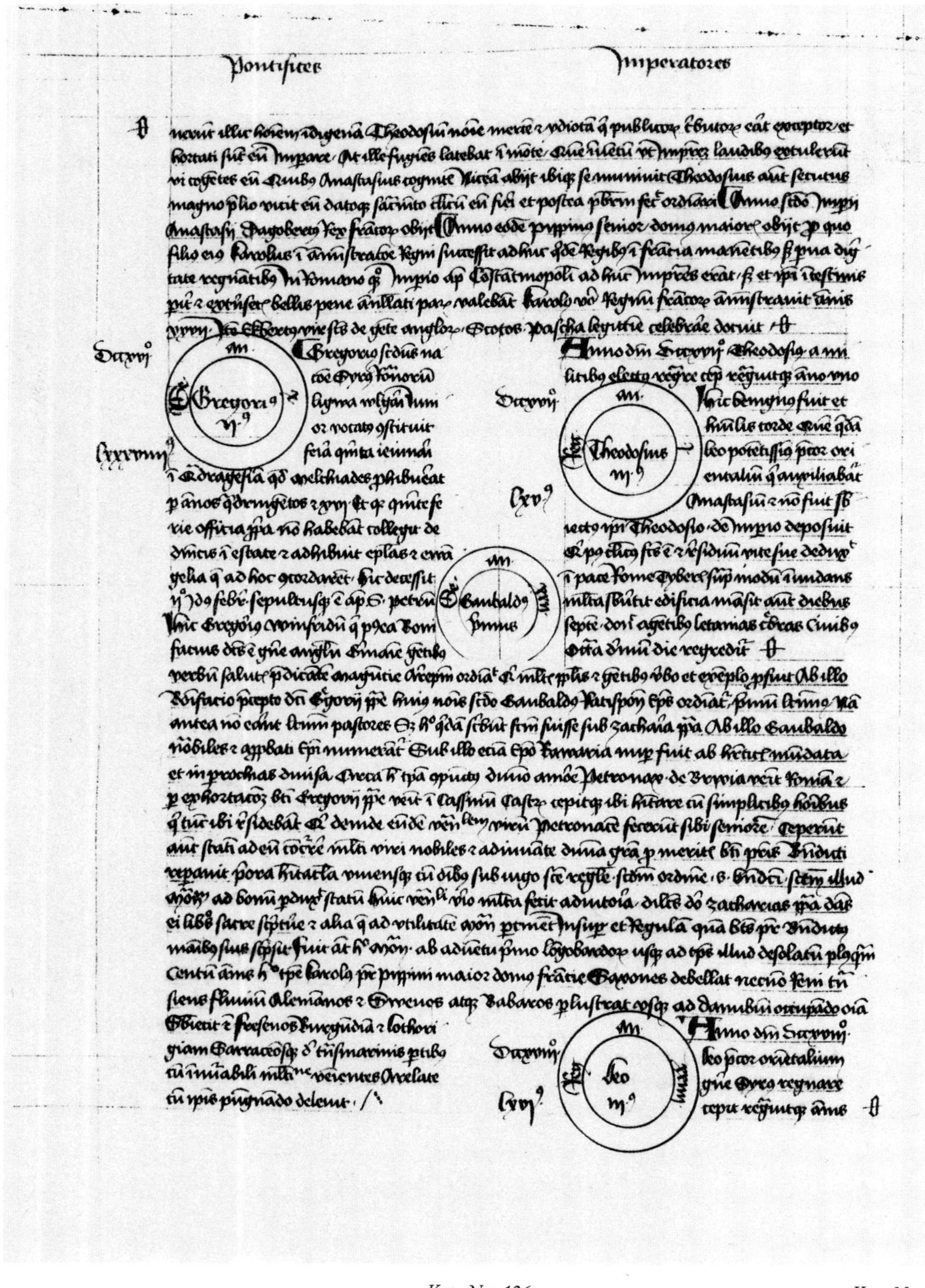

Kat. Nr. 126

Kat. Nr. 127 ▷

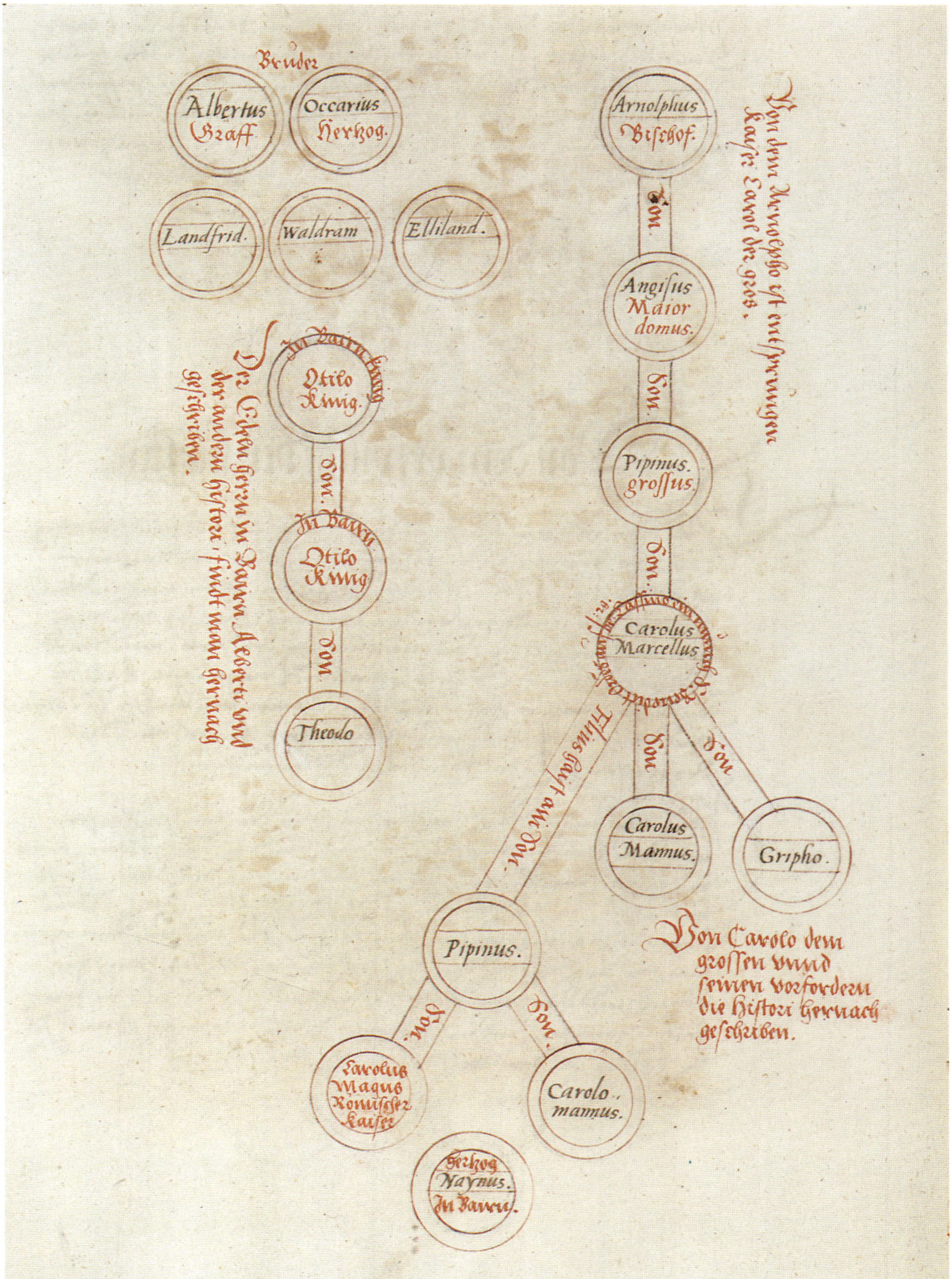
Bruder
Albertus Graff
Occarius Herhog
Landfrid
Waldram
Elliland
Arnolphus Bischof
Angisus Maior domus
Pipinus grossus
Carolus Marcellus
Carolus Mamus
Gripho
Pipinus
Carolo mamus
Theodo
Von Carolo dem grossen vnnd seinen vorfordern die Histori hernach geschriben.

Stifftbuech deß löblichen
Stifft Clesters vnnd gots
haus Winndberg.
ALBERTVS
COMES
DATORES
POGEN HEDWIG
MONASTERII
NATA EX CIU
WINDBERG
VXOR EIVS

Kat. Nr. 128

Kat. Nr. 129

Kat. Nr. 130

Kat. Nr. 131

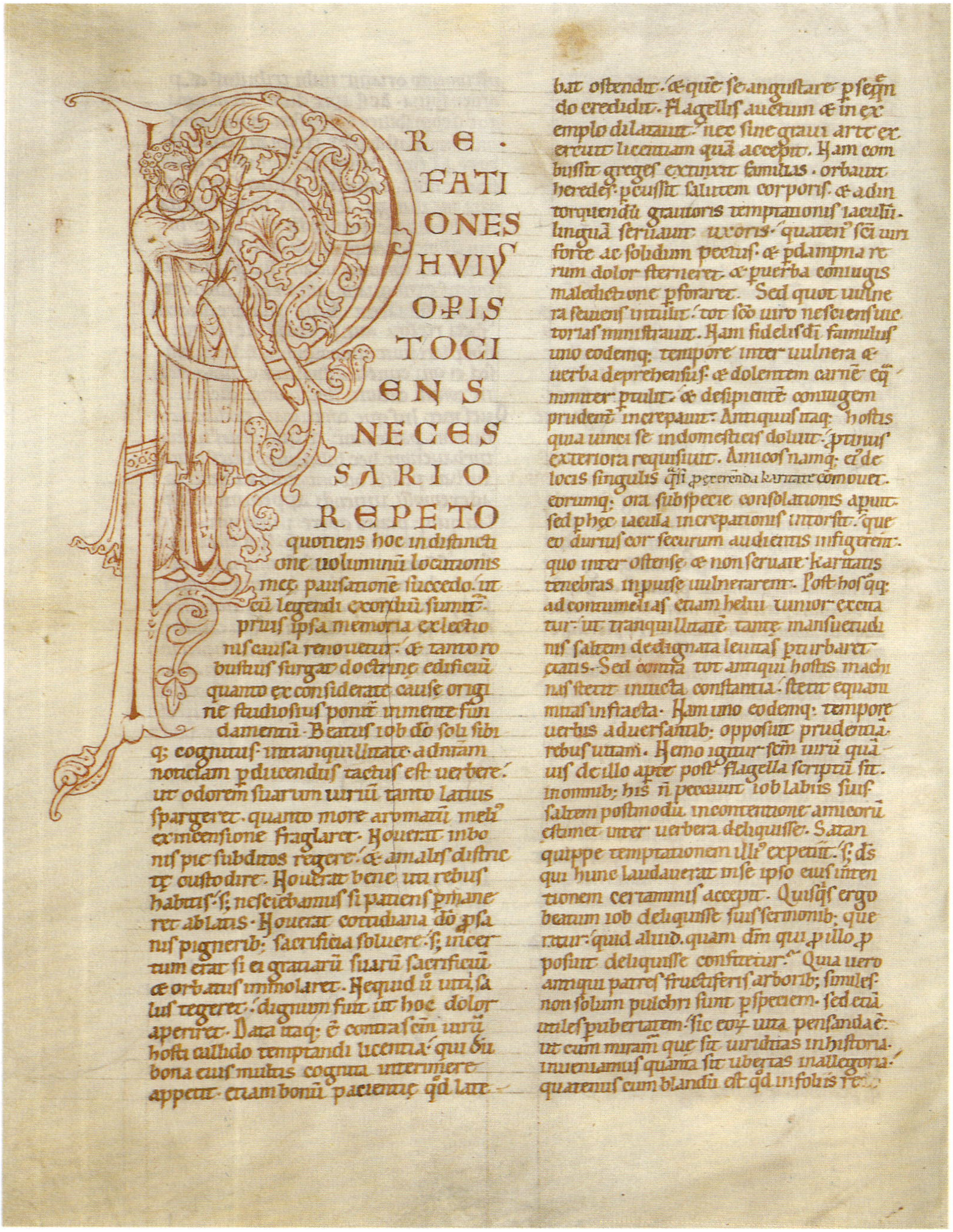
RE
FATI
ONES
HVIVS
OPIS
TOCI
ENS
NECES
SARIO
REPETO
quotiens hoc indistincti
one uoluminū locutionis
meę pausationē succedo. ut
cū legendi exordiū sumit(ur).
prius ipsa memoria ex lectio
nis causa renouetur. & tanto ro
bustius surgat doctrinę edificiū
quanto ex consideratę causę origi
ne studiosius ponit(ur) in mente fun
damentū. Beatus iob dō soli sibi
q; cognitus in tranquillitate ad nr̄am
noticiam p(er)ducendus tactus est uerbere.
ut odorem suarum uirtū tanto latius
spargeret. quanto more aromatū meli(us)
ex incensione fraglaret. Nouerat in bo
nis pie subditos regere. & a malis distric
te custodire. Nouerat bene uti rebus
habitis. s; nesciebamus si patiens p(er)mane
ret ablatis. Nouerat cotidiana dō p(ro) sa
nis pignerib; sacrificia soluere. s; incer
tum erat si ei gratiarū suarū sacrificiū
& orbatus immolaret. Nequid ḡ uirt sa
lus tegeret. dignum fuit ut hoc dolor
aperiret. Data itaq; ē contra sc̄m uirū
hosti callido temptandi licentia. qui dū
bona eius multis cognita interimere
appetit. etiam bonū patientię q(uo)d late-
bat ostendit. & quē se angustare p(er)sequē
do credidit. flagellis auctum & in ex
emplo dilatauit. nec sine graui arte ex
ercuit licentiam quā accepit. Nam com
bussit greges. extinxit familias. orbauit
heredes. p(er)cussit salutem corporis. & ad in
torquendū grauioris temptationis iaculū.
linguā seruauit uxoris. quatenus sc̄i uiri
forte ac solidum pectus & p(er) dampna re
rum dolor sterneret. & p(er) uerba coniugis
maledictione p(er)foraret. Sed quot uulne
ra saeuiens intulit. tot sc̄o uiro nesciens uic
torias ministrauit. Nam fidelis dī famulus
uno eodemq; tempore inter uulnera &
uerba deprehensus. & dolentem carnē eq(ua)
nimiter p(er)tulit. & desipientē coniugem
prudentr̄ increpauit. Antiquus itaq; hostis
quia uinci se in domesticis doluit. p(r)imus
exteriora requisiuit. Amicos namq; ei(us) de
locis singulis q(ua)si p(er)tuenda karitate commouet.
eorumq; ora sub specie consolationis ap(er)uit.
sed p(er) hec iacula increpationis intorsit. que
eo durius cor securum audientis infigerent.
quo inter ostense & non seruate karitatis
tenebras inpulse uulnerarent. Post hos q(uo)q;
ad contumelias etiam helui iunior excita
tur. ut tranquillitatē tante mansuetudi
nis saltem dedignata leuitas p(er)turbaret
ętatis. Sed contra tot antiqui hostis machi
nas stetit inuicta constantia. stetit equani
mitas infracta. Nam uno eodemq; tempore
uerbis aduersantib; opposuit prudentiā.
rebus uitam. Nemo igitur sc̄m uirū quā
uis de illo ap(er)te post flagella scriptū sit.
in omnib; his n̄ peccauit iob labiis suis.
saltem postmodū in contentione amicorū
estimet inter uerbera deliquisse. Satan
quippe temptationem illi(us) expetiit. s; d̄s
qui hunc laudauerat in se ipso eius inten
tionem certaminis accepit. Quisq(ui)s ergo
beatum iob deliquisse suis sermonib; que
ritur. quid aliud. quam dm̄ qui p(ro) illo p(ro)
posuit deliquisse confitetur. Quia uero
antiqui patres fructiferis arborib; similes
non solum pulchri sunt p(er) speciem. sed etiā
utiles p(er) ubertatem. sic eor(um) uita pensanda ē.
ut cum miram quę sit uiriditas in historia.
inueniamus quanta sit ubertas in allegoria.
quatenus cum blandū est q(uo)d in foliis re-

Kat. Nr. 132

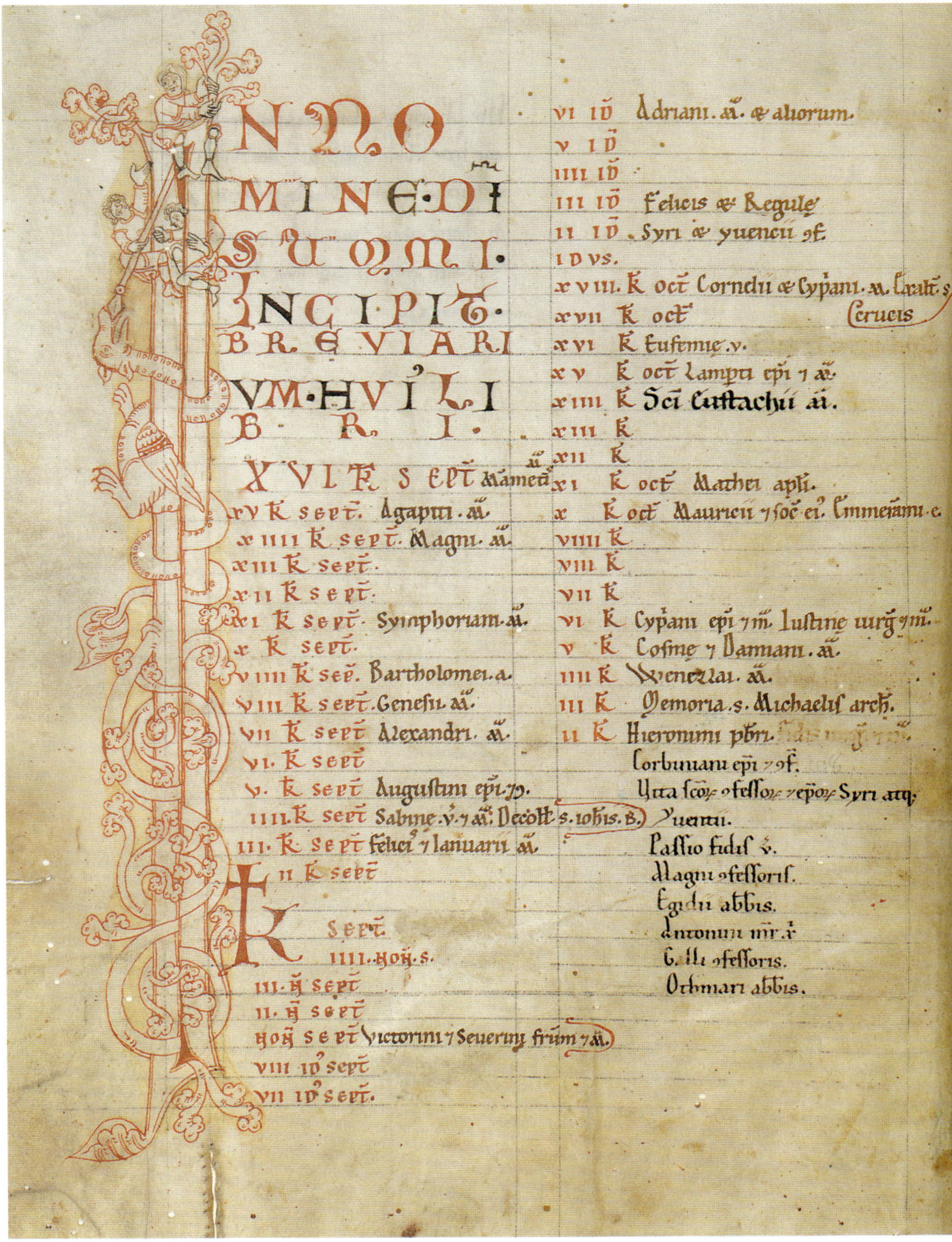

IN NOMINE DNI SUMMI. INCIPIT BREVIARIUM HUIUS LIBRI.

XVI K SEPT Mamerti aā
XV K SEPT. Agapiti. aā
XIIII K SEPT. Magni. aā
XIII K SEPT.
XII K SEPT.
XI K SEPT. Symphoriani. aā
X K SEPT.
VIIII K SEPT. Bartholomei. a.
VIII K SEPT. Genesii. aā
VII K SEPT Alexandri. aā
VI. K SEPT
V. K SEPT Augustini epi. & c.
IIII. K SEPT Sabine. v. & aā. Decoll. s. Iohis. B.
III. K SEPT Felici & Ianuarii aā
II K SEPT
K SEPT.
IIII. NON. S.
III. N SEPT
II. N SEPT
NON SEPT Victorini & Seuerini frum & aā.
VIII ID SEPT
VII ID SEPT.

VI ID Adriani. aā. & aliorum.
V ID
IIII ID
III ID Felicis & Regule
II ID. Syri & yuentii cf.
IDVS.
XVIII. K OCT Cornelii & Cypriani. aā. Exalt. s. Crucis
XVII K OCT
XVI K Eufemie. v.
XV K OCT Lamperti epi & aā.
XIIII K Sci Eustachii aā.
XIII K
XII K
XI K OCT Mathei apli.
X K OCT Mauricii & soc. ei. Emmerami e.
VIIII K
VIII K
VII K
VI K Cypriani epi & m. Iustine uirg. & m.
V K Cosme & Damiani. aā.
IIII K Wenezlai. aā.
III K Memoria. s. Michaelis arch.
II K Hieronimi pbri.
Corbiniani epi & cf.
Vita scor confessor episcopor Syri atq;
Yuentii.
Passio fidis v.
Magni confessoris.
Egidii abbis.
Antonini mr.
Galli confessoris.
Othmari abbis.

Kat. Nr. 133

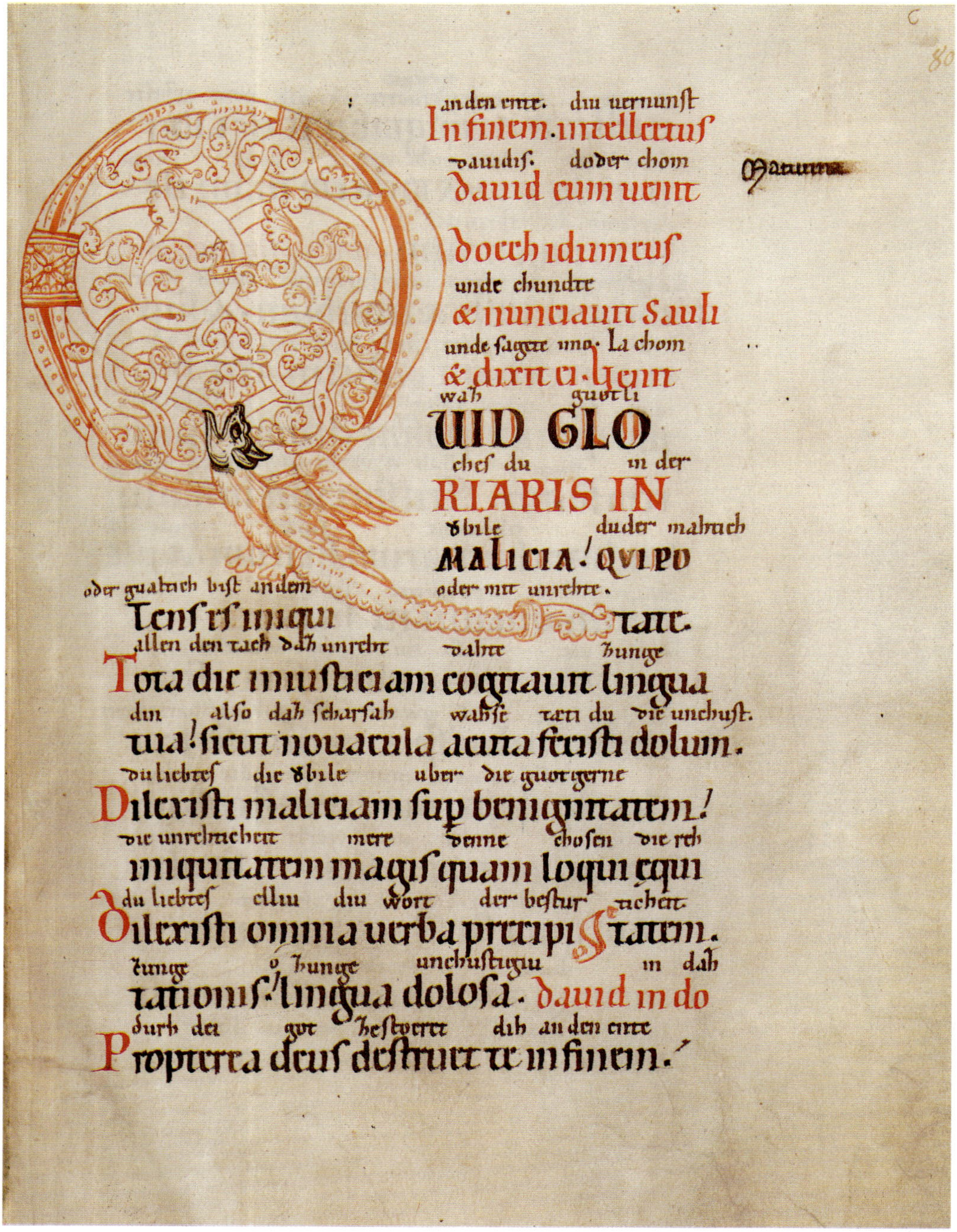
anden ente. diu uernunst
In finem. intellectus
dauidis. do der chom
dauid cum uenit
doech idumeus
unde chundte
& nunciauit Sauli
unde sagete imo. La chom
& dixit ei. Venit
wah guotli
UID GLO
ches du in der
RIARIS IN
ubile duder mahtich
MALICIA! QVI PO
oder gualtich bist anden oder mit unrehte.
tens es iniqui tate.
allen den tach dah unreht dahte hunge
Tota die iniusticiam cogitauit lingua
din also dah scharsah wahse teti du die unchust.
tua! sicut nouacula acuta fecisti dolum.
du liebtes die ubile uber die guotigerne
Dilexisti maliciam sup benignitatem!
die unrehtcheit mere denne chosen die reh
iniquitatem magis quam loqui equi
du liebtes elliu diu wort der bestur [illegible]
Dilexisti omnia uerba precipi tationis.
tunge o hunge unchustigiu in dah
tationis. lingua dolosa. dauid in do
durh dei got hestoret dih an den ente
Propterea deus destruet te in finem.

Kat. Nr. 134

Kat. Nr. 135 ▷

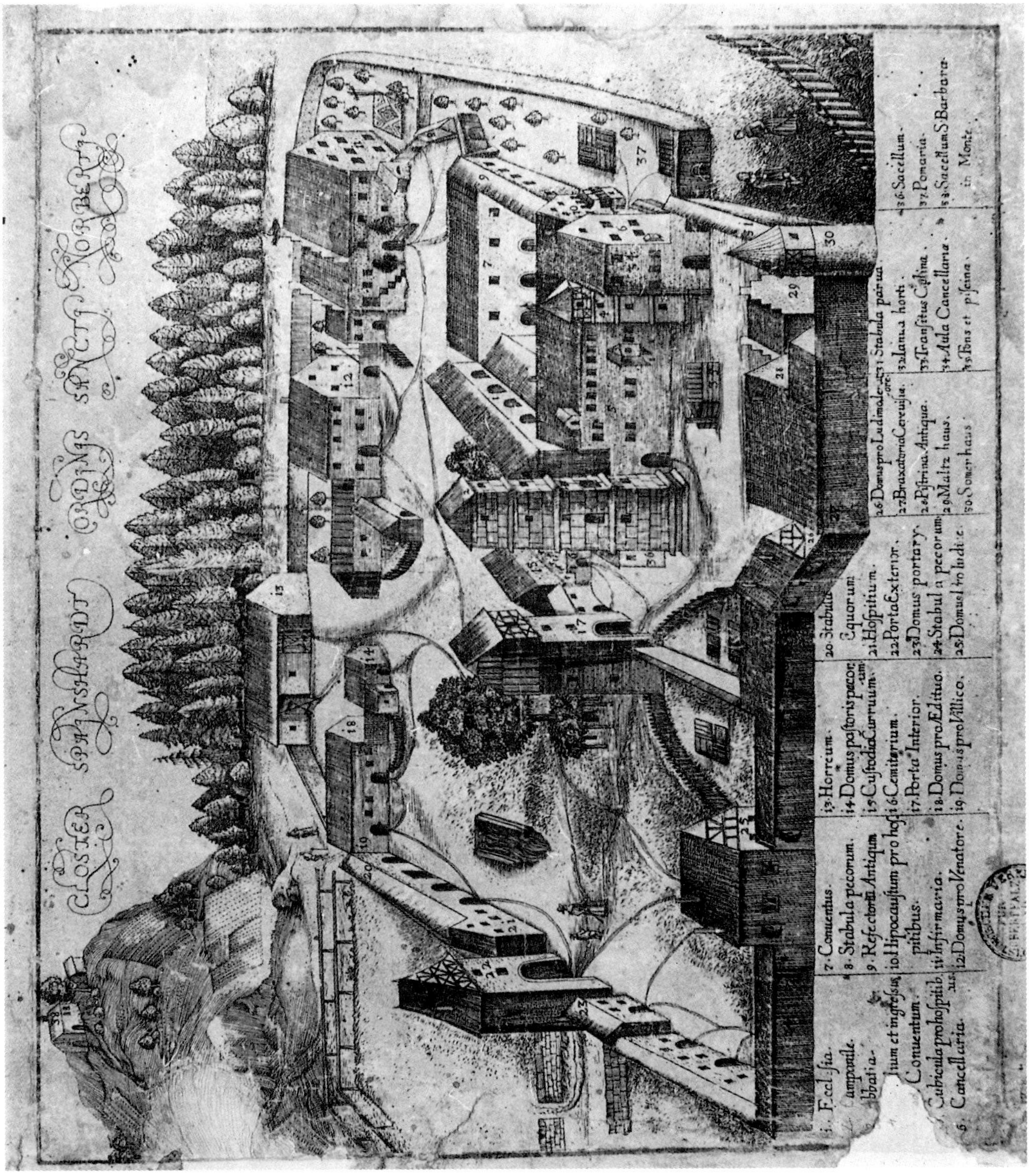

◁ *Kat. Nr. 135* *Kat. Nr. 136*

Kat. Nr. 137

Kat. Nr. 138 ▷

BRU
DER
DIE
MAR

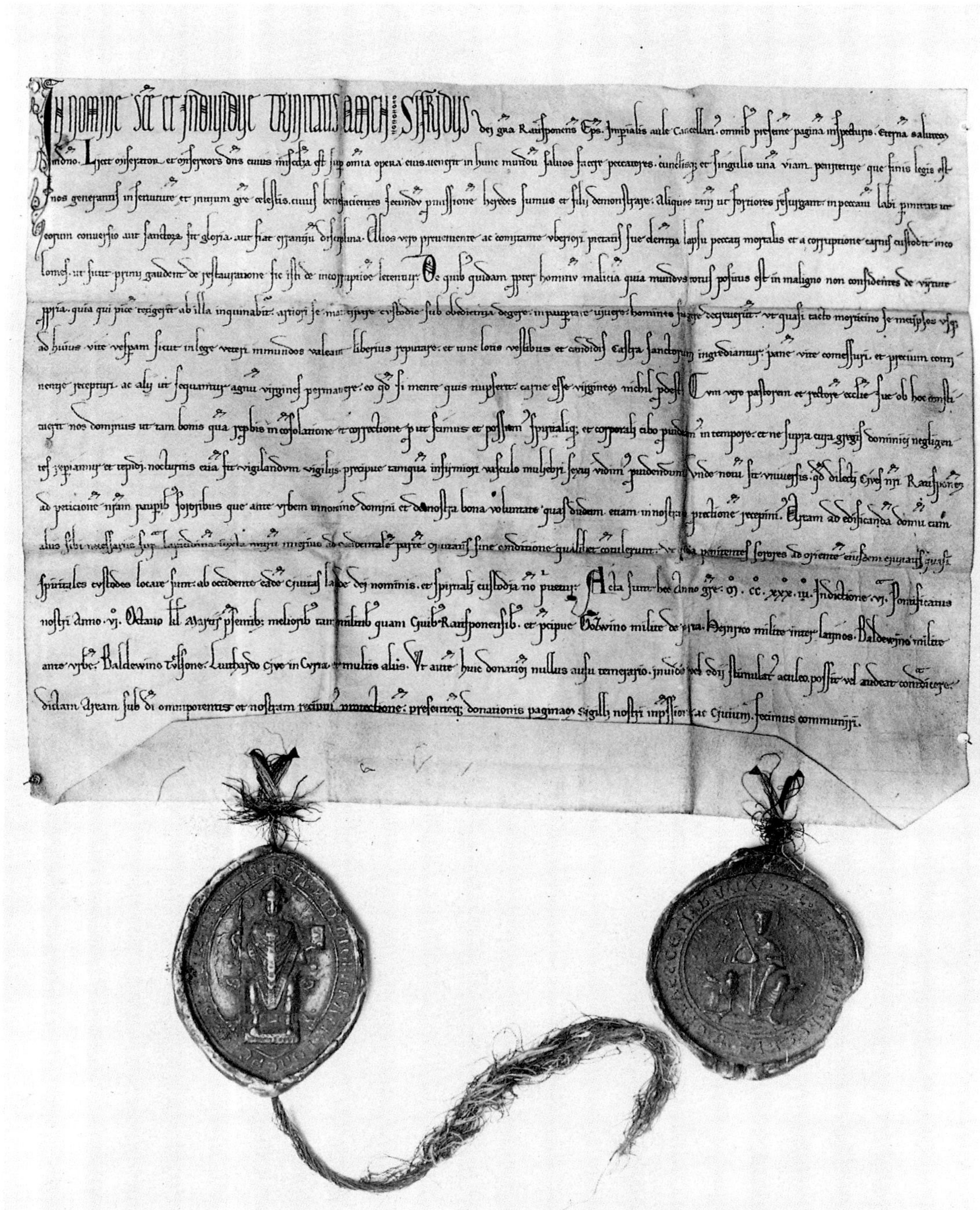

◁ *Kat. Nr. 139*

Kat. Nr. 140

Kat. Nr. 141

Kat. Nr. 142 ▷

spiciens a lon ge
ecce video de
i potentiam venien tem et nebu
lam totam terram te gen tem
te ob viam e t et dic te
Nuncia a no bis si tu es ipse Qui reg
naturus es In populo israhel
un que terrigine et fi

Kat. Nr. 143

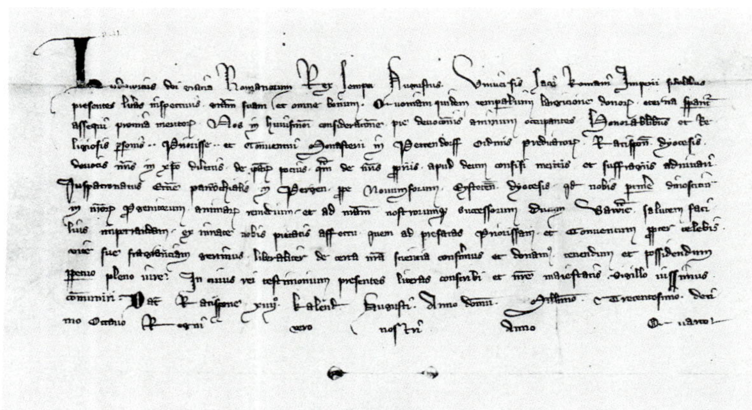

Kat. Nr. 144

Kat. Nr. 145 ▷

der mer wer ich ir frawen
ich wil noch drew dinck versuchen an ewren witzen wan
chain dinck ist das mannes
mut als gech erbarmen müg
als die selben drew dinck da
von sesset man an einem puech
haist hester Da sprach ein
es wer der wein der macht
ain der nur von hellbingen
Rett das er Nun von ysen-
igen Ret und von marckten
und von hachen dingen Da
sprach ainer der chünig mecht
es nach (...) getuen wan der
wer gebaltig und wasser-
geput das musset man lai-
sten Da sprach der trat
es weren frawen wan ein
man waget leib und sel und
vert in ein ander lant darumb das sein fraw mit ir
leib und eer mang dinck
das er durch anderst Nem-
ant tet und darzu sach
ich das ein chünig ein frau-
en het das er von ir was
und so die fraw fro was
und lachte so was auch der
chünig fro als sy trawrt das
tet auch er Seit Nun die
trew dinck des mannes
hertz als waick machent
Das wil ich heut versuchen
und wil sy trenchen mit aller
der wunne und eren die
die engel in dem weitten hymelreich habent ir geittigen
lat das unrecht gut dann-
mb das euch all engel schencken mit aller der freud und
gezierde die sy habent ist
yman hie der unrechtes
gut hab Secht ir engel ir
schaffet nicht sy wellen sich
an allen wein nicht cheren
den ir gesencken mechtet
Das ander ist das auch
des mannes hertz wol we-
chingen mag das ist der
chünig Nun sich geittiger
ich wil einen herren chünig an dich senden das ist
got selb der so ein grosses
chünigkreich hat und das
man Nyndert ein nadel ge-
stossen mecht in dem grossen
chünigkreich Es sey als vol
freiden und Reichait Sich
geittiger den chünig wil ich
heut an dich senden das
du heut ein wenig unrech-
tes gut lassest durch den
grossen gewalt den er hat
uber alle chünigkreich im
ist auch untertan das mer
hell vegfeur hymel und ertreich der hat dir gelobt
ob du ein wenig unrechtes
gutes wellest lassen das er
dir ganzen erbtail geben
well in dem schenen hymelreich mit allen den heiligen
die in hymelreich sind und
wil dir doch dein notturft
geben auf ertreich Das
drit das auch des mannes
hertz waichet das seind frawen ir geittigen leut Nun
lat heut unrechtes gut durch der aller schonsten wib
die die welt ie gewan oder
nymer mer gewinnet das ist
mein fraw sand Anna got-
tes muter sich die ist ein
plum über all frawen wan
es ist hymelreich und ertreich
von ir geziert die sult ir auch
heut eren das ir unrechtes
gut lat das ir doch must lassen
so es euch nicht zustaten chü-
mt Sy des mecht ir euch hart
schamen ob ir einer so getann-
en frawen versagen wolt davon ir Nymermer in hymel-
reich gechronet werdet ir frawen
sagt ewren witzen das sy
sich wol gehaben ich wel sy
recht Nun an not lassen ir
chind lauft von ewren vattern
e das er euch des ewigen
todes tette mit seinem pur-
gatern gut Nun solt ich von
dem gutten und haben gesa-
it durch den got auf das
ertreich cham das wurd zu-
lanck Je doch sult ir drewlei

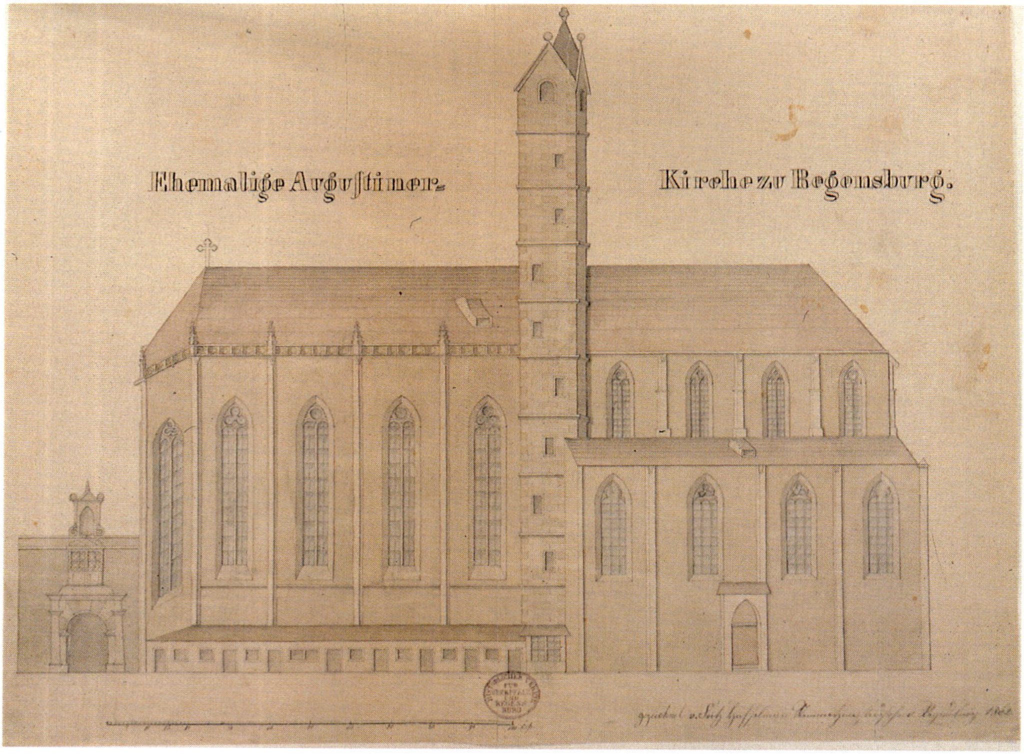
Ehemalige Augustiner-
Kirche zu Regensburg.

Kat. Nr. 146

Kat. Nr. 147

Gebett
Zu dem Wunderthätigen
Crucifix-Bild,
Bey denen PP. Augustinern
in Regenspurg.

O Gecreutzigter, gütigster JESU der du an dem Stammen des heiligen Creutzes dein kostbares allerheiligstes Blut bis auf das letzte Tröflein vergossen, und uns selbiges aus unendlicher Liebe in dem Heil. Sacrament des Altars hinterlassen hast: wir bitten dich durch demüthigiste Verehrung dieser deiner wunderthätigen Heil. Bildnus, so einem an der weesentlichen Gegenwart deines Heil. Blut zweiflenden Priester, den Kelch mit dem Heil. Blut aus der Hand genommen, und ihme selbigen nach erkannten und bereuten Fehler wiederum zugestellet hat, daß auch wir unsere Sünden erkennen und bereuen, und durch dein heil. für uns vergossenes Blut alle unsere Missethaten abwaschen mögen. Der du mit dem Vatter und dem H. Geist lebest und regierest in alle Ewigkeit, Amen.

REGENSPURG,
Gedruckt bey Johann Michael Englerth,
Hochf. Bischöfl. Hof-Buchdruckern,
1769.

Kat. Nr. 148 *Kat. Nr. 149* ▷

Wunderthätiges Crucifix Bild, welches 1257 einem an der Gegenwart des H.
Blutes Christi zweifflenden Priester den Kelch aus der Hand genohmen und
selbigen Ihme, als er seinen fehler bereuet, wiederum zugestellet
I.N.R.I.
Wird in der Closter Kirch
der P.P. Augustiner: in Regens
burg von selbiger Zeit an, an
dächtiglich verehret

JNRJ

◁ *Kat. Nr. 150* *Kat. Nr. 151*

Kat. Nr. 152

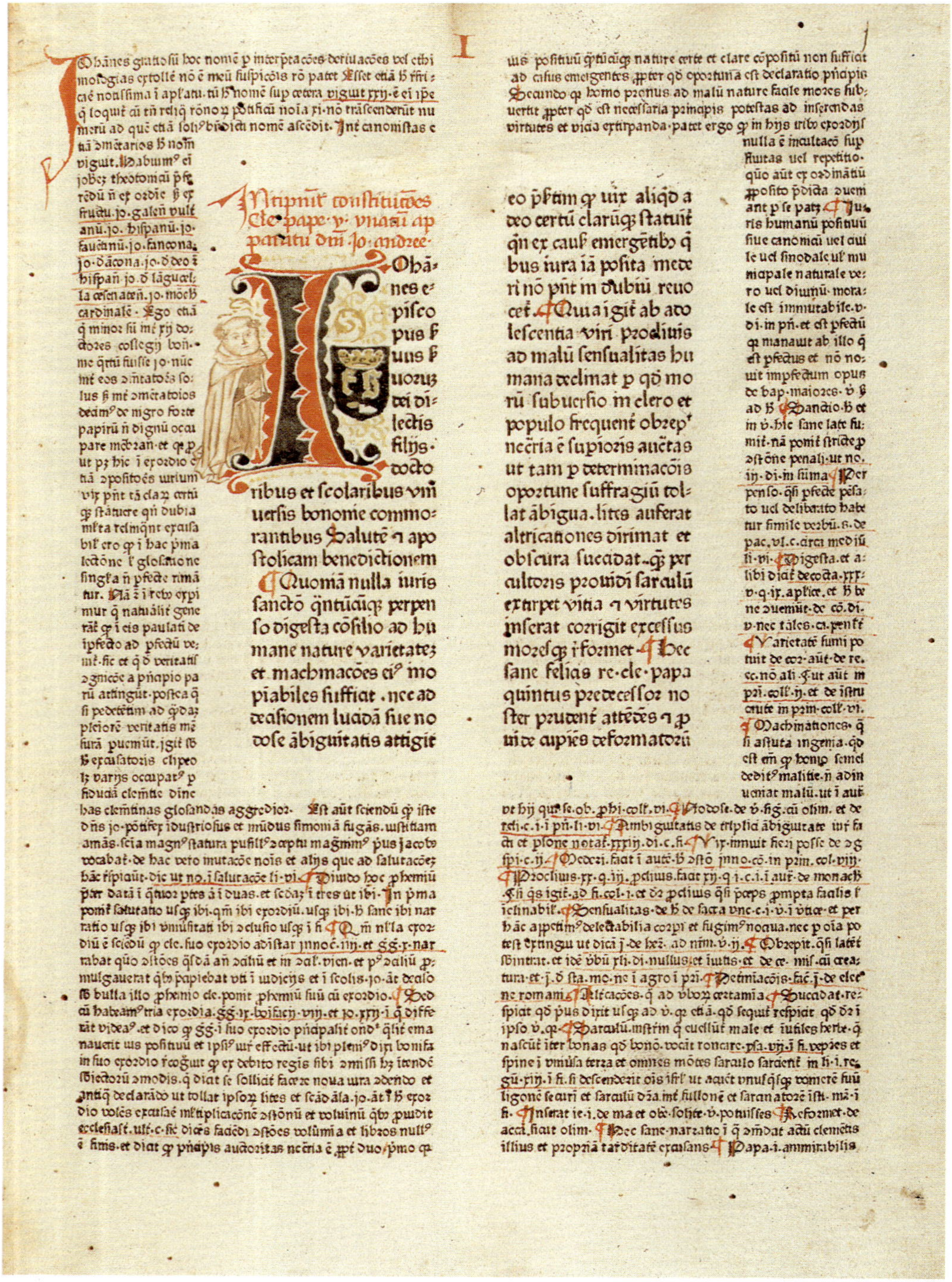

Incipiunt constitutiones Cle. pape .v. una cum apparatu dni Jo. andree.

Johannes episcopus servus servorum dei dilectis filiis doctoribus et scolaribus universis bononie commorantibus Salutem et apostolicam benedictionem. Quoniam nulla iuris sanctio quantumcumque perpenso digesta consilio ad humane nature varietatem et machinaciones eius inopinabiles sufficiat nec ad decisionem lucidam sue nodose ambiguitatis attingit eo presertim quod vix aliquid a deo certum clarumque statuit quin ex causis emergentibus quibus iura iam posita mederi non possunt in dubium revocetur. Quia igitur ab adolescentia viri proclivis ad malum sensualitas humana declinat per quod morum subversio in clero et populo frequenter obrepit necessaria est superioris auctoritas ut tam per determinacionis oportune suffragium tollat ambigua, lites auferat altricationes dirimat et obscura sucidat quam per cultoris providi sarculum extirpet vitia et virtutes inserat corrigit excessus moresque reformet. Hec sane felicis re. cle. papa quintus predecessor noster prudenter attendens et per unde cupiens deformatorum

Incipit ep̄la sancti Hieronimi ad Pauli-
nū presbiterū de oīb' diuine historie libris.

Frater Ambrosius tua mihi
munuscula perferens. detu-
lit simul et suauissimas litteras: que a prī-
cipio. amicitiarū fidem: probate iam fidei:
et veteris amicitie noua preferebāt. Uera
enī illa necessitudo est. ꝛ xp̄i glutino copu-
lata. quā nō vtilitas rei familiaris. nō pre
sentia tm̄ corporuꝫ. nō subdola ꝛ palpans
adulatō: sed dei timor. ꝛ diuinarū scriptura
rum studia cōciliant. Legimus in veterib'
historijs. quosdā lustrasse puintias. nouos
adijsse populos. maria transisse: vt eos q̄s
ex libris nouerāt: coraꝫ q̄ȝ viderēt. Sic pi-
tagoras memphiticos vates. sic Plato egi
ptum. ꝛ Architam tarentinū. eamq̄ȝ oram
ytalie. que quondā magna grecia dicebaᵗ
laboriosissime paguit: vt q̄ Athenis magi
ster erat. ꝛ potēs cuiusq̄ȝ doctrinas achade
mie gignasia psonabāt. fieret peregrinus
atq̄ȝ discipulus. malens aliena verecūde di
scere. q̄ sua inpudēter ingerē. Deniq̄ȝ cum
litteras quasi toto orbe fugientes psequiᵗ.
captus a piratis ꝛ venūdatus. tyrāno cru-
delissimo paruit. ductus captiuus. vinct'
ꝛ seruus. tamē q̄ philosophus maior emē-
te se fuit. Ad Tituꝫ liuiū. lacteo eloquētie
fonte manantē. de vltimis hispanie gallia
rumq̄ȝ finib'. quosdā venisse nobiles legimus: ꝛ quos ad ꝯtemplatōem sui roma nō
traxerat: vnius hoīs fama pduxit. Habuit
illa etas inauditū oīb' seculis. celebran-
dumq̄ȝ miraculū: vt vrbem tantā ingressi.
aliud extra vrbē quererēt. Appollonius si
ue ille mag' (vt vulgus loquiᵗ) siue philo
sophus (vt pitagorici tradūt) īntrauit per-
sas. ptransiuit caucasuꝫ. albanos. scithas.
massagethas. opulētissima Indie regna pe
netrauit. ꝛ ad extremū latissīo phisō amne
trāsmisso puenit ad bragmanas. vt hyar-
cam ī throno sedentē aureo ꝛ de tantali fō
te potantē: inter paucos discipulos. de na
tura. de morib'. ac de cursu dierū ꝛ siderū au
diret docentem. Inde per elamitas babilo-
nios. chaldeos. medos. assirios. parthos. si
ros. phenices. arabes. palestinos. reuers' ad
alexādriā: perrexit ad ethiopiā. vt gignoso-
phistas ꝛ famosissimā solis mensā videret
in sabulo. Inuenit ille vir vbiq̄ȝ q̄d disceret
et semp proficiens. semper se melior fieret.
Scripsit sup hoc plenissime octo volumi-
nibus: philostratus. .§.I.

Quid loquar de secli ho
minib' cū apostolus Paulus vas
electōis. ꝛ magister gentiū. qui de
ꝯscientia tanti in se hospitis loquebaᵗ dicens. an experimentū queritis ei' qui ī me
loquiᵗ xp̄c: post damascū arabiā q̄ȝ lustra-
tam: ascēdit hierosolimā vt videret Petrū
ꝛ mansit apud eū dieb' quindecim. Hoc eī
misterio ebdomadis et agdoadis: futurus
gentiū predicator instruēdus erat. Rursū-
q̄ȝ post annos quatuordecim assūpto Bar-
naba ꝛ Tyto: exposuit cū apostolis euāge
lium. ne forte in vacuū curreret aut cucur
risset. Habet nescio q̄d latētis energie: vi-
ue vocis act'. ꝛ in aures discipuli de aucto
ris ore trāsfusa: forti' sonat. Unde ꝛ Eschi-
nes cū rodi exularet. et legēᵗ illa Demo-
stenis oratio quaꝫ aduersus eū habuerat.
mirantib' cūctis atq̄ȝ laudantib': suspirās
ait. Quid. si ipsam audissetis bestiam. sua
verba resonantem! .§.II.

Nec hoc dico. q̄ sit ali-
quid in me tale. q̄d vl' possis a me
audire vel velis discē: sed q̄ ardor
tuus ꝛ discendi studiū etiā absq̄ȝ nobis per
se probari debeat. Ingeniū docile. ꝛ sine do
ctore laudabile est. Nō q̄d inuenias: sed q̄d
queras: ꝯsideram'. Mollis cera ꝛ ad formā
dum facilis: etiāsi artificis ꝛ plaste cessent
manus: tamē ūtute totū est q̄cquid esse potest. Paulus apostol' ad pedes gamalielis
legē Moysi ꝛ pphetas didicisse se gloriatur:
vt armat' spiritualib' telis. postea doceret
ꝯfidēter. Arma enī nr̄e militie nō carnalia

Kat. Nr. 154

Ein sölichen hůt wann ein bapst auß od ine reit fürt
man vor im als dann vornen geschriben steet
Das lxxix. blat
Hie fürt man vor bapst martino vier Cardinal hütt
als dañ vornen geschriben stat welche herren sy fürten

◁ *Kat. Nr. 155* *Kat. Nr. 156*

Bernardt Graff von Leonsberg Fundator
der hiesigen Commenda Gänckhoven
1278. Fvndavit 1283. Discessit.

Kat. Nr. 157

Tracht der Deutschordensritter
nach den Statuten des Jahres 1606.

Tracht der Deutschordenspriester
nach den Statuten des Jahres 1606.

Kat. Nr. 158

Kat. Nr. 159

Kat. Nr. 160 ▷

Kat. Nr. 160

Kat. Nr. 161

Abbildungsnachweis

Orts- und Namensregister